Mountain House

Office 15

Garth Lean

DER VERGESSENE FAKTOR

Garth Lean

Der vergessene Faktor

Vom Leben und Wirken
Frank Buchmans

Aus dem Englischen von
Fulvia und Pierre Spoerri

Die Deutsche Bibliothek – CIP-Einheitsaufnahme

Lean, Garth:
Der vergessene Faktor : vom Leben und Wirken
Frank Buchmans / Garth Lean. [Aus dem Engl. von Fulvia
und Pierre Spoerri]. – Moers : Brendow, 1991
(Apostroph)
Einheitssacht.: Frank Buchman <dt.>
ISBN 3-87067-443-1

ISBN 3-87067-443-1
Bestell-Nr. 78025

Übersetzung aus dem Englischen: Fulvia und Pierre Spoerri
Einbandgestaltung: Kommunikations-Design Heidenreich, Mainz.
Grafik: Thomas Georg
Printed in Germany

INHALT

VORWORT FÜR DIE DEUTSCHE AUSGABE

Als Frank Buchman im Jahr 1961 starb, schrieb das *Bulletin* der Bundesregierung, daß er das deutsche Volk „zum erstenmal wieder in den Kreis gesitteter Völker" zurückgeführt habe und daß sein Name „auch mit der deutsch-französischen Verständigung für immer verknüpft" bleibe. „Das sei Dr. Buchman unvergessen."

Während die Generation, die die schweren Zeiten nach dem Krieg noch direkt erlebt hat, der nächsten Platz macht, ändert sich die Sicht der Dinge. Was sich nie ändern wird, ist Buchmans Vision für Deutschland und die deutschsprachigen Länder und ihre wesentliche Rolle im Herzen von Europa. Und da Deutschland, die Schweiz, Österreich und Südtirol alle in Buchmans Leben und Arbeit einen wichtigen Platz einnahmen, ist es natürlich, daß die erste Übersetzung dieser Buchman-Biographie in Deutsch herauskommt.

Ich habe von 1932 an bis zu seinem Tod mit Frank Buchman zusammengearbeitet, ohne je – mit Ausnahme einer relativ kurzen Zeit in den dreißiger Jahren – zu seinen engeren Mitarbeitern zu gehören. Einmal, in den frühen Jahren unserer Bekanntschaft, sprach er den Gedanken aus, daß ich einmal seine Biographie schreiben würde. Ich weiß nicht, wie ernst er damals diesen Vorschlag meinte. Ich jedenfalls hatte nicht die Absicht, ihn weiter zu verfolgen. Zwanzig Jahre oder mehr nach Buchmans Tod schien es jedoch unannehmbar, daß keine vollständige Biographie vorlag. Es schien wichtig, eine objektive Einschätzung seines Lebens und Werks zu einem Zeitpunkt zu publizieren, zu dem die letzte Generation, die ihn persönlich gut kannte, noch konsultiert werden konnte. Mehrere Jahre lang hatte ich gehofft, daß jemand anders dieses Projekt aufgreifen würde. Doch dann entschloß ich mich, es selber zu versuchen.

Ich habe mich bemüht, das reale Bild eines Menschen zu zeichnen. Ich habe, so gut ich es konnte, alles untersucht, was positiv und negativ über ihn gesagt worden ist. Meine Mitarbeiter und ich hatten Zugang zu seinem Privatarchiv, ebenso zu allen Archiven der Moralischen Aufrüstung in verschiedenen Ländern wie auch zu einer Anzahl von unveröffentlichten Tagebüchern und Autobiographien. Wir haben die entsprechenden Dokumente im Public Records Office in London, in den Bibliotheken von Lambeth Palace und Church House, in der Bodleian Library in Oxford, der Library of Congress in Washington, dem Document Center in Berlin, dem Bundesarchiv in Koblenz und in mehreren Landes- und Universitätsbibliotheken konsultiert.

Es ist mir nicht möglich, allen, die mir durch direkte Mitarbeit oder durch positive Kritik geholfen haben, einzeln zu danken. Doch für diese Übersetzung und für die ganze Vorbereitung dieser deutschen Ausgabe möchte ich zuerst Fulvia und Pierre Spoerri und Kristin Weber-Fahr und den weiteren Mitarbeitern, zu denen im besonderen Hubert Schulz, Werner Stauffacher, Elisabeth Kränzlein, Monika Weber-Fahr und Reinhard Oebike gehörten, meinen besten Dank aussprechen. Da ein deutscher Text mehr Raum benötigt als das englische Original, waren einige Kürzungen notwendig. Für diejenigen, die gewisse Einzelheiten nachlesen möchten, die weggefallen sind, steht die Originalausgabe (Constable, London 1985) zur Verfügung. Sie ist in etlichen internationalen Bibliotheken zu finden oder kann bei Grosvenor Books Ltd, 54 Lyford Road, London SW18 3J, bestellt werden.

G. D. L.

1

DER UMSTRITTENE BUCHMAN

Dies ist die Geschichte eines Mannes, der aufbrach, die Welt zu ändern. Das muß gleich zu Anfang gesagt werden. Frank Buchman ist nur zu verstehen, wenn man sein Leben im Licht dieses Zieles betrachtet. Alles, was er unternahm, war darauf ausgerichtet, und kaum etwas, was er tat, ließ sich seiner Ansicht nach davon trennen. Sein Ziel bestimmte, wo und wie er lebte, wie er Menschen und Situationen begegnete und womit er sich Stunde um Stunde beschäftigte.

Als Buchman 1961 im Alter von 83 Jahren starb, hätte kein normaler Mensch im Blick auf die Weltsituation gesagt, er habe sein Ziel erreicht. Trotzdem kann man schwerlich sein Leben als einen Mißerfolg ansehen. Erstaunliche Entwicklungen waren die Früchte seiner Initiativen; einige kommen erst jetzt zutage. Sie hätten kaum eine Chance gehabt, wenn Buchmans Lebensziel kleiner gewesen wäre.

Buchman war immer eine umstrittene Persönlichkeit, und er ist es bis heute geblieben. In den dreißiger Jahren sagte Cosmo Lang, Erzbischof von Canterbury, Buchman sei „gebraucht worden, um eine gewaltige Zahl von Menschen in allen Teilen der Welt mit der verwandelnden Kraft Christi in Berührung zu bringen“, während Bischof Henson aus Durham ihn eines „dem Größenwahn ähnlichen Selbstvertrauens“ beschuldigte.

Der Schriftsteller und Unterhausabgeordnete für Oxford, A. P. Herbert, nannte ihn während einer Debatte einen „heuchlerischen Schwindler“, und Tom Driberg, der spätere Vorsitzende der Labour Party, griff den Innenminister an, weil er Buchman, einen Mann, der Hitler niemals öffentlich angeklagt habe, 1946 wieder nach England zurückkehren ließ.

Die Gestapo verurteilte ihn von 1936 an in ihren Geheimberichten, und auch der Moskauer Rundfunk griff ihn regelmäßig an. Sein Werk wurde mehrmals von der Universität Princeton, vom Sekretariat des Internationalen Bundes Freier Gewerkschaften und von einer Arbeitskommission des Sozial- und Industrierates der Anglikanischen Kirche untersucht.

1953 erließ das Heilige Offizium (heute Glaubenskongregation) in Rom eine Warnung an alle Katholiken auf Grund eines „Mißverständnisses", das erst einige Jahre später aus dem Weg geräumt wurde. Der frühere österreichische Bundeskanzler, Dr. Josef Klaus, schrieb: „Wenn ich mich frage, wer mir bei dem schwierigen und nie ganz gelungenen Versuch, als Christ Politik zu machen, Führung und Geleit geboten hat, dann waren es vor allem Mahatma Gandhi, Frank Buchman und Albert Schweitzer."[1] Buchman wurde von sieben Regierungen ausgezeichnet, unter anderen von Frankreich, der Bundesrepublik Deutschland, Griechenland, Japan und den Philippinen, für seinen Einfluß auf die Verbesserung der Beziehungen dieser Länder zu ihren Nachbarn.

Als ich an den letzten Kapiteln dieses Buches arbeitete, wurde ich bei einem Empfang in Oxford dem damaligen Erzbischof von Wien, Franz Kardinal König, vorgestellt. Er fragte mich, womit ich mich gerade befasse, und ich erwähnte den Namen Frank Buchman. „Durch seine Ideen bedeutete er einen Wendepunkt in der Geschichte der modernen Welt", sagte König spontan. In den darauffolgenden Wochen erläuterte er mir ausführlicher, was er damit meinte: „Sein großes Anliegen war zu zeigen, daß die Lehre von Jesus Christus nicht nur eine private Angelegenheit ist, sondern eine große Kraft darstellt, die die sozialen und wirtschaftlichen Strukturen und politischen Ideen ändern kann, wenn die Änderung der Strukturen mit einer Änderung der Herzen Hand in Hand geht."

Eine solche Mannigfaltigkeit der Meinungen verlangt eine gründlichere Untersuchung als alle, die bisher erschienen sind. Eine genauere und eingehendere Beschreibung dieses Mannes, seines Charakters, seiner Ansichten und seines Lebensstils ist überfällig. Sogar für einige von denen, die oft mit ihm zusammen waren, blieb er eine komplexe Persönlichkeit. Sir Arnold Lunn, Schriftsteller und Initiator der großen internationalen Ski-Abfahrts- und Slalom-Rennen, stellte mir immer wieder Fragen über ihn. Nachdem er Buchman in verschiedenen Büchern kritisiert hatte, beschloß Lunn, das Konferenzzentrum der Moralischen Aufrüstung in Caux in der Schweiz zu besuchen, um Buchman und seine Arbeit aus der Nähe kennenzulernen. Während des darauffolgenden Jahrzehnts kam er praktisch jedes Jahr dorthin. Und doch blieb Buchman ein Rätsel für ihn.

„Soweit ich sehen kann, hat er kein Charisma", sagte Lunn. „Er sieht weder gut aus noch ist er ein großer Redner. Er hat nie ein Buch geschrieben und leitet selten eine Versammlung. Und doch kommen Staatsmänner und bedeutende Intellektuelle aus aller Welt zu ihm, um ihn zu konsultieren, und viele intelligente Menschen sind ihm treu geblieben und haben vierzig Jahre lang ohne Einkommen mit ihm gearbeitet, während sie eine eigene Karriere hätten aufbauen können. Warum?"

In der Tat, warum? G. K. Chesterton sagte einmal, es sei gut, wenn das Objekt einer Biographie rätselhafte Aspekte enthalte, denn dadurch würden „zwei sehr wichtige Dinge gewährleistet – eine demütige Einstellung des Biographen und etwas Geheimnisvolles in der Biographie". Dieses Buch möchte ein lebendiges Bild eines bekannten und doch weitgehend unbekannten Mannes zeichnen.

2

EIN KLEINSTADT-JUNGE

Frank Buchman wurde am 4. Juni 1878 in Pennsburg im US-Staat Pennsylvania geboren. Durch die Stadt führte eine Hauptstraße mit einfachen Häusern aus roten Backsteinen. Es gab eine lutherisch-reformierte Kirche, einen Gemischtwarenladen, ein Wäschegeschäft, eine Zigarrenfabrik, ein Hotel und einen neu erbauten Bahnhof, in dem jeden Tag vier Personen- und zwei Güterzüge hielten. Die 1200 Einwohner wurden durchweg Pennsylvania-Deutsche – in Amerika kurz „Pennsylvania-Dutch" – genannt.

Die Bewohner von Pennsburg waren konservativ und hingen eng zusammen. „Wenn ich nachts wach lag", sagte Buchman später, „konnte ich mir – von einem Ende der Stadt bis zum anderen – jedes Haus und seine Bewohner vorstellen." Ihr Deutsch hörte sich wie eine Mischung aus Schwäbisch und Schweizerdeutsch an. Bis zu seinem Lebensende sprach Buchmans Vater mehr deutsch als englisch.

Die Menschen waren ernsthaft, pflichtbewußt und neigten dazu, das Leben eher von der schweren Seite zu nehmen. Teil ihrer Moral war ein ausgeprägtes Gefühl für den Wert materieller Dinge. Sie glaubten an harte Arbeit, an Sparsamkeit und waren im Geschäftsleben von gewissenhafter Ehrlichkeit.

Enthaltsamkeit gegenüber Alkohol galt als ein Vorzug; das einzig statthafte Laster war es, viel und gut zu essen. Die Tafelfreuden zählten tatsächlich für die Pennsylvania-Deutschen zu den größten Vergnügen im Leben. Es war selbstverständlich, stets und in kurzer Zeit eine gute Mahlzeit auf den Tisch bringen zu können.

Die ersten „deutschen" Siedler kamen Ende des 17. Jahrhunderts nach Pennsylvania. Angesichts der religiösen Verfolgungen in Europa suchten und fanden sie dort Zuflucht. Ungefähr ein halbes Jahrhundert später verließen Frank Buchmans Vorfahren die östliche Schweiz, wo die Familie das Bürgerrecht der Stadt Bischofszell besessen hatte. Ihnen lag vor allem daran, in Freiheit ein Stück Land zu erwerben und sich in einer aufblühenden Gemeinschaft von Gleichgesinnten niederlassen zu können.

Der bekannteste Träger des Namens Buchman war Thomas Bibliander* gewesen, Nachfolger Zwinglis auf dem theologischen Lehrstuhl an der Akademie in Zürich. In einer Zeit, in der die Türken Wien belagerten und mit Donnerworten von jeder Kanzel gegen die „mohammedanischen Feinde Christi" gepredigt wurde, gab er eine mittelalterliche Übersetzung des Koran ins Lateinische heraus. In seinen späteren Lebensjahren machte es Frank Buchman großes Vergnügen, sich vorzustellen, daß er selber von jenem Bibliander abstamme. Der wirkliche Verwandtschaftsgrad ist aber ungewiß.[1]

Die ersten Buchmans, die nach Pennsylvania auswanderten, waren die Brüder Martin und Jakob. Im Jahr 1750 verließen sie die Schweiz und bauten im Landkreis Northampton einen bescheidenen Wohlstand auf. Sowohl Martins Sohn als auch sein Schwiegersohn kämpften im Befreiungskrieg, der eine als Major, der andere als Hauptmann. Inzwischen war auch der Vorfahre von Frank Buchmans Mutter, Jakob Greenwalt,[2] 1738 mit seiner Frau und drei Söhnen aus dem Kanton Bern nach Pennsylvania ausgewandert und ließ sich später im gleichen Landkreis nieder.

Junge Männer aus beiden Familien zogen westwärts, um dort ihr Glück zu suchen. Buchmans Vater, Franklin, kam bis nach Indiana, wo er am Bau der ersten großen Überlandstraßen arbeitete. Er erkrankte jedoch an Malaria und mußte zu seiner Familie zurückgebracht werden. Bei einem Picknick lernte er Sarah Anna Greenwalt kennen. Am 5. Januar 1875 heirateten die beiden und zogen auf die Greenwalt-Farm, die mitten in einer reizvollen hügeligen Landschaft in der Nähe von Weisnersville lag.

Franklin Buchman senior war ebenso rastlos wie unternehmungslustig. Nach kaum einem Jahr verließ er die Farm und wurde Kaufmann. In Pennsburg kaufte er den einzigen Gemischtwarenladen am Ort. John William, das erste Kind von Franklin und Sarah Buchman, wurde 1876 geboren, starb jedoch an Diphterie, bevor es zwei Jahre alt wurde. Fünf Monate später brachte Sarah ihren zweiten Sohn zur Welt. Er wurde nach seinem Vater Franklin und dazu noch Nathaniel Daniel genannt. Seine Eltern hatten keine weiteren Kinder. 21 Jahre nach Franks Geburt aber adoptierten sie ihren Neffen Dan, der 18 Jahre jünger war als Frank.

---

* Es war damals üblich, den eigenen Namen ins Lateinische oder Griechische zu übertragen.

Das Geschäft ging glänzend. Nach einiger Zeit kaufte Buchman senior in der Nähe des Bahnhofs ein kleines Hotel mit dreizehn Zimmern, einer Bar und einem hölzernen Balkon, der sich über die gesamte Vorderfront des Hauses erstreckte. Nun hieß es „Buchman House Hotel".

In jenem kleinen Bahnhofshotel verbrachte der junge Frank einen wichtigen Abschnitt seiner Kindheit. Hier wurden sein Wesen und sein Charakter entscheidend geprägt. Die Eisenbahnschienen glichen einem Fluß, der jede Woche neue Ströme von anspruchsvollen, eiligen Menschen heranbrachte. Sie waren für den Jungen wie ein lebendiger Spiegel der großen weiten Welt, von der er sonst wohl wenig erfahren hätte. Er erlebte mit, wie seine Eltern die verschiedensten Reisenden bewirteten, Küche und Zimmer mit größter Sorgfalt pflegten – er sah eine Fürsorge für andere, die er in seinem eigenen Leben weiterführte.

Es war, in seinen eigenen Worten ausgedrückt, eine herrliche Kindheit. „Ich wanderte auf dem Bahndamm von Greensboro bis Pennsburg." In den Ferien ging er am Oberlauf des Perkiomen fischen. Später besuchte Buchman mit seinem Vater in einer von „zwei pechschwarzen Pferden gezogenen" Kutsche die Pferderennen, aber wetten durfte er nicht. Er besaß ein rotes Fahrrad und einen Hund namens Nicki; vor allem aber blieb ihm stets unbegrenzt Zeit für alles und jedes.

Als Buchman acht Jahre alt war, schickten ihn seine Eltern in eine Privatschule, die ein paar Häuserblocks entfernt an der Bahnstrecke lag, das Perkiomen-Seminar.* Dieses stand unter der Leitung der Schwenkfelder, der liberalsten jener deutschen Sekten, die die Gegend besiedelt hatten. Sie meinten, daß die Reformation zu starr und zu sehr vom Staat beeinflußt gewesen sei, und glaubten, eine mehr persönliche und geistlich lebendige Religion, befreit von zu viel Liturgie und Ritual, sei nötig. Dem Studium der Bibel fügten sie daher das des „inneren Lichtes, der inneren Erleuchtung" hinzu, die – nach ihrer Auffassung – durch direkte Einwirkung des Heiligen Geistes zustande käme. Obwohl die Buchmans orthodoxe Lutheraner waren, ging der junge Frank manchmal mit einem Freund, der zur Frühmesse wollte, zu Fuß in die sechs Meilen entfernte katholische Kirche.

Im Seminar gehörten zum festen Lehrplan neben Latein und Griechisch auch Rhetorik, Mathematik, Naturwissenschaften und Musik. Frank scheint ein eifriger und fleißiger, aber nicht überdurchschnitt-

---

* Das Seminar ist heute eine große Universität mit zahlreichen ausländischen Studenten.

lich begabter Schüler gewesen zu sein. Außerhalb der Schule gab er sich gesellig und kontaktfreudig, und ein Freund der Familie[3] beschrieb ihn als „einen rasch heranwachsenden sportlichen Jungen mit frischen, klaren Gesichtszügen, der vom schönen Geschlecht durchaus gern gesehen wurde".

Während in der Gesellschaft der Pennsylvania-Deutschen solche Unbeschwertheit eher selten war, zeigte sich im jungen Frank Buchman bald auch eine andere Seite. Seine Mutter hegte schon lange den Wunsch, ihr Sohn solle Pfarrer werden, genau wie ihr Vetter, der ein bekannter Geistlicher gewesen war. Der Junge schien diesem Gedanken durchaus nicht abgeneigt.

Trotz alledem war er gegen die meisten üblichen Jugendsünden nicht gefeit. „Als ich elf Jahre alt war, küßte ich ein Mädchen", sagte er. „Danach wollte sie eine Woche lang nichts mehr mit mir zu tun haben." Er stahl Geld von seiner Mutter, um Süßigkeiten zu kaufen, und mußte sich den Mund mit Seife auswaschen lassen, weil er geflucht hatte. Als ihm viele Jahre später ein junger Mann beschämt gestand, daß er einer allgemein verbreiteten Versuchung nachgegeben habe, fragte ihn Buchman heiter: „Wie alt sind Sie?" – „Zweiundzwanzig." – „Da haben Sie noch ein Jahr Zeit", antwortete der inzwischen in den mittleren Jahren stehende Buchman. „Ich wurde selbst erst mit dreiundzwanzig endgültig frei davon."

In Pennsburg gab es keine Oberschule. Als Frank sechzehn wurde, verkaufte sein Vater daher das Hotel und zog mit der Familie nach Allentown, das nur achtzehn Meilen weiter nördlich lag. Durch den Umzug veränderte sich das Leben der Familie. Sie zog in ein behagliches Terrassenhaus mit Veranda.* Buchman senior eröffnete, einen Steinwurf vom Amtsgericht entfernt, ein Restaurant mit Bar, das bald zum Zentrum politischer und gesellschaftlicher Diskussionen wurde. Wie alle Städte in Amerika breitete sich auch Allentown explosionsartig aus. 1880 wohnten hier erst 18 000 Menschen, 20 Jahre später waren es schon doppelt so viele. Immer mehr Fabrikschornsteine wuchsen an den Ufern des Lehigh-Flusses empor. Als die Buchmans in Allentown ankamen, verkehrten zwischen New York und Philadelphia schon 20 Züge pro Tag.

Nach dem Besuch des Gymnasiums von Allentown kam Buchman an das von Lutheranern geleitete Muhlenberg College, dessen Haupt-

---

* Das Haus steht in der Altstadt von Allentown und kann heute noch besichtigt werden. Es wurde vom Historischen Verein der Lehigh County so erhalten, wie Frank Buchman es erlebt hatte.

zweck darin bestand, der Kirche möglichst viele junge Pfarrer zuzuführen. Buchman selber sehnte sich danach, „in Princeton zu studieren". Sein Vater aber blieb fest in seiner Auffassung, daß Muhlenberg, nur eine Meile von zu Hause entfernt, das einzig passende College sei. Die Studenten dort trugen schwarze Anzüge und Krawatten. Theologie, Deutsch und Griechisch standen an oberster Stelle auf dem Stundenplan. Von denen, die Pfarrer werden wollten, wurde erwartet, daß sie in der Sonntagsschule unterrichteten und Kranke besuchten. So lehrte Buchman sonntags in einer städtischen Mission und machte Kranken- und Waisenhausbesuche. Sonst aber benahm er sich kaum so seriös, wie es von ihm erwartet wurde.

Zunächst einmal nahm er Malstunden. Dann besuchte er Mrs. Chapmans Tanzstudio in der Hamilton-Straße. Im Winter wurden Schlittenpartien zu abgelegenen Dörfern organisiert. „Dort tanzten wir die ganze Nacht durch", erinnert sich Buchman. „Am frühen Morgen fuhren wir im Schlitten die vierzehn Meilen wieder zurück." Als er in späteren Jahren einmal in Allentown war, zeigte er auf das Verbindungshaus der Alpha-Tau-Omega-Studenten, wo er einmal zwölf Mädchen zum selben Tanzabend eingeladen hatte: „Ich konnte doch keine von ihnen enttäuschen!"

Der Lebensstil Buchmans und seiner Eltern war – insbesondere im Vergleich zu dem der anderen angehenden jungen Geistlichen – außergewöhnlich. 1897 eröffnete sein Vater einen Wein- und Branntweingroßhandel in Emmaus, fünf Meilen südlich von Allentown. Diese Tatsache, zusammen mit seiner Leidenschaft für Pferderennen, machte ihn in den Augen der bürgerlich-lutherischen Kreise nicht gerade zum idealen Vater eines zukünftigen Pastors.

Der Tradition der Zeit und der Stadt entsprechend war Frank Buchmans Mutter immer bereit, auch kurzfristig Besucher zu bewirten. „Frank lud gern Freunde ein", erinnerte sich ein Nachbar, „genau wie seine Mutter." Er sprach oft von ihr als der „gastfreundlichsten Hausfrau". Auf den stets etwas steif wirkenden Porträts jener Zeit erkennt man deutlich eine streng und kühl dreinblickende Frau. Ein Schotte, der sie im hohen Alter kennenlernte, sagte, sie habe auf ihn gewirkt wie ein aufgetakeltes Schiff. „Sie war groß, mit einem Gesicht voller Falten. Wenn sie aber lächelte, sah sie plötzlich aus wie eine Sonnenblume", fügte er hinzu. Ihre gleichaltrigen Freunde bezeichneten sie als besonders humorvoll. Wie dem auch sei, hinter dem strengen Gesicht verbarg sich eine außergewöhnlich tolerante Natur – wenigstens was ihren einzigen Sohn betraf.

Hingegen wirkt Buchman senior auf Bildern eher unentschlossen.

„Aber", so sagte ein Freund, „er war ein erfolgreicher Geschäftsmann, der alles für seinen Sohn einsetzte."[4] Freunden gegenüber, die in Schwierigkeiten gerieten, zeigte er sich großzügig. Die vielen Jahre im Hotelgewerbe und hinter der Bartheke hatten ihm Scharfsinn und Verständnis für menschliche Schwächen vermittelt. Buchman sagte später oft, wer anderen Menschen helfen wolle, brauche die Eigenschaften eines guten Barmanns: Sympathie für andere, Einfühlungsvermögen, die Bereitschaft zuzuhören und Intuition. Er habe von seinem Vater das Verständnis für Menschen gelernt, von seiner Mutter persönliche Zurückhaltung und Ordnungssinn, wie auch die Fähigkeit, zwischen Recht und Unrecht zu unterscheiden.

Die Familie wohnte in einem in deutschem Stil gemütlich eingerichteten Haus mit dunklen und schweren Möbeln. Die Wände waren durch freundliche Ölbilder und Aquarelle belebt. Einige hatte der junge Frank mit viel Feingefühl selbst gemalt. Die Buchmans beschäftigten zwei Hausangestellte, bei Tisch wurde regelmäßig Wein serviert; sie liebten schönes Porzellan und besaßen ein Limoges-Teeservice.

Sarah Buchman hatte wie alle Pennsylvania-Deutschen einen ausgeprägten Sinn für Rechtschaffenheit und Ordnung, und wie alle gutbürgerlichen Frauen ersehnte sie für ihren Sprößling einen Aufstieg innerhalb ihrer Kreise. Sie hoffte, daß er als Mann Gottes am eigenen Ort und in der Welt von Bedeutung sein würde.

Während seiner Studienzeit am Muhlenberg College wurde Buchman von einer Miß Florence Thayer, deren Vater Direktor von fünf Glanzseidenfabriken war, nach Woonsocket auf Rhode Island eingeladen. Vom Glanz des Thayer'schen Hauses schien er geblendet. Das gesellschaftliche Leben faszinierte ihn. Er begleitete Miß Thayer zu Bällen und wurde von ihren Freunden zu Kartenspielen eingeladen. Offensichtlich betrachtete der junge Frank Florence Thayer als seine mögliche Verlobte. Sowohl 1897 als auch 1898 gehörte sie zu denen, die ihm an Weihnachten ein Geschenk machten. Eine andere junge Dame erhielt von ihm die Nadel seiner Studentenverbindung geschenkt; damals kündigte das oft Verlobung und Heirat an. Dennoch ist die Tochter einer weiteren Jugendfreundin Buchmans überzeugt, daß, wenn er je jemanden geheiratet hätte, es ihre Mutter, Bertha Werner, gewesen wäre.

So war denn der junge Buchman voller natürlicher Gegensätze. Er genoß die Fröhlichkeit und Festlichkeit der bürgerlichen Gesellschaft und schien geblendet von der Eleganz und dem Reichtum einer Welt, die er gerade erst zu entdecken begann. Was auch immer nach seinem

21. Geburtstag geschehen mochte, er hatte nicht die geringste Absicht, schon jetzt dem Bild eines künftigen lutherischen Pastors zu entsprechen.

Gleichzeitig suchte er nach einer Möglichkeit, sich religiös oder sozial zu engagieren. Er empfand schon damals, daß dafür Opfer nötig sein würden. Als sein Vetter Fred Fetherolf ihn einmal darauf aufmerksam machte, daß laut Francis Bacon ein unverheirateter Mann mehr vollbringen könne als ein verheirateter, verlangte Buchman von ihm das Originalzitat. Es heißt: „Wer Weib und Kind besitzt, hat sich dem Glück zur Geisel gegeben. Denn sie stehen großen Unternehmungen – ob tugendhaften oder unheilvollen – im Wege."[5]

Buchmans natürliche und beschwingte Geselligkeit war begleitet vom tiefen Wunsch, seinen Weg frei und unabhängig zu gehen. Eine Verbindung von Ehrgeiz, ungeheurem Selbstvertrauen und einem wachsenden Gefühl für seine eigentliche Berufung formte seinen Charakter.

Als er 21 Jahre alt war, graduierte Buchman 1899 am Muhlenberg College mit Auszeichnung und erhielt den Butler-Analogie-Preis, der mit 25 Golddollar dotiert war. Im gleichen Herbst zog er nach Philadelphia, um sein Studium am Lutherischen Seminar in Mount Airy bei Germantown aufzunehmen. Seine Berufung schien ihn, jedenfalls im Augenblick, zur Kirche seiner Vorfahren zu führen.

— 3 —

ALLES UMSONST?

Der Umzug von Muhlenberg nach Mount Airy führte Buchman von einem Teil der deutsch-pennsylvanischen Kultur in eine andere. Mount Airy gehörte zur aufregenden Stadt Philadelphia, der Geburtsstadt der amerikanischen Verfassung. Sie war wegen ihres großen Hafens nach Europa hin orientiert. Die große Welt, von der Buchman geträumt und gelesen hatte, war hier viel näher als daheim in Allentown.

Zuerst fühlte sich Buchman sehr einsam; er kompensierte das durch eine leicht überhebliche Haltung seinen Klassenkameraden gegenüber. Wie viele junge Männer, die gerade ihr Zuhause verlassen haben, ließ er in den Briefen an seine Eltern durchblicken, in welche Richtung seine Wünsche gingen. Diese waren grandios und entsprachen in Stil und Dimension einem Amerika, das mit der „Blockhaus-bis-zum-Weißen-Haus"-Philosophie von Horatio Alger gesättigt war. Von Algers Büchern waren innerhalb von 25 Jahren 200 Millionen Exemplare verkauft worden. „Um bedeutend zu sein, muß ein Mann außergewöhnliche Dinge tun", schrieb Buchman an seine Eltern. „Mit Gottes Hilfe werde ich dem Namen Buchman zu Ruhm und Glanz verhelfen. Dank harter Arbeit und Anstrengung wird mir dies gelingen." Sein Ehrgeiz liege darin, ein berühmter Autor und Liederdichter zu werden. „Nie zuvor", schrieb er am Ende des Briefes, „habe ich so offen über meine Pläne mit Euch gesprochen, aber oft habe ich während der Nächte wach gelegen und darüber nachgedacht."[1]

Als der Monat März anbrach, hatte er sich an die etwas steife Gesellschaft, in der er sich jetzt befand, gewöhnt und von seinem „Stimmungstief" erholt.[2] Es gab auch eine ganze Reihe von Dingen, die man in Philadelphia zwischen den Hebräisch-Examen genießen konnte: außer Tennis, Reiten und Rudern widmete sich Buchman bald einer Reihe von jungen Damen aus guter Gesellschaft, denen er mit seinen neuen Lackschuhen Eindruck machte.

Fast zur gleichen Zeit wurde Buchman zur Hochzeit der Schwester von Florence Thayer in Woonsocket eingeladen, und er machte einen behutsamen Vorstoß, um sich seines Vaters finanzielle Unterstützung zu sichern. Gleichzeitig versuchte er, den Eindruck zu vermeiden, er führe ein flatterhaftes Leben und gebe das Geld auch dieses Mal nicht für das wirkliche Objekt seines Herzens aus. „Ich glaube, ich muß Miß Thayer treu bleiben", erklärte er mit einem leichten Unterton von Reue, „da sie mir aufrichtig zugetan zu sein scheint."

Da Buchman nicht sicher ist, daß sein Brief angekommen ist, versucht er es noch einmal. „Vielleicht denkt Ihr, daß ich zu viel verlange, aber ich werde in wenigen Jahren schon im Beruf stehen. Dann werde ich diese Art von Freuden nicht mehr genießen können."[3]

Seine Mutter verstand auf alle Fälle seine Entschlossenheit. Mit einem Zwicker ausgerüstet, den sie ihm noch schicken mußte – „weil er mir gut steht" –, machte er sich auf den Weg nach Rhode Island. Zuvor hatte er noch seine Mutter gebeten, den *Allentown Chronicle* über seinen Besuch in Woonsocket zu informieren, was sie auch tat.[4] Die Hochzeitsfeierlichkeiten erwiesen sich als so beeindruckend, wie er erhofft hatte.

Im Laufe der darauffolgenden Monate entdeckte Buchman mehr und mehr die Freuden der Großstadt und bombardierte seine Eltern mit begeisterten Berichten. „Wir sahen die Kirchenbank in der St. Peter-Kathedrale, welche George Washington gehörte. Wir sahen sie nicht nur, ich saß sogar auf dem gleichen Platz, auf dem er zu sitzen pflegte."[5] Er hörte Mademoiselle Nerada, die „oft" für die Königin Viktoria sang, sah auf der Bühne Henry Irving und Ellen Terry in *Robespierre* und Sarah Bernhardt in der Rolle der Ophelia.[6]

Hinter Buchmans Neigung zu gesellschaftlichem Erfolg versteckte sich die Unsicherheit und Empfindlichkeit eines jungen Mannes, der leicht verletzbar war. Einer seiner Studienkollegen hatte anscheinend Gerüchte aufgelesen, die man über ihn in Allentown verbreitet hatte. Es ging darum, daß ein Professor gesagt haben sollte, Buchman besitze nicht genügend Willenskraft, um seine Arbeit zu leisten (eine ernste Anschuldigung in der deutschen Gemeinde)! Buchman reagierte heftig. Kein Professor, schrieb er seiner Mutter, habe je auch nur angedeutet, daß er nicht gut gearbeitet habe.

Um vom College aufgenommen zu werden, hatte er ein Examen bestehen müssen, zu dem eine Übersetzung von Augustinus aus dem Lateinischen und einiger Kapitel des Neuen Testaments aus dem Griechischen gehörten. Bald konnte er auch das Alte Testament auf hebräisch lesen. Die Morgenandachten wurden abwechselnd auf deutsch und englisch gehalten, und die Studenten lasen ihren Luther bei der Luther-Abend-Gesellschaft, zu der Buchman gehörte, im Originaltext.[7]

Irgendwann im Jahre 1900 schrieb er nach Hause: „Wenn Ihr niemandem ein Wort sagt, werde ich Euch ein Geheimnis verraten. Ich habe drei Dollar für meine erste Predigt bekommen . . . Es war ein großartiges Erlebnis. Mein Lebenswerk hat begonnen."[8]

Es war eine Zeit, in der die Kirche mehr und mehr ihre Verantwortung für die Armen, die Elenden und die Alten entdeckte. Angesichts der Nöte in der damaligen amerikanischen Gesellschaft war dies eine offensichtliche und dringende Aufgabe. Während der Jahre nach dem Bürgerkrieg hatten die Vereinigten Staaten einen raschen, aber schmerzlichen Wachstumsprozeß durchgemacht. In den Jahren zwischen 1860 und 1890 hatte sich das Nationaleinkommen verfünffacht. 1869 war die Eisenbahn, die den Atlantik mit dem Pazifik verband, fertiggestellt worden, und allein in den achtziger Jahren entstanden 100 000 Meilen neuer Strecken. Geld-Barone wie Rockefeller, Carnegie, Harriman und John Pierpont Morgan hatten enorme Vermögen angehäuft. Aber im Osten von New York lebten die Menschen in bitterstem Elend – 290 000 auf einer Quadratmeile – zusammengepfercht. Und in Tausenden von Streiks suchten die Armen ihre Verzweiflung zum Ausdruck zu bringen.

Im Jahr 1901 besuchte Buchman eine Versammlung der Gesellschaft für Innere Mission der Lutherischen Kirche. Er schrieb seinen Eltern: „Das Ziel der Bewegung ist, den immer tiefer werdenden Graben zwischen der Kirche und den Massen zu überbrücken: durch direkten persönlichen Kontakt von Mensch zu Mensch in den bevölkertsten Stadtteilen, durch Krankenbesuche, Fürsorge für die Gestrauchelten, Beratung der Versuchten, Ermutigung der Alten, Unterweisung der Unwissenden und Rehabilitation der Straßenkinder."[9] „Diese Aufgabe ist es, die mir am meisten am Herzen liegt", schrieb er im Jahr darauf. „Vielleicht", notierte er in seinem Tagebuch, „hat Gott mir hier einen Weg gezeigt, wie ich Ihm dienen kann." Mit dem gleichen Eifer, mit dem Buchman sich zuvor ins gesellschaftliche Leben gestürzt hatte, engagierte er sich jetzt in verschiedenen sozialen Aufgaben.

Im Sommer 1901 nahm Buchman am Studententreffen von Northfield in Massachusetts teil, das ursprünglich von dem Prediger Dwight L. Moody organisiert worden war. Diesmal wurde es von John R. Mott, dem stellvertretenden Generalsekretär des CVJM, vielleicht der stärksten Persönlichkeit der christlichen Studentenbewegung, geleitet.

Dieser Besuch, schrieb Buchman, habe sein Leben „vollständig geändert".[10] „Eine so phantastische Woche habe ich nie zuvor erlebt."[11] Dies scheint der Augenblick gewesen zu sein, in dem Buchman sich entschied, daß das Gewinnen von Menschen für Christus das Hauptziel seines Lebens sein sollte. Deshalb beschloß er auch, vor seiner Rückkehr nach Allentown seine neue Überzeugung an mindestens einem Menschen auszuprobieren. Von diesem Vorhaben ließ er sich zwar zunächst durch einen Besuch in New York abbringen, erinnerte sich aber wieder daran, als er seine Fahrkarte für die Reise nach Hause löste.

Der erste Mensch, der ihm dann über den Weg lief, war ein schwarzer Gepäckträger. Buchman legte sofort los: „George, bist du ein Christ?" „Nein." „Dann solltest du einer werden." Die Unterhaltung ging im ähnlichen Stil weiter und hörte mit den Worten auf: „Hör mal, George, du mußt einfach Christ werden!"

„So endete", erzählte Buchman viel später, „mein erster, recht primitiver Versuch, die ungeheuren Reichtümer Jesu Christi einem anderen Menschen zu vermitteln. Ob dieser Mann je ein Christ wurde oder nicht . . . ich kann es nicht sagen. Aber von diesem Tag an war das Eis gebrochen; mein wirkliches Lebenswerk konnte beginnen."[12]

Aus Buchmans Briefen in jener Zeit spricht eine tiefe Frömmigkeit. Sie endeten oft mit einem erbaulichen Bibeltext oder einem Losungswort. Gegen Ende der Studienzeit in Mount Airy wurde Buchman im Sommer 1902 mit zwei Kommilitonen dazu ausersehen, bei den Abschlußfeiern zu sprechen. Florence Thayer kam extra aus Woonsokket, um ihn zu hören.

Buchmans Eltern hatten schon gegen mehrere seiner Zukunftspläne Einspruch erhoben. Einmal hatte er nach Indien gehen, ein anderes Mal ein Jahr in Leipzig studieren wollen. Aber insgeheim hegte Buchman immer noch den Ehrgeiz, den Ruf an eine wichtige Stadtkirche zu erhalten. Als er im August gebeten wurde, die Verantwortung für ein bestimmtes Missionsprogramm in der ganzen Stadt zu übernehmen, lehnte er energisch ab. In Allentown kam er dann mit einem früheren Studienkollegen, Bridges Stopp, dem Sohn reicher Eltern, der aber behindert und nicht sehr gesund war, ins Gespräch. Er erzählte ihm, er hoffe auf die Berufung an eine große Stadtkirche. „So, du willst also hoch hinaus und hoffst, dir einen fetten Posten zu sichern", gab Bridges zurück. „Was aber werde ich wohl bekommen?" Diese Bemerkung verletzte Buchmans Stolz und gab seinem Ehrgeiz eine neue Richtung – oder spornte ihn vielleicht auch an, das Gegenteil zu beweisen. Als er am Tag seiner Ordination, am 10. September 1902, gefragt wurde, ob er eine neue Gemeinde in einem der gerade entstehenden Außenviertel von Philadelphia aufbauen würde, nahm er an.

In Overbrook, dem Stadtteil, der ihm übertragen wurde, trafen die sozialen Gegensätze hart aufeinander. Auf der einen Seite gab es Straßenzüge mit Villen erfolgreicher Geschäftsleute; jenseits der Eisenbahnlinie jedoch wohnten die Armen in Hütten und Mietshäusern. Als Buchman seine Arbeit begann, gab es kein Kirchengebäude. Sein Schlafzimmer war ohne Teppich und sein Bett ohne Matratze. Mit dem Ernennungsbrief kam die Aufforderung, sofort mit der Arbeit anzufangen. In einem Nebensatz wurde erwähnt, daß man, was sein Gehalt betreffe, „im Augenblick keine Verpflichtung eingehen" könne. Buchman entdeckte bald, was damit gemeint war. „Sie haben gerade genug, um die Schulden zu bezahlen", schrieb er an seine Eltern, „und für mich bleibt nichts übrig."[13]

Während des ganzen ersten Monats ging er die Straßen auf und ab, um sich eine Gemeinde zu sammeln und einen Ort zu finden, von dem aus er arbeiten konnte. Das einzige geeignete Objekt war ein dreieckiges, dreistöckiges Gebäude an der 62. Straße. Im Erdgeschoß war zuvor ein Laden gewesen. Jetzt mußte das Gebäude gleichzeitig als Kirche und als Pfarrhaus dienen. Ein Freund zahlte die erste Monatsmiete, ein anderer stellte Stühle zur Verfügung, die Buchman aber in der Innenstadt von Philadelphia abholen lassen mußte. Einen Monat nach seiner Ankunft öffnete die „Kirche des Guten Hirten" von Overbrook ihre Tore. Achtzig Menschen nahmen am ersten Abendgottesdienst teil, und die Kollekte ergab 10,35 $.

Es war eine harte und oft entmutigende Arbeit. „Ich vermisse das Familienleben", schrieb er. „Alles ist so still hier, aber ich werde mich schon noch daran gewöhnen. Betet für mich, daß ich die Kraft habe durchzuhalten."[14] Buchmans Eßtisch war ein alter, mit einem Tuch bedeckter Koffer, und als ihm seine Mutter schließlich einen Teppich schickte, schrieb er ihr, nun habe er endlich wieder das Gefühl zu leben. Auch die tröstliche Aussicht, bald einmal heiraten zu können, erfüllte sich nicht. So scheint sich während der Jahre in Overbrook die Beziehung zu Florence Thayer sang- und klanglos aufgelöst zu haben.

Wie auch oft später in seinem Leben, verausgabte sich Buchman bei seiner Arbeit in Overbrook völlig und war am Ende des darauffolgenden Sommers so erschöpft, daß ihm der Arzt einen langen Urlaub verordnete. Gemeinsam mit einem Studienkollegen schiffte er sich im Juni 1903 auf der *Vancouver* in Richtung Europa ein. Das

Reisegeld scheint von seinem Vater gekommen zu sein, obwohl dieser sich zuerst dagegen gesträubt hatte, nach drei Jahren Studiengebühren jetzt auch noch diese zusätzlichen Mittel beisteuern zu müssen.

Die zwei jungen Männer freundeten sich rasch mit einer Gruppe von jungen Damen aus Quincy, Massachusetts, an. Bald nannten sie einander „Vettern" und „Kusinen" und setzten die Reise eine Zeitlang gemeinsam fort. Als Buchman in der Schweiz das Hotel auf den Rochers de Naye, 2000 m.ü.M., erreichte, erwartete ihn ein Brief von einem polnisch-deutschen Freund, der auf halbem Weg zum Genfersee hinunter im Caux-Palace-Hotel wohnte und den er am darauffolgenden Tag besuchte.*

Für Buchman aber verwandelte sich der angenehme und anregende Urlaub in netter Gesellschaft bald in etwas ganz anderes. Als ehrgeiziger junger Pastor suchte er dauernd nach neuen Ideen. Sowohl in der Schweiz wie auch in Deutschland übernachtete er oft in Christlichen Hospizen (die von der Lutherischen Inneren Mission zu dem Zweck geschaffen wurden, um jungen Männern fern von zu Hause Unterkunft zu gewähren). Er begann sich zu fragen, ob er nicht ein ähnliches Heim in Philadelphia eröffnen sollte.

Voller Fragen und Erwartungen traf er Friedrich von Bodelschwingh, der in Bethel eine ganze Kolonie von Krankenhäusern, Pflegeheimen und Werkstätten für Epileptiker und geistig und körperlich Behinderte aufgebaut hatte. Buchman war sehr beeindruckt von Bodelschwinghs Bemühen, nicht nur die Atmosphäre einer christlichen Familie zu schaffen, sondern auch jedem seiner Schützlinge das Gefühl zu vermitteln, daß er eine lohnende Arbeit verrichte.

Als Buchman nach Overbrook zurückkam, ging es mit der „Kirche des Guten Hirten" langsam aufwärts. Nach der Feier des ersten Jahrestages erhielt er regelmäßig ein Monatsgehalt von 50 $. diese Summe entsprach aber in keiner Weise den Ausgaben, in die sich Buchman gestürzt hatte. Sofort nach seiner Rückkehr aus Europa hatte er mit einer Gruppe von Geschäftsleuten den Plan besprochen, ein Hospiz nach europäischem Muster zu schaffen. Doch die Nöte waren der Planung immer einen Schritt voraus. In einer kalten Winternacht klopfte jemand an Buchmans Tür. Es war ein junger Hausangestellter. Seine Arbeitgeber, die in einer der großen Villen der Umgebung wohnten, hatten ihn wegen eines kleinen Vergehens weggejagt. Buchman nahm ihn auf und besorgte ihm einen neuen Job.

---

* Dreiundvierzig Jahre später wurde dieses Hotel das Zentrum für Buchmans Arbeit in Europa.

Ein Freund machte Buchman auf einen weiteren jungen Mann aufmerksam, den er in der Tuberkulosen-Abteilung eines Heims für Arme und Geisteskranke gesehen hatte. Sein Vater war kurz zuvor an Delirium tremens gestorben und seine Mutter, die viele Jahre lang Köchin des Gouverneurs von Pennsylvania gewesen war, kam von ihrer Sucht nach Laudanum, einer Opiumtinktur, nicht los. Mary Hemphill und ihre zwei Jungen lebten in einer Mansardenwohnung vom Typ „Leere Bodenkammer" in einem der übelsten Viertel von Philadelphia. Sie ernährten sich von dem, was sie in Mülltonnen fanden. Buchman fand die Frau bei seinem Besuch über den Waschtrog gebeugt, in völliger Hoffnungslosigkeit. Da er eine Köchin brauchte, lud er sie ein, mit ihren Jungen zusammen zu ihm zu kommen.

Nach dem Zusammentreffen mit dieser Familie entschloß er sich, das Trinken von Alkohol aufzugeben. Sobald Mary auch nur einen Tropfen anrührte, fiel sie wieder in ihre alte Sucht zurück. So war es für ihn eine selbstverständliche Entscheidung – ein wirkliches Opfer aber für jemanden von seiner Herkunft und Erziehung –, ebenfalls keinen Alkohol mehr zu trinken. Von dieser Entscheidung rückte Buchman auch nie wieder ab.

„Der Sinn dieser Arbeit war die Gemeinschaft in einem ganz anspruchslosen Raum. Arbeiter oder Hausangestellte konnten hier ganz zwanglos zusammenkommen. Es war im wahrsten Sinne des Wortes ‚Hauskirche'", erzählte Buchman später. „Einige kamen meilenweit zu Fuß, weil sie spürten, daß hier die Armen nicht nur ein verständnisvolles Herz und Ohr, sondern auch ein Zuhause finden würden. Mit ihnen teilte ich alles, was ich hatte, und lernte die große Wahrheit, daß da, wo Gott führt, er auch wirklich sorgt." Mehr und mehr trug sich die Arbeit durch Spenden: Geldscheine wurden durch den Briefkastenschlitz geschoben und Körbe mit Nahrungsmitteln heimlich vor die Haustür gestellt.

Im Mai 1904 wurde das Hospiz offiziell eröffnet.[15] Schon im November darauf war dank Buchmans herzlicher Art, Marys guter Küche und der großen Not das Haus voll. Fast war es zu viel des Guten, denn die Zahl der Anwärter übertraf binnen kurzem die Zahl der Betten. Die Kirchenleitung sah bald, woher der Wind wehte. Schon wenige Wochen später wurden Pläne diskutiert, die ein vollwertiges Hospiz mit Betten für fünfzig junge Männer vorsahen. Buchman war begeistert. Der Kirchenvorstand der Stadt war ebenfalls mit ihm im Gespräch und schien mit der ganzen Idee einer solchen neuen Institution völlig einverstanden. Buchman hatte nicht die Absicht, eine notdürftige Unterkunft zu bieten. Ihm schwebte vielmehr etwas vor, was eher dem „Buchman House Hotel“ vergleichbar gewesen wäre.

Das Protokoll der Kirchenvorstands-Sitzung vom Juni 1905 stellt fest: „Es ist sein (Buchmans) und des Vorstands Ziel, so weit wie möglich ein christliches Familienleben zu schaffen, mit allem, was an Behaglichkeit, Bildung und positiven Einflüssen dazugehört.“ Im Protokoll wird vermerkt, daß es natürlich gut wäre, wenn sich das Hospiz selbst erhalten könnte, daß aber „der Zweck selbst in Frage gestellt wäre, wenn man dies voraussetzen müßte. Das Defizit muß von der Kasse der Gesellschaft gedeckt werden.“ Der Kirchenvorstand hatte für dieses erste lutherische Hospiz ein Haus gemietet und zahlte dafür die beträchtliche Summe von 2000 $ im Jahr. Schon diese Miete machte es praktisch unmöglich, eine ausgeglichene Jahresrechnung zu erreichen.

Auf dieser Grundlage übernahm Buchman den Posten des „Hausvaters“ für ein Jahresgehalt von 600 $ mit der „allgemeinen Verantwortung für das Haus, in materieller und geistiger Hinsicht, unter der Leitung des Vorstandes“.[16] Leider sah der Vorstandsvorsitzende, Dr. J. F. Ohl, die Prioritäten etwas anders: Für ihn kam die ausgeglichene Haushaltsrechnung an erster Stelle, und er betrachtete es als wichtigste Aufgabe des Hausvaters, das nötige Geld zu sammeln. Als Superintendent hatte er geholfen, den ursprünglichen Zweckparagraphen der neuen Stiftung zu formulieren. Dieser aber wurde jetzt einfach ignoriert. Ohl war Musiker, ein Spezialist für liturgische Fragen und Sozialarbeit – aber bekannt als ein schwieriger Charakter.

Das neue Hospiz wuchs und gedieh. Buchman wählte als Hausmutter Sarah Ward, eine ältere Frau, die er in Northfield kennengelernt hatte und die der Familie von Dwight Moody sehr nahestand. Den zwei „Hauseltern“ gelang es bald, eine freundliche und familiäre Atmosphäre im Haus zu schaffen.

„Ich freute mich immer auf das Essen“, schrieb ein College-Student. Jede Gelegenheit wurde genutzt, um etwas zu feiern: den 4. Juli (amerikanischer Nationalfeiertag), den Besuch eines besonderen Gastes, einen Geburtstag. Nach dem Frühstück gingen alle zur Familienandacht ins Wohnzimmer.[17] John Woodcock, ein Pfarrer, der für einige Zeit im Hospiz mitarbeitete, notierte damals: „Vom ersten Augenblick an spürte man die Atmosphäre dieses Hauses. Es war keine Institution, es war eine Familie. Es gab wenig Regeln außer denen, die in jedem gut organisierten Haushalt nötig sind.

Wenn einer der jungen Männer am Abend ausging, wußte er, daß ihm von einer bestimmten Uhrzeit an aufgeschlossen werden mußte.

Wie spät es auch immer war, stets öffnete Frank die Tür, ohne je einem das Gefühl zu geben, daß er gestört worden sei oder daß ihm irgendetwas zuviel werde. Er lud den Spätankömmling immer ein, noch etwas mit ihm zu essen. Natürlich half diese Einstellung, Vertrauen zu schaffen und wenn nötig geistliche Hilfe zu geben."[18]

Schon am Anfang des darauffolgenden Jahres hatte Buchman das Gefühl, die Zeit sei gekommen, den Wirkungskreis des Hospizes auszuweiten. Er wollte die mittellosen jungen Männer in seinem Hospiz „davor bewahren, zu Egoisten zu werden, weil sie immer nur Empfänger sind". Sie sollten lernen, für Menschen zu sorgen, die noch ärmer waren als sie selbst.

Im Frühjahr 1906 gründete Buchman deshalb ein „Settlement" (Jugendheim) in einem der schlimmsten Viertel der Innenstadt von Philadelphia. Ein Zeitgenosse schildert die Gegend: „Hier lebten Auswanderer-Familien in Schmutz und Dreck . . . und unter moralischen Bedingungen und Einflüssen, die sogar Engel zum Weinen gebracht hätten." Auf Buchmans Vorschlag hin stellte ihm ein Bierbrauer einen Raum oberhalb seiner Stallungen zur Verfügung, in dem sich die jungen Leute am Samstagabend treffen konnten. Bald strömten die Kinder von Emigrantenfamilien zusammen: Polen, Italiener und Türken ebenso wie Deutsche und Skandinavier – aus jüdischen, katholischen und protestantischen Familien. An heißen Sommernächten drang der Ammoniak-Gestank aus den Ställen durch die Ritzen des Bodens. Die Lokalzeitung aus Buchmans Heimatstadt schrieb: „Das ‚Settlement'-Haus ist überfüllt mit Straßenkindern, die hier ein warmes, glückliches Zuhause finden. Die Jungen lernen schreinern, die Mädchen lernen nähen, kochen und andere Hausarbeiten."[19] Als Buchman von einem befreundeten Geschäftsmann gefragt wurde, was er für diese jungen Menschen täte, antwortete er ihm: „Ich versuche ihnen nur zu zeigen, wie sie ihr Leben gestalten können."

Buchman lernte auch, wie man das Vertrauen einzelner Menschen gewinnt. Typisch dafür war die Geschichte mit dem vierzehnjährigen George, die er später häufig erzählte.

„George", so erinnerte er sich dann, „war ein Waisenjunge, der zu mir kam und bei mir bleiben wollte. Wir verbrachten die erste Woche ganz fröhlich miteinander. Ich erzählte ihm meine besten Witze. Wir aßen zusammen und ich sorgte für ihn, so gut ich konnte. Aber trotz alledem konnte ich sein Vertrauen nicht gewinnen. Eines Freitagabends sagte er mir beiläufig, er wolle noch mal in die Stadt gehen. Ich dachte mir nichts Böses dabei. Gegen halb zehn jedoch – es war einer jener langen Sommerabende – sah ich eine Gestalt die Straße im Zickzackgang entlangtorkeln.

Mein Herz sank. Was sollte ich tun? Ich sah von meinem Fenster aus, wie er versuchte, den Schlüssel ins Schlüsselloch zu stecken. Vergeblich. Er begann wild an der Tür zu rütteln, denn natürlich war für ihn die Tür an allem schuld. Schließlich ließ ihn jemand herein, und er polterte die Treppe hinauf in das Zimmer neben dem meinen. Ich kümmerte mich darum, daß er bald darauf sicher im Bett lag, ohne mit ihm zu sprechen.

Am nächsten Morgen kam mir der Gedanke, nicht zum Frühstück zu gehen, denn die rotgeränderten Augen von George hätten mich dazu verleiten können, ein Wort zuviel zu sagen – so wartete ich bis gegen zehn Uhr und ging dann zu seinem Arbeitsplatz. Ich fragte den Chef, ob ich mit George sprechen dürfe. ‚Jederzeit', sagte er. In dem Augenblick, als George mich kommen sah, sank sein Kopf vornüber. Natürlich nahm er an, ich hätte dem Chef alles erzählt. Ich wandte mich dann an George und fragte ihn: ‚Wie wäre es, wenn wir zusammen zum Mittagessen gingen?' George stimmte erleichtert zu, und wir gingen in ein Restaurant. Wir begannen mit einer kleinen Vorspeise. George war stumm wie ein Fisch. Dann kam eine Suppe, und während er sie auslöffelte, sagte er plötzlich: ‚Ich war gestern abend betrunken.' Natürlich war es schrecklich schwer für ihn, diesen Satz auszusprechen, denn er hatte große Angst, was ich nun sagen würde. Dann informierte er mich darüber, daß es ihn gar nicht viel gekostet habe, nur zwanzig Cents. Er wollte, daß ich das Abenteuer von der wirtschaftlichen Seite betrachtete. Schließlich wechselte er das Thema und wollte wissen, wie es meiner ‚Sonntagsschule' ginge – so nannte er das ‚Settlement'. Er wollte über Religion sprechen. Ich wußte aber, daß die Zeit dafür noch nicht reif war, und so sagte ich ihm, daß im Jugendheim alles in Ordnung sei.

Schließlich merkte er, daß er zu seinem Problem zurückkehren mußte. ‚Weißt du', sagte er, ‚als ich da gestern die zwanzigste Straße langkam, da dachte ich: wenn er mich ausschimpft, dann tu' ich's gerade wieder!' Wir lachten beide. Dann stand er auf. ‚Ich glaube', meinte er im Fortgehen, ‚nächsten Sonntag komm ich mal mit in deine ‚Sonntagsschule' . . ."

Es war nicht weiter erstaunlich, daß der Finanzhaushalt des Hospiz nicht ausgeglichen blieb und daß sich die Beziehungen zwischen Buchman und Ohl und seinem Vorstand dauernd verschlechterten. Ohl fuhr fort, ständig alles zu kritisieren. Sicher war die Küche im Hospiz gut, aber war sie nicht etwas zu verschwenderisch? Und wie stand es mit Mary Hemphill und ihren Söhnen; sollten sie nicht für ihre Zimmer Miete zahlen?

Am 3. Mai 1906 wurde eine Sonderkommission ernannt, um „Wege zu finden, die Ausgaben zu reduzieren und das Überleben des Hospizes zu sichern". Eine Wirtschafterin wurde eingesetzt. Die Kommission bestimmte ebenfalls, daß durch den Einkauf in billigeren Geschäften sofort Einsparungen gemacht werden sollten. Durch diese Entscheidungen wurde Buchman indirekt beschuldigt, nachlässig und verschwenderisch gewesen zu sein.

Die Qualität des Essens ließ von einem Tag auf den andern nach: Buchman sagte später, daß die Butter oft ranzig und der Fisch wäßrig gewesen seien. Gleichzeitig setzte sich die Wirtschafterin das Ziel, Mary Hemphill und ihre Söhne aus dem Haus zu ekeln. Schon unter normalen Umständen fand Mary es schwierig, nicht in ihre alte Sucht zurückzufallen. Jetzt, da ihre Rivalin alles tat, um sie auszuschalten, fing sie an, eine noch stärkere Opiumtinktur, Paregoric, einzunehmen.

Jeden Monat wurde die Situation schlimmer, und Buchman blieb bald nichts anderes übrig als der Versuch, durch Nachhutgefechte zu retten, was noch zu retten war. Der Konflikt erreichte im Sommer 1907 seinen Höhepunkt. Buchman entschloß sich, die Vertrauensfrage zu stellen, auch wenn es ihn seinen Posten kosten würde.

Zuerst fand er eine neue Unterkunft für Mary Hemphill und ihre Söhne, und zwar bei der zukünftigen Frau Woodcock. Dann überreichte er im Oktober 1907 dem Vorstand ein siebzehnseitiges Memorandum. Ein Hospiz, erklärt er darin, sei keine Pension. „Die Inhaberin einer Pension kann es sich nicht leisten, den Gästen ein Weihnachts- oder Thanksgiving-Essen zu geben, an das sie sich während ihres ganzen Lebens erinnern werden . . . Die Resultate unserer Arbeit dürfen nicht nach dem Maßstab des Mammon gemessen werden."

Dann stellt Buchman seine eigenen Bedingungen auf. Zunächst müßte der Vorstand ihm das Vertrauen aussprechen: Er müsse die Freiheit haben, auch jemanden zu entlassen, der sich als ungeeignet erwiesen habe. In Zukunft dürfe auch niemand ohne seine Zustimmung eingestellt werden.

Schließlich fordert Buchman, die Arbeit im Hospiz in eine größere Perspektive zu stellen. „Ich bestehe darauf", schreibt er am Ende des Berichts, „daß jegliche Entscheidung nicht auf der Basis von Sympathie gefällt wird, sondern daß die aufgeworfenen Fragen mit Gelassenheit und Realismus diskutiert und Maßnahmen getroffen werden, die unserer Arbeit ein gesundes Wachstum sichern."[20] Vielleicht hätte er eine etwas andere Tonart gewählt, wenn er nicht so sicher gewesen wäre, daß er selbst unentbehrlich sei und deshalb seine Forderungen durchsetzen würde.

Die Vorstandssitzung an diesem Abend ging bis Mitternacht. Der unerbittliche Ohl hatte die anderen Mitglieder auf seiner Seite, als beschlossen wurde, daß sich das Hospiz künftig selbst erhalten solle. Buchman wußte, daß es für ihn nur einen Ausweg gab: Er mußte zurücktreten. Am darauffolgenden Morgen erschien er nicht zum Frühstück. Als Woodcock an seine Tür klopfte, hörte er zuerst ein leises Schluchzen, dann „Bitte, komm herein!" „Ich verstand sofort, was geschehen war und konnte seine Gefühle gut verstehen", sagte Woodcock später. „Er nahm dann meinen Vorschlag an, aufzustehen, zu frühstücken und mit mir aufs Land hinauszufahren. Die frische Luft und der Spaziergang halfen ihm offensichtlich, seine Gedanken zu ordnen und zu einem vernünftigen Entschluß zu kommen. Am gleichen Abend reichte er seinen Rücktritt ein."[21] Dieser wurde am 24. Oktober angenommen.

„Ich fühle mich wie ein geschlagener Hund, völlig erschöpft", schrieb Buchman an seine Eltern. Er berichtet, wie er noch einen Abendgottesdienst im „Settlement" für sechzig Kinder hielt, und fügte hinzu: „Mary war tapfer, aber ich konnte ihr anmerken, daß sie litt. Habt keine Angst um mich. Alles wird gut werden. Beste Grüße an alle, Euer Sohn Frank."[22]

In keiner Weise aber wurde alles gut. Buchman hatte sich mit Leib und Seele im Hospiz eingesetzt – jetzt waren all seine Erwartungen zusammengebrochen. Sein Rücktritt entsprach praktisch einer Entlassung, und zwar durch Männer, die ihn gedemütigt und seine Ziele nie wirklich verstanden hatten. Seine Welt lag in Trümmern, er war aus seiner eigenen Schöpfung verbannt worden. In den darauffolgenden Tagen vergegenwärtigte er sich immer wieder die entscheidenden Stunden der Auseinandersetzung mit dem Vorstand. Es blieb ihm nichts als ein bitterer Haß auf diese Männer.

Das Resultat der langen Monate unermüdlicher Arbeit sowie des Aufruhrs in seinem Gemüt war, daß Buchman krank wurde. Ein Arzt in Philadelphia, Weir Mitchell, stellte völlige Erschöpfung fest und empfahl einen langen Urlaub. Sein Vater gab ihm eintausend Dollar, und so schiffte sich Buchman am 29. Januar 1908 auf der SS Moltke in Richtung Europa ein.

— 4 —

EIN NACHMITTAG IN KESWICK

Die Reise wurde eine „Grand Tour" in großartigem Stil! Traurig nur, wie er hinterher selbst zugab, daß Buchman „sich selbst mitnehmen" mußte. Wo immer er hinging, ob er die Alhambra bewunderte, die griechischen Inseln im schimmernden Meer erlebte, ja, sogar an den Heiligen Stätten des Heiligen Landes, fühlte er sich verfolgt und bedrückt von der unheilbaren Bitterkeit über seine Zurückweisung durch das Direktorium. Beim Verlassen der Insel Patmos sagte er zu einem Mitreisenden: „Das werde ich diesen Männern nie verzeihen!"

Nach außen gab er sich meistens heiter und gelassen. Er zeigte Interesse an seinen Mitreisenden; die Leute hatten ihn gern. Bei der Fahrt durchs Mittelmeer lernte er ein älteres Ehepaar kennen, die Dulls aus Harrisburg in Pennsylvania. Als Mrs. Dull ernsthaft an Lungenentzündung erkrankte und das Schiff in Athen verlassen mußte, änderte Buchman seine Pläne und blieb auch in Athen, um sich um das Ehepaar zu kümmern. Er nahm Verbindung zur amerikanischen Botschaft auf, um über Mrs. Dulls Befinden zu berichten. Bei dieser Gelegenheit wurde er zu einem Gesellschaftsabend in die Botschaft eingeladen. Dort traf er eine Dame wieder, die er auf dem Schiff kennengelernt hatte, und diese stellte ihn Angélique Contostavlos vor, der Gesellschafterin der Kronprinzessin Sophie von Griechenland. Frau Contostavlos war beeindruckt von Buchmans Fürsorglichkeit für die Dulls und berichtete der Prinzessin: „Heute habe ich einen amerikanischen Heiligen kennengelernt." „Unmöglich", antwortete die Kronprinzessin, „den möchte ich kennenlernen!"

Prinzessin Sophie war dann offensichtlich beeindruckt von Buchman. Immerhin so sehr, daß sie ihn bat, er möge doch zur Verständigung zwischen Griechenland und der Türkei beitragen. So arrangierte sie für Buchman ein Treffen mit dem türkischen Sultan Abdul Hamid in Istanbul. Es schien, als sei Buchman diesem ungewöhnlichen Vorschlag in aller Ruhe nachgegangen. Später beschrieb er, wie er in einem gepanzerten Wagen zum Empfang des Sultans gebracht wurde – zwei Sicherheitsbeamte auf dem Trittbrett und zwei weitere auf dem Rücksitz. Tags darauf frühstückte er sogar mit dem Sultan.[1]

In Deutschland traf Buchman Bodelschwingh noch einmal. Noch war er innerlich – trotz äußerlicher Fröhlichkeit – krank vor Bitterkeit. Im Juli kam er nach England und beschloß, an der „Keswick Convention", einem jährlichen Treffen evangelikaler Christen, teilzunehmen. Er hoffte auf eine Begegnung mit dem angesehenen Pfarrer F. B. Meyer, den er in Northfield kennengelernt hatte. Vielleicht würde dieser ihm helfen können. Doch Meyer nahm nicht an der Tagung teil, und Buchman überspielte seinen Kummer, indem er eifrig alle Versammlungen besuchte und Wanderungen durch die Seenlandschaft um Keswick unternahm.

Während eines solchen ausgedehnten Spaziergangs betrat er – einem Einfall folgend – eine kleine Sandstein-Kapelle. Es war Sonntag. Eine Frau hielt eine Andacht, nur siebzehn Leute waren anwesend. Es war die Erweckungspredigerin Jessie Penn-Lewis; sie sprach über das Kreuz Christi. Nun war dies wirklich kein neues Thema für Buchman. In Mount Airy hatte er ausführliche Vorlesungen darüber gehört. Er hatte selbst darüber geschrieben, Examensfragen beantwortet, ja, er hatte darüber gepredigt. Doch diese Frau sprach so bewegend, so überzeugend vom Kreuz, daß es für Buchman zum ersten Mal zur lebendigen und lebenspendenden Wirklichkeit wurde.

„Sie zeichnete mit ihren Worten den sterbenden Christus, wie ich ihn vorher nie gesehen hatte", erinnerte er sich später. „Ich sah die Nägel in Seinen Handflächen, ich sah die größeren Nägel in Seinen Füßen; ich sah den Speer, wie er Ihm in die Seite gestoßen wurde. Ich sah Seine traurigen Augen, die das schreckliche Leiden widerspiegelten. Sein ganzes Gesicht war Leiden. Und ich wußte, daß ich Ihn verwundet hatte. Daß es eine große Ferne gab zwischen Ihm und mir. Ich wußte, es war meine Sünde, meine Verbitterung, die mich von Ihm trennte.

Ich dachte an jene sechs Männer in Philadelphia, die mich – meiner Auffassung nach – ungerecht behandelt hatten. Zwar hatten sie das getan, aber ich war so fixiert auf den Gedanken an ihr Unrecht, daß ich zum siebten Mann geworden war, der Unrecht tat. Trotz meiner richtigen Überzeugung tat ich Unrecht, denn ich hielt die Verbitterung in mir fest. Ich hatte meine Überzeugung durchsetzen wollen, und nun waren alle meine Gefühle verletzt.

Ich begann mich zu sehen, wie Gott mich sah. Das war ein völlig anderes Bild, als ich es normalerweise von mir selbst hatte. Ich weiß nicht, wie ich Ihnen das erklären soll. Ich kann Ihnen nur erzählen, daß ich dasaß und es mir wie Schuppen von den Augen fiel, und ich plötzlich erkannte, wie meine Sünde, mein Stolz, meine Selbstsucht und mein Groll mich von Gott, von Jesus Christus abgeschnitten hatten. Ich tat eine christliche Arbeit, ich hatte mein Leben jenen armen Jungen verschrieben und viele Leute mögen gesagt haben: ‚Wie wunderbar!' – aber ich war nicht fähig zu überwinden, denn ich hatte die Verbindung zu Gott verloren. Meine Arbeit war zu meinem Idol geworden.

Ich brauchte keine andere Stimme als die Stimme jenes Mannes da am Kreuz. Mir gingen die Worte durch den Sinn: ‚Dies hast Du für mich getan, was habe ich für Dich getan, mein gekreuzigter Herr?' Ich stand im Mittelpunkt meines eigenen Lebens. Das große ‚Ich' mußte durchgestrichen, durchkreuzt werden. Wie Grabsteine ragten meine Ressentiments gegen jene Männer aus meinem Herzen heraus. Ich bat Gott, mich zu ändern, und er sagte mir, ich solle meine Beziehung zu jenen Männern in Ordnung bringen.

Dieser schlichte Auftrag erschütterte mich tief. Es war, als ob ein Lebensstrom in mich hineingegossen würde. Hinterher hatte ich das schwindelerregende Gefühl eines großen geistigen Erwachens. Es gab nicht mehr die Gespaltenheit zwischen Abrechnung und Verteidigung, zwischen Bedrücktheit und Hilflosigkeit. Eine Welle starker Gefühle, gefolgt von dem Willen zur Hingabe wuchs in mir . . . Sie schien meine Seele heraus aus dem Käfig der Selbstsucht aufzurichten, und sie über den tiefen, trennenden Abgrund hinweg zu Füßen des Kreuzes erschüttert und hingabebereit niederzulegen."[2]

Dieses Erlebnis trat so plötzlich ein wie das von John Wesley im oberen Zimmer in Aldersgate oder das des Franziskus in San Damiano, als er „vor dem Kruzifix niederfiel, von unerwarteten Visionen gepackt, sich als ein anderer Mensch wieder erhob – völlig verschieden von dem, als der er hineingegangen war".

Als Buchman die Kapelle verließ, dachte er nicht so sehr daran, denen zu vergeben, die er gehaßt hatte, sondern vielmehr, diese um Vergebung zu bitten für die Art, wie er sich ihnen gegenüber verhalten hatte. Kaum in sein Zimmer zurückgekehrt, setzte er sich hin und schrieb sechs Briefe, an jedes Vorstandsmitglied einzeln. Einer jener Briefe, an Dr. Ohl, datiert vom 27. Juli 1928, ist im Archiv von Mount Airy erhalten geblieben.

„Ich schreibe Ihnen", heißt es dort, „um Ihnen zu bekennen, daß ich Groll gegen Sie gehegt habe. Zeitweise wurde ich Herr über dieses Gefühl, aber es kehrte immer wieder zurück. Unsere Standpunkte mögen verschieden sein, aber als Brüder sind wir zur Liebe *verpflichtet.* Ich schreibe, um Sie um Verzeihung zu bitten, und ich versichere Ihnen, daß ich Sie aufrichtig liebe und darauf vertraue, daß ich mit Gottes Hilfe nie mehr unfreundlich oder verächtlich über Sie sprechen werde.

Mir kamen diese Zeilen aus einem Kirchenlied in den Sinn:

> ‚Wenn ich das wundersame Kreuz betrachte,
> an dem der Fürst des Lebens starb,
> mein liebstes Gut ich tief verachte
> und alles, was mein Stolz erwarb.'"[3]

Buchman benutzte den gleichen Wortlaut für jeden Brief und fühlte jedesmal neu das Gewicht dieser Zeilen. „Es ist leicht, solche Worte zu wiederholen", sagte er später. „Ich weiß es, denn ich selbst habe es immer wieder getan. Aber an jenem Tag wurden diese Worte tatsächlich Wirklichkeit für mich. Die allerletzte Zeile wurde mir schwerer als alle anderen. Ich schrieb sie fast mit meinem eigenen Blut."

Am gleichen Tag erzählte Buchman beim Tee, was ihm geschehen war. Unter den Zuhörern saß ein Student aus Cambridge. „Ich möchte mit Ihnen reden", sagte dieser zu Buchman. Sie wanderten um den Derwentwater-See, und ehe sie heimkehrten, hatte der junge Mann eine ähnliche Befreiung erfahren wie Buchman selbst. „Das war der erste Mensch, dem ich die zentrale Erfahrung des Christentums nahebringen konnte", sagte Buchman dazu. Von dem Tag an begann er, Menschen zu helfen, nicht als Belehrender, sondern aus der Realität eigenen Erlebens, daß er selbst auch ein Sünder war und daß ihm vergeben worden war.

Noch von Keswick aus schrieb Buchman an seine Mutter. Er erzählte ihr, daß er jetzt wisse, er selbst sei „der siebte Mann, der Unrecht begangen habe".

„Ich war ganz bestürzt über Deinen Brief und darüber, daß Du nicht eher verstanden hattest, daß Du vergeben und vergessen mußt", antwortete sie ihm. „Vergiß es nun alles. Wir zählen die Tage, bis Du wieder zu Hause bist . . ."[4] Es dauerte Jahre, bis sie die Größe dessen zu ermessen begann, was ihrem Sohn widerfahren war.

Nach Amerika heimgekehrt, mußte der neue Frank Buchman seinen ersten Test bestehen. „Am Weihnachtsmorgen in der Kirche sah ich einen jener Männer sitzen, über die ich so verbittert gewesen war. Er hatte eine Glatze, und oft, wenn ich früher in Vorstandssitzungen ihm gegenübergesessen war, stellte ich mir das Wörtchen ‚Ich' in großen Buchstaben genau auf dieser Stelle geschrieben vor. Nach dem

Gottesdienst reichte ich ihm die Hand und sagte, ‚Frohe Weihnachten!' Er konnte mir nicht in die Augen sehen. Aber ich war von allen bösen Gedanken frei."

Fünfzig Jahre später faßte John Woodcock, der Mann, der Buchman an jenem Morgen nach der Sitzung des Hospizvorstands bei seiner Kündigung unterstützt hatte, die ganze Sache unter einem größeren Gesichtspunkt zusammen: „Ich denke", schrieb er an Buchman, „wir beide waren der Meinung, daß wir im Recht und die anderen im Unrecht waren. Doch jetzt wissen wir, daß das, was wie der Zusammenbruch Deines Lebenswerkes aussah, nichts anderes war als das Öffnen jener Tür, die nur Gott allein öffnen kann und durch die wir gehen, wenn wir unsere wirkliche Lebensaufgabe erkennen."[5]

5

EXPERIMENT IN PENN STATE

Es war wirklich ein veränderter Frank Buchman, der nach Amerika zurückkehrte; ein viel ruhigerer und glücklicherer Mensch. So beschrieb ihn sein Freund John Woodcock.[1] Allerdings war er auch ein Mann ohne Arbeit und ohne klare Vorstellung, was er nun anfangen sollte. Die Woodcocks wußten, daß der Posten eines CVJM-Sekretärs am Pennsylvania State College offenstand, und Frau Woodcock schlug Buchman vor, sich darum zu bewerben. Der Posten wurde ihm angeboten. Buchman jedoch, gerade dreißig geworden, zögerte zwei Monate lang und verpflichtete sich zunächst nur für eine Versuchszeit von sechs Monaten, beginnend im Januar 1909. Das Anfangsgehalt betrug monatlich 100 Dollar.

Es ist leicht zu erklären, warum Buchman zögerte. „Penn State" mit seinen 1400 Studenten hatte sich aus einer Schule für Landwirtschaft entwickelt und stand vor allem Bauernsöhnen offen, die neben den Grundelementen der Agrarwissenschaften auch etwas Allgemeinbildung erwerben wollten. Das College konnte weder auf sein intellektuelles Niveau noch auf die Leistungen seiner Sportler stolz sein.

Dazu kam, daß das College in den vorausgegangenen Monaten in Verruf geraten war. Es war die Aufgabe des CVJM-Sekretärs, sich um das religiöse Leben der Studenten zu kümmern. Dr. John Mott hatte Buchman gesagt, er halte Penn State für die „gottloseste Universität des ganzen Landes". Ein Studentenstreik – etwas Seltenes in der damaligen Zeit – war eben erst beendet worden. Die Opfer von Schlägereien unter den Studenten landeten oft im Krankenhaus. Brutal waren auch die Quälereien, denen neu aufgenommene Studenten ausgesetzt waren. Es gab zwar ein Ausschankverbot, aber trotzdem floß der Alkohol in Strömen. Er wurde vor allem von einem Schmuggler geliefert, einem Mann namens Gilliland, der im College gleichzeitig als Diener angestellt war. Buchmans Ankunft fiel auf einen Abend, an dem eine ganze Reihe von Saufgelagen stattfand. Seine besten Geschäfte machte Gilliland vor und nach den Fußballspielen auf dem College-Gelände. „Es gab Zeiten, wo die College-Mannschaft von sechshundert Anhängern (Fans) begleitet wurde", erzählte Buchman über sein erstes Jahr in Penn State, „und alle waren betrunken." Damals gewann das College kaum eines seiner Spiele. Es dauerte nicht lange, bis Buchman entdeckte, daß nicht nur Studenten einen unangenehmen „Empfang" auf dem Campus zu erwarten hatten. Kaum hatte er sein Zimmer bezogen, da erschienen zwei kräftige junge Männer bei ihm, die offensichtlich keine friedlichen Absichten hegten. Zum Glück hatte Buchman von einem Freund gerade eine große Schachtel Schokolade erhalten. So schlug er eilig vor, sich während des Gesprächs den Süßigkeiten zu widmen. Der Trick war erfolgreich.

Vielleicht war am nächsten Tag noch etwas von der anfänglichen Nervosität übriggeblieben, als er den versammelten Studenten vorgestellt wurde. Auf alle Fälle hätte er sich nicht ungeschickter benehmen können. Mit hoher Stimme erklärte er feierlich: „Seid gegrüßt, Studenten aus State College!" Ein Lach- und Pfeifkonzert war die Antwort. Es ist wahrscheinlich, daß sich der Einladungsausschuß des CVJM in diesem Augenblick mit Erleichterung daran erinnerte, daß Buchman nur für sechs Monate angestellt war.

Sie brauchten sich aber keine Sorgen zu machen. Buchman packte seinen Job mit all der Energie an, die sich während seines achtmonatigen Urlaubs angesammelt hatte. Er war entschlossen, dieses Mal nicht zu versagen, und brachte eine tiefe neue Erfahrung mit, die er zu teilen bereit war. Seine Mutter beklagte sich bald darüber, daß er ihr statt Briefen nur noch Postkarten schrieb.[2] Er arbeitete achtzehn bis zwanzig Stunden am Tag, reorganisierte das CVJM-Programm von Grund auf und schien überall gleichzeitig zu sein. Der damalige Studentenpfarrer, Robert Reed, erinnert sich: „Er war immer gut angezogen, elegant mit seiner Biberfellmütze, und machte einen robusten, strahlenden Eindruck. Er war dauernd unterwegs und mit Menschen beschäftigt. Jeden Tag sah man ihn auf dem Campus in lebhaftem Gespräch mit Studenten. Er hatte einen feinen Sinn für Humor, und sein herzhaftes Lachen wirkte unmittelbar ansteckend."[3]

Es wurde allerdings weiterhin versucht, ihn lächerlich zu machen. Buchman sagte später, er sei in diesem ersten Jahr wohl der unbeliebteste Mann an der Universität gewesen. Einige der Studenten reagierten heftig gegen seinen Eifer und gegen sein – ihrer Ansicht nach – puritanisches Benehmen. Sie gaben ihm – in Anlehnung an die bekannte Figur eines Karikaturisten – den Spitznamen „Sauberjohann" („Pure John"). Er gewöhnte sich an das Gekritzel auf leeren Plakatwänden:

„Pure John – 99 Prozent rein". In der jährlichen College-Revue machte man sich über ihn lustig, und Karikaturen über ihn erschienen in der Studentenzeitung.

Durch seinen energischen Einsatz und seine freundliche Art erreichte er aber beachtliche Ergebnisse. Zwei Monate nach seiner Ankunft schrieb er an seinen Vetter und Adoptivbruder Dan: „Gestern abend wurde unsere Veranstaltung von 1100 Studenten besucht ... Ganze Studentenverbindungen melden sich für das Bibelstudium an."[4]

Trotzdem war Buchman mit den Resultaten seiner Arbeit keineswegs zufrieden. Natürlich waren die Zahlen beeindruckend. Aber hatte sie die Studenten in ihrer Lebensweise auch nur ein bißchen beeinflußt? Oder hatten sie jene Qualität der Änderung erfahren, die er selbst in Keswick erlebt hatte? Viele hatten zwar eine erste Entscheidung getroffen, Christus in ihr Leben hereinzulassen. Aber wie tief gingen solche Entscheidungen? Würden sie die Karriereplanung dieser jungen Männer ändern, so daß die Gesellschaft um sie herum später davon beeinflußt würde?

Dies war die Lage, als er einem Besucher des College – sehr wahrscheinlich war es F. B. Meyer, den er in Keswick zu treffen versucht hatte – diese inneren Fragen vorlegte und ihn um Rat bat. Meyer antwortete ihm: „Du mußt das persönliche Gespräch von Mensch zu Mensch zum Schwerpunkt deiner Arbeit machen, statt Veranstaltungen zu organisieren."

„Seit damals", sagte Buchman später, „denke ich nicht mehr in Zahlen, sondern in Menschen."

Meyer stellte ihm auch die Frage: „Läßt du dich in allem, was du tust, durch den Heiligen Geist führen?" Buchman antwortete, daß er wohl jeden Morgen seine Bibel lese und bete und dann und wann innehalten würde, um Gott um Rat zu bitten.

Meyer ließ nicht locker: „Schenkst du Gott wirklich genügend ungestörte Zeit, so daß er dir sagen kann, was du tun sollst?"

Buchman nahm diesen Gedanken auf und beschloß, am frühen Morgen mindestens eine Stunde dem Hören auf Gott zu widmen. Er nannte dies später eine „Stille Zeit". Er wählte dafür die Stunde zwischen fünf und sechs Uhr, bevor seine Telefone zu läuten begannen. Am ersten Morgen, an dem er das Experiment versuchte, fiel ihm der Spitzname eines Studenten ein – „Tutz, Tutz, Tutz" – und als er aus seinem Zimmer in den Hof hinaustrat, war Tutz der erste Mensch, dem er begegnete.

Buchman erinnerte sich später: „Tutz betrank sich auf Reisen mit dem Theater-Klub regelmäßig, ging dann aber jeden Abend auf die

Knie, um sein Abendgebet zu sprechen. Meine erste Reaktion, als ich ihn an dem Morgen traf, war, ihm auszuweichen. Dann fühlte ich aber einen klaren inneren Anstoß, ihn anzusprechen. Ich fragte ihn, ob er einen meiner Freunde treffen wolle, der die besondere Gabe habe, Menschen die großen Lebenswahrheiten klarzumachen. Da ihm dies wichtiger vorkam als irgendeine Vorlesung, nahm er das Angebot sofort an. Der Freund, von dem ich gesprochen hatte, war ein Sportler, der kurz zuvor sein Studium an einer großen Universität im Westen des Landes abgeschlossen hatte. Tutz kam nach dem Gespräch mit meinem Freund zurück mit der Bemerkung, er habe entschieden, sein Leben rückhaltlos Christus zu übergeben. Ich stellte ihm die Frage: ‚Gut, was wirst du also in dieser Sache tun?' Er sagte: ‚Tun?' Ich fragte weiter: ‚Willst du nicht deinen Freunden etwas über diese neue Erfahrung mitteilen?' ‚Warum? Sie werden mich nur auslachen!' Ich sagte: ‚Das ist es doch, was du im Theater dauernd erhofft hast: je mehr man dich auf der Bühne beklatschte, desto besser!'

Es fehlte Tutz nicht an Phantasie. Als alle seine Klubkameraden zum Mittagessen versammelt waren, marschierte er herein und erklärte ihnen: ‚Sicher werdet ihr lachen, wenn ihr hört, was ich heute morgen getan habe.' Sofort waren alle gespannt, weil sie dachten, Tutz habe einem Professor einen Streich gespielt oder einen neuen Witz gehört. Dann sagte er in einfacher und völlig unsentimentaler Weise: ‚Ich habe entschieden, mein Leben zu ändern.' Keine Miene verzog sich . . . Ich traf Tutz sieben Jahre später, und er sagte mir, daß diese Erfahrung damals dem Entschluß, die Richtung seines Lebens zu ändern, erst den entscheidenden Impuls gegeben habe."

Von nun an begann Buchman, darüber nachzudenken, wie er „das ganze College, als eine Gemeinschaft, zu Gott wenden könnte". Das erschien ihm nach den echten Erfahrungen von Änderung in einzelnen als nächster logischer Schritt. Drei Namen gingen ihm nun nicht mehr aus dem Sinn – Gilliland, der alkoholschmuggelnde Collegediener, den alle nur „Bill Pickle" nannten; Blair Buck, „ein Student aus den höheren Semestern. Er stammte aus Virginia und war ein besonders charmanter junger Mann"; und schließlich Dekan Alva Agee, „ein Mann, der allgemein beliebt, zugänglich und gastfreundlich war – aber ein Freidenker".

Buchman wußte, daß man Blair Buck nicht drängen durfte. Er war ein Mensch – wie Buchman später einmal beschrieb –, bei dem kluge Zurückhaltung und eine lässig-leichte Umgangsform am Platze waren. „Nie habe ich im Gespräch mit ihm die Dinge berührt, die mir am meisten am Herzen lagen. Wir redeten über tausend andere Sachen."

Sie ritten miteinander – das Reiten war ein Lieblingssport Buchmans seit seiner Jugend – über die grünen Hügel rings um die Stadt. Buchman hatte ein einfaches Ziel: Buck als Freund und Mitarbeiter für die Bekehrung von Bill Pickle zu gewinnen.

Bill Pickle war der uneheliche Sohn eines Obersten und hatte im amerikanischen Bürgerkrieg als Trommler gedient. Er trug einen „wilden Walroßschnurrbart" und sah aus „wie ein blutrünstiger Seeräuber". Es war allgemein bekannt, daß er angekündigt hatte, er würde Buchman am liebsten ein Messer zwischen die Rippen stoßen. Buchmans Nervosität Pickle gegenüber verwandelte sich fast in Panik, als Buck und er ihm einmal in der Stadt auf der Straße plötzlich begegneten. Buchman wußte, daß er etwas unternehmen mußte, um nicht Bucks Respekt zu verlieren. „Ich habe eine lange Nase", erzählte Buchman später. „So ging ich auf Bill zu und legte meine Hand auf seinen Bizeps, damit er jedenfalls nicht ganz so hart zuschlagen könne. Durch meinen Kopf blitzte ein Gedanke: ‚Gib ihm die tiefste Botschaft, die du hast.' ‚Bill', sagte ich, ‚wir haben für dich gebetet.' Zu meiner Überraschung verging Bill in dem Augenblick alle Rauflust. Er zeigte auf einen Kirchturm.

‚Seht ihr die Kirche da drüben? Ich war dabei, als der Grundstein gelegt wurde. Von mir liegt auch ein Groschen darunter.'"

Das Gespräch endete mit einer Einladung Bills an Buchman und Buck, ihn, seine Frau und ihre zwölf Kinder zu besuchen. Sein schlichtes Haus lag auf einer Anhöhe, die von allen „Pickle-Hügel" genannt wurde. Buchman entdeckte bald, daß Bill und ihn die Liebe zu Pferden verband. Sie wurden gute Freunde. Nach einigen Monaten versuchte Buchman, Bill zu überreden, an einer Studentenkonferenz in Toronto teilzunehmen.

In Toronto entschloß sich Bill, Christ zu werden. Da er mit dem Schreiben Mühe hatte, half ihm Buchman, einen Brief an seine Frau aufzusetzen, in dem er sich für die Art und Weise entschuldigte, wie er sie in der Vergangenheit behandelt hatte. Von diesem Augenblick an hörte Bill auf, Alkohol zu trinken oder zu schmuggeln, obwohl einige der Studenten alles versuchten, um ihn auf seinen alten Weg zurückzulocken. Von da an ging der Alkoholkonsum an der Universität schlagartig zurück.

Dekan Agee, der Bills Fahrkarte nach Toronto bezahlt hatte, war von dessen Änderung sehr beeindruckt. Und Buck hörte auf, die Worte „Wenn es Gott gibt . . ." zu gebrauchen und fing an, von ihm als einem zu sprechen, „der unsere Gebete erhört hat". Natürlich lag noch ein weiter Weg vor ihm. „Vieles in der Bibel verstehe ich nicht", sagte Buck eines Tages zu Buchman. „Auch, was das Gebet angeht. Und ich weiß auch nicht wirklich, wie man anderen hilft." „Laß uns den Sommer zusammen verbringen", antwortete Buchman. Im Laufe der zwei Monate, die sie zuerst auf der Insel Mackinac, dann in Montana – wo Bucks Großvater Gouverneur gewesen war – und schließlich im Westen verbrachten, fand der junge Mann, was er gesucht hatte.[5] In späteren Jahren wurde Blair Buck am Hampton-Institut in Virginia ein Pionier für das Bildungswesen der Schwarzen in den Südstaaten Amerikas, und er blieb sein ganzes Leben lang eng mit Buchman verbunden. Auch Dekan Agee und seine Frau blieben noch viele Jahre lang in Briefkontakt mit ihm.

In Penn State selbst zeigte sich im Laufe dieser Jahre, welche Auswirkungen Buchmans Arbeit auch über die Universität hinaus hatte. „In fünf Jahren hat der CVJM-Sekretär die ganze Atmosphäre in diesem als schwierig bekannten College geändert", schrieb 1914 Maxwell Chaplain, der CVJM-Sekretär von Princeton. Fred Lewis Pattee, Professor für Englisch, schrieb: „Früher oder später tauchte jeder der für das religiöse Programm der Universtäten des ganzen Landes Verantwortlichen einmal in Penn State auf, um Buchmans Methode zu studieren."[6] Und diese Methode wurde nicht nur studiert, sondern auch angewandt.

Buchman lud oft „überzeugende" Persönlichkeiten – wie er sie nannte – als Redner nach Penn State ein, so den Erweckungsprediger Billy Sunday, die Sozialarbeiterin Jane Adams und, trotz der Opposition einiger seiner Kollegen, die Vorkämpferin der katholischen Arbeiterbewegung, Melinda Scott, die sich für die ausgebeuteten Arbeiterinnen einsetzte.

1912 entschloß er sich, ein eigenes Heim auf dem Campus einzurichten, um den Studenten gutes Essen und echte Gastfreundschaft anbieten zu können. Er schrieb einem Kollegen: „Mir schwebt vor, die Studenten zu sammeln, die keine Freunde haben; die einsam oder entmutigt sind oder unter Heimweh oder Versuchungen leiden."[7]

Er lud Mary Hemphill ein, zu ihm zurückzukommen, um den Haushalt und die Küche zu übernehmen. Seit der Zeit im Hospiz hatte er verschiedene Stellen für sie gefunden und auch ihrem Sohn David die Studiengelder bezahlt. Buchman wandte sich an die Universität und bat um zusätzliche Räumlichkeiten. Der Universitätspräsident, Edwin Sparks, antwortete: „Ich werde gerne dafür sorgen, daß Sie die Zimmer erhalten, die Sie wünschen. Eine Organisation, die in einer Universität eine geistige Erneuerung zustande bringt, wie wir sie erlebt haben, würde einen ganzen Schlafsaal verdienen, wenn sie ihn brauchte."[8] So wurde für Buchman eine Wohnung an der College Avenue freigemacht, wo er, mit Hilfe von Marys Eierkuchen und Austern-Gerichten, einen ununterbrochenen Strom von Besuchern bewirtete.

Für einige der Fakultätsmitglieder war es ein Rätsel, wie es Buchman gelang, trotz seiner großzügigen Gastfreundschaft immer seine Rechnungen zu bezahlen. Sein Gehalt war schließlich auf 3000 Dollar angehoben worden mit 250 zusätzlichen Dollar für Spesen.

Frau Sparks, die Frau des Präsidenten, erinnerte sich daran, wie Buchman einmal auf der Rückreise nach Penn State dreißig Kilometer vor seinem Reiseziel stecken blieb, weil er mit den sechsundzwanzig Cent, die er noch in der Tasche hatte, die Fahrkarte für den Autobus nicht bezahlen konnte. „Wie zufällig traf er dann meinen Mann, der ihn natürlich einlud, mit ihm im Auto nach Hause zu fahren und unterwegs mit ihm das Abendbrot zu teilen."

Präsident Sparks gewährte Buchman immer seine volle Unterstützung. Aber auch er wurde hin und wieder in der gleichen Weise herausgefordert wie die Studenten. Ein Entwurf für einen Brief an Sparks, der auf einer Asienreise geschrieben wurde, zeigt deutlich, daß Buchman ohne Ansehen der Person handelte. Er beginnt mit den Worten: „Lieber Präsident Sparks, ich spreche mit Ihnen, wie ich mit den Studenten spreche. Mehrmals schon habe ich versucht, Sie auf Ihre eigenen geistigen Bedürfnisse aufmerksam zu machen . . . Es geht mir um Ihre Seele. Sie machen auf mich den Eindruck eines Mannes, der nicht wirklich glücklich ist. Ihr Lächeln ist unnatürlich. Sie scheinen in Ihrem religiösen Leben keine wirkliche Freude zu finden. Ich schätze Ihr Interesse an Menschen, und es geht viel weiter als das von anderen, die ich kenne, aber es wirkt einfach nicht echt . . ."[9]

Falls der Stil dieses Briefes für Buchman damals typisch war, ist es nicht erstaunlich, daß es in Penn State auch viele gab, die ihn kritisierten. Einige Mitglieder der Lehrerschaft beschuldigten ihn, für sich selbst Propaganda zu machen. Sicher unterschätzte er in seinen Jahresberichten, die als Beweismaterial zitiert wurden, keineswegs, was er getan hatte.

Gleichzeitig fehlte es jedoch nicht an entgegengesetzten Feststellungen. Ein Besucher, Professor Norman Richardson, machte dem Studentenpfarrer Robert Reed gegenüber folgende Bemerkung: „Es hat mich interessiert, diesen Mann Buchman einen ganzen Tag lang zu beobachten. Er steht immer im Hintergrund und ermutigt andere, die Verantwortung und Leitung zu übernehmen."[10]

Buchman schien auch durchaus bereit zu sein, gerechtfertigte Kritik anzunehmen. Er schrieb einem Freund in New York: „Danke für Deine so hilfreiche Kritik. Sie war genau das, was ich am dringendsten brauche . . . Ich bin nur ein Anfänger . . . Ich habe gerade an der Wesleyan-Universität gesprochen und . . . das Gefühl gehabt, daß ich nicht ‚angekommen' bin."[11]

Buchman war voller scheinbarer Widersprüche. Auf der einen Seite war er ein überzeugter Propagandist für seine eigenen Aktivitäten, auf der anderen ein eher zurückhaltender Mensch. Er entstammte einer konservativen, bedächtigen religiösen Tradition und war doch, was seine Methoden anging, erstaunlich radikal.

Auch sein Werk war voller paradoxer Züge. Er kümmerte sich um persönliche Einzelheiten im Leben vieler Menschen und ermutigte sie gleichzeitig, eine globale Perspektive anzustreben. Er sagte den Studenten, sie sollten „in kontinentalen Zusammenhängen denken", obwohl seine eigene Erfahrung auf zwei Kontinente beschränkt war. Auch wenn er sich mit den tiefsten menschlichen Gefühlen auseinandersetzte, konnte niemand in seiner Arbeit einen überspannten Erwekkungseifer feststellen. Blair Buck schrieb später: „So wie ich sie (Buchmans Arbeit) miterlebt habe, gehörte sie in keiner Weise zu der emotionellen Kategorie, die für einen Billy Sunday oder eine Aimee Semple Macpherson typisch war."[12]

Aus den sieben Jahren in Penn State schöpfte Buchman eine Fülle von Geschichten, die er sein ganzes Leben lang einsetzte. Er war kein Kanzelredner. Wo andere mit Gefühlen oder mit der Angst vor der Hölle arbeiteten, erzählte Buchman Geschichten. Durch diese wurde der Hörer ermutigt, selber den Schluß zu ziehen, daß jeder sich ändern könne, wenn dies für Bill Pickle, Blair Buck oder Dekan Agee möglich gewesen war. Er war ein Meister im Erzählen, und Zuhörer sagten oft, eine Geschichte von einer Stunde sei wie in zehn Minuten vorbeigeflogen. Buchmans Kritiker schrieben diese Methode seiner Ichbezogenheit zu, weil seine eigene Rolle in diesen Geschichten – besonders in den frühen Jahren – oft eine zentrale war. Erst als später andere Menschen mit ihm zusammenarbeiteten, verlagerte sich das Schwergewicht in den Geschichten natürlich auch auf andere. Buchman benützte das Erzählen von Geschichten in einem Zeitalter, in dem es weder Filme noch Fernsehen gab, um lebendige Bilder im Gedächtnis seiner Gesprächspartner zu hinterlassen.

6

ASIATISCHE ERKUNDUNG

Im April 1915 verließ Buchman das Pennsylvania State College. John R. Mott, der nordamerikanische CVJM-Generalsekretär, hatte ihn um Teilnahme an einer mobilen Einsatzgruppe erfahrener Seelsorger zum Dienst in europäischen Kriegsgefangenenlagern gebeten. Kurz darauf drängte ihn, mit Motts Zustimmung, der Evangelist Sherwood Eddy, ihm in Indien bei den Vorbereitungen für eine großangelegte religiöse Kampagne zu helfen. Buchman hatte der Seelsorge am einzelnen mit ihren anhaltenden Auswirkungen neues Ansehen verschafft. Mott hielt sie für „die gründlichste Arbeit, die ich erlebt habe".[1] Deswegen war er für die Basisarbeit der kommenden Kampagne der geeignete Mann. Buchman hatte schon seit 1902 gewünscht, Indien besuchen zu können; so verließ er Amerika, trotz der Einwände seiner Mutter, die die Gefahr deutscher Torpedoangriffe fürchtete.

Das Indien, das er nun entdeckte, wurde von der britischen Kolonialmacht zwar überlegen, aber nicht mehr ganz sicher regiert. Im Haus von Bischof Whitehead in Madras lernte Buchman Mahatma Gandhi kennen, der gerade aus Südafrika zurückgekehrt war. Buchman war auch zu Gast beim damaligen Vizekönig von Indien, Lord Hardinge, und befreundete sich auf seinen Reisen mit Rabindranath Tagore und mit Amy Carmichael, der Begründerin der in der Nähe von Tinevelly gelegenen Dohnavur-Kommunität, die Buchman damals als „den Ort auf dieser Erde, der dem Himmel am nächsten ist", beschrieb.

In den folgenden sechs Monaten reiste Buchman durch Indien, von Travancore im Süden bis nach Rawalpindi im Norden, von Bombay nach Kalkutta. Dreimal besuchte er Madras. Sherwood Eddys Kampagne begann in Travancore. Er meldete, er habe dort vor 400 000 Menschen gesprochen – an einer einzigen Veranstaltung sprach Buchman zu 60 000 Menschen. Seine Hauptaufgabe war jedoch, mitzuhelfen, die christlichen Mitarbeiter in der Nacharbeit auszubilden. In

Travancore bestand seine Arbeitsgruppe aus 1300 Menschen, „darunter der Metropolit mitsamt der Pfarrschaft der Mar-Thoma-Kirche".

Jene Massenversammlungen mit festgesetzten Reden, die mühselig durch eine Kette von Übersetzern und Lautsprechern bis zu den hintersten Reihen drangen, schienen Buchman fast wirkungslos. „Als ob man Hasen mit Trompetenstößen jagen wolle", meinte er. Was not täte, betonte er, sei „individuelle Menschenbehandlung", es gelte, sich eingehend mit den moralischen und geistigen Nöten einzelner Menschen zu befassen und sie zu Entscheidungen führen. „Wir müssen von Anfang an vertiefen, vertiefen, vertiefen", schrieb er an E. C. Carter, den Generalsekretär des Nationalverbands des CVJM für Indien und Ceylon.

Buchman betrachtete die Arbeit der CVJM-Sekretäre, die er in einer Stadt nach der anderen antraf, als nicht nachhaltig – was sein leidenschaftliches Anliegen noch bestärkte. Die meisten schienen ihm religiöse Bürokraten zu sein, deren Energie in Verwaltungsarbeiten aufging. „Die christlichen Mitarbeiter in Indien sollten das ‚Wie' des christlichen Dienstes lernen", schrieb er im November an John R. Mott. „Keiner scheint überzeugt, daß es notwendig ist, sich mit dem einzelnen Menschen zu befassen."[3]

„Die Gefahr besteht darin", schrieb er in einem späteren Brief an Sherwood Eddy, „daß wir unsere CVJM-Sekretäre nicht kennen. Einige wissen nicht einmal, *wie* man sich mit den offensichtlichsten Nöten eines Menschen zu befassen hat. Drei indische CVJM-Sekretäre arbeiteten zusammen mit einem Amerikaner. Einer dieser Männer hatte ein Problem mit der Ehrlichkeit. Die Inder wußten es. Die Leute um ihn herum wußten es. Vor allem wußte es der Mann selber. Aber niemand schien zu wissen, wie man einen Menschen von seiner Unehrlichkeit so befreien kann, daß er ein überzeugender Christ wird. Wir unterhielten uns einfach und offen zwanzig Minuten lang, und sein Leben fand einen neuen Inhalt." Zur Illustration dieser Geschichte legte Buchman einen Brief des Betreffenden bei.[4] Sein eigener achtzehn Seiten langer Brief brachte weitere Beispiele, wie er sich in Penn State und anderen amerikanischen Colleges mit den gleichen elementaren moralischen Problemen befaßt hatte. In vielen Fällen entdeckte er die selbe Not, über die Meyer mit ihm in Penn State gesprochen hatte: einen unfruchtbaren Aktivismus, der sich innerhalb einer unproduktiven Organisation ausbreitet.

Ohne Zweifel irritierte solche Kritik einige von Buchmans Kollegen. Trotz alledem schien Buchmans Art, sich direkt der moralischen Schwächen einzelner Menschen anzunehmen, im Hauptquartier des

CVJM sowohl wirksam als auch willkommen gewesen zu sein. „Dieser Buchman", schrieb K. T. Paul, der andere Generalsekretär für Indien, seinem Kollegen E. C. Carter, „ist ein erstaunlicher Mann. Seine Wirkung auf S. war außergewöhnlich: S. hat eingestanden, wie sehr er in der Serampore-Geld-Affäre Unrecht hatte. Er hat sich entschlossen, jede Paisa davon zurückzuzahlen. Wenn wir doch Buchman für alle Zeiten in Indien behalten könnten."[5]

Howard Walter, der junge CVJM-Sekretär in Lahore, zählte zu den Menschen, denen der Kontakt mit Buchman am meisten bedeutete. Ein Freund hatte Walter als „eine seltene Kombination von einem geschulten Kopf und einem kindlichen Gemüt" beschrieben, er sei „ein geborener Dichter . . . mit einem herrlichen Sinn für Humor". Buchman gegenüber hatte man ihn als einen Christus-ähnlichen Menschen geschildert. Als sie sich in Lahore kennenlernten, freundeten sie sich sofort an.[6]

Offenbar gelang es Buchman auch, das Vertrauen der älteren Mitglieder der kirchlichen Hierarchie zu gewinnen. „Mich bedrückt ein Problem: ich weiß nie, wie mit den Engländern hier in näheren Kontakt zu kommen ist", schrieb ihm der Bischof von Assam, Hubert Pakenham-Walsh, mit einnehmender Demut. „Ich lerne mehr und mehr zu beten; ich kann predigen, und wenn durch eine Predigt das erste Eis gebrochen ist, kann ich mich einzelnen unter ihnen zuwenden . . . Mein Versagen aber besteht darin, daß ich die vielen Möglichkeiten, mich unter die Teepflanzer zu mischen und zu einem persönlichen Gespräch zu kommen, nicht ausnütze. Ich fürchte, ich bin einfach feige . . . Wenn Sie meinen, mir helfen zu können und die Zeit dazu haben, dann bitte ich Sie, so offen und deutlich zu sein wie nur möglich."[7]

Der Bischof hatte zum ersten Mal durch einen berüchtigt schwierigen Schüler namens Victor von Buchman gehört. Buchman hatte Victor in einem Ferienlager in Roorkee, am Fuße des Himalaya, kennengelernt. Seine Lehrer beklagten sich, er sei ein Rebell. Er zog mit Vorliebe die Zeltpflöcke aus dem Boden, so daß das Zelt über den Insassen zusammenfiel. Er sollte heimgeschickt werden.

„Haben Sie mit dem Jungen gesprochen?" wollte Buchman wissen. „Nein, wir haben nur über ihn gesprochen." Nun sollte Buchman mit ihm sprechen, aber Victor hielt drei Verabredungen nicht ein. Er ruderte lieber auf dem Kanal – „was man ihm nicht verübeln konnte", sagte Buchman.

Am nächsten Tag wurde Victor auf einem kleinen Hügel entdeckt. Er wirbelte Bambusstöcke durch die Luft wie der Tambourmajor an der Spitze seiner Musikkapelle. Buchman ging auf ihn zu und sagte: „Das verstehst du prima, ich wollte, ich könnte es auch." „So versuchen Sie es doch!" erwiderte Victor und vergaß wegzurennen. Buchman versuchte es und versagte kläglich, zu Victors Entzücken.

„Ich war früher auch mal in einem Lager", sagte Buchman nebenbei, „ich haßte es." „Sie auch? Ich auch", sagte Victor und begann Buchman zu erzählen, wie er sich selbst überall zum Nichtsnutz machte. „Irgend etwas stimmt bei mir nicht", schloß er, „es tut mir leid."

„Tut es dir wirklich leid?" fragte Buchman. „Weißt du, was Gewissensbisse sind?" „Ja – wenn einem was leid tut, aber man tut's trotzdem wieder." „Was glaubst du denn, was du brauchst?" sagte Buchman. „Reue." „Was ist das?" „Oh – wenn's einem so leid tut, daß man's nicht wieder tut!"

Buchman begann, dem Jungen von einem Freund zu erzählen, der so interessant ist, daß man vor ihm nie wegrennen möchte. „Ich weiß, wer das ist", sagte Victor, „es ist Christus. Ich würde gern sein Freund sein, aber ich weiß nicht wie."

Buchman beschrieb, wie man von der Sünde, bei der das größte Ich immer in der Mitte ist, frei werden könne: „Wie, meinst du, könnte das geschehen?"

„Auf unseren Knien", sagte Victor. Als sie dann später gemeinsam niederknieten, betete er: „Lieber Gott, werd' du mit mir fertig, ich kann's nicht alleine."

Auf dem Weg zurück ins Lager sagte er zu Buchman: „Mir ist, als ob ein Riesensack von meinen Schultern gefallen wäre. Ich muß meinen Freunden erzählen, was mir passiert ist."[8]

Ein Jahr später schrieb Victor aus St. Stephen's College in Delhi an Buchman: „Mit Gottes Hilfe will ich die Pflicht erfüllen, die mir an jenem unvergeßlichen Tag in Roorkee aufgetragen wurde." Buchman selber gebrauchte Victors Definition von Gewissensbissen und Reue sein Leben lang.

Eigentlich wollte Buchman jetzt nach Hause zurückkehren, aber vorher beabsichtigte er den Schwerpunkt der amerikanischen Missionsarbeit – China – zu besuchen. Zunächst widersetzte sich Sherwood Eddy diesem Besuch,[9] vielleicht weil er befürchtete, Buchmans direkte Art würde ihm selbst dort Feindschaften einbringen. Deshalb lieh er ihm nur 100 $, als sie sich trennten, und gab ihm eine Rückfahrkarte nach Seattle. Buchman aber blieb bei seinem Entschluß, und es erreichte ihn eine Einladung des gleichen Komitees in China, das auch Sherwood Eddys Besuch möglich gemacht hatte.

Im Februar 1916 schiffte sich Buchman nach Kanton ein. Seine Arbeit war dort so wirkungsvoll, daß ihm Sherwood Eddy nicht nur die geliehenen 100 $ erließ, sondern sich auch bereit erklärte, Buchman für seine Spesen weitere 400 $ zu geben.

Buchmans Eltern ging es mittlerweile nicht mehr so gut. Sein Vater war jetzt 76 Jahre alt. Er wurde zunehmend taub und streitsüchtig, mit Anzeichen geistiger Verwirrtheit, die mit dem Alter rasch fortschritt. Schon im Sommer 1915 benötigte Buchmans Mutter die Hilfe einer Krankenschwester. So buchte Buchman im August 1916 einen Platz auf der *Empress of Russia* und kehrte nach den Vereinigten Staaten zurück. Er brauchte Zeit, um alles, was er erlebt hatte, zu verarbeiten. „Zwei Monate lang wollte ich niemanden sehen", sagte er später. „Ich wollte alles noch einmal bedenken, nur die Briefe lesen, die kamen, und – wie in einem Labor – die Nöte des menschlichen Herzens studieren. Ich kam zum Schluß, daß wir selber unsere größte Not sind."[10]

Am Theologischen Seminar in Hartford, einem kleinen, kirchlich nicht gebundenen College mit evangelikaler Tradition, wurde ihm eine Teilzeit-Stelle angeboten. Rektor Douglas Mackenzie war auf der Suche nach jemandem, der seinen Studenten eine gründliche Unterweisung in der seelsorgerlichen Arbeit mit einzelnen geben würde. Howard Walter, für eine Weile aus Indien zurück an seiner alten Universität, gehörte zu denen, die Buchman empfahlen. Für diesen war es ein idealer Auftrag. Er hatte alle Freiheit, bekam Reisespesen und die Möglichkeit, seine Vorlesungen nach Wunsch einzurichten.

Buchmans Ankunft in Hartford wurde nicht von allen begrüßt. Seine betont evangelistische Arbeitsweise bestürzte Lehrer und Studenten gleichermaßen. Ein Student erinnerte sich später – noch immer schockiert – daran, daß es Buchmans Ziel gewesen sei, die *gesamte Klasse* zu bekehren.[11] Buchman hielt auch mit der Ansicht nicht zurück, daß er einen guten Teil der Vorlesungen am College als blasse Theorie und keineswegs als „lebenswichtig" ansah. Seiner Meinung nach war die Fähigkeit, sich mit den moralischen und geistigen Problemen der Menschen zu befassen, viel wichtiger als die Beherrschung theologischer Spitzfindigkeiten. Es fiel ihm auf, daß viele Studenten nach den ersten Seminaren ihren Glauben verloren und die Fakultät demgegenüber hilflos zu sein schien.

Doch war er offensichtlich ebenso erstaunt wie verletzt über die Reaktionen auf seine offene, unverblümte Art. Zu Weihnachten schrieb ihm Howard Walter und beruhigte ihn: „Frank, mach' Dir keine Sorgen über das, was die Leute über Dich sagen . . . Deine wahren Freunde, die Deine Arbeit erlebt haben, werden nie so unfreundlich reagieren. Du solltest gelassen weitermachen."[12]

Inzwischen hatte sich eine kleine Gruppe von Männern um ihn gesammelt. „Gefährten und Freunde der Stille" nannte er sie. Zu ihnen gehörten unter anderen J. R. Motts Sohn John, Howard Walter und Sherwood Day, den Howard Walter in Indien kennengelernt hatte. Sie unterstützten Buchman in seiner Überzeugung, daß intensives Eingehen auf den einzelnen Menschen der Schlüssel zu einer „sich ständig erneuernden Evangelisationsarbeit" sei und daß China ihr nächstes Ziel sein sollte.

Ihr erstes Vorhaben, schrieb Buchman im Februar 1917 an Rektor Mackenzie, gehe dahin, ihre tiefe Überzeugung und Fürsorge für einzelne Menschen den „Führern Chinas" zu vermitteln. In Peking hofften sie zum Beispiel, fünfzehn der einflußreichsten chinesischen Christen der Stadt zusammenzubringen und sie im „Wie" einer christlichen Arbeit zu schulen. Zu den fünfzehn würde ein General gehören, den John Mott bekehrt hatte; ein Admiral, der Innenminister, der stellvertretende Justizminister – der im Jahr zuvor Christ geworden war –, der Parlamentspräsident und eine Anzahl führender Missionare. Anschließend, so meinte Buchman, könnten die Männer aus Hartford in gleicher Weise in anderen chinesischen Städten arbeiten. Eigentlich sei es eine übermenschlich große Aufgabe, fügte er hinzu. Sie wagten sich nur deshalb an sie heran, weil sie Gottes Auftrag dazu fühlten.[13]

In der Tat, es war ein mutiges Unternehmen, das Buchman und seine Kollegen planten, ein großes, ausgedehntes Land umzugestalten. Ihr Hauptziel war die politische Führerschaft, und ihre Haupt-Mitarbeiter waren einflußreiche Chinesen – nicht andere Missionare. Es war der erste Versuch Buchmans, seine Überzeugung in die Tat umzusetzen, daß auch ein Volk – und nicht nur ein einzelner Mensch – von Gott geleitet werden kann.

Das Vorhaben schien mehr als ehrgeizig, da in China chaotische Zustände herrschten. Nachdem das Land während eines Jahrhunderts von den europäischen Mächten wie eine Beute behandelt worden war, wurde die regierende Mandschu-Dynastie 1912 durch eine Revolution gestürzt; an ihrer Stelle gründete Sun Jat-sen eine Republik. Nur wenige Wochen später wurde Sun Jat-sens wankelmütiges Regime auch hinweggefegt. Jüan Schih-k'ai, der mächtigste militärische Herrscher des alten Regimes, riß die Macht an sich. Jüan starb 1916 und hinterließ eine kranke und wackelige Zentralregierung in Peking, während Sun Jat-sen und seine Verbündeten von ihrem südlichen Stützpunkt Kanton aus versuchten, die Ideale ihrer jungen Revolutionäre aufrechtzuerhalten.

China war hoch verschuldet (die gesamten Steuereinnahmen gingen in ausländische Hände), demoralisiert, gespalten und ohne eine fähige Führung. Rußland, England, Japan, Frankreich und Deutschland beanspruchten große Teile des Landes für sich als ihre „Interessensphäre". Die Zentralregierung wurde von jeder neuen machthungrigen Gruppe von Generälen wie eine Marionette mißbraucht.

Die Saat für eine tiefergreifende Revolution als jene von Sun Jat-sen war schon gesät worden. Im gleichen Jahr, als Buchman für seinen zweiten Besuch nach China kam, entschloß sich ein Student namens Mao Tse-tung, sich das Ideal eines „beseelten und opferbereiten Athleten und Philosophen" zu eigen zu machen, „nur an große Dinge zu denken" und seine Mitstudenten aufzurufen, ihr Leben für den selbstlosen Dienst am Volk einzusetzen.[14] Mao war noch nicht Marxist – seine Philosophie gründete noch auf dem Glauben an absolute moralische Prinzipien und an die Macht des Verstandes –, aber er war von der Art, wie China regiert wurde, bitter enttäuscht.

Buchmans Überzeugung, daß eine Änderung im Leben von einzelnen Menschen diese höchst explosive Situation verändern könnte, setzte ihn der Gefahr der Vereinfachung aus. Hier ging es nicht um die Universität Penn State, sondern um ein Volk von unzähligen Millionen. Buchman sah darin allerdings keinen wesentlichen Unterschied. Er war ganz gewiß, daß, wenn einige wenige verantwortliche Menschen ihr Leben ganz Christus hingäben – ob nun in Penn State oder in China –, alles möglich würde. „Wer kennt schon die Wirkung eines Menschen, der für Jesus Christus gewonnen ist?" fragte er. „Wäre der eigenmächtige Jüan Schih-k'ai gewonnen worden, hätte das den Lauf der Geschichte Chinas vollständig verändert." Diese Art, ein umfassendes Problem auf eine Person zu konzentrieren, brachte Buchman oft Kritik ein. Nach unserem heutigen Wissen vom geschichtsmächtigen Einfluß einzelner Persönlichkeiten wie Mao Tse-tung und Tschu En-lai muß man sich fragen: Hatte Buchman da völlig unrecht?

Eine Reihe prominenter Chinesen waren der gleichen Meinung. Einige jener fünfzehn Bürger Pekings, die Buchman in seinem Plan erwähnt hatte – wie der stellvertretende Justizminister und spätere stellvertretende Premierminister Hsu Tsch'ien – waren von der Überzeugung beseelt, allein das Christentum könne das Land einigen und ihm „nationale Rettung" bringen. John Mott und Sherwood Eddy glaubten auch daran – sie hofften zumindest, daß das die Frucht ihrer Arbeit sein werde. Allerdings dachten die meisten Missionare, die in China lebten, dies sei wahrhaftig nicht ihre Aufgabe: sich in Chinas politische Unruhen einzumischen. Dies sei sowohl gefährlich als auch nicht sonderlich christlich.

Ebenso untypisch für die Haltung der Missionare damals war der Wert, den Buchman auf eine enge Partnerschaft mit gebildeten Chinesen legte, die manchmal hohe Ämter bekleideten. Viele Missionare betrachteten die Chinesen noch als Menschen, die man von der eigenen höheren Warte aus „bearbeiten" müsse, anstatt in ihnen Partner in einer gemeinsamen Aufgabe zu sehen. Solche Unterschiede in der Auffassung wurden oft zur Ursache von Meinungsverschiedenheiten zwischen Buchman und einflußreichen Mitgliedern der Missionsgesellschaft.

Im Juni 1917 fuhr Buchman auf der *Empress of Russia* mit Freunden aus Hartford und Yale nach China. Sein Vater gab ihm noch seinen Segen für diese Reise: „Vater bestand auf meiner Reise", schrieb er später an seinen Halbbruder Dan, „und als ich einen Augenblick lang meinte, nicht gehen zu können, sagte er mir eindeutig: ‚Geh! Es ist deine Pflicht. Ich will nicht, daß du meinetwegen bleibst.'"[15]

In diesen Monaten lernte Buchman etwas Grundlegendes: Während ihrer zehntägigen Schiffsreise über den Pazifik begannen einige von ihnen Kritik an anderen in der Gruppe zu üben, besonders an Buchman. Die Gründe dafür kamen nie ans Tageslicht, aber die unterschwelligen Gefühle verstärkten sich, als nur noch drei aus der Gruppe, Howard Walter, Sherwood Day und Buchman, den Rest der Reise gemeinsam zurücklegten. Die anderen waren bereits an Land gegangen.

Diese drei Männer begriffen, daß sie kaum die Uneinigkeiten in China aus der Welt schaffen konnten, wenn die Uneinigkeit unter ihnen nicht beseitigt war. In einem spärlich möblierten Hotelzimmer in Tientsin setzten sie sich an einen runden Tisch – „es sah etwas wie bei einem Pokerspiel aus, eine elektrische Birne zu hoch an der Dekke . . ." bemerkte Howard Walter – und sagten einander genau, was sie voneinander hielten.

Sherwood Day schrieb später, aus diesen Gesprächen habe sich der Grundsatz entwickelt, daß innerhalb einer Mannschaft niemand jemand anderem etwas über einen Dritten sagen sollte, das er dem Betreffenden nicht schon selbst gesagt hatte.[16]

In einem Brief an Sherwood Day ging Howard Walter ausführlicher auf diesen Grundsatz ein: „Diesen Sommer habe ich die Bedeutsamkeit der gegenseitigen Offenheit von Menschen begriffen, die zusammenarbeiten möchten. Diese Offenheit darf nie einhergehen mit Kritik an Menschen, die nicht anwesend oder nicht Teil dieser Gruppe sind. Ich habe es in China erlebt, wie die Kritik an Frank – oder an Dir –, die vielleicht mit einem gedankenlosen Scherz anfing, sich dann verbreitete und wuchs, schließlich unserer Arbeit großen Schaden zufügte, uns auf Schritt und Tritt begegnete und nur mit viel Zeit, Mühe und Gebet überwunden wurde. Sogar unter uns dreien erkannten wir die gleiche Gefahr . . . Schließlich entschlossen wir uns, länger miteinander zu reden, so daß auch der letzte und versteckteste kritische Gedanke ans Licht gebracht werden konnte. Aus diesen Gesprächen entstand neue Einigkeit, gegenseitiges Vertrauen und die Entschlossenheit, uns ab sofort an diese feste Grundlage unserer Beziehung zu halten und es mit unseren Mitarbeitern genauso zu machen – soweit sie sich uns mit dem gleichen gegenseitigen Verständnis anschlossen."[17] Seit diesem Treffen in Tientsin hielt Buchman völlige Offenheit für unumgänglich, um wirksam zusammenzuarbeiten.

Bald nach ihrer Ankunft aßen die drei Freunde zu Mittag mit dem Außenminister und dem Vizepräsidenten des Parlaments (einem ehemaligen Dolmetscher von Sherwood Eddy), doch hatten politische Ämter in einer Situation, in der die Zentralregierung eigentlich machtlos war, kaum eine Bedeutung. In jenen Tagen lernte Buchman den Diplomaten und Geschäftsanwalt Dr. Tschang Ling-nan kennen.* Dr. Tschang besaß ein Haus in den schönen Hügeln außerhalb Kulings, wo Buchman und seine Freunde gerade an der jährlichen Sommerkonferenz der China-Missionare teilnahmen. Dr. Tschang durchbrach eines Tages die Mauer der Konventionen zwischen Chinesen und Nicht-Chinesen und forderte Buchman zu einem Tennisspiel auf. Es folgte ein prächtiges chinesisches Abendessen von sechsunddreißig Gängen. „Zwischen dem 18. und 19. Gang machten wir eine anderthalbstündige Pause", erzählte Buchman. Mit jedem neuen Gang trank der Anwalt eine neue Sorte Wein, und seine vom Nikotin gelb gefärbten Finger zitterten schon beim Cocktail vor dem Abendessen. Zu später Stunde bestellte der Anwalt für Buchman eine Sänfte mit sechs Trägern. „Ich benötigte keine Sänfte, um nach Hause zu kommen, aber er brauchte Hilfe, um bis ins Bett zu kommen", kommentierte Buchman später. „Doch ich nahm die Sänfte dankbar an, da ich ihn an jenem Abend nicht verärgern wollte."

Am folgenden Abend lud Buchman den Anwalt zu sich nach Kuling ein, wo er bei der Witwe eines Baptistenmissionars wohnte. Buchman erzählte ihm, wie er einmal Gottes Führung erlebt hatte. „Glauben Sie, Gott kann zu einem Menschen wie mir auch sprechen?" wollte Dr. Tschang wissen. „Natürlich glaube ich das", antwortete Buchman.

---

* Tschang Ling-nans Tochter Tsching-ling heiratete T. V. Sung, Frau Tschiang Kai-scheks Bruder.

Ein starker Sturm kam auf, und Dr. Tschang mußte die Nacht bei ihm bleiben. Er gestand Buchman, daß er eigentlich nicht bleiben wollte, da er die Pillen, die er sowohl zum Einschlafen als auch zum Aufstehen benötigte, zu Hause gelassen hatte. Nach einem langen Gespräch mit Buchman und nachdem sie gemeinsam die Bibel gelesen hatten, konnte er fest schlafen. Am nächsten Morgen entschloß er sich, mit seinem Leben einen neuen Anfang zu machen. Kurz danach war Buchman bei ihm zu Gast. Dr. Tschang sagte vor ihm und vor seinen Kindern und seiner Frau: „Du hast mich geheiratet und dachtest, ich sei ein echter Christ. Aber ich bin es nicht gewesen." Seine Änderung war dauerhaft. Sie führte zu einer Reihe von Hausparties in seinem Hause, zu denen ungefähr achtzig seiner Freunde und Verwandten kamen. Viele hatten dafür lange Reisen unternehmen müssen. Die Gründung einer chinesischen Missionsgesellschaft, die aus Chinesen bestand und mit chinesischem Geld finanziert wurde, war ein Nebenprodukt dieser Hausparties.[18]

Die Sommerkonferenzen, die die Missionsgesellschaften zweimal jährlich abhielten – eine in den großartigen Bergen um Kuling, die andere im trockenen, erfrischenden Klima von Peitaiho am Golf von Chihli (an der Buchman im August teilgenommen hatte) –, müssen ihm wie eine andere, alltagsferne Welt vorgekommen sein. Die Delegierten waren fast ausschließlich Missionare, von denen die allermeisten wiederum nicht Chinesen waren. Weder waren verpflichtete Christen aus den Rängen der politischen Führerschaft Chinas eingeladen worden, noch waren „interessante Sünder" da, die Buchmans Meinung nach notwendig waren, um eine Konferenz zu beleben. Es waren einfach private Zusammenkünfte von christlichen Mitarbeitern. Buchman fand auch, daß zu wenig seelsorgerliche Arbeit geleistet wurde. Mit anderen Worten, zu wenig wurde unternommen, um sich mit den moralischen und geistigen Nöten der Anwesenden zu befassen. „Es gab undurchdringliche Mauern", bemerkte Buchman.[19]

Die Konferenzen folgten statt dessen dem altbekannten Plan: eine Folge von Zusammenkünften, die in einer größeren, „erhebenden" Ansprache ihren Höhepunkt fanden. Das Ziel war, die Missionare mit einem Gefühl der Erbauung auf den Weg zu schicken. Diese Konferenzen verschafften den Missionaren mit ihren vollen Terminkalendern gewiß eine willkommene und notwendige Atempause, aber Buchman schienen sie wenig oder überhaupt keine Wirkung auf die Situation zu haben, in der China sich befand.

Das erfreulichste Ergebnis dieser Konferenz für ihn persönlich war die Freundschaft mit Tscheng Tsching-yi, dem Sekretär der seltsamerweise China Continuation Committee genannten Organisation, die die Zusammenarbeit zwischen den Missionaren fördern sollte. Tschengs Anliegen war, einige der Politiker, die zu Sun Jat-sen nach Kanton gegangen waren, zu gewinnen, und er suchte Wege, wie Buchman bei Sun Jat-sen eingeführt werden könnte.

Es wurde Herbst, und Buchman war mit den Vorbereitungen für Sherwood Eddys Besuch vollauf beschäftigt. Begleitet von 14 Personen, zu denen Dr. E. G. Tewksbury, der nationale Sekretär des chinesischen Sonntagschulverbandes, sowie Ruth Paxson vom nationalen CVJM gehörten, begann Buchman eine Reise durch China. Es war ihm gelungen, durch den Stewart Evangelistic Fonds neue finanzielle Quellen zu erschließen. Ein Kuratoriumsmitglied dieses Fonds, Pastor Harry Blackstone, war ernannt worden, ihn auf weiteren Reisen zu begleiten.

Während dieser Reise lernte Buchman zum ersten Mal Samuel M. Shoemaker kennen. Er hatte in Princeton studiert und war jetzt Lehrer an einer Handelsschule, die – von Princeton finanziert – jungen Chinesen die Grundlagen der englischen Sprache und der europäischen Handelsmethoden beibrachte. „Nur wenigen Menschen war es vergönnt, so leicht Kontakt zu anderen Menschen zu finden, wie dem jungen Shoemaker", schreibt Irving Harris in seiner Biographie. „Er hatte große Freude an den jungen Chinesen in seinen Klassen, besonders auch an jenen, die zu seinen Bibelstunden kamen." Es bekümmerte ihn aber, daß im Laufe der ersten drei Stunden die Teilnehmerzahl von zwanzig auf sieben schrumpfte. Er wende wohl falsche Methoden an, dachte er.

Er hörte einen Vortrag Buchmans, suchte ihn anschließend auf und erklärte ihm sein Problem. Schließlich fragte er Buchman, ob er nicht zu den jungen Männern sprechen könnte, die die Bibelstunden leiteten, denn diese könnten sicher Einfluß auf die Studentenschaft haben.

Bis zu diesem Augenblick hatte Buchman aufmerksam zugehört. Nun lehnte er sich zurück, lachte und sagte unvermittelt: „Warum gelingt es dir nicht, wenigstens *einen* dieser jungen Leute zu gewinnen?" „Der junge Mann war auf alles vorbereitet, nur auf das nicht", schreibt Harris in seiner Biographie. „Sein Stolz war verletzt, und da Angriff oft die beste Verteidigung ist, konterte er: ‚Wenn du es so gut weißt, dann sag mir doch, worin das Problem besteht!'"

„Es könnte Sünde sein", war Buchmans Antwort. Er erzählte, wie seine Verbitterung ihm ein Jahr lang seine innere Freiheit und geistige Wirkungskraft geraubt hatte. „Shoemaker brach das Gespräch ab, verabschiedete sich und ging allein durch die Stadt nach Hause, entschlossen, sich solch einer ‚morbiden Selbstbetrachtung' nicht hinzugeben.

Er konnte das Gespräch aber nicht vergessen, vor allem Buchmans Anspielung auf die Sünde. Er erinnerte sich, daß jemand einmal den Begriff ‚Sünde' so beschrieben hatte: Sünde sei jede Schranke zwischen einem selbst und Gott oder zwischen einem selbst und anderen Menschen. Er erkannte eine Menge Schranken in seinem Leben. Einige standen als Schutz vor sogenanntem ‚privatem Lebensbereich', andere wieder betrafen seine Arbeit in China: er war nur für beschränkte Zeit in den Fernen Osten gekommen – war er bereit, sollte Gott es ihm als notwendig zeigen, unbefristet zu bleiben?

Während des Abendessens wuchs seine Beunruhigung. Er überdachte seine Zukunft – sein persönliches Leben; Heirat; zu welchem geistlichen Amt ihn Gott wohl berufen würde – und immer wieder dachte er (vielleicht mit einem gewissen Unwillen) an Frank Buchman. Unfähig einzuschlafen, kniete er endlich nieder und übergab sein Leben von neuem rückhaltlos Gott."

Nach Harris' Biographie suchte Shoemaker am nächsten Tag Buchman auf. „Frank", rief er ihm entgegen, „Du hattest recht. Ich bin ein frommer Schwindler gewesen. Ich gab vor, Gott dienen zu wollen, behielt aber alle Karten in meiner Hand. Jetzt habe ich ihm gesagt, wie leid es mir tut, und ich hoffe, daß auch du mir meine Verärgerung, die kam, sobald du das Wort ‚Sünde' aussprachst, vergeben wirst!"

Buchman sagte, er vergebe ihm gern, und fügte hinzu: „Was ist der nächste Schritt?" Shoemaker erzählte, er habe schon seit langem einen Studenten aus dem Bibelkurs zum Tee eingeladen: „Was soll ich ihm denn sagen?" „Erzähl' ihm genau das, was du mir gesagt hast. Sei offen über dich selbst", war Buchmans Antwort.

Shoemaker folgte diesem Rat genau, und der Student meinte: „Wenn ich doch auch so etwas erleben würde." „Sie sprachen miteinander über Ehrlichkeit und Reinheit und über den Glauben, den jeder benötigt, der sein Leben in ganzer Treue Gott übergibt. Als der Student sagte, er sei dazu bereit, beteten sie miteinander", schließt Harris' Bericht, „beide waren tief bewegt und dankbar."[20] Damit begann für Sam Shoemaker eine zwanzig Jahre anhaltende Verbindung mit Frank Buchman.

Buchman hoffte immer noch, Sun Jat-sen kennenzulernen. Anfang 1918 hatte sich Hsu Tschi'en als Sun Jat-sens Kabinettssekretär der Militärregierung Südchinas angeschlossen. Mit Hsu Tschi'ens Hilfe gelang es Buchman im Februar 1918 wenigstens zweimal, mit Sun Jat-sen, dessen Stellung zu dieser Zeit unsicher geworden war, zusammenzukommen. Rivalen innerhalb seiner eigenen Partei hatten vor, ihm den Rang des Generalissimus streitig zu machen und ihn nur Mitglied eines Komitees von sieben gleichgestellten Männern sein zu lassen. Trotz alledem war Buchman der Überzeugung, Sun Jat-sen könne der „große Befreier Chinas“ werden. Deswegen waren die Gespräche zwischen beiden Männern von großer Offenheit. Bei ihrem ersten Treffen am 23. Februar, an dem einige von Sun Jat-sens Mitarbeitern teilnahmen, erwähnte Buchman offen die moralischen Schwächen, die an der Wurzel der anarchischen Zustände Chinas lagen, wie Hsu Tschi'en ihm berichtet hatte. Fünf Tage später trafen sie sich wieder in einer Zementfabrik, die dem Präsidenten als Hauptquartier diente. Sie lag auf einer Insel und konnte nur mit einem Boot erreicht werden. So waren beide Männer unter sich. Sun Jat-sen sagte: „Wir sind politisch erfolgreich gewesen. Wir haben die Republik gegründet. Aber es gibt viele Probleme, auf die wir keine Antwort haben. Können Sie uns helfen? Was muß in China geändert werden?“ Buchman antwortete: „Drei Dinge. Einmal die Korruption – Bestechung. Zum zweiten – die Konkubinen. Und zum dritten: das Opium.“

Buchman sagte Dr. Sun Jat-sen ganz offen, daß sogar seine eigenen Gefolgsleute meinten, er habe zu viele Frauen. Sun Jat-sen hatte sich in der Tat nach chinesischem Recht von seiner ersten Frau scheiden lassen und die Frau geheiratet, die vorher seine Konkubine gewesen war: Tching-ling Sung, die Schwester von Tschiang Kai-scheks Frau und spätere Vizepräsidentin der Volksrepublik China.

Nach diesem Gespräch erhielt Buchman einen empörten Brief von Sun Jat-sen: es müsse da ein Mißverständnis herrschen. Er habe nie, so schrieb er, mehr als eine Frau gehabt und habe sich in korrekter Weise von seiner ersten Frau scheiden lassen, bevor er die gegenwärtige geheiratet habe.[21] Hsu Tschi'en ging, von Buchman dazu ermutigt, zu Sun Jat-sen, um diese Frage noch einmal aufzugreifen. Ohne Umschweife sagte er Sun Jat-sen, seine Scheidung sei nach chinesischem Recht vielleicht berechtigt, aber nach der christlichen Lehre, zu der sich Sun Jat-sen bekenne, sei dem nicht so. Er gab ihm eine Bibel und bat ihn, die Geschichte von David, Uriah und Bathsheba zu lesen. Weiter erinnerte er ihn daran, daß seine erste Frau ihn in Zeiten größter Not geheiratet hatte und daß es nicht dem christlichen Brauch entspreche, eine Frau zu verlassen, die einen in schweren Zeiten geheiratet habe. Außerdem habe sie ihm einen Sohn geboren.[22] Wenn er den Geboten Gottes nicht gehorche, fragte Hsu Tschi'en, konnte er dann

Kraft von Gott erwarten, um sein Volk zu retten? Schließlich bedankte sich Sun Jat-sen bei Hsu Tschi'en für „seine treuen Ratschläge".[23]

Es mag auf den ersten Blick sonderbar erscheinen, daß nicht nur Buchman, sondern auch ein pragmatischer Politiker wie Hsu Tschi'en in dieser Frage so beharrlich blieben. Wie dem auch sei – Sun Jat-sens Handlungsweise zeigte nicht nur eine moralische Schwäche, sie führte auch zu politischen Schwächen. Auf einer Fotografie, die mir der Sohn des Präsidenten jenes Parlaments zeigte, das Sun Jat-sen zum Präsidenten und Generalissimus wählte, sieht man Sun Jat-sen im Kreis von Parlamentariern und neben ihm, auf dem Ehrenplatz, seine Sekretärin Tsching-ling Sung. Seine Frau erkennt man einige Plätze weiter weg. Dieser Mann sagte mir, daß Sun Jat-sens Bestehen auf dieser Sitzordnung seinen Vater und andere Kollegen schockiert habe. Wie Emily Hahn berichtet, war die Familie Sung auch „entsetzt", als ihre mittlere Tochter ihre Absicht ankündigte, Sun Jat-sen zu heiraten, denn damit „verstoße sie gegen die Sitten und den Brauch sowohl der christlichen wie auch der nicht-christlichen Gesellschaft in China".[24] Die ganze Angelegenheit schwächte Sun Jat-sens Stellung. Sie trug zu den Intrigen bei, die dazu führten, daß die gesetzgebende Versammlung ihn seiner militärischen Macht enthob und die Regierung in einen Verwaltungsrat verwandelte, in dem er nur einer unter sieben war. Nachdem im Mai 1918 diese Vorlage zur Reorganisation der Regierung Gesetz geworden war, trat Sun Jat-sen zurück, verließ Kanton und zog nach Schanghai.

Unterdessen blieb Buchmans Botschaft klar und eindeutig wie immer. „Wenn Sünde die Krankheit ist", sagte er in einem Vortrag vor Missionaren in Schanghai, „dann müssen wir uns mit der Sünde befassen – zuerst in uns selber: jene ‚kleinen Sünden', die uns die Überzeugungskraft rauben und uns daran hindern, Sündern gegenüber echte Barmherzigkeit zu üben – Mißgunst, Eifersucht, Ehrgeiz, Eigenwille, Kritik. Dann die Sünde in den anderen. Es gelingt uns nicht, an die Sünde heranzukommen, die einen Menschen von Christus fernhält. Oft hält uns die Angst zurück. Wir sagen, wir seien reserviert, schüchtern, oder daß niemand in die Persönlichkeit eines anderen eingreifen dürfe. Dabei sind wir von Menschen umgeben, die sich danach sehnen, die tiefsten Fragen, die sie beschäftigen, aussprechen zu können ... Jene Frau am Brunnen glaubte sich nicht in ihrer Persönlichkeit angegriffen, als Jesus den Finger auf die Ursache ihres Lebensschmerzes legte."

Unterdessen war Sherwood Eddy in China angekommen und setzte sich an der Seite Buchmans ein. Er war offensichtlich über die Auswirkung von Buchmans Arbeit hocherfreut. Wenn Buchman allzu gerne von Menschen sprach, die über seine Arbeit begeistert waren, so konnte Sherwood Eddy diese Begeisterung nur unterstreichen. In einem Brief an K. T. Paul in Indien schreibt er im April, „Buchmans Arbeit hat sich in China so entfaltet, daß sie zu einer Bewegung von außerordentlichen Ausmaßen geworden ist – eine Bewegung, die weit stärker und fruchtbarer ist als alles, was wir bisher in China erlebt haben.“[25]

Trotzdem wurde Buchman kaum drei Wochen später gebeten, China zu verlassen.

7

KONFLIKT IN CHINA

In der Tat hatte die Opposition gegen Buchman weiteren Zulauf gefunden. Zahlreiche Missionare wehrten sich gegen sein Konzept einer auf den einzelnen Menschen ausgerichteten Arbeitsweise. Ebenso wurden sein Charakter und seine Lebensweise kritisiert. Hinzu kam die unliebsame Tatsache, daß – wo immer er auch hinkam – Menschen Schlange standen, um ein Gespräch mit ihm führen zu können, was bei den meisten seiner Kollegen nicht der Fall war.

Als Buchmans Rolle bei den bevorstehenden Konferenzen von Kuling und Peitaiho von 1918 besprochen wurde, brach die Opposition offen aus. Bereits 1916 war er als Beobachter eingeladen und gleichzeitig gebeten worden, im folgenden Jahr, 1917, den Arbeitskreis „Arbeit am einzelnen" zu leiten. 1918 war er nun gemeinsam mit Miß Ruth Paxson und Dr. Tewksbury verantwortlich für die gesamte Leitung. Aus zwei Gründen war er fest entschlossen, diese Konferenz nicht nur eine Wiederholung der vorhergegangenen werden zu lassen. Einmal hatte ihn die konzentrierte Arbeit mit kleinen Gruppen von Missionaren davon überzeugt, daß ihre moralischen und geistigen Nöte ein gutes Stück tiefer gingen, als er es bisher vermutet hatte.

Zum anderen wollte er eine Konferenz haben, die auch Männern wie Hsu Tsch'ien neue Hoffnung geben würde. Hsu sah im Christentum eine potentiell revolutionäre Kraft. Am besten könne dieser Glauben gestärkt werden, meinte Buchman, wenn lebendige Beweise dafür gebracht würden. „Es wird keine gewöhnliche Konferenz sein", schrieb er über seine Pläne für Kuling. „Männer wie Tscheng Tsching-yi und Hsu Tsch'ien kommen. Sie glauben, daß Jesus Christus die einzige Hoffnung für China ist. Andere meinen, daß die Studenten nach ihrer Rückkehr von der Konferenz in der gegenwärtigen politischen Krise eine spürbare Kraft werden müssen." Kuling dürfe nicht länger eine private Veranstaltung der Missionare bleiben. Es solle ein „auf persönlicher Erfahrung" aufgebautes Ausbildungszentrum für die Führerschaft Chinas werden.[1] Das alles bedeutete natürlich, daß das übliche Konzept der Sommer-Konferenzen völlig verändert werden mußte.

Zunächst schien es, als ob sich alles nach Buchmans Vorstellung entwickeln würde. Bevor Sherwood Eddy China verließ, fand in Hangchow ein Vorbereitungstreffen statt, wo es „einmütige Zustimmung" von seiten der leitenden Missionare gab, sowohl für den Vorschlag, sorgfältig ausgesuchte Ausländer und Chinesen nach Kuling und Peitaiho einzuladen, als auch für das Vorhaben, das Programm für beide Konferenzen intensiver und gezielter ablaufen zu lassen.[2] Buchman konzentrierte sich auf Kuling. Er versandte persönliche Einladungen an führende Chinesen, deren Anwesenheit eine Auseinandersetzung mit den tatsächlichen Nöten des Landes gewährleisten würde.

Eines Morgens im Mai schrieb Buchman auf das Vorsatzblatt seiner Bibel: „Ich habe dich vorbereitet, damit du diesen Männern beistehen kannst. Du wirst vielen helfen, frei zu werden. Ich werde bei dir sein." Am Pfingstsonntag schrieb er: „Ich rufe dich zu einer großen Arbeit auf, die breite Auswirkungen zeitigen wird." Und am folgenden Montag: „Beginne die Konferenz mit einem Angriff auf die Sünde. Ein gründliches Reinemachen in unserem Leben."

Einigen Missionaren mißfiel allerdings der Vorschlag, Delegierte einzuladen, die nicht in der „christlichen Arbeit tätig waren". Andere wiederum protestierten gegen das Fehlen von langen Ansprachen im alten Stil.

Als Buchman Anfang Juli in Kuling ankam, um sich dort um die letzten Vorbereitungen zu kümmern, war die Situation alles andere als gut. Harry Blackstone, Bevollmächtigter des Finanzkomitees, war in den Vereinigten Staaten gewesen und hatte noch immer nicht die notwendigen Bürgen gefunden. Und trotz inständiger Bitten Buchmans hielten es seine Kollegen nicht für nötig, früher als eine Woche vor Beginn der Konferenz anzureisen. Tewksbury verlängerte seinen Aufenthalt in Japan, um dort Blackstone zu treffen. Angeblich wollten sie Geldfragen besprechen. Buchman aber vermutete, es ginge um anderes.

Im Gegensatz dazu traf Buchman einen ganzen Monat vor Konferenzanfang in Kuling ein. Er war überzeugt, sorgfältige Vorbereitungen treffen zu müssen. Er schrieb an Tewksbury, der für die praktische Seite der Konferenz zuständig war, daß die Gebäude nur dürftig möbliert seien. Dann die Frage der Betten: Im vergangenen Jahr hätte es eine Wanzenplage gegeben, und sein eigenes Bett sei „unerträglich" gewesen. Ebenso unglücklich war Buchman auch über das Essen, und er zählte jene Gäste auf, die nach den letzten Konferenzen deswegen krank geworden waren. Die Fliegen und das angeschlagene Steingut-Geschirr hätten nicht gerade einladend gewirkt. Außerdem – fügte er hinzu – müßte für die Chinesen reichlich von ihrem eigenen Essen zur Verfügung stehen: „Wir wollen das Beste an Freundschaft und Fürsorge anstreben." Beachte man nicht auch diese Details, so würden gerade diejenigen Menschen abgeschreckt, die man eigentlich gewinnen wollte. Vor allem aber müsse eine Atmosphäre der Ruhe entstehen, denn viele Delegierte würden nach dem langen Winter und der harten Arbeit müde ankommen. Hier sprach der Hoteliers-Sohn.

Er hatte auch kein Verständnis für Tewksburys Sorge, daß die zahlreichen Gäste nicht zu den „hauptamtlich in der christlichen Arbeit Stehenden" gehörten. „Die Anwesenheit der Außenstehenden wird uns davon abhalten, zu theoretisch zu werden", antwortete er ihm. „Kümmern Sie sich um Peitaiho, überlassen Sie mir bitte Kuling."[3]

Mittlerweile hatte Blackstone – der ernste, wenn auch unausgesprochene Vorbehalte gegen Buchman hegte – noch immer keine finanzielle Unterstützung für die Konferenz beschafft. In seiner Abwesenheit schrieb Buchman an Mrs. Blackstone und erklärte, er sei durchaus bereit, ohne die Hilfe des Stewart Fonds auszukommen: „Ich weiß, was es heißt, im Glauben und vom Gebet zu leben", schrieb er, „und keinem Mann für ‚sein Silber und Gold' etwas schuldig zu sein." Weil er wußte, daß man ihn für verschwenderisch hielt, sandte er Mrs. Blackstone einen Scheck, der alle persönlichen Ausgaben – auch für Medikamente – decken würde.[4]

Trotz aller Schwierigkeiten segelte er mit voller Takelage in das Wagnis hinein: Da Sherry Day krank und Howard Walter nach Indien zurückgekehrt war, mußte er sich fast allein eines großen Teils der in China tätigen Missionare annehmen.

Zweihundert Menschen kamen zu den ersten Versammlungen am 5. August, unter ihnen Hsu Tsch'ien, der während Sun Jat-sens Reise nach Japan stellvertretender Premierminister war – ebenso General Wu, ein hoher Berater von Sun –, S. T. Wen, ehemaliger Staatssekretär im Auswärtigen Amt, sowie weitere Chinesen und zahlreiche verantwortliche Missionare. Die erste Aufgabe sei, herauszufinden, was echtes christliches Leben sei. So unterstrich Buchman gleich zu Anfang.[5] Solches Leben sei allerdings fragwürdig, fügte er hinzu, wenn es nicht als verwandelnde Kraft im Leben anderer Menschen wirksam werde. Auf welche Lebensfrage, so fragte er die Delegierten, zu denen auch Bischof Logan Roots aus Hankau gehörte, wolle jeder von ihnen während dieser Konferenz eine Antwort finden? Es könne durchaus ein persönliches Problem sein.

Hsu Tsch'ien ergriff später an diesem ersten Tag das Wort. Er machte den Anwesenden klar, daß ihn fromme Diskussionen nicht interessierten, wenn sie nicht darauf ausgerichtet seien, die moralische Verderbtheit Chinas anzugreifen: „Die Willkürherrschaft, den Militarismus, Selbstherrlichkeit, Opium, Alkohol, wilde Ehen, das Füße-Einbinden und die Sklaverei." Er sagte: „Wir müssen uns unserer nationalen Sünde bewußt werden, sonst können wir unser Volk nicht retten. Können wir unser Volk nicht retten, so können wir auch die Welt nicht retten – aber die Christen sind heute in China machtlos, wegen ihrer eigenen versteckten Sünden." „Mein Anliegen ist die Rettung eines Volkes", fuhr Hsu fort, „deswegen ist es mir ernst mit dieser Konferenz. Ich will wissen, auf welche Weise China zu retten ist. Die Ausländer, die hier für die Kirche verantwortlich sind, begreifen nicht ganz, worum es geht . . . Wir sind zu langsam! Ich glaube, wir können China nur durch direkte Arbeit am einzelnen Menschen retten."

Im Laufe der nun folgenden acht Tage ergriff Buchman mindestens dreizehn Mal das Wort. Er legte eine umfassende Darstellung all dessen vor, was er in den Jahren an der Universität von Penn State gelernt hatte, veranschaulicht durch seine eigenen Erfahrungen in Erfolg und Versagen. Schließlich sei ihm während dieser Tage bewußt geworden, daß er einige Jahre lang mit der Pennsylvania-Eisenbahn zu einem Billigtarif gefahren sei, der ihm gar nicht zugestanden habe. An diesem Morgen nun habe er der Eisenbahngesellschaft einen Scheck von 150 Dollar überwiesen. Er sei versucht gewesen, nicht mit seinem Namen zu unterzeichnen, da der Vizepräsident der Gesellschaft ein Freund von ihm sei. Ebenso habe er den Konferenzteilnehmern eigentlich nichts von alledem sagen wollen aus Angst, das Gesicht zu verlieren.*

Später berichtete Buchman, er habe sich erst in China davon überzeugt, daß das Eingestehen eigener Fehler und Schwächen, von Mensch zu Mensch oder in der Öffentlichkeit, anderen eine wichtige Hilfestellung geben könnte. „Meine Botschaft gehört nicht mir, sie gehört Gott. Sie greift um sich, weil viele Menschen dazu beitragen", sagte er. „Als ich zum Beispiel das letzte Mal nach China kam, war ich nicht unbedingt davon überzeugt, daß ein bekennender Christ auch

---

* Zu dieser Zeit befand sich Buchman in einem finanziellen Engpaß, hatte aber gerade von einer Mrs. Woolverton in New York einen Scheck in genau der Höhe erhalten, die notwendig war, um der Eisenbahngesellschaft ihr Geld zurückzuerstatten. (Buchman an Mrs. Woolverton, 21. November 1918.)

ein wirksamer Christ sei. Aber ich wurde davon überzeugt, als Bischof Moloney unsere Einkehrtage in Hangchow eröffnete. Er sagte damals, ein Christ, der wirksam sein wolle, müsse Fehler eingestehen können. Der Bischof erzählte, ein Dienstbote seiner Familie sei zu ihm gekommen und habe ihm gestanden, er habe Geld gestohlen. Worauf ihm, dem Bischof, eine Arztrechnung in den Sinn gekommen sei, die er im Vertrauen darauf noch nicht bezahlt hatte, daß der Arzt sie angesichts seiner hohen gesellschaftlichen Stellung ‚vergessen' würde. So habe er dem Dienstboten erzählt, daß auch er Geld genommen habe. Dann habe er seine Rechnung bezahlt. Dies sei der Anfang einer Erneuerung in seiner Diözese gewesen."

Buchman wob all dies in sein Hauptthema ein: daß nur eines in der Welt uns davon abhalten könne, an Wundern mitzuwirken – die Sünde. „Man kann die Sünde im Leben eines anderen nicht erkennen, wenn man sie nicht bei sich selbst erkannt hat", sagte er. „Nicht weil man besser ist, kann man anderen helfen, sondern weil man ehrlich ist. Durch das ehrliche Bekenntnis erhält man die notwendige Kraft von Christus, der allein die Vollmacht hat, von der Sünde zu befreien."

„Es gibt bestimmte Dinge, zu denen wir bereit sind", sagte er an einem anderen Tag: „Nach China zu kommen, hier in den Schulen zu lehren, Verwaltungsarbeit zu tun. Wenn es aber darum geht, Menschen in ihrem persönlichen Bereich zu helfen, sagen wir: ‚Nein, das kann ich nicht, das liegt mir nicht.' Wir werden die wirklichen Probleme, das wirkliche China, nie kennenlernen, wenn wir nicht bereit sind, die Menschen aus den Fesseln der Sünde zu lösen. Wir können dies nur tun, wenn wir uns von den Fesseln im eigenen Leben befreit haben."

„Als ich das erste Mal nach Penn State kam", erzählte er weiter, „gab es dort ganze fünfundzwanzig uninteressante Christen. Sie waren typisch amerikanische Mitglieder des CVJM. Sie benahmen sich zwar brav und anständig, hatten aber keinerlei Ausstrahlung." Die eigentliche Aufgabe sei, die interessanten Sünder zu gewinnen. Er habe das Vertrauen von zwölf Studenten gewonnen, die gemeinsam Hühner stehlen gingen – *das* seien interessante Sünder gewesen!

Es habe aber Leute gegeben, kommentierte Buchman, die sich dagegen wehrten, solche Männer, die am Rande des „offiziellen" Christentums standen, für christliche Arbeit einzusetzen. Er frage sich nur, was sie mit dem heiligen Augustinus während seiner frühen Studienjahre in Mailand getan hätten! Die derzeitige Gemeinschaft der Christen in China sei unfähig, solche Männer „am Rande" zu integrieren.

Die Auswirkungen solcher Kommentare blieben natürlich nicht

„am Rande". Einige Missionare nahmen an, was Buchman gesagt hatte; andere waren wütend: Buchman sei nicht nur arrogant und anmaßend, er sei auch ein Egoist, der ständig seine Erfolge wie Paradepferde vorführe.

Buchman trafen die Angriffe tief. In einer seiner späteren Ansprachen zum Thema „Christi Leiden teilen" – eine Erfahrung, die allen bevorstehe, die den Weg der ganzen Hingabe gehen wollten – sprach er von der Versuchung, den Kelch der Freude und des Friedens trinken zu wollen, den Kelch des Leidens aber abzuweisen. „Wir entscheiden selbstgefällig, wieviel von unserem Leben wir einsetzen wollen. Wir quittieren den Dienst, wenn wir zu leiden anfangen", sagte er. „Wenn jemand Unangenehmes über uns verbreitet oder gegen uns intrigiert, lassen wir dann Christus den Sieg erringen? Kein Mensch kann das vollbringen, nur Christus kann es. Es gibt schwere Zeiten, wo mir dieser Sieg fehlt; dann bleibt mir nichts anderes übrig als wegzugehen." So ging er wirklich eines Abends auf einen Spaziergang in die Hügel der Nachbarschaft und kam an einen See. Einen Augenblick dachte er, wie friedlich es wäre, da unten im See zu liegen, weit entfernt von allen Konflikten.

Dennoch paßte er sich in dem, was er zu sagen hatte, nicht seiner Umgebung an. Was die anwesenden Chinesen empfanden, wurde von General Wu deutlich ausgedrückt: Christen sollten einen revolutionären Geist in die Kirche tragen, sagte er. Die Pfarrer stünden oft einfach da, wiederholten ihre Gebete und meinten, damit sei ihre Arbeit getan, und schließlich müsse dann der Laie sich selbst Pastor sein. „Deswegen", sagte er, „habe ich mich entschieden, unter den Beamten seelsorgerliche Arbeit von Mensch zu Mensch zu tun. Viele von ihnen sind verderbt. Wir sollten ihnen allen helfen, damit sie als erneuernde Kraft in der Armee und in der Regierung wirken können."

Buchman brachte dann eine noch heiklere Frage aufs Tapet. „Als ich das letzte Mal in China war", sagte er, „machte mich ein Mann von großer Menschenkenntnis, ein echter Seelenarzt,* auf ein Problem aufmerksam: die besonderen Bindungen in den Beziehungen zwischen Menschen. ‚Wo immer Sie sind, äußern Sie sich klar zu solchen exklusiven Beziehungen', sagte dieser Mann. Auf unserer Tagung hier ist mir solches aufgefallen. Ich kann kein Urteil darüber fällen, ich kann aber wohl sagen: solche Beziehungen können ungesund sein. Mein Freund wußte davon viel mehr als ich. Ich selbst kann

* Es handelte sich um den Methodisten-Bischof Lewis.

Ihnen nur die Warnung dieses alten, erfahrenen Menschenkenners und Seelsorgers weitergeben."

Die Reaktion auf Buchmans Worte war explosiv. Bischof Roots wurde von Protesten überflutet. Am Tag vor Buchmans Abreise aus Kuling beschwerte sich der Bischof bei ihm: Er habe Anstoß erregt. Buchman antwortete ihm, anscheinend ganz unbefangen, zwei Tage später: Es habe ihn überrascht, daß einige der CVJM-Sekretäre seine Worte so persönlich genommen hätten.* In seinem Brief an Roots sagte er auch: Root's Kritik an dieser „von Gott geschenkten Botschaft" sei widersprüchlich und destruktiv, was auf seine eigenen Probleme hindeute.[6]

Unterdessen erhielt Buchman aus Kuling auch dankbare Briefe: „Ich war einem Zusammenbruch nahe, und Gott sandte Sie mir, um mir zum Sieg zu verhelfen", hieß es in einem Brief. Ein Chinese schrieb: „Ich werde unser erfrischendes Gespräch nie vergessen ... Ich werde Ihnen auch nie genug danken können für das, was Sie in mein Leben gebracht haben." Ein dritter Teilnehmer dankte Buchman für seine „klare Stellungnahme zur Sünde", und eine Frau, die als „Tochter eines Bischofs" unterschrieb, berichtete, daß etliche, die anfangs Buchman gegrollt hätten, ihm bis zum Schluß zugehört hätten und „gewonnen worden seien". Es gebe wohl auch einige, die manches zu verbergen hätten, warum hätten sie sonst solche Angst vor Herrn Buchman und seiner Botschaft gehabt?[7]

Im Bewußtsein, daß er Aufruhr und Unruhe in Kuling hinterlassen hatte, machte sich Buchman auf den Weg zur zweiten Konferenz in Peitaiho. Er sah den kommenden Sturm voraus, ahnte jedoch nicht, daß Blackstone, der ihm freundliche Briefe schrieb, selbst diesen Sturm angefacht hatte.

In der Tat schrieb Blackstone, kaum aus Japan in Peitaiho angekommen, einen vertraulichen Brief an Bischof Roots, den Vorsitzenden des *China Continuation Committee*, der inzwischen nach Hankow zurückgekehrt war. Er habe gehört, schrieb er, daß die Konferenz in Kuling segensreich gewesen sei. Er habe allerdings auch einiges über Buchmans Tätigkeit dabei erfahren. Das erwecke Zweifel in ihm, ob es ratsam sei, Buchman gegenwärtig weiter in China arbeiten zu lassen.

---

* Buchman konnte sein Leben lang nicht begreifen, warum jemand auf seine kritischen Äußerungen scharf reagierte: man habe wohl die Liebe nicht erkannt, die der Kritik zugrunde lag, die befreien und nicht bedrücken sollte. Er erwartete, daß Menschen solche Anliegen vor Gott brachten und dann selbst erfuhren, was daran wahr war und was nicht. Allerdings waren seine Bemerkungen oft in so entschiedenem Ton gehalten, daß viele verständlicherweise scharf darauf reagierten.

„Es ist mir schon lange klar", schrieb Blackstone, „daß Mr. Buchman aus bestimmten Gründen für diese Arbeit nicht mehr qualifiziert ist, wegen eines gewissen Egoismus und wegen übertriebener Ansprüche. Dennoch . . . habe ich ihn mit allen meinen Kräften unterstützt, manchmal gegen mein besseres Wissen und gegen die Ansicht anderer."

Blackstone wollte von Roots wissen, ob Buchmans Arbeit in China nicht auch seiner Meinung nach beendet werden sollte. Habe er nicht auch bemerkt, daß sich etwas in Buchmans persönlicher Erfahrung negativ auf seine Botschaft ausgewirkt habe? Blackstone betonte: „Es hat sich deswegen in dieser Konferenz ein gewisser Trübsinn ausgebreitet, und im Vergleich zu diesem Frühjahr erkenne ich Buchman kaum wieder." Bischof Roots möge bitte telegrafisch auf diesen Brief antworten, bat Blackstone.[8]

Anscheinend fand am folgenden Abend auf der Veranda von Blackstones Bungalow eine lautstarke Auseinandersetzung zwischen Buchman und den anderen Leitern der Konferenz statt. Der Anlaß war scheinbar der Vorwurf, Buchman benehme sich so, als ob er die Konferenz eigenhändig leiten wolle. Jedenfalls konnte er sich mit drei Forderungen nicht einverstanden erklären, die ihm – fast wie ein Ultimatum – vorgelegt wurden. Angeblich wurde von ihm verlangt, er solle das Wort „Sünde" nicht mehr erwähnen.[9] Weiter, daß zur „alten Tagesordnung" zurückgekehrt werde. Tewksbury beschuldigte ihn des „Egoismus" – Buchman antwortete darauf mit der Feststellung, den wichtigsten Teil seiner Botschaft habe er bei Henry Wright gelernt.*

Am 31. August – einige Tage später – sandte Bischof Roots aus Hankow ein Telegramm an Blackstone mit dem vorgeschlagenen Kodewort: „Arbeit beenden." Dem Telegramm folgte ein ausführlicher Brief. Er wolle bezeugen, so schrieb Bischof Roots an Blackstone, wie wertvoll Buchmans Arbeit in China gewesen sei. Als Folge davon sei das Leben der christlichen Gemeinde in Hankow „auf Dauer inspiriert und zum Positiven hin verändert worden". Buchmans Arbeit habe auch ihm „persönlich außerordentlich viel bedeutet"; dafür werde er ihm „stets zu Dank verpflichtet sein".

Er teile aber auch Blackstones Bedenken, fuhr er fort. Die Konferenz von Kuling habe viel Gutes bewirkt, besonders bei jenen, die

---

* Drei Wochen darauf schrieb Buchman an Wright: „Ich erfahre nun die Verfolgung, die Sie mir angekündigt haben. Das Beste an meiner Botschaft stammt von Ihnen . . . Unter all meinen Freunden kommen Sie einem Menschen, der die Prinzipien Christi in sich verkörpert, am nächsten." (20. September 1918). Zu Professor Wrights Einfluß auf Frank Buchman siehe Kapitel 8.

Buchman noch nicht gekannt hatten. Die älteren Missionare jedoch seien enttäuscht. Außerdem habe er in Buchman „einen tadelnden und diktatorischen Zug“ beobachtet. Als einschränkend empfinde er Buchmans Schwierigkeit, mit anderen zusammenzuarbeiten, obwohl er mit Eddy „in der besten Abstimmung“ gemeinsame Arbeit geleistet habe.

Roots fügte hinzu, es betrübe ihn tief, „die Veränderung in Buchmans Wesen, von der Sie berichtet hatten, selbst zu beobachten“. „Ich bin nicht erfahren genug, um zu beurteilen, was die Ursache ist“, schrieb er. In Kuling hätten sie auch unter der gleichen bedrückenden Atmosphäre gelitten, wie sie Blackstone aus Peitaiho beschrieben habe. „Wenn ich ganz offen sein darf“, beschloß er seinen Brief, „so fürchte ich, daß Buchman vor einem möglichen Zusammenbruch steht, wenn er noch länger in China bleibt.“ Bis zum gegenwärtigen Zeitpunkt sei Buchmans Arbeit „ein wunderbarer Erfolg“ beschieden gewesen – seiner Meinung nach müsse sie nun aber beendet werden.[10]

Für Buchman war es bestimmt ein vernichtender Schlag, nach seiner fünfzehnmonatigen mit Leidenschaft geführten Kampagne aufgefordert zu werden, China zu verlassen. Denn: Was auch immer die Gründe gewesen sein mögen, die Bischof Roots zu der Annahme gebracht hatten, Buchman stünde vor einem Zusammenbruch, sie schienen sich rasch zu verflüchtigen. Gemeinsam mit zwei Freunden, seinem Sekretär Hugh Mackay (einem Enkel von Hudson Taylor, dem Begründer der China Inland Mission) und Sherwood Day, hatte er nach der Konferenz in Peitaiho einen einmonatigen Urlaub in Port Arthur, am Golf von Chihli, geplant. Auf dem Weg dorthin wurden die Große Mauer und die Ming-Gräber besucht, und bald gingen von Buchman muntere Briefe nach Hause. Am 12. September berichtete er Blackstone, er sei eben von einem zwölf Meilen langen Spaziergang zurückgekehrt und habe anschließend eine gute Portion Sauerkraut gegessen. Ganz nebenbei bat er Blackstone, doch die falschen Gerüchte zu unterbinden, nach denen er „körperlich zusammengebrochen“ und nach Amerika zurückgeschickt worden sei.[11] Blackstone antwortete ihm herzlich, erwähnte aber mit keinem Wort seine Intervention, die Bischof Roots zu jenen entscheidenden Schritten Buchman gegenüber veranlaßt hatte.[12]

Es ist schwierig, Bischof Roots’ damalige Einschätzung Buchmans mit jener zu vereinbaren, die Prof. Harlan Beach, ehemaliger Professor an der Universität von Penn State und später Professor für Missionsarbeit in Yale, zur gleichen Zeit traf. Professor Beach machte sich während einer von Buchmans Ansprachen Notizen, die in der Tat ein anderes Bild zeichnen: „Da gab es keine dramatische Rhetorik, sondern eine große, menschliche und starke Persönlichkeit . . . ein freundlicher Mann, guter Dinge, gesprächig, wie ein Bruder – durchaus kein über uns erhabener Pastor. Er erzählt lustige Geschichten und ist doch gleichzeitig bedachtsam und ernst . . . Er hat ein neues Konzept, sich an einzelne zu wenden anstatt an die Massen . . . Man kritisiert ihn dafür, daß er die Sünde unterstreicht und zu streng ist. Er sprach aber von jenen wahren Dingen, die für das Leben entscheidend sind . . . Er zeigte Führerschaft und konnte doch mit Menschen zusammenarbeiten. Zusammenfassend: Es ist das Beste, das China je widerfahren ist!“[13]

Während dieser Tage in Port Arthur überdachte Buchman die vergangenen Wochen in China. Ihm wurde klar, daß er Tewksbury und Miß Paxson ungerecht behandelt hatte und sandte beiden einen Entschuldigungsbrief.[14] In keiner Weise bereute er es aber, jene zentralen Fragen aufgebracht zu haben, die er für die entscheidenden hielt. Vor allem bereute er keineswegs seinen Versuch, sich mit jenen Sünden auseinanderzusetzen, die seiner Meinung nach die Arbeit vieler Missionare unwirksam machten.

„Die Verantwortlichen wurden nicht gewonnen“, schrieb er nach Indien an Howard Walter, „und die Opposition war auf subtile Art ständig am Werk. Seit einiger Zeit schon bemüht sie sich auf allen nur erdenklichen Wegen, uns aus China herauszukriegen; je stärker der Schuh zu drücken begann, desto offener und tiefer wurden die Aussprachen mit den Menschen.“[15] In einem zweiten Brief an Howard Walter hieß es, er sei davon überzeugt, daß die wirklichen Gründe, weshalb man ihn zur Abreise bewegt hatte, noch viel tiefer lägen als er bisher habe erfahren können.[16]

Was die Konferenz in Kuling betraf, war er mehr denn je davon überzeugt, dort „nur die Oberfläche angekratzt“ zu haben. Man habe sich gegen diesen oder jenen seiner Ausdrücke wie z. B. „geistiger Bankrott“ gewehrt – sie entsprächen aber genau den Tatsachen. Er unterstrich, was ihn wirklich schwer belastete: In dem Maß, in dem Gott ihm eine klare Diagnose der Zustände gegeben habe und seine Botschaft den echten Bedürfnissen der Menschen entgegengekommen sei – hätten einige verantwortliche Christen den Rückzug angetreten.

Der warme Ton von Bischof Roots' Brief veranlasse ihn dazu, ebenso herzlich zu antworten, nur wolle er dadurch die Hauptfrage nicht vom Tisch gewischt sehen. Er warnte Roots vor dem Gedanken, ihre Auseinandersetzung in Kuling sei nur persönlicher Art gewesen. „Es geht um viel mehr“, schrieb er. „Es geht um Grundsätzliches, das den Fortschritt der Arbeit für das Reich Gottes im Kern beeinflußt.“[17]

In einem Brief an Blackstone erklärte er, warum es ihm zum Teil nicht möglich gewesen sei, in Kuling bei Picknicks und anderen fröhlichen Unternehmungen mitzumachen. Er habe immer mehr das Gefühl gehabt, daß die Krankheit seines Vaters rasch fortschreite.[18] Tatsächlich wußte Buchman seit einigen Monaten, daß es seinem Vater immer schlechter ging. Seine Mutter hatte ihm zu Weihnachten des vorangegangenen Jahres in einem Brief deutlich gesagt, sein Vater handle inzwischen völlig irrational und sie habe Angst, er werde ihr einmal etwas antun.

„Ich weiß nicht, wie ich das noch länger aushalten kann", hatte sie ihm im Dezember 1917 geschrieben. „Ich sehe keinen Ausweg mehr. Diese Woche wollte er davonlaufen, und sie haben ihn gerade noch am Bahnhof einfangen können. Ich lebe in ständiger Angst. Meine einzige Hoffnung liegt in unserem Herrn."[19]

Im Sommer wurden ihre Briefe noch verzweifelter. Im Juni schrieb sie: „Dein Vater ist heute morgen mit einem Koffer in der Hand weggegangen. Er wüßte nicht, wann er wiederkommen würde, sagte er. Mir kommen die Tränen, während ich Dir dies schreibe. Ich habe nie geglaubt, so etwas mitmachen zu müssen . . . Du hast jetzt zu Hause eine Aufgabe."[20] Ende Juli berichteten Nachbarn aus Allentown, seine Mutter sei tatsächlich vor seinem Vater in Gefahr – etwas müsse jetzt unternommen werden.[21]

Während Buchman in Port Arthur war, hörte er von seiner Mutter, daß man den alten Herrn auf ärztliche Anweisung hin in ein Krankenhaus eingeliefert habe. „Frank, es ist schwer, Dir das schreiben zu müssen", schrieb sie, „aus seinem eigenen Haus wegzumüssen . . . Montag früh hatte er mich – ich war noch im Nachthemd – durchs Haus gejagt und bedroht. Ich rannte hinaus und versteckte mich den ganzen Tag bei den Hirners. Dann wurde er weggebracht; es ging alles sehr still und ruhig vor sich, aber stell' Dir vor, er mußte aus seinem eigenen Haus weg."[22]

Es ist erstaunlich, daß Buchman sogar jetzt noch zögerte, nach Allentown zurückzukehren. Damals nahmen sowohl die Post wie auch eine Schiffsreise lange Zeit in Anspruch. Das war mit ein Grund, warum es bei Amerikanern und Europäern, die als Missionare oder Beamte im Ausland Dienst taten, Tradition war, auf Posten zu bleiben, wie ernst die Probleme daheim auch sein mochten. Buchman fühlte auf alle Fälle die Gewißheit, er sei auf dem Platz, auf dem Gott ihn haben wollte. „Ich weiß, wie sehr Du mich zu Hause haben möchtest", schrieb er im August 1918 seiner Mutter aus Peitaiho, „ich möchte ja nur Gottes Willen tun."[23] Er schrieb regelmäßige liebevolle

Briefe, denen er öfters Geschenke oder Geld beilegte. Er ließ aber keinen Zweifel darüber aufkommen, daß er im Fernen Osten am rechten Ort sei. Aus Port Arthur schrieb er ihr, er habe an Dr. Willard Kline, einen bekannten Spezialisten in Allentown, telegrafiert und um Auskunft gebeten, was man für seinen Vater noch tun könne. In seinen stillen Zeiten habe ihm Gott die Gewißheit gegeben, „daß Er für Dich wie für Deinen Mann sorgen wird, und daß Du in Seiner Hand sicher aufgehoben bist". Er fügte hinzu, daß er mit einer kleinen Gruppe von Freunden zu einem eigenen Evangelisations-Unternehmen aufbreche. Sie hätten schon Einladungen aus Japan und Korea erhalten.[24] Erinnert man sich an seinen Brief an Blackstone, so war wahrscheinlich einer der Gründe für diese Reise der bewußte oder unbewußte Wunsch, zu beweisen, daß er nicht aus Asien weg und „nach Hause" geschickt worden sei. Gleichzeitig wollte er auch zeigen, daß seine Botschaft weite Anerkennung fand, wenn ihr keine Hemmnisse in den Weg gelegt wurden. In der Tat wurde er in beiden Ländern begeistert empfangen. Die Freundschaften, die er damals schloß, waren Grundsteine für die Arbeit, die in den späteren Jahren Früchte tragen sollte. So freundete er sich auch mit zwei Männern an, die zu den Erbauern des modernen Japan gehörten: Baron Morimura und Graf Shibusawa.

Zu Buchmans großem Kummer starb Howard Walter in Indien im November an den Folgen einer Grippe. Gleichzeitig wuchs die Sorge um seine Eltern. Von Dr. Kline erhielt er – die Post war aufgehalten worden – erst im Februar 1919 eine Antwort. Sobald wie möglich, nachdem er alle Verpflichtungen abgesagt hatte, schiffte er sich im März 1919 in die Vereinigten Staaten ein.

Von jenen einflußreichen Personen, die an seiner dramatischen Abreise aus China mitgewirkt hatten, hörte Buchman wieder nach seiner Rückkehr. Es wurde bekannt, daß Harry Blackstone eine Schwäche für eurasische Sekretärinnen hatte. Als eine von ihnen 1924 in der Öffentlichkeit über ihr Verhältnis zu Blackstone sprach, fiel er in Ungnade und verließ die Kirche, um Geschäftsmann zu werden. In seiner Not schrieb er an Buchman und bat um Hilfe:[25] „Es tut mir so leid, daß all dies geschehen ist", antwortete Buchman im April 1924. „Fühlen Sie sich frei, mich jederzeit um jede Art von Hilfe zu bitten. Ich werde alles tun, um Ihnen zu helfen."[26]

Was Bischof Roots betraf, so erwähnte Buchman (nach Angaben von Roots' Tochter) ihm und seiner Familie gegenüber nie wieder diese Angelegenheit – obwohl der Bischof vor und nach seinem Eintritt in den Ruhestand eng mit Buchman zusammenarbeitete. „Sie haben uns vieles verziehen", schrieb er 1942 an Buchman. „Sie haben aber besonders mir vieles verziehen – wieviel, das beginne ich erst jetzt zu begreifen."[27]

Unterdessen war Hsu Tsch'iens Enttäuschung über das, was er unter den Christen gesehen hatte, mehr und mehr gewachsen. Als Ergebnis eines Gesprächs, das ein Freund und er mit Buchman in Kuling führten, wurde von ihm die „Nationale Gesellschaft zur Rettung Chinas" (National Society for the Salvation of China) gegründet. Anschließend führte Hsu eine dreistündige Unterredung mit Sun Jat-sen, der die Sache für „gut und begründet" hielt und später noch bestätigte: „Jene grundlegenden Prinzipien zeigen den einzigen Weg, durch den China gerettet werden kann." Doch schon im nächsten Frühjahr schrieb Hsu in einem verzweifelten Brief an Buchman: „Zur Zeit predigen die Missionare nur über die *persönliche* Rechtschaffenheit. Sie lassen den Bezug zur Gesellschaft und zum Leben der Völker draußen. Warum sollten die Menschen nur als einzelne rechtschaffen sein und in politischen Angelegenheiten nicht?"[28] Im Jahr 1923 traf aus Moskau ein Agent namens Borodin in Kanton ein, der im Laufe der Zeit Berater von Hsu und Sun Jat-sen wurde. Hsu empfand, daß Borodin seinen Idealismus und seine Fähigkeiten zu schätzen wußte, während er – wie seine Tochter berichtete – „seitens der herkömmlichen Christen auf wenig Verständnis stieß".[29] Im Jahr 1925 bezog Hsu eine Wohnung in der russischen Gesandtschaft.

Oft ist die Frage gestellt worden, wie es geschehen konnte, daß der Kommunismus trotz des umfassenden, schon fünfzig Jahre dauernden missionarischen Einsatzes von amerikanischer und britischer Seite die Führerschaft Chinas so leicht erobern konnte. Professor Arthur Holcome von der Universität Harvard weist auf die Enttäuschung hin, die bei den Chinesen darüber herrschte, wie sie von den „christlichen" alliierten Mächten bei den Versailler Friedensverhandlungen behandelt wurden. Die deutsche Konzession war den Japanern übergeben worden, und die Alliierten behielten ihre eigenen – obwohl den Chinesen gegenteilige Versprechungen gemacht worden waren.

Professor Holcome fügt noch drei tiefere Gründe für die Enttäuschung der Chinesen hinzu: „Die Unfähigkeit der westlichen Missionare, die Chinesen als ebenbürtig anzuerkennen"; den „Mangel an Einmütigkeit in ihren eigenen Reihen" und letztlich, „ihre Unkenntnis in Sachen Chinas und der Chinesen". Die Missionare seien darauf aus gewesen, die chinesische Kultur zu beeinflussen, während die Sowjets, und insbesondere Borodin, sie zu begreifen und zu gebrauchen suchten.[30] Genau diese drei Themen wollte Buchman während seines Aufenthaltes in China aufgreifen und behandeln.

Man kann natürlich darüber nachdenken, was geschehen wäre, wenn die Missionare in einem – oder allen – dieser Punkte eine deutlich andere Haltung gezeigt hätten. Hätte sich dann eine maßgebliche Anzahl chinesischer Führer – dank solch einer Unterstützung – daran gemacht, die unguten Zustände zu beheben, die Hsu und General Wu deutlich umrissen hatten? Ob dann eine dynamische Alternative gewachsen wäre, die der atheistischen Revolution, die Borodin importierte, die Stirn hätte bieten können?

Es kam dazu, daß Hsu Tsch'ien, Sun Jat-sen, Tschiang Kai-schek, Mao Tse-tung, Tschu En-lai und andere der Macht von Borodins bezwingender Persönlichkeit erlagen.* Auf der Suche nach dem einigenden und reinigenden Prinzip – das Hsu und andere in dem von Buchman angebotenen, revolutionär gelebten Christentum gesehen hatten – wandten sie sich dem Kommunismus zu. Einige von ihnen brachen später wieder mit ihm, andere blieben unsicher. Wieder andere verschrieben sich ihm mit Leib und Seele.

Für Buchman selbst waren seine Erlebnisse in China von größter Bedeutung. In der Auseinandersetzung mit einem entscheidenden Teil des christlichen Establishments hatte er den kürzeren gezogen, aber viel dazugelernt. Er war überrascht. „Alles nur, weil ich in China die Sünde angriff", notierte er, als er nach Hause zurückgekehrt war. Zur Reaktion seiner Kollegen und Freunde auf das Thema der „absorbierenden Freundschaften", das er angeschnitten hatte, sagte er: „Ich hatte keine Ahnung, daß es solche Sünden gibt, außer in isolierten Fällen. Ich wurde mißverstanden – das hat mir die Augen geöffnet. Es gibt da eine unsaubere Clique." Mit der Weitergabe von Bischof Lewis' Warnung hatte er in aller Einfalt geglaubt, damit christlichen Mitarbeitern die Möglichkeit einer inneren Befreiung und geistigen Wirksamkeit aufzuzeigen, und gehofft, daß diese dafür dankbar sein würden. An Douglas Mackenzie, den Präsidenten der Universität von Hartford, schrieb er: „Vielleicht läßt sich einiges an der Kritik jener

* Einer der Söhne von Bischof Roots war damals für die *New York Times* in China tätig. Er kannte Borodin gut – Tschiang Kai-schek hatte sie einander vorgestellt. „Borodin sprach von Revolution", erinnerte er sich. „Er habe das Neue Testament einige Male durchgearbeitet, sagte er. ‚Dieser Paulus, das war ein Revolutionär!' Plötzlich schlug er voller Empörung mit der Faust auf den Tisch, so daß die Tassen auf den Fußboden flogen, und schrie: ‚Aber wo gibt es heute solche Menschen? Nennen Sie mir auch nur einen – Sie können es nicht!'" (John M. Roots in *Morgenbladet,* Oslo, 2. Januar 1962.) Diese Begebenheit war für John Roots einer der Gründe, warum er sich entschloß, sich ganz der Arbeit an Buchmans Seite zu widmen. Sein Vater, Bischof Roots, und weitere Mitglieder seiner Familie schlossen sich ihm später an.

Männer mit dem Gefühl erklären, ich hätte mehr gewußt, als ich in der Tat wußte."[31]

Er kehrte nach Amerika zurück – immer noch in Unkenntnis von Blackstones Intrigen gegen ihn – und spürte, wie die Opposition sich erweiterte und verstärkte. Er nahm an, die Gerüchte über ihn seien nicht nur bis Hartford, sondern bis zum Hauptquartier des CVJM in New York vorgedrungen. Buchman schrieb damals an Sherwood Day: „Wenn ich nach Hartford zurückkehre, so ist es ohne jegliche Bindung. Ich muß Rede- und Handlungsfreiheit haben."[32]

8

ERSTE GRUNDSÄTZE

Buchmans Botschaft und seine Arbeitsweise begannen nun deutliche Formen anzunehmen. Seine Botschaft war nicht neu, es gab sie schon seit fast zweitausend Jahren, aber seine Persönlichkeit und seine eigenen Erfahrungen gaben ihr eine besondere Aktualität. Die Zeit stellte neue Anforderungen, und durch Buchman fand die Botschaft neue Ausdrucksformen – die Wurzeln aber blieben die gleichen.

Durch seine Familie und durch sein Studium am Muhlenberg College und am Mount Airy Seminar war sein Glaube geprägt worden. In der damaligen theologischen Sprache bedeutete dies: der Glaube an die Allmacht Gottes; an die Realität der Sünde; an die Notwendigkeit, den eigenen Willen ganz Gott hinzugeben; an Christi Sühneopfer und seine Macht der Verwandlung; an die Kraft des Gebets und letztlich an die Pflicht, vor anderen Zeugnis abzulegen. Als Buchman das Mount Airy Seminar verließ, waren diese Bestandteile seines Glaubens vor allem intellektuell geprägt, sie waren eher Einsichten als eine starke, pulsierende Überzeugung. „Alle gingen in die Kirche", erinnerte er sich an Pennsburg, „aber das Leben wurde davon nicht beeinflußt, man war nur fürchterlich moralisch." Nach seiner Zeit in Mount Airy, so sagte er von sich selbst, sei er „ein totaler Reinfall" gewesen. „Ich war das Produkt aus der Gußform eines konservativen theologischen Seminars. Es wurde von mir erwartet, daß ich predigen könne, aber von Menschen verstand ich nichts, auch nicht, wie ihnen zu helfen sei. Vom Heiligen Geist verstand ich nichts – ich wußte nur, daß er wie eine Taube aussah."

Seine Sehnsucht nach geistigem Wachstum war jedoch stark, und mit jeder neuen Situation und neuen Herausforderung wurden theoretische Lehrsätze lebendig, sie erhielten Inhalt und wurden zu Lebenserfahrungen, die er nie vergaß.

Während der Jahre in Overbrook und im Hospiz lernte Buchman die menschliche Natur besser verstehen und machte die Entdeckung, daß auf Gott Verlaß war: daß er praktisch im Alltag half, wenn man glaubte und betete. An der Universität Penn State erlebte Buchman, wie eine tiefglühende Glaubenserfahrung das Leben von Menschen radikal veränderte und durch diese einzelnen Menschen die Atmosphäre an einer Universität verwandelt wurde. In China schließlich erhielt er die Gewißheit: Was für eine Universität gegolten hatte, könnte auch für ein Volk gelten. In seinem Ringen um Änderung in solch größeren Zusammenhängen kam Buchman zu dem Schluß, zu dem Augustinus etliche Jahrhunderte zuvor gekommen war: Wenn auch jede menschliche Seele gleichen Wert besitzt und der gleichen Fürsorge bedarf, so können doch die Verhältnisse in der menschlichen Gesellschaft nur dann rasch geändert werden, wenn Entscheidungsträger – Menschen, die Einfluß haben – berührt werden.* Während er von der Universität Penn State als dem Laboratorium sprach, war China, als er 1917 dorthin kam, „die Probe für die geistliche Macht, der es möglich war, ganze Völker Gott zuzuwenden". In seinem Inneren setzte er sich von nun an mit einer der größten Fragen auseinander, denen ein gläubiger Mensch gegenüberstehen kann – einer Frage, der sich nicht viele Menschen in seiner Zeit stellten.

Buchman war allerdings der Meinung, daß seine Erfahrungen im geistlichen Leben auch anderen zugänglich waren. Seit dem Erlebnis in der Kapelle von Keswick, als ihm seine eigene Sünde deutlich wurde und er Christi Vergebung erlebte, zweifelte er nie wieder an der Tatsache, daß ein Mensch – und sei er noch so verkommen – außerhalb der Reichweite jener heilenden Kraft sein könnte, die seinen eigenen Haß und seinen Stolz überwunden hatte.

Eine weitere, entscheidende Erfahrung kam mit der Frage auf ihn zu, die ihm F. B. Meyer in Penn State stellte – ob er sich nämlich genug Zeit für die Bitte nehme, Gott möge ihm sagen, was er zu tun habe. In jener Zeit muß sich Buchman wohl dazu entschlossen haben, seinen Willen vor jedem einzelnen Schritt – nicht nur im allgemeinen – Gott hinzugeben. So entdeckte er ganz persönlich die tausendjährige Disziplin der Stille vor Gott. Zu diesem täglichen Versuch ermutigte ihn seine Begegnung mit Professor Henry Wright von der Universität Yale. Er hatte dessen eben damals (1909) er-

---

* *Augustinus Bekenntnisse* (Fischer Bücherei), 1961; 8. Buch, S. 135: „Überdies, wenn solche Männer vielen bekannt sind, werden sie auch vielen bewegendes Beispiel, das Heil zu suchen, und gehen vielen voran, die ihnen folgen, und so ist groß auch die Freude derer, die jenen anderen vorausgegangen sind, weil sie nicht nur über sich allein sich zu freuen haben."

schienenes Buch *The Will of God and a Man's Lifework* (Der Wille Gottes und eines Menschen Lebenswerk) gelesen.[1]

Das zentrale Thema von Wrights Buch hieß: Der einzelne Mensch kann Gottes Willen für sein Leben und für seine täglichen Entscheidungen durch ein zweigleisiges Gebet finden. Das heißt: auf Gottes Führung horchen, ebenso wie ihn ansprechen. Wright selbst hatte es sich zur Gewohnheit gemacht, jeden Tag, gleich früh am Morgen, eine halbe Stunde Zeit für solch ein „horchendes Gebet" zu nehmen. Er erklärte, in diesen Augenblicken – und zwar nicht nur dann, sondern zu jeder Tageszeit – könnten von Gott her „erleuchtete Gedanken" kommen, wie er sie nannte. Voraussetzung dafür war allerdings, daß der „menschliche Empfänger" intakt war, um sie empfangen zu können. Solche Gedanken notierte sich Wright und versuchte jedesmal, sie auch auszuführen.

Buchman empfand seinerseits seinen Gedanken, „Tutz" anzusprechen, und die Tatsache, daß er ihn kurz danach traf, als einen solchen Fingerzeig Gottes. Auch in späteren Jahren sprach Buchman von jenem „Fingerzeig", der unerwartet und mit besonderer Autorität in den Alltag eindringen kann. Doch war sein Konzept des Horchens nicht vorwiegend auf solche Vorfälle aufgebaut. „Horchen heißt, sich mit Gott Zeit zu nehmen – ohne Hast und Eile – damit er eine echte Chance hat, unserem Geist seine Gedanken einzuprägen", sagte er in Kuling.[2] „Was mich betrifft, ist das um fünf Uhr morgens, oder noch früher; dann bin ich wach und bin mir der Gegenwart Gottes bewußt. An manchen Tagen sind es einfach erhellende Gedanken über Dinge, die ich an diesem Tage tun soll. Ein andermal sind es ein Gefühl des Friedens, der Ruhe und Gedanken zu ein oder zwei lebenswichtigen Fragen. Oder es ist die Aufforderung, gewisse Menschen und ihre Not in Fürbitte vor Gott zu tragen. Es nimmt alle Rastlosigkeit weg, allen Streß und alle Sorge."

Durch die Jahrhunderte ist es die Praxis der Heiligen gewesen, eine derartige Verbindung mit Gott zu suchen. Buchman war überzeugt, daß diese Beziehung für alle Menschen möglich wäre. Den Chinesen sagte er: „Dieses Horchen auf Gott bleibt nicht die Erfahrung einiger weniger Menschen, es ist das Normalste, Vernünftigste und Heilsamste, was ein Mensch tun kann . . . Man beginnt dabei, seine eigene Nichtigkeit zu erkennen."

1920 sandte Buchman einen sieben Seiten langen Brief an Sam Shoemaker, in dem er eine eindrucksvolle Aufstellung biblischer und theologischer Autoritäten zur Unterstützung dieser Praxis anführte. „Das Horchen auf Gott kommt natürlich immer wieder in allen Büchern der Bibel vor", schrieb er. „Außerdem bin ich überzeugt, daß es auch Neulingen im Glauben möglich ist, diese Erfahrung zu machen. Jemand verglich die Bibel einmal mit einem See, in dem Lämmer waten und Elefanten schwimmen können ... Ich möchte diese Erfahrung den Massen zugänglich machen, die nach etwas Neuem hungern, aber von dieser einfachen Wahrheit nichts wissen. Wir führen ein geistig so verarmtes Leben, daß uns das Einfache unangenehm berührt und absonderlich vorkommt."

Buchman wußte, daß Menschen, die versuchten, auf Gott zu hören, Schutz- und Richtlinien benötigen. Menschliche Wesen seien unbegrenzt fähig, sich selbst zu täuschen, und einige der gefährlichsten Männer in der Geschichte hätten ihren Willen als den Willen Gottes verkündet. Um sich gegen solche Exzesse zu schützen, unterwarf er seine Gedanken einer „sechsfachen Prüfung".

Geprüft wurde als erstes die Bereitschaft zu gehorchen – ohne eigene Abstriche. Als zweite Kontrolle achtete er darauf, ob äußere Umstände dagegen sprachen. Wenn ihm zum Beispiel der Gedanke kam, er solle jemanden aufsuchen, und es stellte sich heraus, daß sich der Betreffende in einem anderen Land befand – oder wenn gleichzeitig jemand in dringender Not war und die Sorge für ihn vorging. Ein dritter Test bestand im Vergleich der betreffenden Gedanken mit den höchsten ihm bekannten moralischen Grundsätzen: den Forderungen der absoluten Ehrlichkeit, Reinheit, Selbstlosigkeit und Liebe. Diese waren für ihn eine Zusammenfassung der moralischen Lehren der Bergpredigt. Seine vierte Prüfung bestand in der Frage, ob ein Gedanke im Einklang mit den Lehren der Bibel war. Fünftens war er bereit, den Rat von Freunden einzuholen, die auch versuchten, nach Gottes Führung zu leben. Wenn man über einen Plan noch im unklaren war, so sollte man warten, meinte er, und gemeinsam mit Freunden auf Gott horchen, und dabei besonders jene Freunde beachten, die sich möglicherweise eher gegen den vorgefaßten Plan als dafür aussprechen würden. Die sechste Probe bestand im Vergleich des Gedankens mit den Lehren und Erfahrungswerten der Kirche.

Die moralischen Grundsätze, die Buchman sich als Richtschnur nahm, wurden zum Mittelpunkt seines Lebens und seiner Lehre. Sein tägliches Handeln nahm Maß an ihnen. Auch dies verdankte er Henry Wright. Robert E. Speer stellte in seinem Buch *The Principles of Jesus*[3] (Die Grundsätze Jesu) zum ersten Mal die „Absoluten" als eine Zusammenfassung der Morallehre Christi dar. Buchman hatte schon einige Predigten von Henry Wright in Mount Airy gehört, aber erst in dessen Buch entdeckte er zusammengefaßt die Maßstäbe, „die für Jesus", so Wright, „bei all seinen Lehren absolut und unantastbar waren". Wright sprach von ihnen als dem „vierfachen Prüfstein Christi und seiner Apostel" und verfocht die Überzeugung, daß ein Mensch sie bei „jedem Problem, sei es groß oder klein", anwenden könnte . . . Wenn (etwas) gegen auch nur einen dieser Maßstäbe spreche, so könne es nicht Gottes Wille sein.[4]

Wie so oft bei Buchman war seine Hinwendung zu dieser Bezeichnung der Maßstäbe Christi am praktischen Leben orientiert. Vor allem interessierte ihn das „Wie". Wie ein Leben aus dem Glauben, da wo es am meisten forderte, verstanden werden könne – vom Anfänger wie vom Gläubigen. Nach seiner Auffassung konnte jeder Mensch, der einfachste wie der gelehrteste, die Maßstäbe der Ehrlichkeit, Reinheit, Selbstlosigkeit und Liebe als Maß für sein Leben anwenden. Das Adjektiv „absolut" setzte einerseits ein Ziel, das niemand erreichen konnte, hatte aber andererseits offensichtliche Vorteile: Es hinderte den aufrichtigen Sucher daran, sich mit dem Zweit- oder Drittbesten zufriedenzugeben oder sich dem Relativismus seiner Umgebung anzupassen; es setzte ein so hohes Ziel, daß jeder, der versuchte, sodann nach diesen Maßstäben zu leben, Gott ständig um Vergebung, Gnade und Kraft bitten mußte. Im Laufe der Jahre hatte Buchman die feste Überzeugung gewonnen, daß „das Christentum ein moralisches Rückgrat hat" – daß Spiritualität nicht von höchsten moralischen Imperativen getrennt und dennoch gelebt werden kann.

Damit stellte er sich, wie schon zuvor, gegen die herrschende Meinung seiner Zeit und der kommenden Jahrzehnte. William Hocking bemerkte dazu später: „Es ist ein Zeichen für die Oberflächlichkeit der westlichen Welt, daß man meint, es zeuge von Überheblichkeit, das Absolute anzuerkennen – und es sei ein Zeichen von Demut, alle Maßstäbe für relativ zu erklären. Das Gegenteil ist wahr. Nur vor dem Absoluten beugt sich unser Stolz."[5]

Mit Maßstäben meinte Buchman aber nicht Regeln. Es graute ihm vor Menschen, die versuchten, ihr Christentum mit Routine oder nach Regeln zu leben, und wenn man ihn um Auskunft bat, ob dieses oder jenes Benehmen erlaubt sei, war er geneigt zu antworten: „Tue alles, was dich Gott tun läßt." Im hohen Alter ermahnte er einmal einen jungen Mann: „Wenn du weiter hier arbeiten willst, dann höre bitte auf, nach Regeln zu leben; lebe nach dem Kreuz." Für Buchman bedeutete „nach dem Kreuz zu leben", im persönlichen Leben freiwillig alles abzulegen, was vor den Maßstäben Christi nicht bestehen konnte; die Preisgabe des eigenen Willens, um statt dessen Gottes Willen zu tun, und die tägliche Erfahrung der reinigenden und heilenden Kraft Christi. Das Wesentliche dabei war die freie Entscheidung für solch eine Lebensweise. Damit wurde die Gefahr vermieden, eine Bewegung oder eine Sekte zu gründen. „Das Kreuz ist die Alternative zur Buchhalter-Mentalität", sagte er einmal. Sein eigenes Prinzip war es, nichts zu tun, was ihm die Kraft rauben würde, anderen Menschen geistlich beistehen zu können. Der Heilige Geist war nach seiner Auffassung jene Instanz, die dem einzelnen Menschen die Maßstäbe erklären würde.

Henry Wright gab auch den Anstoß zu einem weiteren wichtigen Schritt in Buchmans Entwicklung, kurz bevor dieser zum zweiten Mal nach China fuhr. Während er noch in Hartford lebte, Vorträge hielt und seine Mannschaft aufbaute, reiste Buchman einmal in der Woche – vier Stunden hin, vier zurück – nach Yale, um dort Wrights Vorlesungen zu besuchen. An der Wand des Vorlesungsraumes sah er sich mit folgenden Worten Moodys konfrontiert: „Die Welt wartet noch darauf zu erleben, was Gott in, für, mit und durch einen Menschen tun kann, dessen Willen ganz ihm hingegeben ist." Wright begann keine Vorlesung, ohne mit seinen Studenten diesen Satz zwei Minuten lang in der Stille zu überdenken. Dann sagte er: „Werden *Sie* dieser Mensch sein?" und verband diese Herausforderung mit dem Bibelwort: „Wenn ich erhöht sein werde, werde ich alle Menschen zu mir ziehen."

Von diesen Vorlesungen sagte Buchman: „Es dauerte sechs Wochen, bis ich zu innerer Klarheit kam und diesem Ruf folgte." Was er genau damit meinte, ist nicht bekannt, aber es drückte offensichtlich eine tiefe Verpflichtung aus – ein Ausbrechen aus einer engen zu einer universalen Auffassung des Christentums. Wenn er jene Sätze von Wright und Moody wiederholte, legte er Gewicht auf die Worte „Welt" und „alle". Vielleicht liegt hier der Ursprung für seinen Gedanken: „Nationen Gott zuwenden", und auch für die Beharrlichkeit, mit der er auf die Erfüllung dieser Vision hinarbeitete, trotz der Rückschläge, die ihn zu verschiedenen Zeiten trafen.

In diesen Jahren, in denen er in Penn State, Hartford und in China arbeitete, galt Buchmans hauptsächliches Interesse der Frage nach der Praxis, wie man einzelne Menschen für Gott gewinnen kann. Einen großen Einfluß auf ihn hatte hierbei Henry Drummond, ein schottticher Geologe und Prediger, der in seiner Dissertation *Spiritual Diagnosis* der Wissenschaft – wie er sie gerne nannte – den Menschen einzeln zu helfen den Weg bahnte. Drummond beschrieb den Kontrast zwischen der präzisen klinischen Arbeit, die jeder Medizinstudent zu leisten hat, und dem völligen Fehlen einer „intensiven Beschäftigung mit dem Menschen" im theologischen Studium. Ein Pfarrer könne, so behauptete er, weit mehr vollbringen als nur durch seine Predigten, wenn er lerne, einzelnen Menschen zu helfen. Buchman machte bei seinen Vorträgen in China oft Gebrauch von Drummonds Worten. Drummond wird auch in *Soul Surgery* (Chirurgie der Seele) oft zitiert, jenem kleinen Buch, das, 1919 in China erschienen, Howard Walters und Buchmans Erfahrungen im Umgang mit Menschen und mit der lebensverändernden Kraft des Kreuzes zusammenfaßte. *Soul Surgery* sollte eigentlich der Vorläufer für ein größeres Werk sein, das die beiden Freunde, nach ihrem zweiten Aufenthalt in China, in Hartford schreiben wollten. Doch wurde dieser Plan durch Howard Walters Tod 1918 zunichte gemacht.

Die zentrale These von *Soul Surgery* war einfach, aber brisant: wenn Männer und Frauen eine grundlegende Änderung ihres Lebens und eine *echte* Umwandlung erleben wollten, dann müsse die Änderung bis zu den tiefsten Stellen ihres Lebens reichen, an die Wurzeln ihrer Motive und ihrer Wünsche. Allzu oft blieben die Grundprobleme unberührt, und man gab sich zufrieden, wenn sich jemand als „gerettet" erklärte – oder, in der heutigen Redeweise ausgedrückt, „wiedergeboren" war. Man war auch zufrieden, wenn sich jemand der entsprechenden religiösen Gemeinschaft anschloß und den Namen Christi des öfteren erwähnte oder gute Werke großzügig unterstützte. Howard Walter wollte durch sein Buch das fundamentale Erlebnis der Änderung erkunden und die Kunst, dieses Erlebnis anderen Menschen weiterzugeben.

Auf dem Schiff, mit dem Buchman und seine Freunde aus Hartford nach China reisten, sprach ihn eines Abends eine Dame namens Constance Smith an. Sie wollte erfahren, warum er Menschen helfen konnte. Am Tag darauf kam Buchman mit seiner Antwort, die er *The five C's* (die fünf „C's") nannte – Confidence, Confession, Conviction, Conversion, Continuance: Vertrauen, Bekennen, Einsicht, Umwandlung, Ausdauer. Vertrauen: Nichts könne im Leben eines anderen geschehen, bis dieser nicht Vertrauen gefaßt habe und wisse, daß man einmal Anvertrautes für sich behalten werde. Bekennen bedeute Ehrlichkeit seitens des Betreffenden, auch über die dunklen Seiten in seinem Leben. Das wiederum würde zur Einsicht in den Ernst der Sünde und zum Wunsch führen, sich von ihrer Macht zu befreien. Damit die Umwandlung tatsächlich geschehen könne, müsse es zu einer freien Willensentscheidung kommen, mit klarem Kopf, nicht unter dem Einfluß von Gefühlen. Die Arbeit, die am meisten verlange und am meisten vernachlässigt werde, betreffe die Ausdauer. Man sei verantwortlich dafür, den Menschen zu helfen, immer mehr so zu werden, wie Gott sie haben wolle. „Einem einzelnen Menschen zu helfen", sagte Buchman, „bedeutet die Entfaltung aller Möglichkeiten, die in diesem Menschen stecken." „Wonach verlangt ein Mensch in seinem Herzen?" fragte er einmal in Kuling. „Nach Unbeschwertheit und Fröhlichkeit, nach innerer Befriedigung, Frieden und Freude. Das alles ist da, wenn sich ein Sünder mit Jesus versöhnt."

Er betonte immer wieder, daß „Lebensumwandlung", wie er solche Fürsorge für einzelne oft beschrieb, keine Technik sei. Gott allein könne einen Menschen erneuern. Die Arbeit der „Lebensumwandler" hätte unter Gottes Führung zu geschehen, denn nur so könne mit der notwendigen Feinfühligkeit und Flexibilität gearbeitet werden. Treffende Diagnosen seien nicht nur Sache der Psychologen. „Eine heilige Verantwortung liegt bei dem, der den Mut hat, auf Gott zu hören", sagte er in Kuling. „Wenn ein Mensch dir sagt, in seinem Leben gebe es keine geistige Kraft, so kann dir Gott eröffnen, warum. Er stellt dir die Diagnose der Probleme des Menschen, um den du dich bemühst."

Solche Arbeit muß natürlich sehr persönlich bleiben, „unter vier Augen" betonte sie Buchman. Vom „Lebensumwandler" wurde Offenheit über eigene Probleme, die ihm in der Vergangenheit oder auch in der Gegenwart zu schaffen machten, erwartet. Solche Ehrlichkeit ermutige andere, über ihre eigenen Nöte offen zu werden. Buchman erlebte immer wieder, daß die Probleme, die die Menschen am meisten beschäftigten, sexueller Art waren. Er zögerte nicht, offen über Dinge zu sprechen, an die sich sonst außer Sigmund Freud – von einem ganz anderen Gesichtspunkt her – nur wenige heranwagten. Schon in Penn State hatte er erfahren, daß Nachgiebigkeit gegenüber dem eigenen Sexualtrieb Menschen unfähig machte, Jesus Christus tief zu begegnen. Es war offensichtlich, daß hier der menschliche Wille besonders mächtig war und eine eindeutige Entscheidung erforderte, wenn ein Mensch frei werden und befähigt werden wollte, andere zu einer ähnlichen Freiheit zu führen.

Buchman wußte, daß sein eigenes Leben rein und transparent sein mußte, wenn er anderen helfen wollte: „Ich kann mich selbst nicht auf die geringste Versuchung einlassen. Mein Leben muß frei sein von jedem Keim der Sünde; deshalb kann ich nicht am Rand des Abgrunds entlanggehen. O Gott, ich möchte dir mein Leben bis ins Letzte geben", notierte er sich einmal. Seine erneute und vertiefte Hingabe an Gott schien zu einem verschärften Kampf in seinem eigenen Herzen geführt zu haben. Am Tag darauf schrieb er: „Verstärkte Versuchungen sind Vorbereitung auf einen größeren Sieg. Durch sie wächst das Mitgefühl für Sünder."

Buchman hatte gelernt, daß man der Versuchung – welcher Art auch immer – am besten im Anfangsstadium widerstand. Es sei einfacher, sagte er manchmal, den noch kleinen Bach umzuleiten, als später den Fluß einzudämmen. Er beschrieb den Weg einer Versuchung vom „ersten Blick an zum Gedanken, zur Faszination und zum Fall", und sagte, am besten greife man die Versuchung beim ersten Gedanken an, „wenn sie noch ein kleiner Bach ist". Das war keine neue Idee. Thomas à Kempis, dessen Schriften ihm wohl kaum im Mount Airy Seminar begegnet waren, dessen „Nachfolge Christi" ihn aber durch sein ganzes späteres Leben begleitete, hatte ähnlich geurteilt: „. . . Du kannst den Feind noch leichter bezwingen, wenn jeglicher Zugang zur Seele ihm verwehrt wird und wenn du ihn zum Kampfe stellst, noch bevor er die Schwelle betritt."[6]

Ein weiterer notwendiger Schritt auf dem Weg zum freien Menschen sei, meinte Buchman, die Bereitschaft, getanes Unrecht, wenn irgend möglich, wiedergutzumachen. Deswegen schrieb er von Kuling an die Eisenbahngesellschaft von Pennsylvania und an den Mann, den er angelogen hatte – obwohl diese Lüge eine scheinbar bedeutungslose Sache betraf: er hatte vorgegeben, ein Buch gelesen zu haben, kannte aber nur eine Rezension desselben.[7] Manchmal konnte eine solche Wiedergutmachung auch ein öffentliches Bekenntnis fordern, aber nur wenn die Öffentlichkeit mitbetroffen war. „Wenn eure Sünde sich in der Öffentlichkeit abgespielt hat, indem ihr etwa Anstifter eines Streits wart, dann müßt ihr bekennen. Wenn ihr dabei aufrichtig seid, werden die Menschen Mitgefühl mit euch haben." In den nächsten Jahrzehnten, in denen er größere Mannschaften einsetzte, überließ er anderen den Hauptteil des Redens. Er ermutigte diese Redner, die Befreiung, die sie durch die Hingabe an Gott gefunden hatten, im einzelnen zu beschreiben. Gläubige und Ungläubige könnten dadurch versichert werden, daß Gott ihnen in persönlichen und öffentlichen Anliegen helfen würde und daß Gott in der Tat allmächtig war. Buchman setzte allerdings deutliche Grenzen für den Inhalt öffentlicher Bekenntnisse. Niemals durfte etwas erwähnt werden, das eine dritte Person betraf, und wo es um sexuelle Fragen ging, sagte er: „Wenn deine Sünden Formen der Unreinheit waren, beschreibe sie nicht im einzelnen. Sag einfach ‚Unreinheit'."

Angesichts der Tabus jener Zeit stieß Buchmans offener Umgang mit sexuellen Problemen, selbst wenn dies ganz privat geschah, auf Kritik und brachte Gerüchte in Umlauf. Jene, die ihn ohnehin angreifen wollten, warteten gespannt auf jede kleinste Indiskretion an öffentlichen Veranstaltungen, gleich, ob Buchman für die jeweilige Veranstaltung verantwortlich war oder nicht. Er selbst jedoch blieb unbeirrt. Die Probleme waren da, und er schrak nicht davor zurück, eine Lösung anzubieten. „Die Menschen kamen scharenweise zu mir, jede halbe Stunde ein neuer", sagte er einmal in Erinnerung an seine Besuche auf den Sommer-Konferenzen in Northfield.

Buchman hatte um diese Zeit schon erfahren, daß es Opposition gab, wenn man vorschlug, daß Menschen ihr Leben ganz unter Gottes Führung stellen sollten, oder wenn man ihnen auch nur riet, nach absoluten moralischen Maßstäben zu leben. Manchmal war es eine flüchtige Art von Opposition wie unter den Studenten von Penn State, als Bill Pickle mit dem Trinken und dem Alkoholschmuggel aufhörte. Manchmal erschien die Opposition jedoch auf intellektueller Ebene und, wie es Buchman vorkam, war sie geplant – wie damals, als er aus China abberufen wurde. Natürlich hatte das nichts zu tun mit einer ehrlich abweichenden Meinung gegenüber seiner Art, auf Menschen zuzugehen. Selbstverständlich gab es auch Menschen, denen er einfach nicht sympathisch war. „Zum Glück können wir unterschiedlicher Meinung sein, ohne unausstehlich zu werden", sagte er einmal. Er schrieb Sam Shoemaker: „Ja, ich mache Fehler wie andere Menschen auch, und ich möchte Dich bitten, mir immer offen zu sagen, wenn Dir etwas nicht gefällt."[8] Er pflegte die Freundschaft mit Hunderten von Menschen, die ernste intellektuelle Zweifel gegenüber seiner Arbeitsweise hegten.

Manchmal ging es allerdings um echte Meinungsunterschiede. Es kam vor, daß er dergleichen nicht wahrnahm und auch solchen Widerstand, der ihm und seiner Botschaft entgegentrat, als Widerstand gegen die Wahrheit selbst empfand. Aber mit wachsender Erfahrung gewann er auch eine tiefere Einsicht in die verschiedenen Motive des Widerstandes. Er merkte, wo sich boshafte Schärfe oder sogar Haß einschlichen, wenn die Opposition von Menschen oder von Gruppen ausging, die sich durch seine Botschaft in ihrer Lebensweise und in ihren Institutionen bedroht fühlten. Daß Buchman eine solche Opposition herausforderte, war an sich noch kein Beweis für die Gültigkeit seiner Thesen. Hätte er aber den scharfen Wind der Verfolgung nicht zu spüren bekommen, so hätte das bedeutet, daß er die revolutionäre Qualität des großen christlichen Erbes nicht in die Tat umgesetzt hätte. Auseinandersetzungen machten ihm keine Freude, aber er begrüßte die Prüfung, die sie darstellten. „Verfolgung ist das Feuer, das Propheten schmiedet – und Aussteiger ausscheidet", sagte er einmal rückblickend.

Als Buchman nach dem Krieg nach Hause kam, wurde ihm klar,

daß die alten Arbeitsmethoden – durch den CVJM, die Northfield-Konferenzen und ähnliche Unternehmungen – keine Ausstrahlungskraft mehr besaßen. Er erkannte die Notwendigkeit, weniger von einer Opposition als von der Art transparenter Gefährtenschaft, die seine Freunde und er in Tientsin durch rückhaltlose Aufrichtigkeit miteinander geschaffen hatten, abhängig zu sein.

„In den zwanziger Jahren", schrieb damals ein Historiker, „begann zum ersten Mal im Volk die Meinung umzugehen, es gäbe nichts absolut Gültiges mehr: weder im All noch in der Zeit, weder im Guten noch im Bösen, weder im Bereich der Wissenschaft noch der Grundwerte – hier ganz besonders."[9] Zwei weitere zeitgenössische Erscheinungen trugen zu diesem Zerfall bei oder waren zum Teil auch dessen Ursache: die weiterverbreitete Annahme der Freudschen Lehren und die Tatsache, daß der Leninismus, der sich den Atheismus und die relative Moral auf die Fahne geschrieben hatte, jetzt die Herrschaft über eines der großen Völker der Welt gewann. In der Tat, das Zeitalter des Relativismus war angebrochen – sehr zu Albert Einsteins Ärger, denn er selber glaubte leidenschaftlich an absolute Maßstäbe im Bereich von Gut und Böse. Seine Relativitätstheorie jedoch sollte diesem Prozeß der Relativierung und des Zerfalls den Mantel der Wissenschaftlichkeit umhängen. Der moralische Relativismus breitete sich aus und wurde durch viele Jahrzehnte – im weltlichen wie im kirchlichen Raum – zum Leitthema von Kunst und Literatur. Er durchdrang alle Lebensbereiche. Buchman stand mit seinen kompromißlosen Glaubensanschauungen immer öfter allein und gegen den Strom der Zeit. Von diesem Strom wurde er zwar bedrängt, aber er ließ sich durch ihn nie von seinen Zielen abbringen.

Seine Ziele waren ganz und gar positiv. Er hat nie eine Protestaktion gegen irgend etwas organisiert, noch weniger hat er jemanden öffentlich angeklagt. Er begegnete jeder Schwierigkeit mit dem Glauben, daß Gott Menschen ändern könne. Das Jahrhundert schritt voran, die Relativierung und der Verfall moralischer Werte nahm zu: doch dies alles bestärkte Buchman nur in der Überzeugung, daß er weltweit eine Phalanx von gottgeführten Menschen schaffen müsse.

Zunächst aber fuhr er nach Hartford zurück. Er nahm seine Arbeit dort wieder auf und versuchte, seinen Eltern zu helfen. Es wurde ihm jedoch bewußt, daß er für seine eigentliche Aufgabe neue Wege werde finden müssen. Nach seinen Erfahrungen in China erkannte er, daß weder eine Institution noch eine feste Anstellung ihn daran hindern durften.

— 9 —

„KÜNDIGE, KÜNDIGE!"

Im April 1919 kehrte Buchman aus dem Fernen Osten nach Amerika zurück. Er wollte das, was in China geschehen war, nicht herunterspielen. So schrieb er an John R. Mott, christliche Bemühungen in Asien seien vergebens, „wenn nicht ein grundlegendes Umdenken, fort von der Bemühung, viele zu beeinflussen, und hin zu einer tiefen Einwirkung auf wenige", geschehen würde.[1]

Nach langem Überlegen entschloß er sich, ein weiteres Angebot von Hartford anzunehmen. Es war großzügig: während neun Monaten des Jahres konnte er reisen, und in der übrigen Zeit wurde von ihm nur eine Seminarreihe über das „Wie" der auf einzelne Menschen ausgerichteten evangelistischen Arbeit verlangt. Die Termine dazu wurden mit Rektor Mackenzie und Dekan Jacobus abgestimmt.

Buchmans Standpunkt war, daß der Sinn solcher Seminare in der gründlichen Bekehrung der teilnehmenden Studenten liege, um sie dann als geschulte „Menschenfischer" auszusenden. Wenn das nicht das Ziel sei, werde theologisches Wissen irrelevant. Edward Perry, einer von Buchmans Studenten, beschrieb in späteren Jahren, was das Studium bei ihm bedeutete: „Er sah seine Aufgabe nicht wie andere darin, uns *über* sein Thema, in diesem Fall die Änderung von Menschen, etwas beizubringen. Er fühlte sich auch verantwortlich für unsere eigene Änderung, weil er erkannt hatte, daß weder eine gute Technik noch ausreichendes Wissen aus uns gute ‚Menschenfischer' machen würde, es sei denn, wir hätten selbst den Sieg in Christus erfahren, aus dem unsere Botschaft für andere bestand."

Sechs Monate waren seit Kriegsende vergangen. Buchman sah in diesem siegreichen Amerika, in das er zurückgekehrt war, überall die Nachwirkungen des Krieges. Während Präsident Woodrow Wilson in Paris versuchte, „eine neue Weltordnung, die durch den Völkerbund dem weltweiten Frieden verschrieben ist" zu diktieren, und sein Außenminister zur gleichen Zeit in sein Tagebuch notierte, sein oberster

Chef verlange „Unmögliches von der Friedenskonferenz ...“ und hinzufügte: „Welch schreckliche Not wird das zur Folge haben“[2] – brachen zu Hause in Amerika Ängste und Gefühle hervor, die der Krieg bis jetzt in Schach gehalten hatte. Munitionsfabriken mußten schließen, die Arbeitswoche wurde verkürzt, das Getreide, das vier Kriegsjahre lang in die Speicher der Alliierten geliefert worden war, erlebte einen Preissturz. Die Lage wurde immer schlimmer. Den Kriegsveteranen waren Wohnungen versprochen worden – doch erhielten sie nur Baracken zu horrenden Mieten. Die Gewerkschaften, die bereit gewesen waren, das Streikrecht nicht wahrzunehmen, fühlten sich nun – angesichts von Arbeitgebern, die am Krieg gut verdient hatten und mit ihrem neu erworbenen Reichtum protzten – im Recht, gegen die Mißstände zu protestieren. Eine häßliche Hexenjagd gegen angebliche Bolschewisten und gegen die schwarze Bevölkerung trieb ihr Unwesen.

Buchman beobachtete mit Sorge den Triumph eines atheistischen Regimes nach der Revolution in Rußland, aber er war weit besorgter über den zunehmenden Zerfall in seinem eigenen Land. In einer radikalen Glaubenserneuerung sah er die einzig dauerhafte Antwort darauf. Er war überzeugt, daß dieser Zerfall weitverbreitet und folgenschwer war; Zerfall nicht nur in den Vereinigten Staaten, sondern „ein Zusammenbruch unserer Zivilisation“: Nur eine radikale Wiedererweckung des Glaubens konnte dieser Not gerecht werden. Er scheint sofort zu dem Schluß gekommen zu sein, daß diese große Herausforderung an ihn selbst gerichtet war, daß er selbst sich ihr voll und ganz zu stellen habe. „Nach meiner Zeit in Asien war ich überzeugt, daß Gott ein moralisch-geistiges Erwachen für jedes Land in der Welt wollte, und ich fühlte mich persönlich gerufen, meine ganze Zeit dieser Aufgabe zu widmen.“[3]

Aus seiner Erfahrung in der Arbeit mit John R. Mott wußte er, daß es einen Ort gebe, an dem er nach der Führerschaft für solch eine Glaubenserneuerung suchen sollte: die Universitäten. Der Idealismus und die Energie junger Menschen waren für diese Aufgabe notwendig. Sie mußten, einzeln, für den radikalsten Gehorsam vor Gott gewonnen werden. Junge Amerikaner, aus dem Krieg zurückgekehrt, hatten den großen Wunsch, wieder in Europa – vor allem in England – zu studieren. Sollte sich an einer Universität echtes, neues Leben entwickeln, so würde es sich auf andere Universitäten ausbreiten, hoffte Buchman. Auf diese Weise würde Yale Cambridge anstecken; Studenten von Harvard und Princeton würden von Gott gebraucht werden, um eine religiöse Erweckung nach Oxford und an die Universität

Kapstadt zu bringen. Die großen Universitäten würden die kleineren, neueren Colleges beeinflussen, die wiederum Kirchen, Gemeinden und Berufsgruppen erreichen würden. Und schließlich könnte die Wiedergeburt der Kirche Auswirkungen auf die Regierungen haben.

Er stellte sich vor, wie dies geschehen könnte: durch „peripatetische Evangelisation", d. h. eine weltweite Bewegung kleiner mobiler Gruppen von verpflichteten, disziplinierten, sorgfältig ausgebildeten Männern und Frauen aus verschiedenen Ländern. Wie in der Apostelgeschichte würden sie von Ort zu Ort ziehen, von einem Land zum anderen, einzelnen Menschen neues Leben bringen, um sie dann zu einer eng verbundenen Gemeinschaft zusammenzufügen. Der Funke würde von einer Gruppe zur anderen überspringen.[4] Buchman unternahm den ersten Schritt, indem er eine Konferenz nach Hartford einberief. Nach dieser ersten Konferenz kamen Rückeinladungen, und jedesmal nahm Buchman Studenten aus Hartford oder anderen Colleges mit.

So brach Buchman von Hartford aus auf, kam aber jede Woche zurück, um seine Vorlesungen zu halten. Er erhielt sein Gehalt 3000 $ plus 500 $ Spesen), aber die ihm zur Verfügung stehenden Mittel waren für die rasch wachsende Arbeit zu gering, und gewiß hoffte er auf solidere Unterstützung. 1920 trat man mit dem Vorschlag an ihn heran, eine Bewegung aufzubauen und anzuführen, die – von John D. Rockefeller initiiert und von ihm und anderen finanziert – in Rockefellers Worten „den Pioniergeist der amerikanischen Wirtschaft mobilisieren sollte, um die Botschaft Christi den Laien in der ganzen Welt nahezubringen".[5] Große Pläne und ebenso große Ressourcen waren vorhanden.

Buchman erinnerte sich jedoch an das, was in China geschehen war. Er lehnte dieses und anscheinend auch weitere Angebote ab, da er fühlte, daß sie seine Arbeit beengen und in einen organisatorischen Rahmen zwingen würden. Er wurde allerdings gerwarnt: er könne von nun an für seine Arbeit weder von ihnen, und soweit sie wüßten, auch von anderen, kein Geld mehr erwarten. „Meine Antwort hieß", erklärte er später: „Nun, so werde ich eben verhungern, denn dieser Vorschlag scheint mir nicht das ‚Siegel des Heiligen Geistes' zu tragen." Es wurde ihm immer deutlicher bewußt, daß er einen unabhängigen Weg finden und ihn gehen mußte.

Buchmans erste, von Hartford aus geführte Kampagne erhielt durch die Northfield-Konferenz vom Sommer 1919 bedeutenden Auftrieb. Noch vor dem Sommer hatte er seine Mutter in einen notwendigen Urlaub begleitet und seinen Vater, der im Herbst des vorausgegangenen Jahres einen Schlaganfall erlitten hatte, in ein Pflegeheim in der Nähe seiner eigenen Wohnung in Hartford gebracht.

Während der Northfield-Konferenz machte Buchman einen tiefen Eindruck auf die Studentengruppe aus Princeton. Das Ergebnis war, daß die Studenten Universitätspräsident John Hibben baten, er möge Sam Shoemaker – der mittlerweile aktiv mit Buchman zusammenarbeitete – zum Sekretär der Philadelphia-Gesellschaft, der christlichen Studentenorganisation von Princeton, ernennen. Gemeinsam mit ihm wollten sie tatkräftig in Aktion treten. Präsident Hibben, der auch presbyterianischer Pastor war, stimmte dem Vorschlag gerne zu. Ein Besuch Buchmans auf dem Campus der Universität im Jahr 1915 hatte Auswirkungen gezeitigt, die ihn beeindruckt hatten.

Während des Winters und des darauffolgenden Frühlings besuchte Buchman die Universität Princeton mindestens einmal im Monat. Jedesmal wurde er von einer wachsenden Zahl von Studenten aufgesucht.

Die jungen Männer, die Buchmans Arbeitsweise von ihm gelernt hatten, waren aktiv, auch wenn er abwesend war. Buchman war eindeutig ein Risiko eingegangen, indem er eine Gruppe junger, unerfahrener Männer dazu ermutigte, Problemen entgegenzutreten, die aufzugreifen ältere Männer selten den Mut oder den Durchblick aufbrachten. Aber Buchmans Arbeit in Princeton begann auffallende Auswirkungen zu haben. Eine größere Anzahl junger Männer, die nie daran gedacht hatten, sich in der Kirche zu engagieren, wählten nun – wegen ihrer Verbindung zu Buchman – den Pfarrberuf. Im Mai 1920 schenkten zwanzig Princeton-Studenten, die in diesem Jahr ihr Theologiestudium abgeschlossen hatten, Buchman ein Paar goldene Manschettenknöpfe und sprachen ihm ihren herzlichen Dank aus. 1934 schrieb Henry van Dusen, der am Union Theological Seminary studiert hatte: „Von den fünfzig fähigsten heute an der Westküste tätigen Pfarrern wurden ungefähr die Hälfte durch seinen (Buchmans) Einfluß ihrer Berufung zugeführt.“[6]

Am 3. Juli 1920 schiffte sich Buchman, gemeinsam mit zwei Studenten aus Yale, nach Europa ein. Dort trafen sie sich mit einigen Freunden aus Princeton wieder, die in England an sportlichen Wettkämpfen teilnahmen. Damit trat die reisende Freundesgruppe in Aktion. Sie besuchten eine evangelikale Konferenz in England und reisten durch Europa. Dabei lernten sie in jedem Land Kunst und Architektur kennen und trafen überall Buchmans Freunde.

In einem bekannten Luzerner Hotel machte sie Buchman mit Königin Sophie von Griechenland bekannt. Mit ihrem Mann und ihrem

Sohn, Prinz Paul, besuchten sie die Schweiz gemeinsam mit ihren deutschen Verwandten, mit Sophies Kusine, der Landgräfin Margarete von Hessen, und deren beiden Söhnen Richard und Christoph. Buchman lernte die Familie von Hessen kennen und schien bald ihr Vertrauen gewonnen zu haben. „Wir jungen Menschen, die wir nach dem 1. Weltkrieg aus einem verarmten und gedemütigten Deutschland kamen, fühlten uns von diesem luxuriösen Milieu angezogen und fasziniert. Meine Mutter, die ein ausgeprägtes Gefühl für den inneren Wert eines Menschen hatte, stand diesem Luxus mit Mißtrauen gegenüber", schrieb Prinz Richard fast vierzig Jahre später. „Mit Frank Buchman war es allerdings ganz anders. Er bewegte sich auf die natürlichste Art in jener Atmosphäre, ohne im geringsten von ihr beeinflußt oder angesteckt zu werden. Deswegen konnten wir Vertrauen zu ihm fassen." Woran sich Prinz Richard aber am besten erinnerte, war Buchmans „ansteckendes Lachen – man brauchte es nur zu hören, um sich gleich wohl zu fühlen".[7] Seitdem besuchten Buchman und seine Freunde die Familie regelmäßig jeden Sommer auf ihrem Schloß Kronberg im Taunus – es hieß in der Familie sogar, die „Buchman-Saison" habe dann begonnen.

Die beiden amerikanischen Studenten kehrten nach Yale zurück. Als einer von ihnen seinen Koffer aufmachte, entdeckte er den Nachdruck eines Gemäldes von Andrea del Sarto, „Johannes der Täufer", und dazu die Widmung: „Johannes der Täufer war einfach in seiner Lebensweise und Kleidung, furchtlos in dem, was er sagte, kompromißlos gegenüber der Sündhaftigkeit und Oberflächlichkeit seiner Zeit. Er war der Künder einer neuen Zeit. Yale braucht solche Menschen, und ich glaube, Du bist derjenige, der den Preis dafür zahlen und dem die innere Überzeugungskraft dafür gegeben wird."[8]

In Rom erwartete Buchman die Nachricht, daß Dan, noch nicht 24 Jahre alt, zwei Tage zuvor in Paris gestorben war. Buchman sagte immer, daß er Dan – nach seinen Eltern – lieber hatte als irgend jemand anderen. Obgleich – oder vielleicht weil – Dan charmant und gutaussehend war, hatte er viele Schwierigkeiten, und Buchman kümmerte sich immer wieder um ihn. Auch in Zeiten großer Arbeitsbelastung führte er einen regen Briefwechsel mit ihm, schickte ihm Geld, ermutigte ihn, zum Zahnarzt zu gehen oder dem Rat des Arztes zu folgen, seinen Mantel anzuziehen und sein Arbeitspensum zu schaffen. Dan hatte sowohl an der Taft School wie auch am Technikum versagt und war 1917 freiwillig zur Armee gegangen. Bei seinem Tod wurde festgestellt, daß er sich im Militärdienst eine Tuberkulose zugezogen hatte.

Nach der Demobilisierung, einem fehlgeschlagenen Arbeitsversuch und einer zerbrochenen Ehe schrieb er seinem Bruder im April 1920: „Ich verlasse die Staaten, um mein Glück im Ausland zu versuchen. Ich bin krank und entmutigt . . . Es war mir nicht bewußt, daß das Geld, das Du mir letzten Sommer gabst, Deine letzte Reserve war. Ich möchte es gerne zurückzahlen, darum ziehe ich los." Er fand eine Anstellung bei der Handelsmarine, wurde nach drei Atlantiküberfahrten krank und brach in Paris mit einer doppelten Lungenentzündung zusammen.

Buchman trauerte, er war aber nicht überrascht. Im Oktober 1919 notierte er sich: „Dan stirbt, Stück um Stück. Er wird nicht lange leben." In der amerikanischen Kirche hielt er den Trauergottesdienst gemeinsam mit dem dortigen Pfarrer; anschließend wurde Dan auf dem Friedhof von Saint Germain beerdigt. Nach Dans Beerdigung fuhr Buchman nach Cambridge, um sein Versprechen einzulösen, die beiden Söhne der in China lebenden Bischöfe Moloney und White aufzusuchen; außerdem befanden sich einige seiner Freunde aus Princeton auch dort.

Buchman kehrte erst kurz vor Weihnachten nach Hartford zurück. Seine Eltern kamen für die Festtage, und es wurde ihr letztes gemeinsames Christfest. Sein Vater starb in seinem Pflegeheim am 7. März 1921. Das Telegramm des Arztes erreichte Mrs. Buchman in Allentown erst nach seinem Tod, und sie kam nicht mehr rechtzeitig nach Hartford. Man hatte Buchman aus Boston kommen lassen, und er telegrafierte ihr: „Vater konnte in Frieden sterben. Es war ein wunderbares Heimgehen. Er fühlte Dich so nahe. Er erkannte mich noch und hielt meine Hand bis zu seinem Tod. Wir müssen tapfer sein. Von Herzen Dir alles Liebe, Frank."[9]

Einer Bekannten schrieb Buchman: „Ich wußte nicht, daß das Sterben so wunderbar sein kann. Es war ein Eingehen in die Herrlichkeit. Ich verbrachte die letzten zweieinhalb Stunden mit ihm. Er erkannte mich und war so glücklich."[10] Als viele Jahre später in Australien ein Student wissen wollte, warum Buchman an ein Leben nach dem Tod glaubte, antwortete er ihm: „Weil ich dabei war, als mein Vater starb."

Unterdessen hatte Buchman im Januar 1921 drei Studenten der evangelikalen Richtung aus Cambridge eingeladen, sich ihm in den Vereinigten Staaten anzuschließen. Es waren Godfrey Buxton und die Brüder Godfrey und Murray Webb-Peploe. Godfrey Webb-Peploe konnte wegen einer Kriegsverletzung der Einladung nicht Folge leisten, aber die beiden anderen hatten nach einem Bericht seines Bruders, der Medizinstudent war, „drei faszinierende Monate an den

Universitäten der Ostküste, vor allem in Harvard, Yale und Princeton. Wir konnten die gute Nachricht von Jesus Christus weitergeben und erzählen, wie wir Gottes Gegenwart im Krieg erlebt hatten." Er schrieb weiter: „Jene Wochen haben uns von drei grundlegenden und ganz praktischen Realitäten überzeugt, die die göttliche Führung betreffen: Gott führt; wo er uns führt, sorgt er für uns; Gott wirkt am anderen Ende, bereitet und ebnet den Weg."[11]

Offensichtlich empfing die beiden jungen Männer bei ihrer Rückkehr nach Cambridge etwas wie eine kalte Dusche von seiten einiger evangelikaler Freunde. Aber Murray Webb-Peploe hielt sich an das, was er erfahren hatte, und half Buchman, als dieser im Laufe des Jahres nach Oxford ging.

Im Mai kam Buchman nach Cambridge. An seinem ersten Abend dort erschienen fünfzig junge Menschen, die ihn kennenlernen wollten. Er begann sich zu fragen, ob Gott nicht größere Aufgaben für ihn bereit habe. In einer mondhellen Nacht fuhr er auf seinem Fahrrad die Petty Cury-Straße herunter, als ihm ein plötzlicher Gedanke kam: „Ich will dich gebrauchen, um die Welt neu aufzubauen." Er erinnerte sich später, daß er fast vom Fahrrad gefallen wäre, so hatte ihn dieser Gedanke erschüttert. In der Tat, der Gedanke schien so widersinnig, daß er ihn kaum wahrhaben wollte. Entgegen seiner Gewohntheit schrieb er den Gedanken nicht auf, sondern behielt ihn einige Tage lang für sich. Aber der Gedanke kehrte immer wieder. Als er einige Jahre später jene Tage beschrieb, sagte er: „Mit Staunen fragte ich mich damals – und frage mich auch heute noch –, warum Gott einen kurzen, kleinen Kerl wie mich in die Welt hinauskatapultiert und ihm aufträgt, das Unmögliche möglich zu machen."

Von diesem Zeitpunkt an begleitete Buchman das Gefühl einer bestimmten Berufung. Sie zu verwirklichen schien unmöglich. Diese Einsicht verhinderte, daß er sich als heroischer Führer eines von ihm geführten Kreuzzuges betrachten konnte. Doch gab ihm die Größe der Aufgabe die Kühnheit, sie zur Zeit und Unzeit bekanntzumachen und alle geeigneten – wie ungeeigneten – Menschen aufzufordern, sie mit ihm anzupacken. Er wirkte deshalb auf Menschen, die seine innere Überzeugung nicht erkannten, manchmal verwirrend, ja sogar abstoßend. Gleichzeitig gab sie ihm eine nie ermüdende Überzeugungskraft, die aus ihm das machte, was man nur als eine revolutionäre Persönlichkeit bezeichnen kann – mit aller schöpferischen Unruhe, die dazu gehört.

Von Cambridge ging er nach Oxford, sprang dort für ein erkranktes Mitglied der Tennis-Mannschaft des Westminster College ein und konnte dadurch einige der jungen Akademiker aus Princeton besuchen, die als Rhodes-Stipendiaten in Oxford weiterstudierten. Einer von ihnen hieß Alex Barton aus den Südsaaten der USA. Er studierte am Christ Church College. Durch ihn lernte Buchman einen attraktiven, humorvollen jungen Schotten kennen, der in den Schlachten an der Somme und in Passchendaele mitgekämpft hatte. Er hieß Loudon Hamilton, studierte Philosophie und spielte ab und zu in der Rugby-Universitätsmannschaft mit. Etwas aus Verlegenheit, weil er nicht wußte, was er mit ihm anfangen sollte, lud Loudon Hamilton Buchman zu einem Treffen des unter dem Namen „Steak-und-Bier" bekannten Clubs zu sich in sein College ein. Neunzig Prozent der Anwesenden, so erzählt Hamilton, waren ehemalige Offiziere, Kriegsveteranen, obwohl sie nur ein- oder zweiundzwanzig Jahre alt waren, mit ganzen Reihen von Auszeichnungen, über die sie natürlich nie etwas verlauten ließen. Einige – wie auch Hamilton und sein Zimmerkamerad „Sandy" – waren verwundet worden. Andere hatten die Verbitterung über ihre Kriegserlebnisse nicht zu überwinden vermocht. Ein zukünftiger Finanzminister der englischen Krone saß da, dazu eine Reihe zukünftiger Richter am Obersten Gerichtshof und Söhne von Großgrundbesitzern – hier war das kommende „Establishment" Großbritanniens.

„Buchman kam uns wie ein eher erfolgreicher Geschäftsmann vor", erzählte Loudon Hamilton. „Er war etwas rundlich, trug einen dunklen Anzug, eine rahmenlose Brille und jene schicken, aus weißer Ziegenhaut und braunem Leder gefertigten amerikanischen Schuhe."

Die für Oxford typische Diskussion – wie man die Welt wieder in Ordnung bringen könnte – dauerte schon bis elf Uhr nachts, und noch hatte sich der Besucher nicht geäußert. Schließlich fragte der Präsident des Clubs Buchman, ob er etwas zu sagen hätte? Loudon Hamilton erinnerte sich, daß „Buchman auf keines der heißumstrittenen Argumente einging, sondern nur bemerkte, ‚jede echte Änderung in der Welt müsse bei der Änderung von Menschen ihren Anfang nehmen'. Er gebrauchte den Begriff ‚Umkehr' zwar nicht, aber er sprach von Gott und erzählte von jungen Menschen wie wir, und wie sie anders geworden waren. Jeder Anwesende wußte natürlich, was damit gemeint war. Es wurde plötzlich still, Pfeifen wurden kalt, uns war unbehaglich zumute. Uns wurmte richtig, daß wir die Diskussion nicht auf unpersönlichem akademischem Niveau hatten halten können und daß er den Mut gehabt hatte, sie auf uns persönlich auszurichten." Buchman hatte damit eine der wichtigsten Regeln des zeitgenössischen guten Geschmacks in England verletzt: in einer nicht dafür bestimmten Diskussion eine religiöse Frage aufzuwerfen.

„Es wurde schrecklich still", erinnert sich Loudon Hamilton, „plötzlich schlug es Mitternacht, und wir waren gerettet! Die meisten verabschiedeten sich in Eile (die Colleges schließen gegen Mitternacht ihre Tore), doch merkte ich – zu meinem Entsetzen –, daß mein Zimmerkamerad, ein Atheist, Buchman zum Frühstück zu uns eingeladen hatte."

Hamilton bestellte ein gewaltiges Frühstück – Porridge, Fisch, Eier und Speck, Toast und Orangenmarmelade, Erdbeeren und Sahne. Er dachte sich dabei, Buchman wäre dann so mit Essen beschäftigt, daß er nicht zum Reden kommen würde. „Wir sprachen vom Wetter, von der Henley-Ruderregatta, den Rugbyspielen zwischen den Universitäten", sagte Loudon Hamilton. „Ich dachte die ganze Zeit: ‚Gleich wird er losschießen.' Da erzählte er von einer chinesischen Schuldirektorin, die sich bei ihm über eine ihrer Schülerinnen beklagte, weil diese Geld gestohlen hatte. Er habe sie gefragt: ‚Wann haben denn *Sie* das letzte Mal gestohlen?' Sie habe geantwortet: ‚Als ich dreizehn war.' Er habe ihr vorgeschlagen, sie solle dem Mädchen *das* erzählen."

Hamilton erzählte weiter: „Auf einmal sagte Sandy: ‚Ich bin selber in Geldsachen nicht immer ehrlich gewesen', und sagte es auf eine einfache, offene Art, die ich bei ihm nicht kannte. Buchman nickte nur. Er stellte keine persönlichen Fragen, aber mir fiel plötzlich ein, daß ich ohne Eintrittskarte zum Wohltätigkeitsball des New College gegangen war. Ich sagte nichts, aber während der ganzen Zeit fragte ich mich, von wem ich das Geld leihen könnte, sollte ich mich dazu entschließen, die Eintrittskarte nachträglich zu bezahlen."

Aus einem Brief an seine Mutter wird ersichtlich, daß sich Buchman nun in England richtig wohl fühlte. „Liebste Mater", heißt es einmal, auf dem Papier des Christ Church College Ruderclubs geschrieben, „Gott ist so gütig, so gütig. Hier ist es herrlich, wunderbar! Viele alte und neue Bekannte sind da. An jeder Ecke trifft man dankbare Freunde, deren Leben eine neue Richtung gefunden hat."[12]

Loudon Hamilton war nun so interessiert, daß er Buchman näher kennenlernen wollte. Im August nahm er an einer Hausparty im Trinity Hall College (Cambridge) teil, die von einem jungen internationalen Rugbyspieler aus Irland, Robert Collis, dem Buchman über persönliche Probleme hinweggeholfen hatte, einberufen worden war.

Die Hausparties waren kennzeichnend für Buchmans Arbeit: einige Tage lang traf sich ein buntgemischter Kreis von Menschen in einer freundlichen, entspannten Atmosphäre, die es ihnen ermöglichte, wesentliche Entscheidungen für ihr Leben zu treffen. Buchmans Hausparties ähneltem in manchem den damals im gesellschaftlichen Rahmen stattfindenden Hausparties, doch glich das Ziel mehr dem eines Tages religiöser Einkehr – mit einem großen Unterschied: Buchman lud die denkbar verschiedensten Menschen dafür ein. Loudon Hamilton entdeckte, daß viele, wie er selber, „durch und durch heidnisch" waren.

Robert Collis beschrieb die Anwesenden: „Sie hatten für Oxford Rugby gespielt, für Eton gerudert, waren Präsidenten des Oxford-Debattierclubs (Oxford Union) gewesen, hatten als Beste in Philosophie und Geschichte promoviert. Es kamen Marineoffiziere, Amerikaner, ein englischer Oberst, Inder, Chinesen, ein berühmter amerikanischer Anwalt und ein bekannter Abgeordneter aus Westminister. Die beiden letzteren waren etwas betrunken, als sie ankamen, wurden aber recht bald nüchtern."[13]

Buchman hatte in der Tat den Anwalt und den Abgeordneten selber, in einem vom Abgeordneten gemieteten Rolls Royce, von London nach Cambridge gefahren. Der Anwalt, der mehr getrunken hatte als er vertragen konnte, beklagte sich während der Fahrt, irgend etwas im Wagen knarre und quietsche die ganze Zeit. Buchman antwortete ihm trocken, es knarre und quietsche zwar, doch sei es gewiß nicht der Wagen.

Buchman begann diese Hausparty, die fünf Tage dauerte, indem er alle Anwesenden bat, sich einzeln vorzustellen und zu sagen, warum sie gekommen seien. Loudon Hamilton teilte offen mit, er habe in seinem Leben „eine Masche fallen gelassen" und würde wohl nicht weiterkommen, bis diese Masche wieder „aufgenommen" sei. Bald wurde die Atmosphäre so entspannt, erinnerte sich Loudon Hamilton, „daß man mit Menschen ins Gespräch kam, denen man nicht einmal vorgestellt worden war".

„Es gelang Buchman", schrieb Robert Collis, „nicht nur alle Anwesenden in Einklang miteinander zu bringen, sondern bis Ende der Tagung die anfänglich intensive Spannung in echte Freundlichkeit umzuwandeln . . . Jeder trug anfangs eine eigene Maske . . ., am Schluß der Hausparty waren die Masken von den Gesichtern verschwunden . . . Diese Hausparty als erfolgreich zu bezeichnen hieße, sie zu unterschätzen – sie war einfach großartig."[14]

„Es war so echt", erzählte Hamilton, „und hatte genau mit der Welt zu tun, die ich kannte. Ich empfand großes Vertrauen zu Frank. Man konnte bei ihm nicht von Charisma im gewöhnlichen Sinn dieses Wortes sprechen. Er war in vielen Dingen vorsichtig, genau das Gegenteil der wichtigtuerischen evangelikalen Typen. Was mich anzog, war die Echtheit und Überzeugung, mit der er selber sprach und andere dazu brachte, etwas zu sagen, und die Art und Weise, wie seine Gefährten miteinander umgingen. Sie nannten sich beim Vornamen, was unsere Kreise mißtrauisch machte, aber es war ganz natürlich. Bis jetzt hatte ich Religion als eine eher düstere Sache betrachtet, aber hier war das anders." Am Sonntag entschloß sich Loudon Hamilton, „nicht mehr auf dem Sprungbrett hin- und herzuhüpfen"; er gab Gott sein Leben, „komme, was da wolle."

Als Buchman im November 1921 das Schiff nach Amerika bestieg, war es ihm klar, daß er sich von Hartford werde trennen müssen. Er sah diesem Entschluß mit der natürlichen Bangigkeit und Besorgnis eines Vierzigjährigen entgegen, der sich damit von seiner einzigen Einkommensquelle abschnitt. Die Entscheidung kristallisierte sich eines Nachts, als er im Zug auf dem Weg nach Washington war, wo er Delegierte der damaligen Abrüstungskonferenz treffen sollte. „Kündige, kündige, kündige" schienen die Räder im pochenden Rhythmus zu sagen, und er notierte sich: „Kündige aus Überzeugung. Mache dir keine Sorgen wegen Geld. Du mußt ein unbekanntes Experiment antreten. Mach dich allein auf den Weg."

Am 1. Februar reichte Buchman sein offizielles Kündigungsschreiben ein, dankte Rektor Mackenzie und Professor Jacobus für ihre „zahlreichen sichtbaren und unsichtbaren Zeichen der Gefälligkeit und der Hilfsbereitschaft mir gegenüber". Gleichzeitig schrieb er an seine Mutter: „Mach Dir keine Sorgen. Ich fühle einen Frieden in mir, der höher ist als alle Vernunft . . . Das Beste steht uns noch bevor."

Von diesem Tag an hatte Buchman nie wieder ein festes Einkommen.

10

MITTEL UND MITARBEITER

Die Zukunftsaussichten schienen nicht rosig. Buchman hatte kein regelmäßiges Einkommen – mit Ausnahme von 50 $ im Monat aus einer Familienversicherung. Er hatte auch keine Bleibe für seine weitere Arbeit. Es gab wohl einige hundert Menschen, in Amerika, Großbritannien und im Fernen Osten, die durch ihn den Weg zu Christus gefunden hatten. Es war ihm auch gelungen, in einem Miniatur-Experiment zu zeigen, daß seine Idee, durch reisende Mannschaften in Menschen Glauben zu entfachen, funktionierte. Feste Gruppen gab es aber nur in Princeton und, in beschränktem Maße, in Oxford. Wenn seine Vision jedoch Wirklichkeit werden sollte, dann mußten sich in vielen Ländern Gruppen oder Mannschaften für seine Lebensweise entscheiden, und einige Menschen mußten bereit sein, ihre ganze Zeit und Energie an seiner Seite einzusetzen. Sherwood Day war zu diesem Zeitpunkt der einzige, der zu diesem Schritt bereit war. Doch Buchman brauchte mehr Gefährten.

Als einige von den Freunden, denen er in den Vereinigten Staaten schon geholfen hatte, von seiner Kündigung in Hartford hörten, versprachen sie, pro Jahr 3000 $ für seine Arbeit zu sammeln. Im Laufe der ersten fünfzehn Monate waren knappe 1000 $ zusammengekommen. Im Herbst 1922 hatten Buchman und einige seiner Freunde eine Vereinigung gegründet, die sie „Eine Gemeinschaft von Christen des Ersten Jahrhunderts" (A First Century Christian Fellowship) nannten. Diese Vereinigung, erklärte Buchman in einem Brief, sei „eine Stimme des Protests gegen organisierte, auf Komitees beschränkte, lebenslose christliche Arbeit" und ein Versuch, „zum Glauben und zu den Methoden der Apostel zurückzukehren".[1]

Die „Gemeinschaft von Christen des Ersten Jahrhunderts" war nie viel mehr als eine Name, da sie vor allem aus Menschen bestand, die Buchmans Arbeit wohl unterstützten, aber in keiner Weise seine Verpflichtung teilten. So verschwand sie innerhalb weniger Jahre von der

Bildfläche. Die Folge war, daß Buchman jetzt vor allem von großen Spenden einiger reicher Damen aus New York abhängig wurde, von denen Mrs. C. Richard Tjader, die Witwe eines schwedisch-amerikanischen Geschäftsmanns, die großzügigste war.

Margaret Tjader war als junge Frau Missionarin in Indien gewesen und hatte daraufhin mit ihrem bedeutenden Vermögen bewußt christliche Arbeit in verschiedenen Teilen der Welt unterstützt. 1901 hatte sie die Internationale Vereinigte Missionsgesellschaft gegründet, die ihr Zentrum in einer früheren Rockefeller-Residenz an der 53. Straße West unterhielt. Hier stand Buchman ein großes Zimmer zur Verfügung, das ihm als Büro und gleichzeitig als Schlafzimmer diente, wenn er in New York war. Ihr Interesse an Buchmans Arbeit hing damit zusammen, daß dieser ihrem Sohn in einer Notsituation geholfen hatte. Von Januar 1923 an begann sie, ihn finanziell zu unterstützen. Andere, mit deren Unterstützung er in diesen Jahren rechnen konnte, waren Mrs. Finlay Shephard und Mrs. William Woolverton, deren Mann mit einem Kollegen das erste Telefon in New York eingerichtet hatte.

Mit seinen Geldgebern ging Buchman genau so direkt um wie mit anderen Menschen. Er schrieb Sam Shoemaker 1923 über einen Besuch bei einem von ihnen: „Als wir unsere Freundin verließen, fragte sie mich, was sie meiner Meinung nach am meisten brauche. Ich antwortete ihr: ‚Bekehrung.‘ Sie sagte: ‚Sie haben recht.‘ Es ist ein beruhigendes Gefühl zu wissen, daß man nicht auf der Jagd nach Schecks ist, sondern sich darum bemüht, daß Menschen ihren Glauben leben. Nicht allen gefällt dies, aber wenn man an einem Ort nicht gern gesehen ist, soll man dem Rat des Paulus folgen: der Staub, den wir von unseren Füßen schütteln, soll sie blind machen.“[2]*

Buchmans Bankkonto wies 1923 nie mehr als 550 $ auf. Oft sank es auf 50 $ hinunter. In seiner Steuererklärung von diesem Jahr wurde sein Einkommen auf 2010 $ festgesetzt. Trotzdem protestierte Shoemaker gegen die Spenden, die Buchman von Mrs. Finlay Shephard bekam. Er schrieb Buchman: „Du scheinst wenig Gefühl für soziale Gerechtigkeit zu haben. Du *sagst*, eine Reform sei notwendig, aber Dich scheint nur die persönliche Sünde zu interessieren. Ich glaube nicht, daß Dich das Übermaß des Reichtums Deiner reichen Freunde je wirklich schockiert.“[3]

„Ich will (diese Botschaft) den Massen bringen, die voll verborgener

* Während einer Hausparty in der Schweiz bemerkte er, als ein vermögendes Publikum Luthers „Ein feste Burg ist unser Gott“ anstimmte: „Ich frage mich, wie viele von ihnen in Wirklichkeit denken: Ein feste Burg ist unser Bankkonto.“

Sehnsucht nach ihr sind, aber ohne von ihr zu wissen so dahinleben . . ." schrieb Buchman im Jahre 1920 an Shoemaker. „Die Sehnsucht nach Gott lebt in jeder menschlichen Brust. Er ist für jedermann da."[4] Später sagte er zu einem Freund: „Wir wollen gleichermaßen Könige und Arme und Bedürftige gewinnen. Ich kenne einige arme und bedürftige Könige."

Seine freundschaftlichen Beziehungen zu so vielen Zweigen der miteinander verbundenen königlichen Familien Europas waren aus einer Begegnung mit Prinzessin Sophie von Griechenland im Jahre 1908 entstanden. Ohne Zweifel war er am Anfang selbst erstaunt und vielleicht auch ein bißchen aufgeregt gewesen, als er sah, wie eine spontane freundliche Geste zwei älteren Amerikanern gegenüber ihn mitten in die königliche Familie Griechenlands und von dort zu deren Verwandten in allen Teilen Europas geführt hatte. Er kam zum Schluß, daß nur Gott eine solche Folge von Ereignissen für einen „Kleinstadtjungen" wie ihn vorbereitet haben konnte und daß er deshalb diese Verantwortung ernstnehmen müßte. Vielleicht auch, weil er aus einer Zeit stammte, als eine königliche „Bitte" einem Befehl gleichkam, war er bereit, seine Pläne den dringenden Einladungen aus diesen Kreisen entsprechend zu ändern. Er war sich auch dessen bewußt, daß eine Änderung in der Einstellung solcher Menschen, die damals in ihren Ländern noch Macht und Einfluß besaßen, von besonderer Bedeutung für die Welt sein könnte. Daß eine solche Änderung sein Ziel war, verbarg er nie. Als dann aber viele von diesen Menschen ihre Machtstellung verloren, änderte sich seine Einstellung ihnen gegenüber in keiner Weise.

Buchmans klarste Stellungnahme zu dieser Frage entstammt einem Brief von 1928, der an Alexander Smith, den damaligen geschäftsführenden Sekretär der Universität Princeton und späteren amerikanischen Senator für den Staat New Jersey, gerichtet war. Smith hatte Buchman einige kritische Bemerkungen über seine Beziehungen zu bedeutenden Persönlichkeiten weitergegeben. „Es geht um folgendes", schrieb Buchman. „Suchen wir den Kontakt zu Menschen mit Titeln und Positionen wegen des sozialen Ansehens, das wir selbst dadurch gewinnen könnten, oder sind wir an der Änderung ihrer Lebensführung interessiert? Wenn das erste der Fall ist, ist Kritik gerechtfertigt . . . Ich glaube, daß es einen gewissen Typ von Amerikanern gibt, die aus einem falschen Verständnis von Demokratie diejenigen als Snobs betrachten, die solche Persönlichkeiten erwähnen. Diese gehören aber zur europäischen Gesellschaftsstruktur; und auch sie haben Seelen genauso wie Angehörige der Mittelschicht oder der armen Klassen. Es gibt nur sehr wenige Menschen, die bereit sind, die Angriffe und Beleidigungen auf sich zu nehmen, die auf einen zukommen, wenn man sich um die Änderung von Menschen in gehobenen Positionen bemüht . . . Dasselbe ist wahr für Amerika. Es gibt Persönlichkeiten, deren Namen sich in Komitees gut machen. Wir haben bewußt alles getan, um diese Art von Schirmherrschaft zu vermeiden . . . Mein klares Ziel ist es, die Führer zu ändern und eine führende Schicht heranzuziehen, die die gegenwärtigen Lebensbedingungen ändern wird."[5]

Buchmans Korrespondenz zeigt, daß er während seines ganzen Lebens ebenso engen Kontakt zu den „Armen der Gesellschaft" pflegte. In den zwanziger Jahren waren dies vor allem zwei Gruppen – seine vielen alten Freunde aus Pennsylvania wie Bill Pickle und Mary Hemphill, und das Dienstpersonal der Hotels und Häuser, in denen er zu Gast gewesen war. Ihre Namen füllten ganze Seiten in den dauernd erneuerten Adreßbüchern, die er bis zu seinem Tod führte. Erst als sich seine Arbeit in den dreißiger Jahren in England und andern Teilen der Welt weiter ausbreitete, gewann er auch echte Freunde unter den Industriearbeitern und Arbeitslosen.

Als Buchman im März 1922 nach Oxford zurückkehrte, wurden ihm von der Verwaltung zwei Räume im Christ Church College zur Verfügung gestellt. Ein Bericht aus dieser Zeit beschreibt seinen damaligen Besuch: „Hier ist ein Mann, der Oxford aufrütteln könnte. Er saß zwei Wochen lang in seinem Zimmer, und am Ende dieser Zeit war das ganze College klar in ein Pro-Buchman- und ein Anti-Buchman-Lager geteilt."

Als Loudon Hamilton einige Freunde zu sich einlud, die hören wollten, warum er so viel weniger Zeit in der Bar vom Mitre Hotel verbrachte, erschienen deren vierundvierzig, und das Treffen mußte im Junior Common Room fortgesetzt werden. Ein fideler Student kam verspätet, setzte sich ans Klavier und trommelte laut auf den Tasten herum, wenn etwas gesagt wurde, was ihm nicht gefiel. Fünf Minuten vor zehn Uhr kündigten er und drei seiner Freunde an, sie würden jetzt gehen, um sich noch zu betrinken und taten dies auch.

Bei einem Besuch wohnte Buchman im University College. Als er an einem Abend zu später Stunde zu Bett gehen wollte, kam ihm der Gedanke, daß der Klavierspieler und einer seiner Freunde ihn noch besuchen würden. Er stand auf und war bereit, sie zu empfangen. Die zwei Besucher kamen tatsächlich und versuchten ihr Bestes, ihm durch Zitate aus Platos *Republik* zu beweisen, daß dieses Buch der Bibel überlegen sei. Am darauffolgenden Morgen in der Frühe schrieb Buchman einige Gedanken auf als Notizen für einen Brief an den Klavierspieler:

„Ich habe meine Richtschnur in der Bibel gefunden und nicht bei Plato. Wann immer ich von Christus oder Paulus abweiche, gehe ich den falschen Weg. Das Mobiliar der Seele eines Menschen kann in einem Augenblick ausgewechselt werden. Dein Problem hat nichts mit Vernunft zu tun. Es hat einen moralischen Ursprung. Der Glaube übersteigt die Vernunft, ist aber nicht unvernünftig. Du wirst zu ganz anderen Schlüssen kommen, wenn es Dich einmal gepackt hat. Um führen zu können, brauchen wir Disziplin. Der Athlet nimmt Askese freudig an. Warum nicht eine Entscheidung fürs Leben?"

Buchman erkannte im Klavierspieler eine bestimmte Führungsqualität und sah in ihm eine brillante, wenn auch launenhafte Persönlichkeit. Und obwohl Buchman sich nicht den Anhängern Platos anschließen konnte, brach er den Kontakt zu ihm nicht ab. Vor der Abreise des Klavierspielers nach den USA schrieb er ihm: „Beste Wünsche für die Eroberung einer reichen Erbin!" Als er sich dann eines Abends in New York mit ihm traf, wiederholte er ihm gegenüber den früheren Gedanken, daß er Verantwortung für England trage.

Bei einer späteren Gelegenheit lud Buchman den jungen Mann zum Mittagessen ein und erhielt eine beleidigende Absage. Buchman fragte Hamilton, was er davon denke. Entrüstet erwiderte dieser, daß der junge Mann „einen Tritt in den Hintern" verdient habe. „Nein, nein", antwortete Buchman, „es ist ein Hilferuf."

Auf der Rückreise nach England verkleidete sich der junge Mann auf dem Schiff als Kellner, um die Aufmerksamkeit einer besonders charmanten jungen Amerikanerin auf sich zu lenken. In London lud Buchman ihn zusammen mit der jungen Dame zum Mittagessen ein. Er antwortete: „Es tut mir leid, daß ich die Einladung für mich und die Dame nicht annehmen kann. Es wäre mir eine Freude gewesen, sie zu begleiten, erstens, wenn sie in London gewesen wäre; zweitens, wenn ihr eifersüchtiger alter Ehemann es mir erlaubt hätte, und drittens, wenn sie und ich überhaupt miteinander sprechen würden. Nein, mein lieber Frank, es sind keine neuen Kräfte an der Arbeit. Ich fühle mich nie frei von einer sehr alten Kraft, auch wenn enttäuschte Hoffnungen gewisse Reuegefühle hinterlassen. Ich bin mit Dir in keiner Weise einverstanden, schätze Dich aber trotzdem sehr."

Dies scheint der letzte Brief zu sein, den Buchman von diesem Mann bekam. Die Freundschaft war nicht stark genug gewesen, um dem Druck zu widerstehen, der in dem Brief erwähnt wurde. Buchman war betrübt, als ihn die Nachricht erreichte, daß sich der junge Mann nach einer kurzen und glänzenden Karriere das Leben genommen hatte.

Er verbrachte den Sommer 1922 in England und anderen Teilen Europas. Im Juli führte er eine Hausparty im Hause eines Bankiers in Putney Heath durch. Kurz danach begegnete er Freunden wie Oberst David Forster von der christlichen Offiziersgesellschaft bei einer Tagung in Keswick. Hier traf er auch wieder mit Eustace Wade zusammen. Nach ein oder zwei Tagen hatte Wade genug von der steifen Versammlung. Er war unterwegs zum Bahnhof, als Buchman ihm über den Weg lief und ihm sagte, er hätte von Gott den klaren Gedanken erhalten, daß sie sich treffen würden. Ihr Gespräch beim Tee im Garten des Keswicks-Hotels veranlaßte Wade, seine Abreise zu verschieben. „Er zeigte meinem jungen Geist etwas, das ich im alltäglichen kirchlichen Leben nicht fand", erzählte Wade fünfzig Jahre später. „Was er unternommen hatte, schien mir ein wirkliches Abenteuer zu sein. Das ist es, was mich damals anzog."

Andere, die an derselben Tagung in Keswick teilgenommen hatten, wie Julian Thornton-Duesbery (später Master des St. Peter's College in Oxford), wollten damals nichts mit Buchman zu tun haben. „Einer meiner Freunde aus Oxford hatte mir schreckliche Geschichten über ihn erzählt", sagte Thornton-Duesbery, „etwas, das mit ungesunden Bekenntnissen von sexuellen Problemen zu tun hatte. So habe ich alles getan, um ihm aus dem Weg zu gehen." Später, als er Buchman persönlich kennenlernte, entdeckte Thornton-Duesbery, daß all diese Geschichten nicht wahr waren, und er arbeitete bis zu seinem Lebensende eng mit ihm zusammen.

Unterdessen wurde aber die Opposition gegen Buchman in Princeton immer stärker, und seine Besuche auf dem Campus erregten die Geister. Das „Studentenkabinett" der Philadelphia-Gesellschaft lud ihn im Dezember 1921 ein, in einer großen öffentlichen Versammlung zu sprechen – falls er dazu bereit sei.

Buchman schlug einen anderen Mann als Sprecher vor, eine Persönlichkeit „mit feinem Humor und allem, was man braucht, um Studenten zu gewinnen".[6]

Im Mai des gleichen Jahres schrieb jedoch Shoemaker Buchman nach England, daß Präsident Hibben vor „zu viel Gewicht auf dem Wort Sünde" Angst habe. Er habe auch Shoemaker gebeten – „in einer Weise, die eine Ablehnung unmöglich machte" –, Buchman nahezulegen, eine Zeitlang nicht nach Princeton zu kommen, „bis einige der Mißverständnisse aus dem Weg geräumt seien".[7] Hibben hatte als Verwaltungsmann eine natürliche Abneigung gegen Unruhe bringende Auseinandersetzungen.

Weder Shoemaker noch Buchman sahen in Hibbens Verbot mehr

als eine vorübergehende Maßnahme. Im November 1922 lud Buchman auf dem Campus wieder zu einer Versammlung ein und hatte hinterher Gespräche mit mehr als vierzig Studenten. Im Oktober 1923 unternahm er dort einen weiteren erfolgreichen Besuch.

Dieser Besuch veranlaßte aber Buchmans Gegner, in Aktion zu treten. Eine ganze Reihe von Studenten suchten Hibben paarweise alle vier bis fünf Tage auf, um sich über Buchmans Methoden zu beklagen. Sie beschuldigten ihn vor allem, sehr persönliche Fragen an die Studenten zu richten, zu denen niemand das Recht habe. Diese Kampagne wurde von einer Gruppe von Studenten organisiert, die sich geschworen hatte, alles zu tun, um Buchman und seine Arbeit vom Campus zu verbannen.[8] Ihr Führer, Neilson Abeel, sagte zu einem von Buchmans Anhängern, er würde dessen Werk zerstören, koste es, was es wolle. Buchmans Anhänger waren der Überzeugung, daß zu den aktivsten Gegnern auch eine Zahl praktizierender Homosexueller gehörte, die in Buchmans Botschaft eine Bedrohung ihres Lebensstils sahen.

Die Situation auf dem Campus bereitete Hibben mehr und mehr Verdruß. Um die Atmosphäre zu reinigen, berief er im Dezember 1923 eine Sitzung zu sich nach Hause ein. Er lud dazu eine Zahl seiner engsten Berater: den Universitätsarzt, Dr. Donald Sinclair, einige der Studenten, die Buchman kritisiert hatten, Shoemaker und Buchman selbst. Abeel brachte eine Flasche mit Riechsalz mit, die er sich regelmäßig unter die Nase hielt. Dann wurde ihm und seinen Freunden die Gelegenheit gegeben, ihren Fall gegen Buchman vorzubringen. Anschließend beantwortete Buchman auch die Fragen einiger der älteren Mitglieder der Fakultät.

Wenn Hibben gehofft hatte, durch diese Begegnung die Lage zu entspannen, so wurden seine Erwartungen sehr bald enttäuscht. Im Februar 1924 stellten Buchmans Gegner eine Streitschrift mit dem Titel *Die Kanonenkugel* zusammen. Buchmans Anhänger behaupteten später, die Druckbögen seien Hibben vorgelegt worden mit der Drohung, daß die Streitschrift gedruckt würde, falls sich der Universitätspräsident nicht öffentlich gegen Buchman und seine Methoden erklären würde. Hibben habe auch Shoemaker ein Versprechen abgerungen, daß Buchman nie wieder auf den Campus eingeladen werde.

In den darauffolgenden Monaten scheint sich sowohl im Umfeld wie auch in der Einstellung Hibbens dann aber etwas grundlegend geändert zu haben. Trotzdem kam Buchman im Frühling 1924 kurzfristig zum Schluß, daß er nicht nach Princeton zurückkehren solle. In einer Zeit der Stille schrieb er: „Räume Princeton vollständig."

Der zunehmende Sturm in Princeton war durch das Wachstum von Buchmans Arbeit ausgelöst worden. Auch an anderen Orten wuchs sie entsprechend. Es gab in den ersten Monaten 1922 zwei Hausparties in Yale, und im März 1924 berichtete Buchman über eine dritte in Harvard, während in Williams und Vassar je eine zweite in Vorbereitung waren.

James Newton, der Sohn eines Arztes aus Philadelphia, hatte einen Studienplatz an der Universität Dartmouth aufgegeben, um durch Amerika zu trampen. Während seiner Reisen, die er vor allem als blinder Passagier in Güterwagen machte, hatte er Teller gewaschen, Baumwolle geerntet, Pferde gesattelt und Vieh getrieben. Mit neunzehn Jahren wurde er Verkäufer für eine Kofferfirma und war verantwortlich für das ganze Gebiet von Neu-England. An einem Wochenende besuchte er die bekannte Toytown Tavern in Winchengton, Massachusetts. Er sah beim Essen drei attraktive Damen, denen er dann in Richtung eines Nebengebäudes folgte, wo er einen Tanzabend vermutete. Die jungen Damen gingen auch tatsächlich hinein, aber der Anlaß war eine Hausparty für Studenten aus Universitäten von Neu-England. Newton blieb bei ihnen hängen und sprach nachher mit Sherwood Day. Am darauffolgenden Montagmorgen fing er an, die moralischen Maßstäbe in der Praxis anzuwenden. Er ging zu seinen Kunden zurück und gestand ihnen, daß er sie übers Ohr gehauen hatte. Er war jedoch erstaunt zu entdecken, daß die Menschen ihm jetzt mehr Vertrauen entgegenbrachten als vorher. Später sagte er: „Am Ende von sechs Wochen merkte ich, daß mein ganzes Leben begonnen hatte, sich zu verändern."

Als Newton das Treffen in Toytown Tavern besuchte, gab es schon mehrere, die ihren Beruf aufgegeben hatten, um hauptamtlich, aber unbezahlt mit Buchman zu arbeiten. Einer von ihnen war Loudon Hamilton, der Buchman im Herbst 1922 auf seiner Rückreise nach Amerika begleitet hatte. Acht Monate später war er nach Oxford zurückgekehrt – er arbeitete als Schiffsheizer, um seine Reise zu bezahlen – und führte dort Buchmans Arbeit weiter. Sein einziges Einkommen waren 50 $ von Mrs. Tjader pro Monat.

Ein verwundeter Offizier der Britischen Luftwaffe, mit dem sich Buchman angefreundet und dem er geholfen hatte, gewann das Interesse des englischen politischen Journalisten Harold Begbie. Dieser erkundigte sich, ob er über Buchman und seine Freunde, die bisher jeden Schritt in die Öffentlichkeit vermieden hatten, ein Buch schreiben dürfe. Buchman gab sein Einverständnis unter der Bedingung, daß die jungen Männer anonym bleiben und er selbst nur mit seinen Initialen

F. B. beschrieben würde. Begbie schrieb: „Das Wesen dieser Männer, von denen einige brillante Köpfe, andere ausgezeichnete Sportler und alle ohne Ausnahme sehr bescheiden und beunruhigend ehrlich waren, weckte mein Interesse aufs neue. In ihrer Gesellschaft konnte man unmöglich weiter daran zweifeln, daß der Mann, der ihr Leben von innen heraus geändert und sie fähig gemacht hatte, das Leben anderer zu ändern, eine ganz besondere Persönlichkeit war."[9]

Er beschrieb Buchman als „einen jugendlich aussehenden Mann von mittlerem Alter, groß, aufrecht, zum Rundlichen neigend, glattrasiert, mit Brille und einem gewissenhaften Gesichtsausdruck, der eine beinah medizinische Sauberkeit und Frische ausstrahlte", einer für Amerikaner so typischen Eigenschaft. „Seine Haltung und seine Bewegungen zeichnen sich durch eine nie erlahmende Spannkraft aus. Er läßt sich nie gehen. Man findet ihn auch in den frühen Morgenstunden mit seinem wachen Blick und seiner athletisch aufrechten Haltung, so daß er in einem Frühstückszimmer wirkt, als ob er von einer Brise frischer Luft begleitet wäre. Es gibt wenig Menschen von solcher Ruhe und Zurückhaltung, die so ansteckend frisch und gesund wirken . . . Er macht den Eindruck eines warmherzigen und sehr glücklichen Menschen, der nicht weiß, was es heißt, körperlich müde oder gelangweilt zu sein."[10]

Begbie's Buch, *Life Changers* (Lebens-Veränderer), erschien 1923 und erregte wachsendes Interesse für das Tun und Wirken des mysteriösen F. B. Seine Identität wurde bald bekannt, und in späteren Ausgaben wurde sein Name voll ausgeschrieben.

Im Januar 1924 nahm Buchman in New Jersey an einem Treffen im Hause von Thomas Edison, dem Erfinder der Glühbirne, teil. Ein Neffe Edisons hatte Buchmans Tätigkeit an der Universität Princeton kennenglernt, und die Veränderung in seiner Lebensweise hatte Edisons Aufmerksamkeit erregt. Edison lud Buchman und Hamilton ein, ihn zu besuchen. Es war ein strahlender Februarabend, als sich die zwei durch eine schneebedeckte Allee der Haustüre näherten. Edison öffnete selbst die Tür, schaute nach oben und fragte Buchman: „Ist der Himmel gut beleuchtet?"

„Sicher", antwortete Buchman, „dafür ist schon lange gesorgt. Darum brauchen Sie sich keine Sorgen zu machen."

Als sie im Haus waren, stellte ihnen Edison, ein Agnostiker, mehrere Fragen über die Lebensänderung seines Neffen und kam auch auf die Möglichkeit einer „göttlichen Führung" zu sprechen. „Es ist diese göttliche Führung, die das Wunder in Ihrem Neffen bewirkt hat", sagte Buchman.

„Ich weiß, daß von mir nicht erwartet wird, an solche Dinge zu glauben", antwortete Edison. „Aber ich weiß, daß es zwischen meinem Fingernagel und dem Fingergelenk zehntausend atmosphärische Kräfte gibt. Wir Erfinder wissen dies. Unsere Aufgabe ist es nur, ein Werkzeug zu erfinden, das fein genug ist, diese Kräfte zu erfassen und zu nutzen. Das ist auch Ihr Problem mit der Führung, nicht wahr, Herr Buchman?" Buchman nickte. Eine lebenslange Freundschaft mit Edison und seiner Frau begann an diesem Abend.

Buchman war immer noch davon überzeugt, daß er vor allem eine Mannschaft von jungen Leuten bilden müsse, die mit ihm seine Arbeit vorantragen würde. Während fast eines ganzen Jahres erwog er, ob er „eine apostolische Gruppe" auf eine Weltreise nach Europa, dem Mittleren Osten, Indien, China und Australien mitnehmen sollte. Vielleicht überzeugten ihn die Entwicklungen in Princeton, daß 1924 das richtige Jahr für ein solches Unternehmen sei. Jedenfalls lud er eine Reihe von jungen Männern ein, mit ihm eine solche längere Expedition zu unternehmen. Sherwood Day, Sam Shoemaker, Loudon Hamilton, Eustace Wade, Godfrey Webb-Peploe aus Cambridge und Van Dusen Rickert aus Princeton entschlossen sich, an der ganzen Reise, oder wenigstens einem Teil davon, teilzunehmen.

Im Juni 1924 reiste Buchman mit der *SS Paris* nach England. In den Wochen vor seiner Überfahrt hatte er seine Mutter öfters besucht und sie zu Veranstaltungen, die ihr zusagten, mitgenommen. Sie nahm an der letzten Hausparty vor seiner Abreise teil, fuhr jedoch lieber nach Allentown zurück, als mit ihm in New York auf die Abreise zu warten.[11] „Abschiednehmen ist nicht angenehm, Du weißt es, aber es muß sein", schrieb sie ihm. „In Gottes Hand sind wir in guter Obhut. Alle sagen mir, wieviel Deine Hilfe ihnen bedeutet. Denk an mich, und möge Gott Dich segnen." Sie schloß den Brief mit den Worten: „Auf Wiedersehen, ich hoffe, wir sehen uns irgendwann irgendwo wieder."[12]

Über den Zweck der Reise bestand für Buchman kein Zweifel: „Ich nehme eine Gruppe junger Menschen mit, um ihnen Schulung zu geben", schrieb Buchman vor seiner Abreise an Mrs. Shepard.[13] „Er erwartete, daß wir wie der heilige Paulus ‚nur eines im Sinn' hätten und nichts für uns zurückhalten würden", bemerkte Hamilton später. „Außerdem würde er keine Albernheiten dulden." Im Speisewagen des Zuges, mit dem die Gruppe durch Holland fuhr, bemerkte Hamilton scherzhaft, es sei doch interessant, sich plötzlich hinter den feindlichen Linien zu befinden. Buchman explodierte – er dachte an die neutralen holländischen Freunde, die sie heute besuchen würden. Wenn er solche Sprüche von sich geben wolle, sagte er, dann könne Hamilton sofort nach Hause fahren. „Loudon wurde rot", erinnert sich Nick Wade, „und ich wurde weiß."

Ihr erster Halt war in Rhederoord, dem Haus der Familie des Baron van Heeckeren. Dort schloß sich ihnen Sam Shoemaker an. Nach ihrer Ankunft waren Buchman und seine jungen Freunde Gäste bei einem Ball und einer darauffolgenden Hausparty. Die van Heeckerens waren tief religiöse Menschen, die jeden Morgen eine Familienandacht hielten. Ihre Töchter fühlten sich allerdings zu dieser Art Religion nicht hingezogen. „Auf Bällen tanzen, bei Hof vorgestellt werden – das machte uns Spaß", sagte Lily, eine der Töchter. Die Freunde der van Heeckerens kamen mit Begeisterung zu dem Ball, dafür mit gemischten Gefühlen zur Hausparty. Auf der Einladungskarte stand nämlich – etwas abschreckend: „Dr. Buchman wird einen Vortrag halten."

Buchman hielt aber keinen Vortrag. Er erzählte Geschichten, Erlebnisse mit Menschen, die ihr Leben geändert hatten – der Abend wollte nicht zu Ende gehen. Am nächsten Morgen erschienen noch mehr Zuhörer. Auf den Stufen einer Treppe saß – noch im Abendanzug – ein agnostischer Student, Eric van Lennep, der anschließend von Buchman wissen wollte, warum er *ihn* die ganze Zeit angesehen habe. Nach einem Gespräch mit Buchman tat van Lennep die ersten Schritte auf dem Weg zum Glauben und arbeitete viele Jahre an Buchmans Seite.

Von Rhederoord fuhren Buchman und seine Freunde nach Deutschland. Sie besuchten Kurt Hahns Schule in Salem und Buchmans alte Bekannte, die Familie von Bodelschwingh in Bethel. Wie überall in Deutschland litt man auch hier unter der entsetzlichen Nachkriegsinflation: „Kranke mußten auf Sägemehl liegen, ohne Decken oder Betttücher", berichtete Hamilton. Was er damals sah, machte auf ihn und Buchman einen unvergeßlichen Eindruck. „Alles war ‚Ersatz'", erinnerte sich Hamilton, „Menschen gingen ohne Schuhe, starben auf der Straße. Familien ließen ihre Töchter auf den Strich gehen." Vier Jahre zuvor war es Buchman gelungen, drei Kühe nach Bethel bringen zu lassen; jetzt versuchte er erneut, amerikanische Freunde zu ermutigen, bedürftigen Deutschen zu helfen.

In München besuchten sie Frau Hanfstaengl, eine Amerikanerin aus der New-England-Familie der Sedgwicks. Der junge Adolf Hitler gehörte zu den regelmäßigen Besuchern bei Hanfstaengls, seitdem der Sohn Ernst („Putzi") ihn kennengelernt hatte. Frau Hanfstaengl zeigte Buchman und seinen jungen Freunden das Zimmer, wo sich Adolf Hitler nach dem Münchner Putsch im Jahr zuvor versteckt hatte. Sie habe

Hitler damals gesagt, erzählte sie, sie werde ihn nie unterstützen, solange er nicht seine Haltung gegenüber den Juden ändere. Hitlers Antwort habe gelautet: „Das werde ich nie tun."

In Italien bestiegen Buchman und seine Freunde den Simplon-Orient-Expreß nach Konstantinopel. Von dort flog Buchman auf Wunsch von Königinmutter Sophie nach Bukarest, um ihre Tochter Helen, die mit dem rumänischen Kronprinzen Carol verheiratet war, zu besuchen. Königin Marie von Rumänien, eine lebhafte und begabte englische Prinzessin – Enkelin sowohl von Königin Viktoria als auch von Zar Alexander II. –, lud Buchman und einen seiner Freunde, Loudon Hamilton, ein, zu ihr und König Ferdinand nach Schloß Peles in Sinaia zu kommen.

Hamilton machte sich von Konstantinopel aus sofort auf den Weg. Das Telegramm mit seiner Ankunftszeit kam nie an, doch wurde er auf dem Bahnhof – wie er später erfuhr – für einen königlichen Besucher gehalten und mit einem großen Wagen abgeholt. Auf dem Weg nach Schloß Peles passierte der Wagen ungehindert drei Polizeisperren. Als Hamilton im Schloß ankam, war die Verwirrung groß, denn er verlangte, Mr. Buchman zu sehen – der Butler, der ihm aufgemacht hatte, hieß aber auch so. Glücklicherweise stand Buchman an einem Fenster und rief hinunter: „Oh, der gehört zu mir!" Als Hamilton schließlich Königin Marie vorgestellt wurde, entdeckte er, daß Buchman ihr gerade von seinen Erfahrungen mit dem „Steak-und-Bier Club" erzählt hatte.

Königin Marie und Kronprinzessin Helen baten Hamilton, Hauslehrer von Helens jungem Sohn Michael (dem späteren König) zu werden. Hamilton lehnte jedoch dieses Angebot im Einvernehmen mit Buchman ab. Nach einer gemeinsam verbrachten Woche, in der lebenslange Freundschaften geschlossen wurden, reisten beide nach Konstantinopel zurück.

Dort wurde Buchman gebeten, zu den Studenten des Robert College zu sprechen. Einer der damals Anwesenden schreibt darüber: „Vor Buchman saßen nicht nur die meisten Mitglieder der Lehrerschaft, sondern auch an die siebenhundert hartgesottene, zynische Schüler und Studenten verschiedener Nationalitäten. Buchman benutzte keinerlei Rednertricks und versuchte auch nicht, Eindruck zu machen. Ganz im Gegenteil: seine Aufrichtigkeit machte auf alle Eindruck. Er erzählte uns, was mit einem Jungen geschah, als Gott in sein Leben kam. Zum Schluß forderte er uns alle auf, das Gebet jenes Jungen zu wiederholen: ‚Herr, ordne du mein Leben, ich kann es nicht.' Das traf genau ins Schwarze."[14]

Die Gruppe kam am 10. Dezember in Indien an und verbrachte die Weihnachtstage in Madras. Am 23. Dezember traf Buchman auf der Konferenz der Kongreß-Partei in Belgaum wieder mit Gandhi zusammen. Auf Fotografien sieht man beide herzlich lachend neben Chakravarti Rajagopalachari, der später der erste General-Gouverneur des unabhängigen Indiens wurde, und den muslimischen Brüdern Ali, in deren Haus Gandhi soeben einundzwanzig Tage lang gefastet hatte. Dort traf Buchman auch zum ersten Mal den jungen Jawaharlal Nehru. Dieser ließ Buchman seine Fotografie mit der Bitte zukommen, ihm doch das Buch *Life Changers*, das Buchman ihm versprochen hatte, zuzusenden. Gemeinsam leiteten die Freunde christliche Studentenversammlungen, zusammen mit C. F. Andrews, einem engen Freund Gandhis,* Bischof Pakenham-Walsh und anderen.

In Kalkutta waren sie Gäste von Bischof Foss Westcott, dem Metropoliten der anglikanischen Kirche in Indien. Im Februar fuhren sie nach Darjeeling und lernten dort Jan Masaryk, den zukünftigen Außenminister der Tschechoslowakei, kennen und waren im März Gäste von Lord Reading, dem Vizekönig von Indien. Während eines Essens mit ihm kam die Sprache immer wieder auf die Gebrüder Ali: „Diese Spitzbuben", sagte Lord Reading, „ich muß sie immer wieder ins Gefängnis stecken. Was würden Sie denn mit ihnen anfangen?"

„An Ihrer Stelle würde ich das mit ihnen tun, was Sie mit mir gemacht haben: ihnen einen Ehrenplatz bei einem Abendessen geben und sie kennenlernen", antwortete Buchman.

Der Adjutant des Vizekönigs, Ralph Burton, stellte Buchman dem Maharadscha von Gwalior vor. Dieser exzentrische Herrscher machte sich einen Spaß daraus, die Turbane seiner Höflinge anzuzünden und vergnügt zuzusehen, wie sie ihre Köpfe in den nächsten Brunnen tauchten, um die Flammen zu löschen. Auf seinem Tisch ließ er eine kleine elektrische Eisenbahn laufen, die mit den besten Likören beladen war und die er – mittels eines geheimen Schalters – an Gästen, mit denen er sich einen Jux erlauben wollte, rasch vorbeifahren ließ.

Der Maharadscha fand offensichtlich Gefallen an Buchman und seinen Freunden. Am Abend eines Hindufestes, an dem der Vollmond am Himmel stand, gingen Buchman und Nick Wade ein paar Schritte hinaus und stießen auf den Gastgeber. „Er wandte sich an Frank und sagte: ‚Kommen Sie, reden Sie mit mir'", erinnerte sich Nick Wade. „Wir setzten uns alle drei auf eine Marmorbank. Zuerst herrschte ein

---

* Charles F. Andrews war ein Missionar und Autor, der sich für die Rechte der indischen Bevölkerung vor allem in Südafrika einsetzte. Er starb 1940.

langes Schweigen, das Buchman nicht unterbrach. Dann sagte der Maharadscha: ‚Verstehe ich Sie recht? Sie glauben, daß Jesus Christus die menschliche Natur ändern kann?' Frank antwortete: ‚Das ist es, woran ich glaube, und deswegen sind wir hier.'"

Einige Tage darauf schrieb Buchman an den Maharadscha: „Um noch einmal auf Ihre Frage nach der Führung Gottes einzugehen: ich merke, daß die Begierden des Fleisches ein zerstörerischer Faktor sind – sie hindern uns daran, Gott kennenzulernen . . ."[15]

Anfang März begann die Gruppe sich zu zerstreuen. Im Januar war Shoemaker nach Amerika zurückgekehrt, um eine Pfarrstelle an der Calvary Church in New York zu übernehmen. Nick Wade, der schon immer Pfarrer werden wollte, und Van Dusen Rickert fuhren zusammen nach Hause zurück und arbeiteten in verschiedener Art und Weise weiter eng mit Buchman zusammen. Nach einer ernsten Erkrankung, die er sich durch verunreinigtes Trinkwasser zugezogen hatte, fuhr auch Loudon Hamilton nach England zurück und nahm nach seiner Gesundung seine Arbeit in Oxford wieder auf. Er erhielt im Wycliffe Hall College freie Wohnung und führte dort tagein, tagaus die Schulung einer Gruppe von Studenten fort. Es vergingen drei Jahre, bis er Buchman wiedersah, doch der Kontakt zwischen ihnen brach nie ab.

Buchman und Sherwood Day blieben in Indien. Sie machten in den darauffolgenden kurzen Wochen weitreichende Bekanntschaften, sowohl unter den Engländern wie unter den Indern, und besuchten Gandhi zweimal: einmal im Sabarmati-Ashram, das andere Mal im Hause des Metropoliten Foss Westcott in Kalkutta. Eine dieser Zusammenkünfte beschrieb Buchman später mit den Worten: „An seiner Seite zu gehen war so, als ob man mit Aristoteles ginge."

Mitten in all diese Aktivitäten platzte die Nachricht, daß Buchmans Mutter gestürzt war und sich die Hüfte gebrochen hatte. Seine Korrespondenz mit ihr war stets intensiv gewesen. Mrs. Tjader hatte Mrs. Buchman die große Freude gemacht, sie zu Weihnachten 1924 zu sich einzuladen. Nun reiste Mrs. Tjader nach Allentown, um sich ihrer im Krankenhaus anzunehmen. Sie telegrafierte Buchman: „Diese Woche wird sie uns entweder verlassen oder den Weg der Besserung antreten." Am 6. Mai sandte Buchman von Madras aus folgendes Telegramm: „Viele liebe Grüße und Wünsche. Gott gibt mir die Gewißheit, daß alles gut werden wird. Wir sind in Jesu Händen aufgehoben. Es ist keine Trennung. Unbedingt besten Spezialisten hinzuziehen." Mit dem Nachtzug reiste er zu einer Hausparty nach Kodaikanal. Dort erfuhr er am nächsten Tag, daß seine Mutter gestorben war.

Manchmal erzählte Buchman, er habe während dieser Eisenbahnfahrt eine Warnung erhalten. „Zum Zeitpunkt ihres Todes schien der Wagen plötzlich erleuchtet zu sein, hell, wie am Tag."

Damals war es unmöglich, rechtzeitig zur Beerdigung einzutreffen – einer Beerdigung, zu der tausend Menschen kamen und bei der auf Bitte von Buchman Sam Shoemaker sprach. Am gleichen Tag wurde in Kodaikanal von einem Pfarrer der Kathedrale von Kalkutta ein Gedenkgottesdienst gehalten.

Buchman schrieb: „Dieser Gottesdienst wurde von Indern und Europäern besucht; der Geist der Auferstehung war zu spüren. Neben mir saß ein junger Inder, der schon zweimal Weihnachten in unserer Familie in Amerika verbracht hatte."[16]

Mrs. Buchman hatte einen starken Einfluß auf ihren Sohn ausgeübt. Ihr deutlich ausgeprägtes Gefühl für Recht und Unrecht, ihre Kunst, aus der Gastlichkeit das Beste zu machen, sowie ihr bodenständiger, gesunder Menschenverstand blieben auch ihm sein Leben lang erhalten. Einmal schrieb er ihr: „Die Freiheit, die mir stets gewährt wurde, ist eine Deiner besten Eigenschaften. Sie hat mir dazu verholfen, selbständig zu denken und zu entscheiden."[17] Anfangs hatte Mrs. Buchman versucht, über seine Zukunft mitzubestimmen. Während er in China war, bat sie ihn immer wieder, nach Hause zurückzukehren. In seinen Briefen war er stets liebevoll, schrieb aber in aller Deutlichkeit, daß er nicht abweichen könne von dem, was Gott von ihm verlange – wenn es auch schmerzlich für ihn sei. Zu einem bestimmten Zeitpunkt hörte seine Mutter auf, sein Leben beeinflussen zu wollen, wahrscheinlich während seines Aufenthaltes in China. Buchman schrieb über sie einige Jahre später: „Ihr einziger Wunsch war, daß ich Gottes Willen verwirklichen sollte. Als sie das begriffen hatte, unterstützte sie mich, auch dann, als es für sie schwierig wurde und ich nicht bei ihr sein konnte, um ihr beizustehen."[18] In ihrem Alter wehrte sie sich stets gegen diejenigen, die meinten, ihr Sohn hätte bei ihr sein sollen. Während ihres letzten Weihnachtsfestes sagte sie zu einer Freundin: „Die Arbeit für Christus muß weitergehen. Ja, ich vermisse Frank, aber einmischen will ich mich nicht. Er steht unter einer höheren Autorität."

Nach seiner Rückkehr nach London stieß er auf eine gut organisierte Opposition. In den Jahren, seitdem er China verlassen hatte, war er vielen Menschen begegnet, die unter dem Zwang ihrer homosexuellen Neigungen standen. So hatten zum Beispiel zwei Männer an einer seiner Hausparties in Surrey teilgenommen, denen „offensichtlich dieses

Problem zu schaffen machte". „Sie sind hart, unnachgiebig und nicht überzeugend", notierte sich Buchman. „Ich beabsichtige, furchtlos und mit christlicher Nächstenliebe ein Programm durchzuführen, bei dem man sich selbst zuerst prüft – und so eine Botschaft zu gestalten, die mein eigenes Leben und das von anderen Menchen umwandeln wird."

Im Laufe der Jahre wurden in der Tat viele Menschen umgewandelt. Unter den mit Buchman arbeitenden Freunden gab es solche mit homosexuellen Neigungen, die aber eine Freiheit gefunden hatten, auf deren Grund sie ihr Leben für konstruktive Ziele einsetzen konnten. Buchman trat an die Frage der Sexualität – in welcher Form sie sich auch stellte – immer auf die gleiche Art und Weise heran. Er betrachtete sie als eine natürliche Gabe Gottes, gemäß dessen Weisung zu gebrauchen, nicht als eine unverbindliche Leidenschaft. Er war sich über die Schritte bewußt, die von der Willfährigkeit zur Abhängigkeit führten, und betrachtete solche Abhängigkeit als eine geistige Unfreiheit, oder – in einfacheren Worten ausgedrückt – als Sünde. „Die Sünde ist Krankheit, Christus ihre Heilung, das Ergebnis ist ein Wunder", hieß seine Antwort für jede solche Art von Unfreiheit. Er war weder schokkiert noch drückte er sich um das Problem. Er verurteilte nie, noch weniger stellte er Menschen bloß. Er sah seine Aufgabe darin, eine Heilung anzubieten, die die schöpferischen Eigenschaften im Menschen freistellen würde, zum Wohle aller und zum Besten der Welt.

Er wußte aber auch, daß praktizierte Homosexualität die Gefahr mit sich brachte, andere Probleme zu verstärken, die gravierender waren als die Homosexualität selbst: sie führte zu einer Haltung, die alle anders denkenden Menschen ausschloß und den Vorrang vor allen anderen Loyalitäten verlangte – eine aggressive Haltung jenen gegenüber, die nicht zu ihrem Kreis gehörten – dabei gingen begabte Menschen oft zugrunde. Mit der Zeit bemerkte er auch, daß gewisse Homosexuelle für sich und ihre Lebensweise einen quasi-missionarischen Eifer entwickelten, der im direkten Gegensatz zum Geist seiner eigenen Arbeit stand. Aber Buchman zweifelte nie daran, daß jeder Mensch, der es wollte, wirkliche Freiheit finden könnte.

Für Buchman war nun die Zeit gekommen, nach Amerika zurückzukehren. Er hatte von Königin Marie ein Telegramm erhalten, in dem sie ihm vorschlug, sich am 12. Oktober ihr und ihrer Begleitung auf der *Leviathan* anzuschließen. Buchman sagte zu. Während der Überfahrt verbrachte er viel Zeit mit der königlichen Familie, die auch einmal ein Essen zu seinen Ehren gab. Sie besprachen gemeinsam, was in den darauffolgenden Tagen in New York geschehen sollte. Königin Marie äußerte den Wunsch, Buchman einmal in aller Öffentlichkeit den Dank auszusprechen, den sie so oft im Familienkreis ausgesprochen hatte. Prinz Nicolas schlug vor, dies bei einer Hausparty zu tun, die eigens dafür arrangiert werden sollte. Zum Schluß einigte man sich auf einen Empfang in den Räumlichkeiten, die Mrs. Tjader Buchman in New York zur Verfügung gestellt hatte. Buchman telegrafierte nach New York: „Königin hat Einladung zum Tee am 24. angenommen. Nicolas und Ileana begleiten sie.“[19]

In New York hatte sich unterdessen ein Sturm zusammengebraut, der Buchman und seine ganze Arbeit bedrohte.

— 11 —

KONTROVERSE IN PRINCETON

Das Problem, das sich später zu einer Affäre auswachsen sollte, war zum ersten Mal im September 1926 in Waterbury aufgetaucht, einer Stadt im Staat Connecticut. Der Anlaß dazu war eine Studentenmission, zu der Studenten aus allen Colleges der Ostküste der USA eingeladen worden waren. Ob es ihre Absicht war oder ob sie einfach Enthusiasten waren, bereit, die letzten zehn Tage ihrer Sommerferien dafür zu opfern – jedenfalls waren drei Viertel der Teilnehmer junge Männer, die durch Buchmans Arbeit zum Glauben gefunden hatten. Ray Purdy gehörte zu der zahlenmäßig größten Gruppe – sie kam von Princeton. Er war Sam Shoemakers Nachfolger als Generalsekretär der Philadelphia-Gesellschaft geworden.

Während der Vorbereitungen konnte ein Princeton-Student dem Pfarrer einer episkopalischen Gemeinde in Waterbury, der persönliche Probleme hatte, helfend zur Seite stehen. Der Pfarrer erzählte seiner Gemeinde davon, und daß er einen neuen Glauben gefunden habe. Das beunruhigte einige seiner Pfarrkollegen, so daß einer von ihnen während eines Vorbereitungstreffens lang und breit erklären mußte, die Geistlichkeit sei *nicht* Ziel dieser Studentenmission.

Die Mission schien recht erfolgreich verlaufen zu sein. Einige Tage danach erschienen aber ein Reihe von Artikeln in einer episkopalen Kirchenzeitung, *The Churchman*, deren Chefredakteur, Guy Emery Shipler, seit langem ein Gegner Buchmans und seiner Arbeit war. Die Artikel hoben hervor, Princeton habe mehr Studenten zu dieser Missionswoche gesandt als irgendeine andere Universität, und folgerten daraus, Buchmans Jünger hätten intrigiert, um die Kampagne an sich zu reißen. Die Artikel wurden aber von acht führenden Männern der Kirche, die an der Mission teilgenommen hatten, als „die Wahrheit verzerrend und nicht beachtenswert" bezeichnet.[1] Das *Time Magazine* gab jedoch am 18. Oktober 1926 die anstößigsten Passagen dieser Artikel wieder, ohne Quellennachweis. Am nächsten Tag landete Buchman in New York, nachdem er – so hieß es in der *New York Times* – an Bord noch von Königin Marie von Rumänien und ihrer Familie zum Essen eingeladen worden war.

Die Presse setzte nun zur Jagd auf Buchman an. Sie spürte mit Eifer der scheinbaren Kombination von königlicher Familie, Religion und Sex nach, und Buchman und seine Freunde in der rumänischen Königsfamilie wurden nicht mehr in Ruhe gelassen. Der Tee-Empfang für Königin Marie fand statt – doch sie erschien nicht, und statt ihrer kam ihr Sohn Prinz Nicolas. „Während der ‚Seelen-Chirurg' Dr. Frank N. D. Buchman in seiner Wohnung in der Nr. 11, West 53rd Street, umgeben von 150 Gästen, die eingeladen worden waren, um die Königin zu treffen, geduldig wartete, ließ Marie von Rumänien die Verabredung – wenn es je eine gegeben hatte – fallen." So schrieb die *New York Herald Tribune*.[2] Der Reporter berichtete, Buchman habe schließlich der Königin eine telefonische Botschaft zukommen lassen, worauf seine Gäste zu einer kurzen Audienz mit ihr in ihr Hotel eilten. Jeder Gast war im Besitz einer weißen Karte, auf die Buchman mit Rotstift geschrieben hatte: „Hotel Ambassador – Besuch bei Königin Marie". Das *Time Magazine* gab der Sache noch einen weiteren falschen Anstrich und berichtete, Buchman habe die Königin überhaupt erst vor vierzehn Tagen auf der *Leviathan* während der Überfahrt von Europa kennengelernt.[3]

Von dem Tag an wurde Buchman von der Presse weit und breit als Anführer einer seltsamen und ungesunden Sekte bezeichnet – als ein neuer Rasputin, der ein kurzes Zusammentreffen mit einer königlichen Familie ausnützte, der in „verdunkelten Räumen" Sitzungen abhielt, wobei „Menschen sich an den Händen hielten" und wobei es „hysterisch, erotisch und krankhaft zuging".

Buchman fühlte sich von diesen Anspielungen tief verletzt, besonders davon, daß er selbst als der Anführer eines neuen Kults hingestellt wurde – um so mehr, als sein Name mißbraucht wurde, um das zu beschreiben, was er im Grund als Gottes Sache ansah, nicht seine eigene. Als er zum ersten Mal das Wort „Buchmanism" (Buchmanismus) hörte, sagte er: „Es ging mir wie ein Messer durchs Herz." „Was soll denn Buchanismus sein? So etwas gibt es nicht!" sagte er dem *New York American*, „wir glauben daran, daß das Christentum eine lebendige Kraft im modernen Leben bedeuten kann."[4]

Die ganze Sache wurde zu einem idealen *casus belli* für Buchmans Kritiker in Princeton. Die Studentenzeitschrift *The Daily Princetonian* raffte das, was schon im *Time Magazine* über die Waterbury-Mission erschienen war, zusammen und stellte die Frage, was denn die

Vorstandsmitglieder der Philadelphia-Gesellschaft bewogen hätte, den guten Namen Princetons in den Dreck zu ziehen. Mit dem Einverständnis von Präsident Hibben wurde ein hochrangiges Komitee eingesetzt, das die Aktivitäten der Philadelphia-Gesellschaft untersuchen sollte. Hibben gab einige Interviews für die Presse, in deren Verlauf er verkündet haben soll: „In Princeton hat der Buchmanismus keinen Platz mehr."[5]

Das Komitee nahm die Untersuchungen auf und fand kaum Tatsachen, die der Aufregung wert waren. Man begann damit, Studenten aufzufordern, ihre Beschwerden vorzubringen. Niemand erschien. Im Gegenteil: die Stimmen, die die Philadelphia-Gesellschaft unterstützten, waren erstaunlich zahlreich. Ende Dezember brachte das Komitee seinen Bericht heraus.[6] Darin wurde festgestellt: „Wir haben uns redlich bemüht, Beweise sicherzustellen, die die vorgebrachten Beschwerden bestätigen würden. Mit Ausnahme von einigen Fällen, bei denen die Betroffenen ihre Anschuldigungen zurückzogen, sind keine Beweise für die Anklagen und Beschwerden vorgebracht worden. Wir stellen fest, daß die Arbeit des Generalsekretärs (der Philadelphia-Gesellschaft) – ihrer Auswirkung nach – großen Erfolg hatte ... Durch sie hat Princeton einen Namen für wirksame und fruchtbare christliche Arbeit bekommen, die bis heute von keiner anderen Institution übertroffen worden ist." Kritisiert wurde nur der gelegentliche „Übereifer" des Generalsekretärs und die Tatsache, daß die Verantwortlichen der Gesellschaft sich zu intensiv einzelnen Studenten gewidmet und sich nicht genug an die Studentenschaft im allgemeinen gerichtet hatten.

Dennoch vermied es das Komitee sorgfältig, ein direktes Urteil über Buchman und seine Arbeit auszusprechen – es hieß, das reiche über seine Kompetenzen hinaus –, obwohl die Mitglieder wußten, daß die Aktivitäten der Philadelphia-Gesellschaft auf Buchmans Prinzipien aufgebaut waren. Aus dem gleichen Grund widerlegte das Komitee auch nie die von der Presse verbreiteten Gerüchte. Ein junger presbyterianischer Pfarrer aus New York schrieb an Ray Purdy: „Durch ihr Lob – durch eine gute Portion Anklage gefärbt – hat das Komitee Buchman wirklich auf dem Trockenen sitzen lassen."[7] Buchman war sich dessen nur zu bewußt und schrieb an Purdy: „Die Entlastung hätte durch Euch und einige Gleichgesinnte kommen sollen, wenn sich das Komitee schon nicht den Tatsachen beugen konnte."[8]

Die Situation wurde noch einmal akut, als Präsident Hibben Purdy mitteilen ließ, er sei nicht mehr willens, Buchman als Gast der Universtität auf dem Campus zu dulden; dieser Bann gelte auch für die Stadt, obwohl er zugeben müsse, das Recht dafür stehe ihm eigentlich nicht zu.

Hibben ließ Purdy kommen und verlangte von ihm die Zusicherung, daß weder er noch seine Kollegen weiter den Kontakt mit Buchman pflegen würden. Daraufhin legten Purdy und seine Freunde auf Anfang März ihre Ämter in der Philadelphia-Gesellschaft nieder.

Die Affäre von Princeton schob Buchman rücksichtslos ins Rampenlicht, und zwar so, wie er es am wenigsten gewünscht hatte: er war nun als mutmaßlicher Führer einer besonders zweifelhaften Sekte oder eines entsprechenden Kultes bekannt. Was die Presse „Buchanismus" getauft hatte, sei doch einfach „Christentum in Aktion", protestierte Buchman – aber in der Öffentlichkeit war er nun anders abgestempelt worden.

Hinzu kommt, daß die Ereignisse in Princeton für die einflußreichen Kreise Amerikas jahrzehntelang einen Schatten auf Buchmans Arbeit warfen. Präsident Hibben bestand gerne und immer wieder darauf, daß er nie öffentlich zu Buchman Stellung genommen habe.[9] Aber er hatte auch nie – weder vom *Daily Princetonian* noch von den New Yorker Zeitungen – eine Richtigstellung ihrer Behauptung verlangt, er habe sich öffentlich geäußert. Unterdessen gelang es *Time Magazine* – dank der Tatsache, daß die Presse das Ergebnis der Untersuchung nie veröffentlichte – sieben Monate später zu behaupten, die Universtitätsbehörden hätten „Mr. Buchman verboten, seine Methoden in Princeton anzuwenden, da sie ‚ungesund' seien".[10] Das Ergebnis der Untersuchung geriet in Vergessenheit, sogar in Princeton.

So konnte es geschehen, daß die alten Beschuldigungen zu Buchmans Tod im Jahre 1961 wieder hervorgeholt wurden, weswegen sich auch das einzig noch lebende Mitglied des Komitees, H. Alexander Smith –, der von 1944 bis 1959 Senator für den Staat New Jersey gewesen war – gezwungen fühlte, das Ergebnis jener Untersuchung im *Princeton Alumni Weekly* zu wiederholen. „In dieser ernsten und unruhigen Zeit sollten wir Frank Buchman und der großen Arbeit, die er aufgebaut hat, zutiefst dankbar sein", fügte er persönlich hinzu.[11]

Daß Königin Marie von Rumänien an dem Nachmittagstee, den er für sie veranstaltet hatte, nicht erschienen war, brachte Buchman nicht nur vor der Öffentlichkeit in Verlegenheit, sondern verletzte ihn auch persönlich. Die Notizen, die er sich damals machte, zeigen, wie sehr er aus der Fassung gebracht worden war und innere Bestätigung brauchte: „Finde dein inneres Gleichgewicht wieder . . . Es heißt, vieles zu ertragen . . . Sei guten Mutes, fasse fest Schritt, es ist alles gut. Vergiß alles andere." Er vermutete eine Hofintrige gegen ihn, doch zeigt eine kürzlich erschienene Biographie von Königin Marie, daß die Schuld bei ihren „offiziellen Gastgebern" lag, die ihren Aufenthalt geplant hatten. Als Königin Marie in New York ankam, wurde ihr ein stürmischer Empfang mit einer „Konfetti-Parade" zuteil. „Die Königin, ein Opfer von unkontrollierter gesellschaftlicher Gier, ärgerte sich über den ‚scheußlichen Konkurrenzkampf' unter ihren Sponsoren um ihre Gunst", schrieb die *New York Times*. „Ihre offiziellen Gastgeber drängten sie, Buchman beiseite zu lassen; Marie und ihre Kinder wollten das jedoch vermeiden. Es sei gegen ihr königliches ‚Ethos', sagte Marie, einen alten Freund öffentlich zu verstoßen."[12] Am Sonntag, dem 24. Oktober, ging sie in die Calvary Church zum Gottesdienst, aber zu Buchmans Tee-Empfang kam nur Prinz Nicolas.

Buchman setzte sogleich einen Brief auf, in dem er sie davor warnte, „die moralische und geistige Entwicklung ihrer Kinder" zu gefährden. Der genaue Text des Briefes ist nicht bekannt. „Königin Marie ist unglücklich, seit sie deinen Brief erhalten hat, sie wird ausführlich antworten", notierte er sich eine Weile danach. Die Königin war nach Rumänien zurückgekehrt, um an König Ferdinands Seite zu sein, der todkrank war. Prinz Carol war in Paris, nachdem er auf seine Erbfolgerechte verzichtet hatte. So befand sich die Königin mitten in einer Verfassungskrise. Ihr vierseitiger, handgeschriebener Brief vom 15. April 1927 begann wie immer mit der Anrede „Onkel Frank".

Sie dankte ihm für gute Nachrichten, und da sie sich ebenfalls als Märtyrerin in Sachen Presse-Angriffen betrachtete, hoffte sie, er würde stark und klar aus dieser Anhäufung von Schwierigkeiten auf seinem „tapferen Weg" herauskommen. Ob er sie für eine jener „törichten Jungfrauen" halte, die ihre Lampen nicht angezündet hatten, fragte sie ihn. Sie versuche so aufrichtig wie möglich zu leben, zu denken und zu handeln – obwohl sie wisse, daß sie nicht vollkommen sei.

Buchman antwortete und dankte ihr für ihren „aufrechten Brief": „In den menschlichen Beziehungen sind Sie wunderbar, aber die Wahrheit ist, daß Ihnen die notwendige Überzeugungskraft fehlt . . . Onkel Frank kann Sie nicht und will Sie nicht einer Sünde überführen – das muß durch den Heiligen Geist geschehen. Ich denke auch an die Zukunft . . . Besäßen Sie die notwendige Überzeugungskraft, könnte die Zukunft anders aussehen . . . Ich weiß, es ist in Ihnen ein solches Maß an Christentum, daß Sie in den Himmel kommen werden, aber es besteht die Gefahr, daß dieses Christsein vor allem Gefühl bleibt . . . Ich denke, es gibt noch vieles, das Gott Ihnen sagen will, wenn Sie die Disziplin der Stillen Zeit am frühen Morgen einhalten und wenn Sie sich mit all Ihren menschlichen Plänen unter Seinen Willen stellen . . .

Welche Hoffnung bleibt denn Mitgliedern von Königshäusern – genau wie anderen Menschen auch – außer der Hoffnung auf Erneurung? ... Könnte die ‚leise innere Stimme' zum entscheidenden Faktor für politisch schwierige Situationen werden, wie jene, in der Sie sich jetzt befinden? ... Ich möchte es mit aller mir zur Verfügung stehenden Überzeugung sagen: das ist der entscheidende Faktor ...

Es berührt mich, wenn Sie mich bitten, doch einen großen Platz in meinem Herzen für Ihre Kinder zu behalten. Mit Freuden werde ich das tun, immer ... Mögen Mutter und Kinder ihr Christentum so leben, daß es Spaß macht ... Es ist ein Abenteuer, das seinesgleichen sucht – Es ist das größte Abenteuer, das es gibt ... Ich denke an Sie, in besonderer Freundschaft ... Ihr ergebener ..."[13]

Auf die Schwierigkeiten, die ihm aus der Princeton-Kontroverse erwuchsen, und die allgemeine Verurteilung, die ihn in der Öffentlichkeit traf, reagierte Buchman mit einer Mischung von Glauben, Hartnäckigkeit und verletzten Gefühlen. An George Stewart Jr. schrieb er: „Ein Frieden, der höher ist als menschliche Vernunft, hat mich durch diese Wochen hindurch begleitet; mitten im bösen Strudel diese große Stille, keine Ressentiments, keine Verbitterung ..."[14] Der *New York American* berichtete in einem Artikel, er habe „frei von aller Heftigkeit und mit einem stillen Lächeln" die gegen ihn vorgebrachten Beschuldigungen zurückgeweisen. Doch beklagte Buchman sich in einem Brief an Purdy, er habe sich ihm persönlich nicht loyal verhalten. Das war unfair Purdy gegenüber, der seine Fahne sichtbar an den Mast genagelt hatte – nicht nur während der Untersuchung, sondern auch in einem Pressebericht an die *Associated Press*, den die Agentur aber nie verbreitet hatte. Purdy schien begriffen zu haben, daß eine persönlich tief empfundene Verletzung hinter diesem Vorwurf stand und schrieb Buchman einen mitfühlenden Brief, der dennoch klar seine eigene Sicht der Ereignisse darstellte. Sieben Jahre danach meinte Henry van Dusen, der zwar vor dem Komitee zu Buchmans und seiner Kollegen Gunsten ausgesagt, sich aber bald danach wieder von ihm distanziert hatte, daß Buchman „auf beiden Seiten des Atlantik" kaum mehr als „vielleicht ein halbes Dutzend Menschen" geblieben waren, die mit ihm zusammenarbeiten wollten.[15] Das war eine lächerliche Unterschätzung, aber sie zeigt, wie sich das Denken in Princeton durch diese Affäre gewandelt hatte.

— 12 —

OXFORD UND SÜDAFRIKA

Wenn eine Niederlage drohte, ging Buchman instinktiv zum Angriff über: So plante er jetzt eine Hausparty am Minnewaska-See im Staat New York, die zur größten Hausparty in Amerika werden sollte. An ihr nahm, neben anderen Professoren, auch J. Ross Stevenson, Rektor des Theologischen Seminars, teil – er hatte Buchman während der Kontroverse unterstützt. Aus Oxford kamen fünf Studenten.

Einen Monat, nachdem die drei Verantwortlichen der Philadelphia-Gesellschaft zurückgetreten waren, befanden sie sich, zusammen mit Eleanor Forde[1], einer Kanadierin und der ersten Frau, die sich den internationalen Reisen der Oxford-Gruppe angeschlossen hatte, in Oxford. Kenaston Twitchell aus Princeton hatte Professor Alexander Smiths Tochter Marion geheiratet und studierte schon am Balliol College. Gemeinsam mit seiner Frau unterstützte er die wachsende Gruppe, die Loudon Hamilton seit seiner Rückkehr aufgebaut hatte.

In Julian Thornton Duesberys Bibliothek – er war Kaplan des Corpus Christi College – fand einmal in der Woche eine Zusammenkunft statt. Bald waren die Teilnehmer so zahlreich, daß man in den Vorlesungsraum umziehen mußte. Im Sommer 1927 kamen fünfzig zu einer Hausparty nach Wallingford. Diese Studenten und Studentinnen waren ein echter Querschnitt durch die Universität: einige waren begeisterte Sportler, andere waren hervorragende Wissenschaftler. Es kam ebenfalls eine Handvoll Professoren, wie Pastor G. F. Graham Brown, Rektor von Wycliffe Hall, der anglikanischen theologischen Fakultät. Sein Interesse an Buchman war durch ein kleineres Treffen in London geweckt worden. Er war dort in dem Augenblick in den Raum gekommen, als ein offensichtlich betrunkener Amerikaner Buchman mit gemeinen Schimpfworten und Anzüglichkeiten attakkierte, die seine Arbeit in Princeton betrafen. Allen Anwesenden war das peinlich gewesen, nur Buchman nicht. Er ließ den Mann ausreden und sagte dann: „So, nun fühlen Sie sich sicher erleichtert." Am nächsten Tag war dieser junge Amerikaner zu Buchman gekommen und hatte ihn um Hilfe in persönlichen Angelegenheiten gebeten. Pastor Graham Brown sagte danach, daß er von Buchman und der Art und Weise, wie er jenen Zwischenfall handhabte, mehr gelernt habe als in etlichen Jahren Universitätsstudiums.

Es war wie in Princeton: Das wachsende Interesse unter den Studenten hing nicht von Buchmans Gegenwart ab, denn er verbrachte relativ wenig Zeit in Oxford; das Interesse wuchs nicht, weil die Doktrin neu war, sondern wegen der offensichtlichen Änderung im Leben von Menschen.

Einige der Neugeänderten gingen mit großem Eifer daran, ihre Freunde (und Feinde) ebenfalls für diese Idee zu gewinnen. Andere versuchten es auf eine so lässige Art, daß es fast wie Gleichgültigkeit aussah, aber es war System dahinter. „Ich spielte sehr mittelmäßig Golf mit einem Theologiestudenten namens Chutter", erzählt Alan Thornhill, der damals am Wycliffe College studierte. „Er war ein undisziplinierter Geselle, aber plötzlich begann er, früh aufzustehen – ich wollte wissen, warum.

‚Oh', sagte er auf nonchalante Art, ‚ich habe ein paar interessante Menschen kennengelernt.' ‚Ja und, wer sind sie?' wollte ich wissen. ‚Es sind ein paar Freunde, hier an der Universität, die das Christentum in die Praxis umsetzen.'

‚Können andere Menschen diese geheimnisvollen Leute auch einmal kennenlernen?' fragte ich. ‚Das weiß ich nicht', sagte Chutter, ‚ich kann ja mal fragen.'

Natürlich war meine Neugier geweckt worden, und als ich ihn das nächste Mal traf, probierte ich gleich herauszufinden, ob seine Freunde nun die Güte haben würden, mich einmal einzuladen. ‚Ja', sagte er, ‚komm morgen.' So ging ich zu einem Treffen, das in der Bibliothek der Universitätskirche, St. Mary, stattfand."

„Es kam mir eher wie ein sportliches Treffen an", erinnert sich Thornhill weiter, „denn einige von ihnen hatten schon ihr Ruderzeug an. Sie schienen mir wie eine Gruppe ganz normaler junger Männer, nur sprachen sie von Gott und von eigenen Erfahrungen mit Ihm in einer so selbstverständlichen Art und Weise, mit Humor und Offenheit.

Dann wurde ich zu einer weiteren Zusammenkunft eingeladen, an der etwa dreißig Leute teilnahmen. Jemand schlug vor, eine Stille Zeit zu halten, doch war die Idee, auf Gott zu hören, eine Neuheit für mich. Als ich an der Reihe war, etwas zu sagen, wußte ich nicht im geringsten, was ich sagen sollte. So erwähnte ich, daß ich am Abend vorher mit einem chinesischen Studenten im Theater gewesen war. Eine eher schäbige Revue wurde aufgeführt, und der chinesische Student war wegen der Revuegirls etwas verlegen. Mir war das sehr peinlich, denn es hatte ihm offensichtlich nicht gefallen. ‚Was hätte ich als Christ unter diesen Umständen tun sollen?' fragte ich und versuchte, in bestem Oxford-Stil, eine intellektuelle Diskussion in Gang zu bringen.

‚Und, was *hast* du getan?' fragte eine Stimme irgendwo im Hintergrund. Wer die Frage gestellt hatte, wußte ich nicht, aber sie zerstörte die Illusion und ging an den Kern der Sache. ‚Eigentlich tat ich gar nichts', sagte ich, und mir war dabei unbehaglich zumute.

Dann erzählte Buchman, denn er hatte die Frage gestellt, eine lustige Geschichte aus der Theaterwelt und ließ mich aufatmen. ‚Aber überlege doch', fügte er hinzu, ‚was für eine positive Kraft das Theater in der Welt für Gott sein könnte!' Er war lebhaft, anregend und entschieden, trug randlose Brillen, einen Anzug aus Tweed und war offensichtlich Amerikaner.

Nachdem ich ihn ein wenig kennengelernt hatte, empfand ich ihn als angenehm, aber etwas ungeschickt, ein guter Mann, der nützliche Arbeit tun könnte, wenn er nur Oxford besser verstehen würde. Er pflegte zu sagen: ‚Der Banane, die sich von anderen Bananen abtrennt, wird immer die Haut abgezogen.' ‚Frank', sagte ich, ‚dazu sind doch die Bananen da!' Aber er lachte nur in sich hinein und wiederholte das Ganze viermal."

Obgleich Buchman nach außen hin kein Charisma besaß, wunderten sich mehr und mehr Menschen über die Änderung, die sie bei ihren Freunden oder ihren Studenten feststellten. Gleichzeitig mit dem wachsenden Interesse, das er fand, wuchsen jedoch auch die Angriffe gegen ihn.

Anfang 1928 kamen die Studenten und Studentinnen in solcher Anzahl zu den Treffen, daß Buchmans Freunde sich im Februar dazu entschlossen, den Ballsaal des Randolph-Hotels – des größten Hotels in Oxford – zu mieten. Der *Daily Express* bekam Wind davon und brachte am 27. Februar einen Bericht unter der Überschrift: „Erwekkungsszenen in Oxford – Seltsame neue Studentensekte – Gebetstreffen im Hotelsaal". Hier war, unüberhörbar, ein Echo auf die Ereignisse in Princeton.

Im Bericht hieß es weiter: „Sensationelle religiöse Erweckung begeistert und beunruhigt Studenten in Oxford." Der Reporter hieß Tom Driberg, später Vorsitzender der Labour Party, der zwar damals sein Studium am Christ Church College abgebrochen hatte, sich aber als

Veranstalter von Parties mit Schwarzer Magie einen gewissen Namen gemacht hatte und der nun als Volontär in den *Daily Express* eingetreten war.

Am nächsten Tag erschien eine weitere Reportage aus Tom Dribergs Feder: „Mitglieder dieses neuen Kults“, schrieb er, „stehen in einer großen Runde und halten sich bei den Händen. Dann beginnen sie einer nach dem anderen, anscheinend ‚inspiriert‘, ein volles Bekenntnis ihrer Sünden abzulegen.“[2] Wiederum wurde weder ein Anwesender beim Namen genannt noch ein Bekenntnis beschrieben, das tatsächlich abgelegt worden war.

Tom Dribergs dritter Artikel erschien am nächsten Tag. Er war weniger sensationell, möglicherweise, weil sich vier Studenten aus Oxford zum Chefredakteur der Zeitung begaben und um sorgfältigere und genauere Berichterstattung gebeten hatten.[3] Mit jenen Reportagen gelang es Tom Driberg, am *Daily Express* eine Anstellung zu bekommen, durch die er sich über Jahre und mit brillanter Feder als Kolumnist unter dem Synonym „Wiliam Hickey“ einen Namen machte.

Buchman schien dies nicht allzu sehr zu belasten. Am Tag nach dem Erscheinen des feindseligen Artikels notierte er sich: „Es gibt nichts zu befürchten. Gott sei gelobt. Es wird alles gut werden. Geh’ jetzt schlafen.“

Nach diesen Angriffen in der Presse zeigte sich tatsächlich eine gewisse Unterstützung: In Oxford hatten sich leitende Professoren zu Buchmans Verteidigung erhoben. Am 23. Juni erschien in der *Times* ein von elf Akademikern unterzeichneter Brief: „Wir haben selbst die Auswirkungen seiner Arbeit beobachtet; wir glauben deswegen, daß die Kritik aus Mißverständnissen und unbegründeten Gerüchten entstanden ist und daß sie den Geist, der diese Arbeit beseelt, falsch interpretiert.“ Am gleichen Tag wurde Buchmans Arbeit im *Manchester Guardian* als „außerordentlich beeindruckend, mit großem und wachsendem Einfluß“ beschrieben.

In diesem Sommer 1928 fuhren sechs Studenten von Oxford während der großen Ferien nach Südafrika. Fünf von ihnen waren selber Südafrikaner. Zu ihnen stießen noch Loudon Hamilton und der junge Holländer Eric van Lennep. Die erste Frage war, woher sie sich das Geld für die Überfahrt beschaffen konnten. „Wir fingen an, für das notwendige Geld zu beten“, erinnerte sich Loudon Hamilton. „Bei der Chartered Bank eröffnete ich ein Konto, auf dem nichts war. Doch auf rätselhafte Weise begann das Geld hereinzukommen. Wir mußten keine Zeile, keinen Brief schreiben, und doch hatten wir bald genug für jene unter uns, die – wie ich – unsere Reise nicht selbst bezahlen konnten." Andere, wie Eric von Lennep, besaßen allerdings die Mittel dafür.

Buchman erfuhr von diesem Unternehmen erst, nachdem die Pläne schon gemacht worden waren. Er versuchte nicht, die Aktivitäten der jungen Männer in Südafrika zu bestimmen oder zu beeinflussen. Eine Vorsichtsmaßnahme ergriff er allerdings trotzdem: er nahm jeden Reiseteilnehmer beiseite und sagte ihm, er sei verantwortlich für die Gruppe. Diese Kriegslist kam an den Tag, als, schon an Bord des Schiffes, einer der jungen Männer die anderen in seine Kabine berief und auf den Widerstand der anderen stieß, die sich ebenso verantwortlich wähnten. „Wir merkten plötzlich", sagte Loudon Hamilton, „daß er uns alle gleichermaßen verantwortlich machen wollte – wir sollten eine verantwortungsbewußte Mannschaft werden." Während der Überfahrt erhielten sie von Buchman nur eine einzige Botschaft: ein Telegramm, in dem es hieß, er käme selber nächstes Jahr nach Südafrika.

Trotz ihrer Unerfahrenheit machten die jungen Männer, wo immer sie hingingen, einen beträchtlichen Eindruck. Der Direktor des Grey College in Port Elizabeth fand, daß ihnen etwas „von einer franziskusähnlichen Natürlichkeit und Einfachheit" anhafte[4], und der populärste presbyterianische Pfarrer in Pretoria, Ebenezer Macmillan, sprach in der Öffentlichkeit von der neuen Erfahrung, die ihm ihr Besuch gebracht habe. Bei einem Gottesdienst sagte er: „Man brauchte ihnen nur zuzuhören, um zu begreifen, daß sie sich etwas zu eigen gemacht hatten, das wir nicht besitzen, oder das wir einmal besaßen und dann verloren haben."

Dieser Besuch hatte einen unerwarteten Nebeneffekt: Von Anfang an hatten die Zeitungen nach einem Schlagwort gesucht, mit dem die Gruppe zu benennen wäre – jetzt wurden sie „die Oxfordgruppe" genannt. Es heißt, daß ein Schlafwagenschaffner, der nicht wußte, mit welchem Namen ihr Abteil zu bezeichnen war, nur das eine Gemeinsame an ihnen entdecken konnte, daß sie nämlich aus Oxford kamen. Am Bahnhof entdeckte die Presse diese Bezeichnung, und von nun an blieb sie an ihnen haften.

Im Frühling 1929 nahm Buchman ein Schiff nach Europa, sein weiteres Reiseziel war aber Südafrika. Er reiste in Begleitung einer internationalen Gruppe von 29 Personen. Ihr Ziel waren fünf große Hausparties, die alle in bedeutenden Städten Südafrikas stattfanden. Sie wurden in größeren Hotels abgehalten, dauerten zehn Tage und wurden von vielen Menschen besucht. An der Hausparty, die dreißig Kilometer außerhalb von Kapstadt stattfand, nahmen zwischen 600 und 700 Menschen teil.

„Die Botschaft wurde auf direkte und persönliche Art gegeben", erinnert sich Eleanor Forde. „Menschen standen nachher Schlange und baten um ein Gespräch. Bevor sie weggingen, vergewisserten wir uns, daß sie die Notwendigkeit der absoluten moralischen Maßstäbe begriffen hatten. Wir verabredeten uns mit ihnen für den nächsten Tag und hatten ungefähr zwanzig Minuten Zeit für jedes Gespräch. ‚Bevor wir uns wiedersehen, meßt euer Leben an diesen Maßstäben, dann sprechen wir miteinander über das Horchen auf Gott', sagten wir.

Natürlich kamen sie am nächsten Tag nur zurück, wenn sie es ernst meinten. Aber es kamen fast alle. Die meisten hatten alles aufgeschrieben. Was da ans Tageslicht kam, waren die tiefsten Dinge ihres Lebens. Sie gingen und begannen andere Menchen zu ändern. Menschen jeden Alters kamen, einmal die Leiterin einer Mädchenschule, dann die Oberschwester des großen Krankenhauses in Johannesburg – sie lud uns sogar ein, im Schwesternheim zu wohnen."

Die Gruppe kam durch ihren Besuch mit den verschiedensten Menschen, mit einigen fast gegen ihren Willen, in Berührung. In einer Predigt vor dem Generalgouverneur von Südafrika, dem Grafen von Athlone, und seiner Frau gab Bischof Karney von Johannesburg zu, er sei „müde, abgehetzt und bereit, Kritik zu üben", zu der Hausparty nach Bloemfontein gekommen – aber „viel demütiger als vorher und tief bewegt" zurückgekehrt.[5] Bischof Carey von Bloemfontein hingegen erklärte, er empfinde „das eigene Unvermögen, das Leben der ihm anvertrauten Menschen verändern und erneuern zu können, als innere Not". Deswegen „suche ich, wo ich bei mir mit Änderung und Erneuerung beginnen kann."[6]

Der Generalgouverneur war ein Freund der Familie van Heeckeren. Während ihres Besuches in Pretoria wohnte Lily van Heeckeren in ihrem Haus und traf allabendlich den Generalgouverneur, den interessierte, was am Tage alles geschehen war. Buchman wurde dort zum Tee eingeladen. Graf Athlone wollte wissen, wie es der Gruppe gelungen war, den bekannten jungen Sportler George Daneel zu gewinnen, der 1928 Mitglied der Rugby-Nationalmannschaft gewesen war.

Die letzte Hausparty fand im September in Bloemfontein statt. Dort wandte sich Professor Edgar Brookes, der an der Universität Pretoria den Lehrstuhl für politische Wissenschaften innehatte, mit drastischer Offenheit an seine Englisch sprechenden Landsleute: „Wir haben ein Rassenproblem zwischen den Englisch und Afrikaans sprechenden Südafrikanern", sagte er. „Gewiß wird jeder von uns sein Bestes zur Lösung dieser Frage beitragen wollen, aber leicht und ohne Opfer wird das nicht gehen . . . Sie müssen Gott um seine Führung bitten: Sollten Sie nicht Afrikaans lernen? Es ist zwar nicht jedermanns Pflicht, doch gibt es hier nicht auch Leute, die zu faul oder zu stolz dazu sind? Es ist ein erster Schritt."

Professor Brookes stellte seine Zuhörer dann vor die Herausforderung, ihre Haltung zur „Eingeborenenfrage" zu überprüfen. Er habe dazu keine einfache Lösung zu bieten, sagte er, „aber ich weiß, daß wir diese Frage so angehen sollten, wie Christus – wäre er hier – sie angehen würde . . . Bisher haben wir das nicht getan. Wir sind vielmehr zu einem Stein des Anstoßes geworden."[7] Später widmete sich Professor Brookes dem Erziehungsprogramm für Schwarz-Afrikaner und wurde ein enger Freund von Chief Albert Luthuli, dem Vorsitzenden des African National Congress, der ihn als „einen von Südafrikas großen Helden" bezeichnete, was „den Kampf um öffentliche und private Gesinnung und Moral angehe".[9]

Professor Brookes' Worte taten, gemeinsam mit der Atmosphäre der Hausparty, das Ihre: es kam ein starkes Echo von seiten der Buren. Die Witwe eines Burengenerals, der in britischer Gefangenschaft gestorben war, hatte sich geschworen, nie wieder Englisch zu reden. Nun stand sie auf und bat in gebrochenem Englisch ihre Englisch sprechenden Landsleute um Vergebung für ihren Haß.

Drei Jahre später wurde die Wirkung von Professor Brookes' Entscheidung an seiner eigenen Universität in Pretoria auf die Probe gestellt, als ab 1933 dort die Vorlesungen nur noch in Afrikaans gehalten wurden. Die Englisch sprechenden Professoren, unter ihnen auch Brookes, verloren ihre Posten. Anstifter dieser Pro-Afrikaans-Bewegung war Arthur Norval, Professor für Volkswirtschaft. Sein Vater war im Burenkrieg von den Briten umgebracht worden.

Professor Norvals Frau bewegte ihren Mann dazu, an einem Treffen der Oxfordgruppe im Haus von W. H. Hofmeyr, dem Direktor des Jungengymnasiums „Pretoria Boys' High School", teilzunehmen. Professor Brookes ergriff dort das Wort. Norval beschrieb später, was geschah: „Nachdem wir nach Hause zurückgekehrt waren, verbrachte ich eine der schlimmsten Nächte meines Lebens . . . Ich konnte die Engländer doch nicht immer weiter hassen und bekämpfen . . .; gleichzeitig wollte ich dem Preis, den ich für eine Änderung zu zahlen hätte, auch nicht ins Auge sehen: ich würde von meinen besten Freunden als Verräter behandelt und ausgestoßen werden, Freunden, mit denen ich jahrelang für unsere Sache gekämpft hatte . . . Doch ich gehorchte Gott und zahlte den Preis. In dem Augenblick, in dem ich Gottes Herausforderung annahm, verging all mein Haß gegen die Engländer, für immer. An seine Stelle trat eine Liebe, die ich nicht beschreiben kann und die seitdem ständig gewachsen ist."[9]

Bald danach lud Professor Norval die führenden Persönlichkeiten beider Sprachgruppen aus dem ganzen Land zu einer Versammlung in der Stadthalle von Pretoria ein. Fünfundzwanzig Minuten lang sprach er vor ihnen in der Sprache, die er sich geschworen hatte, nie wieder zu gebrauchen: in Englisch. An seiner Seite stand Professor Edgar Brookes. Solche Versöhnungen hatten viele Jahre lang – sogar bis gegen den 2. Weltkrieg – einen weitreichenden Einfluß. Der bekannte englische Missionar C. F. Andrews reiste einmal nach Südafrika, um sich gegen eine anti-indische Gesetzesvorlage einzusetzen. „Ich wurde von meinen neuen Freunden und Helfern der Oxfordgruppe empfangen", erzählte er nach seiner Rückkehr. „Einige waren Buren, andere waren englischsprachige Südafrikaner. Was früher einmal unmöglich schien, war nun Wirklichkeit. Die unversöhnliche Gesetzesvorlage wurde zurückgezogen."[10]

Im Oktober 1929 kehrte Buchman nach England zurück. Die Zukunft schien vielversprechend. Während seiner Abwesenheit war die Arbeit an vielen Orten, aber besonders in Oxford, aufgeblüht. Dort gehörten die Gründer des Motorradclubs zu den Neubekehrten – sie hatten bis dahin nach dem Motto gelebt: „Eine Versuchung, der man nicht nachgibt, ist ein Verlust." Reginald Holme, Stipendiat des New College, erzählt: „Ich hatte auf illegale Weise an den berühmten Motorradrennen auf der Insel Man teilgenommen. Außerdem hatten wir einmal mitten in Oxford ein Auto in Brand gesetzt.

Als ich im Januar 1930 nach Oxford zurückkam, entdeckte ich, daß mit meinem Freund Stephen etwas passiert war. Er lief nicht mehr den Mädchen nach, er trank nicht mehr, aber er hatte seinen Sinn für Humor nicht verloren. Wir sagten: ‚Die Gottesfreunde haben Stephen erwischt und zum Milchtrinker gemacht.' Das war eine ernste Anklage, denn meine Diät bestand aus Bier und Balkanzigaretten."

Ein drittes Mitglied dieses Rennclubs, „Chip" Lutman, war noch nicht sicher, ob er sich zur Gruppe gesellen sollte. Da lud ihn Buchman im Frühling 1930 ein, sich seiner Mannschaft für eine Reihe von Veranstaltungen in Edinburgh anzuschließen. Lutman antwortete schriftlich, wenn Buchman Gott vertrete, so würde er den Teufel vertreten. „Chip donnerte auf einem Riesenmotorrad mit kolossalem Krach heran und war in übelster Laune", erinnert sich Roland Wilson, der damals am Oriel College studierte. „Er schloß sich uns an, und wir gingen zu der Veranstaltung, die mit theologischen Würdenträgern, die gekommen waren, um herauszufinden, ob Buchman theologisch in Ordnung sei, nur so gespickt war."

Loudon Hamilton hatte den Vorsitz, und wie so oft war Buchman auch dieses Mal nicht auf dem Podium. Roland Wilson erzählt weiter: „Nach der ersten Hälfte der Veranstaltung sandte Frank eine Botschaft an Loudon Hamilton: er möge doch Chip bitten, etwas zu sagen. Chip – in Sportsjackett und Flanellhosen – erhob sich. Niemand hatte eine Ahnung, was er sagen würde. Er sagte jedoch ganz einfach, er sei mit großen Problemen nach Edinburgh gekommen, und er hoffe, daß die Oxfordgruppe ihm helfen werde. Er habe ein verrottetes Leben geführt, wolle sich aber jetzt ändern und seinem Leben einen echten Sinn geben. So erlebten jene Theologen, die in den ersten Reihen saßen, wie ein junger Mann, von der Sorte, die sie sonst nie erreichten, sich zu ändern begann." Am Tag darauf kniete Lutman nieder, übergab Gott sein Leben und warf seine Pfeife und Tabaksdose aus einem Fenster des Roxburgh Hotel auf die Straße, wo sie – wie Reginald Holme bemerkte – „sicher von einem sparsamen Schotten aufgelesen wurde".

13

KOMMUNISMUS UND DIE ANONYMEN ALKOHOLIKER

Frank Buchman verbrachte das Weihnachtsfest 1930 in Oxford mit Kenaston und Marion Twitchell, seinen Freunden aus der Zeit in Princeton. Danach schiffte er sich nach Lima in Peru ein. Er kam am 10. Februar an. Der britische Botschafter Sir Charles Bentinck hatte ihn eingeladen. Der englische Kronprinz und sein Bruder, der Herzog von Kent, waren auf dem selben Schiff. Ihr Besuch in Lateinamerika galt der Unterstützung des britischen Handels, der unter der schlechten Konjunktur litt.

Das Londoner Außenministerium hatte dem Kronprinzen und seinem Bruder geraten, ihren Besuch in Lima abzusagen, da in Peru eine Revolution der Linken bevorstand. Sir Charles Bentinck, der sich auf die spanische Ritterlichkeit verließ, ermutigte sie, dennoch zu kommen, und wie erwartet hielten sich die Garnison von Arequipa und die Studenten der Universität zurück: Die Unruhen begannen zwei Tage nach der Abreise der königlichen Besucher.[1] In Lima begann alles mit einem Streik der Taxifahrer; um so erstaunter war Buchman, als am Morgen des Streikbeginns wie immer ein Taxi für ihn bereitstand. Buchman sagte dem Fahrer, er würde sich gerne beim Streikleiter für diese Fahrt, falls sie erlaubt sei, bedanken. „Wissen Sie", sagte ihm der Fahrer, „heute morgen haben wir beschlossen, daß wir Sie fahren würden, wo immer Sie hinwollen – auch wenn kein anderes Taxi fahren würde. Wir haben nämlich erfahren, daß Sie Ihren ersten Taxifahrer besucht haben, als er krank wurde."

Kurz danach begab sich Buchman auf die Reise nach Mollenda, Arequipa und nach Cuzco, der alten Inka-Hauptstadt. Die Revolution war bis dorthin vorgedrungen, und am ersten Morgen nach seiner Ankunft ließ ihn der Hoteldirektor wecken und riet ihm, das Hotel zu verlassen und sich in die Innenstadt in Sicherheit zu begeben. Buchman suchte Gottes Führung; es kam ihm der Gedanke: „Was immer du tust, verlaß dieses Hotel nicht." Später erzählte er: „Alle verließen das Hotel; ich blieb und konnte schlafen. Ich hörte weder Schießereien noch Unruhen. Um sechs Uhr abends kehrten die anderen heim. Sie hatten den ganzen Tag vor Schießereien Deckung suchen müssen." Am 21. Februar notierte sich Buchman: „Es wird gutgehen; du wirst ohne Schwierigkeiten über die Grenze (nach Bolivien) kommen. Wie richtig war es, nicht in Lima zu bleiben. Reise am Dienstag."

Die Erfahrungen, die er während dieses Putschversuchs machte, blieben in seiner Erinnerung haften. An Baronin von Wassenaar schrieb er: „Stellen Sie sich vor: achtzehn- und neunzehnjährige junge Mädchen verbreiteten an der Universität Cuzco den Kommunismus. Haben die Christen irgendeine Antwort auf ein so gut durchdachtes Programm?"[2]

Buchman reagierte auf den Kommunismus, indem er die Kühnheit und Initiative seiner Propagandisten bewunderte, mit ihrer Ideologie war er aber nicht einverstanden. In den zwanziger Jahren hatte er sich mit der Theorie des Kommunismus befaßt und war zum Schluß gekommen, daß der Kommunismus nicht nur auf fortgeschrittener moralischer Dekadenz aufbaute, sondern auch militant gegen Gott war. Die Erfahrung, die einer seiner ältesten Freunde machte, bestärkte ihn in seiner Überzeugung.

Der chinesische Anwalt Tschang Ling-nan, dem er vor fünfzehn Jahren in China geholfen hatte, war nun Gesandter in Chile, und Buchman reiste von Bolivien nach Santiago, um ihn zu besuchen. Tschang erzählte ihm folgendes: Als er 1927 und 1928 für einen Distrikt in der Provinz Hankau verantwortlich war, hatte ihm ein sowjetischer Agent (ein Nachfolger von Borodin) gedroht, wenn er nicht den christlichen Glauben aufgebe, würde er ihm den Kopf abschneiden und diesen auf einem Pfahl durch die ganze Stadt tragen. „Jesus Christus ist mein persönlicher Freund. Ich werde ihn nie verraten", war Tschangs Antwort gewesen. Buchman war von Tschangs Mut tief betroffen. Oft ließen solche Erfahrungen einen tieferen Eindruck bei ihm zurück als das geschriebene Wort.

Buchman reiste anschließend nach Buenos Aires, wo der britische Kronprinz eine Industrieausstellung eröffnete. Dort wurde er in seinem Denken noch einen Schritt weiter geführt: In aller Mund war die Frage der Wirtschaftskrise und des Kommunismus. Einige meinten, der Kommunismus sei verantwortlich für die Wirtschaftskrise – andere, die Wirtschaftskrise habe den Kommunismus hervorgerufen. Beides befriedigte ihn als Analyse nicht; er kam zum Schluß, daß der Materialismus, vor allem in den oberen Klassen der Gesellschaft, „den

Boden für den Kommunismus vorbereitet hat". „Der Kommunismus gibt heute effektiv die beste Führerschaft weit und breit", notierte er sich in jenen Tagen, „lebendiges Christentum ist darauf die einzig wirksame Antwort."

In Sao Paulo wurde er gebeten, zu einer Gruppe von Industriellen zu sprechen. Man hat die Notizen, die er sich damals machte, wiedergefunden: „Wirtschaftliches ‚Dumping' und Unehrlichkeit sind gefährlicher als Bomben. Die Länder hier sind geistig bankrott. Auf diesem Treffen könnte aber eine Antwort gefunden werden. ‚Der Christus der Anden' – wie wäre es mit Christus für Rio oder für Sao Paulo? Eine neue Führung muß eine Herausforderung für ein bankrottes Zeitalter sein. Die Menschen verlangen nach solch einer Führung. Allein – nein. Gemeinsam mit anderen – ja. Eine Gemeinschaft, die sich diese Aufgabe vornimmt."

Je mehr er darüber nachdachte, desto stärker empfand er, daß das, was er „moralischen Bolschewismus" nannte, also die Auflehnung gegen Gott und Seine absoluten moralischen Maßstäbe, die größte Gefahr für die westliche Welt darstellte. Er las Berichte über sowjetische Christenverfolgungen und über die Lähmung, die den deutschen Reichstag angesichts von Hitlers aufstrebender Macht zu erfassen schien, und er notierte sich: „Ein Zusammenstoß der Kräfte allein kann das Christentum retten. Christus muß befreit werden. Der Materialismus hat den Boden für den Kommunismus vorbereitet. Humanismus genügt nicht. Abgeordnete sind verängstigt und Diplomaten machtlos. Ich sehe aus der Christenheit keine innere Bewegung kommen, die eine Antwort bringt. Dem moralischen Bolschewismus eine starke Bewegung von Gottes lebendigem Geist entgegenstellen: könnte so, wie in einem Kraftwerk, die notwendige Kraft zur Änderung der modernen Geschichte entstehen? Wir müssen unsere innere Natur und unsere Umwelt ändern."

Während der Rückreise nach England hatte Buchman Zeit, die Zukunft zu überdenken. Eines Morgens schrieb er auf: „Dies ist das Zeitalter der gewöhnlichen Menschen; sie sollen zur Entfaltung kommen. Eine weltweite Erweckung muß geplant werden – sonst wird der Teufel ihrer habhaft. Mehr Wagemut, mehr Initiative von deiner Seite. Ausgebildete, fähige christliche Menschen – nicht so dienerhaft wie bisher. Keine Anpassung an die Maßstäbe der Welt. Kritik kann nicht vermieden werden."

Der Aufenthalt in Lateinamerika hatte einen entscheidenden Einfluß auf Buchmans Denken. Die Studenten, mit denen er bis jetzt in den Vereinigten Staaten und in England zusammengearbeitet hatte, hatten sich – bis dahin – nicht dem Kommunismus zugewandt. Während dieser Reise wuchs in ihm der Gedanke, daß ein halbherziges Christentum und der „moralische Bolschewismus" der privilegierten Klassen gemeinsam die Welt in ein Zeitalter der Konflikte zogen. Die Entdeckung, daß in Brasilien trotz der Hungersnot riesige Mengen Kaffee aus kommerziellen Gründen ins Meer geworfen wurden, hatte ihn erschreckt. Nach seiner Rückkehr sagte er einigen seiner jungen Mitarbeiter: „Ich erfuhr, daß sich in einem lateinamerikanischen Land zwei junge Kommunisten die Aufgabe gestellt haben, alle Regierungsmitglieder kennenzulernen und sie dazu zu bringen, der kommunistischen Parteilinie entsprechend zu handeln. Wer von euch wird nun ebenso überlegt planen, wie eure politischen Führer für eine christliche Revolution zu gewinnen sind?"

Bis zu diesem Zeitpunkt hatte Buchman immer wieder Menschen geholfen, die sich in verzweifelten Situationen befanden, besonders auch Alkoholikern. Aber er gelangte jetzt zu der Einsicht, daß er sich darauf konzentrieren sollte, Menschen auszubilden, die die Last seiner sich ausbreitenden Arbeit tragen konnten.

Während in Buchman dieser Entschluß heranreifte, entstanden in zwei verschiedenen amerikanischen Städten Bewegungen, die seine Prinzipien bei der Pflege und Sorge um kranke und gefährdete Menschen anwandten, zunächst im Bereich der Vereinigten Staaten, später auf weltweiter Basis.

In Akron (Ohio) war der junge Verkäufer Jim Newton, der an dem Toytown Tavern-Wochenende teilgenommen hatte, mittlerweile persönlicher Assistent des Reifenherstellers Harvey Firestone geworden. Er entdeckte, daß einer von Firestones Söhnen ein schwerer Alkoholiker war. Er bot dem jungen Mann seine Hilfe an und brachte ihn zuerst in eine Klinik am Hudson-Fluß und anschließend an eine Tagung der Oxfordgruppe in Denver. Der junge Mann übergab Gott sein Leben und blieb längere Zeit nüchtern. Sein Familienarzt bezeichnete diese Tatsache als „ein medizinisches Wunder."

Vater Firestone war so dankbar, daß er Buchman und eine Mannschaft von sechzig Mitarbeitern im Januar 1933 einlud, eine zehn Tage währende Kampagne in Akron durchzuführen. Sie hinterließen eine starke, gut funktionierende Gruppe, die sich jede Woche im Haus von T. Henry Williams traf, dem Erfinder einer Maschine, die von allen großen amerikanischen Reifenherstellern gebraucht wurde. Zu der Gruppe gehörten Bob Smith, Chirurg in Akron, und seine Frau Anne. Bob war ein heimlicher Trinker, erwähnte aber das Ausmaß seines

Problems erst, nachdem er an einigen Treffen der Oxfordgruppe teilgenommen hatte.

Unterdessen hatten eine Anzahl Alkoholiker – einem hatte C. G. Jung gesagt, seine einzige Hoffung bestehe in einer lebensentscheidenden Erfahrung – Heilung durch eine Gruppe von Menschen erfahren, die mit Pfarrer Sam Shoemaker in der Calvary-Kirche zusammenarbeiteten. Bill Wilson, Makler an der Wall Street, der nach dem Börsenzusammenbruch vom Oktober 1929 Alkoholiker geworden war, erlebte im Dezember eine dramatische Heilung. Während der folgenden Monate versuchte er vielen anderen Alkoholikern zu helfen – aber ohne Erfolg. Er verstand nicht warum, bis ihm jemand sagte: „Bill, du predigst diesen Leuten. Dir wurde auch nicht mit einer Predigt geholfen. Stell' deine Strategie um."

Im Mai 1935 mußte Bill Wilson geschäftlich nach Akron. Am Freitag abend war er allein und hatte nur etwa 10 Dollar in der Tasche. Die Versuchung, sich zu betrinken, war stark. In seiner Verzweiflung rief er bei einem Pfarrer an, den er einfach aus dem Telefonbuch heraussuchte – eigentlich suchte er jemanden von der Oxfordgruppe. Der Pfarrer gab ihm zehn Namen. Bei den ersten neun erhielt er keine Antwort. Henrietta Seiberling, der zehnte Name, war die Schwiegertochter des Gründers der Goodyear-Gummiwerke, und sie brachte Bill Wilson mit Bob Smith und der Gruppe um T. Henry Williams in Verbindung. Bill Wilson „predigte" dort nicht, sondern erzählte Smith von seiner eigenen Erfahrung. So wurde es ihm zum ersten Mal möglich, einem anderen Alkoholiker zu helfen.

Bill und Lois Wilson lebten während einigen Monaten im Haus von Bob und Anne Smith. Aus ihrer gemeinsamen Erfahrung wuchsen die Anonymen Alkoholiker (AA).

Als T. Henry Williams schon ein alter Herr war, wurde er einmal gefragt, wie die Bewegung der Anonymen Alkoholiker entstanden sei. „Seine Augen leuchteten auf, er zeigte auf eine Stelle seines Teppichs und sagte: ‚Es begann alles hier!'"[3] Jim Newton zitiert die Vereinbarung, die in jenen Jahren mit der Oxfordgruppe in Akron ausgearbeitet wurde: „Ihr kümmert euch um die Betrunkenen. Wir wollen versuchen, uns um eine betrunkene Welt zu kümmern", hatte T. Henry Williams damals Bill Wilson und Bob Smith gesagt, die beide als „Bill W. und Dr. Bob von den AA" Weltruhm erreichten.

In der offiziellen Kurzbiographie der Mitbegründer der AA „*(Brief Biographies oft the Co-Founders of Alcoholics Anonymous)* steht: „Im Mai 1935 führte eine Geschäftsreise Bill Wilson nach Akron zu einem Treffen mit Dr. Bob. Dieser wurde zum zweiten erfolgreich geheilten

Alkoholiker. So wurden die Anonymen Alkoholiker geboren."[4] Bill Wilson schrieb selber: „Die ersten AA erhielten ihre Grundgedanken der Selbstprüfung, des Zugebens eigener Charakterfehler, der Wiedergutmachung für getanes Unrecht und der Zusammenarbeit mit anderen direkt von der Oxfordgruppe und von Sam Shoemaker ... – von nirgendwo sonst."[5] Später entwickelten die AA die für ihre spezifische Berufung erforderlichen Organisationsformen und Prinzipien. Diese förderten weitere „Ableger", von denen besondere soziale Nöte behandelt wurden. Man schätzt, daß es heute allein in den Vereinigten Staaten an die 500 000 auf die AA aufgebaute Selbsthilfegruppen gibt.[6] Die Anonymen Alkoholiker selbst sind in 116 Ländern tätig.[7] In seinem klassischen Werk *Understanding and Counselling the Alcoholic* (Wie versteht und berät man Alkoholiker?) beschreibt Howard Clinebell Frank Buchman als einen der ersten Pioniere der modernen Philosophie der „Hilfe auf Gegenseitigkeit".[8]

Der Schweizer Psychiater Paul Tournier glaubte, daß Buchmans Gedanken auch weitreichenden Einfluß auf gewisse andere Entwicklungen hatten – besonders, wie er es selbst erfahren hatte, in der Medizin und in der evangelischen Kirche. Über seine Erfahrung in der Medizin sagt er: „Die gesamte Entwicklung der Gruppentherapie in der Medizin kann nicht allein auf Frank Buchman zurückgeführt werden, doch personifizierte er jenen Neuanfang, mit dem ein Kapitel reiner Rationalität beendet wurde und eine neue Ära begann, in der das Emotionale und Irrationale miteinbezogen wurden." Von Buchmans Wirkung auf die Kirche fügte er hinzu: „Vor Buchman sah die Kirche ihre Aufgabe darin, zu lehren und zu predigen – aber nicht zu entdekken, was in der menschlichen Seele vor sich ging. In der Kirche hörten die Pfarrer nie zu – sie waren es, die immer sprachen. Es wird noch immer zu viel gesprochen, aber die Stille ist wieder eingekehrt. Frank Buchman half, indem er zeigte, daß in der Macht der Stille die Macht Gottes wirkt."

14

DIE OXFORDGRUPPE

Oxford war der Ort, wo es Anfang der dreißiger Jahre die größte Gruppe von jungen Menschen gab, die bereit waren, sich für die Aufgabe schulen zu lassen, die Buchman sich vorgenommen hatte. Wahrscheinlich gehörten diese jungen Menschen mit den Kommunisten, die 1932 den Oktober-Club gründeten und im ersten Jahr dreihundert Mitglieder warben, zu den umstrittensten Gruppierungen an der Universität. Nicht daß die Mitgliederzahl beider Gruppen sensationell hoch war – ihre Bedeutung lag vielmehr in ihrer radikalen Selbstverpflichtung.

Das erste Anzeichen für eine Hinwendung zum Kommunismus einiger der klügsten Köpfe an der Universität gab es in den späten zwanziger Jahren, als sich die Dichter W. H. Auden, Stephen Spender und Cecil Day Lewis der Partei anschlossen. Andere folgten ihnen in den dreißiger Jahren, vor allem aus Verzweiflung über den Zustand der Gesellschaft. Es gab in England drei Millionen Arbeitslose, die bei einer miserablen Sozialhilfe sich selbst und ihre Familien kaum durchbringen konnten. Konservative und Labour-Regierungen lösten einander ab, und keine schien fähig, etwas dagegen unternehmen zu können oder zu wollen.

„Keiner, der nicht die politische Entwicklung der dreißiger Jahre miterlebt hat", schreibt Day Lewis in seiner Autobiographie, „kann begreifen, welche Hoffnung plötzlich in der Luft lag, wie strahlend die Illusion vor uns stand, daß der Mensch durch den Kommunismus die Welt wieder werde zurechtrücken können."[1]

Großherzigkeit und Naivität gehörten beide zu dieser Illusion, denn Day Lewis und seine Freunde schienen bereit, ihr eigenes angenehmes Leben aufzugeben, wenn sie dadurch mithelfen konnten, die Ungerechtigkeiten in der Gesellschaft und in der Welt zu mindern. Wenn man dabei bedenkt, welche Probleme die Menschen von allen Seiten bedrängten, wie selbstgefällig die etablierte Gesellschaft sich verhielt und welche fast vollständige Unwissenheit über den Kommunismus in Sowjetrußland herrschte, so konnte man der Haltung dieser jungen Menschen Verständnis, ja sogar Respekt entgegenbringen. „Damals wäre es eine Blamage gewesen, der Partei nicht anzugehören", betonte ein ehemaliger Anhänger, der gleichzeitig mitteilt, er sei 1938 aus der Partei ausgetreten.[2]

Diese „Wanderung" in die Kommunistische Partei erreichte unter den britischen Intellektuellen bedeutende Ausmaße.[3] Beobachtet man das Leben vieler dieser intellektuellen Kommunisten, so zeigt sich, daß Buchman mit Recht den „moralischen Bolschewismus" unter der Intelligenz als entscheidenden Faktor für viele Menschen auf ihrem Weg in den Kommunismus betrachtete. Ähnlich hatte er die Geschäftsleute von Sao Paulo vor dem Materialismus der äußersten Rechten gewarnt; auch dieser sei für viele Anstoß zu einer Hinwendung zum Kommunismus gewesen. „Weil mein persönliches Leben in die Brüche gegangen war, war ich reif für eine ‚Bekehrung'", schrieb Arthur Koestler. „Tausende von Angehörigen der Intelligenz und der bürgerlichen Kreise meiner Generation waren reif dafür, weil sie mit ihrem persönlichen Leben nicht fertig wurden. Wie unterschiedlich dieser Fehlschlag von einem Menschen zum anderen aussah, so gab es doch einen gemeinsamen Nenner: der rapide Zerfall der moralischen Werte."[4]

In Oxford wurde damals die Verteidigung des moralischen Relativismus von der kommunistischen Propaganda aktiv betrieben. Hugh Elliott, der am Hertford College studierte und mit dem Begründer des Oktober-Clubs befreundet war, sagt: „Wir trafen die Arbeiter bei den Hungermärschen auf dem Weg nach London, wir sangen mit ihnen die *Internationale* und kritisierten mit großer Bitterkeit die Sicherheitzuerst-Politik der Regierung. Im Oktober-Club diskutierten wir über eine neue soziale Gesellschaft. Ich begann, an meinen eigenen Überzeugungen zu zweifeln. Ein bekannter Gynäkologe hielt vor einem vollgepackten Saal von Studenten und Studentinnen eine Vorlesung: wir seien voller sexueller Hemmungen, sagte er. Die freie Liebe sei natürlich und selbtverständlich. Viele meiner Freunde schluckten dieses Rezept mit Haut und Haar. Später erlebten viele von ihnen echte Tragödien, und ich begriff den Zusammenhang zwischen dem Verwerfen moralischer Werte und dem Übernehmen der kommunistischen Ideologie – was übrigens die deutliche Absicht jenes Professors gewesen war. Ich selber zögerte noch . . ."

Zu dem Zeitpunkt stieß Elliott auf die Oxfordgruppe. „Ich respektierte den Freund, der mich beim Oktober-Club eingeführt hatte, wegen seiner Leidenschaft", fährt Elliott fort, „aber in den Menschen, die an Buchmans Seite arbeiteten, erkannte ich eine tiefere Leidenschaft und eine größere Disziplin. Sie waren echte Menschen. Was sie in Oxford in Bewegung gesetzt hatten, war heiß umstritten, aber sie waren nicht zu übersehen – und ich schloß mich ihnen an."

Buchman und seine Kollegen klagten den Kommunismus nicht an und unterstützten auch keine andere politische Richtung. Sie stellten den Menschen ganz einfach Werte vor Augen, die nicht kompromittiert werden konnten: absolute Ehrlichkeit, Reinheit, Selbstlosigkeit und Liebe. Sie sagten, Gott habe einen Plan für die Welt – und für jeden einzelnen Menschen, einen Plan, den jeder entdecken könne und nach dem jeder arbeiten und leben könne. Buchman versicherte, obwohl es dafür nur wenig moderne Beispiele gab, daß Menschen, die ihr Leben ganz Gott übergeben, zukünftig im sozialen und nationalen Bereich Veränderungen bewirken würden. Einigen mag diese Methode zu langsam erschienen sein, doch hatte sie den Vorzug, daß gleichzeitig mit der Bewältigung von persönlichen und sozialen Problemen die – wie es Day Lewis ausdrückte – „innere Leere ausgefüllt wurde, in der ein Gott hätte wohnen sollen".

Die meisten jungen Menschen, die damals der Oxfordgruppe angehörten, hatten Hugh Elliotts Dilemma nicht erlebt. Zwischen 1931 und 1935 trafen sich jeden Tag an die hundertfünfzig Studenten (ich gehörte auch zu ihnen) gemeinsam mit den Studentenseelsorgern von Corpus Christi College, Hertford und Lincoln College und gelegentlich einem Professor um 13.30 Uhr, nach einem rasch verschlungenen Mittags-Sandwich und vor den sportlichen Aktivitäten des Nachmittags. Wir waren alle recht verschieden, obwohl – und das galt im allgemeinen für das damalige Oxford – eher bürgerlicher Herkunft. Harry Addison zum Beispiel war der Sohn eines Angestellten einer kleinen Kohlefirma und hatte an der Universität Newcastle das beste Examen seines Jahrgangs in klassischen Sprachen gemacht. Er war schrecklich schüchtern, studierte mit Leidenschaft und war ganz apolitisch. Ray Nelson hingegen war der allseits bekannte Chef einer Jazzband und hatte eine Schwäche für Eisenbahnkursbücher. Charis Waddy war als erste Frau zum Studium der orientalischen Sprachen an der Universität Oxford zugelassen worden. John Morrison hatte Theologie studiert – nicht nur in New College, Edinburgh, sondern auch in Deutschland bei Barth und Bultmann. Kit Prescott gehörte einer Familie an, die berühmte Rugbyspieler hervorgebracht hatte. Er ruderte für Oxford, bestand seine Examen mit knapper Not und hinterließ, wo immer er hinging, eine ganze Reihe von geänderten Menschen.

Diese „Mobilmachung" wurde zwar ernsthaft angegangen, aber

auch mit einer gewissen humorvollen Lässigkeit durchgeführt. In einem College wurden unter den „ungeänderten" Studenten Wetten eingegangen, wer als nächster „geändert" werden würde. Kurz vor dem großen Bootsrennen zwischen Oxford und Cambridge entdeckte Kit Prescott in der *Oxford Mail* ein Poster mit der Überschrift: „Oxfords Ruderer geändert". Er kaufte ein halbes Dutzend davon und nagelte sie an die Türen seiner Ruder-Kollegen im College.

Paul Petrocockino war eine höchst englische Figur – er trug eine Weste aus Leopardenfell und komponierte im Stil von Georg Friedrich Händel. Er erinnert sich an das im Exeter College umgehende Gerücht, daß eine gewisse höchst unternehmungslustige Maid, die immer mit einem Hund an der Leine durch Oxford radelte, der Oxfordgruppe zum Opfer gefallen sei.

So fragte er einen ihrer Bewunderer: „Hast du das ‚Mädchen mit dem Hund' gesehen?" – „Ja, hast du's denn nicht gehört?" wurde ihm geantwortet. „Was nicht gehört?" – „Die Oxfordgruppe hat sie erwischt."

Zum großen Erstaunen der Kenner hatte die Oxfordgruppe sie nicht nur „erwischt" – die junge Frau blieb dabei. Sie hatte von Buchmans Idee gehört, „besser zu leben, zu lieben und zu lachen als die ‚heidnische' Welt", und fand das interessant.

Die Schulung spielte eine wichtige Rolle. Alan Thornhill war damals Studentenseelsorger am Hertford College. Er beschreibt die Treffen, die um die Mittagszeit stattfanden: „Sie glichen in keiner Weise jenen Diskussionsgruppen, die in Oxford so beliebt waren. Das Ziel war nicht eine Diskussion – das Ziel war die Veränderung der Welt. Intensives geistiges Training wurde gegeben. Die Atmosphäre war überhaupt nicht formell, man konnte sagen, was man wollte, doch war die geistige Temperatur solcher Art, daß es sowohl Neugierigen wie auch reinen Theoretikern bald ungemütlich wurde. Die Anwesenden gingen mit sich selbst und miteinander frisch und direkt um. Die absoluten Maßstäbe der Ehrlichkeit und Selbstlosigkeit wurden nicht auf rosige Wunschträume angewandt, sondern auf Einzelheiten des Alltags. Wann stehst du in diesen Tagen auf? Wie steht es mit dem Gebet und der Stillen Zeit? Gewinnst du deine Freunde zu dieser neuen Lebensweise? Was bedeutet dir mehr – dein Ehrgeiz oder Gott? Solche und ähnliche Fragen wurden in diesen Mittagstreffen aufgeworfen und ausgefochten.

Professor Thornton-Duesbery sagte immer, Buchman sei „von der Bibel durchdrungen" und habe sich vergewissert, daß sie zur Grundlage aller Schulung in Oxford gemacht wurde. Sein Rezept, wie die

Bibel zu lesen sei, hieß: „Genau lesen, ehrlich auslegen, drastisch anwenden". Manchmal sagte Buchman auch, die Bibel sei ein „Handbuch für die Kunst, Menschenfischer zu fischen". Er illustrierte dies an dem Beispiel des Blinden, den Jesus heilte und bekehrte[5], oder der Frau, die Jesus am Jakobsbrunnen traf und deren Änderung sich auf ihre Gemeinschaft auswirkte[6], oder von Philippus und seinem mutigen Gespräch mit dem Schatzkanzler der Königin von Äthiopien.[7] Er glaubte, ein junger Christ benötige für sein Wachstum Nahrung (die Bibel), Luft (das gesprochene und das horchende Gebet) und Bewegung: Seine jungen Kollegen lernten einiges über ihre eigene Natur, die immer wieder der Änderung bedurfte, wenn sie gemeinsam in Aktion waren – sei es in Oxford, in China oder während einer Weltreise.

Bei Semesterbeginn drängte Buchman einmal darauf, daß jeder sich vornehmen sollte, den schwierigsten Menschen in seinem College zu ändern. Einige Male geschah es, und allmählich begannen sich die Geschicklichkeit und Zurückhaltung, die er selber Menschen gegenüber bewies, bei seinen jungen Freunden zu entwickeln.

Nicht alle Familien reagierten auf gleiche Weise. Margot Appleyards[8] Vater fürchtete, seine Tochter würde später ihren Entschluß bereuen, nach Beendigung ihres Studiums ihr ganzes Leben mit der Oxfordgruppe einzusetzen. Er erlaubte ihr vier Probemonate und lud sie dann auf eine sechs Monate dauernde Weltreise ein. Auf der Rückreise, als ihr Schiff durch das Mittelmeer fuhr, sagte sie ihrem Vater, sie sei entschlossener denn je, mit Buchman und seinen Freunden zusammenzuarbeiten. Ihr Vater war zufrieden und unterstützte sie fortan, bis er starb.

Andere hatten es mit einer härteren Opposition zu tun. Ein junger Mann wurde aus dem Testament seines Vaters ausgeschlossen, andere Eltern fürchteten, daß ein Leben „im Glauben und Gebet" für ihre Kinder finanzielle Schwierigkeiten mit sich bringen würde, die wiederum für sie selbst Verpflichtungen nach sich ziehen würden. Wenn sie aber einmal die Gewißheit gewonnen hatten, daß ihre Söhne und Töchter ihrer inneren Berufung folgten, gaben die meisten Eltern ihr Einverständnis. Einige Eltern schlossen sich sogar ihren Kindern an.

Während der Semesterferien nahmen die Studenten aus Oxford – gemeinsam mit denen aus Cambridge und anderen Universitäten – an den Kampagnen im Osten Londons und anderen Industriezentren teil oder lancierten eigene Initiativen.

So fand sich Harry Addison in Newcastle und arbeitete mit dem dortigen Bürgermeister Will Locke, einem Bergmann. In Schottland schufen die Studenten eine Mannschaft unter den arbeitslosen Hafenarbeitern. In Yorkshire geschah das gleiche mit jungen Fabrikarbeiterinnen, in Birmingham mit Technikern und in Wales mit Bergleuten und Hafenarbeitern. Studenten aus Oxford waren das Herzstück von Buchmans großen Kampagnen in Kanada und in Skandinavien in der Mitte der dreißiger Jahre. Gegen die Hälfte wurden schließlich hauptamtliche Mitarbeiter Buchmans und bauten ihre eigene Arbeit in verschiedenen Ländern auf.

Zur gleichen Zeit begannen jene, die sich für einen aktiven moralischen Relativismus oder für den Kommunismus – oder für beides – entschieden hatten, eine wichtige Rolle im Leben der britischen Intelligenz zu spielen. Die weit größte Anzahl von ihnen wurden Mitglieder der Kommunistischen Partei. Auch wenn viele später wieder die Partei verließen, blickten sie mit einer gewissen Wehmut auf jene erlebnisreiche Zeit zurück. Ihre Ideen und Werte waren gewissermaßen die Antithese zu jenen, die die Oxfordgruppe zu leben versuchte. Deswegen entwickelte sich in einigen von ihnen eine so starke Antipathie, daß sie in den folgenden Jahrzehnten zur aktiven Oppostiion gegen die Oxfordgruppe antraten.

Auch in anderer Weise war Oxford zum Zentrum von Buchmans Aktivitäten geworden. Von 1930 bis 1937 mietete er jedes Jahr ein oder mehrere Colleges für eine Hausparty während der Sommersemesterferien. 1930 waren es noch nicht so viele. 1933 aber erschienen auf einer siebzehntägigen Hausparty 5000 Menschen, die in sechs Colleges untergebracht waren. Es gab vier Hauptversammlungen, die gleichzeitig stattfanden, wobei die Hauptredner hin und her pendeln mußten. Jeden Morgen um 7.30 Uhr traf sich ein Team von 400 Teilnehmern mit Buchman zum Training und um den Tag vorzubereiten. Fast 1000 Geistliche waren gekommen, darunter zwölf Bischöfe.

Selbst die etwas geringere Besucherzahl des Jahres 1930 verursachte den vorsichtigen britischen Freunden Buchmans Leibschmerzen. Am 17. Juni schrieb Buchman an Eleanor Forde, die sich in Amerika von einer Krankheit erholte: „Morgen geht es nach Oxford. Die Anzahl der Anmeldungen scheint sie mit Schrecken zu erfüllen, aber ich mache mir keine Sorgen.“[9] Zehn Tage später schrieb er ihr einen begeisterten Brief: „Wir sind mitten in einer echte Lawine. Wir müssen zwei Hauspartys gleichzeitig organisieren, so viele sind hier. Das Wetter ist herrlich, die Rasen sind grün, der Himmel blau – ein perfekter Rahmen. Doch vermissen wir Dich und wünschten, Du wärest hier mit uns.“[10]

1932 erschien ein packend geschriebenes Buch über Buchman und seine Arbeit, *For Sinners only* (Nur für Sünder). Der Verfasser war

A. J. Russell, der ehemalige Leiter der Kulturredaktion von Lord Beaverbrooks *Daily Express* und stellvertretender Herausgeber des *Sunday Express.* Das Buch erreichte 17 Auflagen und wurde in zahlreiche Sprachen übersetzt. Eine Flut von Briefen folgte seinem Erscheinen. George Bernard Shaws Nichte las das Exemplar ihres Onkels. Einer Bekannten schrieb sie: „G. B. S. lernte die Gruppe in Südafrika kennen und meinte, sie täten schon ‚das Richtige', auch wenn er über einige ihrer Aussprüche nicht begeistert war. Er sagte mir, ich sollte Verbindung mit ihnen aufnehmen und anerbot sich, mir einen Besuch bei einer Hausparty zu zahlen."

1934 endete die Hausparty mit einer öffentlichen Veranstaltung im Rathaus von Oxford. Am stärksten wurde das Publikum von der Rede des Vorstehers des Queen's College, Dr. B. H. Streeter, eines hervorragenden Neutestamentlers und Kenners der Weltpolitik, vor allem des Fernen Ostens, angesprochen. Er sagte, er habe die Oxfordgruppe seit zweieinhalb Jahren beobachtet, und verglich seine Haltung mit der „des Gamaliel, des freundlichsten der Pharisäer". „Ich bin heute hier", fuhr er fort, „weil ich öffentlich feststellen möchte, daß ich meine wohlwollend neutrale Haltung gegenüber einer Bewegung aufgegeben habe, die ich für die wichtigste religiöse Bewegung unserer Zeit halte . . . Es gelingt dieser Bewegung anscheinend nicht nur, aus einigen schlechten Menschen gute Menschen zu machen, sondern auch jenen ein neues Herz, neuen Mut und ein neues Ziel zu geben, die schon Menschen guten Willens sind. Deswegen denke ich, daß es in diesem Zeitalter wachsender Verzweiflung in der Welt meine Pflicht ist, mich ihr anzuschließen."

Er schloß mit den Worten: „Zur Oxfordgruppe stoße ich nicht als ein Mensch, der einen gewissen Namen hat oder Vorsteher eines Oxford College ist, sondern ich komme als einer, der schon etwas von dieser Gruppe gelernt hat und hofft, noch mehr lernen zu können."[11]

Die Hauspartys von Oxford wurden immer größer. Im Juli 1935 schrieben sich an einem Tag fast 1000 Menschen ein, doppelt so viele wie der bisher erreichte Rekord, und 6000 Menschen kamen zu einer Veranstaltung auf dem Parkgelände vor dem Lady Margaret Hall College. Oxford blieb da nicht allein: im Januar 1935 kamen 1400 zu einer Hausparty, die auf Vorschlag des Bischofs von Worcester in Malvern stattfand. Danach folgten eine Reihe von Veranstaltungen in Penge, im Süden Londons, zu denen 4000 Menschen kamen und die der Bischof von Croydon wärmstens begrüßte.

15

MIT FRANK BUCHMAN LEBEN

Das Brown's Hotel in der Dover Street, in der Nähe von Piccadilly, war nach dem Ersten Weltkrieg Buchmans erstes Quartier. Dieses von außen unauffällige und unter Schweizer Direktion stehende Hotel besaß einen eigenen treuen Gästekreis, der aus „Großgrundbesitzern, pensionierten Kolonialbeamten, vornehmen aktiven Offizieren – aber nicht aus Mitgliedern der Aristokratie"[1] bestand. Während der zwanziger und dem größten Teil der dreißiger Jahre war es Buchmans einzige ständige Adresse für die Post und für die Koordination seiner Arbeit. Bei jedem Besuch in London kehrte er dort ein und belegte seit Ende der zwanziger Jahre ständig ein Zimmer, das anderen zur Verfügung stand, wenn er nicht da war.

Buchmans enge Verbindung mit Brown's Hotel war nur wenigen bekannt; dennoch konnten einige nicht verstehen, daß er in einem Hotel im eleganten Londoner Westend wohnte. Tatsächlich bezahlte er für drei Zimmer nur zehn Shilling und sechs Pence pro Tag, weil er in den Jahren der Wirtschaftskrise dem Hotel zahlreiche neue Gäste zugeführt hatte.

Buchmans Schlafzimmer im Brown's Hotel wurde von einem Besucher beschrieben: „Ein winziges Zimmer, vom Bett fast ganz ausgefüllt; überall Stöße von Zeitungen, die er gerade an Freunde in verschiedene Länder versandte. Tageslicht kommt nur durch einen Schacht, der an allen Etagen vorbei bis zum Dach führt. Auf der anderen Seite des Bettes noch eine Türe, die in ein ebenso winziges Badezimmer führt, dessen Wände keinen einzigen rechten Winkel bilden."

1933 wurde mit dem Hotel eine neue Vereinbarung getroffen. Nun wurden Buchman sieben Zimmer, darunter ein großes Wohnzimmer, für nur 44 Shilling am Tag zur Verfügung gestellt.

„Brown's glich damals einem Bienenhaus", schrieb John Vinall, der als Junge dort angefangen hatte und zum Schluß Chefportier wurde. „Dr. Buchman hatte dreißig oder vierzig Besucher an einem Tag. Dabei geriet er nie aus der Fassung . . . Mehr als die Hälfte der Besucher des Hotels waren Freunde . . . Und wenn in Zimmer Nr. 1 eine Geburtstagsparty war, dann ging das Personal auch hin . . . Zu Weihnachten ging er durch die Küche, durch all die dunklen Gänge, und gab jedem Angehörigen des Personals einen Umschlag . . . Wir waren 150, das hieß 150 Umschläge. Dr. Buchman half mir, aus meinem Leben etwas zu machen – man muß doch im Leben ein Vorbild haben, und für mich war das Dr. Buchman."[2]

Von Anfang an war Brown's Hotel für Buchmans Arbeit das Richtige. Es war klein genug, um wie ein Zuhause für ihn zu sein; es lag zentral genug für alle, die vorbeikommen wollten, und es war für besondere Besuche vornehm genug. Hier traf Buchman Rudyard Kipling und Siegfried Sassoon; König Georg II. von Griechenland ließ sich während seines Exils hier nieder, weil Buchman da wohnte, und führte hier lange Gespräche mit ihm. Arbeiter kamen aus dem Osten Londons und Bergleute aus Schottland und Wales. „Er behandelte jeden gleich", sagte John Vinall.

Alan Thornhill erinnerte sich, daß er eines Tages kam, um mit Buchman über seine Zukunft zu sprechen. Das Hertford College in Oxford hatte ihm seine Stelle gekündigt, und vom Rektor des theologischen College Wycliffe Hall war ihm ein Lehrstuhl angeboten worden. „Ich tappte durch die Gegend und lebte nicht so, wie ein Christ leben sollte. Im Hertford College hatte mich Rektor Crutwell durch seine scharfe Zunge verletzt; nun wollte ich Franks Unterstützung für meinen neuen Plan. Er lud mich zum Tee ein. Auf dem Weg dorthin, unglücklich und unsicher wie ich war, ging ich ins Windmill-Theater in eine Show, die mir nicht besonders guttat.

Frank saß allein im Wohnzimmer. Er begrüßte mich, und ich begann von meinem Plan zu erzählen. Er unterbrach mich nach dem ersten Satz: ‚Alan, könntest du das Bild dort an der Wand zurechtrücken, ich sehe ungern etwas Ungerades in meinem Zimmer.' Ich rückte am Bild – Frank protestierte: ‚Nein, nein! So geht es nicht, so geht es nicht!' Ich rückte noch weiter am Bild. Schließlich sagte er: ‚So ist's gut.' Erst hinterher merkte ich, daß er mich gemeint hatte, nicht das Bild.

Ich war recht eingebildet: dieser neue Posten sei doch eine große geistige Herausforderung, und so weiter. Frank hörte zu. ‚Was werden sie dir zahlen?' – ‚Oho', bemerkte er, ‚das ist weniger als am Hertford College!' Dann sagte er: ‚Meine Überzeugung ist die: Sei nicht weniger als ein neuer heiliger Franziskus.' Was für eine erschreckende und gewissermaßen absurde Bemerkung. Er wiederholte sie zwei- oder dreimal.

Wir hielten eine Stille Zeit. Ich erinnere mich nur an einen seiner

Sätze: ‚Alan muß erfahren, was Verfolgung ist.' Das verdroß mich, denn ich war aus Hertford College hinausgeworfen worden. Der neue Posten in Wycliffe College schien mir leichter zu sein. Buchman weigerte sich, darüber zu sprechen – da müsse ich selbst entscheiden. Er gab mir nur eine andere Perspektive. Ich nahm den Posten an."

Die Frage, welches Geschlecht oder welches Alter ein Mensch habe, spielt bei Buchman keine Rolle. Wenn er in einem Menschen eine Grundlage spürte, baute er darauf auf. So wurde eine junge Kanadierin, Eleanor Forde, von ihrer ersten Begegnung an eine vertrauenswürdige Kollegin. „Du hast ein erstaunliches Konzept von der Botschaft des Evangeliums", schrieb er ihr 1925. „In dieser freizügigen Zeit ist es etwas Besonderes, jemanden zu kennen, der sich so fest an die christlichen Wahrheiten hält."[3] Er vertraute ihr seine Pläne an, seine Hoffnungen, Gedanken und zwiespältigen Gefühle Menschen gegenüber, genau so wie er es bei seinen älteren, männlichen Kollegen tat. „Ich möchte unbedingt, daß Du mich zum Höchsten, zu Gott, anhältst", schrieb er ihr. „Ich habe nicht vergessen, daß Du mich um eine ganze Stunde gebeten hast, um mir zu sagen, wo ich dieser Erwartung nicht entsprochen habe."[4] Buchman zählte, was Menschen betraf, nicht nur auf Eleanors Intuition und ihren Verstand, sondern auch auf ihre Mitarbeit bei öffentlichen Anlässen. Eleanor beschreibt, wie er sie im Jahr 1928 – es war ihr erster Besuch in England – zu einem Mittagessen mit Königin Sophie von Griechenland schickte.

„‚Frank, ich kann doch nicht einfach eine Königin besuchen. Was soll ich da sagen? Wie mich benehmen?' antwortete ich ihm. Er sagte: ‚Mach dir deswegen keine Sorgen. Erzähle ihr einfach, wie du dein Leben Gott gegeben und dich geändert hast und wie anders dein Leben nun ist.' Ich stellte fest, daß er schon alles organisiert hatte, und ich fuhr los. Ein Jahr später dankte mir die Königin für diesen Besuch."

Buchman behandelte Mitglieder von königlichen Familien genauso wie andere Menschen auch. „Hast du auch die Prinzessinnen getroffen?" wollte er einmal von Roger Hicks wissen, der in Oxford studiert und sich ihm – nach einigen Jahren Tätigkeit als Lehrer in Indien – angeschlossen hatte. „Ja." – „Wie waren sie?" – „Sehr verärgert!" – „Das habe ich mir gedacht", sagte Buchman. „Ich habe ihnen nämlich die Wahrheit gesagt. Wenn Freundschaft auf dieser Grundlage nicht möglich ist, dann können wir es sein lassen."[5]

Die Zimmer in Brown's Hotel wurden nicht nur für Interviews verschiedenster Art benötigt, von dort wurden auch Mengen von Literatur versandt.

Das Sekretariat befand sich ebenfalls hier. Stella Corderoy[6] beschreibt die Risiken, die damit verbunden waren: „Als er einmal kurz vor der Abreise in die Vereinigten Staaten stand, hatte er Grace Hay bis zum letzten Augenblick in London und dann auch noch im Zug, der nach Liverpool fuhr, Briefe diktiert. Ich sollte auf dem Schiff das Diktat von ihr übernehmen, und Enid Mansfield sollte die Briefe auf der Fahrt nach Cherbourg tippen. Von dort wurden sie für den weiteren Versand nach London zurückgeschickt. Eine halbe Stunde lang verabschiedeten wir uns von unzähligen Menschen, gingen auf Deck auf und ab, fuhren mit dem Aufzug und gingen in seine Kabine. In der Zeit, glaube ich, diktierte er mir siebzehn Briefe, davon fast die Hälfte an Kinder – wunderbare Briefe. Dann mußten wir zurück an Land; ich stand mit Frank oben an der Laufplanke bis zum allerletzten Augenblick, als die Matrosen die Laufplanke zurückzogen – auch in diesen wenigen Minuten diktierte er noch Briefe."

Arthur Strong, ein junger und erfolgreicher Berufsfotograf, hatte sich für einige Zeit von seinem gutgehenden Geschäft freigemacht, um Buchman bei seinen Plänen für eine illustrierte Zeitschrift zu helfen. An der Hausparty in Oxford hatte er den Drang verspürt, ein geistliches Opfer zu bringen, und so während einer Versammlung mitgeteilt, er habe die Absicht, seine Kameras zu verkaufen. Nachher bat ihn Buchman zu sich.

„Ich habe gehört, du willst deine Kameras verkaufen", sagte er, „wieviel sind sie wert?" – „So um die 150 Pfund", antwortete Strong. „Reich mir meinen Mantel", sagte Buchman, nahm sein Portemonnaie heraus und gab ihm 150 Pfund – und damit fast alles, was er besaß. Dann sagte er: „So, Arthur, jetzt kannst du dich um meine Kameras kümmern, bis ich sie selber brauche." Arthur Strong nahm beides – die Kameras und das Geld – und unternahm damit eine Fotoreise, die er schon lange geplant hatte. Ein Jahr später gab er sein Geschäft auf und stieß als ständiger Mitarbeiter ganz zu Buchman.

Zu Pfingsten 1939 starb Frank Buchmans Sekretärin, Joyce Machin, plötzlich an einem Gehirntumor. Michael Barrett und ein anderer junger Schotte, Lawson Wood, übernahmen freiwillig ihre Arbeit. Barrett war der Sohn eines Buchdruckers aus Edinburgh und hatte der Jiu-Jitsu-Mannschaft der Universität Oxford angehört. Wood hatte an der Universität Aberdeen Jura studiert. Beide waren ungefähr 25 Jahre alt, und jeder von ihnen besaß eine gute Dosis schottischer Beharrlichkeit und Stolz. In kurzer Zeit lernten sie Maschinenschreiben und Kurzschrift und gingen an die Arbeit.

„Da wir viel – und oft – von einem Land zum anderen reisten, mußten wir die Nächte durcharbeiten", erinnert sich Barrett. „Manchmal hörte ich um zwei oder um drei Uhr auf, während Lawson, der zäher war, noch eine Stunde länger tippte. Dann hieß es um halb sechs Uhr wieder aufstehen und zu Buchman zu gehen, der schon wach war. Er hielt einen Überblick über den kommenden Tag, bemerkte, daß wir irgendwo einen Schal hatten liegen lassen, und sagte mit einem Augenzwinkern: ‚Es ist wunderbar, wie hier alles klappt.' Natürlich war er wütend, wenn einer von uns krank wurde, wenn wir aus Ehrgeiz zu viel gearbeitet hatten."

Lawson Woods besondere Freude war es, lange Strecken im Auto zu fahren. Im August 1937 fuhr er an die 1000 Kilometer – von London nach Oxford, dann nach Glasgow und bis nach Acharacle an der Westküste Schottlands, um einen Gast zu Buchman zu bringen. Wood kam rechtzeitig zum Frühstück an und bestand darauf, sofort zu seiner Familie nach Aberdeen, 260 Kilometer entfernt, weiterzufahren. Alle versuchten, ihn davon abzuhalten, denn er war offensichtlich zu müde dazu. Schließlich führte ihn Buchman zum Zimmer, das für ihn bereitgemacht worden war, und wies auf ein Kärtchen mit seinem Namen an der Türe. „So viel Tinte darf nicht verschwendet sein", sagte er. Wood mußte lachen und blieb.

Ein andermal erlebte Lawson Wood, wie aufmerksam bis ins Detail Buchman war. Während der Nazizeit waren sie zu Besuch in Garmisch-Partenkirchen. Bei der Abfahrt hatte Wood Frank Buchmans kostbares Adreßbuch im Hotel liegenlassen. „Ich bat einen Freund, es mit der Post nach New York nachzusenden", erinnert sich Wood. „Dann erst erzählte ich Frank davon. Er war böse, denn er wußte, daß sich unter den Hotelangestellten mindestens ein Nazi-Spion befand. ‚Begreifst du denn nicht, daß sie unsere Adressen fotografieren werden und somit genau wissen, wen wir kennen?' donnerte er mich an. Drei Monate lang kam er immer wieder auf meinen Fehler zurück – er wollte sich vergewissern, daß ich das Notwendige gelernt hatte."

Michael Barrett hat nie eine Reise vergessen, die er mit Buchman und einer Gruppe von fünfzehn anderen durch den Mittleren Osten machte. Zu dieser Gruppe gehörten ein Anführer der Arbeitslosen aus den Arbeitervierteln von Ost-London und zwei über achtzig Jahre alte Schwestern, Lady Antrim und Lady Minto – letztere war Vizekönigin von Indien gewesen. Barrett wurde damit beauftragt, die beiden Damen – die noch nie mit dem Flugzeug gereist waren – davon zu überzeugen, daß sie ihr Gepäck stark reduzieren müßten: Es gelang ihm, die Kofferzahl von siebenundzwanzig auf achtzehn herunterzubringen! Er versuchte noch, Lady Minto zu Pünktlichkeit zu raten, da sie den Anschlußzug für das Schiff nicht verpassen durften. „Anschlußzug verpassen?“ antwortete sie empört. „Ich bin es gewohnt, daß die Züge auf mich warten müssen!“

Die Reise begann in Europa, ging durch den Balkan nach Kairo, und Barrett wurde sich dessen immer mehr bewußt, daß er – außer Buchman, der anderes zu tun hatte – der einzig praktische Mensch in der Reisegesellschaft war. Alles wurde ihm zugeschoben: das Gepäck zu beaufsichtigen, Fahrkarten und Hotelzimmer zu besorgen und auch Buchmans Korrespondenz zu erledigen. In Kairo entdeckte Buchman ihn eines Tages in Tränen, etwas, was einem Schotten wie ihm noch nie passiert war. Buchman entschuldigte sich nicht, er war aber voller Mitgefühl und organisierte Hilfe für ihn. „Eigentlich hatte er erwartet, daß ich diese Hilfe selber finden würde“, erzählt Michael Barrett.

Als er gefragt wurde, warum er denn unter diesen Umständen weitermachte, antwortete Barrett: „Buchmans Erwartungen für jeden von uns waren unbegrenzt. Es ist eine Art Kompliment, wenn man dazu inspiriert wird, mehr zu tun, als man eigentlich kann. Man fühlte in ihm, daß sein Wille wirklich Gott hingegeben war. Er erwartete das gleiche von mir, deswegen wurde das Notwendige ohne Murren getan. Nebenbei wußte man, daß er ebenso viel – wenn nicht mehr – arbeitete als man selbst. Natürlich gab es Augenblicke, in denen ich hätte sagen sollen: ‚Frank, es ist lächerlich, jetzt reicht's!‘“

Ein Hauptgrund, warum Menschen wie Michael Barrett Jahr um Jahr an Buchmans Seite blieben, war ihre Überzeugung, daß er in einer echten, unverfälschten Art mit Gott in Kontakt war. „Ging man am frühen Morgen zu ihm, schien sein Zimmer manchmal von der Fülle der Gedanken, die ihm gekommen waren, wie durchströmt“, sagte Barrett. „Man kann Frank Buchman überhaupt nur dann verstehen, wenn man sich vorstellt, daß er stets in Gottes Gegenwart lebt, auf seine Führung horchend und seine Kraft erwartend“, schrieb A. J. Russell.[7]

Buchman bezeichnete sich nie als einen Mystiker, obwohl es jenen, die viel mit ihm zu tun hatten, offensichtlich schien, daß er öfters – auch unbewußt – durch sein verinnerlichtes Horchen vorzeitig von Ereignissen wußte und ihm ungewöhnliche Einsichten in den Charakter von Menschen gegeben wurde. Große Worte über sich selbst und seine Erfahrungen gebrauchte er nie, vielleicht – oder vor allem –, weil er davon überzeugt war, daß jeder, der bereit war, die Probe selbst zu machen, die gleiche Beziehung zu Gott finden könnte. Er schilderte diese Beziehung zu Gott mit Worten, die allen begreiflich waren, als einen Vorgang zwischen einem, der spricht, und einem, der zuhört.

Immer wieder versuchte er, diese Beziehung in Bildern und Vergleichen, die in der Gegenwart selber wurzelten, zu beschreiben. So bezog er sich schon früh auf Thomas Edison, den Erfinder der Glühbirne, der dadurch „Erleuchtung" in jedes Haus brachte. Später gebrauchte er den Vergleich mit dem Telefon, dem Rundfunk oder der „Elektronik des Geistes". Schließlich sprach er von der festen Überzeugung, daß jeder bereitwillige Hörer genaue und klare Informationen von Gottes Geist in sein eigenes Denken aufnehmen könne. „Das halte ich für normales Gebet", sagte er. „Wach und in der Erwartung, daß der lebendige Gott durch die Schatten der Nacht hindurchbricht, habe ich den Heiligen Geist als Licht, Führung, Lehrer und Kraft kennengelernt. Was ich tun kann, geschieht durch die Kraft, die mir in frühen Morgenstunden der Stille zuströmt."

Für Intellektuelle war es leicht, ihn der Vereinfachung zu bezichtigen. Doch stand verborgen hinter seinen Worten eine tiefe Erfahrung, die der Oxforder Theologe B. H. Streeter erkannt hatte: „Das Christentum muß so einfach sein, daß sogar ein Intellektueller es begreifen kann."

Für Buchman hing sein Verständnis der menschlichen Natur von dieser horchenden Beziehung zu Gott ab. „Ich habe einmal um eine tiefe Einfühlung Menschen gegenüber gebetet. Oft habe ich mir gewünscht, diese Bitte nicht ausgesprochen zu haben, es kann sehr schmerzhaft sein", sagte er. Glücklicherweise betete er auch um mehr Humor! Oft war er fast zu großzügig in seiner Vision für Menschen. „Er wußte, daß es Rennpferde und Ackergäule gibt – und daß man sie nicht gleich behandeln kann", sagte Thornhill. „Im Umgang mit Menschen zeigte er eine große Wertschätzung, konnte sie realistisch beurteilen, aber gleichzeitig seine Vision in Worte fassen von dem, was sie unter Gottes Führung würden tun können. Und er glaubte daran."

Buchman wurde anderen Menschen gegenüber einfühlsamer, entging aber nicht der Versuchung, selber empfindlicher zu werden. Die meisten merkten nicht, wie rasch er verletzt war. 1930 fragte er mich einmal, was ich von einer Rede, die er eben gehalten hatte, dachte. „Nicht eine deiner besten", antwortete ich. Er sagte weiter nichts. Als wir zwanzig Jahre später mit Freunden zusammenwaren, kam jemand herein und erzählte, wieviel gerade diese Rede einem südamerikanischen Gewerkschaftsführer bedeutet habe. „Und Garth hat gesagt, sie sei nichts wert", kommentierte Buchman.

Gewiß konnte er Kritik schwer ertragen, aber er wies sie keineswegs immer zurück. Ich konnte mir in den dreißiger Jahren, als ich ihm am nächsten stand, besonders viele Freiheiten erlauben. In Kopenhagen beugte er sich demütig meinen jugendlichen Ansichten über ein Gespräch mit einem Zeitungsbesitzer. Erst hinterher entdeckte ich, daß er den Mann schon lange vor mir kennengelernt hatte! Er wartete einige Jahre, bis er mir einmal sagte, ich sei vorlaut. Diesem Urteil folgte eine „massive Behandlung“, die eine Weile andauerte! Im allgemeinen waren seine Reaktionen auf Menschen nicht so sehr auf ihre Worte oder ihre Taten abgestimmt als auf die Nöte, die er im Augenblick in ihnen erkannte, oder auf ihre Fähigkeit, Kritik entgegenzunehmen – ein gesundes paulinisches Prinzip. Spürte er, daß Menschen versuchten, sich vom Heiligen Geist führen zu lassen, so hörte er aufmerksam zu. Empfand er hingegen ihre Entschlossenheit, Eindruck zu machen, oder ihren Hang, der Eifersucht und der Angst nachzugeben, so sagte er es ganz offen.

Buchman war in künstlerischen Fragen, die ihn und seine Arbeit betrafen, gleichzeitig feinfühlig und starrsinnig. Er war künstlerisch begabt und glaubte, richtig urteilen zu können. Er mißbilligte zum Beispiel den Versuch, Bücher in verschiedenen Ländern in verschiedener Form erscheinen zu lassen. Möglicherweise wurden dadurch Talente unterdrückt oder sogar der Absatz der Bücher nachteilig beeinflußt.

Paul Tournier diagnostizierte diese Seite von Buchmans Charakter: „Er band niemals Menschen an sich, aber er war autoritär.“ Cuthbert Bardsley, lange ein enger Mitarbeiter Buchmans und später Bischof (eine Reihe von Buchmans Mitarbeitern wurden Bischöfe), bemerkte: „Sein Wort galt, und wehe dem, der anderer Meinung war. Er hielt aber auch die Oxfordgruppe zusammen – keine einfache Sache, bei ihrer so verschiedenartigen menschlichen Zusammensetzung.“

John Wesley, der bei seinen Feinden – und bei nicht wenigen seiner Freunde – „Papst John“ genannt wurde, sagte einmal: „Einige Herren nehmen Anstoß daran, daß ich so viel Macht habe. Ich sage dazu: Diese Macht habe ich nicht gesucht, ich war mir ihrer nicht bewußt – dann aber wollte ich dieses Talent nicht vergraben und habe die Macht, nach bestem Wissen und Gewissen, ausgeübt. Geliebt habe ich sie nie. Ich habe sie immer als eine Last empfunden, die mir Gott auferlegt hatte. Nennt mir auch nur einen – oder fünf Männer –, denen ich diese Bürde übergeben könnte und die bereit sind, das zu tun, was ich jetzt tue. Dann wäre ich dankbar.“*

Und Wesley fügte hinzu: „Ich dachte, die Prediger hätten sich dazu

* Als Herbert Morrison, Minister in einer Labourregierung, Buchman einmal Fragen zu seiner Führerschaft stellte, antwortete dieser ihm mit dem gleichen Vorschlag, den Wesley gemacht hatte.

verpflichtet, sich nur Gott zu unterwerfen und ihm zu dienen . . . Prediger und Gemeindeglieder können mich verlassen, wann es ihnen gefällt. Wenn sich aber jemand entschieden hat zu bleiben, dann gelten dieselben Bedingungen wie am Tage, als er zu mir stieß."[8]

Bei Buchman war die freie Entscheidung wegzugehen noch eher möglich, da eine förmliche, persönliche Bindung zu ihm nicht bestand. Wenn sich jedoch jemand entschloß, ganz mit ihm zusammenzuarbeiten – und dies über längere Zeit hinweg tat –, konnte Buchman berechtigterweise glauben, daß er an der Erfüllung der Strategie mitarbeiten würde, von der Buchman meinte, Gott habe sie ihm zugewiesen. Er konnte vorschlagen, bitten, gar befehlen, dieses oder jenes zu tun, hierhin oder dorthin zu gehen. Wenn die Betroffenen fühlten, Gott verlange etwas anderes von ihnen, so erwartete er, das von ihnen selber zu erfahren. Meistens hörte er zu und erwog die Frage von neuem. Je älter er jedoch wurde, mit immer schlechterer Gesundheit und gleichzeitig wachsender Anzahl von Mitarbeitern, wurde solche Offenheit von seiner Seite eher zur Ausnahme. Aber in den dreißiger Jahren und in den meisten Fällen nachher ruhten seine Entscheidungen auf der göttlichen Führung, die einzelne oder eine Gruppe gemeinsam suchten. Ein dänischer Rechtsanwalt bemerkte damals: „‚Führung' bedeutet, daß diese vielfältige und intelligente Gruppe von Freunden wie eine gemeinsame Kraft funktionierte, frei von jeder Diktatur, auch der des Geldes und der Macht."[9]

In einem Gespräch mit Alexander Smith, dem Verwaltungsdirektor der Universität Princeton, äußerte sich Buchman dazu: „Wenn Menschen bereit sind, mitzuarbeiten, dann nehme ich sie so, wie sie in diesem Augenblick sind. Ich dränge sie nicht, irgend etwas zu tun, zu dem sie sich nicht von Gott geführt fühlen. Lebte ich mit anderen Grundsätzen, so wäre ich von einer Gruppe von Parasiten umgeben und nicht von Menschen, die gelernt haben, sich auf Gott zu verlassen, und die erwarten, daß er sie persönlich führen werde."[10]

— 16 —

KIRCHE UND ARBEITERSCHAFT

Nachdem die Bischöfe und Priester in Südafrika auf seine Botschaft so positiv reagiert hatten, gewann Buchmann die Hoffnung, die anglikanische Kirche würde sich in neuer Weise der geistigen und moralischen Probleme der Menschen in England – und über England hinaus – annehmen. Im Jahre 1930, während der alle zehn Jahre stattfindenden Bischofssynode von Lambeth, hatten sich die Bischöfe Carey und Karney für Buchmans Arbeit in Südafrika eingesetzt. Er selber unterstrich die Bedeutung dieser Synode mit aller Kraft: „Eine Neuorientierung für die Lambeth-Synode, ein weltweites Erwachen, vor allem unter den Männern der Kirche; dann wird ein lebendiges Christentum die Sache von ganz England werden."

Im Laufe der dreißiger Jahre wurden die Bischöfe aufmerksam auf die Auswirkungen von Buchmans Arbeitsweise mit einzelnen Menchen; sie fühlten sich verpflichtet, sie sorgfältig zu überprüfen. Darum bat der Bischof von London, Dr. Winnington-Ingram, den bekannten Anwalt Sir Lynden Macassey, K. C., der schon etliche Regierungsausschüsse geleitet hatte, für ihn persönlich Nachforschungen über die Oxfordgruppe anzustellen. „Ich folgte seinen Anweisungen genauestens", schrieb Sir Lynden später. „Meine Nachforschungen ergaben, daß es für die wiederholten falschen Anschuldigungen gegen Dr. Buchman und seine Arbeit keine Grundlagen gab. Der Bischof war mit diesem Bericht zufrieden. Er unterstützte die Oxfordgruppe und lobte bis zum Ende seiner Amtszeit ihre christliche Arbeit."[1]

Der Erzbischof von Canterbury, Dr. Cosmo Gordon Lang, veranlaßte noch gründlichere Nachforschungen. Wenn man heute die große Zahl von Berichten und Briefen liest, die damals in diesem Zusammenhang verfaßt wurden, wundert man sich, wie selten Buchman selbst erwähnt wird. Es geht meistens um Menschen, die durch ihn oder seine Mitarbeiter berührt wurden.

In den Berichten ging es oft um die Frische und Realität – manchmal sogar um die unverblümte Art – von Buchmans jungen Kollegen. Als Buchman zum Beispiel von Lord William Cecil, dem Bischof von Exeter, zum Wochenende eingeladen wurde, um Freunde der Familie kennenzulernen, nahm er neue „Rekruten" mit und ließ diese jungen Leute in ihrer höchst unorthodoxen Art zu Wort kommen. Kit Prescott erinnert sich an solch eine Begebenheit:

„Seit ein paar Monaten war ich ‚geändert'. Ich hatte mit den Domherren unserer Stadt abgemacht, daß Frank Buchman an einem Diözesantreffen zu zweihundert Pfarrern und ihrem Bischof sprechen sollte. Nach einer höchst formellen Einführung wurde Frank gebeten, ‚seine Ansprache zu halten'. Statt dessen bat er mich, zuerst zu sprechen. Damals bestand ein Teil meiner Botschaft in der Tatsache, daß ich mein Leben Gott übergeben hatte, obwohl ich gegen Pfarrer eine herzliche Abneigung empfand. Bislang war mir eine Bartheke lieber als eine Kirche mit ihrer muffigen Verstaubheit. Das teilte ich meinem Publikum mit aller Überzeugung, die mir zur Verfügung stand, mit. Nach meinen Worten herrschte Totenstille – nur Frank lehnte sich zurück und lachte aus vollem Hals. Nachdem ich den größten Teil der ihm zugestandenen Zeit selbst gebraucht hatte, erklärte er, warum er mich hatte zuerst sprechen lassen. Er meinte, gute Fischer würden selber am liebsten frische Fische essen. Das Diözesantreffen dauerte zweimal so lang wie sonst, und die Pfarrer wollten uns kaum gehen lassen."

Buchman glaubte an den unvergeßlichen Eindruck, den Menschen hinterließen, die eine neue Erfahrung mit Gott gemacht hatten und für die es selbstverständlich schien, sich jeden Tag neu zu ändern und diese Erfahrung weiterzugeben. Er erhielt Unterstützung von seinem Freund Bischof Söderblom von Uppsala, einem der ersten Männer der Ökumene, der ihm schrieb, er fürchte, die ökumenische Bewegung ersticke im „menschlichen Denken und Planen ... Wir brauchen persönliche Erneuerung und die Verwurzelung unserer christlichen Einheit."[2] In einer Botschaft, die er kurz vor seinem Tod verfaßte, fügte er hinzu: „Sie beschäftigen sich mit dem einzigen, worum es in der Religion und im Leben geht – mit der absoluten Herrschaft Christi über unsere Herzen, Worte und Taten. Ein geändertes Leben spricht lauter als zahlreiche Predigten."[3]

Buchman vertrat die Auffassung, es gebe niemanden, ihn selber eingeschlossen, der nicht weitere Änderung und neue Inspiration nötig habe. Er empfand Mitgefühl mit dem Pfarrer, der ihm sagte: „Ich bin wie ein Arzt, der seinen Patienten Blumen und Ermutigung schenkt, aber niemanden heilt", denn er hatte die gleiche Erfahrung gemacht.

Er nahm niemanden für unanfechtbar, und sei er noch so angesehen. Das galt auch, als sich Dr. Foss Westcott, Metropolit von Indien, Burma und Ceylon, für die 1933 in Oxford stattfindende Hausparty anmeldete. Er rief einige Studenten zusammen – sagte ihnen aber nicht, daß er den Metropoliten schon seit den frühen zwanziger Jahren kannte – und fragte sie, was sie über ihn wüßten. Jemand war in Indien gewesen und berichtete vom heiligmäßigen Leben des Metropoliten, daß er nur in einer Art Hütte auf dem Dach seines Palastes lebe, weder rauche noch trinke und sich in keiner Weise gehenlasse; daß er einer der seltenen Engländer sei, denen Gandhi sein Vertrauen schenke, und daß seine Predigten berühmt seien. „Ja", meinte Buchman, „das ist alles wahr, aber er ist unfähig, Menschen zu beurteilen."

Dann sagte er: „Kümmert euch um ihn, erzählt ihm, wie euer Weg vom Unglauben zum Glauben verlief, daß ihr Menschen gewinnen möchtet, daß ihr lernt, wie man Alkoholiker einer Heilung zuführt und Intellektuellen hilft, ihre Lebens- und Denkweise zu ordnen. Ihr könnt sogar erwähnen, daß ihr glaubt, es seien die uneingestandenen Sünden, die einen davon abhalten, Menschen für Christus zu gewinnen."

Die Studenten verbrachten viel Zeit mit dem Metropoliten. Er war gern in ihrer Gesellschaft, spielte ganz ordentlich Tennis, aber ihm mißfiel die Vorstellung, daß eigene Sünden das Gewinnen von Menschen verhindern. Nach drei Tagen hielt der Metropolit eine Rede. Er sprach von „den Mühlen Gottes, die langsam mahlen", und davon, „daß einige säen und andere ernten" und daß man ja nie wisse, welchen Eindruck man selbst auf das Leben anderer Menchen mache. Es war alles wahr, aber Buchman sagte zu den Studenten: „Bleibt ihm weiter gute Freunde." Er sagte ihnen aber auch: „Gestern hatte ich Hilfe nötig. Eine Stunde lang packten mich Zweifel. Ich ging zum Metropoliten, und er half mir. Dafür bin ich dankbar."

Nach einer Woche ergriff der Metropolit wieder das Wort: „Ich war wie ein Fischer, der eines Abends nach Hause kommt und sagt: ‚Ich habe zwar keine Fische gefangen, aber viele beeinflußt.'" Er sagte, seine eigene Schüchternheit und die Schmeicheleien anderer Leute hätten die Wirksamkeit seiner Arbeit beeinträchtigt. „Es gibt immer fünf oder sechs ältere Damen, die mir sagen, wie gut ich gepredigt habe." Nun ginge es darum zu lernen, wie man einzelne Menschen für Christus gewinnen kann. Er sei in einem christlichen Haus aufgewachsen – sein Vater war Bischof von Durham –, er habe die besten theologischen Hochschulen besucht, aber bisher habe niemand ihn darauf hingewiesen, wie notwendig die Beurteilung – und, dank Gottes Gnade, die Heilung einzelner Menschen sei.

Aus Indien schrieb er den Studenten aus Oxford, die sich um ihn gekümmert hatten, er habe bisher auf seinen Reisen nie ein tiefes persönliches Gespräch mit jemandem geführt. Dieses Mal hätten sich neunzehn Menschen an ihn gewandt, und vierzehn von ihnen hätten ihr Leben Christus übergeben, darunter die Art von Menschen, die er bis jetzt nicht anzusprechen gewagt hatte. Noch vor seiner Abfahrt habe er eine neue Freundschaft mit George West gefunden, der gerade zum Bischof von Rangun ernannt worden war. George West sei zu ihm gekommen und habe gestanden, er habe immer Angst vor ihm gehabt. Er selbst habe das nie gemerkt.

Dies war die Art von ansteckender Änderung, die nach Buchmans Überzeugung die Kirche erneuern konnte. Seiner Ansicht nach gab es zu viele Menschen in der Kirche, die überzeugt waren, daß alles beim alten bleiben sollte. Diese Haltung trieb Buchman manchmal zur Verzweiflung. Zum Beispiel kehrte ein beliebter Methodistenprediger von einer Hausparty in Oxford zurück. Er versetzte seine Gemeinde, die immer in Scharen zu seinen Predigten strömte, in Erstaunen, als er ihnen sagte, er fühle sich als Versager. Er beschrieb den tiefen Eindruck, den Christi Wertmaßstäbe der absoluten Ehrlichkeit, Reinheit, Selbstlosigkeit und Liebe auf ihn gemacht hatten und sagte: „Ihr kommt alle jede Woche und lobt meine Predigten. Gleichen wir aber nicht alle den ‚weißgetünchten Gräbern'? Keiner unter euch ändert sich, und ich auch nicht." Er sagte, er erkenne in seiner Gemeinde einige, die auch an der Hausparty teilgenommen hatten. Er machte den Vorschlag, daß alle, die mehr darüber hören wollten, nach dem Gottesdienst bleiben sollten. Über 200 blieben. Drei Wochen lang trafen sich solche Gruppen nach jedem Abendgottesdienst, und viele Menschen fanden durch sie zu einer tieferen Verpflichtung. Dann wurde von kirchlicher Seite Druck ausgeübt, man sprach sogar von einem Ultimatum. Der Prediger löste die Gruppen auf, er wollte seine Kirche nicht spalten.

Ohne Zweifel war Buchman – was die organisierten Formen der Religion betraf – oft ungeduldig. Er fühlte, daß sich die Kirche der stets wachsenden Gefahren immer weniger bewußt wurde. „Niemand ist besorgter um die Zukunft der Kirche als ich", sagte er einmal. „Aber unsere Loyalität ihr gegenüber verlangt, daß wir die Kirche sehen, wie sie wirklich ist. So wie die Kirche heute ist, wird sie das Volk nicht umwandeln können. Wenn die Kirchgemeinden sich nicht erneuern, wird ein Diktator dafür sorgen, daß sie erneuert werden. Der Kommunismus und der Faschismus haben die Kirche vor die größte Krise ihrer Geschichte seit den Katakomben gestellt. Was müssen wir daraus folgern? Eine neue Orientierung – geht hinaus auf die Straße, auf die

Wege, auf die Plätze. Es geht nicht um unser Konzept von der Kirche, sondern um die Antwort, nach der die Welt ruft. Das bedeutet, es werden Fetzen fliegen – aber ich bin dafür bereit!"

Auf solche Äußerungen hin gab es natürlich Reaktionen. Im März 1933 richtete der Bischof von Durham, Dr. Hensley Henson, einen Hirtenbrief an seine Diözese, den sein Biograph Owen Chadwick als „eine kräftige Anklage gegen die Oxfordgruppe" beschrieb.[4] Eigentlich ging es um die Frage, ob die Oxfordgruppe „innerhalb der Anglikanischen Kirche gezähmt werden könnte". Die Antwort darauf war ein nachdrückliches „Nein".[5]

Die erste Ausgabe von Bischof Hensons Hirtenbrief hatte keine weitreichende Wirkung; doch griff Henson im Herbst und Winter mit erneuter Energie auf ihn zurück. Während des Sommers hatten eine Reihe von prominenten Londoner Bürgern darum gebeten, daß die Oxfordgruppe eine Kampagne in London durchführen möge. Der Bischof von London hatte Buchman und seine Mannschaft eingeladen, mit einem Gottesdienst in der St. Pauls-Kathedrale zu beginnen; der Erzbischof von Canterbury hatte sie im Lambeth Palace (seinem Amtssitz) empfangen. Daraufhin faßte Bischof Henson am 19. September seine Einwände in einem Brief an die *Times* zusammen und brachte im Dezember eine zweite Ausgabe seines Hirtenbriefs, mit einem neuen Vorwort versehen, heraus.

In seinem Angriff hatte der Bischof von Durham zu einer Frage Stellung genommen, die auf offene Ohren gestoßen war. Es ging um die Selbstverständlichkeit, sagte er, mit der Buchman sich den Namen „Oxford" für seine Arbeit „angeeignet hat."

Buchman lehnte es ab, den Namen förmlich abzulegen, da er ihn nie förmlich angenommen hatte. Er akzeptierte ihn einfach, mit allen Vorteilen und Nachteilen. Allerdings vermehrten sich im Laufe der Zeit die Nachteile. Schließlich erwies sich der Name als zu eng begrenzt und machte dem Begriff „Moralische Aufrüstung" Platz.

Die Kontroverse um den Namen verringerte keineswegs das Interesse, das durch die Londoner Kampagne im Herbst 1933–34 in der Öffentlichkeit erweckt worden war. Siebentausend Menschen drängten sich zum Eröffnungsgottesdienst in die St. Pauls-Kathedrale. Bei einem anschließenden Empfang im Lambeth Palace deutete der Erzbischof von Canterbury auf die Porträts seiner Vorgänger und meinte, einige von ihnen hätten vielleicht ähnliche Bedenken, wie zur Zeit gewisse Menschen in Briefen an die *Times* ausdrückten, er selbst sei aber der Überzeugung, Gott habe die Oxfordgruppe nach London gerufen.

Die Presse widmete Buchman viel Aufmerksamkeit. In einem eher sensationell aufgemachten Artikel berichtete ein Journalist über die Vorbereitungen zu einer Hausparty in Eastbourne. Buchman wurde darin mit einem Satz zitiert, der dann zur Schlagzeile in Fettdruck wurde: „Gott ist Millionär". Der Artikel folgerte aus dem Satz, Buchman stehe finanziell auf bestem Fuß.[6] Der Journalist berichtete zwei Wochen später, er habe Buchmans finanzielle Lage überprüfen können und dabei entdeckt, daß dieser Mann 200 Menschen zu einer Kampagne nach London aufgefordert hatte und selbst nur einige Pfund sein eigen nennen konnte. „Wegen meines ersten Artikels wurde mir kein Vorwurf gemacht", schloß der Journalist seinen Bericht.[7] In jenen Tagen erhielt Buchman einen mürrischen Anruf von Lord Southwood, dem Besitzer der Labour-Zeitung *Daily Herald*: „Ich höre, Sie sind eine Klassenbewegung." – „Richtig", antwortete ihm Buchman, „es gibt zwei Klassen – die Geänderten und die Ungeänderten."

Sir Francis Fremantle, Mitglied des Unterhauses, schlug Buchman vor, daß sich ein kleiner Kreis von Abgeordneten mit ihm und einigen seiner Freunde treffen sollte. Buchman überlegte es sich und hatte den Gedanken: „Nimm fünfzig mit", was sich als weise Voraussicht erwies. Der Londoner *Evening Standard* des gleichen Tages berichtete von der „außergewöhnlichen Neugierde der Abgeordneten – Rauchsalons und Plenarsaal hatten sich für den Anlaß geleert. Die Abgeordneten erschienen so zahlreich, daß man in einen größeren Raum umziehen mußte."[8] Hauptsprecher war eine der großen Persönlichkeiten des Völkerbundes, C. J. Hambro, Präsident des norwegischen Parlaments. Er beschrieb auf lebendige Art, wie er das Potential der Oxfordgruppe einschätzte. Am Ende seiner Rede lud er Buchman ein, mit einer Mannschaft nach Norwegen zu kommen.

Aus dem Londoner Osten kam eine Einladung von Pfarrer E. G. Legge, dessen Gemeinde in Poplar lag: „Wir sind eine der größten und auch der ärmsten Gemeinden Englands." Nach der Kampagne schilderte er die Ereignisse: „Am letzten Tag des Jahres 1933 kam ein Team von fünfundachtzig Menschen bei uns an. Nichts schien sie zu entmutigen. Erster Punkt auf ihrem Programm hieß: Besuch in jedem Haus in der Gemeinde. Alle, die bleiben konnten, fanden ein Bett in den ärmsten Familien, teilten das Leben der Menschen und waren bis spät unterwegs im dichtesten Nebel, den ich je in London erlebt habe. Man konnte sie in den seltsamsten Kaffees entdecken, immer inmitten einer Gruppe von Menschen, die begierig waren, mehr über sie und ihre Botschaft zu erfahren. Vom ersten Augenblick an – einem Mitternachtsgottesdienst am 31. Dezember – waren die Leute von ihnen gepackt. Die Menschen strömten herbei. So viele hatten alle Hoffnung verloren. Ihnen bedeutete das Kommen der Oxfordgruppe die Wiedergeburt der Hoffnung."[9] Buchman hatte am 31. Dezember in Pfarrer Legges Kirche gepredigt und war öfters von herzlich-humorvollen Kommentaren unterbrochen worden.

Von Poplar aus ging die Kampagne in andere Teile Ost-Londons: nach East Ham und Hackney. Eine Mannschaft von 144 jungen Menschen, meist Studenten, verbrachte die Ostertage dort. Der eigentliche Pionier dieser Aktion, der auch für die Nacharbeit blieb, war Bill Jaeger, Student des Regent Park College. Er war der einzige Sohn einer armen Witwe aus Stockport in Mittelengland, der dort ein winziger Hutladen gehört hatte. Bill Jaeger hegte den leidenschaftlichen Wunsch, die Menschen in Ost-London zu erreichen. „Oft war ich früh morgens schon unterwegs, während meine Kollegen noch schliefen", erinnert er sich. „Innerhalb von achtzehn Monaten zählte unsere Mannschaft im Londoner Osten fünfhundert Mann." Als er 1936 das College verließ, setzte ihn Buchman als hauptamtlichen Mitarbeiter in Ost-London ein; seine Mutter verkaufte ihren kleinen Laden für vierzig Pfund und arbeitete an seiner Seite. Bill Jaeger lernte nicht nur die harten Banden kennen, sondern auch Männer und Frauen in der Kommunalverwaltung. Ein Kollege Jaegers, der fast zwei Meter lange Sohn eines Lords, lebte den Winter über bei der Familie von Bill Rowell – einem Anführer der 250 000 Ost-Londoner Arbeitslosen, der auch am Gewerkschaftskongreß von 1936 in ihrem Namen sprach – und schlief nachts auf zwei Stühlen in Rowells Küche. Bill Rowell wurde ein Teil von Jaegers Mannschaft. Er schrieb: „Ich muß immer wieder an die vielen Friedensveranstaltungen denken, auf denen ich gesprochen habe. Ich gab dem Volk Friedensvorschläge, danach kehrte ich zu meiner Familie zurück, wo wir ständig im Kriegszustand lebten. Wir waren zwölf Jahre verheiratet, als ich plötzlich entdeckte, daß sich meine Frau und meine Familie geändert hatten. Es war eine neue Familie. Ich war kein Diktator mehr, und eine neue Liebe zu einander war unter uns entstanden."[10]

Buchman gab Bill Jaeger freie Hand: „Er sagte mir nie, was ich zu tun hatte, aber er wollte immer wissen, was ich tat", erinnert sich Jaeger. „Es interessierte ihn, wen ich besucht und was ich gesagt hatte. Vielleicht machte er ein paar interessante Bemerkungen, oder er gab ein paar gute Ratschläge. Er brachte Männer aus der Industrie und Leute aus dem Adel, die neue Lebensmotive gefunden hatten, zu uns nach Ost-London – und nahm meine Freunde mit ins Westend."

Als die Londoner Kampagne 1934 zu Ende ging, reiste Buchman mit einer größeren Mannschaft in die Vereinigten Staaten und nach Kanada. Pfarrer Legge aus Poplar ging mit, ebenso George Light, ein Führer der Arbeitslosen aus Warwickshire. Dieser war 1933 zu der Hausparty in Oxford gekommen. Er war verbittert über seine eigene Arbeitslosigkeit und über die der Männer, die er vertrat. Er beschrieb, wie er Buchman kennenlernte:

„Ich hatte noch nie einen Menschen mit einem solchen Glauben kennengelernt, einen, der auch die Gabe besaß, im richtigen Augenblick an der richtigen Stelle zu sein. Ich traf ihn eines Tages und er lud mich in sein Zimmer ein. Er wollte wissen, was ich von der Oxfordgruppe hielt – ich antwortete mit einer höflichen Floskel. Dann sagte er: ‚Hast du irgend etwas Negatives über uns erfahren? Wir würden es gerne wissen.'

Ich war gerade auf einer sozialistischen Konferenz gewesen, auf der eine Frau gesagt hatte: ‚Ich habe aus verläßlicher Quelle erfahren, daß jemand Buchman eine Spende von 50000 Pfund gegeben hat, damit seine Arbeit weitergehen kann.'

Ich erzählte Frank davon, und er sagte: ‚Wie seltsam, George. Ich habe genau das gleiche gehört – aber sieh dir mal mein Bankkonto an.' Er zeigte es mir. Ich glaube, es waren an die neun Pfund da. ‚Das ist alles, was ich auf der Bank habe', sagte er. Wir sprachen über andere Dinge. ‚Wohin gehst du heute noch, George?' wollte er wissen. Ich sagte, ich hätte eine Rückfahrkarte und ein paar Shilling extra. Frank suchte in seinen Taschen und sagte: ‚Hier habe ich noch mal neun Pfund neben dem Geld, das auf der Bank ist. Da, nimm es. Nun besitzen wir beide das gleiche, wir sind also beide jetzt Sozialisten.'

Das war meine zweite Unterhaltung überhaupt mit Frank. Er kannte mich kaum. Ich hätte ebensogut ein Schwindler sein können. Ich ging nach Hause und erzählte meiner Frau und meiner Familie davon. Die neun Pfund waren uns sehr nützlich, ein Vermögen war es freilich nicht. Was meine Familie aber so glücklich machte, war, daß jemand an unserem Schicksal Anteil nahm – sie weinten vor Dankbarkeit. Frank hat nie eine eigene selbstlose Tat hinausgeschoben, nur darum, weil die ganze Gesellschaft nicht selbstlos genug war. Was er tat und wofür er kämpfte, barg in sich die Elemente einer echten revolutionären Tat."[11]

Am letzten Tag der Londoner Kampagne sprach Buchman im Metropol Hotel in der Northumberland Avenue. Er kommentierte unter anderem die Behauptung einer Zeitung, Oswald Mosley, der Führer der englischen Faschisten, habe 100000 Anhänger, und zwei Millionen Engländer seien „faschistisch gesinnt". Er stellte seinen Zuhörern die Frage: „Gibt es in England zwei Millionen Menschen, die sich nach dem Heiligen Geist richten? Sie alle hier brauchen etwas, von dem Mahatma Gandhi sagte, er habe es bei den Christen vermißt: ‚Denn jeder wird mit Feuer gesalzen werden.'"* Dann fügte er hinzu: „Gestern hatte ich Gäste zum Abendessen. Einige waren für Hitler, andere gegen ihn. Ich sagte ihnen, wir seien für Änderung in allen und in jedem."

* Markus 9,49., nach Buchman einer von Gandhis liebsten Versen.

17

A-WO-ZAN-ZAN-TONGA

Trotz der Ausbreitung seines Wirkens in anderen Ländern und ungeachtet des von Princeton ausgehenden Widerstandes verringerte Buchman keineswegs die Arbeit in seinem eigenen Land. In den ersten drei Monaten des Jahres 1929 hielt er ein halbes Dutzend Hauspartys, davon die letzte in Briarcliff, am Hudson-Fluß, 50 Kilometer flußaufwärts von New York. Briarcliff wurde zum Inbegriff seiner Tätigkeit in jenen Jahren, und als er im Mai 1932 Franklin D. Roosevelt – damals Gouverneur des Staates New York – in seinem Haus aufsuchte, empfing ihn dieser mit den Worten: „Hallo, Buchman – was gibt's Neues in Briarcliff?" Kurz darauf wurde Buchman von Präsident Herbert Hoover empfangen, dem die Wirtschaftskrise, die damals gerade ihren Höhepunkt erreicht hatte, große Sorgen bereitete. In der Bevölkerung wuchs die Erkenntnis, daß der Aufschwung der zwanziger Jahre wahrscheinlich für immer der Vergangenheit angehörte; parallel dazu wuchsen die Verzweiflung und die Gewalt in den Städten. In der Wochenzeitschrift *Harper's* erschien ein Artikel mit dem Titel „Wird es hier eine Revolution geben?".[1] An einem einzigen Wochenende nahmen sich in Detroit achtunddreißig Menschen das Leben.

Buchman hatte eine Gruppe von zwanzig Freunden aus Europa nach Nordamerika mitgebracht. Im Mittleren Westen und im Osten der Vereinigten Staaten wurden große öffentliche Veranstaltungen abgehalten. Im Juni traf die Gruppe in Detroit ein. Ein Ehepaar, dessen Ehe durch den Kontakt mit der Oxfordgruppe vor dem Zerbrechen bewahrt worden war, führte Buchman bei Henry Ford und seiner Frau ein. Als Henry Ford bemerkte, daß Buchmans Uhr nicht ging, bot er ihm ein Duplikat seiner eigenen Uhr an: sie kostete 1 Dollar und hing an einer Lederschnur, die am Revers seines Rocks befestigt war. Buchman feierte seinen vierundfünfzigsten Geburtstag und hatte seinen mittlerweile vierundachtzig Jahre alten Freund Bill Pickle von der Penn State Universität dazu eingeladen. Bill wurde auch dem Ehepaar

Ford vorgestellt und sagte spontan: „Henry Ford kam mir vor wie meinesgleichen; wäre er mein Nachbar, so wären wir gute Freunde."

Buchman hatte über die Jahre immer Kontakt zu Bill Pickle behalten und ihm in besonders schweren Zeiten finanziell unter die Arme gegriffen. Nun hatte Bill erfahren, daß sein „Wohltäter" – so nannte er Buchman – wieder nach Europa gehen wollte, und schrieb ihm: „Ich höre, daß Du Dich am 15. Juni auf den Weg nach Oxford in England machst, was mir auch in meinen alten Tagen die größte Freude machen würde. Hör zu, Frank, ich habe Dich nie um etwas gebeten – hatte auch nie Grund dazu –, aber Du kannst Dir nicht vorstellen, wie gerne ich mit Dir nach Oxford ginge. Uns geht es allen gut, auch geistig – wie auf einem Berggipfel. In Freundschaft und Verbundenheit, Dein Bruder W. I. Gilliland."[2]

Buchman reiste auf der *Berengaria* und schrieb am Tag der Abfahrt noch an Mrs. Ford: „Es wird Sie sicher überraschen, wenn ich Ihnen schreibe, daß Bill Pickle heute nacht mit mir nach England fährt. Bill sagt mir, seine längste Schiffsreise bis heute sei auf einer Fähre von Philadelphia nach Camden gewesen, und vorher auf einem kleinen Floß auf einem Mühlteich!"

Seinen ersten Flug erlebte Bill Pickle von London nach Genf, zu einem offiziellen Essen mit Delegierten des Völkerbunds. Auf dem Flughafen warf Bill einen einzigen Blick auf die kleine Maschine und suchte den Piloten auf. „Wollen Sie diese Kiste fliegen?" fragte er. „Ja", antwortete der erfahrene Pilot. „In dem Fall wäre es mir lieber, wenn wir vorher auf die Knie gehen und zusammen beten würden." Beide knieten neben dem Flugzeug nieder, und Bill vertraute sich seinem „himmlischen Vater" an – er, der ein uneheliches Kind gewesen war und seinen Vater nie gekannt hatte.

In der Zwischenzeit war Henry Ford im Laufe seiner Arbeit auf Harvey Firestones Sohn aufmerksam geworden und hatte bemerkt, wie er sich geändert hatte: er bat ihn in sein Büro und fragte ihn zwei Stunden lang aus. Bill Pickle war gerade aus Europa zurück, und Henry Ford lud ihn ein, einige seiner trinklustigen Direktoren kennenzulernen. Einer wollte von Bill wissen, wie er denn bete. „Nun", sagte dieser und blies durch seinen mächtigen Schnurrbart, „es ist wie beim ‚crap-shooting'-Würfelspiel: auf den Knien." Weitere Einzelheiten gingen im Gelächter unter. Ähnlich war es in Genf: seine direkte Art machte einen größeren Eindruck als manche ausgefeilte Rede. Buchman meinte: „Er ist eben echt und deshalb überall am rechten Platz."

Buchman hatte in Europa das erreicht, was in Amerika die Affäre von Princeton zerschlagen hatte: es gab eine reisebereite, mobile Gruppe von überzeugten Menschen – dafür hatte er seit seiner Rückkehr aus China gearbeitet. Nach einer ersten Erkundung kehrte er im Oktober 1932 mit zweiunddreißig Freunden nach Kanada zurück. Auf dem Schiff ließ er sich rasieren, wobei der Barbier sich mit ziemlich belegter Stimme nach seiner Tätigkeit erkundigte. „Meine Tätigkeit", antwortete Buchman lebhaft und direkt, „besteht darin, einem korpulenten Barbier, der die Nacht durchgezecht hat, zu helfen, Ordnung in sein Leben zu bringen und sich auf den rechten Weg zu begeben."

Zu der Mannschaft, die vor ihrer Abreise vom Bischof von Liverpool für ihre Tätigkeit gesegnet wurde, gehörten junge Männer und Frauen aus England, Holland, Deutschland, Südafrika und den Vereinigten Staaten. Da es schon Oktober war und die Semesterferien noch nicht begonnen hatten, konnten sich aus Oxford nur sechs der Mannschaft anschließen, unter ihnen Reginald Holme, bekannt für seine Motorrad-Spritztouren; er hatte sein Theologie-Examen mit „sehr gut" bestanden. Auch Marie Clarkson reiste mit, „das-Mädchen-auf-dem-Fahrrad-mit-Hund". Aus Südafrika kamen Dr. Ebenezer Macmillan und seine Frau; aus Deutschland Frau Moni von Cramon; aus London Vizeadmiral Sydney Drury-Lowe und aus Schottland Jimmie Watt, ein ehemaliger Kommunist. Als die *Duchess of Bedford* in den Hafen von Quebec einfuhr – so erinnert sich Ruth Bennett[3] –, gab Buchman den Engländern den Rat zu vergessen, daß sie Engländer waren, hier seien sie nur Christen. „Seid anerkennend und verständnisvoll, stellt nie Vergleiche an", riet er ihnen und sagte im gleichen Atemzug: „Bevor diese Reise zu Ende ist, wird jeder von euch vielleicht eine Mannschaft von 200 Menschen führen können."

Die Mannschaft bestand hauptsächlich aus Fünfundzwanzigjährigen (oder noch Jüngeren) und hatte Schulung nötig. Ihre Frische und Freude waren attraktiv. Nach einer ersten öffentlichen Veranstaltung wandte sich ein vornehmer älterer Herr an Reginald Holme. Er stellte Fragen nach der Stillen Zeit; kurze Zeit danach hielt er eine und schrieb das Wort „Zoll" auf. Er hieß Bernard Hallward, lebte in Ottawa, hatte in Oxford studiert und war stellvertretender Aufsichtsratsvorsitzender der Zeitung *Montreal Star*. Als die Mannschaft in Ottawa ankam, wurde sie mit der Schlagzeile in den Zeitungen begrüßt, Hallward habe der Zollabteilung im Finanzministerium 12200 Dollar überwiesen – genau die Summe, die er für die Waren, die er bis jetzt unverzollt aus Europa eingeführt hatte, dem Zoll hätte zahlen müssen.[4]

In Ottawa gab Premierminister R. B. Bennett ein Essen, um seinen Kollegen aus dem Kabinett die Besucher aus Europa vorzustellen. „Wenn, wie ich glaube, John Wesley England vor den Folgen der Französischen Revolution bewahrt hat“, sagte Bennett in seiner Tischrede, „so betone ich heute voller Hoffnung, daß die Überzeugung, die Sie so lebendig verkörpern, zu den Kräften gehört, die die Welt retten können.“[5]

Auf dem Weg nach New York fand eine Hausparty in Detroit statt, und Henry Ford lud zu Ehren der europäischen Gäste zu einem „Barn Dance“, eine Art Volkstanz-Abend, in einer großen Scheune ein. Bill Pickle hielt am Sonntag morgen eine Ansprache in der Martha-and-Mary-Kapelle in Dearborn, und zum Abschluß war Buchman mit einigen Freunden bei Fords zum Tee eingeladen.

In New York strömten 3200 Menschen in den Ballsaal des Waldorf-Astoria-Hotels. „Das war,“ so sagte Professor Grensted, Philosophieprofessor der Universität Oxford, der mit einigen Studenten angekommen war, „ein besonderer Triumph für Frank, der sich nur zu gut an die Angriffe in der New Yorker Presse erinnerte.“

Buchman führte sein Team nach Washington. Außenminister Cordell Hull kam zu einer Veranstaltung; eine weitere wurde von einem Chor von Schwarzen eröffnet. Buchman wurde deswegen kritisiert – und noch heftiger kritisiert, als er die nächste Versammlung in eine Kirche der Schwarzen verlegte. 2000 Menschen, Schwarze und Weiße, trafen sich dort zu einer Zeit, als integrierte Anlässe in der Hauptstadt noch ungewöhnlich waren.

Darauf waren Louisville, Akron und Kansas City an der Reihe, wo Buchman den damaligen Richter – und späteren Präsidenten – Harry S. Truman kennenlernte. Es folgten Arizona und Kalifornien, wo die Mannschaft aufgefordert wurde, zu den Insassen des San Quentin-Gefängnisses zu sprechen. Ein Exemplar von *Nur für Sünder* war dort aufgetaucht und hatte einen großen Einfluß auf die Gefangenen gehabt.

Je weiter sich die Kampagne und dadurch die Arbeit entwickelte, um so mehr bestand Buchman darauf, daß jene Menschen, die mit Gottes Hilfe eine Änderung ihres Lebens erfahren hatten, weiterdenken und aus dieser Erfahrung heraus auf ihr berufliches und öffentliches Umfeld und schließlich auf die Probleme ihres Landes einwirken sollten. Eine persönliche Erfahrung sei wichtig, sagte er, aber sie könne leicht ins Sentimentale abgleiten, wenn sie nicht sofort im täglichen Leben angewandt würde. Zwei Geschäftsleute folgten genau diesem Rat: William Manning aus San Francisco, Besitzer einer Kaffeehaus-Kette, und T. P. Loblaw, dessen Lebensmittelläden in allen Städten Kanadas, von der Ost- bis zur Westküste, zu finden waren.

William Manning und seine Familie gaben ihr großes Haus auf und entschlossen sich zu einem einfacheren Lebensstil. Das ersparte ihnen die Entlassung von Angestellten. Dazu bemerkte Manning, er müsse nachträglich über all seine Versicherungen gegen die Wirtschaftskrise lächeln: „Wenn einmal die Familie auf einer neuen Basis Einigkeit gefunden hat, verschwindet die Angst vor der Zukunft."

Die Ladenkette von T. P. Loblaw war ein Vorläufer der heutigen Supermärkte. Sein Umsatz betrug damals über 25 Millionen Dollar. Er bat Buchman, ihm doch jemanden aus seiner Mannschaft als Hausgast zu schicken. Buchman schickte George, den achtzehnjährigen Bruder von Lawson Wood aus Aberdeen. An einem Tag knieten beide Männer nieder, und Loblaw übergab Gott sein Leben und seine Geschäfte. Als nächstes sagte er sowohl seinen Angestellten wie auch seinen Konkurrenten, seine Firma stehe unter einem neuen Management – dann machte er sich an die Arbeit. Er setzte die Hilfe des damaligen schottischen Kommunisten Jimmie Watt ein, der erzählte: „Loblaw stellte sich der Herausforderung, ohne sich zu verhehlen, welche Umstellungen immer wieder von ihm verlangt werden würden. Er machte einen mutigen Anfang." Es war leider nur ein Anfang, denn Loblaw starb drei Monate später nach einer kurzen Krankheit. Er war aber Ansporn und Anregung für viele andere, zum Beispiel den Lachsproduzenten Richard Bell Irving in Vancouver.

Die finanzielle Basis dieser Reise erwirkte Staunen bei allen, die sie erlebten, und verbreitete Schrecken und Ungläubigkeit bei den andern. In der Hand hatte Buchman nie mehr, als was für eine Woche notwendig war. Kurz bevor er England verließ, bot Roger Hicks, ein neugewonnener hauptamtlicher Mitarbeiter, Buchman 10 000 Pfund an. Es war alles, was ihm von der Erbschaft seines Vaters übrig blieb. Buchman weigerte sich, das Geld anzunehmen. „Es ist nicht meine Sache, mich um Dein Geld zu kümmern", sagte er zu Roger Hicks. „Jetzt, wo Du Deine Sicherheit nicht mehr im Geld siehst, wird Gott Dir zeigen, wie Du es brauchen sollst." Hicks gelang es nicht, Buchman zu einer anderen Ansicht zu bringen. Er überlegte sich die Sache noch einmal und kam mit 2000 Pfund zu Buchman zurück. „Frank", sagte er, „ich habe die Überzeugung, dir 2000 Pfund zu geben." Buchman dachte einige Minuten nach und nahm das Geld an.

„Sag' mir", wollte Hicks von ihm wissen, „wofür wirst du es ausgeben? – „Zweiunddreißig Menschen fahren nächste Woche mit mir nach Kanada", antwortete Buchman. „Ich habe die Kabinen bestellt, habe aber noch nicht das Geld, um sie zu bezahlen. Dein Geld ist die erste Anzahlung." Kurz danach schloß sich Roger Hicks Buchman und seiner Mannschaft in Kanada an.

Während der ganzen Reise bat Buchman nie um Geld. Er veranstaltete auch nie eine Kollekte, obwohl ihm viele versicherten, daß er auf diese Weise mehr als genug erhalten würde. Buchman glaubte, daß Menschen, denen geholfen wurde, aus Dankbarkeit Geld geben würden – und so geschah es auch. An die vierzig Menschen reisten während der Wirtschaftskrise acht Monate lang von einem Ende des Kontinents zum anderen – ohne Gewißheit finanzieller Unterstützung. Keiner aber mußte je Nahrung oder Obdach entbehren.

Aber leicht war diese Erfahrung nicht. Ein Mitglied der Mannschaft erinnert sich: „Eines Morgens trafen wir uns. Wir waren ungefähr fünfzig. Buchman begann und sagte, er möchte wissen, wer von uns tatsächlich kein Geld mehr habe. Dabei hielt er ein kleines Bündel Banknoten in der erhobenen Hand – das war alles, was er noch besaß. Jemand stand auf und sagte, er habe nichts mehr. Buchman ging zu ihm und gab ihm zwei Dollar. Dann sprach er zu uns über unseren mangelnden Glauben in einer Weise, die ich nie vergessen werde. ‚Es gibt unter euch einige, denen es genügt, auf dieser Reise von meinem Glauben zu leben', sagte er. Das Ergebnis war, daß wir alle auf unsere Zimmer gingen, Gott um Verzeihung für unsere Glaubenslosigkeit baten und Ihn um weitere Unterstützung anflehten."

Eines Abends kehrten Buchman und Roger Hicks spät in ihr Hotel zurück. Sie entdeckten einen leicht betrunkenen älteren Herrn im Frack auf Buchmans Bett. Buchman sandte Hicks zum Portier, um nachzufragen, was geschehen war. Als Hicks zurückkam, hörte er den älteren Herrn sagen: „Lieber Herr Dr. Buchman, erklären Sie mir noch mal diese vier Maßstäbe." Buchman gab ihm diese Erklärung, worauf der Besucher sagte: „Ich vergesse manchmal am Morgen, was ich in der Nacht zuvor gehört habe – schreiben Sie mir diese Maßstäbe doch auf mein Frackhemd." Buchman schrieb also auf die steife Hemdbrust: „Absolute Ehrlichkeit, Reinheit, Selbstlosigkeit und Liebe. Zum Tee bei Buchman, heute 17 Uhr." Der ältere Herr kam, entschloß sich, anders zu werden, und wurde wirklich ein ganz neuer Mensch.

Im März 1934 startete Buchman eine zweite, noch größere Aktion in Kanada, mit kurzen Einsätzen in den Vereinigten Staaten. In Kanada wurden Buchman und seine Mannschaft wieder von Premierminister Bennett empfangen, der dieses Mal fünf Stunden mit ihnen verbrachte. In Vancouver erfuhr die Mannschaft, daß die nordamerikanischen Häfen, von San Francisco bis Alaska, von einem der schlimmsten Streiks in der Geschichte Amerikas lahmgelegt waren. In Alaska waren Lebensmittel schon rationiert. Sollte der Streik andauern, würde der diesjährige Lachsfang, von dem die Konservenindustrie abhing, verlorengehen. Als die Gruppe in Vancouver ankam, waren die Verhandlungen festgefahren.

Zwei Männer aus Buchmans Team gingen an die Arbeit: George Light, Sozialist aus Warwickshire, und Walter Horne, Direktor einer kalifornischen Schiffswerft. Ihrem Einsatz war es vor allem zu verdanken, daß eine gerechte Lösung ausgearbeitet werden konnte. Zweiundsiebzig Stunden lang besuchten sie ohne Unterbrechung die Männer, die schon lange und mit Recht um Besserung von Mißständen rangen: das Streikkomitee, Gewerkschaftsführer und die Arbeitgeber. Während eines Industriellen-Essens in Toronto berichtete Richard Bell Irving, jener Lachskonservernfabrikant aus Vancouver, über das Ende des Streiks. „Die Lösung wurde durch die Anwendung der Prinzipien Christi möglich. Dies hatte die Oxfordgruppe beiden Verhandlungspartnern, den Arbeitgebern und den Streikenden, vorgeschlagen“, sagte Bell. „Meine Firma war durch den Streik hart getroffen, darum weiß ich, wovon ich spreche.“[6] Der *Ottawa Evening Citizen* bemerkte dazu: „Wenn das Christentum in die Praxis umgesetzt wird, ist es geistiges Dynamit. Für dauerhafte Reformen steht der Menschheit keine größere Kraftquelle zur Verfügung.“[7]

In Banff wählten die Stoney-Indianer, die zum Sioux-Stamm gehören, Buchman zu ihrem Blutsbruder. Allein Mitglieder des englischen Königshauses können zu Häuptlingen der Stoneys ernannt werden, und damals gab es nur sechs andere Weiße, die Blutsbrüder geworden waren. Während des Winters hatten die Squaws das Zeremoniengewand aus weichem weißen, mit bunten Perlen besticktem Leder angefertigt, dazu den traditionellen Kopfschmuck aus Federn. Die rituellen Fragen zeigten, daß Buchman zwar keine Zelte und keine Viehherde besaß, ein Mangel, der aber wettgemacht wurde durch die Anzahl seiner Streiter und durch die Tatsache, daß die Indianer und er selbst „ohne Bezahlung für Gott arbeiteten“. Die Stoneys gaben ihm den Namen A-Wo-Zan-Zan-Tonga – Großes Licht in der Finsternis. Häuptling Wandernder Büffel sagte, Gott habe ihnen diesen Namen eingegeben. Im Namen des Stammes versprach er „Hilfe in Zeiten der Sorge und der Krankheit, in Zeiten des Hungers oder der Fülle, bei Tag und bei Nacht“, und schloß mit den Worten: „So wirst du in den Herzen dener wachsen, die dich heute als einen der ihren ernannt haben. Der Große Geist wird mit Liebe und Mitgefühl auf dich herabsehen, wenn er dich dann in die ewigen Jagdgründe holt."

Für einige der europäischen Teilnehmer an der Kampagne warf Hitlers Machtergreifung ihren langen Schatten voraus. So für Frau Moni von Cramon. Sie stammte aus einer alten schlesischen Familie, war Hofdame bei der letzten deutschen Kaiserin gewesen und war verwandt mit Manfred von Richthofen, dem bekannten Helden der deutschen Luftwaffe im Ersten Weltkrieg. Sie leitete ein Mädcheninternat in ihrem großen Haus in der Nähe von Breslau, wo auch ihre eigenen drei Kinder lebten. Sie erklärte Buchman: „Die Nationalsozialisten und die Kommunisten hassen mich beide wegen meiner Verbindung zum Kaiser. Ich muß nach Hause." Als sie in Schlesien ankam, wurde Hitler gerade zum Reichskanzler eingesetzt.

Vor ihrer Abreise erhielten Buchman und seine Mannschaft eine Botschaft von Premierminister Bennett: „Ihre Arbeit mit all ihren Auswirkungen hat mir das Regieren leichter gemacht. In jedem Dorf und in jeder Stadt – bis in die entferntesten Gegenden – ist Ihr Einfluß zu spüren."[8]

18

ES GEHT UM DEUTSCHLAND

Als Moni von Cramon Anfang 1933 von ihrer Amerikareise mit Buchman nach Schlesien zurückkehrte, entdeckte sie, daß die örtliche NSDAP ihre Schule geschlossen hatte: „Sie wollten sie unter eigene Regie nehmen und mich als Vorsteherin dafür einsetzen, weil sie ihnen zu christlich war. Ich entschloß mich, das zu verweigern."[1] Frau von Cramon vermietete ihr Haus an eine andere Familie weiter und zog nach Breslau. Sie wußte nicht, daß eine Tochter dieser Familie ein Nazi-Spitzel war und den Befehl erhalten hatte, das Haus zu durchsuchen. Das Mädchen fand dann auch zwischen den Büchern eine antinazistische Broschüre, die ihr eine Französin in Genf geschenkt hatte. Auf dem Umschlag war ein Hakenkreuz abgebildet, dem mit einer Axt die Haken abgeschlagen waren – so daß nur ein einfaches Kreuz übrigblieb. In Breslau erhielt Frau von Cramon die Nachricht, ihre Verhaftung stünde unmittelbar bevor.

In diesem Augenblick kam einer der SS-Führer Schlesiens, den Frau von Cramon seit seiner Jugend kannte, unangemeldet zu Besuch. Er hatte die Absicht, die Nichte ihres Mannes zu heiraten. Ob sie bereit sei, ihn in die Familie des Mädchens einzuführen? Frau von Cramon erzählte ihm von ihrer möglichen Verhaftung. Der Besucher nahm daraufhin der örtlichen SS die ganze Angelegenheit mit der Begründung aus der Hand, ein so ernster Fall könne nur in Himmlers Hauptquartier entschieden werden, wo zufälligerweise einer der Adjutanten zu seinen Freunden gehörte. Nach einer nervenaufreibenden Fahrt von 400 Kilometern nach Berlin stand Frau von Cramon plötzlich Himmler von Angesicht zu Angesicht gegenüber.

Himmler empfing sie in seinem weiträumigen Büro. Zunächst ließ er sie lange am unteren Ende des Raumes stehen, während er eine Akte zu studieren schien. Er entnahm ihr ein Foto: „Ist Dr. Buchman, der Leiter dieser Bewegung, ein Jude?"

„Ich kenne seinen Stammbaum nicht, aber ich glaube nicht, daß er jüdischer Abstammung ist. Ich werde aber Herrn Buchman um seinen Stammbaum bitten", antwortete sie. „Glauben Sie, daß er ihn Ihnen geben würde?" „Wenn er ihn hat, warum nicht?" „Wie steht die Oxfordgruppe zu den Juden?" „Das kann ich nicht beantworten, da die Gruppenbewegung keine Organisation ist und keine Statuten hat."

„Wie oft waren Sie in England in diesem Jahr?" fragte Himmler weiter. „Ich glaube dreimal." „Sie irren sich, Sie waren viermal in England."

Dann sagte er ihr genau, wieviel Geld sie noch auf ihrem Bankkonto hatte, und wollte wissen, woher sie das Geld für ihre Reisen erhielte. Sie habe ihren wertvollsten Besitz, ihren Konzertflügel, verkauft, antwortete Frau von Cramon und fügte hinzu: „Ich glaube daran, daß Gott die Menschen führt und daß er ihnen gibt, was sie brauchen, um seinen Auftrag auszuführen."

„Ich glaube auch an Gott. Ich glaube sogar an Wunder", bemerkte Himmler. „Ich bin Parteigenosse Nr. 2. Wir waren sieben Männer, die den Glauben an die nationalsozialistische Ideologie in sich trugen. Jetzt haben wir die Regierung übernommen. Ist es nicht ein Wunder, was da geschehen ist?"[2]

Er würde gern mehr hören über ein Leben unter der Führung Gottes, fügte Himmler hinzu. Er würde sie deshalb wieder bestellen, um das Verhör fortzusetzen. Dann ließ er sie gehen. Von diesem Augenblick an hatte sie den Verdacht, daß ihre Telefongespräche abgehört und ihre Briefe geöffnet wurden.

Buchman hatte Moni von Cramon zum ersten Mal im Oktober 1931 in Doorn (Holland) kennengelernt, wo der frühere Kaiser im Exil lebte. Nach seiner Flucht hatte er zunächst einige Zeit als Gast der Familie Bentinck verbracht. Als dann in einem Haus dieser Familie eine Hausparty stattfand, besuchte Buchman mit vier deutschen Freunden auch Doorn. Sie ließen ihre Visitenkarten zurück, was zu einer Einladung zum Tee führte. Der Kaiser zog es vor, nicht zu erscheinen, bat aber Frau von Cramon, deren enge Verbindung zur Kirche er kannte, die theologische Glaubwürdigkeit der Gäste zu prüfen.

„Was sind das eigentlich für Leute?" fragte sie einen der Begleiter Buchmans. „Ich weiß das nicht so genau", antwortete er. („Ich merkte mir diese Antwort", bemerkte Frau von Cramon später, „denn ich selbst wußte genau, was ich war.") „Frank, was sind wir eigentlich?" Buchman antwortete: „Nun, wir sind normale Menschen wie Sie, aber wir möchten die Wahrheiten, die die ersten Christen zu Revolutionären machten, in die moderne Sprache übersetzen."

Frau von Cramon lud Buchman ein, das Gespräch in ihrem Wohnzimmer weiterzuführen. Dort versuchte sie, „ihn zu examinieren, ob seine religiösen Erkenntnisse und sein biblisches Wissen dem ihren standhalten konnten oder ob sich da Schwächen zeigten, die ihr helfen würden, diese Leute in die bedauernswerte Rubrik der ‚Schwärmer' oder der ‚Irrgläubigen' einzuordnen". Dr. Buchman bestand das Examen, wenn auch nur mit „genügend", stellte sie später fest.

Bevor er sie verließ, lud Buchman sie zur nächsten Hausparty im kommenden Juni nach Oxford ein. Sie sagte sofort, ihre Teilnahme sei aus drei Gründen völlig ausgeschlossen: Erstens habe sie nicht das nötige Geld; zweitens gehe das Schuljahr erst im Juli zu Ende, und drittens („Ich versuchte dies so bescheiden wie möglich auszudrücken") glaube sie kaum, daß sie von Engländern und Amerikanern in religiösen Fragen viel dazuzulernen hätte.

„Dr. Buchman lachte sein weltbekanntes Lachen in gelöster Fröhlichkeit", erzählte Frau von Cramon. „‚Oh, entschuldigen Sie', sagte er, ‚ich war im Irrtum. Ich dachte, Sie wären eine Christin.'" Sie ließ sich ihre Empörung nicht anmerken. Dieser harmlose Amerikaner konnte ja nicht ahnen, was sie schon alles im Reiche Gottes geleistet hatte. Sie versuchte ein verzeihendes Lächeln: „Warum bin ich in Ihren Augen keine Christin?"

„Nun, weil Sie anscheinend nicht unter der Führung Gottes leben, sonst wüßten Sie doch nicht schon im Herbst, was Gott mit Ihnen im nächsten Juni vor hat."

„Der Satz: ‚Ich dachte, Sie wären eine Christin', bohrte sich in meine Sicherheit und selbstzufriedene Position wie ein Wurm in morsches Holz."[3]

Im darauffolgenden Juni hatten sich die beiden ersten Einwände ganz unverhofft in nichts aufgelöst. Im Mai erhielt Frau von Cramon einen Brief mit einer Rückfahrkarte nach Oxford. Und genau in dem Augenblick, als sie losfahren wollte, mußte ihre Schule wegen einer Scharlach-Epidemie für zwei Wochen geschlossen werden. Sie schämte sich nun doch ein bißchen, den dritten Grund vorgebracht zu haben, und beruhigte sich mit dem Gedanken, daß sie wenigstens den Teilnehmern in Oxford einige Grundelemente von „gesunder deutsch-evangelischer Pädagogik" werde vermitteln können.

Sie versuchte dieses Ziel durch einen anderthalbstündigen Vortrag zu erreichen, der bis auf Buchman alle Zuhörer dazu brachte, den Saal zu verlassen. Dann erklärte sie Buchman, daß sie nach Hause zurückfahren müsse. „Ist das wohl gottgeführt, daß Sie schon fahren wollen?" fragte er. Sie zog sich auf ihr Zimmer zurück, um das Experiment des „Horchens" zu versuchen. „Es kamen keine geistreichen

Gedanken in dieser ersten Stillen Stunde. Auf dem Papier standen verloren, scheinbar völlig sinnlos, drei Worte hingekritzelt: ‚Genf – Genève – Geneva'." Beim Tee erzählte sie Buchman davon und wiederholte, sie wolle nun abreisen. „Wieder lachte er sein weltbekanntes Lachen. Aus der Tasche zog er eine gedruckte Einladung der Oxford-Gruppenbewegung an den Völkerbund in Genf – in etwa zehn Tagen. Von vielen Ländern waren Vertreter dazu namentlich genannt, und aus Deutschland: ‚Moni von Cramon'. ‚Sie haben mich doch gar nicht gefragt, ich hätte Ihnen gesagt, daß ich nicht nach Genf fahren kann . . .'

‚Wir fragten Gott – er sagte uns, daß Sie mitkommen würden . . . aber er läßt die Menschen immer das tun, was sie tun wollen. So werden wir Ihren Namen auf der Liste streichen, sagte er." In diesem Augenblick wurde Frau von Cramon ein Telegramm übergeben. Darin stand: „Neuer Scharlachfall. Schule bis auf weiteres geschlossen." „Meine Knie wurden weich", erzählte Frau von Cramon weiter. „Konnte es wahr sein, daß Gott zu Menschen spricht? Eine Woche später fand ich mich in Genf als Rednerin vor den Delegierten des Völkerbundes wieder."[4]

Als Frau von Cramon 1933 zum ersten Mal von Himmler verhört wurde, hatte sie schon manche Erfahrung mit Buchmans Arbeit in zahlreichen Ländern hinter sich. Sie wußte es zu schätzen, wie sehr ihm die Entwicklung in ihrem eigenen Land am Herzen lag. Dank seiner schweizerdeutschen Vorfahren und seiner Deutschkenntnisse – Deutsch war die einzige Fremdsprache, die ihm geläufig war – fühlte er sich in Deutschland zu Hause. Die Begegnung mit Bodelschwingh hatte einen entscheidenden Anstoß zur Gründung des Overbrook-Hospizes gegeben. Seit dem Tod von Friedrich von Bodelschwingh dem Älteren im Jahr 1910 hatte sich ein Briefwechsel mit seinem Sohn entwickelt. Während der Kriegsjahre 1914–18 hatte Buchman auf Vorschlag von John R. Mott deutsche Kriegsgefangene und Internierte in Indien und Japan besucht. Nach dem Waffenstillstand hatte er bei einem Hilfsprogramm für bedürftige Studenten und Familien, die alles im Krieg verloren hatten, mitgearbeitet. 1920 schrieb er an Mrs. Woolverton: „Die Kinder hungern und sterben. Es gibt keine Kühe mehr und kein Futter für das Vieh. Ich habe noch nie etwas so Erschütterndes erlebt."[5]

Von 1920 an besuchte Buchman Deutschland jedes Jahr. Nach einem solchen Besuch 1923 schrieb er: „Ich komme aus den Tiefen einer bankrotten Welt. Ich habe hier mit Armen und Reichen, Privilegierten und Vernachlässigten am gleichen Tisch gesessen. Einige von denen, die vor zwei Jahren noch reich waren, haben heute nicht mehr genug zu essen. Ein Pfund Wurst war alles, was mein Arzt, der zu den besten Deutschlands gehört, mit seiner Familie in der Woche zu teilen hatte, während ich bei ihm zu Gast war. In einigen Familien liegt die Hälfte der Familie im Bett, während die andere Hälfte auf Nahrungssuche geht."[6]

Auch in Deutschland fanden von Anfang der zwanziger Jahre an eine Reihe von öffentlichen Hauspartys statt. Im Herbst 1928 lernte Buchman Ferdinand Laun kennen, einen jungen deutschen Theologen, der dank eines Rockefeller-Stipendiums in Oxford wissenschaftlich arbeiten konnte. Er brach seine akademische Laufbahn ab und widmete sich von 1932 bis zum Ausbruch des Zweiten Weltkriegs ganz dem Aufbau der *Gruppenbewegung*.[7] Örtliche Gruppen bildeten sich in allen Teilen des Landes. Gruppen von Deutschen nahmen auch an Tagungen in Oxford und in der Schweiz teil oder reisten mit Buchman in andere Kontinente.

In den späten zwanziger Jahren geriet Deutschland mehr und mehr in einen Zustand von Demoralisierung und Chaos. Mit einer „galoppierenden" Inflation, einer wachsenden Zahl von Arbeitslosen und immer wieder ausbrechenden regionalen Unruhen wuchs von Monat zu Monat die Gefahr einer Revolution oder eines Bürgerkrieges.

Hitlers Einfluß wuchs dementsprechend. Er versprach den Menschen „Ordnung, Arbeit und Brot". Er verbreitete seine Ideen zunächst nicht als rohe Blut- und Boden-Ideologie, sondern als eine Art Glauben, der die Größe der deutschen Nation wiederherstellen und mit dem Christentum nicht in Konflikt geraten würde. So wurde 1928 ein Mann aus der NSDAP ausgeschlossen, weil er den christlichen Glauben in zu offensichtlicher Weise durch einen „deutschen Glauben" ersetzen wollte. Im gleichen Jahr erklärte Hitler in einer öffentlichen Rede: „Diese unsere Bewegung ist tatsächlich christlich . . . Wir werden jeden Versuch unterbinden, den religiösen Gedanken in unserer Bewegung zur Diskussion zu stellen."[8] Auch nach der Machtübernahme wiederholte Hitler diese Art von Versprechen.[9]

Einflußreiche Teile der Bevölkerung waren deshalb in diesen ersten Jahren der nationalsozialistischen Herrschaft bereit abzuwarten, um zu sehen, wie sich die Dinge entwickeln würden. Die katholischen Bischöfe schrieben in ihrem Hirtenbrief vom 10. Juni 1933: „Gerade in unserer heiligen katholischen Kirche kommen Wert und Sinn der Autorität ganz besonders zur Geltung . . . Es fällt deswegen uns Katholiken auch keineswegs schwer, die neue, starke Betonung der Autorität im deutschen Staatswesen zu würdigen und uns mit . . . Bereitschaft ihr zu unterwerfen."[10] Karl Barth, der schon sehr früh seine Stimme gegen Hitler erhob, schrieb 1938: „Der Nationalsozialismus hatte in der ersten Zeit seiner Macht in der Tat den Charakter eines politischen Experimentes wie andere . . . Die Kirche in Deutschland hatte damals . . . das Recht und die Pflicht, ihm als einem politischen Experiment zunächst Zeit und Chance zu geben."[11]

Wann auch immer es ihm sein angespanntes weltweites Arbeits- und Aktionsprogramm erlaubte, benutzte Buchman jede Gelegenheit, sich über die Situation im neuen Deutschland persönlich zu informieren. Er versuchte im Januar 1932 zum ersten Mal, Hitler persönlich zu treffen. Auf der Durchreise bat er in München um einen Gesprächstermin und ging ins Braune Haus, um das Ergebnis seiner Bemühungen zu erfahren. Während er auf eine Antwort wartete, sah er auf dem Schreibtisch im Wartezimmer ein offenes Telegramm, das an Hitlers Stab gerichtet war: „Unter keinen Umständen soll Buchman zum Führer vorgelassen werden." Es war unterschrieben von einem der Söhne des Ex-Kaisers, Prinz August-Wilhelm („Auwi"), dem Buchman in der unmittelbaren Krisenzeit nach dem Ersten Weltkrieg Freundschaftsdienste geleistet hatte. Der Termin mit Hitler wurde abgelehnt.

Im Sommer 1932, vor seiner ersten Kanada-Kampagne, nahm Buchman zwanzig junge Männer und Frauen mit auf eine kurze Informationsreise durch Deutschland. Für viele von ihnen war es der erste Kontakt mit diesem Land und im besonderen mit dem Nationalsozialismus. Der damals dreißigjährige Garrett Stearly beschrieb, wie beeindruckt sie alle waren, in einer Stadt zwei Gruppen von jungen Leuten bei der Arbeit zu sehen, die einen beim Bau einer großen Kläranlage, die anderen beim Austrocknen eines Sumpfes. „Sie arbeiteten alle auf freiwilliger Basis, und man gewann den Eindruck, es seien wirklich überzeugte Menschen", schrieb er später. „Die Demoralisierung schien überwunden."

Buchman hatte seinen jungen Mitarbeitern gesagt, ihre Arbeit würde unvollständig bleiben, wenn sie nicht imstande wären, solch überzeugten Menschen eine Erfahrung der Änderung zu vermitteln. Er versammelte dann 150 Deutsche in Bad Homburg um sich, hauptsächlich Kirchenleute, die er mit der gleichen Herausforderung konfrontierte. „Frank drang nicht wirklich durch zu ihnen", fügte Stearly hinzu. „Sie waren sehr intellektuell, verschanzt hinter einer unüberwindbaren theologischen Mauer. Sie sahen auf den Nationalsozialismus herab wie auf etwas, das nichts mit den Kirchen zu tun hätte, und waren der Meinung, daß sich dieser bald von selbst wieder erledigen würde. Sie konnten sich nicht dazu entschließen, etwas zu unternehmen. Frank war enttäuscht, hoffte aber, daß sein Freund Professor Fezer * aus Tübingen doch noch etwas tun würde."

Im Juni 1933 kam Buchman am Ende seiner Kanada-Kampagne direkt nach Deutschland zurück. Einige Deutsche, unter anderen Baron von Maltzahn von der Presseabteilung des Auswärtigen Amtes, hatten ihn dringend darum gebeten. Von Maltzahn versuchte, einen Termin mit Hitler zu vermitteln. Wiederum kam nichts zustande.

Buchman hatte bei seinen Versuchen, den Führer zu treffen, keinerlei Hintergedanken. Er war nicht nur davon überzeugt, daß Hitler eine Änderung in seinem Charakter und in seiner Motivation erfahren, sondern auch, daß eine solche Änderung für Deutschland und die Welt von entscheidender Bedeutung sein könnte. Er glaubte daran, daß auch die verantwortlichen Politiker anderer Nationen eine ähnliche Erfahrung brauchten und daß keiner von ihnen von Gottes Gnade ausgeschlossen sei.

Andererseits hatte Frau Hanfstaengl Buchman schon im Jahr 1924 von Hitlers Haß gegen die Juden erzählt, und im Sommer 1933 konnte er etwas von Hitlers Persönlichkeit, seinem Stil und seinem Charakter erfahren, als er bei der Eröffnung eines Teilstückes der Autobahn dabei war. Ruth Bennett erinnerte sich später: „Auf der Hinfahrt zur Eröffnung erlebten wir einen lächelnden und freundlichen Hitler, der in seinem Mercedes stehend mit dem Nazigruß den begeisterten Applaus der Hunderttausende, die am Straßenrand standen, entgegennahm. Auf der Rückreise saß er in schwarzer Stimmung vornübergebeugt und schaute weder rechts noch links. Hinter seinem Wagen marschierten, in militärischer Formation mit Spaten auf ihren Schultern, die Männer, die die Autobahn gebaut hatten. Dies war lange, bevor Deutschland seine militärische Wiederaufrüstung begann, aber Frank bemerkte dazu: ‚Es gefällt mir gar nicht. Es riecht nach Krieg.‘"

Buchman war sich schon bald darüber im klaren, daß sich die totale Loyalität dem Staat gegenüber, die Hitler verlangte, früher oder später mit den totalen Forderungen Gottes, auf denen er, Buchman, bestand, nicht mehr auf einen gemeinsamen Nenner bringen ließen. Diese Er-

---

* Karl Fezer wurde 1929 zum Professor für Praktische Theologie an der Universität Tübingen gewählt. Bis 1933 war er gegen den Nationalsozialismus eingestellt, war dann aber, als die Nationalsozialisten durch Wahlen an die Macht kamen, der Meinung, daß man mit einer gewählten Regierung im Gespräch bleiben müsse. Am 27. April 1933 wurde er von seinen Kollegen in der Evangelischen Kirche einstimmig als Sprecher für die Verhandlungen, die die Zukunft der Kirche betrafen, gewählt.

kenntnis zeigte sich in einer Bemerkung von Ruth Bennett – die damals eng mit Buchman zusammenarbeitete – in einem Brief an Frau von Cramon vom Juni 1933: „Ich hoffe, auch um Deutschlands willen, daß Gott für Dich immer an erster Stelle kommen wird und Dein Land erst nachher. In Los Angeles hast Du diese Ordnung umgekehrt."[12]

Reginald Holme war zunächst von der Tüchtigkeit und dem Schneid der Nationalsozialisten begeistert. Er reiste 1934 mit Buchman durch Deutschland. Später schrieb er: „Ich erinnere mich, wie Buchman mir sagte: ‚Macht euch keine Illusionen: Was wir hier sehen, ist keine christliche Revolution. Warum schlafen aber die Christen noch am Sonntagmorgen, wenn die Nazis schon in den Straßen marschieren? Das Problem ist, daß man sich unter Religion immer einen Pfarrer vorstellt. Man sollte sich eine ganze Nation vorstellen, die christlich wird."

Buchman war der Überzeugung, daß die Deutsche Evangelische Kirche, in deren Tradition er groß geworden war, versagt hatte. Es sei ihr nicht gelungen, Deutschland vor die Herausforderung zu stellen, ein umfassendes Christentum zu leben. „Ich bin überzeugt, daß die lutherische Kirche, falls sie glaubwürdig genug und in ihrem Einsatz für Christus dynamisch genug gewesen wäre, eine Antwort für Deutschland gehabt hätte."

Nachdem es Buchman nicht gelungen war, Hitler direkt zu erreichen, wurde er sich auch bewußt, daß die nationalsozialistische Bewegung es ihm durch ihre Massenveranstaltungen unmöglich machte, durch „Kampagnen" wie in Südafrika und Kanada auf eine christliche Erweckung auf breitester Basis hinzuwirken. So konzentrierte er sich in der knappen Zeit, die ihm übrig blieb, auf die Kontakte mit jenen Kirchenführern, die überhaupt noch eine Möglichkeit zu haben schienen, die Gesinnung des Regimes und seiner Anhänger entscheidend zu beeinflussen.

Die evangelische Kirche war politisch und theologisch zutiefst gespalten. Ein Teil versuchte, der evangelischen und lutherischen Tradition treu zu bleiben; ein zweiter bildete die Gruppe der Deutschen Christen; wieder andere befanden sich zwischen allen Lagern. Hitler hoffte über die Deutschen Christen – deren Ursprung auf die zwanziger Jahre zurückging, die aber 1932 von der NSDAP neu organisiert wurden – die Macht über die ganze Kirche zu gewinnen. Bei der Reichstagung der Deutschen Christen in Berlin im April 1933 nahmen nicht nur diejenigen teil, die mit NSDAP-Methoden eine geeinte Reichskirche schaffen wollten, sondern auch – um die Worte von Eberhard Bethge zu gebrauchen – „fundierte Theologen", die „von echtem volksmissionarischem Eifer beseelt" waren, „wie etwa der Tübinger Professor Fezer und der Berliner Missionsdirektor Weichert".[13] Der junge Bischof von Brandenburg, Joachim Hossenfelder, stellte sich an die Spitze der Deutschen Christen. Am 26. April ernannte Hitler Ludwig Müller, einen bis zu diesem Zeitpunkt unbekannten Königsberger Wehrkreispfarrer, zu seinem „Bevollmächtigten für die Angelegenheiten der evangelischen Kirchen".

Um die Initiative nicht zu verlieren, setzten die Leiter der Landeskirchen ebenfalls im April ein Drei-Männer-Kollegium ein, das eine Verfassungsreform im deutschen Protestantismus anpacken sollte. Im Mai bestellten sie Friedrich von Bodelschwingh – den Sohn des alten Freundes von Buchman – zum neuen Reichsbischof. Unter dem Druck von Partei und Staat ließen die Landeskirchen jedoch Bodelschwingh wieder fallen. Er trat nach vier Wochen zurück, besonders weil ihm der Wiesbadener Landgerichtsrat August Jaeger als Staatskommissar für alle evangelischen Kirchen Preußens zur Seite gestellt wurde. Jäger hat – so schreibt der Kirchenhistoriker Klaus Scholder – „auch später nie einen Zweifel daran gelassen, daß das einzige Ziel seiner kirchenpolitischen Aktivitäten die radikale politische Gleichschaltung der Kirche sei und daß er auf dem Weg zu diesem Ziel von jedem Mittel Gebrauch machen würde".[14] Mit dem Rücktritt Bodelschwinghs war der Weg frei für die Ernennung Ludwig Müllers zum Reichsbischof. Von vielen Seiten regte sich starke Opposition, vor allem auch von der Gruppe der *Jungreformatoren*, unter denen Dietrich Bonhoeffer eine wachsende Rolle spielte.

Im Herbst des gleichen Jahres baten mehrere deutsche Theologen, unter anderen Professor Karl Fezer und Bischof Heinrich Rendtorff aus Mecklenburg, Buchman, sich direkt mit der deutschen Situation zu befassen. Rendtorff selbst hatte zunächst auf der Seite der Deutschen Christen gestanden. Nachdem er im Juli 1933 an einer Hausparty in Oxford teilgenommen hatte, predigte er gegen den Ausschluß von jüdischen Christen aus der Kirche. Am 13. September wurde er schließlich von seiner Landessynode abgewählt und wandte sich im Lauf des gleichen Jahres als Pastor in Stettin der kirchlichen Opposition zu.[15]

Als der Bischof von London am 6. Oktober 1933 in der St. Pauls-Kathedrale eine Londoner Kampagne von Frank Buchman und seiner Mannschaft einleitete, waren auch vier Vertreter der deutschen evangelischen Kirche dabei, unter ihnen Professor Karl Fezer, Oberkonsistorialrat Dr. Hans Wahl und Agnes von Grone, die Vorsitzende des Evangelischen Frauenwerkes. Ebenfalls anwesend war Baron von

Maltzahn von der Presseabteilung des Auswärtigen Amtes. Die Zeitung *Church of England Newspaper* schrieb: „Man braucht nicht viel Phantasie, um sich vorstellen zu können, was es für Deutschland – und die Welt – bedeuten wird, wenn die lebendige Botschaft der Oxfordgruppe das deutsche Denken und Handeln durchdringt."[16] Professor Fezer war so beeindruckt, daß er nach Deutschland zurückflog, um den sehr umstrittenen nationalsozialistischen Bischof Joachim Hossenfelder zu veranlassen, ihn nach London zu begleiten.

Hossenfelders Englandbesuch war kein Erfolg. „Dieser kleine, Zigarren rauchende Bischof, mit einem großen Kreuz auf der Brust, verstand nichts von Disziplin", schrieb später Frau von Cramon, die ihn als Übersetzerin begleitete. Er verpaßte einige der von Buchman organisierten Treffen mit Bischöfen, weil „er offensichtlich mehr daran interessiert" war, „eine bayerische Bierstube zu finden, wo er sich mit Bier, Weißwürsten und Sauerkraut zu Hause fühlen würde".[17] Er bestand auch darauf, wie ein anderer Augenzeuge berichtete, „die englischen Bischöfe mit einem familiären Schulterklaps zu begrüßen". Buchman empfing den Bischof auf freundliche Weise, stellte ihn den älteren und jüngeren Mitgliedern der Oxforder Professorenschaft vor, erteilte ihm aber nie das Wort – mit Ausnahme des Eröffnungsgebets. Natürlich mußte er viel Kritik einstecken, sowohl für Hossenfelders Betragen wie auch für dessen Ansichten. Auf der Rückreise sagte Hossenfelder zu Fezer, alles während des Englandbesuchs habe ihm gefallen. Nur das, „was man immer wieder über Änderung (change) gesagt" habe, sei ihm unverständlich geblieben.[18]

Aus den Berichten, die Hossenfelder und Wahl nach ihrer Rückkehr nach Deutschland abgaben, läßt sich klar erkennen, daß beide Theologen vor allem nach London gereist waren, um das Image Deutschlands und der Deutschen Christen im allgemeinen zu verbessern. Klaus Scholder bemerkt dazu: „Um namentlich die angelsächsischen Kirchen zu beruhigen, hatte der Reichsbischof Mitte Oktober sogar Fezer und Hossenfelder nach England geschickt mit der direkten Weisung, ‚dort allen offiziellen Stellen', mit denen sie in Berührung kämen, ‚insbesondere den anglikanischen Bischöfen, aber ebenso auch der deutschen Botschaft und in etwaigen kirchlichen Versammlungen als amtliche Stellung der Reichskirchenregierung zu erklären: Man denke nicht daran, den Arierparagraphen (den Ausschluß von Nichtariern aus der Kirche) in der Deutschen Evangelischen Kirche durchzuführen.'"[19]

Während Hossenfelder in London scheinbar auf die Forderung seiner Gastgeber eingegangen war und den „Arier-Paragraph" verurteilt hatte, unterstützte er, nach Hause zurückgekehrt, den umstrittenen Paragraphen wieder mit Begeisterung. Die Ironie des Schicksals wollte es, daß Hossenfelder kaum einen Monat später wegen innerkirchlicher Konflikte gezwungen wurde, sämtliche Posten aufzugeben und in ein Gemeindepfarramt zurückzukehren.

Natürlich war Buchman von Hossenfelders Besuch enttäuscht. Eine unerwartete Auswirkung von dessen Bericht aus London war aber, daß der Versuch eines führenden Mannes der Deutschen Christen, Pfarrer Jäger-Köppern, ein Verbot der Oxfordgruppe in Deutschland durchzusetzen, vereitelt wurde. * Es folgten eine Reihe von Einladungen von Reichsbischof Müller. Buchmans Ziel war eindeutig: Es ging ihm ausschließlich darum, Müller – und durch ihn auch Hitler – eine Erfahrung von Änderung zu vermitteln. Später gab er aber zu: „Müller hätte Hitler ändern können, aber er hat versagt." ** In einem Gespräch mit Hans Stroh, dem langjährigen Assistenten von Fezer in Tübingen, gestand Buchman später ein, Müller sei nicht der Mann gewesen, auf den man hätte bauen dürfen.

Bonhoeffer und seine Freunde, die zu diesem Zeitpunkt einen offenen Bruch zwischen den Kirchen und Hitler anstrebten, sahen diese Bemühungen, Hitler zu erreichen, mit einem sehr kritischen Auge. „Wir haben oft genug versucht – zu oft –, vor Hitler vernehmlich zu machen, worum es geht", schrieb er am 11. September 1934. „Mag sein, wir haben es nie richtig gemacht, dann wird es Barth auch nicht richtig machen. Hitler soll und darf nicht hören, er ist verstockt und soll *uns* gerade als solcher zum Hören zwingen – so herum liegt die Sache. Die Oxfordbewegung war naiv genug, den Versuch zu machen, Hitler zu bekehren – eine lächerliche Verkehrung dessen, was vorgeht – *wir* sollen bekehrt werden, nicht Hitler . . ."[20] Für Bonhoeffer und seine Freunde war schon der nächste heroische Akt angebrochen. Dieser nahm die Form von Protestaktionen, Erklärungen, Fraktionsbildungen und -auflösungen an und führte für Bonhoeffer

---

* Es handelte sich nicht um Dr. August Jäger, den Staatskommissar der preußischen Kirche, sondern um einen hessischen Pfarrer mit dem gleichen Namen. Im Oktober griff er bei einer Pfarrerkonferenz die Oxfordgruppe an und beschuldigte sie, „Verwirrung zu stiften und durch Spaltung die Aufbauarbeit der Reichskirche zu stören". Der Bericht über Hossenfelders Besuch in London, der bei dieser Diskussion zitiert wurde, war in der *Deutschen Allgemeinen Zeitung* vom 21. Oktober 1933 veröffentlicht worden.

** Müller gelang es, für den 11. Oktober 1933 einen Termin für Buchman, Fezer und sich selber mit Hitler zu erlangen. Dieser Termin kam dann aber wegen des Austritts Deutschlands aus dem Völkerbund drei Tage später nicht zustande.

persönlich dann zum aktiven Widerstand, zu der Teilnahme an der Verschwörung des 20. Juli und zum Märtyrertod.

Buchman sah seine Aufgabe, trotz aller Enttäuschungen, immer noch im Erreichen der Spitze der Machtstrukturen, weil nur dadurch infame Gesetze rückgängig gemacht und ein Krieg verhindert werden konnten. So hatte er Hitler oft im Sinn, wenn er seine Reden und Erklärungen vorbereitete. Wo Hitler das „Führerprinzip" und das „Primat der Partei" forderte, sprach Buchman von der „Leitung durch Gott" und dem „Primat des lebendigen Geistes Gottes".

Viele seiner Freunde versuchten, ihn vom eingeschlagenen Weg mit dem Argument abzubringen, er setze seinen Ruf und den seiner Arbeit aufs Spiel. Zu ihnen gehörte auch Professor Emil Brunner aus Zürich, neben Karl Barth wahrscheinlich der einflußreichste Theologe deutscher Sprache. Brunner, der oft betonte, wieviel er Buchman schulde und der die Oxfordgruppe als große Hoffnung für die Wiederbelebung des geistigen Lebens in den Kirchen beschrieben hatte, beklagte sich in einem Brief an Buchman über seine Kontakte mit Hossenfelder und beschuldigte ihn, „im Kirchenkampf vermitteln" zu wollen.[21] Buchman antwortete ihm in trockenem Ton aus Deutschland: „Sie sind immer noch in Gefahr, ein vom Lehrstuhl aus donnernder Professor zu sein und das theologisch Perfekte zu suchen. Aber die Krise in der deutschen Kirche wird niemals auf diesem Weg gelöst werden. Nehmen Sie Ihren Satz: ‚Unglücklicherweise hat jener hoffnungslose Geselle (es handelte sich um Hossenfelder) dem Ruf der Gruppe unersetzlichen Schaden zugefügt'. Für mich klingt das wie der Fluch über ‚Zöllner und Sünder'.

Behalten Sie bitte Ihren Sinn für Humor, und lesen Sie in dieser Hinsicht das Neue Testament. Die Gruppe hat keinen Ruf zu verteidigen, und was mich angeht, habe ich nichts zu verlieren.

Ich glaube, es steht etwas darüber im Kapitel des Philipperbriefes. Ich wäre stolz, wenn Hossenfelder mit einem so realen Christentum konfrontiert würde, daß er eines Tages sagen könnte: ‚Ja, als junger Mann von zweiunddreißig Jahren habe ich viele Fehler gemacht, aber ich habe ein Beispiel von echtem Christentum gesehen.' . . . Sie könnten das menschliche Instrument sein, das diese mächtige Änderung hervorbrächte . . . Unser Ziel ist es nicht zu vermitteln, sondern die Menschen umzuwandeln und zu einigen, indem man sie befähigt, das Leben anderer Menschen zu Christus hin zu verändern."[22]

Mit diesem Ziel im Auge blieb Buchman in Kontakt mit allen, die er in den verschiedenen kirchlichen Gruppen erreichen konnte, vor allem auch mit Bodelschwingh. Im Januar 1934 berichtete die englische Tageszeitung *Morning Post*,[23] daß der Pfarrernotbund, der vom mutigen Pastor Martin Niemöller gegründet worden war, die Absicht habe, Buchman um Hilfe zu bitten. Es wurde nichts daraus. Buchman machte aber Pläne für eine größere Hausparty in Stuttgart in der ersten Januarwoche 1935. Obwohl er selbst schließlich nicht daran teilnehmen konnte, entwickelte sie sich zur größten Veranstaltung in Deutschland seit 1931.

Die Schweizer Freunde Buchmans bestimmten den Verlauf wesentlich mit. Ein Teilnehmer schrieb: „Brunner hielt eine beachtliche Rede, die bald gedruckt werden wird . . . Er hatte auch einen guten Kontakt mit Landesbischof Wurm, der zu verschiedenen Veranstaltungen kam. Fast fünfzig Studenten sind hier, die meisten aus Tübingen."[24] Den Berichten von Hans Stroh zufolge war Bischof Wurm vor allem daran interessiert, über die Frage zu sprechen, worin die Verantwortung der Kirche in einem totalitären Staat bestünde. Seit tausend Jahren habe sich keine solche Situation ergeben.[25]

Im März besuchte Buchman Stuttgart. Frau Wurm beschreibt im Tagebuch, das sie gemeinsam mit ihrem Mann führte und in dem sie den Bischof immer als ‚Vater' beschrieb: „3. März – Wir machten den Heimweg über das Rudolph-Sophien-Stift zur ‚Gruppe'. Es war fein. Frank Buchman kam auch noch, sprach auch länger, begrüßte Vater sehr freundlich. Vater sprach auch noch am Schluß und schloß mit einem kurzen Gebet. Vater bekam auch einen starken Impuls zu freimütiger Tat für die Kirche. Es ist ihm vollends klar geworden, was er tun muß. Er fährt mit Meiser (dem bayerischen Landesbischof) nach Berlin."[26]

Die Bischöfe Wurm und Meiser wehrten sich von diesem Zeitpunkt an verstärkt gegen den Versuch des Staates, die Kontrolle über die Kirchen auszuweiten. Im Mai 1935 trafen sich Vertreter der evangelischen Kirchen aus dem ganzen Reichsgebiet zur *Bekenntnissynode der Deutschen Evangelischen Kirche* in der Kirche von Barmen-Gemarke. In der *Barmer Theologischen Erklärung* wurde eine klare Linie gezogen zwischen den grundlegenden evangelischen Wahrheiten und der „falschen Doktrin" der Deutschen Christen. In ähnlicher Weise zogen diejenigen, die sich von jetzt an zur *Bekennenden Kirche* rechneten, eine klare Trennungslinie zwischen sich selbst und dem, was sie als „Braune Kirche" verurteilten. Die Einführung des Reichsbischofs im Berliner Dom am 23. September fand ohne jede ökumenische Beteiligung statt.

Im Herbst 1934 versuchte August Jäger, Staatskommissar und starker Mann der Kirchenregierung, die südlichen Landeskirchen gleichzuschalten. Zuerst wurde Bischof Wurm, dann der bayerische Landesbischof Meiser unter Hausarrest gestellt. Dies führte zu spontanen großen Kundgebungen zugunsten der beiden Bischöfe in den Straßen von Stuttgart und München. Die allgemeine Unruhe und die erstaunliche Einigkeit der in Dahlem versammelten Vertreter der Bekennenden Kirche brachte sogar Hitler dazu, seine Haltung zu überdenken. Am 26. Oktober trat August Jäger als Staatskommissar zurück. Die zwei süddeutschen Bischöfe wurden freigelassen und zusammen mit Bischof Mahrarens aus Hannover von Hitler empfangen. Hitler distanzierte sich von der bisher verfolgten Politik der Reichskirchenregierung. Eine Zeitlang schien ein klarer Sieg in Sicht zu sein. „Nach wenigen Wochen hingezögerter Entscheidung", schreibt Bethge, „sah (aber) jedermann die Risse in der am 19. und 20. Oktober noch so einmütigen Front."[27] Das Resultat war, daß Hitler die von der Bekennenden Kirche bestimmten Leitungsorgane auch weiterhin nicht allzu ernst zu nehmen brauchte.

Bei den öffentlichen Veranstaltungen in Stuttgart im Januar 1934 wurden sich Buchman und seine Freunde zum ersten Mal bewußt, daß die Gestapo angefangen hatte, ihre Schritte zu überwachen. Bei einem der ersten Treffen bemerkten sie, daß sich ein Spitzel in ihre Reihen eingeschlichen hatte. Die für die Tagung Verantwortlichen beschlossen, alles, was gesagt wurde, auf diesen Mann auszurichten. Es wurde später bekannt, daß dieser Mann seinem Vorgesetzten berichtete: „Diese Leute haben einen eigenartigen Gott, der ihnen tatsächlich helfen kann!"

Im April wurde Alois Münch, der in seinem Haus in München regelmäßige Treffen organisiert hatte, zweieinhalb Stunden lang von der Politischen Polizei verhört. Dies geschah wahrscheinlich, weil unter Münchs Gästen auch einige Judenchristen gewesen waren.[28] Als einige Deutsche an einer Hausparty in Thun in der Schweiz teilnahmen, waren ihre Äußerungen wenige Tage später der Gestapo in Berlin bekannt.[29] Frau von Cramon erhielt durch ihre SS-Kontakte in Schlesien die Nachricht, daß die Gestapo beabsichtige, gegen die Oxfordgruppe als ein „internationales Spionagenetz" vorzugehen. Sie übergab dem schlesischen SS-Führer ein Memorandum, das er an sein Hauptquartier weitersandte. Damit war die unmittelbare Gefahr gebannt. Die Akte aber verschwand nicht in der Ablage, sondern stand auf Abruf jederzeit zur Verfügung.

19

NORWEGEN BEGEISTERT – DÄNEMARK ERSCHÜTTERT

Buchman kehrte im Juni 1934 aus Kanada zurück. In der Zwischenzeit war Hitler an die Macht gekommen, und es zeigte sich, daß Buchmans Arbeit innerhalb Deutschlands zu langsam gewachsen war, um die politische Entwicklung beeinflussen zu können. So suchte Buchman nach einem Weg, den Mut zu einer geisitgen Erneuerung in Deutschland – wie auch in England – von außen her zu fördern. Er wußte, daß die skandinavischen Völker wegen ihres nordischen Charakters in Deutschland einen guten Namen hatten und daß sie auch in England hohen Respekt genossen. Nachrichten von einer christlichen Revolution in diesem Teil Europas würden in Deutschland und England mehr Gewicht haben als ähnliche Nachrichten aus anderen Ländern.*

Ob dies tatsächlich ein sorgfältig ausgedachter Plan war oder einer, der sich auf Grund von unerwarteten Entwicklungen ergab und nachträglich als solcher gedeutet wurde, oder auch eine Synthese von beidem, ist eine offene Frage.

An einem Frühlingsabend des Jahres 1931 saß Buchman beim Abendessen neben Mrs. Alexander Whyte, der schon älteren Witwe eines einst berühmten Kanzelpredigers von Edinburgh. Er fragte sie, was sie im Augenblick am meisten beschäftige. „Ich bereite mich vor zu sterben", antwortete sie. „Warum bereiten Sie sich nicht vor zu leben?" fragte er.

---

* Die Gestapo selbst sah darin eine gute Strategie. „Alles, was skandinavisch ist, habe ja einen guten Namen in Deutschland", steht im Bericht des Jahres 1936. „Komme Oxford daher mit hohen blonden Skandinaviern mit der gleichen lutherischen Erziehung, so werde sich die Bewegung bei den südlichen Nachbarn weit leichter Eingang verschaffen." (Leitheft – Die Oxford- oder Gruppenbewegung, herausgegeben vom Sicherheitshauptamt, November 1936, Geheim, Numeriertes Exemplar No. 1, Document Centre, Berlin, S. 10: Zitat aus *Nordschleswig'scher Korrespondenz* vom 19. 11. 1935)

Sie sprachen über das Chaos in der Welt. Mrs. Whyte erzählte ihm, daß sie schon in Schanghai und später in Südafrika von seiner Arbeit gehört habe. Sie hatte sich viel vom Völkerbund erhofft, für den ihr Sohn, Sir Frederick Whyte, als Wirtschaftsexperte arbeitete.

Einige Monate später ergriff Mrs. Whyte anläßlich einer Hausparty in Oxford öffentlich das Wort und schlug vor, jemand solle eine Gruppe nach Genf einladen. Als sie ihren Vorschlag ein zweites Mal wiederholte, antwortete Buchman in einer für ihn typischen Weise: „Gut, warum tun *Sie* es nicht?" Sie reservierte daraufhin hundert Hotelzimmer in Genf, und Buchman machte sich daran, eine angemessene Mannschaft zusammenzustellen. Diese verbrachte im Januar 1932 zehn Tage in Genf und traf zahlreiche Delegierte und Völkerbundsbeamte. Dieser erste Besuch führte zu einer Einladung an Buchman, im September 1933 zu führenden Persönlichkeiten des Völkerbundes zu sprechen.

Zu den einflußreichsten Delegierten des Völkerbundes gehörte C. J. Hambro, der Präsident des norwegischen Parlaments und Vorsitzende der Konservativen Partei. Er pflegte die Zeit der langen Eisenbahnreisen von Oslo nach Genf für das Übersetzen von Büchern zu benutzen. So fiel ihm in einer Bahnhofsbuchhandlung das Buch *For Sinners Only* (Nur für Sünder) in die Hände. Die Lektüre ergriff ihn so, daß er sich, als er bei seiner Ankunft von einer Rede hörte, die Buchman im gleichen Monat in Genf halten sollte, eine Einladung für diese Veranstaltung sicherte. Nach Buchmans Ansprache erhob er sich und sagte spontan, die Dinge, die er gehört habe, schienen ihm wichtiger als die meisten Themen auf der Tagesordnung des Völkerbundes.

Im Dezember lud Buchman Hambro ein, in England auf einem Treffen von britischen Parlamentariern zu sprechen. Die Rede Hambros endete mit einer Einladung an Buchman, mit einer Gruppe Norwegen zu besuchen. Sie wurde sofort angenommen. Buchman bestand aber darauf, daß Hambro trotz dichten Nebels mit ihm nach Eastbourne zu einer Wochenend-Hausparty fuhr, um ihn erleben zu lassen, auf welches Abenteuer er sich eingelassen hatte. So geschah es dank einer Reihe von ungeplanten und unvorhergesehenen Umständen, daß Buchman mit seiner Mannschaft im Oktober 1934 in Norwegen ankam.

Norwegen brachte für eine christliche Revolution eher ungünstige Voraussetzungen mit. Die meisten Beobachter der europäischen Szene wären sich damals in der Feststellung einig gewesen, daß das intellektuelle Klima hier stärker vom Nihilismus geprägt war als in den meisten anderen europäischen Ländern. Für diese Tatsache war vor allem eine Gruppe von Studenten und Intellektuellen verantwortlich, die in Erling Falk ihren Führer sahen. Falk war während einer Amerikareise zum Kommunismus bekehrt worden und hatte nach seiner Rückkehr in Oslo die Zeitschrift *Mot Dag* gegründet. Ein wichtiger Teil von Falks Lehre war moralischer Relativismus.[1]

Carl Hambro hatte versucht, gegen diese Entwicklungen anzukämpfen. Er war vielleicht der bedeutendste norwegische Staatsmann der Zwischenkriegszeit, eine Art nordischer Churchill. Die Konservative Partei konnte als Minderheitspartei nie den Posten des Regierungschefs beanspruchen, doch wurde Hambro immer wieder zum Parlamentspräsidenten und in der Folge zweimal zum Vorsitzenden der Generalversammlung des Völkerbundes gewählt.

Hambros Einladung an Buchman wuchs aus seiner Überzeugung heraus, daß man Nihilismus und Totalitarismus nicht allein mit politischen und wirtschaftlichen Mitteln bekämpfen könne. Natürlich war er sich der Tatsache bewußt, daß jeder Versuch, das nationale Denken in neue Bahnen zu lenken, gewaltige Widerstände wecken würde. Vor solcher Opposition schreckte er zurück. Trotzdem lud er 120 seiner Freunde ein, sich in den ersten Oktobertagen mit Buchman und dreißig von dessen Mitarbeitern im Hotel Tourist in Hösbjör zu treffen.

„Was wird dort oben geschehen?" Diese Frage stellte Fredrik Ramm, ein bekannter Redakteur und der einzige Journalist, der Amundsen auf seinem Flug über den Nordpol begleitet hatte, an Reginald Holme während ihrer gemeinsamen Anreise. „Wunder werden geschehen – und Sie werden eines davon sein", antwortete Holme. Die Norweger schätzen es, wenn man kein Blatt vor den Mund nimmt. Im übrigen erfüllte sich Holmes Vorhersage in den darauffolgenden Tagen. Ramm schrieb später: „In Hösbjör löschte Gott allen Haß und alle Angst in meinen Beziehungen zu anderen Menschen, Klassen und Nationen aus."[2]

Der Romanschriftsteller Ronald Fangen brachte zwei Flaschen Whisky und einen großen Vorrat an Kriminalromanen mit, weil er überzeugt war, daß er sich nur langweilen würde. Er fand aber weder für die Flaschen noch für die Romane Verwendung. Seine Änderung war sofort erkennbar, und ihre Auswirkungen ließen sich noch viele Jahre lang verfolgen. Der Lyriker Alf Larsen sagte zwanzig Jahre später, daß sich zwar die Philosophie der Gruppe verglichen mit seinen eigenen anthroposophischen Ansichten durch „hoffnungsvolle Naivität" auszeichnete. Trotzdem müsse er zugeben, daß die Gruppenbewegung einen Mann wie Fangen, der nach seiner Meinung der unangenehmste Mann in Norwegen gewesen war, vollständig verwandelt habe.[3]

Achtzig Journalisten strömten in Hösbjör zusammen, und als das im Lande bekannt wurde, fanden sich mehr und mehr Menschen ein, bis jedes Bett in der ganzen Gegend belegt war und einige sogar in ihren Autos übernachten mußten. Am zweiten Wochenende stieg die Zahl der Gäste auf 1200.

„Die Oxfordgruppe erobert Oslo: Präsident Hambro, Ronald Fangen, Redakteur Ramm und mehrere andere bekannte Persönlichkeiten legen von ihrer Umkehr Zeugnis ab.“[4] Dies war nur eine der typischen Schlagzeilen, die nach der ersten von drei Versammlungen in einem der größten Säle Oslos – unmittelbar nach der Tagung von Hösbjör – erschien. Vierzehntausend Menschen nahmen an diesen Zusammenkünften teil. Tausende mußten draußen bleiben, weil es keinen Platz mehr gab. Dreitausend Studenten kamen in der Universität zusammen, und weitere Treffen waren den Eisenbahnarbeitern, den Ärzten und Krankenschwestern, den Beamten, Geschäftsleuten und Berufsvereinigungen vorbehalten. Der Klub der Armee und der Marine lud die zehn ehemaligen Offiziere unter Buchmans Begleitern zu einem Treffen ein, an dem auch der Kronprinz teilnahm. Neben den öffentlichen Veranstaltungen kam es zu einer großen Zahl von persönlichen Begegnungen, schätzungsweise 500 pro Tag.

Anfang Dezember reiste das internationale Team, durch Norweger verstärkt, nach Bergen weiter. Hier gab es einen ähnlichen Massenandrang. Einer der Besucher wurde beim Direktor der Stadtbibliothek untergebracht, einem sehr geachteten Atheisten namens Smith, dessen Frau nach jahrelangem Suchen schließlich durch die Oxfordgruppe zum Glauben gefunden hatte. Der Besucher war ein früherer Atheist und Dozent für Moralphilosophie, und Frau Smith meinte, er sei genau der Richtige, um ihren Mann zu „bekehren“. Die erwartete „Bekehrung“ blieb allerdings aus. Es geschah etwas ganz anderes. Die unbezähmbare Frau Smith – deren Sohn einmal sagte, seine Mutter hätte sich von den Löwen im Kolosseum freiwillig in Stücke zerreißen lassen, jedoch die Hausarbeit nicht leiden können – machte eine so grundlegende Wandlung durch, daß die vier jungen Smiths alle zum Glauben fanden. Der älteste Sohn, der zwar mit seinem Bruder das Zimmer geteilt, aber zwei Jahre lang kein Wort mit ihm gesprochen hatte, entschuldigte sich bei ihm. Die vier Kinder begleiteten Buchman auf mehreren Reisen. Victor, der jüngere Bruder, ein Kunstmaler, ließ dabei sogar zwei Jahre lang seine Pinsel ruhen. „Es war in einem kleinen Saal, in Anwesenheit von kaum hundert Menschen, daß ich als Siebzehnjähriger ausrief: ‚Ich übergebe Gott mein Leben‘, erzählte er später. Die Versammlung wurde von einem Ingenieur namens Viggo

Ullman geleitet (dem Vater der Filmschauspielerin Liv Ullman). Der junge Ingenieur war typisch für diese Truppe von modernen, vorwärtsdrängenden Menschen, die sich, obwohl sie keinen Kirchenglauben besaßen, plötzlich an der Spitze einer dynamischen religiösen Bewegung fanden."[5]*

Schon vor Weihnachten war es für jedermann klar, daß sich etwas Außerordentliches ereignet hatte. Die Osloer Zeitung *Tidens Tegn* schrieb in ihrer Weihnachtsnummer: „Eine Handvoll Ausländer, die weder unsere Sprache verstanden noch unsere Lebensart und Sitten kannten, kamen in dieses Land ... Einige Tage später sprach das ganze Land von Gott, und zwei Monate nach der Ankunft dieser dreißig Ausländer hat sich das geistige Gesicht unseres Landes entscheidend verändert."[6]

Hambro wurde in diesen Jahren mehr und mehr zu einem Brückenbauer im politischen Leben. Schon im Dezember 1933 schrieb die *Drammens Tidende*, daß sich Hambro nach der Londoner Reise von einem Politiker in einen „wahren Staatsmann" verwandelt habe. Im Januar 1935 betonte er in einer großen politischen Rede die Notwendigkeit absoluter Werte. Er forderte „etwas, das über die Parteigrenzen hinausgeht ... das unnützen Streit überwindet ... Laßt uns in Ruhe und Demut zusammenkommen", so daß „das Land sich in Richtung besserer Arbeitsbedingungen und eines tieferen Verständnisses der Menschen füreinander statt des alten, jetzt hinfällig gewordenen Parteikampfes entwickeln kann".[7] Diese Gedanken fanden Gehör bei einem führenden Politiker der Arbeiterpartei, der später neben Hambro als Vizepräsident des Parlaments diente. Als sich kurz darauf Johan Nygaardsvold, der Führer der Arbeiterpartei, über die Oxfordgruppe lustig machte, lehnte es Hambro ab, zurückzuschlagen.

König Haakon empfing Buchman und dankte ihm für das, was er für die Studenten getan hatte. Er drückte auch sein Erstaunen über die Versöhnung zwischen Hambro und dem Vorsitzenden der Bauernpartei, Mellbye, aus. Der König sagte zu Dekan Fjellbu von der Kathedrale von Trondheim, daß er sich sehr über eine neue geistige Autorität in den Kanzel- und Rundfunkpredigten freue.[8]

Weitere große Versammlungen fanden im März 1935 in Oslo statt.

---

* Als er fünfzig Jahre alt wurde, nahm Victor Smith den Namen seiner Mutter, Sparre, an. Er wurde im Laufe der Jahre ein wichtiger Kontaktmann für die russischen Dissidenten, und Solschenizyn reiste kurz nach seiner Ausweisung aus der Sowjetunion nach Norwegen, um ihn zu treffen. Siehe Sparres Autobiographie *The Flame in the Darkness* (Grosvenor, 1979), die zuerst in norwegischer Sprache unter dem Titel *Stenene skal rope* (Tiden Norsk Forlag, 1974) herauskam.

In einer ergriff auch Buchman das Wort: „Vor fünf Monaten haben wir in diesem Saal begonnen. Denken Sie an die wunderwirkende Kraft Gottes, die wir in diesen fünf Monaten erlebt haben ... Bevor ich in Norwegen landete, kam mir immer wieder der Gedanke in meiner Stillen Zeit: ‚Norwegen für Christus entflammt'." Dann sprach Buchman über die zwei Schritte, die folgen müßten – geistige Revolution und Renaissance. „Ich glaube, Norwegen wird die Botschaft in andere Länder tragen", und „aus der Revolution wird eine Renaissance werden".[9]

Was in den kommenden Jahren in der norwegischen Kirche geschah, war sicher eine Art Renaissance. Während eines Vierteljahrhunderts war die Kirche in zwei Lager gespalten, in Liberale einerseits und Konservative, die einer fundamentalistischen Theologie zuneigten, anderseits. „Der Konflikt wurde persönlich und bitter", schreibt der norwegische Kirchenhistoriker Einar Molland, „und der Graben wurde immer tiefer ... Die Spannung zwischen dem konservativen und dem liberalen Flügel erreichte in den späten zwanziger und frühen dreißiger Jahren ihren Höhepunkt, und die theologische Diskussion wurde noch bitterer als zuvor."[10] Als bei einem Treffen aller Geistlichen seiner Diözese ein richtiger Streit ausbrach, versuchte Bischof Berggrav – damals Bischof von Tromsö – die Ordnung wiederherzustellen, indem er schrie: „Halt! Wir sind doch Brüder in Christus!" „Nein, nein, nein!" schrie die Hälfte der Theologen zurück.[11] Der Führer der konservativen Gruppe, Professor Hallesby, verbot seinen Anhängern während einer längeren Zeitspanne jeglichen Kontakt mit Mitgliedern der Gegenpartei, und als Berggrav zum Bischof von Oslo gewählt wurde, schrieb Hallesby in der Presse, daß „er ihn nicht willkommen heißen könne, solange er seine liberale Vergangenheit nicht aufgegeben habe".[12]

Da, wo Diskussionen keine neue Einigkeit geschaffen hatten, zeitigte die Änderung in einzelnen Menschen ihre Auswirkungen. Professor Mowinckel, der führende norwegische Alttestamentler seiner Zeit, wurde von den Konservativen als die Verkörperung des Teufels angesehen, und jedes seiner Bücher hatte die bitteren Auseinandersetzungen innerhalb der Kirche verschärft. Er war vor allem Wissenschaftler, ein ehrlicher Sucher nach Wahrheit. Gleichzeitig hatte er keinen wirklichen persönlichen Glauben. Einen solchen erkannte er aber in den Menschen, die aus Hösbjör zurückkamen, und er sehnte sich danach, selbst auch die „kostbare Perle" zu finden. Da er durch und durch ehrlich mit sich selber war, sah er ein, daß er diese Perle nicht finden würde, wenn er nicht bereit wäre, alles dafür aufzugeben.

Es gab aber zwei Dinge, an die er sein Herz gehängt hatte: sein neues Wochenendhaus und sein neues Buch, das nach jahrelanger Arbeit endlich druckfertig war. Schließlich sagte er zu Gott, daß er bereit sei, beide Dinge aufzugeben, wenn er dies von ihm verlangen würde. Auf der Stelle kam ihm der Gedanke: „Behalte das Haus, verbrenne das Buch." Er tat beides. Niemand weiß genau, was das Buch enthielt, da er, nachdem er den Auftrag erhalten hatte, es zu zerstören, nicht mehr davon sprechen wollte. Es besteht aber kein Zweifel, daß dieses Buch den Streit in der Kirche noch weiter vertieft hätte.[13] Von diesem Augenblick an änderte sich die Einstellung der Konservativen gegenüber Mowinckel.

Als Bischof Berggrav während einer Zusammenkunft der Oxfordgruppe am 31. März 1935 in Kopenhagen das Wort ergriff, sagte er: „Ich muß zugeben, daß ich am Anfang mit den Methoden der Oxfordgruppe nicht ganz einverstanden war. Als ich aber sah, wie Gott sich ihrer in Norwegen als Werkzeug bedient hat, besonders auch bei Mitgliedern meiner eigenen Familie, hat sich meine ganze Einstellung geändert. Das, was jetzt in Norwegen geschieht, ist die größte geistige Bewegung seit der Reformation."[14]

Es waren weitere Fortschritte auf dem gleichen Weg notwendig. Am Tag des Kriegsausbruchs in Europa, am 1. September 1939, notierte sich Berggrav: „Der Krieg ist in Europa ausgebrochen. Aber es gibt auch einen Krieg zwischen dir und Hallesby. Geh und besuche ihn." Er wußte nicht, wie er diesen Gedanken in die Praxis umsetzen sollte, bis ihm seine Frau einen Kontakt per Telefon vorschlug. „Ich habe deinen Anruf erwartet", war Hallesbys Antwort. Worüber die beiden Männer sprachen, ist nicht bekannt.[15] Ein Resultat dieses Kontaktes war aber, daß sie kurz darauf zusammen ein Manifest redigierten, das unter dem Titel „Gottes Ruf an uns heute" von allen Zeitungen abgedruckt wurde. Professor Karl Wislöff beschreibt dieses Ereignis in seiner Geschichte der Norwegischen Kirche: „Viele waren erstaunt, diese beiden Namen zusammen zu sehen. Hallesby hatte bis zu diesem Zeitpunkt jede Unterschrift unter eine öffentliche Erklärung abgelehnt, die von einem liberalen Theologen mitunterzeichnet wurde." Wislöff beschreibt auch ein größeres Treffen in Berggravs Haus am 25. Oktober 1940, bei dem Hallesby und einige seiner Kollegen mit Vertretern des liberalen Flügels zusammen den *Kristent Samrad* (Christlicher Rat für Zusammenarbeit) gründeten.[16] Dieser Rat wurde zum „Generalstab des Kirchenkampfes, der während des ganzen Krieges in erstaunlicher Weise zusammenarbeitete".[17]

Norwegens Nachbarn hatten während dieser ganzen Zeit die Ereignisse aus der Nähe verfolgt. Das Interesse der Dänen war besonders durch einen Besuch von Fredrik Ramm im Januar 1935 geweckt worden, dessen leidenschaftlich antidänische Haltung allgemein bekannt war. Ramm hatte in seiner Zeitung alles getan, um die norwegischen Fischereirechte in den Gebieten um Grönland zu verteidigen, und als die Entscheidung des Internationalen Gerichtshofs vom Haag nach einem langen Streit zugunsten Dänemarks ausfiel, hatte dies Ramms Feindseligkeit nur noch erhöht. „In Hösbjör", schrieb er, „schmolz das Eis in meinem Herzen, und ein neues, bisher unbekanntes Gefühl begann in mir zu wachsen, eine Liebe zu Menschen, die unabhängig war von dem, was sie mir geben konnten ..."[18] Er erklärte im dänischen Rundfunk: „Der Hauptgrund, warum ich heute hier bin, ist, um euch zu sagen, daß mein größter Fehler mein Haß gegen die Dänen gewesen ist. Dieser Haß hat meinen Geist vergiftet ... Jetzt bin ich hier, um die Dinge in Ordnung zu bringen."[19] Die Kopenhagener Zeitung *Dagens Nyheder* veröffentlichte einen Bericht mit der Schlagzeile „Die Oxfordgruppe löscht norwegisch-dänischen Haß aus".[20]

Während in Norwegen das intellektuelle Leben durch den Marxismus beeinflußt worden war, war Dänemarks bequeme Lebensphilosophie durch einen skeptischen und freidenkenden Liberalismus von der Art eines Georg Brandes gekennzeichnet, der sowohl in Kopenhagen als auch in Hamburg den Lehrstuhl für Ästhetik innegehabt und 1925, zwei Jahre vor seinem Tod, als 83jähriger sein letztes Buch *Der Jesus-Mythos* veröffentlicht hatte. In Dänemark waren die christlichen Grundlagen in der Mitte des 19. Jahrhunderts durch eine große Erweckungsbewegung gestärkt worden, aber jetzt gaben die Kirchenführer offen zu, daß sie das Vertrauen der Intellektuellen und Arbeiter verloren hätten. Was sich in Norwegen durch die Oxfordgruppe zugetragen hatte, war zwar ein Thema, das die Liebhaber intellektueller Diskussion und die Humoristen beschäftigte, aber alle waren sich darin einig, daß in Dänemark so etwas nie geschehen könnte.

Buchman besuchte Dänemark im Januar 1935 zur gleichen Zeit wie Fredrik Ramm. Man zeigte großes Interesse an seiner Arbeit, und er wurde von vielen Seiten bestürmt, eine Mannschaft nach Dänemark zu bringen. Er war sich aber bewußt, daß man nicht einfach das norwegische Muster wiederholen könne. Vor allem gab es in Dänemark keine Persönlichkeit von der Autorität eines Hambro, die bereit war, eine solche Bewegung vom Innern der Gesellschaft her in Gang zu setzen. Buchman hatte den Gedanken: „Dänemark wird erschüttert werden." Er beschloß, „sich direkt an das Urteil der öffentlichen Meinung zu wenden", wie er sich ausdrückte, indem er große öffentliche Versammlungen veranstaltete.

Er war überzeugt, daß alles von der ersten großen Versammlung abhängen würde, die direkt vom nationalen Rundfunk übertragen werden sollte und zu der sich viele Arbeiter, Intellektuelle und einige der sozialistischen Minister angemeldet hatten. Er veranlaßte deshalb, daß Sprecher aus der Arbeiterschaft wie George Light und Jimmie Watt die Rednerliste anführten. Unterdessen waren alle Eintrittskarten ausgegeben worden, und nur wenig geistliche Herren schienen im Publikum zu sein, mit Ausnahme einer ganzen Reihe von schwarzgekleideten Pfarrern, die alle ausführliche Notizen zu machen schienen. Viele der Arbeiter und atheistischen Intellektuellen blieben nach dem Ende der Versammlung zurück, um sich mit den Sprechern zu unterhalten. Einige von ihnen entschlossen sich an Ort und Stelle, die Probe aufs Exempel zu machen. Unter ihnen war der bekannte Advokat vom Obersten Gerichtshof, Valdemar Hvidt, der sich in eine lebhafte Diskussion mit einem jungen Mann einließ. Dieser hatte kurz zuvor sein Studium in Oxford beendet. Der dänische Jurist erklärte ihm, daß er nicht an Gott glaube. Als er aber in einem anderen Teil des Saales einen jungen Geschäftsmann und dessen Frau entdeckte, die ihn in der Woche zuvor besucht hatten, um einen Scheidungsprozeß einzuleiten, fügte er hinzu: „Wenn etwas mit dem Paar geschähe, dann würde ich vielleicht meinen Standpunkt noch einmal überdenken." Am darauffolgenden Tag besuchte ihn das Ehepaar in seinem Büro, um ihn zu bitten, den Prozeß einzustellen. Alle drei, das Paar und der Rechtsanwalt, schlossen sich Buchman an und arbeiteten mit ihm auf Lebenszeit.

Am nächsten Tag wurde Buchman vom Bischof von Kopenhagen, Dr. F. Fuglsang-Damgaard, besucht, der schon öffentlich erklärt hatte, er habe von der Oxfordgruppe gelernt, auf Gott zu hören. Der Bischof wies darauf hin, daß die Pfarrer ihm berichtet hätten, der Name Christi sei im Laufe des Abends nur zehnmal erwähnt worden. Warum das so sei?

„Ich war letzte Woche bei Ihnen, Herr Bischof, zu einer Tasse Tee eingeladen", antwortete Buchman, „und Sie haben mir nicht ein einziges Mal gesagt, daß Sie Ihre Frau gern haben."

Nach diesen Worten schwiegen zunächst alle Anwesenden. Dann erkannte der Bischof, worauf Buchman hinauswollte. Später erklärte er: „Die Oxfordgruppe zeigt uns, daß wir zu Heiden und Atheisten, Skeptikern, Kritikern und Agnostikern in einer anderen Weise sprechen müssen. Es ist ein neuer Weg zum alten Evangelium – das ist meine Sicht der Oxfordgruppe. Der Weg führt von der Peripherie zum Zentrum. Die Gruppe steht innerhalb der Kirche und nicht neben ihr."[21]*

Über dreißigtausend Menschen nahmen an den Versammlungen der ersten sechs Tage in Kopenhagen teil. Die nationalen Rundfunksendungen fanden einen großen Widerhall, nicht nur bei der Land- und Inselbevölkerung, sondern auch bei den Dänen im deutschen Teil von Schleswig. Ein Anti-Oxfordgruppen-Treffen an der Universität endete als großes Fiasko. Es war von einem Theologiestudenten geplant worden, der Marxist geworden war und sich die Unterstützung einer ganzen Phalanx von brillanten Brandes-Akademikern gesichert hatte. Dann drang aber eine große Zahl von militanten Fabrikarbeitern in den Saal ein. Die Zeitung *Dagens Nyheder* berichtete: „So etwas hat es in Kopenhagen nie gegeben: Arbeiter gaben einer nach dem anderen Zeugnis ab für das Christentum in einem Saal, der vor allem von fanatischen Gegnern aller Religionen besetzt war."[22]

Die Presseberichte der ersten Tage waren zunächst alles andere als begeistert. Emil Blytgen-Petersen, ein Reporter von *Dagens Nyheder*, der beauftragt worden war, über die Gruppe einen Bericht zu verfassen, kam in das Redaktionsbüro zurück und sagte, er sei nicht imstande gewesen, Buchman für ein persönliches Interview zu gewinnen. Daraufhin versuchte es der Chefreporter und stellvertretende Chefredakteur, Carl Henrik Clemmensen, und es kam zu einem dreistündigen Gespräch, in dem beide Männer einander Fragen stellten und beide in gleicher Weise offen und ehrlich miteinander sprachen.

Clemmensen schrieb später: „Diese Menschen sprachen zu mir auf einer ganz neuen Wellenlänge, in einer Sprache, die ich verstehen konnte. Sie erschreckten mich nicht mit irgendwelcher theologischen Terminologie. Sie haben mich nicht durch viel mystisches Drum und Dran beunruhigt oder argwöhnisch gemacht."

Über Buchman sagte er: „Mit Ruhe und einem Lächeln kommt einem der Mann entgegen, der die Oxfordgruppe ins Leben gerufen hat ... Er behandelt jeden als Einzelmenschen. Er geht nie mit zwei Menschen in gleicher Weise um. Er weiß alles über dich, wenn er ein

---

* Zwanzig Jahre später erklärte Bischof Fuglsang-Damgaard anläßlich eines Treffens des Ökumenischen Rates der Kirchen in Evanston, USA, im August 1954: „Der Besuch von Frank Buchman in Dänemark im Jahre 1935 war ein historisches Ereignis für die dänische Kirche ... Wann auch immer ich mit Dr. Buchman zusammenkomme, so ist unser Hauptgesprächsthema das Kreuz Christi, das im Zentrum seines Herzens, seiner Seele und seines Glaubens steht."

paar Minuten mit dir gesprochen hat. Er ist ein ehrgeiziger Mann, aber ich habe die tiefe Überzeugung, daß das Ziel seines Ehrgeizes nur der Triumph des Guten ist. Ich könnte auf der Stelle fünf berühmte geistige Persönlichkeiten nennen, denen ein größeres Gepäck an solchem Ehrgeiz nur von Vorteil wäre."[23]

Unterdessen hatten sogar zwei der Zeitungen, die von Brandes gegründet worden waren, *Politiken* und *Extrabladet*, angefangen, die Besucher ernst zu nehmen und ihnen, zum Teil mit schalkhaftem Humor, zum Teil mit Respekt, recht viel Platz einzuräumen.

Außer den großen öffentlichen Zusammenkünften versammelte Buchman jeden Morgen seine Mannschaft um sich. Mehr und mehr Dänen kamen dazu. Neben dem Bischof und dem Dekan Brodersen von Kopenhagen fand sich ein erstaunlicher Querschnitt der dänischen Bevölkerung ein. Die Luft war oft mit dem Rauch der kurzen dänischen Zigarren gesättigt. Es geschah, daß Buchman einmal eine Zeit der Stille zum Hören auf Gott vorschlug. Plötzlich lachte er laut heraus und sagte: „Es hat bis jetzt in der Oxfordgruppe keine Regel gegeben, aber ich glaube, daß wir hier in Dänemark eine solche Regel einführen müssen: Wenn eine Stille Zeit vorgeschlagen wird, müssen alle Damen ihre Zigarren ausmachen!"

Von Kopenhagen aus verteilte sich Buchmans Mannschaft auf die Provinzen Själland und Fyn. Das erstaunlichste Treffen fand in Odense, dem Geburtsort von Hans Christian Andersen, statt. Es war der norwegische Nationalfeiertag, und als letzter Sprecher war Fredrik Ramm vorgesehen. Er beschrieb, wie sein Haß gegen die Dänen geheilt worden war und lud dann die Anwesenden ein, die dänische Nationalhymne zu singen. Zuerst blieb alles still, dann stimmten, ohne daß ein Wort gesagt wurde, dreitausend Dänen die norwegische Hymne an, so daß die Wände und der ganze Raum widerhallten. Ramm stand mit Tränen in den Augen da und sah, wie vor seinen Augen Einigkeit entstand, wo er zuvor Zwietracht gesät hatte.

Jetzt, wo sowohl in Norwegen als auch in Dänemark gezeigt worden war, daß sich eine Änderung auf nationaler Ebene abspielen könne, wünschte Buchman, diese Tatsache würde sich auf dem ganzen Kontinent und besonders in Deutschland auswirken. Sein Plan war, am Pfingstsonntag in Kronborg – auf Hamlets Schloß in Elsinore – eine große skandinavische Kundgebung zu organisieren. Am Tage selber versammelten sich 10000 Menschen im dortigen Schloßhof, und weitere Tausende standen auf den Wiesen außerhalb der Mauer und hörten durch Lautsprecher, was gesagt wurde. Spät am gleichen Abend beschrieb Clemmensen den endlosen Strom der Menschen, die

Wogen des Gesanges, die Anwesenheit der Politiker und Kirchenleute auf der Tribüne neben den Bauern, Jugendlichen und Arbeitern, die alle über das Horchen auf die Stimme des lebendigen Gottes und das Gehorchen sprachen. Er faßte noch einmal das Leben Buchmans zusammen und schrieb: „Seit ich lebe, habe ich nie von so etwas gehört. Dieser Mann hat die klare Vision, die Welt zu erobern. Er kam als ein unbekannter Soldat aus einem Schützengraben der Christenheit und stand an diesem Tag in diesem dänischen Schloß als Anführer eines modernen Kreuzzuges, der die ganze Welt umspannt.“[24]

Bald nach der Kundgebung in Elsinore kehrte Buchman zu einer Hausparty nach Oxford zurück. Hunderte von Skandinaviern nahmen daran teil. Im September kam er wieder nach Jütland, dieses Mal mit einer Mannschaft von fast tausend Menschen, die, um die Worte von Emil Blytgen-Petersen zu gebrauchen, „über die Halbinsel hinwegfegten wie ein Sandsturm“[25] und praktisch jede Stadt und jedes Dorf besuchten.

Am ersten Jahrestag von Buchmans Ankunft in Dänemark sprach er an einem Wochenendtreffen in Ollerup in der Provinz Fyn, das von zwanzigtausend Menschen besucht wurde. „Die Oxfordgruppe marschiert auf ihrem siegreichen Weg weiter“, schrieb *Extrabladet* in einem Leitartikel. „Wir können nur dankbar sein für das, was diese Menschen beigetragen haben, um unsere moralische Lebensqualität zu verbessern. Vor allem andern tut uns not, bessere, ehrlichere und geradlinigere Menschen zu werden, mit reineren Gedanken und wärmeren Herzen, als wir sie bis jetzt gehabt haben.“[26]

Ein Ergebnis dieser neuen Lebenseinstellung war, daß sie viele Skandinavier in Dänemark wie in Norwegen für die Spannungen und Gefahren unter der späteren deutschen Besatzung vorbereitete. In Dänemark wurde Clemmensen von dänischen Nationalsozialisten ermordet – verantwortlich waren Männer, die auch zur Opposition gegen Buchman gehört hatten. Andere wie Oberst H. A. V. Hansen bewiesen im Widerstand große Tapferkeit und überlebten den Krieg.[27] Bischof Fuglsang-Damgaard wurde in einem Konzentrationslager interniert. Vor seiner Verhaftung gelang es ihm, Buchman eine Botschaft zu senden, in der er sagte, er habe durch die Oxfordgruppe einen Geist gefunden, den die Nationalsozialisten nicht brechen könnten, und er sehe seinem Schicksal ohne Furcht entgegen.[28]

In Norwegen wurde Fangen als erster von Buchmans Kollegen verhaftet.[29] Die Oxfordgruppe wurde gleichzeitig verboten. In den Jahren vor dem Krieg hatten Fangen und Ramm die skandinavischen Länder von den Lofoten bis nach Helsinki kreuz und quer durchreist und ein Netz von Freundschaften zwischen Menschen aufgebaut, deren moralische und geistige Überzeugung nicht erschüttert werden konnte. Vom Augenblick der Besetzung Norwegens durch die Deutschen an blieb Ramm mit ihnen durch Briefe und Artikel in seiner Zeitung in Kontakt. Obwohl die Artikel unter dem unschuldigen Titel „Was man während der Verdunkelung tun soll" veröffentlicht wurden, enthielten sie viele historische Parallelen, deren Sinn nur patriotischen Norwegern verständlich war.

Als Ramms wirkliche Absichten von den Nationalsozialisten erkannt wurden, verhafteten sie ihn. Nach einem Monat wurde er mit einer Warnung entlassen, weil sein Einfluß „das ganze Gefängnis zu demoralisieren drohte". Nach Hause zurückgekehrt, nahm er den Kampf erneut auf, wurde wieder verhaftet und nach Hamburg deportiert, wo sein leuchtender Glaube trotz Einzelhaft durch alle Mauern drang. Nur einen einzigen Freund durfte er während dieser zwei Jahre treffen. Er gab ihm die Botschaft mit: „Sage Eva (meiner Frau), daß meine Briefe die ganze Dimension meiner Erfahrung ausdrücken. Auch wenn ich ganz allein bin, fühle ich mich doch nicht einsam. Alles, was ich durch die Oxfordgruppe gelernt habe, ist wahr. Ich sage: ‚Lieber im Gefängnis mit Gott als außerhalb ohne ihn.'"

Ramm erkrankte an Tuberkulose. Als ihm bessere Haftbedingungen angeboten wurden als Gegenleistung für eine Arbeit für die Deutschen in der Gefängniswerkstatt, lehnte er ab. Er wurde schwächer und schwächer, und schließlich beschloß der Gefängnisdirektor, dessen Respekt er gewonnen hatte, ihn zu begnadigen und zu entlassen. Er wurde in einem dänischen Ambulanzwagen über die Grenze transportiert – obwohl ein Befehl der Nationalsozialisten, ihn erneut zu verhaften, schon unterwegs war – und erreichte die Stadt Odense. Ein dänischer Freund konnte ihm noch eine norwegische Fahne in die Hand drücken, bevor er starb. Als Ramms Leiche in Oslo ankam, war der Platz vor der Kathedrale voller Menschen, die jeden Versuch, sie zu zerstreuen, einfach ignorierten. Als die Nachricht von Ramms Tod die norwegische Exilregierung in London erreichte, erklärte Außenminister Koht: „Wenn der Augenblick einmal kommt, über unsere Zeiten zu schreiben, wird Fredrik Ramm als einer der größten Helden Norwegens in die Geschichte eingehen."[30]

Der Anfang des aktiven Widerstandes der norwegischen Kirche ist mit dem Namen Bischof Fjellbu verbunden. Am 1. Februar 1942 – dem Tag, an dem Quisling sich als Regierungschef installierte – wollte Fjellbu in der Trondheimer Kathedrale einen Abendmahlsgottesdienst feiern. Die Haupttür der Kathedrale war aber versperrt, und Besatzungssoldaten forderten das Kirchenvolk auf, nach Hause zu gehen, allerdings ohne Erfolg. Es gelang Fjellbu, durch ein Seitentürchen in die Kathedrale zu gelangen, seinen Talar anzuziehen und am Hochaltar mit dem Gottesdienst zu beginnen. Die Soldaten wollten oder konnten ihn nicht am Altar verhaften, und der Chor, der unterdessen ebenfalls seinen Platz eingenommen hatte, begann mit dem Choral „Ein' feste Burg ist unser Gott". Außerhalb der Kathedrale im Schnee stehend nahm die Gemeinde den Gesang auf. Diese Demonstration kostete Fjellbu seinen Bischofssitz. Alle norwegischen Bischöfe, an ihrer Spitze Bischof Berggrav, und später alle übrigen Würdenträger der Kirche, legten darauf ihre Ämter nieder, soweit diese staatskirchlichen Charakter hatten. Am Ostersonntag gaben auch alle norwegischen Pastoren ihren Rücktritt bekannt. Am gleichen Tag wurde Bischof Berggrav verhaftet. Es wurde erwartet, daß er vor den Volksgerichtshof gestellt und verurteilt werde, nicht zuletzt, weil er 1940 England besucht hatte. Unerwarteterweise wurde er aus dem Gefängnis in eine Berghütte verlegt, wo er drei Jahre in einsamem Hausarrest verbrachte. Von Berlin aus war eingegriffen worden.

Der Eingriff ging von der Abwehr aus. Admiral Canaris, der im geheimen gegen Hitler arbeitete und später hingerichtet wurde, hatte zwei Emissäre nach Norwegen gesandt: Dietrich Bonhoeffer und Graf Helmuth James von Moltke. Ein indirektes Resultat dieser Reise war, daß Bonhoeffer in Norwegen einen direkten Eindruck von der Art von Widerstand gewinnen konnte, die er zehn Jahre zuvor von der deutschen Kirche gefordert hatte.[31]

Am 22. April 1945 erklärte Bischof Fjellbu in einer Predigt in der Kirche St. Martin-in-the-Fields in London: „Ich möchte öffentlich feststellen, daß das Fundament für den einmütigen Widerstand der norwegischen Kirche gegen den Nationalsozialismus durch die Arbeit der Oxfordgruppe gelegt wurde."[32] Später fügte er in einem Interview hinzu: „Der erste Besuch der Oxfordgruppe in Norwegen war ein geschichtliches Eingreifen der Vorsehung, wie in Dünkirchen und in der Schlacht um England. Die Oxfordgruppe half uns, die Kluft zwischen der Religion und dem Volk zu überbrücken und den Glauben zu einer täglichen Wirklichkeit zu machen. Wir haben Größeres als eine bewaffnete Armee bekämpft. Wir sind dem gottlosen Materialismus entgegengetreten. Die Oxfordgruppe rüstete uns auf, für eine christliche Ideologie zu streiten."[33]

Hambro schrieb im Jahre zuvor: „Meine Gedanken gehen ins Jahr 1934, zur ersten Hausparty in Norwegen, zurück ... zu Frank

Buchman, dem Katalysator, der eine geeinte norwegische Kirche in diesem Krieg möglich gemacht hat."

20

DAS GESTAPO-VERBOT

Seit Anfang 1934 wußte Buchman, daß er in Deutschland nicht in der gleichen Weise werde arbeiten können wie in anderen Ländern. In die Hauspartys wurden Spitzel eingeschleust, und große öffentliche Kundgebungen wie in den demokratischen Ländern waren nicht erlaubt. Er rechnete damit, daß die Veranstaltungen in anderen Ländern vielleicht die deutschen Führer beeindrucken würden und vergewisserte sich, daß die Berichte über solche Treffen die Regierungsspitze in Berlin erreichten. Er widmete seinen öffentlichen Reden und dem geschriebenen Wort – allein in den frühen dreißiger Jahren wurden sechzehn Bücher und Broschüren veröffentlicht – besondere Aufmerksamkeit. Zugleich hatte er die Hoffnung nicht aufgegeben, die verantwortlichen Männer in Deutschland persönlich zu erreichen.

Im September 1934 wurde Moni von Cramon von Himmler nach Nürnberg eingeladen und sorgte dafür, daß auch Buchman und einige seiner Freunde eine Einladung bekamen. Einige Monate zuvor war sie während eines Abendessens bei Freunden unerwartet Himmlers Tischnachbarin gewesen, und dieser hatte sie gefragt, wie sich die Führung Gottes in ihrem Leben auswirke. Da sie das starke innere Gefühl hatte, daß „Gott einem nur einmal eine solche Chance gibt", hatte sie ihm im Detail erzählt, durch welche drastische Änderung sie in ihrem Leben und Denken gegangen war und was für eine „Bedeutung für den einzelnen, die Nationen und die ganze Welt" es haben könne, „wenn Gottes Plan in die Praxis umgesetzt" werde. Er hatte sorgfältig zugehört. Jetzt, in Nürnberg, saßen Buchman und sie neben Himmler bei einem privaten Mittagessen. Wieder ging es um die Suche nach Gottes Führung, und Buchman sprach über die Vorbedingungen, die erfüllt werden müßten, um Gottes Stimme zu hören. Mitten in der Mahlzeit wurde Frau von Cramon ans Telefon gerufen. Es war ihr Sohn, der ihr mitteilte, daß ihr geschiedener Mann gestorben sei. Sie kam erschüttert zum Tisch zurück, da sie, obwohl ihr Mann vor dem

Gesetz als für die Scheidung verantwortlich erklärt worden war, in den vergangenen Wochen ihre eigene Selbstgerechtigkeit als einen wichtigen Grund für das Scheitern ihrer Ehe erkannt hatte. Sie erzählte auch Himmler davon. „Wenn Sie nur diesen Mann, der seine Loyalität Ihnen gegenüber gebrochen hat, hassen könnten, würden Sie nicht so sehr leiden", war sein Kommentar.

„Dies brachte uns wieder zurück zum Thema der absoluten Forderungen Gottes", erinnerte sich Frau von Cramon später. Dann ging das Essen zu Ende. „Wir sollten eine größere Verpflichtung haben als diese Burschen", meinte Buchman dazu.

Später erzählte Moni von Cramon, welchen gewaltigen Schock die „Nacht der langen Messer" vom 30. Juni 1934 Buchman versetzt hatte. Damals wurden die Führer der SA und eine große Zahl von nicht-nationalsozialistischen Gegnern von Hitler umgebracht. „Es hat uns viel Mühe gekostet, Frank Buchman (Deutschland gegenüber) wieder positiv einzustellen", sagte sie einige Wochen später zu Hans Stroh.[1] In Oxford ermutigte Buchman die Teilnehmer an den Hauspartys, Reden für oder gegen Deutschland zu vermeiden. Dies wurde von Stroh in einem Gespräch in den siebziger Jahren anerkannt: „Es war für uns überraschend, Christen im Ausland zu finden, die unsere Lage in Deutschland nicht gleich negativ beurteilten. Ich spürte an diesem Abend die Klarheit der Diagnose, die große Hoffnung für Deutschland, die Erwartungen, die er – Buchman – Deutschland gegenüber hatte. Und da saß unser Problem: Änderung/Positive Einstellung/ Realistische Diagnose. Hier war der Punkt: wir mußten unterscheiden lernen zwischen der Bestimmung Deutschlands, als geändertes Land anderen Völkern Änderung zu bringen, und einer realistischen Diagnose der moralischen und politischen Situation in unserem Volk."[2]

Ende August 1935 erhielt Frau von Cramon ein Telegramm aus Berlin: „Reichsführer erwartet Sie Dienstag 10 Uhr". Ihre Tochter, Rosemarie Haver, erinnert sich: „Mutter war sehr krank. Sie war mit Buchman in Norwegen gewesen und dann in ein Krankenhaus nach Dänemark überführt worden. Sie war überzeugt – fälschlicherweise, wie sich nachher herausstellte –, daß sie einen Gehirntumor habe. Kaum war sie zu Hause angekommen, fand sie Himmlers Telegramm vor. Sie kam zum Schluß, daß sie keine andere Wahl habe, als nach Berlin zu gehen, und übertrug ihrem Bruder die Verantwortung für uns Kinder. Vor der Abreise machte sie ein Testament. Sie erwartete nicht, daß sie zurückkommen werde."

Im Hauptsicherheitsamt der SS in der Prinz-Albrecht-Straße ließ man Frau von Cramon „von 10 Uhr früh bis abends um 7 in grausamer

Abgeschlossenheit in einem Raum warten, dessen Fenster unter der Decke angebracht waren". Sie erwartete, entweder in ein Konzentrationslager oder in eine Todeszelle überführt zu werden.

„Um 7 Uhr abends erschien der Chefadjutant Himmlers. SS Obergruppenführer Wolff: ‚Der Reichsführer erwartet Sie.' Himmler kommt mir an der Tür entgegen, entschuldigt sich, daß er mich habe so lange warten lassen. ‚Was wollen Sie von mir, Reichsführer?' Er: ‚Sie kommen jetzt in Staatspension.' ‚Also doch Verhaftung? Komme ich jetzt ins KZ?' H.: ‚Das werden Sie sehen. Wölffchen, bringen Sie Frau von Cramon in mein Auto. Der Fahrer weiß Bescheid.'

Ich bitte den Fahrer, ob ich mir im Hotel meinen Koffer abholen dürfte: ‚Wo fahren Sie mich hin?' Der Chauffeur: ‚Das darf ich nicht sagen.' Das Auto hält außerhalb von Berlin vor einem Gartentor. Ein SS-Posten öffnet auf Tageslosung. Eine fremde Frau kommt mir entgegen und begrüßt mich reserviert. ‚Ich bin Frau von Cramon, wer sind Sie?' ‚Ich bin Frau Himmler.' ‚Wo bin ich hier?' ‚Ja, hat mein Mann Ihnen denn nichts gesagt? Ein schlechter Witz. Er hat mir telefoniert, daß Sie jetzt für ein paar Tage unser Gast sein würden.'"[3]

Es war das Pfingst-Wochenende. Die ersten beiden Tage gingen vorbei wie bei einem normalen Freundesbesuch. Abends wurden Gesellschaftsspiele gespielt. Es war am dritten Abend, daß Himmler zu Frau von Cramon sagte: „Ich wollte Sie erst noch einmal persönlich prüfen, ob Sie ein aufrichtiger Mensch sind." Dann bot er ihr eine verantwortliche Stellung in der Fürsorgearbeit für Frauen und Kinder an.

Frau von Cramon lehnte ab: „Das kann ich nicht, denn ich bringe drei Qualitäten mit, die eine (solche) Arbeit unmöglich machen würden." „Wieso?" „Erstens bin ich vom Adel . . . Zweitens bin ich nicht in der Partei und werde auch nie in die Partei eintreten . . . Drittens bin ich überzeugte Christin." Himmler wischte diese Einwände beiseite. Schließlich sagte sie: „Leider kann ich Ihnen keine definitive Antwort geben, da ich zu Frank Buchmans Mannschaft gehöre und keinen Schritt tun kann, ohne mit ihm darüber zu sprechen."

Himmler war erstaunt: „Sind Sie also so gebunden an diesen Ausländer und seine Gruppe?" Sie antwortete: „Ja, ich habe den Totalitätsanspruch Gottes auf mein Leben durch die Gruppe gezeigt bekommen und akzeptiert." Himmler: „Nun, meinetwegen, dann fragen Sie erst Buchman."

Im Laufe dieser Gespräche stellte Himmler Frau von Cramon die Frage: „Sagen Sie mir, wer ist Christus?" Sein Einwand war immer der gleiche: „Es ist jüdisch, die Verantwortung für seine Schuld auf einen andern zu schieben, deshalb brauche ich Christus nicht." Frau von

Cramon: „Reichsführer, was machen Sie aber mit Ihrer Sünde, die Ihnen niemand abnehmen kann und die Sie nicht wiedergutmachen können?" Er antwortete: „Ich muß als arischer Mensch den Mut haben, Verantwortung für Schuld allein zu tragen." Frau von Cramon: „Das werden Sie nicht können, denn erst im Gehorsam gegen Gott werden Sie den Plan Gottes mit Deutschland zur Ausführung bringen können."

Er schloß das Gespräch mit den Worten: „Das kann ich auch ohne Christus, denn Christus ist Kirche, und meine Kirche hat mich exkommuniziert." Auch später kam er oft auf dieses Thema zurück.[4]

Das Angebot Himmlers gefiel Moni von Cramon in keiner Weise. Sie und ihre Familie standen Himmler voller Mißtrauen gegenüber. Aber sie hatte weiterhin die innere Überzeugung, daß es ihre Pflicht sei, den Kontakt mit den Führern ihres Landes zu halten, so daß sich möglicherweise einige ändern würden, so wie sie sich hatte ändern können. Dies schien ihr der einzige Weg zu sein, eine Katastrophe zu verhindern.

Nachdem sie sich telefonisch mit Buchman beraten hatte, beschloß Frau von Cramon, die vorgeschlagene Fürsorgeaufgabe für deutsche Frauen zu übernehmen, verlangte aber, daß ihre eigene Überzeugung und ihre Freiheit unangetastet bleiben würden. Dies wurde ihr zwar zugestanden, aber sehr bald gelang es anderen Kräften in ihrer Organisation, sie zu neutralisieren. Auf dem Papier übte sie ihre Funktion achtzehn Monate lang aus, in der Praxis – auch aus Krankheitsgründen – nur fünf Monate. Sie konnte während dieser Zeit einige Hitzköpfe zurückhalten, aber sie verlor ihren Posten, als ihre Gegner herausfanden, daß sie einen Freund aus der Oxfordgruppe, der Juden in Berlin half, gewarnt hatte. Danach sah sie Himmler nie wieder. Ihre endgültige Entlassung kam, als sie im Laufe eines Verhörs durch die Reichsführerin der nationalsozialistischen Frauenschaft, Gertrud Scholz-Klink, „ihren Totalitätsanspruch als deutsche Frau nicht anerkennen wollte, den Eid verweigerte und nicht in die Partei eintrat".[5]

Die Gestapo wußte von Buchmans Kontakten zu Himmlers Umgebung; die ihm dadurch gewährte kurze Atempause nutzte Buchman, um seine Botschaft durch kleinere Treffen auf lokaler Ebene – obwohl auch bei dieser Gelegenheit Polizeispitzel anwesend waren – und durch das geschriebene Wort zu verbreiten. Noch am 20. Mai 1937 berichtete der Sicherheitsdienst aus Hamburg: „Die Gruppenbewegung beginnt mit Erfolg sich über Deutschland auszubreiten und versucht, anscheinend ebenfalls mit Erfolg, Einfluß in Parteikreisen zu gewinnen . . . Der Reichsführer SS hat schärfste Beobachtung dieser Bewegung angeordnet."[6]

Buchman setzte in diesen Monaten sein Lebenswerk aufs Spiel und riskierte alles, um zu versuchen, Deutschland noch im letzten Augenblick zu zeigen, daß es eine Alternative zum Nationalsozialismus gebe. Dies war sein Hauptthema in seinem Ruf an Europa, den er an eben dem Pfingstwochenende – das Frau von Cramon halbfrei, halbgefangen im Hause von Himmler verbrachte – von Kronborg (Dänemark) aus verkündete. Er erklärte:

„Woran es heute am meisten fehlt, ist eine geistige Dynamik, die die menschliche Natur ändern und Menschen und Nationen erneuern kann. Gebraucht wird eine geistige Autorität, die überall und von jedermann akzeptiert werden kann. Nur so wird aus dem Chaos der nationalen und internationalen Beziehungen Ordnung werden können . . . Eine Nation muß die Art von neuer Führerschaft zeigen, die frei ist von Knechtschaft der Angst und des Ehrgeizes und die sich der Führung des Heiligen Geistes unterordnet. Eine solche Nation wird im Innern Frieden haben und ein Friedensstifter zwischen den Völkern sein. Wird es Ihre Nation sein?"

Rundfunkstationen mehrerer Länder übertrugen diese Rede, aber sie wurde vom deutschen Propagandaministerium abgelehnt. Buchman wußte nun, er würde andere Wege finden müssen, um sich in Deutschland Gehör zu verschaffen.

Während der Hausparty in Oxford vom Sommer 1935 war sich Buchman nicht sicher, was er als nächstes in Deutschland unternehmen würde. Zu Hans Stroh sagte er, er fürchte, „Himmler habe sein Herz verschlossen". Ob Himmler je ein offenes Herz gehabt hatte, oder ob er – wie es später offensichtlich der Fall war – Buchman und seine Freunde nur für seine eigenen Ziele zu benutzen versuchte, war damals schwerer einzuschätzen, als es heute ist. Buchman wußte, daß Himmler ursprünglich der katholischen Kirche angehört hatte und in seiner Jugend sogar Meßdiener war. So hoffte er, daß vielleicht ein letzter Rest von innerer Unruhe und verlorenem Glauben in ihm übriggeblieben wäre. Am 19. November 1935 erschien in der *Berlingske Tidende* in Kopenhagen ein Bild von Himmler mit der Schlagzeile „Nazi bekennt seinen Glauben an einen lebendigen Gott". Andere Zeitungen behaupteten, daß Frau Himmler von der Oxfordgruppe beeinflußt worden sei.

Buchman selbst sagte zu einem Freund: „Falls ich diesen Weg weiter verfolge, werden einige sagen, ich sei pro-Nazi gewesen, aber ich mache mir deswegen keine Sorgen." Im August 1935 erhielt er durch die

Vermittlung von Frau von Cramon wieder eine Einladung nach Nürnberg. Dieses Mal bat er den Oxforder Theologen Dr. B. H. Streeter, ihn zu begleiten.

Es war der erste Nürnberger Parteitag, an dem ganze Abteilungen der bewaffneten Streitkräfte teilnahmen. Daß es sich hier um eine massive Mobilmachung handelte, entging Buchman und Streeter ebensowenig wie anderen Besuchern. „Bei diesem Parteitag", bemerkte Frau von Cramon später, „äußerte Frank mir gegenüber öfters seine wachsende Besorgnis über die militärische Aufmachung desselben, die nach Krieg röche." Was ihn und seine Arbeit betraf, bemerkte Buchman eine verschärfte Kontrolle. Es stellte sich später heraus, daß eine junge Holländerin, die durch die Oxfordgruppe nach Deutschland gekommen war, ein Verhältnis mit einem SS-Offizier begonnen und in Gesprächen Buchman, Frau von Cramon und andere denunziert hatte. Dadurch wurden diejenigen Kreise in der Gestapo gestärkt, die schon immer in der Oxfordgruppe ein besonders ausgeklügeltes Spionagenetz im Dienste der Demokratien vermutet hatten. Buchman machte sich deshalb ernste Sorgen um seine deutsche Mannschaft und sah seine eigene Aufgabe erheblich erschwert.

Anfang des Jahres 1936 – dem Jahr der Rheinlandbesetzung und der Olympischen Spiele in Berlin – erschienen einige Angriffe auf die Oxfordgruppe in nationalsozialistischen Zeitungen und Zeitschriften. Im Februar beschrieb *Ludendorffs Halbmonatsschrift* die Oxfordgruppe als „eine der dunklen internationalen Kräfte, die einen dauernden Untergrundkrieg gegen Deutschland führten".[7] Der Hauptartikel in den vertraulichen *Mitteilungen zur weltanschaulichen Lage* von Hitlers Chefideologen Alfred Rosenberg vom gleichen Monat war einer ausführlichen Verurteilung der „Gruppenbewegung" in Deutschland gewidmet.[8]

In einem Brief vom 21. Juli des gleichen Jahres verlangte die Leitung der Bayerischen Politischen Polizei von allen Bezirken innerhalb einer Frist von zwei Wochen einen Bericht über die Betätigung der Oxfordgruppenbewegung in ihrem jeweiligen Bereich. „Insbesondere ist auch festzustellen, wie viele Mitglieder vorhanden sind und aus welchen Kreisen sie sich zusammensetzen."[9] Etwas später beschrieb Rosenberg die Gruppenbewegung als „eine zweite Freimaurerei".[10] Offensichtlich blieb Buchman und seinen Mitarbeitern nicht viel Zeit.

Buchman reiste im August zu den Olympischen Spielen nach Berlin. Nach seiner Ankunft überbrachte ihm Frau von Cramon eine Einladung für ein Mittagessen, bei dem er mit Himmler zusammentraf. Gastgeber waren ein deutscher Diplomat und seine Frau. Buchman beabsichtigte, einen Gesprächstermin zu verabreden, um in Ruhe mit Himmler sprechen zu können. Die Verabredung kam zwei Tage darauf zustande.

Durch Zufall tauchte sechsundzwanzig Jahre später ein unabhängiger Zeuge auf, der über Ziel und Ergebnis dieses Treffens berichten konnte. Ein dänischer Journalist in Berlin, Jakob Kronika*, schrieb in der von ihm damals herausgegebenen Zeitung, *Flensborg Avis*: „Während der Hitler-Jahre wohnte Frank Buchman, der Gründer der Moralischen Aufrüstung, im Hotel Esplanade in Berlin. Eines Tages aßen wir zusammen zu Mittag. Am gleichen Nachmittag sollte er SS-Führer Himmler sprechen, der Dr. Buchman eingeladen hatte, ihn zu besuchen.

Das Gespräch war natürlich ein Fiasko. Himmler war nicht imstande, wie er gewollt hatte, den ‚absoluten Gehorsam' der MRA-Leute Gott gegenüber für seine eigenen Zwecke zu gebrauchen, um aus ihnen willige Sklaven der SS und der Nazis zu machen.

Frank Buchman wirkte sehr besorgt, als wir über die Entwicklungen in Deutschland unter Hitler sprachen, denn er hatte eine tiefe Zuneigung zu diesem Land und seinen Menschen.

Er sagte während der Mahlzeit im Esplanade: ‚Deutschland ist unter die Herrschaft einer furchtbaren dämonischen Kraft geraten. Eine Gegenaktion ist dringend notwendig . . . Wir müssen Gott bitten, uns die Führung und Kraft zu geben, um eine anti-dämonische Gegenaktion unter dem Zeichen des Kreuzes Christi in den Nachbarländern Deutschlands, besonders in den kleineren Nationen, zu lancieren.' Aber der Hitlerische Dämonismus mußte sich bis zum Ende austoben. Weder Frank Buchman noch irgend jemand anders konnte dies verhindern."[11]

Weniger als drei Monate nach dem Gespräch mit Himmler gab das Sicherheitshauptamt im Namen des Reichsführers SS das erste offizielle Dokument heraus, das feststellte: „Für den Nationalsozialismus ist sie (die Gruppenbewegung) daher ein neuer und gefährlicher Gegner." Ein Teil des Dokuments enthielt „Anweisungen für die nachrichtendienstliche Tätigkeit": „Die Arbeit, die Tendenz und der Einfluß der Oxfordbewegung erfordern genaueste Beobachtung." Daher müsse jede Tagung besucht, jede Gruppe infiltriert und besonders „die

* Kronika war der Berliner Korrespondent von *Nationaltidende*, Kopenhagen, und *Svenska Dagbladet*, Stockholm, und Vorsitzender der Auslandskorrespondenten in Berlin während des Krieges. Er war auch akkredidierter Sprecher der dänischen Minderheit in Südschleswig bis 1945 (siehe auch Kronika, *Berlins Untergang* (Verlagshaus Christian Wolff, Flensburg und Hamburg 1946)).

Produktion des ‚Leopold Klotz-Verlages' in Gotha (der viele Oxfordgruppen-Bücher und Broschüren veröffentlicht hatte) genau beobachtet und evtl. durch Unterbringung eines V-Mannes die Empfänger des Schrifttums dieses Verlages festgestellt" werden. Es sollte auch überprüft werden, „welche Persönlichkeiten des öffentlichen Lebens mit der Oxfordbewegung sympathisieren".[12]

Buchman trat am 19. August seine Heimreise nach Amerika an. Nach seiner Ankunft in New York gab er im Calvary House eine Pressekonferenz. Am nächsten Tag erschien eine Anzahl der üblichen Zeitungsberichte. Der Reporter der *New York World-Telegram* war zu spät gekommen und hatte um ein besonderes Interview gebeten. In Anwesenheit einiger seiner Kollegen beantwortete Buchman die Fragen des Reporters. Alle bei diesem Gespräch Anwesenden waren sehr erstaunt, als sie am darauffolgenden Nachmittag auf der ersten Seite der Zeitung folgende Schlagzeile vorfanden: „HITLER ODER JEDER ANDERE FASCHISTISCHE FÜHRER, DER SICH VON GOTT FÜHREN LÄSST, KÖNNTE ALLES UNHEIL IN DER WELT HEILEN, GLAUBT BUCHMAN."[13] Die ersten Absätze des Artikels lauteten: „Dr. Frank Nathan Daniel Buchman, der energische, freimütige, 58jährige Führer der zur Erweckungsbewegung gehörenden Oxfordgruppe sieht in der faschistischen Diktatur in Europa ungeahnte Möglichkeiten für den Wiederaufbau und die Unterwerfung der Welt unter ‚Gottes Kontrolle'. ‚Ich danke dem Himmel für einen Mann wie Adolf Hitler, der eine Frontlinie gegen den Antichrist des Kommunismus aufgebaut hat', sagte er heute in seinem Büro im Nebengebäude der Calvary-Kirche.

‚Mein Friseur in London sagte mir, Hitler habe Europa vor dem Kommunismus gerettet. Das war seine Überzeugung. Natürlich bin ich nicht mit allem einverstanden, was die Nazis tun. Antisemitismus? Natürlich ist dieser schädlich. Ich nehme an, Hitler sieht in jedem Juden einen Karl Marx.'

‚Aber fragen Sie sich einmal, was es für die Welt bedeuten würde, wenn ein Mann wie Hitler sich ganz Gott unterordnen würde?' "

Die übrigen zweiundzwanzig Absätze des Artikels beschrieben, wie Buchman sich ein Land vorstellte, das unter der Herrschaft Gottes stünde und wie Gott seinen Willen jedem Menschen offenbaren könnte.

Wie eine Legende hat von diesem Interview nur der Satz – der immer und immer wieder zitiert wurde – „Ich danke Gott für Hitler" überlebt. Dieser Satz ist von Buchman nie ausgesprochen worden, steht nicht in dem betreffenden Artikel und entspricht, wenn man denen glaubt, die dabei waren, auch nicht dem Tenor des Interviews. Garrett Stearley zum Beispiel sagt dazu: „Ich war bei diesem Gespräch anwesend. Als der Artikel herauskam, war ich erschrocken. Er entsprach in keiner Weise dem Inhalt des Interviews."

Ich kam am Tag nach dem Erscheinen des Artikels, nach einem Besuch in Europa in New York an und aß am nächsten Tag mit jenem Reporter, William Birnie, zu Mittag. Natürlich war Birnie als junger Journalist, der erst vor kurzem aus einer kleinen Provinzstadt nach New York gekommen war und plötzlich seinen Artikel auf der ersten Seite der Zeitung vorfand, glücklich darüber, obwohl ihn der Titel und die Bearbeitung seines Materials durch die Redakteure sehr überrascht hatten. Dreißig Jahre später, zu einem der leitenden Redakteure von *Readers Digest* avanciert, sagte Birnie einem Besucher, daß er immer noch stolz sei auf „den Mann, den er interviewt hatte", und die Tatsache, daß dieser sich nicht mit ihm über das Interview, wie es gedruckt war, gestritten habe – was er an und für sich erwartet hatte. „In meiner Erinnerung hat er sich in unserem Gespräch weder mit Hitler identifiziert, noch hat er ihn verurteilt."[14]

Wahrscheinlich sind Buchmans Erklärungen beim Redigieren gekürzt und umformuliert worden und bekamen dadurch einen ganz anderen Tenor. Es scheint aber Tatsache zu sein, daß Buchman den Gedanken äußerte, er sei Hitler dafür dankbar gewesen, den Kommunismus in Deutschland aufgehalten zu haben. Hans Stroh erinnert sich: „Eines Abends (im Sommer 1934, in Oxford) rief Frank alle Deutschen zusammen. Sein Gedankengang war etwa folgender: ‚Die Welt ist in äußerster Gefahr. Die Kräfte des Materialismus unterwühlen die Gesellschaft. Der Nationalsozialismus hat eine vorläufige Mauer gegen den Kommunismus aufgebaut. Aber das genügt nicht . . . die letzte Ursache (der Krise) ist, daß die Menschen sich nicht von Gott führen lassen. Die Menschen in Deutschland brauchen Änderung, um der Welt Inspiration geben zu können.'"

Einer Gruppe von Freunden sagte er 1937: „Man hat mich kritisiert, weil ich gesagt hatte, ‚ein von Gott geführter Diktator könnte die Lage über Nacht verändern'. Das bedeutet keineswegs, daß ich mit diesem Diktator einverstanden bin oder ihn unterstütze. Aber ich werde nie die Möglichkeit der Änderung irgendeines Menschen in Zweifel ziehen."

Am 7. März 1940 notierte Buchmans Sekretär in seinem Tagebuch, Buchman habe gesagt: „Ich habe mich von Hitler irreführen lassen. Ich hatte geglaubt, er würde ein Bollwerk gegen den Kommunismus sein."[15]

Dieses Zugeständnis rechtfertigt in keiner Weise die so oft gegen Buchman vorgebrachten Anschuldigungen, er sei pro-Nazi gewesen. Im selben Monat, in dem Buchmans Interview veröffentlicht wurde, beschrieb der britische Politiker Lloyd George Hitler als „Deutschlands George Washington".[16] Winston Churchill schrieb sogar noch zwei Jahre später: „Ich war immer der Ansicht, daß, wenn Großbritannien einmal in einem Krieg geschlagen wäre, wir einen Mann wie Hitler finden müßten, der uns wieder an unseren berechtigten Platz unter den Nationen zurückführen würde."[17]

Nach der Veröffentlichung des Dokuments des Sicherheitshauptamtes von 1936 zog sich das Netz um die Oxfordgruppe in Deutschland enger und enger zusammen. Von Juli 1937 an wurden im Südwesten Deutschlands die Kontakte, Telefongespräche und Reisen der Mitglieder der Oxfordgruppe offiziell von der Gestapo überwacht.[18] Himmler teilte Graf John Bentinck mit, er habe Beweise für die Anschuldigung, daß die Oxfordgruppe Teil eines Spionagenetzes sei. Er verlangte von deutschen Gruppenmitgliedern, daß sie alle Verbindungen mit Buchman abbrächen, gab aber Graf Bentinck die Erlaubnis, nach Utrecht zu reisen, um Buchman, der dort an einem großen nationalen Treffen teilnahm, direkt zu informieren. Hans Stroh, der mit Buchman nach Utrecht gereist war, sah, daß sich dieser Sorgen um seine Freunde in Deutschland machte. Buchman sagte ihm, die Deutschen müßten jetzt ohne äußere Hilfe ihren Weg finden. „Er bat mich, dies und das nach Deutschland mitzunehmen. So sollte ich Zeitungen an Wurm und Meiser senden. Wir verabschiedeten uns und sahen uns nicht wieder bis September 1946 (in Caux)."

Buchman hatte während dieser Periode wenig Kontakt mit Moni von Cramon. Früh im Jahre 1938 lud er sie ein, sich mit ihm in Esbjerg in Dänemark zu treffen. Ihre Tochter begleitete sie und beschrieb später die Begegnung: „Wir trafen Frank auf dem Schiff, das ihn nach England bringen sollte. Er sagte zu uns: ‚Der Krieg kommt, und wir werden uns lange nicht mehr sehen. Ihr werdet durch harte Zeiten hindurchgehen, aber vergeßt es nicht: wir sind nie allein.' Wir knieten nieder und beteten zusammen. Dann verließen wir das Schiff. Frank stand auf dem Deck und machte das Zeichen des Kreuzes für uns und für Europa. Das war das letzte, was wir von ihm sahen." Frau von Cramons Sohn kam nicht mehr aus Stalingrad zurück, während ihr Schwiegersohn, Karl Ernst Rathgens, ein Neffe von Feldmarschall von Kluge, nach der Verschwörung des 20. Juli auf Hitlers Befehl hingerichtet wurde.

Während des Krieges teilte sich die Gruppenbewegung in Deutschland in drei Teile: Einige wenige, wie Bentinck, unterwarfen sich den Forderungen Himmlers. Die Mehrheit arbeitete weiter, allerdings unter einem anderen Namen – *Arbeitsgemeinschaft für Seelsorge* – und versuchte trotz Überwachung, ohne sich in politischen Diskussionen zu verlieren, Menschen zu ändern. Eine dritte Gruppe von Menschen gab sich mit dieser Alternative nicht zufrieden. Einige aus dieser Gruppe schlossen sich später der aktiven Opposition an. Ein junger Arzt in Süddeutschland schrieb auch nach Himmlers Verbot ein Theaterstück, in dem die Ideen Buchmans klar ausgedrückt wurden. Das Theaterstück wurde auch aufgeführt.

Während der Jahre 1937 und 1938 setzte Buchman seine privaten Besuche in Deutschland fort, verbrachte aber die meiste Zeit in Orten wie Freudenstadt und Garmisch-Partenkirchen. Er machte viel Gebrauch von der deutschen Ausgabe einer internationalen Illustrierten, *Steigende Flut* (Rising Tide), die vom Propagandaministerium verboten worden war[19] und deshalb hauptsächlich per Auto über die Grenze geschmuggelt wurde.

Im Laufe des Jahres 1939 stellte die Gestapo einen 126seitigen Geheimbericht *Die Oxfordgruppenbewegung* zusammen, in dem diese als „Schrittmacher der anglo-amerikanischen Diplomatie“ beschrieben wurde. Im Dokument heißt es weiter: „Die Oxforder Gruppenbewegung bedeutet in ihrer Gesamtheit einen Angriff auf jede völkische Eigenstaatlichkeit und erfordert die höchste staatliche Wachsamkeit ... Sie predigt Revolution gegen den völkischen Staat und ist zu seinem christlich-religiös getarnten Gegner ... schlechthin geworden.“ Im ganzen Bericht findet man die Argumente auch gegen die christliche Auffassung von Sünde und Vergebung wieder, die Himmler in seinen Gesprächen mit Frau von Cramon vorgebracht hatte. Der Bericht wurde im Jahr 1942 vom Sicherheitshauptamt – „Nur für den Dienstgebrauch“ – verteilt.[20] Im gleichen Jahr wurde auch ein Führerbefehl erlassen, der Angehörigen der Wehrmacht „die aktive und passive Beteiligung an allen Bestrebungen der ‚Oxford-Gruppenbewegung‘“ verbot.[21] Einige, die trotzdem im gleichen Sinne weiterarbeiteten, wurden auf „Himmelfahrtskommandos“ (Strafversetzung) an die Front geschickt. Einige Zivilpersonen, die mit der Oxfordgruppe verbunden waren, wurden in Konzentrationslager gesteckt.

Bei einem Verhör von Vertretern der Oxfordgruppe sagte der damalige Sicherheitsdienstführer von Nord-Württemberg, Reinhold Bässler, zu einigen von ihnen: „Vor den Kirchen haben wir keine Angst! Denen nehmen wir die Jugend weg und lassen sie aussterben. Ihr aber ändert unsere besten jungen Leute! Ihr schimpft zwar nicht, aber ihr gewinnt Idealisten! Darum seid ihr die gefährlichsten Staatsfeinde!"[22]

In einem Kapitel des Dokuments von 1942 betonen die Autoren, „das Vorgehen der Gruppe in Deutschland seit dem Jahre 1933" sei „durch eine ausgeprochene Vorsicht gekennzeichnet" gewesen: „Große Massenkundgebungen wie in allen anderen Ländern wurden bisher aus taktischen Gründen vermieden. Man arbeitet bewußt im Verborgenen und ist bemüht, in der Öffentlichkeit wenig von sich reden zu machen. Nach Möglichkeit wird sogar der Postweg zu Mitteilungen und Einladungen vermieden, oder man bedient sich chiffrierter Briefe."[23]

Das Dokument führt weiter aus: „Die Gruppenbewegung . . . lehrt die Gleichheit aller Menschen . . . Keine andere christliche Bewegung hat so sehr den übernationalen und rasselosen Charakter des Christentums betont wie die Oxforder."[24]

Wenn Hitlers geplante Invasion Großbritanniens von Erfolg gekrönt gewesen wäre, lauteten die offiziellen Befehle, daß die Zentrale der Oxfordgruppe in London als ein „vom British Intelligence Service gebrauchtes Gebäude" übernommen werden sollte. Geheimbefehle dieser Art wurden am Ende des Krieges in Berlin entdeckt und durch die englische Presseagentur und die BBC am 19. September 1945 veröffentlicht. „Die Moralische Aufrüstung", stand in diesem Befehl, „wurde von englischen Politikern für anti-deutsche Propaganda gebraucht. Dadurch erwies sich die Oxford-Gruppen-Bewegung mehr denn je als eine politische Macht und ein Werkzeug der englischen Diplomatie."[25]

Als die holländischen Nazis nach der Besetzung Hollands anfingen, die Oxfordgruppe zu liquidieren, erklärten sie, daß sie die Botschaft und Strategie Buchmans für Europa sehr wohl verstanden hätten und deshalb entschlossen seien, sie offen zu bekämpfen: „Es ist nicht zu übersehen, daß sich alle führenden Persönlichkeiten der Welt, die als offene Anti-Nationalsozialisten bekannt sind, der Oxfordgruppe angeschlossen haben und sie unterstützen."[26] Auch wenn es sich hier um massive Übertreibung handelt, kann niemand an der aggressiven Feindseligkeit des Autors dieser Zeilen zweifeln.

21

DEMOKRATIEN ERWACHEN

Während Buchman sich der wachsenden Gefahr bewußt war, die in der zweiten Hälfte der dreißiger Jahre Deutschland und durch Deutschland die Welt bedrohte, glaubte er – wie Solschenizyn fünfzig Jahre später[1] –, daß der wirkliche Grund für die drohende Katastrophe darin zu finden sei, daß „wir Gott vergessen haben". Einige Nationen hatten die Verleugnung Gottes und den totalen moralischen Relativismus zu ihrer grundlegenden Weltsicht gemacht, während Millionen von Menschen in den sogenannten christlichen Ländern in ihrem Privatleben das gleiche taten. Ihre politischen Führer erwiesen sich oft in öffentlichen Angelegenheiten als praktische Atheisten. Buchman war der Überzeugung, der Völkerbund habe versagt, „weil er nicht auf Gott gegründet" sei. Auf einige Kirchenführer angesprochen, fügte er traurig hinzu: „Wo aber ist die Strategie des Heiligen Geistes?"

Buchman verbrachte seine Zeit vor allem in den westlichen Demokratien, in den Ländern, die Deutschland umgaben, in Großbritannien und den Vereinigten Staaten. Das bedeutete viele Reisen über den Kanal und Überqueren des Atlantiks. Doch war sein Ziel, ohne Hast, aber mit einem Gefühl der Dringlichkeit Führungspersönlichkeiten und einfache Bürger davon zu überzeugen, daß der Gehorsam gegenüber dem Willen Gottes die einzig sichere Grundlage für eine gerechte Gesellschaftsordnung sei. Er glaubte – auch wenn die Ereignisse ihn dann später als zu optimistisch erscheinen ließen –, die Gefahr würde eine so große Anzahl von Demokraten dazu führen, ihr Leben zu ändern, daß die totalitären Mächte diese Entwicklung erkennen und ihre Strategie dementsprechend ändern müßten.

Im September 1935 wurde Buchman von den Schweizern, die in Skandinavien mit ihm gearbeitet hatten, in ihr Land eingeladen. Rudolf Minger, der volkstümliche Bundespräsident, hieß ihn und seine 250 Begleiter herzlich willkommen. Er habe selbst gefragt, sagte Minger, ob es einen „Ausweg aus diesem Dilemma" gebe. „Die Antwort ist ein mutiges Ja", versicherte er. „Wir brauchen eine Lebensänderung durch eine neue geistige Kraft, die so stark ist, daß sie gefährliche, im Streit miteinander befindliche Kräfte versöhnt und Brüderlichkeit und Solidarität schafft. Dieses Ziel zu erreichen, sieht die Oxfordgruppe als ihre Aufgabe an."[2]

Bald fanden größere und kleinere Veranstaltungen statt. In Genf trafen sich die Ärzte, die Arbeitslosen, die Universitätsprofessoren und die Hoteliers. An einem Abend war die Kathedrale, an einem andern der größte Saal der Stadt bis zum letzten Platz gefüllt. In allen Schweizer Städten war der Widerhall ähnlich stark.

„Was sich aus den Massenversammlungen und den zahllosen persönlichen Kontakten ergeben hat, ist schwer zu ermessen", schreibt Professor Theophil Spoerri, Professor für romanische Sprachen an der Universität Zürich. „Für viele fand unzweifelhaft die entscheidende Wendung ihres Lebens statt. Man hätte auch von einer atmosphärischen Änderung sprechen können. Etwas Neues drang sozusagen durch die Fensterritzen ein. Der Geschäftsmann, der ganz allein in seinem Büro saß, fühlte ein leises Unbehagen, wenn er sich anschickte, seine lieben Mitbürger zu betrügen. Das öffentliche Gewissen war empfindlicher geworden. Der Finanzdirektor eines Kantons berichtete, daß nach dem Eidgenössischen Dank-, Buß- und Bettag 6000 Steuereingänge verzeichnet worden seien. Das sei in der Finanzgeschichte der Republik noch nie vorgekommen."[3]

Die Schweizer Presse hob besonders die Auswirkungen der Kampagne im politischen Leben hervor. Es war eine Zeit der Spannungen zwischen politischen Parteien und Bevölkerungsgruppen mit drohenden Spaltungen. Bundespräsident Minger und einige seiner Kollegen aus dem Bundesrat empfingen Buchman zweimal. Der *Bund* sprach von einer „Bekenntnisrunde im Bundeshaus"[4], während *La Suisse* in einem Leitartikel halb scherzhaft, halb ergriffen einen Vergleich mit dem legendären Erscheinen von Niklaus von der Flüe aus der Tagsatzung von Stans zog.[5]

Fünfzehn Monate später, in ihrem Jahresbericht für 1937, schrieb die *Neue Zürcher Zeitung*: „Zwei Ideen (nahmen) die öffentliche Meinung stark und dauernd in Anspruch. Die eine war die Rückkehr zur strengen Verfassungsmäßigkeit. Die andere heißt Verständigung. Es wurden Fühler ausgestreckt, Rekognoszierungen vorgenommen, Oxfordismus in die Politik getragen. Das Ergebnis ist gar nicht etwa gleich null. ‚Es tut sich was.' Im Vergleich mit den Jahren 1933/34 hat die Aufspaltungs- und Zersplitterungstendenz einer gegenteiligen Strömung Platz gemacht."[6]

Um der Neugier, die das Wirken der Oxfordgruppe unter den Delegierten des Völkerbundes geweckt hatte, entgegenzukommen, lud der Vorsitzende, der tschechische Premierminister Eduard Benesch, Buchman und seine Kollegen am 23. September 1935 ein, bei einem Essen das Wort zu ergreifen. Die Zeitschrift *The Spectator* berichtete: „Zwei Premierminister, 32 offizielle Delegierte und viele weitere Vertreter der politischen Weisheit der Welt saßen mit einer Gruppe von Freiwilligen an einem Tisch, die behaupteten, Gottes Weisheit stehe denen zur Verfügung, die bereit seien, auf ihn zu hören."[7] *Berlingske Aftenavis* berichtete über Ludendorff, daß ihn „dieses offizielle Essen in Genf mit dem gegenwärtigen Präsidenten, Dr. Benesch, in Wut versetzt" habe.[8]

Der Völkerbund stand vor einer großen Krise. Die Vereinigten Staaten waren nie Mitglied geworden, und Deutschland hatte seine Mitgliedschaft gekündigt. Italien, das dreizehn Tage später Abessinien angreifen sollte, bereitete schon diesen Angriff vor. Großbritannien und Frankreich schienen keinerlei Absicht zu haben, den Völkerbund mit den notwendigen Vollmachten auszustatten. Viele Politiker fingen an, Lösungen andernorts zu suchen.

Der Bericht Hambros über die Auswirkungen der Oxfordgruppe in Norwegen wurde von ihnen mit Erstaunen entgegengenommen. Hambro fügte hinzu: „Für jeden Politiker kommt der Tag, an dem er sein Werk mit dem Traum seiner Jugend vergleicht und den Gegensatz erkennt zwischen dem, was er sich zu tun ersehnte und dem, was er getan hat. Sie als Politiker werden verstehen, was es bedeutet, wenn ich erkläre, daß keiner, der mit der Oxfordgruppe in Berührung kommt, mit dem gleichen Geist wie vorher zu seiner internationalen Arbeit zurückkehren kann. Diese Begegnung wird es ihm unmöglich machen, weiterhin in Haß und Vorurteilen befangen zu bleiben."[9]

Während des Mittagessens erzählte Hambro Buchman, daß er gedenke, nach Amerika zu reisen, um dort zu den skandinavischen Volksgruppen zu sprechen. Buchman sah in dieser Reise sofort weitere Möglichkeiten und schrieb: „Einige von uns denken, daß Sie in Ihrer Hand die Chance haben, die geistige Bestimmung Amerikas neu zu formulieren und dem Land einen Dienst erweisen zu können, der weit über ihre ursprünglichen Pläne hinausgeht."[10]

Hambro nahm den Vorschlag Buchmans an. Er ergriff das Wort in mehreren Städten der USA und schloß seine Reise mit einer machtvollen Rede im Metropolitan Opera House in New York. Überall, wo er sprach, gab er seiner starken Opposition gegenüber Nazideutschland Ausdruck und bedauerte den Mangel an Verständnis für die akute Gefahr, in der die Demokratien sich befanden. Überall berichtete er auch von den Auswirkungen der Oxfordgruppe. „Politik", sagte er, „muß die Bemühung sein, das morgen möglich zu machen, was heute noch unmöglich ist . . . Die Oxfordgruppe dehnt die Grenzen des Möglichen immer weiter aus, indem sie das Auge auf die weiten Horizonte richtet, den echten Frieden in den absoluten Forderungen Christi der Ruhelosigkeit des Relativismus entgegensetzt und indem sie die Schranken zwischen Mensch und Mensch und zwischen Nation und Nation beseitigt."[11]

Hambro hatte keine Gelegenheit, den Präsidenten zu treffen, unterhielt sich aber lange mit Staatssekretär Cordell Hull und anderen Politikern. Seine Erklärungen und Interviews vermittelten vielen eine neue Perspektive der Oxfordgruppe und bereiteten Buchmans nächste Schritte in seinem eigenen Lande vor.

Buchman hatte das Gefühl, daß der Krieg in Europa unmittelbar bevorstehe, und so bestand er im November 1935 darauf, in den Mietvertrag der Oxford Colleges für die Hausparty des nächsten Sommers eine „Kriegsklausel" einzufügen. Im Mai 1936 berief er nach Stockbridge im Staate Massachusetts eine Konferenz ein mit dem Thema „Amerika erwache", zu der fünftausend Menschen kamen.

Er kehrte in den letzten Junitagen des Jahres 1936 nach England zurück. Es war ein England, dem Premierminister Baldwin die Wahrheit über Hitler-Deutschland weder sagen wollte noch später zu sagen wagte, ein England, das seine Chance aufzurüsten verpaßte, weil es bequemer war, die Bedrohung, der es gegenüber stand, einfach zu ignorieren.

Buchman tat alles, was er konnte, um Englands Bewußtsein für das zu wecken, was er als eine moralische und geistige Not ansah. Oxford hatte sich im vorausgegangenen Sommer für die traditionelle Hausparty als zu klein erwiesen. So wurden 1936 gleichzeitig Hauspartys in Oxford, Cambridge, Exeter und Harrogate durchgeführt, ebenso Lager für junge Frauen in Hinsey Hill bei Oxford und für junge Männer in der Nähe von Birmingham.

Am 7. Juli kamen Vertreter aller Hauspartys in London zusammen, um in der überfüllten Albert Hall zu sprechen. Am Monatsende fand eine dreitägige Demonstration im Gebäude der Britischen Industriemesse in Birmingham statt, in einer Halle, die als die größte Europas galt. 21 Sonderzüge brachten Menschen aus allen Teilen Englands, die die 25 000 Plätze füllten.

Am 9. August wurde eine Rundfunkrede Buchmans von London aus von der Ost- bis zur Westküste Amerikas ausgestrahlt. Buchman machte darauf einen einwöchigen Besuch in Deutschland und verbrachte einen Monat in Amerika. Damals geschah, daß er bei seiner Ankunft in New York mit dreißig seiner Freunde dem *New York World-Telegramm* das bekannte Interview gab. Bei einem Wochenendbesuch bei Henry Ford traf er zum ersten Mal Admiral Richard E. Byrd, der kurz zuvor von seiner Forschungsreise in die Antarktis zurückgekehrt war.

Ford bewunderte die intensive Arbeitsweise Buchmans. Er bemerkte: „Wenn man diesen Kerl Buchman in einen Wald brächte, würde er anfangen, die Bäume zu ändern." Ford lud Buchman und seine Freunde mehrmals ein, seine Gäste in der Dearborn Inn in der Nähe seines Hauses zu sein, aber für seine Arbeit gewährte er keine finanzielle Unterstützung. Ford folgte sein Leben lang dem Prinzip, daß jede Arbeit, die etwas wert sei, sich selbst erhalten müsse. So erhielten Buchman und seine Arbeit von den Fords in zwanzig Jahren nur zwei Geldgeschenke, eines von 1000 $ von Henry Ford und 2000 $ von Frau Ford. Gleichzeitig wandte sich Ford in persönlichen Fragen an Buchman. Er bat um seinen Rat in der Frage seines Testaments (ohne daß Buchman davon profitiert hätte). Und als er sich einer Operation unterziehen mußte, bat er Buchman, sich um seine Frau zu kümmern.

Am 29. September schiffte sich Buchman nach Europa ein, um an einer Wochenend-Hausparty teilzunehmen, die von Lord Salisbury – dem Sohn eines Premierministers unter Kaiserin Viktoria – in Hatfield House einberufen worden war. Salisbury selbst war früher Minister und Vorsitzender des Oberhauses gewesen. Er hatte sowohl an der Hausparty von Oxford im Sommer 1935 wie auch an einer Tagung in Bournemouth im Januar 1936 teilgenommen. Im März 1936 hatte er die Grundgedanken von Buchmans Botschaft in einer Wirtschaftsdebatte im Oberhaus zusammengefaßt: „Die Ursachen für den heutigen Zustand der Welt sind nicht wirtschaftlicher, sondern moralischer Natur. Uns fehlt die religiöse Überzeugung, die wir haben sollten. Wenn ich ein Wort gebrauchen darf, das einer großen Bewegung vertraut ist, die sich gegenwärtig in diesem Lande und anderswo ausbreitet: Wir brauchen gottgeführte Persönlichkeiten, die gottgeführte Völker schaffen, um eine neue Welt zu bauen. Alle anderen Versuche, durch wirtschaftliche Maßnahmen Ordnung zu schaffen, sind ungenügend. Sie treffen den Kern des Übels nicht."[12]

Als Salisbury gefragt wurde, warum er sich für die Oxfordgruppe interessiere, antwortete er: „Ich sah den Geist die Wasser bewegen, und ich durfte nicht abseits stehen."[13] Seiner Nichte, Lady Hardinge of Penshurst, sagte er: „Diese Menschen haben große geistige Kenntnisse und Kraft. Gehe zu ihnen, und sie werden dir helfen."[14] Deswegen lud er eine Reihe von Freunden und Kollegen nach Hatfield House zu einer Begegnung mit Buchman ein. Sie sprachen zusammen in der Bibliothek und gingen unter den jahrhundertealten Bäumen spazieren. Lord Lytton freute sich, Buchman zehn Jahre nach ihrer Unterhaltung in Indien wieder zu treffen. Er erzählte ihm vom plötzlichen Flugunfall seines Sohnes Anthony und gab ihm ein Exemplar seines Buches mit der Widmung: „In Erinnerung an unser Gespräch in Hatfield". Für Buchman war das Gespräch mit Lytton der Höhepunkt seines Wochenendbesuches.

Nach dem Wochenende schrieb er an seinen Gastgeber: „Sie müssen das Gefühl gehabt haben, daß Ihnen gesagt wurde: ‚Wohl getan, du kluger und getreuer Knecht.' Die Stunden in Hatfield standen wirklich unter Gottes Geist. Ich kann mich nicht erinnern, daß ich mir je der Gegenwart des unsichtbaren, aber immer gegenwärtigen Christus so bewußt gewesen wäre.

Ich bin überzeugt, daß die Auswirkungen dieses Wochenendes weit über unsere unmittelbare Umgebung hinausreichen werden. Da im Laufe von 36 Stunden so viel geschah, können Sie sich die Wirkung vorstellen, die ein Zusammensein von zehn Tagen in Norwegen hatte. Im Kontakt mit diesen Menschen sollten wir uns jedoch immer bewußt sein, daß wir erst am Anfang stehen.

Wir müssen andererseits aber auch dies wiederholen: Wir können Gott nicht genug dafür danken, daß er Sie geführt hat, in dieser Weise für diese Männer zu planen, deren Scharfblick und schöpferische Fähigkeit zu einem England unter Gottes Weisung führen kann. Laus Deo!"[15]

Salisbury antwortete: „Ich habe gerade Ihren Brief erhalten. Darf ich Ihnen sagen, wie dankbar ich für alles bin, was Sie für dieses Wochenende getan haben? Ich habe mit Respekt die Worte gelesen, die Sie brauchten, um Ihre Eindrücke von dem, was geschah, wiederzugeben. Natürlich glaube ich daran, daß wir die Zukunft der Bewegung mit Hoffnung und Glaube erwarten sollen. Ich will im Augenblick nicht mehr sagen."[16]

Lord Robert Cecil hatte während des Wochenendes in Hatfield betont, daß „jedes Problem im heutigen Europa auf die Unfähigkeit der Christen zurückgeführt werden könne, die Regierungen der Nationen zu beeinflussen".[17] Kenneth Rose schrieb in *The Later Cecils*, Lord Robert Cecil habe „der Gruppe dazu gratuliert, daß sie ‚die alte, einfache Wahrheit des Evangeliums Christi mit neuer Lebendigkeit gefüllt' habe, die ‚besonders wirksam bei Menschen sei, die sie entweder nie gekannt, oder die sie verloren hätten'. Bei der letzten Gesprächsrunde habe ihn aber Buchmans scheinbare Bereitschaft, das Verhalten des Hitler-Regimes zu entschuldigen, beunruhigt. ‚Ich protestierte energisch', sagte Bob (Lord Cecil) zu seiner Frau, ‚und Buchman erklärte, daß er in keiner Weise mit Dingen wie der Judenverfolgung einverstanden sei.'"[18]

Möglicherweise hatte Buchman in einem Gespräch, in dem etliche Teilnehmer Deutschland als ganz im Unrecht und Großbritannien als fehlerlos bezeichneten, Deutschland verteidigt. „Buchman fand es immer schwierig, die Arroganz einiger Briten zu ertragen, die das britische Empire als besser als alles andere auf der Welt betrachteten", bemerkte Loudon Hamilton einmal. „Er reagierte empfindlich auf die nationale Überheblichkeit in uns. Er ließ es nicht zu, daß wir andere Länder kritisierten. Er kämpfte für eine Heilung, und ein Teil der Heilung bestand darin, daß wir bei uns selbst anfangen sollten."

Lord Grey kam in seinem Bericht für den Erzbischof von Canterbury nahe an die Erwartungen heran, die Salisbury und Buchman für das Wochenende in Hatfield ausgedrückt hatten: „Ich nahm an Jem's (Lord Salisburys) Hausparty am vergangenen Wochenende teil und wie alle anderen war ich sehr beeindruckt von dem, was ich hörte. Sie wissen viel besser als ich, was Buchman denkt, aber ich kann mir vorstellen, daß der Gedanke an eine gewaltige Befreiung der geistigen Kräfte in Europa im Laufe der nächsten zwei oder drei Jahre ihn vor allem anderen fesselt, besonders einer Befreiung, die nicht auf gewöhnlichen Wegen zu erreichen ist."[19]

Eine solche „Befreiung der geistigen Kräfte in Europa" – nicht nur, um eine Katastrophe zu verhindern, sondern um ihrer selbst willen – war Buchmans wirkliche Hoffnung. Dies läßt sich deutlich an einer Bemerkung Lord Salisburys erkennen. Buchman habe in Hatfield eine „wesentliche, ja revolutionäre Änderung" im Leben der Anwesenden gefordert, ob sie „praktizierende Christen" seien oder nicht. Buchman war der Überzeugung, daß die Voraussetzung für eine Befreiung solcher geistiger Energien eine ähnliche nationale Bewegung wäre wie die, die er in Norwegen und Dänemark erlebt hatte. Er hielt Ausschau nach Persönlichkeiten des öffentlichen Lebens, die bereit wären, sich wie Hambro in Norwegen und Bischof Fuglsang-Damgaard in Dänemark rückhaltlos an die Spitze einer solchen Bewegung zu stellen.

Ein enger Mitarbeiter Buchmans in diesen Jahren war Dr. B. H. Streeter. Er war dreimal nach Dänemark geflogen, um in der dortigen Kampagne mitzuhelfen, und hatte seine Überzeugungen in einem

Brief an *The Times* bekanntgemacht.[20] Seit er sich 1934 der Oxfordgruppe angeschlossen hatte, war sein persönliches Interesse an Menschen gewachsen, und Buchman hatte oft Freunde zu ihm geschickt, die in Not waren. Er schrieb Buchman einmal über ein Gespräch mit einem Zeitungsredakteur, der mit verschiedenen Fragen zu ihm nach Oxford gekommen war: „Ich habe ihm von meinem geistigen Werdegang erzählt. Ich habe einen Punkt, der Gamaliel betrifft, betont – daß Gamaliel wohl Positives geleistet habe, indem er seine schützende Hand über die Apostel hielt, daß er aber, wenn er weitergegangen wäre und sich mit ihnen identifiziert hätte, die Besten unter den Pharisäern zu Christus geführt hätte und daß dann weder der Jüdische Krieg noch die Zerstörung von Jerusalem geschehen wären ... Gamaliel müsse nicht nur für das Gute, das er getan habe, verantwortlich gemacht werden, sondern auch für das Gute, das er nicht getan habe und das Unheil, das er nicht verhindert habe."[21]

Es war ein Schock für Buchman, als er im September 1937 erfuhr, daß Streeter und seine Frau bei einem Flugzeugunglück in der Nähe von Basel ums Leben gekommen waren. Die Reise war für Streeter eine zweite Hochzeitsreise mit seiner Frau gewesen. Mrs. Streeter hatte im Laufe der Jahre wegen der Intelligenz und der progressiven Theologie ihres Mannes – für die sie keine Sympathie empfand – eine wachsende Distanz zu ihm verspürt. Er hatte die Praxis des Glaubens nie leicht gefunden; aber die Jahre mit Buchman hatten seiner feinen und weiten Denkstruktur ein Fundament von Erfahrungen gegeben. „Ich habe viel von Ihnen darüber gelernt, wie man den Glauben an andere Menschen weitergibt", schrieb er Buchman. „Wenn ich die Gruppe nicht getroffen hätte, hätte ich wahrscheinlich mein Leben als anerkannter Theologe beendet, sonst nichts."[22]

Als Buchman während eines Besuches bei Ramsay MacDonald* in Lossiemouth von dem Flugzeugunglück erfuhr, flog er sofort in die Schweiz, um an der Beerdigung teilzunehmen. Jemand überreichte ihm eine Erklärung, die Streeter für seine Rückkehr nach England vorbereitet hatte: „Ich fühle mich zur Oxfordgruppe hingezogen, nicht nur wegen meines Versagens in persönlichen und familiären Angelegenheiten, sondern wegen meiner Verzweiflung über die Situation in der Welt ... Die Geschichte zeigt, daß beim Ausbruch von Kriegen, Revolutionen, Streiks und anderen größeren Konflikten, sei es ein relativ kleiner Teil der öffentlichen Meinung auf der einen oder andern

---

* James Ramsay MacDonald (1866–1937), Labour-Premierminister von Großbritannien in den Jahren 1924 und von 1929–1935.

Seite, sei es die Anwesenheit oder Abwesenheit von einigen wenigen Menschen von Einfluß, die moralische Erkenntnis und Mut zeigen, oft den Ausschlag gegeben haben für eine vernünftige Lösung oder für einen Kampf bis zum bitteren Ende. Die moderne Zivilisation kann nur gerettet werden durch eine moralische Wiedergeburt. Eine solche kann geschehen, wenn nur jeder Zehnte oder jeder Hundertste sich ändert. Denn durch jeden von diesen wird das geistige Niveau in der Familie, im Geschäft und in der Öffentlichkeit angehoben."[23]

Buchman vermißte Streeter sehr. Sie waren einander zum ersten Mal nahegekommen, als sie ein gemeinsames Interesse am indischen Mystiker Sadhu Sundar Singh entdeckten und Streeter 1922 in einem Brief von Buchman wegen eines seiner Bücher um Rat gebeten worden war. Er erwartete, daß Streeter imstande sein würde, die Einsichten, die Gott ihm (Buchman) gegeben hatten, in Worte zu fassen, die von der intellektuellen Welt gelesen und verstanden würden. Julian Thornton-Duesbery, der Direktor des St. Peters College in Oxford, schrieb später über diese Freundschaft: „Buchmans Denken verlief nicht auf akademischen Bahnen, hatte aber eine außerordentliche Weite und Intensität. Er hatte die Gabe, unmittelbar zum Herzen der Dinge durchzudringen. Es war diese Besonderheit, die ihn für Menschen von großem Intellekt anziehend machte, auch seine Fähigkeit, seine Ideen in einfachen, direkten, für den gewöhnlichen Menschen verständlichen Begriffen auszudrücken."[24]

— 22 —

MORALISCHE UND GEISTIGE AUFRÜSTUNG

Buchman begann das Jahr 1938 mit einem Gefühl großer Dringlichkeit. „Ich versuche einen Weg zu finden, durch den die Botschaft auf verständlichere Weise einem Zeitalter angeboten wird, welches sie so nötig braucht, aber verzweifelt Angst vor ihr hat“, schrieb er damals. Er suchte nach einem Gedanken, der einfach genug, um von Millionen von Menschen begriffen zu werden, aber auch realistisch genug war, daß verantwortliche Persönlichkeiten sich hinter ihn stellen konnten. Er wollte auch diejenigen aufrütteln, deren Leben durch die Oxfordgruppe um eine persönliche Glaubenserfahrung reicher geworden war, die diese jedoch für sich selbst behalten wollten. Er wollte sie dazu bringen, sich im Ringen um Lösungen für die Probleme der Welt, in der sie lebten, zu engagieren.

Seine innere Unruhe führte ihn zu einem Durchbruch: So wie er zuerst nach der rein lokalen Aufgabe in Pennsylvania, nach der Arbeit mit Studenten an verschiedenen amerikanischen Universitäten und über die übliche Missionstätigkeit hinaus einen Durchbruch erlebt hatte. Es ging ihm nicht um den neuen Aspekt einer Öffentlichkeitsarbeit, er suchte vielmehr eine neue, weiterreichende Verpflichtung für sich selber und jeden, der mit ihm gehen würde.

Das Saatkorn für den Gedanken, den er suchte, wurde ihm von dem schwedischen Sozialisten und Autor Harry Blomberg gegeben. Die schwedische Arbeiterpartei war die erfolgreichste Europas. Dank einer Periode anhaltenden Friedens hatte sie allen Klassen Wohlstand und Gedeihen gebracht. Mit diesen Errungenschaften war ein Gefühl der Selbstzufriedenheit und – in intellektuellen Kreisen – der allgemeinen Gleichgültigkeit gegenüber Gott gewachsen. Gleichzeitig waren sich einige Arbeiterführer bewußt, daß Wohlstand allein nicht das erwartete Glück gebracht hatte. Außerdem wurden sie durch das Anwachsen des Kommunismus und des Nationalsozialismus zur Überlegung gezwungen, ob sie sich immer weiter abseits von allen Konflikten, die Schweden nicht direkt betrafen, halten konnten. So hatte Dr. Alf Ahlberg, Leiter der gewerkschaftlichen Ausbildungsstätte Brunnsvik, kürzlich geschrieben: „Man würde mich für einen Narren halten, wenn ich sogenannten pragmatischen Politikern sagen würde: ‚Sie sprechen davon, wie Sie die Demokratie retten wollen. Ausgezeichnet. Doch erfordert Glaube an die Demokratie Glaube an Gott.' Ich meine, mit dieser Aussage ein weit pragmatischerer Politiker zu sein als jene Herren. Die Geschichte hat es bereits bewiesen, und ich fürchte, sie wird es noch einmal, in noch schlimmerem Ausmaß, beweisen."[1]

Harry Blomberg war ein Schüler Ahlbergs. Er lebte in Borlänge, mitten unter Stahlarbeitern, und hatte ihnen das Gedankengut der Oxfordgruppe, das ihm durch norwegische Schriftsteller bekannt geworden war, nahegebracht. In seinem Buch *Vi måste börja om* (Wir müssen neu anfangen)[2] zeigt er den Zwiespalt auf, den Ahlberg auch beschrieben hatte: „Ich war in eine Sackgasse geraten, genauso wie die Demokratie. Auch ich mußte neu anfangen." Das Buch war sofort ein Bestseller.

Harry Blomberg wurde gebeten, für die im Frühjahr 1938 erscheinende Zeitschrift *Rising Tide* einen Leitgedanken zum Thema „Schweden" zu geben. Schwedischer Stahl wurde in alle Länder Europas für die Rüstungsindustrie exportiert – so schlug er vor: „Schweden – Friedensstifter der Nation. Wir müssen moralisch aufrüsten."

Während Buchman sich für einige Ruhetage in Freudenstadt im Schwarzwald aufhielt, erhielt er die schwedische Ausgabe von *Rising Tide*. Bei einem Gang durch den Wald dachte er über die bevorstehende Kampagne in England nach, und wie ein Blitz kam ihm der Gedanke: „Moralische und geistige Aufrüstung. Moralische und geistige Aufrüstung. Die nächste große Bewegung in der Welt wird eine Bewegung für die moralische Aufrüstung aller Völker sein."

Buchman sollte einige Tage später eine Rede in der Stadthalle von East Ham, im Londoner Osten, halten. Bill Jaegers Arbeit hatte sich dort ausgebreitet und das öffentliche Leben dieses Bezirks beeinflußt – besonders dort, wo sich Faschisten und ihre Gegner in Straßenkämpfen gegenüberstanden. Ein Mitglied des Stadtrats von East Ham änderte seine Haltung derart, daß er „der Stadtrat mit dem geänderten Gesicht" genannt wurde. Bei seinem Bürgermeister – mit dem er zwanzig Jahre lang kein Wort mehr gewechselt hatte – entschuldigte er sich für seine politisch motivierte Verbitterung, worauf der Bürgermeister meinte: „Entweder ist bei ihm etwas total schief – oder total richtig gelaufen!" Fünfzehn Londoner Stadträte aus verschiedenen Parteien erklärten bald danach öffentlich: „Ein ganz neuer Geist der Zusammenarbeit ist in unsere Stadtbehörde eingezogen. Ihm ist es zu verdanken, daß Entschlüsse in beträchtlich kürzerer Zeit gefaßt werden können."[3]

Die Arbeit der Oxfordgruppe im Osten Londons wurde von einigen führenden englischen Gewerkschaftlern, unter anderem von H. H. Elvin, dem Vorsitzenden des britischen Gewerkschaftsbundes (1937–1938), als wichtig erkannt. Nun beschlossen einige Bürgermeister des Londoner Ostens zu einer Versammlung einzuladen, zu der 3000 Menschen kamen, um Buchman sprechen zu hören. Buchman nützte die Gelegenheit, um die Moralische Aufrüstung ins Leben zu rufen.

„Die Weltlage", so begann er, „gibt Anlaß zu Besorgnis und Angst. Feindseligkeit türmt sich zwischen den Nationen, zwischen den Klassen, zwischen Arbeiterschaft und Unternehmertum auf. Der Schaden, den Bitterkeit und Furcht anrichten, steigt täglich. Reibereien und Resignation zersetzen die Familien.

Gibt es ein Mittel, das sowohl den einzelnen als auch ein Volk heilt und auf rasche und dauerhafte Gesundung hoffen läßt? Vielleicht liegt das Mittel in einer Rückkehr zu den schlichten Wahrheiten, die einige von uns zu Hause auf dem Schoß ihrer Mutter gelernt und viele von uns vergessen und mißachtet haben: Ehrlichkeit, Reinheit, Selbstlosigkeit und Liebe.

Im Grunde ist die Krise moralischer Natur. Die Völker müssen moralisch aufrüsten ... Wir können, wir müssen und wir werden eine moralische und geistige Kraft hervorbringen, die stark genug ist, die Welt zu erneuern."[4]

Ein im Osten Londons bekannter Revolutionär, Tod Sloan, nahm an der Versammlung teil. Als Junge hatte er für Keir Hardie Wahlhilfe geleistet, und in seinem Haus hatte sich 1899 das Streitkomitee der Hafenarbeiter getroffen.

In dieser Versammlung bekam er „einen Humpen voll ab", wie er später sagte. Er begann zu erkennen, daß seine Demonstrationen zugunsten der Arbeits- und Obdachlosen, sein Kampf um Mahlzeiten und um Stiefel für die Schulkinder – notwendige Aktionen, die ihn manchmal hinter Gitter brachten – unbemerkt eine falsche Richtung genommen hatten. „Ich hatte immer gesagt, daß ich meine Familie und die Arbeiterklasse liebte, aber jetzt merkte ich, daß ich ihnen vor allem das Hassen beigebracht hatte. Ich sei ein Idealist, sagte ich, doch hatte ich sie zu Materialisten gemacht", fuhr er fort. Nun versuchte er neue

Schritte in eine neue Richtung. Zuerst brachte er sein Verhältnis zu seiner Frau in Ordnung.[5] Später schrieb er an Buchman: „Die Worte ‚Moralische Aufrüstung' sind Gottes Eigentum, zu Seinem Dienst geprägt, und sie bedeuten: kein unmoralisches Schachern mehr, keine soziale Ungerechtigkeit, keinen Konflikt. Das Chaos kann nicht die Oberhand gewinnen, wenn wir Moralische Aufrüstung leben und verwirklichen. Das bedeutet eine freudige, lebendige, liebende, gehorsame Einsatzbereitschaft, um Gott wieder als Herrn über unser aller Leben zu setzen."[6]

Einige Tage nach seiner Rede in East Ham fuhr Buchman nach Schweden. Bei seiner Ankunft sagte er vor der Presse, seine Überzeugung sei: „Schweden – der Friedensstifter unter den Nationen", was seiner Meinung nach viel mehr bedeute als reine Neutralität.

Mit der Unterstützung von Harry Blomberg und den Stahlarbeitern wuchs auch Buchmans Vertrauen. Doch sprachen nicht alle sofort auf ihn an. Sven Stolpe, ein Kollege Blombergs und ebenfalls Schriftsteller, war bei ihrer ersten Begegnung „entsetzt" über Buchman. Er hatte in Norwegen durch „dieses Team von hervorragenden Männern wie Ronald Fangen, Wikborg, Skard, Mowinckel" zum ersten Mal von Buchman gehört und erwartete nun, von diesem Mann tief beeindruckt zu sein – dem sie alle, wie sie selber sagten, persönlich so viel verdankten. Doch empfand ihn Sven Stolpe als „hundertprozentigen Amerikaner, häßlich und so unintellektuell". „Sein Denken war nicht logisch, und was er sagte, schien mir oft naiv und unzusammenhängend. Er schien den ganzen Tag lang zu lachen und zu schmunzeln."

Darum war seine Überraschung groß, als Buchman ihn bat, im August während der ersten Konferenz der Moralischen Aufrüstung in Visby auf Gotland öffentlich für ihn zu übersetzen. Sven Stolpe protestierte: „Ich war noch nie in England, habe noch nie Englisch gesprochen und kenne keine Engländer." „Ach, Gott wird Ihnen schon helfen", antwortete Buchman, und Stolpe willigte ein.

Die Menschen strömten in großer Zahl nach Visby; schließlich war nur noch die Ruine der alten Nikolai-Kirche groß genug. Die damals größte schwedische Tageszeitung, *Stockholms-Tidningen*, schickte täglich ihr Flugzeug nach Visby, um Fotos und Berichte abzuholen. Dennoch erwartete Buchman – angesichts der selbstzufriedenen schwedischen Gesellschaft und ihrer zynischen Intellektuellen –, auf erheblichen Widerstand zu stoßen. Stolpe bestätigte das: „Ich habe noch nie einen solchen Haß erlebt, wie er Buchman hier entgegengebracht wurde – von einigen, die in Visby waren, und von denen, in deren Auftrag sie gekommen waren", sagte er. „Da kommt dieser

Amerikaner und will uns Schweden das Christentum beibringen!" hieß es.

Unterdessen begann Sven Stolpe selber, Buchman neu einzuschätzen. Er war beeindruckt von den Menschen in seiner Umgebung: „Da waren Dutzende der besten Leute, die man sich vorstellen kann. Diese jungen Männer und Frauen – unglaublich, unbedingt überzeugend! Sie strahlten Güte aus und Reinheit, die Atmosphäre in ihrer Nähe war durchsichtig und klar. Sie dachten ständig an andere und hatten nichts zu verbergen. Sie lebten eine Art völliger Hingabe an Gott, eine brennende Überzeugung, voller Herz und Humor", erinnerte er sich vierzig Jahre danach.

Er bemerkte auch, wie sich Buchman zu den Arbeitern verhielt, die mit Harry Blomberg und ihm selber nach Visby gekommen waren: „Sie interessierten ihn weit mehr als die jungen Herrensöhne. Er brachte beide Stände zusammen und half ihnen, sich gegenseitig kennen und schätzen zu lernen. Auf diese Weise torpedierte er den Klassenhaß, die Patentlösung des 20. Jahrunderts."

Was sagte all das über Buchman selber aus? Sven Stolpe erklärte es so: „Ich sah, daß er ein Mann der Inspiration war, eine Art Poet. Kein Charmeur, sondern jemand, der sich von Gott führen ließ. Warum? Ich konnte es nicht verstehen. Dann fiel mir ein, was der finnische Dichter Runeberg einmal sagte: Wenn Gott eine schöne Melodie spielen möchte, ist es gleich, ob er sie auf einem armseligen Instrument spielt. Buchman erschien mir als das merkwürdigste Instrument, das ich je erlebt hatte, aber Gott hatte ihn ausgewählt."

Stolpes Übersetzung von Buchmans Rede ging gut. „Ich hatte noch nie jemanden öffentliche Veranstaltungen so leiten sehen, wie Buchman es tat. Ihm ging es mit großem Ernst um das eine Ziel, das er anstrebte, und das eine, was er tun mußte. Man merkte: hier ist ein Mensch, ein Genius. Es gibt zwar zehntausend begabtere Menschen in Europa – jedoch genügt er Gott für seinen Plan, die Welt zu erneuern".[7]

Die Versammlung begann gut; viele machten tiefe persönliche geistliche Erfahrungen. Auch die Presseberichte über die öffentlichen Ansprachen waren positiv. Doch Buchman zeigte sich besorgt. Fast eine ganze Nacht lag er wach, betete und suchte Gottes Führung. Seine Rede am folgenden Morgen war unvorbereitet, direkt aus den kurzen, nächtlichen Notizen und zerschlug den scheinbar erfolgreichen Ablauf der Konferenz. Sie stellte die Engstirnigen und Selbstzufriedenen unter seinen Zuhörern auf eine harte Probe.

„Ich bin weder daran interessiert noch halte ich es für ausreichend, wenn wir jetzt eine Erweckung auslösen. Jeder nachdenkliche Staatsmann, mit dem Sie heute sprechen, wird Ihnen sagen, daß jedes Volk eine moralische und geistige Erneuerung braucht. Das ist das Wesentliche. Aber eine Erweckung spielt sich nur auf der Ebene unseres Denkens ab. Dabei haltzumachen, bedeutet ein zu kleines Denken . . .

Der nächste Schritt heißt Revolution. Das ist unbequem. Eine Menge Christen mögen dieses Wort nicht; es macht ihnen Angst. Sie kriegen eine Gänsehaut. Von dorther stammt ein guter Teil der Kritik – von Gänsehaut-Christen mit Lehnstuhl-Christentum. Was die Oxfordgruppe diesem und jedem anderen Land bringen wird, ist eine Revolution des Geistes.

Die zentrale Frage ist diese: Werden die Christen eine christliche Philosophie entwickeln, die Europa verändern wird? Gehören Sie zu den Christen, die diese Revolution auslösen werden? Wenn Sie sich nicht an diese Kampffront begeben wollen, wünsche ich Ihnen alles Gute. Ich werde nicht mit Ihnen streiten oder Sie kritisieren. Sie tun genau das, was Sie wollen und in genau der Art, wie Sie es wollen. Das ist Ihre Auffassung von Demokratie. Ich sage nicht, daß es die wahre Demokratie ist, aber es ist die Art von Demokratie, wie sie allgemein ausgeübt wird . . . Doch irgendwo an der Frontlinie werden die wahren Revolutionäre stehen."

Über Erneuerung und Revolution hinaus, fuhr er fort, „gibt es ein weiteres Stadium: Wiedergeburt, Renaissance. Die Wiedergeburt einzelner Menschen und die Wiedergeburt einer Nation. Manchen Menschen paßt der Gedanke nicht, daß Nationen wiedergeboren oder daß Millionen von Menschen erreicht werden sollten. Sie stempeln ein solches Programm ab, indem sie es ‚Propaganda' nennen . . . Muß denn alle Propaganda der Zersetzung dienen? Evangelium heißt ‚gute Nachricht' – Nachricht, die auf die Titelseite gehört. Es wird jedoch Einspruch erhoben, wenn sie auf der Titelseite erscheint."

Verantwortlich für den Vorstoß Buchmans war zum Teil ein Artikel in einer bedeutenden Stockholmer Tageszeitung, in dem von „lautstarken Propagandamethoden der Bewegung" und der „Ankündigung einer Welterneuerung" die Rede war.[8] Buchman empfand, daß sich zahlreiche Anwesende – einschließlich einiger, denen durch die Oxfordbewegung persönliche Hilfe zuteil geworden war – hinter dieser Kritik verbargen. Dies entsprach ihrem Wunsch nach einer überschaubaren, festgefügten Bewegung, die sich nicht öffentlich lächerlich machen würde. Andere wieder wünschten sich eine Bewegung, die ihrer Seele Sicherheit gewährte und gleichzeitig ihre eigene Lebensweise unangetastet ließ.

„Eines verspreche ich Ihnen", schloß Buchman, „ich werde nicht umkehren, unabhängig davon, wer es sonst tut und was es mich kosten wird. Wenn Sie an diesem großen Kreuzzug teilnehmen, erwartet Sie der Weg des Kreuzes. Ich will Sie nicht locken mit Hoffnungen auf weltlichen Erfolg. Ich will Sie nicht locken und sagen: Sie werden Helden sein. Ich will Sie nicht locken – und dennoch glaube ich, daß Ihre Länder ein Vorbild geben könnten, wie man leben soll. Das heißt aber persönlich zu erleben, was das Kreuz bedeutet. Nicht ich – sondern Christus. Nicht ich bin es, der führt, Christus führt."

Er empfahl seinen Zuhörern, keine weiteren Zusammenkünfte zu besuchen, sondern diese Frage für sich selber zu überdenken: „Was Sie zu entscheiden haben, ist eine Sache zwischen Ihnen und Gott. Tun Sie das alleine. Schreiben Sie es auf, wenn Sie wollen. Es ist ein Vertrag, wie eine Grundstücksübertragung. So übergeben Sie Gott Ihr Leben zur vollständigen, ausschließlichen Führung als Mit-Revolutionär."[9]

Nach dieser Rede beschlossen einige, nicht mehr mit Buchman zusammenzuarbeiten. Andere beschlossen sogar, Buchmans Arbeit auszurotten, wo immer es möglich sein würde. Nils Gösta Ekman, der später Redakteur bei dem *Svenska Dagbladet* wurde, berichtet, daß einige auf Buchmans Herausforderung „wie auf eine persönliche Beleidigung oder auf ein Ausspionieren ihrer privaten Geheimnisse reagierten".[10]

Eine große Zahl von Schweden nahm jedoch seine Herausforderung für sich selber und für ihr Volk an. Sie stellten einen guten Querschnitt dar: Lehrer, Bauern, Stahlarbeiter, Pfarrer, Studenten, Autoren und Künstler.

Menschen, die aus anderen Ländern nach Visby gekommen waren, begannen zu Hause praktische Probleme in Angriff zu nehmen. Die Dänen, die schon drei Jahre vorher durch die Oxfordgruppe angesprochen worden waren, versuchten das schwierigste Problem ihres Landes – zwanzig Prozent Arbeitslosigkeit – anzugehen. Alfred Nielsen aus Silkeborg, Unternehmer in der Holzindustrie, erinnert sich an Frank Buchmans Frage an die Dänen: Ob es wohl als Gottes Wille angesehen werden könne, daß ein Fünftel ihrer Arbeiterschaft arbeitslos sei? „Nein", entgegneten sie. „Dann geht nach Hause und löst das Problem!" sagte Buchman.

Die Arbeitslosigkeit war auch Hauptthema der Rede, die er Ende August, auf dem Weg in die Schweiz, in Kopenhagen hielt.[11] Valdemar Hvidt beschrieb in der Zeitschrift *Politiken*[12] die Versuche, die schon gemacht worden waren, um das Problem zu lösen. Aus diesen

Versuchen wuchs eine landesweite Kampagne, über die die *Scandinavian Review* berichtete: „Dank ihrer Erfahrung in der Oxfordgruppe wachten in vielen Städten die Bürger auf und erklärten sich öffentlich bereit, Verantwortung zu übernehmen: Durch eigene, spontane Opfer begannen sie das Problem der 100 000 dänischen Arbeitslosen in den Griff zu bekommen."[13] Die Zeitung berichtet, daß Thorvald Stauning, der damalige sozialdemokratische Premierminister, „in seinem Namen und im Namen des Volkes für den selbstlosen Einsatz vieler Menschen" seinen Dank ausdrückte. Mit seiner Unterstützung wurde eine „Nationale Vereinigung zur Bekämpfung der Arbeitslosigkeit" gebildet, geleitet von fünfzehn bekannten Bürgern: Landwirten, Unternehmern und Gewerkschaftsführern. Valdemar Hvidt wurde Vorsitzender und Alfred Nielsen Geschäftsführer.

Nachdem Frank Buchman die Moralische Aufrüstung ins Leben gerufen hatte, zogen sich einzelne Menschen und Gruppen aus der aktiven Zusammenarbeit mit ihm zurück. In Norwegen spalteten sich einige ab, die sich daran gewöhnt hatten, während regelmäßig stattfindenden Treffen geistlichen Trost und Unterstützung für ihr persönliches Leben zu finden. Fortan nannten sie sich „Die alte Oxfordgruppe". Ähnliches geschah in anderen Ländern, manchmal in beträchtlichem Umfang.

Andere wieder entfernten sich, weil sie meinten, Buchman „gehe in die Politik". Für Buchman jedoch war die Moralische Aufrüstung lediglich die Verwirklichung des Ziels, das er seinen Studenten in Penn State und in Hartford gewiesen und 1921 neu formuliert hatte: „Sie ist eine Lebensauffassung, aus der persönliche, soziale, rassische, nationale und übernationale Änderung hervorgeht."[14] „Die Oxfordgruppe hat nichts mit Politik zu tun", sagte er oft – „und doch: Sie hat mit Politik zu tun, weil sie zur Änderung in Politikern führt."[15]

Es gab natürlich Menschen, die durch die Oxfordgruppe eine lebensumwandelnde Erfahrung machten und dann eine eigene Berufung fanden, die nicht die gleiche wie die Buchmans war. Zu ihnen gehörte der bekannte Schweizer Arzt und Psychiater Paul Tournier, dessen Bücher eine Auflage von über 2 Millionen erreicht haben. „Ich verdanke Frank Buchman alles", sagte Paul Tournier 1982, „das ganze geistliche Wagnis in meinem Leben . . . Meine eigene Umwandlung, die Verwandlung unseres Lebens zu Hause, unseres Ehe- und Familienlebens . . . Ich verdanke ihm meine Karriere, die Neuorientierung in der Medizin und das neue Verständnis der Medizin, die ich entwickeln konnte."[16]

In einem Interview, das er 1978 gab, erklärte Tournier, daß Buchman „einen größeren Einfluß als jeder andere“ auf sein Leben ausgeübt habe. Er war als Waise aufgewachsen, wurde ein verschlossener Mensch, ein praktischer Arzt, dem es fast unmöglich war, persönliche Kontakte mit Menschen zu finden. Als er die Oxfordgruppe in der Schweiz kennenlernte, sei dieses Problem nicht nur verschwunden, sondern seine Frau und er hätten eine Befreiung gefunden, die anderen Menschen eine große Hilfe war. Tournier fährt fort: „1937 ging ich zur einzigen Hausparty, die ich je mitgemacht habe. Frank (Buchman) interessierte es, wie wir unsere persönliche Erfahrung in unserem Berufsleben anwenden würden. Ich hatte beträchtliche Erfahrung auf diesem Gebiet, doch glich sie mehr einem Labor-Experiment – durch meine Arbeit hatten meine Patienten begonnen, eine innere Verwandlung zu erleben. Aber die Konsequenzen, die daraus für die Medizin erwuchsen, hatte ich nicht erkannt. Eine klare Überzeugung wuchs in mir: Der Bedeutung und dem Einfluß des geistlichen Lebens auf die menschliche Gesundheit mußte ich den Rest meines Lebens widmen.“

Nach seiner Rückkehr aus Oxford sandte Tournier einen gedruckten Brief an seine Patienten, in dem er ankündigte, er würde seine Praxis als praktischer Arzt aufgeben, aber für alle geistigen Probleme und Nöte zur Verfügung stehen. „Ich verlor fast alle meine Patienten. Langsam baute sich dann ein ganz neuer Patientenkreis auf, und 1938 begann ich das Buch *Médecine de la Personne*[17] zu schreiben, das ich Frank Buchman gewidmet habe.

Obwohl ich einen anderen Weg einschlug, habe ich mich immer zur geistigen Revolution gehörend gefühlt, die Frank der Welt gebracht hat. Als er die Moralische Aufrüstung ins Leben rief, bewunderte ich seinen Mut, sich um Politiker und die stacheligen Fragen, die sie angehen müssen, zu kümmern. Ich glaube, Historiker werden einmal in ihm den Menschen sehen, der der Menschheit zu einer geistigen Entwicklung verhalf – mehr noch als nur den Begründer der Moralischen Aufrüstung. Er war ein Prophet – ich vergleiche ihn mit John Wesley und dem heiligen Franziskus. Im rein rational denkenden Westen richtete er den Wert der irrationalen menschlichen Beziehungen wieder auf. Warum wurde er angegriffen? Aus den gleichen Gründen, weshalb Jesus und seine Jünger angegriffen wurden.“

23

AN DIE ÖFFENTLICHKEIT

Buchman reiste von Visby in die Schweiz nach Interlaken, wohin er eine internationale Konferenz für Moralische Aufrüstung einberufen hatte. Oxford war inzwischen nicht nur zu klein geworden, sondern auch zu weit entfernt vom Zentrum der politischen Ereignisse. Die Konferenz fand an den ersten zwölf Septembertagen statt – zu einem Zeitpunkt, als Europa am Rand des Krieges zu stehen schien: Adolf Hitler hatte die Tschechoslowakei bedroht. „Wir haben uns die schwere Aufgabe gestellt zu versuchen, den täglich wachsenden Schaden, den Verbitterung und Furcht anrichten, zu beseitigen", sagte Buchman zu Beginn der Konferenz. „Die Umstände sind scheinbar gegen uns, aber genau so, wie einzelne Menschen aus den Gefängniszellen des Zweifels und Versagens befreit werden können, ist es auch den Völkern möglich, aus den Gefängniszellen der Angst, der Verbitterung, des Neides und der Bedrückung befreit zu werden . . ."[1]

Während jeder Zusammenkunft bemühte er sich, das Gesagte durch lebendige Beispiele zu verdeutlichen. An einem Tag sprachen Chinesen und Japaner Seite an Seite, an einem anderen Deutsche und Franzosen, Sudetendeutsche und Tschechen, Konservative und Marxisten, Schwarze und Weiße. Alle beschrieben aus eigenem Erleben, wie Angst und Habsucht überwunden oder Abgründe von Völker- und Rassenhaß überbrückt werden konnten. Entgegen seiner Gepflogenheit hielt Buchman jeden Tag eine öffentliche Ansprache. Bis jetzt hatte er nur ein- oder zweimal im Jahr in der Öffentlichkeit gesprochen; 1938 hielt er zwölf Reden innerhalb von sechs Monaten.

Seine umstrittenste, oft aber auch falsch zitierte Rede hieß: „Gott oder Kanonen?" Sie begann mit dem Satz: „Die Welt steht am Scheideweg. Sie hat die Wahl zwischen Gottes Führung oder Kanonendonner. Wir müssen auf Gottes Führung hören, oder wir werden Kanonen hören.

Menschen in allen Ländern sollten auf Gottes Führung hören können: In der Industrie, in den Werkstätten, im öffentlichen Leben und im Parlament sollte es selbstverständlich sein, auf Gott zu hören. Jedes Volk tut dies auf seine Weise, aber alle von Ihm gelenkt und geführt. Nur dann, unter Seiner Führung, werden alle einander verstehen. Mit dieser Lebenseinstellung und nur mit ihr finden wir dauerhaften Frieden."[2]

Die Krise verschärfte sich. Täglich mußten Delegierte der Einberufung zu ihren Streitkräften folgen und die Konferenz verlassen. In seiner Schlußrede ging es Buchman um die umfassende moralische Mobilmachung, die von nöten sei, um „die quälende Sehnsucht der Menschheit nach Frieden und einer besseren Welt zu stillen".[3]

Die dänische Journalistin Gudrun Egebjerg saß schon im Bahnhofsrestaurant und wartete auf ihren Zug, der sie durch Deutschland nach Dänemark zurückbringen sollte. Da hielt ein Wagen vor dem Bahnhof: „Frank Buchman kam direkt auf unseren Tisch zu", erinnerte sie sich später. „Er sagte zu mir: ‚Du sahst heute morgen so bekümmert aus, darum möchte ich dir das Eine mitgeben: Ich vermag alles durch den, der mich stärkt – Christus. Auf Wiedersehen.' Dann ging er. Von dieser Seite hatte ich Frank noch nie erlebt", fügte Gudrun Egebjerg hinzu. „Die Persönlichkeit, den Staatsmann, kannte ich; auch das fröhliche, herzliche Lachen, seine Herausforderung und Schärfe – doch nie zuvor hatte ich dieses tiefe, echte Mitgefühl erlebt: sich an einem vollgepackten Tag die Zeit zu nehmen, quer durch die Stadt zu fahren, nur um mir ein letztes Abschiedswort mit auf die Reise zu geben – und auch das nur, weil er sich an ein bekümmertes Gesicht erinnerte!"

Buchman nahm eine Gruppe seiner Freunde mit nach Genf zu einem Essen, zu dem vier führende Delegierte des Völkerbundes* eingeladen hatten und für das Carl Hambro die Einladung an Buchman persönlich nach Interlaken gebracht hatte. Das Essen, an dem auch Diplomaten aus dreiundfünzig Ländern teilnahmen, fand am 15. September 1938 statt – dem Tag, an dem der britische Premierminister Chamberlain zu seinem Treffen mit Adolf Hitler nach Berchtesgaden flog. Während des Essens stellte Hambro seinen Kollegen des diplomatischen Corps Buchman und dessen Begleiter vor: „Während es uns nicht gelungen ist, die Politik zu ändern, gelang es ihnen, Menschen zu ändern, indem sie eine neue Art zu leben vermittelten."[4]

---

* C. J. Hambro, Norwegen; J. A. E. Patijn, Niederlande; N. W. Jordan, Neuseeland, und V. V. Pella, Rumänien.

Als nächster Sprecher berichtete der niederländische Außenminister: Während seiner Amtszeit als Botschafter in Brüssel habe es wachsend Spannungen zwischen seinem Land und Belgien gegeben. In einem wichtigen Fall hatte der Internationale Gerichtshof in Den Haag zugunsten Belgiens entschieden. Er selber habe sich damals über den überheblichen Ton der belgischen Presse geärgert, die die Niederlande lächerlich machte. „Damals wurde ich gebeten, bei einem offiziellen Diner in Brüssel über diesen Streitfall zu sprechen. Ich lehnte mit Entschiedenheit ab. Aber ich mußte auf den Toast antworten. In dem Augenblick kam mir der Gedanke, doch auf die Streitfrage einzugehen: ich beglückwünschte meine Gastgeber zu ihrem Erfolg und sprach meine Hoffnung auf eine bessere Freundschaft zwischen unseren Völkern aus. Von dem Tag an hörten alle böswilligen Zeitungskommentare über die Niederlande auf." Patijn fügte hinzu: „Ich konnte diese Rede nur halten, weil sie meiner innersten Überzeugung nach mehr im Einklang mit Gottes Willen stand als die Rede, die ich hätte halten wollen."[5]

Der britische Versuch, mit Chamberlains Besuch in München Hitlers Expansionsgelüste durch Nachgiebigkeit in Schach zu halten, konnte keine dauerhafte Wirkung haben. Wie die meisten Menschen war auch Frank Buchman erleichtert, als die unmittelbare Kriegsgefahr behoben schien. Doch war seiner Meinung nach nichts Grundlegendes geschehen: eine begrenzte Frist war gegeben worden, in der – parallel zur materiellen Aufrüstung – die geistige und moralische Aufrüstung intensiviert werden mußte.

Nach Buchmans Rede im Ost-Londoner Arbeiterviertel East Ham erschienen eine Reihe von Briefen in der *Times*, die seinen Aufruf unterstützten. Der erste trug die Unterschriften von 33 Unterhausmitgliedern aller Parteien.[6] Während die diplomatischen Bemühungen um den Frieden immer hektischer wurden, erschien ein weiterer Brief. Zu den siebzehn Unterzeichnern gehörten der ehemalige Premierminister Lord Baldwin, zwei Feldmarschälle, ein Flottenadmiral sowie Lord Trenchard, Begründer der Royal Air Force. Sie schrieben: „Die Innen- und Außenpolitik einer Nation wird letztlich bestimmt durch die Charakterstärke ihrer Bürger und die Fähigkeit ihrer Führer, sie zu inspirieren ... Das Gebet ‚Dein Wille geschehe auf Erden' ist nicht nur eine Bitte um göttliche Führung, sondern ein Aufruf zur Tat. Denn Sein Wille ist unser Friede."[7]

Die Ideen der Moralischen Aufrüstung hatten in der Tat die Aufmerksamkeit zahlreicher verantwortlicher Menschen auf sich gelenkt, die in ihnen die Voraussetzung für die Bewahrung des Friedens erkannten. Der Ernst der Lage veranlaßte viele – ob sie nun Frank Buchman bekannt waren oder nicht – zu handeln. Mit den erwähnten Briefen hatte er selber nichts zu tun, und Außenminister Patijn gehörte zu jenen, die sich bei ihm für seine Bereitschaft, im Hintergrund zu bleiben, bedankten.

In jenen Novembertagen sprach Buchman während eines offiziellen Essens in London im National Trade Union Club (dem Club des Britischen Gewerkschaftsbundes), dessen Präsident George Light geworden war. Er saß zwischen Ben Tillett und Tom Mann, den bereits legendären Anführern des Londoner Hafenarbeiterstreiks von 1889. Beide Männer wurden gute Freunde Buchmans. Als Buchman später im *Daily Telegraph*[8] kritisiert wurde, trat Ben Tillett in die Schranken und sagte: „Ich mag Frank Buchman . . . Er ist ein großer Mann, weil er die Menschen liebt." Als Tillett tödlich erkrankte, ließ er Buchman ausrichten: „Er soll weiterkämpfen. Ich wünsche ihm von Herzen alles Gute . . . Sagt ihm, er hat eine große internationale Bewegung. Er soll sie einsetzen. Sie ist unsere Hoffnung und wird die Welt wieder zur Vernunft bringen."[9]

Englands damaliges Tennisidol, Bunny Austin, war ein weiterer Förderer der Moralischen Aufrüstung. Er war einige Jahre zuvor Frank Buchman in Südfrankreich begegnet, wo er an Tennisturnieren teilnahm. Es schien Bunny Austin, daß Buchmans Ideen die besten Aussichten hatten, Hoffnung und Frieden in Europa aufrechtzuerhalten. Die Erhaltung des Friedens war auch Bunny Austins Anliegen; er fand aber keinen Weg, diesem Anliegen praktischen Ausdruck zu geben. Austins Interesse an Frank Buchman stieß bei seiner Frau, der Schauspielerin Phyllis Konstam, auf Widerstand. Um den Frieden in der Familie zu wahren, traf er nur selten mit Buchman und seinen Freunden zusammen. Nach dem Fehlschlag von Chamberlains Reise nach München aber entschloß er sich, komme was da wolle, seinem Gewissen zu folgen und sich an die Seite Buchmans und seiner Freunde zu stellen.

Bunny Austin ging sofort daran, Sportler für die Anliegen der Moralischen Aufrüstung zu gewinnen. Er schrieb einen Brief an die *Times*, den 37 von Englands bekanntesten Sportlern mit ihm unterschrieben.

Während dieser Wochen in London verlangten zwei Fragen Buchmans Aufmerksamkeit. Zunächst ging es um die Notwendigkeit, ein neues Zentrum für seine Arbeit zu finden. Als das Brown's Hotel nicht mehr in der Lage war, die während der Wirtschaftskrise zugesagten verbilligten Unterkunftssätze aufrechtzuerhalten, wurde das Problem durch den Erwerb des Hauses Berkeley Square 45 gelöst.*

An Buchmans 60. Geburtstag im Juni 1938 – es waren weder Teppiche noch Möbel im Haus, die Wände waren noch nicht tapeziert – wurde dort ein Essen für ihn gegeben. Die Anwesenden waren wie ein Spiegel seines Einsatzes für England: Tod Sloan, der weißhaarige Arbeiter aus dem Osten Londons, saß neben Lady Antrim, die zwei Königinnen als Hofdame gedient hatte. „Im Osten Londons, im Tidal Basin", sagte Tod Sloan, „haben die Menschen ein echtes Verlangen nach diesem neuen Leben, dieser neuen Art, Verantwortung auf sich zu nehmen . . . Dieses Leben soll eine lebendige, liebende und gehorsame Bereitschaft bleiben, Gott als den Herrn – auch über das eigene Leben – anzuerkennen. Es darf nie nur ein leeres Schlagwort bleiben."

Buchman erinnerte an seinen ersten Aufenthalt in Cambridge und daß ihm damals für die kommenden zehn Jahre wie ein Versprechen von Gott die Vision einer Wiedergeburt christlichen Lebens in England geschenkt wurde. „Damals gab es noch kein Brown's Hotel, damals hatte ich nur meine Knie", sagte er. Nun freue er sich, dieses Haus am Berkeley Square 45 als „geistliche Botschaft" im Herzen Londons gebrauchen zu können.

Die zweite Frage bezog sich auf ein Legat von 500 Pfund, das ihm 1937 ein alter Freund für die Oxfordgruppe hinterlassen hatte. Verwandte fochten die Entscheidung an. Als die Sache vor Gericht kam, befand der Richter, dem Vermächtnis sei nicht stattzugeben, da die Oxfordgruppe keine juristische Person darstelle. Darum mußte jetzt eine juristische Körperschaft gegründet werden.

Buchman bedauerte diese Notwendigkeit. Als zwei Jahre darauf in Amerika die gleiche Frage aufkam, meinte er: „Dieser Schritt wird wohl notwendig sein . . . Bisher war es immer eine Freude, wenn uns Geld gegeben wurde und wir es denjenigen weitergeben konnten, die es benötigten. So können wir es vielleicht nicht mehr halten, aber es soll doch alles im Sinn der Gruppe weitergeführt werden – jeder achte den anderen mehr als sich selber." In diesem Geist konnte er die Notwendigkeit einer Körperschaft für die Arbeit in England anerkennen; es änderte aber nichts Wesentliches an seiner Arbeitsweise. Wie er selber erhielten auch seine hauptamtlichen Mitarbeiter weiterhin kein Gehalt, sondern lebten und arbeiteten mit ihren eigenen Geldmitteln – falls vorhanden – und mit Hilfe ihres Glaubens und ihrer Gebete. Er

---

* Ein 99 Jahre dauernder Pachtvertrag wurde für 35 000 Pfund erworben. Die Summe wurde von Dutzenden von Menschen in England und anderen Ländern aufgebracht. Das Haus wurde Besitz der Oxfordgruppe.

ließ weiterhin keine Hierarchie zu, keine Mitgliedschaft, nichts Sektiererisches. Zugehörigkeit galt nur für die Kirche der eigenen Wahl – nicht für die Oxfordgruppe oder die Moralische Aufrüstung.

Nachdem man sich für die einfachste Form einer gemeinnützigen, von Spenden getragenen juristischen Körperschaft entschlossen hatte, kam die Frage auf, wie sie benannt werden sollte. Da der Name „Oxfordgruppe" zehn Jahre lang öffentlich gebraucht worden war, kam für Buchman nichts anderes in Frage. Ein entsprechender Antrag wurde beim Handelsministerium gestellt. Darauf machte der Abgeordnete A. P. Herbert, der die Universität Oxford im Parlament vertrat, eine Eingabe seitens der Universitätsverwaltung, die sich die Verwendung dieses Namens verbat. Herbert erklärte, er habe zwar nichts gegen die Gruppe selbst einzuwenden – er sei lediglich gegen den Gebrauch des Wortes „Oxford".

Am 17. März verlegte A. P. Herbert seinen Streit ins Unterhaus, erhielt aber nur fünfzig Unterschriften für seine Eingabe – dagegen zeichneten vierundachtzig Abgeordnete eine Motion für den Namen „Oxfordgruppe", unter Führung von Sir Cooper Rawson. Schließlich ging eine von 232 Abgeordenten unterzeichnete Petition an das Handelsministerium: der Minister selber, Oliver Stanley, entschied zu Gunsten der Oxfordgruppe.

A. P. Herbert stürzte sich nun in das, was er später seine „lange, einsame und – es muß gesagt werden – aussichtlose Auseinandersetzung mit den Buchmaniten"[10] nannte. In der Presse griff er Buchman als einen „verschrobenen amerikanischen Prediger" an und als „einen Ausländer, den man als Schwindler des Landes verweisen sollte".[11] Schließlich nannte er im Unterhaus Buchman und seine Kollegen „miese Betrüger" und wurde deshalb vom Präsidenten zur Ordnung gerufen.

Als die Entscheidung des Handelsministers vorlag, war Buchman bereits seit drei Monaten in Amerika. Er hatte sich am 4. März 1939 zusammen mit zwanzig englischen Mitarbeitern und einigen anderen Europäern nach New York eingeschifft. „Ich liebe England und bin hier von treuen Freunden umgeben", schrieb er damals. „Aber ich beeile mich, dem Ruf nach Amerika zu folgen – Amerika, das seine wahre Freiheit und Demokratie noch entdecken kann. Mein Geist ist immer noch frisch, obgleich sechzig und mehr Jahre auch von mir ihren Tribut fordern! Ich bin immer noch streitbar."[12]

Er hatte vor, in drei Monaten wieder zurück zu sein. Es gingen aber sieben Jahre ins Land, ehe er wieder den Fuß auf englischen Boden setzen konnte.

24

„AMERIKA ERKENNT KEINE GEFAHR"

Buchman war erschrocken über New York. „Amerika erkennt die Gefahr nicht", sagte er zu seinen Freunden. „Amerika weiß nicht, was es heißt, wenn sich die Kampflinie quer durch den eigenen Garten zieht. London kennt das. Man sieht es im St. James Park, ein Netz von Splittergräben. Hier redet ihr von Frieden, jedoch ist es ein eigennütziger Frieden, kein Ringen darum, das Land aufzurütteln." Er fühlte, daß nur etwas Dramatisches ein so großes, selbstzufriedenes Volk aufwekken konnte. Er beschloß, in New York, Washington und Los Angeles Massendemonstrationen abzuhalten.

Der Bürgermeister von New York erklärte die Woche vom 7. bis 14. Mai 1939 zur „Woche der Moralischen Aufrüstung". Eine Großveranstaltung im Madison Square Garden wurde für den 14. Mai angesetzt. 14 000 Menschen begrüßten an jenem Abend die Phalanx der Sprecher, die von schottischen Dudelsackpfeifern in ihren farbenfrohen Kilts angeführt wurde. Wie bei den meisten öffentlichen Veranstaltungen, die er abhielt, hatte Buchman einen einzigen Menschen im Auge, der sein Kommen zugesagt hatte – er plante die gesamte Veranstaltung so, als sei dieser der alleinige Besucher des Abends. Er war davon überzeugt, daß, wenn dieser eine angesprochen würde, es alle anderen auch wären. An diesem Abend war es der Beauftragte der Stadt für die Abwasserversorgung; Buchman hatte am Vortag mit ihm gesprochen. Er meinte, zwölf junge Schotten – Arbeiter, arbeitslose Hafenarbeiter und Studenten – würden ihn besonders interessieren. So sprachen sie alle am Anfang der Veranstaltung, jeder nur eine Minute lang. „MRA heißt für mich, es mir nicht mehr an meiner Maschine gemütlich zu machen, wenn der Boss gerade nicht herschaut – und nicht mehr in seinem Auto wie die Feuerwehr herumzurasen", sagte einer von ihnen. Mittels einer telefonischen Direktübertragung aus London sprachen Lord Salisbury, der Arbeiterführer Tod Sloan und Mitglieder von drei Generationen der bekannten englischen

Adelsfamilie der Antrims zu den Tausenden von Amerikanern. Am nächsten Tag brachte die Presse Schlagzeilen über das Ereignis.

Drei Wochen später fand eine zweite Veranstaltung in dem etwas gesetzteren Rahmen der Constitution Hall in Washington statt. Buchman sprach nur kurz. „Amerika muß Probleme bewältigen: in der Wirtschaft, in der Familie, im öffentlichen Leben", begann er. „Wir brauchen neue Menschen, die nicht nur an die Tugenden der Ehrlichkeit, Selbstlosigkeit und Liebe glauben; wir müssen wieder mit festem Willen das suchen, was Menschen verbindet, und nicht das, was sie trennt . . . Die Zukunft hängt nicht nur davon ab, was einige wenige in Europa beschließen mögen, sondern davon, wozu sich Millionen in Amerika entscheiden."[1] Harry Truman, der inzwischen Senator geworden war, verlas eine Botschaft von Präsident Roosevelt.

In den folgenden Wochen hielt Buchman eine Rede vor dem Nationalen Presse-Club in Washington, erhielt seinen zweiten Ehrendoktortitel (von der juristischen Fakultät der Oglethorpe Universität in Georgia), sprach mit sichtlicher Bewegung am Begräbnis von Bill Pickle in Pennsylvanien und hielt darüber hinaus eine Woche lang Schulungskonferenzen für einige hundert Menschen in Stockbridge, Massachusetts. Anschließend reiste er über Detroit, Chicago und Minneapolis nach Los Angeles, wo der Anlaß, welcher von allen der bekannteste werden sollte, am 19. Juli in der berühmten Hollywood Bowl Arena stattfand.

15000 Menschen fanden keinen Einlaß mehr, nachdem bereits 30000 die Arena füllten. Der Rahmen war dramatisch: vier hohe Scheinwerfersäulen reckten sich wie Finger in den samtblauen Himmel: Symbole der vier moralischen Maßstäbe. „Vorschau auf eine neue Welt", hatte Buchman als Thema gewählt. Die *Los Angeles Times* schrieb: „Sie kamen in Limousinen, sie kamen in alten Klapperkästen, die durch den Stau auf den überfüllten Anfahrtstraßen kaum die Hollywood Bowl Arena erreichen konnten. Sie kamen in Rollstühlen, zu Fuß, im Bus und mit Taxis. Sie kamen alle voller Staunen und Erwartung. Die Veranstaltung brachte die ganze Kraft dieser weltumfassenden Bewegung zur Geltung: Persönlichkeiten aus Burma, aus London, aus Ostafrika, Australien, China und Japan – sie alle demonstrierten vor den 30000 Zuhörern, wie die Welt funktionieren kann."[2]

Am Schluß kündigte Buchman das nächste Ziel in seiner Strategie an: „Einhundert Millionen Menschen horchen auf Gott" – dies sollte durch eine Kampagne am 1., 2. und 3. Dezember geschehen. Das bedeutete Menschen, die bereit seien, persönliche, nationale und internationale Belange im Licht von Gottes Willen für die Welt zu prüfen.

Er stellte sich dabei Sprecher aus verschiedenen Ländern vor, die durch ein internationales Radioverbundsystem miteinander gemeinsam sprechen könnten.

Als es aber Dezember geworden war, hatte in Europa der Krieg begonnen. Kurz vor Kriegsausbruch hatte Buchman seinen Kummer ausgesprochen: „Krieg bedeutet Selbstmord der Völker. Alle sind Verlierer. Nach einem Krieg gibt es heute keinen Sieger mehr. Sollte Hitler den Krieg beginnen, so wird er das aufs Höchste bereuen."

Als die Krise sich verschlimmerte, wuchs Buchmans Sorge um seine Kollegen in England. Am 1. September telegrafierte er ihnen: „Wir beten ständig von Herzen für euch. Schützt euch vor unnötigen Gefahren. Sorgt für Tod und Liz Sloan in sicherem Haus außerhalb Londons. Bedenkt Versuchung, bei Gefahr und Schwierigkeiten Kurzschlußhandlungen zu begehen und schnellen Ausweg zu suchen. Betrachtet eure Arbeit als lebensnotwendigen Dienst."

Als der Kriegsausbruch bekannt wurde, war Buchman mit einigen Freunden bei einem Hotelbesitzer in Los Angeles in dessen Appartement zu Gast. Zuerst verschlug es Buchman die Sprache, und ein Brite verlor die Fassung und brach in Tränen aus. Die Jahre ihres Bemühens, um den Konflikt abzuwenden, waren verloren und vorbei; sie sahen im Geiste schon die Städte Europas in Schutt und Asche liegen.

Nach geraumer Zeit blickte Buchman auf und sagte: „Jemand wird sich irgendwann irgendwo um den Frieden bemühen müssen."

Jetzt, da der Krieg begonnen hatte, war Buchman fest überzeugt, daß er geführt und gewonnen werden mußte. Es gab keine Aussöhnung mehr zwischen der „dämonischen Macht", die er auszutreiben versucht hatte, und den Demokratien, wie fehlerhaft sie vor Gottes Auge auch erscheinen mochten. In Buchmans Denken waren Vaterlandsliebe und Nationalismus so verschieden wie Gesundheit und Krankheit. Doch müsse es noch eine größere Dimension des Patriotismus geben: „Ein echter Patriot setzt sein Leben ein, damit sein Land unter Gottes Herrschaft kommt", sagte er.[3] Er war überzeugt, daß die geeinte Kraft einer Gruppe von solchen Patrioten im Krieg wie im Frieden eine besondere Aufgabe zu erfüllen hätte – sie würde auch dann vonnöten sein, wenn der Kampf beendet war, um Versöhnung zu bringen.

Buchmans angekündigte Kampagne vom 1. bis 3. Dezember 1939

trug darum auch der neuen Lage Rechnung und stand im Zeichen der Einigkeit zwischen England und den Vereinigten Staaten. Rundfunksender, die in entfernte Erdteile reichten, übertrugen die Reden, so auch die des demokratischen Präsidenten des Abgeordnetenhauses und anderer Persönlichkeiten. Über die Wellen des britischen Rundfunks BBC antwortete der Onkel von König Georg V., der Earl of Athlone.

Zunächst kämpfte man in den Vereinigten Staaten seitens der extremen Rechten und Linken um die gleiche Sache. Da Sowjetrußland noch mit den Nazis verbündet war, stellten sich die amerikanischen Kommunisten gegen einen Kriegseintritt der Vereinigten Staaten. Auf diese Weise kam ihnen die tatkräftige, wenngleich unfreiwillige Unterstützung der Isolationisten der extremen Rechten zugute, die sich aber aus ganz anderen Gründen aus dem Krieg heraushalten wollten. Die unmittelbare Strategie der Kommunisten war, die Produktion in der Kriegsindustrie durch Streiks zu stören. Ihr besonderes Ziel war die Hochburg der Luftfahrtindustrie an der Westküste Amerikas.

Durch die Großveranstaltungen, die er an der Westküste abgehalten hatte, waren Beziehungen zu den dortigen Gewerkschaftsführern angeknüpft worden. Empfehlungen von Senator Truman öffneten weitere Türen zur Industrie. Buchmans Einfluß auf die Gewerkschaften in der Flugzeugindustrie war ein Gegenpol zu den kommunistischen Plänen, die Industrie langsam lahmzulegen. Die Kommunisten denunzierten ihn als Mitarbeiter ihrer ärgsten Feinde, der Waffenhersteller. Das dauerte, bis Hitler in Rußland einmarschierte. Über Nacht wurden die Vertreter der Kriegsindustrie und der Waffenproduktion für die Kommunisten zu Rettern der Demokratie. Aus dem „Faschisten Churchill“ wurde der heldenhafte Freund der Sowjetunion. Ihre Definition der Moralischen Aufrüstung änderte sich auch, doch nicht in so wohlwollender Richtung. Sie war „ein militaristisches, pro-britisches Spionagenetz“ genannt worden. Nun wurde sie als eine „pazifistische, antigewerkschaftliche Organisation“ beschrieben, die sich emsig in die amerikanische Kriegsindustrie einmische und mysteriöse Friedensbemühungen begünstige.

Buchmans Leute waren inzwischen von einem Industriezweig nach dem anderen, von der Stahlindustrie zu den Flughallen und bis zu den Werften – in ganz Amerika – angefordert worden. Diese Mitarbeiter standen immer im äußersten Einsatz, und ohne die Freunde, die sich aus England ihm angeschlossen hatten, hätte Buchman nur wenig unternehmen können.

Der Kriegsausbruch warf jedoch für die Briten die Frage nach ihrer

Pflicht auf – und das stellte sie vor ein Dilemma. Sollten sie nach England zurückkehren und in die Streitkräfte eintreten? Oder sollten sie in Amerika bleiben und die begonnene Arbeit fortsetzen? Jeder mußte allein entscheiden, wohin die Pflicht ihn rief. „Ich stehe zu eurer Entscheidung, wie immer sie ausfällt", sagte Buchman. Viele empfanden diese Entscheidung als die schwerste ihres Lebens. Auf der einen Seite war der natürliche Impuls, zur Familie und in die Heimat zurückzukehren. Das konnte jeder begreifen. Auf der anderen Seite stand ihre Überzeugung, daß von Amerika der Ausgang des Krieges abhing. Hier war eine Arbeit zu leisten, für die sie geschult worden waren wie niemand sonst.

Die schmerzhafte Entscheidung der meisten dieser Mitarbeiter, in Amerika zu bleiben, ermöglichte es Buchman, sein Programm für Amerika weiterzuführen. Die Frage war jedoch, was Amerika aufrütteln würde? Wie sollte Buchmans Programm präsentiert werden, damit es Amerika aufhorchen ließe?

Diese Fragen verfolgten Buchman Anfang 1940. Er war ständig unterwegs und reiste von New York nach Washington, Florida, Los Angeles und San Francisco. In jeder Stadt widmete er sich den dort ansässigen Gruppen von Freunden, zu jeder Tages- und Nachtzeit suchten ihn Menschen auf. Immer rang Buchman darum, die nächsten Schritte zu erkennen. „Ich fühle mich wie im Urwald", sagte er zu einem Freund, „ich sehe keinen Weg hinaus."[4]

Buchman war auch unzufrieden mit dem geistigen Wachstum vieler seiner engsten Kollegen. „Ich glaube, Mike trägt Scheuklappen", sagte er einmal mit der typischen Offenheit, die einen in Wut versetzen konnte. „Wenn er sie nur ins Meer werfen und stattdessen das Volk aufrütteln würde. John ist wunderbar – aber hoffnungslos, wenn er Babys die Windeln wechseln soll; er scheint dazu geboren zu sein, sich von Ambrosia zu ernähren. Und unser liebenswerter Jimmy – er hat Angst, ganze Bündel von Ängsten. Ken ist immer noch zu sanft – wie wär's mit der rauhen Seite der Muskatnuß?" Einem anderen sagte er einmal: „Ich wünsche dir fünfzehn Kinder, dann wärest du weniger pedantisch!"

Allmählich wurde Buchman klar, daß ein angemessener Plan für seine Arbeit in Amerika nur entstehen könnte, wenn die Gruppe seiner Mitarbeiter aus tieferen geistlichen Wurzeln leben würde. Aus diesem Grund stoppte er im Juli 1940 alle Aktivitäten. Er rief seine Freunde in der Nähe des Tahoe-Sees im Gebirge der Sierra Nevada in einer Siedlung von Ferienbungalows und Holzhütten zusammen. Das Ganze hatte typisch für Buchman damit begonnen, daß ihm ein Holzhaus mit fünf Räumen für ein paar Tage Urlaub angeboten wurde. Innerhalb von zehn Tagen hatte er fünfzig Leute um sich herum versammelt, und als die Nachbarn ihn kennengelernt hatten und noch mehr Freunde kamen, boten sie ihre Bungalows, Hütten und Schlafstellen an. Ein ehemaliger Alkoholschmuggler namens Globin lieh ihnen sein unbenutztes Kasino am See für Zusammenkünfte und überließ ihnen eine ganze Etage seines ebenfalls leeren Hotels. Matrosen, die sich auf Heimaturlaub befanden, schliefen in Hängematten zwischen Bäumen; Damen der Gesellschaft aus Boston und New York verbrachten die Nacht auf Feldbetten, manchmal zu fünft in einer Garage. Schließlich wurde aus dem Ganzen ein dreimonatiges Trainingslager für einige hundert Menschen.

Es war Buchmans Absicht, diese bereits engagierten Menschen zu einer geeinten Einsatzgruppe zusammenzuschweißen. Die Tatsache des Krieges in Europa schärfte ihr Denken und ihre Hingabe. Alan Thornhill zum Beispiel war Pastor und hatte während seiner zehnjährigen Arbeit innerhalb der Oxfordgruppe reiche geistliche Erfahrungen sammeln können. Und doch hatte er sein Leben nie systematisch überprüft, damit Gott jeden letzten Winkel reinigen konnte. „Ich hatte einen guten Freund, der Schotte war und George Marjoribanks hieß; ihm wollte ich die trüben Einzelheiten meines Lebens anvertrauen. Da war zwar nichts Sensationelles dabei, aber für meinen Stolz war das entsetzlich. Es stellte sich heraus, daß es für mich von großer Bedeutung sein sollte. Ich sagte George, daß es schmerzte, und daß ich mich grundschlecht fühlte. Es war der Tod meines Ich. Ich schätzte, was ich von Buchman gelernt hatte, hatte mich aber bis dahin nie völlig verpflichtet, für Gott und an Buchmans Seite zu arbeiten. Gott zeigte mir das im Zusammenhang mit der Frage meiner Rückkehr nach England. Die Entscheidung, in Amerika zu bleiben, war die schwerste, die ich je getroffen hatte – doch ich wußte, es war Gottes Wille."

„Ich kann nicht für andere sprechen", fügt Alan Thornhill heute hinzu, „doch für mich besteht eine direkte Verbindung zwischen persönlich gelebter Reinheit und schöpferischer Kraft. Klarheit und tiefer Frieden herrschten nun in mir." Ein paar Wochen darauf schrieb er innerhalb von sechsunddreißig Stunden ein Theaterstück, sein erstes, das er *The Forgotten Factor* (Der vergessene Faktor) nannte. Es behandelte die Beziehungen in und zwischen zwei Familien – der eines Industriellen, und der eines Gewerkschaftsführers – in einer Zeit der wirtschaftlichen Krise. Es ging um die Änderung in Menschen, die sich von ihrem Standpunkt: „Wer hat hier recht?" durchrangen zur Frage: „Was ist hier recht?" Dieses Schauspiel wurde in den folgenden Jahren vor über einer Million Menschen in vielen Ländern aufgeführt. Es trug oft dazu bei, Konflikte verschiedenster Art beizulegen.

Jeden Morgen trafen sich alle mit Buchman. Man wußte nie, was sich ereignen würde. Eines Tages kam er mit einem Pfirsich in einer Hand an. „Jede Frau könnte so aussehen", sagte er, „aber einige von euch sehen mehr wie das aus". Er öffnete seine andere Hand, in der eine getrocknete Pflaume lag. Er hatte bemerkt, daß einige Frauen in seiner Mannschaft geistig ausgetrocknet waren, weil sie Gott nicht die bedingungslose Herrschaft über ihre Leben eingeräumt hatten. Deshalb konnten sie noch keine freien Persönlichkeiten werden. „Für ihn bedeutete das, ohne Furcht einige von uns herrschsüchtigen amerikanischen Frauen zurechtzuweisen", erinnerte sich eine von ihnen, „doch es geschah auf so liebenswerte Weise und mit so viel Zuversicht".

Wenn es die Gelegenheit verlangte, war Buchmans Methode alles andere als liebenswert. Bunny Austins Frau, die Schauspielerin Phyllis Konstam, war zur Veranstaltung in die Arena des Hollywood Bowl gekommen und hatte seitdem ein gewisses Maß an persönlicher Änderung erlebt. Sie ging nach England zurück, kam jedoch später mit ihrer kleinen Tochter auf einem Schiff, das Bomben-Evakuierte nach Kanada brachte, wieder nach Amerika. Sie machte einen kurzen Besuch in Tahoe. „Ich kam in kriegerischer Stimmung an, wütend, weil Bunny mich nicht in Kanada abgeholt hatte", schrieb sie später. „Meine Wut galt eigentlich Frank Buchman. Ich war es gewohnt, meinen Willen durchzusetzen – wenn es mir dieses Mal mit Wut und Ärger nicht gelingen sollte, so würde ich es mit Charme und Tränen versuchen. Buchman blieb unbeeindruckt, was meine Wut noch erhöhte. Ich war auffallende Kleider und teure Restaurants gewohnt, so erreichte mein Ärger seinen Gipfel, als man mich zum Zimmerdienst zuteilte und ich unter anderem auch Toiletten putzen mußte.

Ich hatte genug und suchte Buchman auf, um ihm zu sagen, was ich von ihm hielt. Er sah mich kommen, drehte sich weg und ging fort. In meinem ganzen Leben war mir so etwas noch nicht passiert. Ich tobte und beschimpfte Bunny.

Eines Nachmittags jedoch bat Buchman mich zu sich und sagte mir, was er von verwöhnten, selbstsüchtigen, launischen Frauen hielt und von dem Einfluß, den sie auf ihre Ehemänner und Kinder ausüben. Er blickte mich direkt an und sagte: ‚Das ist Liebe, und sie wird nicht aufhören.'

Ich erkannte zum ersten Mal, was ich Bunny durch meine Selbst-

hts: Die Familie
hman: Franklin und
ıh, ihr Sohn Frank und
ptivsohn Dan.

en links: Buchman mit
lenten der Universität
n State, links von ihm
Pickle, der ehemalige
pholschmuggler.

en rechts: Buchman
Mahatma Gandhi in
en, 1924.

Oben: Professor B. H. Streeter und seine Frau mit Buchman (rechts) in Oxford. Im Hintergrund (Mitte rechts) Roland Wilson und John Roots.

Unten: Buchman (rechts) mit Bischof Logan Roots von Hankow während der Konferenz von Kuling 1918.

rend einer Reise
h den Mittleren
n: Buchman mit
Minto und
rer Cuthbert
sley.

ıman in den dreißiger Jahren.

ıman (rechts) in den dreißiger Jahren
3. H. Streeter in Oxford.

Der niederländische Außenminister Patijn spricht zu Delegierten des Völkerbundes.
Auf der äußersten Rechten: Buchman und Carl Hambro, Präsident des norwegischen Parlaments (September 1938).

Links: Fredrik Ramm, Herausgeber der Osloer Zeitung Morgenbladet.

Rechts: Carl J. Hambro, Präsident des norwegischen Parlaments.

10 000 Menschen nehmen an einer Kundgebung im Innenhof des Schloßes von Kronborg in Elsinore (Dänemark) teil.

Oben: Buchman mit Ray Purdy (Mitte) und dem Polarforscher Admiral Richard E. Byrd.

Darunter: Die Broadway-Schauspielerinnen Muriel Smith (rechts) und Ann Buckles (links) aus dem Musical *The Crowning Experience.*

Links: 1939 kamen in den USA 30 000 Menschen zu einer Veranstaltung in die Hollywood Bowl Arena.

n: Buchman (Mitte) mit Henry Ford und seiner Frau in Dearborn, Michigan, 1942.

Buchman mit Max Bladeck (links) und Paul Kurowski.

Irène Laure mit ihrer Familie in Berlin während der Blockade 1948.

Rechts: Der Schweizer Bundespräsident Enrico Celio und Dr. Konrad Adenauer in Caux.

Unten links: Buchman in München 1948 vor einer Fotoausstellung während der Kampagne mit dem Musical *Der gute Weg*.

Frau Moni von Cramon.

:chman erneuert seine Bekanntschaft mit Pandit Nehru in Neu-Delhi, 1952.

:hman mit William Nkomo, dem
:begründer der Jugendliga des ANC, und
ıer Frau in Caux.

Peter Howard (rechts), Farmer, Autor und Sportler, dem Buchman kurz vor seinem Tod die Arbeit der MRA anvertraute.

0 flog eine 76köpfige Delegation aus Japan nach Caux, unter ihnen die Bürgermeister von Hiroshima
! Nagasaki.

Oben: Gelsenkirchen 1950. Buchman (unten links) bei einer Demonstration im Hans-Sachs-Haus. V
dem Mikrofon sprechen ehemalige kommunistische Bergleute und ihre Frauen.

Unten: Europa verabschiedet sich von Frank Buchman. Bergarbeiter stehen Wache in der Stadtkirche
Freudenstadt.

sucht antat, und begann auch Buchmans Mut zu erkennen, der sich genügend um uns sorgte, um mir die Wahrheit zu sagen und mir zu helfen, mein Wesen da zu ändern, wo es das Zusammenleben mit andern so schwierig machte. Er hatte mir gesagt, das sei Liebe – jetzt konnte ich ‚Ja' dazu sagen."[5]

Es waren die einfachen Dinge, die für Buchmans Freunde in jenen Tagen zum Leben wurden. Eines Tages überprüfte Buchman eine Ferienwohnung, die ihrem Eigentümer wieder übergeben werden sollte. Er sah einen Schmutzrand in einer Badewanne. „Das war schon so, als wir einzogen", protestierte der Sündenbock. „Verlaßt ein Haus immer in besserem Zustand als ihr es vorgefunden habt", entgegnete Buchman, kniete sich hin und säuberte die Wanne selbst.

In der Tat: Ganz abgesehen von den geistlichen Defiziten benötigten seine Mitarbeiter – viele von ihnen waren studierte Männer und Frauen, „Damen", die selbst wenig Hausarbeit getan hatten, und Männer, die noch nie welche verrichtet hatten – einen vollen Lehrgang in Einkauf und Haushaltsführung. Ein Lastwagen fuhr zu den preisgünstigsten Märkten der Umgebung, und jeder Pfennig wurde sparsam ausgegeben.

Das Ergebnis der gemeinsamen Zeit in Tahoe, so berichtet Reginald Hale, sei ein einsatzfähiges Team gewesen – „gleich einer Armee, die jederzeit an jedem Ort kampfbereit ist. Wir verpflichteten uns Christus unwiderruflich und erlebten, wie sich kleinliche Querelen, entstanden durch unterschiedliche Nationalität, Herkunft, Sprache und Standpunkte in Nichts auflösten. Ihm verpflichtet, waren wir auch untereinander verpflichtet."[6]

Arbeiter aus den Werken der Rüstungsindustrie an der Westküste fuhren oft die Nacht hindurch, um einen Tag mit Buchman und seinen Freunden in Tahoe verbringen zu können. Zu ihnen gehörte auch John Riffe, der 125 Kilo schwere Stahlarbeiterführer aus San Francisco, den sein Gewerkschaftsboß den „rauhesten und zähesten Mann unter den Stahlarbeitern" nannte. Buchman begegnete ihm zum ersten Mal im Juni anläßlich einer Konferenz am „Runden Tisch", einen Monat, bevor er nach Tahoe ging. Damals hatte John Riffe Buchman erhitzt mitgeteilt, er brauche keine Änderung. „Gut", sagte Buchman, „vielleicht gibt es aber jemand anderes, den Sie gerne anders haben möchten". Riffe waren sofort einige Namen eingefallen, darunter der eines Managers der Stahlindustrie, mit dem Lohnverhandlungen abgebrochen worden waren; auch die von Kollegen seiner Gewerkschaft und schließlich der seiner Frau, Rose. „Genau das ist es", fügte Buchman hinzu, „man lernt, seine Feinde zu ändern und sie zu Freunden zu machen." Den restlichen Abend verbrachten sie gemeinsam, und John Riffe ging mit dem Gedanken zu Bett, daß er herausfinden könne, wie man Menschen ändern kann, falls er auf Gott horchen würde.

Früh am nächsten Morgen klopfte jemand an die Tür von John und Rose Riffe. Buchman stand da mit einer dampfenden Kaffeekanne. „Ich dachte mir, ihr mögt dies vielleicht, bevor ihr mit eurer Stillen Zeit beginnt", sagte er mit einem Augenzwinkern. „Stille Zeit", war ein neuer Begriff für Riffe, deshalb bat er um eine Erklärung. „Eine Zeit, in der man Gott sagen läßt, was man tun soll." Riffe ging in sein Zimmer zurück, aber nicht, um weiterzuschlafen. Jener Manager der Stahlfabrik kam ihm immer wieder in den Sinn: „Tu den ersten Schritt. Steig von deinem hohen Roß herunter. Du weißt, daß seine Hände gebunden sind. Sei ehrlich. Mach' ihm ein faires Angebot – und entschuldige dich." Im Laufe der Woche versuchte Riffe, diesen Gedanken zu folgen, und innerhalb von 48 Stunden wurde der Konflikt auf unerwartet großzügige Weise beigelegt.

Nun waren die Riffes auf dem Weg nach Tahoe. Sie waren noch immer neugierig. Das Abendessen wurde von zwei jungen Mädchen serviert. „Wer sind sie?" erkundigte sich Rose Riffe. Als Buchman antwortete, sie seinen Töchter von Will Manning, dem Inhaber der Manning Restaurant-Kette an der Westküste, platzte es aus John Riffe heraus: „Großer Gott! Meine Gewerkschaft will dort Streikposten aufstellen!" Rose Riffe sagte: „Ich würde niemals andere so bedienen". „Es hat Sie auch niemand dazu aufgefordert", entgegnete Buchman.

John argwöhnte wiederum, ob er nicht in eine Anti-Gewerkschafts-Verschwörung geraten sei. Doch am nächsten Morgen lud ihn der Sohn Manning zum Fischen ein. Die Männer kamen zwar nur mit drei kleinen Fischen, aber mit einem Verständnis für ihre gegenseitigen Schwierigkeiten zurück. Am nächsten Wochenende kehrte Riffe zusammen mit sechs Männern seines Vorstandes wieder – unter anderem mit James Thimmes, der später Vizepräsident der Stahlarbeiter-Gewerkschaft Amerikas wurde und der gemeinsam mit John Riffe eine entscheidende Rolle bei der Beilegung des landesweiten Stahlarbeiterstreiks im Jahre 1952 spielen sollte.[7]

Am 23. August erschien Buchman morgens mit der Idee, ein neues Handbuch, eine Art Wegweiser, müsse geschrieben werden. Der erste Entwurf dazu stammte aus der Feder eines Doktors der Philosophie aus Oxford. Der Text wurde von einer Gruppe überarbeitet und jedes überflüssige Wort gestrichen. Buchman sagte: „Es muß einfach sein und plastisch, um Amerika zu überzeugen – fast wie das A B C." Es hieß: *You Can Defend America* (Du kannst Amerika verteidigen). Es rief auf zu „gesunden Familien, Zusammenarbeit in der Industrie und für eine einige Nation", und es forderte Amerika dazu heraus, sich von Gott regieren zu lassen. Reginald Hale illustrierte auf einfache und lebendige Art die nur 32 Seiten umfassende Broschüre.

Nach dem Handbuch wurde eine Revue geschaffen, die den gleichen Titel trug. Wie so oft, so begann auch dieses Unternehmen mit ein paar Sketches während einer Geburtstagsparty im Kreis um Buchman. Kurz danach hatte Globin, der ehemalige Alkoholschmuggler, ebenfalls Geburtstag. Buchman lud ihn und seine Freunde ein. „Nachtklubs sind seine Welt", sagte Buchman, „machen wir eine Art Kabarett, und stellen unsere Tische im Halbkreis auf."

Marian Clayton, die im Film *Mutiny on the Bounty* (Meuterei auf der Bounty) mitgewirkt hatte und der kanadische Radiosänger Cece Broadhurst arbeiteten die ursprüngliche Geburtstagsparty zu einer „Floorshow" um. Globin brachte seine Frau mit und einige Freunde, unter ihnen den Bürgermeister der Hauptstadt von Nevada, Carson City. Die „Floorshow" brachte Mrs. Globin so zum Lachen, daß ihr, wie sie sagte, Gesichtsmuskeln weh taten, die sie jahrelang nicht gebraucht hatte.

Am Schluß der Aufführung wandte sich der Bürgermeister an Buchman: „Genauso muß man den Patriotismus unserem Volk nahebringen. Kommen Sie mit dieser Show nach Carson City." „Gut", sagte Buchman, „wann sollen wir kommen?" „Am Freitag", antwortete der Bürgermeister. „Wir werden da sein", sage Buchman – es war Dienstag.

Am Freitag ging *You Can Defend America* in Carson City vor einem vollen Haus über die Bühne. Die Show wurde nach Reno eingeladen. Das hieß, vor einem anspruchsvolleren Publikum zu spielen. Doch machte dies Buchman keine Sorgen, da er in jedem Menschen einen potentiellen Autor, Musiker, Schauspieler oder Regisseur sah. So wurde die Revue vom Stapel gelassen und begann einen Lauf, der sie kreuz und quer durch Amerika führte, und erreichte Menschen, die vielleicht sonst durch kein anderes Medium zu erreichen gewesen wären.

Im November 1941 fanden Aufführungen von *You Can Defend America* vor den Jahreskongressen der zwei großen sich rivalisierenden Gewerkschaftsverbänden Amerikas statt: für die CIO (Congress of Industrial Organisations) in Atlantic City und für die AFL (American Federation of Labor) in New Orleans. Damit erhielt die Revue eine kräftige Starthilfe auf ihrem Weg in die amerikanische Industrie. Organe der Zivilen Verteidigung waren ihre Sponsoren. Zuerst ging es an der Westküste entlang, dann in einer Tourneeverlängerung 1941 vom Staat Maine bis nach Florida. Dabei legten sie an die 15 000 Kilometer durch 21 Staaten zurück, und führten die Revue vor über einer Viertelmillion Zuschauern auf. Am 6. Dezember 1941 spielte *You Can Defend America* in der Musikakademie von Philadelphia. Frühmorgens am nächsten Tag griffen die Japaner Pearl Harbor an. Auch Amerika war im Krieg.

— 25 —

KONTROVERSE IM KRIEG

Zu den ersten Opfern eines Krieges gehören oft die geistigen Werte eines Volkes. Buchman ging es um die Grundlagen der Freiheit. Es war ihm und seiner Mannschaft gelungen, diese Werte in Situationen und für einzelne Menschen lebendig zu machen, die von den Kirchen nicht mehr erreicht wurden. Deswegen war es ihm wichtig, daß seine Mannschaft von hauptamtlichen Mitarbeitern trotz des Krieges gemeinsam ihre Arbeit fortführen konnte.

Zahlreiche Amerikaner, die an verantwortlicher Stelle standen, unterstützten ihn in diesem Anliegen. Thomas Edisons Sohn Charles war Minister für die Kriegsmarine; er betonte, daß für die Verteidigung der Nation „die Moralische Aufrüstung von gleicher Bedeutung ist wie die materielle Aufrüstung . . ., denn ohne innere Charakterfestigkeit und eine tief verwurzelte moralische Aufrüstung unserer Bürger . . . wird wenig übrig bleiben, das zu verteidigen sich lohnt“.[1] Oberst John Langston, Vorsitzender der Einberufungskommission des Präsidenten – die höchste Instanz in Fragen Erlaß des Militärdienstes – schloß sich ihm an: „Je ernster unsere Lage wird“, schrieb er an Buchman kurz nach dem Angriff auf Pearl Harbor, „desto wichtiger wird es, die moralische Widerstandskraft unseres Volkes zu stärken . . . Darin hat uns die Arbeit der Moralischen Aufrüstung für die Verteidigung wertvolle Dienste geleistet. So jedenfalls sieht es der Präsident. Doch muß der einzelne Mitarbeiter (der MRA) seine Ausbildung und Schulung – und seine spezifische Aufgabe – deutlich umreißen. Denn es muß nicht nur sein Status bewiesen werden können, sondern die Öffentlichkeit muß davon überzeugt werden, daß seine Zurückstellung vom aktiven Dienst berechtigt ist . . .“[2]

Damit kam das auf Buchman zu, was in England schon zu einer Kontroverse geworden war. Bis Sommeranfang 1940 hatten sich dort zwölf hauptamtliche Mitarbeiter und 240 seiner geschulten Mannschaft freiwillig bei den Streitkräften gemeldet. Es blieben nur neunundzwanzig Männer im wehrpflichtigen Alter zurück, die nun die gesamte Arbeit bewältigen mußten. Sie leiteten eine Kampagne, die durch ganz England – vor allem durch die schwer bombengeschädigten Städte – führte und von 360 Bürgermeistern unterstützt wurde. Diese Kampagne hatte – außer in der Londoner Presse – ein großes Echo gefunden.[3] Im Monat August 1940 erschienen in der kommunistischen Tageszeitung *Daily Worker* acht Angriffe auf Buchman, und im *Daily Express* erschienen sechs Angriffe aus der Feder von Tom Driberg. Der Tenor dieser Artikel war eine Anschuldigung, bei der Kampagne der MRA vermische man (Kriegs)moral mit Christentum.

Peter Howard, damals einer der fähigsten und gefürchtetsten Journalisten am *Daily Express*, machte es sich zur persönlichen Aufgabe, die Moralische Aufrüstung auf Herz und Nieren zu prüfen. Zu seinem Erstaunen mußte er feststellen, daß die Anschuldigungen seiner Kollegen grundlos waren. Als der Herausgeber des *Daily Express* sich weigerte, Howards Antwort auf Dribergs Angriffe abzudrucken, schrieb Howard ein Buch, das er *Innocent Men* (Diese Männer sind nicht schuldig)[4] nannte. Darin beschrieb er nicht nur die Moralische Aufrüstung, wie er sie selbst erlebt hatte, sondern auch die unerwartete Änderung, die dadurch in sein eigenes Leben gekommen war. 155 000 Exemplare von *Innocent Men* wurden verkauft. Howard reichte aber bei der Zeitung seine Entlassung ein, da der dort in Lord Beaverbrooks Abwesenheit verantwortliche Mann Howard die Herausgabe seines Buches verbieten wollte.

Vom ersten Augenblick an wurden Buchmans Persönlichkeit und seine Mission zum Brennpunkt der Kontroverse gemacht. Sowohl von seinem Verlag als auch durch das Informationsministerium wurde Howard eindeutig davon in Kenntnis gesetzt, daß Buchman verhaftet würde am Tag des Eintritts der Vereinigten Staaten in den Krieg. Howard verlangte Beweise. „Können wir dir nicht geben, Peter“, hieß es, „die Anordnung kommt von ganz oben und aus ganz geheimer Quelle.“ Howard wußte aber von der Unterstützung, die Präsident Roosevelt und andere seinen neuen Freunden in den Vereinigten Staaten gewährt hatten, und er ließ sich nicht beeindrucken. „Sagt mir, wenn ihr stichfeste Beweise habt“, erklärte er seiner Zeitung.

Unterdessen war Ernest Bevin, mächtiger Chef der englischen Gewerkschaften, Arbeitsminister und Mitglied des Kriegskabinetts geworden. Sein Vorgänger, ein Christ und mit der Arbeit der Moralischen Aufrüstung vertraut, hatte bestimmt, daß die wenigen noch nicht eingezogenen hauptamtlichen Mitarbeiter als „Laienprediger“ eingestuft wurden und so nicht wehrpflichtig waren. Bevin war ein aufrechter Atheist, und ließ durch die Presse veröffentlichen, diese Bestimmung werde nun rückgängig gemacht. Im ganzen Land gab es Proteste. Verantwortliche Männer aller Kirchen in England, von 2500 ihrer Pfarrer und Pastoren und von 174 Abgeordneten unterstützt, denen sich noch zahlreiche Kommunalpolitiker, Unternehmer und Gewerkschaftsführer anschlossen, erklärten Bevins neue Bestimmung als ungerecht und schädlich für die Verteidigung des Landes. Diese Proteste verhärteten jedoch die Haltung Bevins, der – wie sein Biograph schrieb – „einer Kritik gegenüber merklich empfindlich war und immer meinte, sie sei auf ihn persönlich gemünzt."[5] A. P. Herbert unterstützte Bevin, indem er ankündigte, er sei im Besitz eines Geheimdokuments, in dem hieß, „Buchman arbeite für Deutschland . . . und erhalte Subventionen von Dr. Goebbels". Bevin blieb bei seinem Entschluß, ließ die Männer einberufen und erklärte mit einem gewissen Humor, „er verstünde mehr von Religion als die englischen Erzbischöfe".[6]

Das sogenannte Geheimdokument soll, so wird allgemein vermutet, von Driberg besorgt worden sein. Man weiß heute, daß er als Doppelagent sowohl für den englischen Geheimdienst MI5 als auch für den KGB arbeitete.[7] Einige Böen dieses Sturms fegten über den Atlantik, und im Sommer und Herbst des Jahres 1941 verbrachte Tom Driberg sechs Monate in den Vereinigten Staaten, wo er seine Kampagne gegen Buchman nun in der amerikanischen Presse fortsetzte. Er versuchte – ohne Erfolg – von Präsident Roosevelt empfangen zu werden und tat schließlich sein Möglichstes, um Roosevelt durch einen ihm bekannten Chefredakteur in die Kontroverse zu verwickeln. Doch holte sich jener Chefredakteur nur einen Verweis von Roosevelts Pressechef, Stephen Early.[8] Auf ähnliche Weise wurde ein Beamter der New Yorker Einberufungsbehörde getadelt, weil er der amerikanischen Presse in offizieller Funktion Auszüge der im Londoner *Daily Mirror* erschienen Artikel übermittelt hatte, in denen die Engländer, die mit Buchman in Amerika arbeiteten, der „Kriegsdienstverweigerung" beschuldigt wurden.

Gewisse Elemente in der Presse auf beiden Seiten des Atlantik fuhren jedoch fort, die Anschuldigungen zu verbreiten. Dementis wurden ignoriert: Als zum Beispiel Adolf Hitlers Stellvertreter Rudolf Heß überraschend nach Schottland flog, kam aus der Feder des europäischen Redakteurs der amerikanischen Zeitschrift *Collier's* die „bestätigte Nachricht", Heß sei Jünger Buchmans und nach England geflogen, um Kontakt mit der Oxfordgruppe aufzunehmen und Friedensverhandlungen einzuleiten.[9] Buchman ließ eine Meldung veröffentlichen, er habe Heß nie getroffen, doch außer der *Allentown Morning Call* brachte keine andere Zeitung sein Dementi.[10]

In dieser Zeit informierte Samuel Shoemaker die amerikanische Presse, er habe sich entschlossen, Buchman die Mitarbeit aufzukündigen, wegen „gewisser Entscheidungen und Gesichtspunkte . . ., die die Entwicklung der Moralischen Aufrüstung beträfen."[11] Für Buchman war dieser Bruch ein persönlicher Schlag; er hatte ihn kommen sehen. Die damit verbundenen Schwierigkeiten zogen seine Gesundheit in Mitleidenschaft, sodaß seine Ärzte ihm rieten, von Calvary House weg eine Weile aufs Land zu ziehen. Buchmans Arzt schrieb darüber: „Seine große Sorge galt nicht seiner Gesundheit, sondern seinem Freund . . . es war echtes Herzeleid, ohne auch nur eine Spur von Verbitterung."[12] Verschiedene Freunde anerboten sich, die Habseligkeiten Buchmans und seiner Freunde aufzunehmen. Diese Entwicklung war unumgänglich geworden: Es war für Buchman schwierig, eine weltweit verzweigte Aktion von einem Pfarrhaus aus zu leiten, und für Shoemaker ebenso schwierig, eine Pfarrei von einem Haus aus zu leiten, das zum Zentrum einer weltweiten Arbeit geworden war.

Die Kämpfe, die sich um Buchman und die Moralische Aufrüstung abspielten, waren zwar unangenehm, doch hinderten sie die Pläne für die Kampagne mit dem Musical *You Can Defend America* durch die Vereinigten Staaten nicht. Das Musical hatte inzwischen schon eine lange Tournee durch den Süden und den Mittleren Westen bis nach Detroit, über Cleveland, wo es während des Jahreskongresses der Stahlarbeitergewerkschaft aufgeführt wurde, hinter sich gebracht.

In Detroit kamen allabendlich 5000 Menschen ins Theater. Das patriotische Feuer, das die Amerikaner nach den Angriffen auf Pearl Harbor ergriff, und das sich in erhöhter Industrieproduktion ausgewirkt hatte, war nun langsam am Erlöschen. Die Hauptlast des Krieges lag auf den Schultern der Industrie, die infolge schwerer ideologischer Konflikte in Schwierigkeiten war. Fast jedes Gewerkschaftstreffen mündete in einer Schlacht zwischen den Kommunisten, die eine sofortige „zweite Front" in Europa verlangten und dadurch die Kontrolle über die Gewerkschaften an sich reißen wollten, und den Sozialisten, die das verhindern und die Diskussion auf Fragen beschränken wollten, die nur die Industrie angingen.

Buchman war an seinem Geburtstag im Juni zu Gast bei Henry Ford. Außer ihm hatte Ford noch eine Anzahl von Buchmans Kollegen in die Dearborn Inn eingeladen. Er kam mit seiner Frau zum Geburtstagsessen ins Ford Museum in Greenfield Village. Beide besuchten auch einige Aufführungen von *You Can Defend America.* Ford hatte sich nach einigem Zögern entschlossen, Flugzeuge herzustellen, und baute gerade das riesige Willow Run Werk. Buchman überlegte, wie ein solches Organisationstalent auch im Krieg der Ideen wirksam werden könnte. So schrieb er an Ford: „Könnten wir nicht eine Art Montage aufbauen, von der Menschen kommen, die gelernt haben, wie man mit anderen Menschen zusammenarbeitet, die wissen, wie Verbitterung zu heilen ist, wie man die Produktion steigern und gleichzeitig mit Herz und Phantasie für eine neue Gesellschaftsordnung leben kann? Wo könnte man – entsprechend Ihrem Willow Run Werk – Ideen produzieren, die die Antwort sind auf die ‚Ismen' unserer Tage? Wir haben unsere Industrie umgerüstet für den nationalen Einsatz. Mit gleicher Eile und Sorgfalt müssen wir unser Denken und Leben umrüsten, damit wir der veränderten Welt gerecht werden können."[13]

Mrs. Ford gab Buchman den entscheidenen Hinweis. Auf einer Geburtstagsparty bemerkte sie, daß er nicht gut aussah, und sie riet ihm, sich doch eine Ruhepause zu gönnen. Es war drückend heiß in Detroit, und Mrs. Ford erzählte von Mackinac, einer zauberhaften Insel an der Wasserenge zwischen dem Huron- und dem Michigansee gelegen. Buchman hatte schon von der Insel gehört und ging sie auskundschaften. Er besaß ein Empfehlungsschreiben von Mrs. Ford für den Besitzer des dortigen Grand Hotel, Stewart Woodfill. Er lernte auch ein Mitglied der Inselverwaltung kennen, der ihm ein historisches, aber heruntergekommenes Hotel, das Island House, für einen Mietzins von einem Dollar im Jahr anbot. Buchman meinte nun, das Gegenstück zu Henry Fords Willow Run gefunden zu haben. Das Island House war in einem unbeschreiblichen Zustand – ein Küchenherd mit Holzfeuerung, darauf Töpfe mit uralten Essensresten –, aber hinter dem Hauptgebäude stand eine Scheune, in der Versammlungen stattfinden und Theaterstücke aufgeführt werden könnten. Und trotz alledem wurde am 9. Juli das Island House als erstes Zentrum der Moralischen Aufrüstung eröffnet.

Die Menschen auf der Insel Mackinac gewöhnten sich langsam an die zahlreichen Delegationen, die zuerst aus dem amerikanischen Mittleren Westen und dann aus der ganzen Welt bei ihnen ankamen. Stewart Woodfill, Besitzer des Grand Hotels, war ein persönlicher Freund vieler amerikanischer Großindustrieller der vergangenen vierzig Jahre. Sein Hotel war ein massives Holzgebäude aus dem 19. Jahrhundert, einem Linienschiff ähnlich, das auf einem grünen Hügel gestrandet war. Er beschrieb sein erstes Treffen mit Buchman: „Ich war voller Neugier und wollte wissen, was im Island House vor sich ging.

Buchman erklärte mir alles genau; ich war beeindruckt von seiner Hingabe und seinen großen Zielen. Aber mein kommerzielles Denken war unfähig zu glauben, daß eine solche Organisation erfolgreich funktionieren könne ohne Mitgliederbeiträge, ohne feste Einkünfte und angeblich ohne Arbeitskapital. Ich lud Dr. Buchman ein, Gast in meinem Hotel zu sein. Es war der Anfang eines erstaunlichen Erlebnisses: ich sah die Moralische Aufrüstung in der Praxis, und jedes weitere Jahr meiner Bekanntschaft mit Buchman brachte eine neue Entdeckung hinzu."[14]

Während des Labor-Day-Wochenendes (Nationalfeiertag) Anfang September 1942 und 1943 wurde das Zentrum in Mackinac von Delegationen der Unternehmer- und Arbeiterschaft aus verschiedenen Teilen der Vereinigten Staaten besucht. Unter anderen kam ein Gewerkschaftsführer namens William Schaffer von der Cramp-Schiffsbaugesellschaft in Philadelphia, wo *You Can Defend America* aufgeführt worden war. Er war 29 Jahre alt, und er hatte sich mit seiner Frau – sie trug den Spitznamen „Dynamit" – auf eine Scheidung geeinigt, was für ihn die Trennung von seinen beiden Töchtern bedeutete. Er wurde Frank Buchman vorgestellt. „Ich sagte mir", beschrieb Schaffer diese Begegnung, „was will denn dieser Vogel von mir? Zu meinem großen Erstaunen erkannte ich, daß er gar nichts von mir wollte. In seiner einfachen, ruhigen Art, ohne viel darüber zu reden, gab er mir das Gefühl, daß ich irgendwie nicht ganz in Ordnung war."[15] Schaffer verließ Mackinac nach vier Tagen, aufgewühlt und nachdenklich. Er hatte mit Staunen gesehen, wie Henry Fords Bankier Henry Sanger vor dem Island House hemdsärmelig den Eingang fegte; auf seiner Heimreise geschah es, daß ein ehemaliger Präsident der Industrie- und Handelskammer von Los Angeles, George Eastman – ein Mann, den er nur seiner Stellung wegen schon voller Mißtrauen beobachtet hatte – ihm seinen Platz im Liegewagen abtrat und selber die Nacht sitzend im Zug verbrachte. „Jetzt wußte ich es – was immer andere sagen würden, hier war die größte Revolution der Gegenwart im Gange", sagte Schaffer.[16] Als kurz danach *The Forgotten Factor* in der Werft seiner Firma aufgeführt wurde, begriff er, daß Buchman „die einzige Antwort hatte, die meine Familie retten konnte, meine Gewerkschaft und die Cramp Schiffsbaugesellschaft". „Die Familie Schaffer", schrieb er 1985, „wird dafür immer dankbar bleiben."[17]

Denis Foss, junger Offizier der britischen Handelsmarine (er hatte innerhalb von 24 Stunden zwei Torpedoangriffe überlebt), war zu dieser Zeit ebenfalls auf Mackinac und erholte sich zwischen zwei Einsätzen. Er beobachtete, was dort mit einem anderen Gewerkschaftsführer geschah: „Es sind ungefähr hundert Kinder hier mit ihren Eltern. Kurz ehe die Versammlung am Sonntag beginnen sollte, begab sich Buchman vom Eingang der Scheune, die zu einem großen, schönen Raum geworden war, auf das Podium. Er setzte sich und wartete, bis alle ihre Plätze eingenommen hatten. Ein kleines Mädchen erschien und kletterte auf seine Knie. Buchman wollte wissen, ob sie den Leuten im vollbesetzten Saal etwas sagen wolle. „Nein", sagte sie, „ich wollte nur bei dir sein". Fast im gleichen Augenblick kamen zwei andere Kinder. Die Erwachsenen auf dem Podium zogen sich unauffällig zurück, und zwanzig andere Kinder kamen herauf. „Nun, Kinder", sagte Buchman, „dies ist eine Arbeitssitzung. Was sollen wir all diesen Menschen sagen?" Ein Kind nach dem anderen begann zu erzählen, was es in Mackinac gelernt hatte. Vor mir saß ein Mann namens Nick Dragon mit seiner Frau. Er war Bezirksleiter der Vereinigten Automobilarbeiter in Detroit (die zur CIO gehörten). Ich sah, wie ihm die Tränen langsam kamen und wie er zu seiner Frau sagte: ‚Da versuche ich Tausende von Arbeitern zu organisieren und komme mit meinen eigenen Kindern nicht zurecht. Schau dir Buchman mit den Kindern an. Was hat er, was wir nicht haben?'"

Trotz der wachsenden Spannung um die Frage der Einberufung seiner Mitarbeiter sagte Buchman: „Ich lebe in einer Zone der Ruhe". Doch hatte seine Gesundheit Schaden genommen, denn auch während des Sommers hatte er sich nicht ausruhen können. Er litt die ganze Zeit unter Müdigkeit und Schmerzen. „Ich kann nicht mehr denken", sagte er zu einem Arzt. „Es ist schrecklich. Ich hätte nie geglaubt, daß mich meine sechzig Jahre so plagen würden. Sagen Sie mir, wird es bis zu meinem Ende so bleiben?"

Die Anfänge in Mackinac hatten reiche Frucht getragen, aber es war für Buchman ein anstrengender Sommer gewesen. Wie schon so oft war er unbefriedigt: er sehnte sich nach einer echteren und tieferen geistlichen Erfahrung und nach neuen Wegen, um zum Denken und zu den Herzen der Menschen in Amerika zu gelangen. „Wir brauchen ein Medium, einen Träger, der es uns ermöglicht, Amerika ein Leben mit tieferem geistigen Inhalt zu vermitteln", sagte er. „Ich suche nach einer neuen Vision – nach einem Ausdruck dessen, was wir unserem Volk weitergeben möchten."

Er beschloß, für ein paar Tage in einem kleinen Hotel in Saratoga Springs im Staat New York auszuspannen, wo er als Student schon einmal Ferien verbracht hatte. Er kam erschöpft dort an ohne eine klare Vorstellung von dem, was er in Zukunft tun sollte, oder wieviele seiner jüngeren Freunde ihm noch zur Verfügung stehen würden. Er vertraute sich einigen Freunden an: „Ich weiß nicht, was die Zukunft bereithält; ich habe das Gefühl, als ob mir körperlich etwas geschehen könnte. Ich habe keine Angst davor, aber ihr sollt wissen, daß mir vielleicht etwas zustoßen könnte."

26

DEM TODE NAH

Ende November 1942 kam Buchman in Saratoga Springs an. Am 20. November erreichte ihn die Nachricht vom Tode zweier guter Freunde: Der Sohn des Londoner Geschäftsmannes Austin Reed war im Krieg gefallen, und Mrs. Charles Sumner Bird, eine bekannte Frauenrechtlerin und Gastgeberin in Republikanischen Kreisen. Zusammen mit ihrer Enkeltochter Ann hatte sie noch im August 1941 wesentlich dazu beigetragen, daß die musikalische Show *You Can Defend America* in Boston zur Aufführung kam.

An diesem Abend in Saratoga Springs erfüllten ihn ein innerer Frieden und eine große Gewißheit, die wie eine Brücke zur Ewigkeit schienen. Mit seinen Freunden sprach er über die beiden Verstorbenen und sagte dann: „Oft sind Beerdigungen so unnatürlich und so unangemessen. Dabei sollten sie das Wesentliche im Leben der nächsten Generation weitergeben. Wie schön ist es doch, wenn einem Menschen bei seiner Beerdigung der Lebensrahmen gegeben wird, der andere dazu anspornt, die begonnene Arbeit aufzugreifen und fortzusetzen."

Er sprach den Segen, der ihm am meisten bedeutete: „Der Herr segne dich und behüte dich; der Herr lasse sein Angesicht leuchten über dir und sei dir gnädig; der Herr erhebe sein Angesicht über dich und gebe dir Frieden." Dann ging er in sein Zimmer. „Er war zutiefst glücklich", erinnerte sich seine Sekretärin, „und gewiß, daß der Tod in Christus ein Triumph sein würde."

Am Tag darauf, als er spazierengehen wollte, brach er im Hotelflur zusammen. Der nächste Arzt, Dr. Carl Comstock, der in weniger als zehn Minuten bei ihm war, stellte einen Schlaganfall fest, der die rechte Seite seines Körpers lähmte und sein Sprechvermögen beeinträchtigte. Eine halbe Stunde später konnte Buchman jedoch wieder etwas sprechen. Als man Dr. Comstock später davon erzählte, stellte er staunend fest, so etwas habe er noch nie erlebt. Dennoch war die Diagnose ernst und wenig Aussicht auf pflegerische Hilfe vorhanden, da alle Krankenschwestern eingezogen worden waren und zudem noch eine Grippe-Epidemie in der Stadt herrschte.

Ohne etwas von dem akuten Notfall zu ahnen, hatte eine Ärztin in New York, Dr. Irene Gates, genau an dem Tag den hartnäckig wiederkehrenden Gedanken, sie solle Buchman aufsuchen. Nur wenige Stunden nach dem Schlaganfall stand sie unangemeldet in seinem Zimmer. Dr. Paul Campbell, der als vielversprechender junger Arzt seinen Posten am Henry-Ford-Krankenhaus in Detroit aufgegeben hatte, um mit Buchman zu arbeiten, kam kurz nachher an, um ihr zu helfen. Von da an pflegten beide Ärzte ihren Patienten durch eine Krise nach der anderen, unterstützt von den Gebeten vieler tausend Menschen, die durch die Presse von dem Schlaganfall gehört hatten. Während seine Freunde Stunde um Stunde bei ihm wachten, geschah es mehrere Male, daß sein Puls nicht mehr zu fühlen war. Die Freunde beteten an seinem Bett oder im Nebenzimmer – jedesmal kam er durch.

Drei Tage nach dem Schlaganfall bat Buchman alle Freunde die gekommen waren, um in seiner Nähe zu sein, zu sich. Dr. Campbell notierte in seinem Tagebuch: „Dienstag, 24. November, 23 Uhr – Anzeichen eines Kreislaufkollapses. Frank fühlte den nahenden Tod, er bat um das Abendmahl. Ließ alle kommen. Er sagte: ‚John, John – er ist immer bei mir.‘ – ‚Meinst Du Mike?‘ ‚Mike? Ja – Mike, Mike!‘ Mike kam herein. Frank sah ihn an, sagte leise: ‚Setz dich ein bißchen‘, und brach in Tränen aus. ‚Wie lang – vier Jahre?‘ – ‚Acht Jahre‘, sagte Mike, ‚acht gute Jahre.‘ Frank bat um seine Brieftasche. Ging sie durch mit Mike, verteilte das Geld, bestimmte, daß einige Schecks zurückgeschickt werden sollten. Dann ließ er uns alle kommen, und in dieser Reihenfolge standen wir um sein Bett: Ken, John, Grace, Enid, Garrett, Elsa, ich, Mike, Ray, Irene, Ellie, Laura, Morris. ‚Ich fühle den Tod so nahe – Beerdigung in Allentown, Sonntag oder Montag.‘ Ken: ‚Wir kämpfen weiter.‘ Frank brach wieder in Tränen aus. Dann sah er Garrett an und sagte: ‚Bete‘. Garrett begann das Vaterunser, wir stimmten ein . . .“

Einer der damals Anwesenden erinnert sich, wie Buchman nach dem gemeinsamen Vaterunser „langsam und nur mit großer Mühe wiederholte: ‚Dein ist das Reich und die Kraft und die Herrlichkeit‘. ‚Ich will euch Lebewohl sagen, aber es fällt mir so schwer, euch zu verlassen.‘ Er bat darum, daß die beiden Zimmermädchen, die sich um sein Zimmer kümmerten, hereingeholt würden, damit er ihnen danken konnte. Dann schlief er ein.“

Einige seiner Freunde blieben die Nacht bei ihm und beteten. Andere arbeiteten die Nacht durch, beantworteten Anfragen der Presse, besprachen wichtige Entscheidungen. Am nächsten Morgen war er schwächer denn je und meinte, er müsse nun sterben. „Ich bin vierundsechzig Jahre alt. Ich bin bereit. Vielleicht will der Herr mich aber noch nicht haben. Ihr müßt jetzt aber an die Arbeit gehen."

Am nächsten Tag war „Thanksgiving" (Erntedankfest). Wieder bat er die Freunde zu sich und betete: „O liebster Jesus, benutze uns als deine Werkzeuge. Segne uns. Laß uns ganz dir gehören." Zwischen jedem Satz machte er eine Pause. Dann öffnete er die Augen: „Ich habe die ausgestreckten Arme gesehen. Es war wunderbar. Ich habe lange darauf gewartet. Ich bin bereit."

Doch er wurde wieder kräftiger und war in der Lage, Grüße von Freunden zu empfangen, die nach ihm gefragt hatten. Als er hörte, daß Henry Ford angerufen hatte, zwinkerte er sogar mit den Augen: „Er telefoniert gar nicht gern." Der ehemalige Alkoholschmuggler von Tahoe hatte nach ihm gefragt, Genesungswünsche von William Temple, dem Erzbischof von Canterbury, waren gekommen und von Lord Lang of Lambeth. Freunde in England hatten sich zu einer ständigen Gebetskette durch das ganze Land zusammengefunden. „Vielleicht will mir Gott noch zehn Tage geben oder ein bißchen länger", sagte er an dem Abend. Von diesem Erntedanktag an ging es langsam bergauf mit ihm.

Später beschrieb er das Erlebnis dieser Tage: „Da war der alte Arzt, der meinte, ich müsse sterben, aber ich erlebte einen erstaunlichen Sieg. Ich sah die Herrlichkeit der anderen Welt. Ich sah die ausgestreckten Arme Christi, sie waren wunderbar. Es war mehr als alles, was ich bisher erlebt hatte – diese Vision vom jenseitigen Leben . . . ich werde an dieser Vision festhalten. Die unergründlichen Schätze Jesu Christi. Welche Herrlichkeit. Ich fühlte mich wie auf den Felsen, die vom Saratoga-Strom umspült werden. Nach einer Weile wurde mir aber klar: ‚Die Zeit dafür ist noch nicht da. Deine Arbeit ist noch nicht beendet, du muß noch Einiges tun.' Ich bin froh, daß ich hiergeblieben bin."

Zu Ray Purdy sagte Buchman etwas später: „Ich sah Jesus. Er zeigte mir, was ich falsch gemacht hatte. Ich hatte eine Bewegung organisiert. Eine Bewegung soll aber das Ergebnis von veränderten Menschenleben sein, das Mittel, sie zu verändern. Von jetzt an will ich Gott bitten, mich zu einem großen Lebensumwandler zu machen."

Zum Erstaunen von Dr. Comstock war Buchman auf dem Weg der Besserung; nur die rechte Hand und das rechte Bein blieben behindert. Am 11. Dezember konnte er zum ersten Mal das Bett verlassen und in einem Stuhl sitzen. Am 9. Februar konnte er bis zum Badezimmer gehen. Am 11. März ging er die Treppe hinunter und am 18. März fuhr er mit Auto und Zug nach New York und Washington, um fünf seiner Mitarbeiter zu verabschieden, die ihren Einberufungsbefehl erhalten hatten. „Er war noch ganz elend, bestand aber auf dieser Reise", schreibt Reginald Hale. „Als er hereingetragen wurde, sah er durchsichtig und zerbrechlich aus, aber in seinen Augen leuchtete der alte Kampfgeist."[1]

Als sich Dr. Comstock von Buchman verabschiedete, gestand er ihm, daß er während der vergangenen Wochen, in denen er ihn betreut hatte, zum Glauben zurückgefunden habe, den er lange zuvor über Bord geworfen hatte. Er weigerte sich, eine Rechnung zu schreiben und sagte schlicht: „Ich stehe in Ihrer Schuld." Als später sein eigener Sohn im Krieg schwer verwundet wurde, schrieb er Buchman, daß er ohne den wiedergefundenen Glauben in dieser Situation verzweifelt wäre.[2]

Buchmans Genesung wurde durch langwierige Herzschwächen verlangsamt. Schon in den späten dreißiger Jahren hatte ihn ein deutscher Arzt davor gewarnt. Die Notizen, die Dr. Campbell während des Sommers nach dem Schlaganfall machte, berichten von plötzlichen Pulserhöhungen auf 130 oder 140. Er litt auch unter chronischen, machmal akuten Hämmorrhoidenanfällen. Diese Symptome begleiteten ihn während der folgenden zwanzig Jahre, in denen Dr. Campbell fast ständig an seiner Seite war, ausgenommen wenn er anderswo innerhalb der Arbeit der Moralischen Aufrüstung gebraucht wurde und ein anderer Arzt seinen Platz einnehmen konnte. Dr. Campbell ist der Meinung, der Schlaganfall habe Buchmans Leben gerettet, weil er sonst an Überarbeitung gestorben wäre.

Buchman war für seine Freunde kein einfacher Patient. Er hatte immer darauf bestanden, daß es eine richtige und eine falsche Weise gab, etwas zu tun – eine Ansicht, die er zum Teil von seiner Mutter übernommen hatte. Nun schien sich das, was er seit Jahren in seinen weltweiten Aktivitäten praktiziert hatte, auf sein eigenes kleines Zimmer zu konzentrieren. Die Vorhänge mußten genau passen und alles in perfekter Ordnung sein. Seine Freunde bemerkten, daß er zwar einen Wunsch hatte, ihn aber nicht aussprechen konnte, und wenn, dann nur in Pennsylvania-Deutsch. „Essen?" fragten sie. Nein – das nicht. „Trinken?" – Auch nicht. „Man bekam richtig Sehnsucht danach, ihm von den Augen abzulesen, was das Richtige war, und was ihm so offensichtlich schien . . .", erinnerte sich einer von ihnen.

Dr. Campbell berichtet jedoch, daß Buchman während der langen

Monate der Krankheit und Genesung, die eine so tiefgreifende Veränderung seines Lebens bedeutete – verglichen mit seinen bisherigen dichtgedrängten Aktivitäten – nie Anzeichen von Sorge und Unruhe gezeigt habe. Ganz zu Anfang, als Buchman erfuhr, daß Campbell mit Dr. Comstock darüber gesprochen hatte, ob Angst und Sorge die Gesundung gefährdeten, sagte Buchman zu Campbell: „Du verstehst mich noch immer nicht, nicht wahr?" Dr. Comstock sprach von Buchmans „ruhiger, unerschütterlicher Haltung, in der kein Anzeichen von Angst vor der Zukunft – ob in dieser oder in der nächsten Welt – zu erkennen war."[3]

Seine Gebete waren in jener Zeit einfach und kurz. „Mach mich gesund", betete er am 30. März, „und ich verspreche, ein guter Junge zu sein." Und am 17. April: „Du weißt, es geht mir gar nicht gut. Gib mir die Weisheit, das zu erkennen, was ich heute und morgen und übermorgen benötige. Ich bin nur ein armes, schwaches, hilfloses Kind, aber ich bin dein Kind, und ich bitte dich um Hilfe." Meist betete er aber für andere, besonders für alle, die sich um ihn kümmerten, und die, die vor ihrer Einberufung zu den amerikanischen Streitkräften standen.

Am Neujahrstag 1943, nur fünf Wochen nach seinem Schlaganfall, diktierte Buchman einen Brief an die Freunde und Mitarbeiter, die seine Arbeit in Amerika weiterführten. Darin kommt etwas von seinem Führungsstil zum Ausdruck:

„Gott ruft uns zu geistlicher Führerschaft; dies fordert eine Lebensqualität, die selten, kostbar und in dieser Welt dringend notwendig ist. Das Bedürfnis danach ist weltweit, die Möglichkeiten unbegrenzt und die Aufgaben hören nie auf. Als Gruppe ist es uns aufgetragen, diese Führungsqualitäten bereitzustellen.

Neujahr ist die Zeit zur Neubesinnung, laßt sie nicht ungenutzt vorbeigehen. Möge Gottes Ruf Vorrang vor allen anderen Plänen haben . . . Jeder sehnt sich in seinem Herzen danach, in irgendeiner wenn auch noch so bescheidenen Weise, am Aufbau einer besseren Welt mitzuwirken. Die Menschen werden darauf eingehen, wenn man ihnen nur zeigt, wie das möglich ist . . . Baut auf jede nur mögliche Weise – in jeder Lebenslage, in jeder Familie, in jedem Menschen –, laßt diesen lebendigen Geist wirken. Zögert nie, fühlt euch nie minderwertig . . .

Die Fehlschläge von 1942 sollen euch nicht bedrücken – lernt daraus und macht weiter. Nicht sie sollen euch führen, sondern Gottes Ruf und Gottes Kraft, denn diese versagen nie. Denkt besonders daran, wenn ihr angegriffen werdet. Es gibt keine Macht der Welt, die euch aufhalten oder euch untereinander entzweien könnte, wenn ihr in demütiger Abhängigkeit vom allmächtigen Gott lebt, in schlichtem Gehorsam unter seinem Heiligen Geist und in brüderlicher Verbundenheit mit ihm und miteinander.

Seid immer zur inneren Änderung bereit, gleich wo und wie ihr dazu herausgefordert werdet. Seid nie zu stolz oder widerspenstig, sondern gebt euer ganzes Herz. Wenn Gefühle über Gottes Führung bestimmen wollen, sucht, ob nicht irgendwo Selbstsucht im Spiel ist. Laßt sie auf der Stelle fahren. Gott allein genügt . . ."

Unterdessen begannen einige New Yorker Zeitungen eine heftige Kampagne gegen Buchman. Es ging um die Einberufung – oder Freistellung – seiner europäischen Mitarbeiter. Am 4. Januar 1943 griff die *New York World-Telegram* in einer Schlagzeile auf der ersten Seite gewisse Kreise in Washington als „Beschützer von Drückebergern" an. Es war der bisher schärfste Angriff, und weil Buchman noch ernstlich erkrankt in Saratoga Springs lag, zögerten seine Freunde anfangs, ihm die Zeitung zu zeigen. Als sie es dann doch taten, überflog er sie und meinte: „Dieses Mal haben wir die Titelseite geschafft!" Neben dem Artikel waren die Männer aus Washington abgebildet, denen vorgeworfen wurde, sie übten „Einfluß" zu Gunsten Buchmans in dieser Frage aus, unter ihnen der Kongressabgeordnete J. Wadsworth, Admiral Byrd und die Senatoren H. Truman, Thomas und Capper. „Das ist eine Mannschaft, auf die ich überall stolz sein könnte", sagte Buchman. „Gott sei gedankt für sie. Gottes Wahrheit ist auf dem Vormarsch." Damit legte er die Zeitung zur Seite. Buchmans Verbündete in Washington blieben standhaft.

Die Angriffe in der amerikanischen Presse wurden von Teilen der britischen Presse mit Eifer aufgegriffen. Diese wiederum stachelten weitere britische Zeitungen zu neuen Angriffen an, die ihrerseits in Zeitungen in New York und Washington Widerhall fanden. Dies führte dazu, daß sich der Vorsitzende der Wehrdienstverwaltung des Staates New York, dessen Entscheidung über Buchmans letzte zweiundzwanzig Männer ausschlaggebend war, nicht einem Verwaltungsproblem, sondern einem politischen Problem gegenüber sah. Am 12. Januar entschied der Vorsitzende – das Gesetz ermächtigte ihn dazu –, daß keinen weiteren Anträgen der MRA auf Befreiung vom Wehrdienst stattgegeben werden sollte. Buchman wurde von dieser Entscheidung in Kenntnis gesetzt, als er noch sehr schwach in seinem Zimmer in Saratoga Springs im Bett lag. „Ich wäre ein Dummkopf, wenn mir nicht klar wäre, was das bedeutet", sagte er. „Aber ich kann es nicht aus Gottes Händen nehmen. Es ist schrecklich, diese Männer verlieren zu müssen, aber dafür müssen jetzt andere ihre Hemdsärmel hochkrempeln. Wahrscheinlich habe ich Fehler gemacht, aber ich möchte kein Politiker sein. Laßt uns still sein und auf Gott horchen." Zum ersten Mal seit seinem Schlaganfall schrieb er – mit seiner linken Hand: „Änderung, Einigkeit, Kampf! Vielleicht ist mein Kampf vorbei, wenigstens für die nächsten sechs Monate." „Für euch bedeutet das, in die Verantwortung hineinzuwachsen", fügte er hinzu, „nehmt sie auf euch."

Er sah zum Fenster hinaus und sagte: „Wie schön ist es da draußen. Das ist alles, was mir geblieben ist. Der Blick über drei oder vier Meilen auf dieser Welt. Aber ich sage ja dazu. Was immer kommen mag, Sturm oder Stille, ihr müßt ja dazu sagen. Wir leben in einer zerrissenen Welt, und sie wird noch mehr auseinanderfallen." Er wandte sich der kleinen Gruppe der Männer zu, die ihren Einberufungsbefehl erhalten hatten, und betete: „Vater, diese Männer ziehen jetzt in die Welt hinaus. Möge es ihnen gegeben werden, Menschen zu finden, die mit ihnen als Gleichgesinnte leben und kämpfen. Halte dieses Land zusammen. Du weißt besser als wir, was für dieses Land gut ist. Führe uns, behüte und und halte alle Gefahren des Leibes und der Seele fern von uns durch Christus, unseren Herrn." Zum Abschied sagte er zu ihnen: „Ich wünschte, ich könnte mit euch kommen – es ist ein guter Kampf."

Nun blieben Buchman nur noch die Mitarbeiter, die zu alt für den Militärdienst waren, einige, die aus gesundheitlichen Gründen nicht eingezogen worden waren, und einige Pfarrer. Ein Versuch seitens der New Yorker Wehrdienstverwaltung, auch diese Letzten einzuziehen, wurde von Washington als Verstoß gegen geltendes Recht zurückgewiesen. Der Verlust von Männern, die Schlüsselfunktionen innehatten, bedeutete unter anderem, daß es nicht mehr möglich war, das Musical *You Can Defend America* auf die Bühne zu stellen.

Während des Frühlings und Frühsommers wohnte Buchman bei Freunden in den wärmeren Staaten der amerikanischen Ostküste, und seine Genesung machte ständig Fortschritte. Obgleich es klar war, daß er körperlich seine frühere Kraft nie wiedergewinnen würde, war er auf geistigem Gebiet so aktiv wie eh und je.

Buchmans Interesse galt besonders dem Ergebnis einer geheimdienstlichen Untersuchung, die für das US-Heeresamt gemacht worden war. Darin wurde festgestellt, die Moralische Aufrüstung werde in gleichem Maß von den Nazis wie von den Kommunisten angegriffen, von der extremen Rechten wie von der extremen Linken in der

Politik, von aggressiven Atheisten genauso wie von engstirnigen Kirchenleuten. Die radikalen Kriegsgegner warfen der Moralischen Aufrüstung Militarismus vor, die Kriegstreiber dagegen Pazifismus. Gewisse Leute aus der Arbeiterschaft bezeichneten sie als gewerkschaftsfeindlich – gewisse Unternehmer dagegen als gewerkschaftsfreundlich.

In England, so hieß es in der Untersuchung weiter, wurde der Moralischen Aufrüstung vorgeworfen, eine raffinierte Fassade für den Faschismus zu sein – in Deutschland und Japan wurde sie als ein superintelligenter Zweig des englischen und amerikanischen Geheimdienstes bezeichnet. An einem Tag hatte ein Teil der britischen Presse die Moralische Aufrüstung für „tot" erklärt, am nächsten Tag dagegen unterstrichen, daß annähernd das gesamte Kabinett – zur Zeit von Chamberlains Gesprächen mit Hitler in München – ihr angehört habe und daß sie für Hitlers Einmarsch in Rußland verantwortlich sei.

Abschließend stellte die Untersuchung fest: „Nur eine ernst zu nehmende, dynamische und weitreichende geistig-moralische Erneuerung wird von derart widersprüchlichen, weltweit arbeitenden Kräften auf so giftige Art und Weise angegriffen."[4]

Währenddessen war Buchman dankbar für die Ruhe, die es ihm ermöglichte, über den Sinn seines Kampfes und den Sinn des Lebens nachzudenken. Frau Gudrun Hambro, die sich mir ihrem Gatten in den Vereinigten Staaten befand, schrieb er von Florida aus: „Wir sind hier in den Süden gekommen, um wieder gesund zu werden. Die warme Sommerluft tut uns allen gut, und wir freuen uns am verschwenderischen Reichtum der Pflanzen – Lorbeer, Iris, Hartriegel, Jelängerjelieber und Rosen. Wir sind auf dem Land, wie bei Ihnen in Norwegen. Es bringt uns alles den ewigen Werten näher, den Dingen, auf die es ankommt. Es gibt so viele wesentliche Wahrheiten, die wir erkennen wollen – dazu haben wir nie Zeit genug gehabt. Seit meiner Krankheit habe ich mehr Zeit:

„Thou, O Christ, art all I want;
More than all in Thee I find;
Raise the fallen, cheer the faint,
Heal the sick, and lead the blind.
Just and holy is Thy Name,
I am all unrighteousness;
False and full of sin I am,
Thou art full of truth and grace."

„Du, o Christus, bist alles, wonach ich verlange,
In Dir finde ich mehr als alles auf der Welt;
Hilf den Gefallenen auf, gib den Schwachen Zuversicht;
Heile die Kranken, führe die Blinden.
Gerecht und heilig ist Dein Name,
Ich aber voll Ungerechtigkeit,
Falsch bin ich und voll von Sünde,
Du dagegen bist voller Gnade und Wahrheit."

(*Charles Wesley*)

Ich denke an die schöne Zeit, die wir zusammen erlebt haben. Jetzt stehen Sie unter Gottes besonderem Schutz. Ihr Leben ist auf wunderbare Weise erhalten worden, damit Sie Ihre fruchtbare Arbeit fortführen können. Seien Sie gewiß, daß ich Sie und die Ihren stets Gottes liebender Sorge anempfehle."[5]

Im Juli kam die Nachricht von Gudrun Hambros plötzlichem Tod. „Gudrun hat Sie von Herzen gern gehabt", schrieb Carl Hambro, „sie hat immer wieder an Sie gedacht. Sie war zutiefst dankbar für alles, was Sie ihr und uns gegeben haben."[6]

Zu der Zeit war Buchman mit seiner Mannschaft wieder auf der Insel Mackinac. Auf dem Weg hatte er in Tryon, einer stillen Ecke von North Carolina, seinen 65. Geburtstag gefeiert. „Es war ein erstaunliches Jahr", sagte er bei dieser Gelegenheit. „Ich glaube, Gott hat einen großen Plan für die Zukunft. Ich gehe weiter in der Gewißheit, daß größere Dinge auf uns zukommen. Wir müssen vorbereitet sein. Meine Aufgabe ist es, mir keine Sorgen zu machen. Ich gehe abends ins Bett und schlafe ein. Heute morgen bin ich um halb vier Uhr aufgewacht, zu der Stunde, in der ich auf die Welt gekommen bin. Seit der ersten Woche meiner Krankheit sind gewisse Dinge unabänderlich, neue Dinge sind wichtig geworden. Was mir einst so wichtig erschien, ist es heute nicht mehr. Der Herr schickte mir eine Thrombose, damit ich lernen würde, langsamer voranzugehen. Ich danke ihm für die vergangenen sechs Monate, aber auch für die kommenden, die vor mir liegen. Es wäre wunderbar, wieder ganz gesund zu werden – vielleicht ändere ich mich aber noch mehr, wenn ich so, wie ich jetzt bin, an die Arbeit gehe. Wenn ich mein Leben noch einmal leben könnte, würde ich nur das tun, worauf es wirklich ankommt."

27

IDEOLOGIE

Während der Monate seiner Genesung 1943 – dem Jahr der Konferenzen von Casablanca, Quebec, Kairo und Teheran über die Zukunft Europas – hatte Buchman Zeit, all das durchzudenken und zu besprechen, was die Zukunft der Welt und seiner eigenen Arbeit betraf. Seiner Ansicht nach hatte die Sowjetunion eine aggressive Weltanschauung mit genauen Vorstellungen von Regierungs- und Wirtschaftsformen in der ganzen Welt. Diese Weltanschauung hatte sich als fähig erwiesen, in allen Völkern Anhänger zu gewinnen. Amerika war als Nation ursprünglich auf einem Glauben gegründet, der eine universelle Anziehungskraft besaß. Doch schien dieser Glaube in der Gegenwart selten in Beziehung zu stehen zur Politik oder zum praktischen Alltag, und wenn es darum ging, die Nachkriegswelt zu gestalten, spielte er im Denken der Menschen kaum eine entscheidende Rolle. Diese wichtige Frage mußte den Amerikanern deutlich gemacht werden – aber wie? Etwas mußte unternommen werden – aber was?

Michael Hutchinson, der am Balliol College in Oxford Theologie studiert hatte und Mitarbeiter Buchmans war, hatte ihm den Begriff „Ideologie" nahegelegt. „Dieses Wort würde ich ungern anwenden", sagte Buchman, „ich würde lieber von einer ‚großen Idee' sprechen." Buchman hatte, in der Tat, bis jetzt den Begriff „Ideologie" nur im negativen Sinn gebraucht, als etwas, das zu bekämpfen und zu besiegen sei. Je mehr er über diese Frage nachdachte, um so deutlicher wurde ihm die Tatsache, daß eine Idee, die weltumfassend wirken und handeln wollte und die einen totalen Anspruch an den Einzelnen stellte, mit Recht eine Ideologie genannt werden konnte. Das Christentum, das Jesus Christus gepredigt hatte, war solch eine Idee. Der grundlegende Unterschied zu den materialistischen Ideologien jener Kriegsjahre lag in der Tatsache, daß uneingeschränkter Gehorsam nicht Menschen sondern Gott gegenüber verlangt wurde.

Das Wort „Ideologie" als solches war ein neutraler Begriff. Der schlechte Ruf haftete ihm an, weil er fast ausschließlich von jenen materialistischen Kräften gebraucht wurde, bei denen er in der Praxis tatsächlich Tyrannei bedeutete. Doch enthielt das Wort „Ideologie" ein Ausmaß und eine Tiefe an Verpflichtung, die das Wort „Religion" durch die Halbherzigkeit vieler religiöser Menschen verloren hatte. Warum sollte Amerika seinen ursprünglichen Glauben nicht so überzeugend und so folgerichtig leben, daß damit eine anziehende und allgemein anerkannte Alternative zu den verschiedenen Spielarten der Ideologie des Materialismus gegeben würde?

Solche Fragen bewegten Buchman, als er Ende Juni wieder auf Makkinac ankam. Obgleich er sich noch schwach fühlte, wandte er sich am 18. Juli in einer persönlich gehaltenen Ansprache an einige hundert Gäste mit den Gedanken, die in letzter Zeit in ihm gereift waren. „Heute", sagte er, „will ich von großen Kräften sprechen, die in der Welt am Werk sind." Buchman ging dann auf Karl Marx ein und wie der Kommunismus Schritt für Schritt zu einer „furchterregenden Kraft" geworden sei. Er sprach von Mussolini und Hitler und wie ihre Ideen am Anfang eine „scheinbare Ordnung" hergestellt hatten. Er fuhr fort: „So haben wir den Kommunismus und den Faschismus – zwei Weltmächte. Doch wo ist ihr Ursprung? Im Materialismus, dem Vater aller ‚Ismen'. Es ist der Geist des Antichrist, welcher Korruption, Anarchie und Auflehnung erzeugt. Er untergräbt das Familienleben, hetzt die Klassen gegeneinander auf und spaltet das Volk. Der Materialismus ist der größte Feind der Demokratie."

Er sprach weiter über das Konzept der Moralischen Aufrüstung als einer Ideologie, die aus einem anderen Ursprung entstanden ist, „in der die Kräfte der Moral und des Geistes im Mittelpunkt stehen". „Kommunismus und Faschismus bauen auf etwas Negativem auf – auf dem zerstörerischen Materialismus und seiner Fähigkeit, Verwirrung anzurichten. Wo auch immer die Moralische Aufrüstung hinkommt, bringt sie für jeden eine positive Botschaft. Ihr Ziel ist es, Gottes Führerschaft wieder zur entscheidenen Kraft im Leben eines Volkes zu machen ... Amerika muß seine rechtmäßige Ideologie entdecken. Sie entspringt seinem christlichen Erbe und ist Amerikas einzig angemessene Antwort im Kampf gegen Materialismus und alle anderen ‚Ismen' ...

Die Menschen streiten sich heute darüber, ob man rechts oder links orientiert sein soll. Wir brauchen jedoch nur eines: uns von Gottes Heiligem Geist führen zu lassen. Das ist die Kraft, die wir studieren sollten ... Der Heilige Geist wird uns lehren, wie wir denken und leben sollen, und uns praktische Wege zeigen, wie wir uns für unser Volk einsetzen können ...

Die wirkliche Front in der heutigen Welt verläuft weder zwischen Klassen noch zwischen Rassen. Es ist der Kampf zwischen Christus und Antichrist. ‚Entscheidet euch heute wem ihr dienen wollt'."[1]

Die junge norwegische Künstlerin Signe Lund[2] war an jenem Morgen anwesend. „Ich saß gebannt da", erzählte sie später. „Seine Worte schienen aus tiefster Überzeugung zu kommen. Er war sich dessen bewußt, daß nicht nur er selbst, sondern wir alle durch diese Identifizierung mit dem Begriff ‚Ideologie' in eine gefahrvolle Welt hinausgehen würden." Es war, als ob damit eine Klärung der Gedankengänge geschah, die ihn seit Visby beschäftigten: die besondere Rolle seiner Arbeit zu diesem Zeitpunkt der Geschichte und damit auch ein Hinweis auf den Weg, den er einzuschlagen hatte. Das Ringen um die Welt würde in Zukunft nicht von Armeen verschiedener Völker oder von Wirtschaftssystemen ausgetragen werden, sondern von Ideen und Vorstellungen; von Grundbegriffen, die unterschiedliche Wurzeln hatten. Die eigentliche Kluft bestand zwischen materialistischen Konzepten der Rechten und der Linken auf der einen Seite, und den moralisch-geistigen Vorstellungen, die den Kern der großen Religionen bildeten, auf der anderen Seite. Es war die Vision der Auseinandersetzung zwischen Gut und Böse in jeder menschlichen Seele, projiziert auf die Ebene des Weltgeschehens und verbunden mit der Bejahung der besonderen Rolle, die ihm und seiner kleinen Schar in diesem Kampf aufgetragen war.

Es war offensichtlich, daß dieser Schritt ihn selbst und seine Idee bei selbstzufriedenen und lauwarmen Moralisten nicht beliebt machen würde – seinen eigenen Gedanken und Unternehmungen aber würde diese Idee in den kommenden Jahren Impuls und Richtung geben. Daß eine Gruppe von Menschen sich als Träger einer „Ideologie" empfand, barg die Gefahr der Anmaßung, der Selbstüberschätzung und des Konformismus in sich. Für Buchman blieb die Frage eindeutig: „Das ganze Evangelium Jesu Christi – das sei eure Ideologie." Aber für ihn hieß es, eine Gruppe von Menschen mit auf den Weg zu nehmen, die nicht alle den Ursprung dieser Ideologie erfaßt hatten – eine Aufgabe, die mehr als eine gewöhnliche Portion an Mut und Weisheit verlangte. Wieviel er von beidem tatsächlich benötigte, war ihm in jenen Sommertagen, die er gemeinsam mit seinen Freunden verbrachte, vielleicht bewußt – oder auch nicht.

Nach der Konferenz auf Mackinac verlebte Buchman ruhige Wintermonate in Sarasota (Florida) am Golf von Mexiko, wo ihm ein Hotelier ein kleines Hotel zur Verfügung stellte; denn – wie gewöhnlich – wuchs die Zahl der Freunde, die ihn besuchen wollten, ständig. In Sarasota erneuerte er alte und machte neue Freundschaften. So kam der neuernannte Dirigent der New Yorker Philharmoniker, Arthur Rodzinski, mti seiner Frau Halina über die Weihnachtstage zu Besuch. Cissie Patterson, Besitzerin der Washingtoner Zeitung *Times-Herald* brachte nicht nur ihre Redakteure zu Buchman mit, sondern auch Adlai Stevenson und einen Komponisten aus Chicago. Buchmans besondere Freunde aber waren Mitglieder der berühmten Ringling-Zirkus-Truppe, die ihr Winterhauptquartier in Sarasota aufgeschlagen hatte. Ihm gefiel ihr Familiensinn, ihre Integrität und ihr erstaunlicher Mut. Doch bekundete Buchman zur Verwunderung seiner Freunde keinerlei Absicht, in Sarasota eine öffentliche Veranstaltung zu organisieren.

Er erstaunte seine Freunde noch weiter, indem er eines Tages alle zwanzig ins Theater einlud. Die Aufführung sollte um 20.30 Uhr beginnen, aber Buchman bestand aus irgendeinem unverständlichen Grund darauf, daß alle schon um 19.30 Uhr im Theater sein sollten. Bei ihrer Ankunft wurden sie von einem verzweifelten Direktor empfangen: der zweite Held des Schauspiels habe einen Herzanfall erlitten, er finde keinen Ersatz für ihn, der Abend müsse abgesagt werden.

„Machen Sie sich keine Sorgen", sagte Buchman vertrauensvoll, „mein Freund hier, Cecil Broadhurst, wird mit Freude die Rolle übernehmen." Ein baß erstaunter Cecil Broadhurst wurde eilends hinter die Bühne geschickt. Ein paar Szenen wurden rasch durchgeprobt und da Broadhurst ein talentierter Schauspieler war, gelang es ihm, die Rolle – mit Text in der Hand – zu spielen. Der Direktor war begeistert und lud Broadhurst ein, bei den weiteren Aufführungen ebenfalls aufzutreten. Broadhurst mußte ablehnen, da er am nächsten Tag seines Einberufungsbefehls wegen nach New York mußte. Wieder war der Direktor verzweifelt. Und wieder sagte Buchman: „Machen Sie sich keine Sorgen, mein Freund hier, Robert Anderson, wird die Rolle nur zu gerne übernehmen."

Der englische Photograph Arthur Strong war kurz vor jenen Ereignissen in Sarasota angekommen. Er konnte Buchmans Untätigkeit nicht begreifen, noch weniger Buchmans Drängen, daß die Freunde sich ausruhen und keine Veranstaltungen planen sollten: „An den meisten Abenden lud Buchman uns alle zum Abendessen ein. Dann blieben wir einige Stunden um den Tisch herum sitzen, während er uns – einen nach dem anderen – reden und sich aussprechen ließ. Seit seinem Schlaganfall hatte ich ihn nicht mehr gesehen, und ich merkte eine wirkliche Veränderung in ihm. Er konnte ruhiger warten und besser zuhören. Er war weniger angriffslustig und hatte viel mehr Humor. Ich vermute, seine Absicht war es, uns zu zeigen, daß Gott einen besseren Weg bereit hatte, um etwas für Sarasota zu tun, als unsere Aktivitäten."

Dem fügt Alan Thornhill hinzu: „In Sarasota versetzte Frank uns alle in Erstaunen. Zeitweise war er gezeichnet von großer Schwäche und seiner Krankheit und sprach dann manchmal nur Pennsylvania-Deutsch. Ein andermal war er hellwach und hatte einen erstaunlichen Zugriff auf Menschen. Ich glaube, daß diese neue, menschenverändernde Haltung in ihm das direkte Ergebnis seines Gebets war, Gott möge ihn zu einem Lebensumwandler machen. Ich habe viele Jahre an Franks Seite gearbeitet, doch nie war er so abgeklärt, so feinfühlig wie damals."

Senator Truman und der Abgeordnete Wadsworth hatten für eine Aufführung des *Forgotten Factor* am 14. Mai im National Theatre persönlich über tausend Einladungsbriefe an führende Politiker und Militärs in Washington gesandt. Buchman widmete jedem kleinsten Detail dieser Aufführung seine ganze Aufmerksamkeit. Am Nachmittag vor der Aufführung schaute er einer letzten Probe zu. Man brachte ihm die Nachricht, daß ein junger schottischer Arzt, Jim Cooper, der als Bühnenarbeiter mithalf, eben seinen Vater verloren hatte. Buchman eilte hinter die Bühne und überbrachte ihm die Nachricht. Er erkundigte sich nach seiner Mutter und erzählte dem jungen Mann, wie er beim Tod seines eigenen Vaters die Gewißheit eines Lebens nach dem Tod gefunden hatte. Dann verließen beide das Theater. Sie nahmen nicht an der Gala-Aufführung teil. Vielmehr lud Buchman Jim Cooper zu sich nach Hause zum Abendessen ein und verbrachte den Abend mit ihm.

Seinen Geburtstag verbrachte Buchman mit Charles und Margery Haines in ihrem historischen Wyck House in Germantown, Philadelphia. Am nächsten Tag lud er zahlreiche Freunde zu einer Party nach Pennsburg und Allentown ein. Während der Fahrt erklärte er laufend: hier hatte er mit dem alten Shiep gefischt; dort lag sein Lehrer begraben, und dort war das Haus, in das er zwölf Mädchen zu einer Tanzfete mitgenommen hatte. Sechsundfünfzig Menschen aßen in seinem alten Haus zu Mittag, und als es Teezeit wurde, kamen die Nachbarn, und es wurden fünfundachtzig.

Es schien so, als ob Buchman nun für das Jahr 1944 und für die erste Hälfte 1945 die Verantwortung und Organisation seinen „Unteroffizieren" überlassen habe – und zwar mit Freude. Am 3. April bemerkte er: „Die Arbeit liegt in kompetenten Händen", und einem Freund schrieb er: „Glaub mir, ich fühle mich ganz jugendfrisch und sammele Energien für kommende Taten."[3]

Das schrieb er aus San Francisco, wo die Vereinten Nationen ihre Gründungskonferenz abhielten. Am 12. Februar 1945 hatten Roosevelt, Stalin und Churchill auf der Konferenz von Jalta beschlossen, diese Konferenz in San Francisco einzuberufen – genau zu dem Zeitpunkt, an dem Buchman dort ein Theater gebucht hatte. „Es sieht so aus, als ob Sie zur richtigen Zeit an den richten Ort geführt worden wären – drei oder vier Monate, ehe Churchill, Roosevelt und Stalin überhaupt daran gedacht hatten", schrieb ihm ein Mitgleid der britischen Delegation.[4]

Seit einiger Zeit schon hatte sich Buchman Gedanken über diese neuen internationalen Organisationen gemacht. Als im Sommer die ersten Teilnehmer aus Europa nach Mackinac gekommen waren, hatte er ihnen gesagt: „Ich habe eine Vision für eure Städte – Stockholm, Kopenhagen, Bern und London. Diejenigen, die euch regieren, müssen erfahren, was Gottes Führung bedeuten kann: sie könnte verwirrtes Denken lösen helfen. Die entscheidende Aufgabe liegt noch vor allen: daß Menschen, selbst an höchster und verantwortlichster Stelle, eine Lebensqualität entwickeln, die das Gebet ‚Dein Wille geschehe im Himmel wie auf Erden' in die Tat umsetzt."

In Amerika war die Jalta-Konferenz von offizieller Seite als der Triumph einer neuen Zusammenarbeit zwischen den alliierten Mächten begrüßt worden. Die Vereinten Nationen wurden zum Garant des Friedens. Dem alternden und kranken Roosevelt waren die Ziele Sowjetrußlands nicht klar geworden, und er meinte, Stalin lenken zu können. Die Aufteilung Europas, die nach Jalta geschah, war nicht vorhergesehen. Admiral Leahy, einer von Roosevelts engsten Mitarbeitern, schrieb später in seinen Memoiren: „Kaum war die Tinte der Unterschriften des Protokolls von Jalta trocken, als schon ernste Schwierigkeiten bei der Auslegung des Protokolls auftauchten."[5]

Präsident Roosevelt starb am 12. April 1945, kurz vor der Eröffnung der Konferenz von San Francisco. Harry Truman wurde Präsident. Am 25. April nahm Buchman an der feierlichen Eröffnung der Konferenz teil, bei der Truman erklärte: „Mögen wir diese große Chance nicht verpassen, der Vernunft weltweit zur Regierung zu verhelfen und einen dauerhaften Frieden unter Gottes Führung zu schaffen."

Sechs Tage später war der Krieg in Europa zu Ende – früh morgens hörte Buchman im Rundfunk die Erklärung Winston Churchills in London und Harry Trumans in Washington. Die Erleichterung war groß, doch groß war auch die Sorge angesichts der Not und der Zerstörung, die der Krieg hinterlassen hatte. Außerdem war der echte Frieden noch nicht geschaffen.

Ehe sie recht begonnen hatte, blieb die Konferenz von San Francisco schon in Problemen stecken. Außenminister Molotow machte seine Teilnahme davon abhängig, daß der Westen in der Frage der Zukunft Polens den sowjetischen Forderungen nachgeben würde. Die zentrale Auseinandersetzung ging um das Vetorecht der Großmächte. Eine scharfe Diskussion entwickelte sich um die Zukunft der ehemaligen Kolonialgebiete, für die, nach endlosen Verhandlungen, der Begriff „Treuhandgebiete" formuliert worden war.

Zwei von Buchmans Freunden in San Francisco boten ihm an, bei sich zu Hause oder im Hotel in seinem Namen jederzeit Delegierte einzuladen, die sich mit ihm treffen wollten. So konnte Buchman viele der Delegierten kennenlernen und von ihnen die widersprüchlichsten Ansichten erfahren. Bei einem Essen mit Bischof Bell von Chichester und mit John Foster Dulles sagte ihm letzterer, die Sowjets hätten ihren Plan einer weltumfassenden Revolution nur für kurze Zeit aufs Eis gelegt. Am gleichen Abend erfuhr er von einem britischen Diplomaten dessen genau entgegengesetzte Meinung, die Sowjets hätten der Weltrevolution entsagt und wollten loyale Mitglieder der neuen Organisation werden.

Während eines Arbeitsessens wurde von Delegierten der Wunsch nach einer Sondervorstellung des *Forgotten Factor* geäußert. Es bildete sich ein Komitee aus Vertretern von elf Ländern, und die Vorstellung wurde in das offizielle Programm der Konferenz aufgenommen. Sie fand am 3. Juni statt.

General Carlos Romulo, der die philippinische Delegation leitete, war Vorsitzender des Komitees und arbeitete dort gemeinsam mit dem Briten A. R. K. Mackenzie. Seit Wochen war Romulo den Briten in der Frage der ehemaligen Kolonialgebiete ein Dorn im Auge. Vor der festlichen Aufführung sprach Romulo zum Publikum und sagte: „Ich erkenne heute abend viele Kollegen aus anderen Delegationen. Das macht mich besonders froh, denn was wir heute abend auf der Bühne sehen werden, könnten wir auf uns selbst und die Konferenz übertragen." Viele stimmten ihm zu. Romulo hielt sein Wort. Nach der Vorstellung des *Forgotten Factor* schlug er in seiner nächsten Rede im Bezug auf die ehemaligen Territorien einen ganz anderen Ton an. Am Schluß seiner Rede sandte er Mackenzie die kurze Notiz: „*The Forgotten Factor?*"

Während der drei Monate in San Francisco gewann Buchman viele neue Freunde und erhielt von ihnen Einladungen nach Saudi Arabien, Syrien, dem Libanon, Irak und Indien.

Als Buchman Anfang Juni im Century Club in San Francisco seinen siebenundsechzigsten Geburtstag feierte, kamen Mitglieder der Delegationen von Indien, China, dem Mittleren Osten, Lateinamerika, Griechenland, Jugoslawien, England und Frankreich, um ihm zu gratulieren. Die Konferenz von San Francisco ging zu Ende. Am 26. Juni hatte Buchman noch eine herzliche Unterhaltung mit Präsident Truman, danach fuhr er wieder nach Mackinac.

28

NACHKRIEGSZEIT

Während eines Geburtstagsfestes in Mackinac im Sommer 1945 für den kanadischen Geschäftsmann Bernard Hallward (der 1932 seiner Steuerbehörde 12 000 $ zurückgezahlt hatte), kam die Nachricht, im Pazifik habe der Krieg aufgehört. Bewegt verkündete Buchman seinen Gästen: „Der Krieg ist zu Ende." Dann sprachen alle am Tisch das Vaterunser. Am Abend traf man sich in der Scheune. „Jetzt bleibt nur noch eine Auseinandersetzung – der Kampf des Geistes und der Ideen gegen den Materialismus", sagte Buchman. „Laßt uns Gott bitten, er möge uns unseren Anteil am Wiederaufbau der Welt zeigen." Darauf betete er: „Wir bitten für die ganze Welt, insbesondere für die Japaner. Halte sie im Schutz deiner Hand, gib ihnen deinen Frieden und deine Freiheit. Mögen die nächsten Jahre für Deutschland ungetrübt im Licht des Heiligen Geistes stehen – zeige den Deutschen den Weg zu gesunden Familien, zur Zusammenarbeit in der Industrie und zu einem geeinten Volk. Für die Alliierten bitten wir dich, daß dein Heiliger Geist sie im Sieg lauter und rein erhalten möge. Der Herr soll sie alle und euch alle segnen und behüten, und euch seinen Frieden geben, jetzt und in Ewigkeit."

Immer mehr Freunde und Mitarbeiter trafen aus Europa ein: Schweizer und Franzosen waren die ersten, ihnen folgten Holländer, Dänen und Norweger. Sie berichteten über wahres Heldentum unter der nationalsozialistischen Herrschaft und in der Résistance. Dank einer Sondergenehmigung kamen die ersten Engländer am 13. September in Mackinac an. Es waren Roland Wilson, der seit Buchmans Abreise vor sechs Jahren federführend für die Oxfordgruppe gewesen war; Buchmans alter Freund Arthur Baker, Chef der parlamentarischen Korrespondenten der Londoner *Times*; Peter Howard, den Buchman noch nicht kannte; George Light und Andrew Strang. Strang, ein hauptamtlicher Mitarbeiter, war von deutschen Truppen in Skandinavien gefangen genommen worden und hatte den Krieg im Internierungslager verbracht. Eine Stunde vor ihrer Ankunft wartete Buchman schon im Hafen auf sie, und begrüßte sie mit Tränen in den Augen.

Ein weiterer Gast aus Europa war ein katholischer Priester aus den Niederlanden, der von seinem Erzbischof geschickt worden war, um Buchmans Arbeit kritisch zu beobachten. Während seiner Reise war er einem Journalisten in die Falle gegangen und hatte einige abfällige Bemerkungen über die Moralische Aufrüstung gemacht, sodaß er in Mackinac mit einem gewissen Argwohn betrachtet wurde. Als er eine Woche an der Konferenz teilgenommen hatte, rief Buchman einige seiner Freunde zu sich und erklärte ihnen, Pater Frits solle die Vormittagssitzung leiten. Alle erhoben Einspruch. Würde er überhaupt sprechen wollen? Was würde er sagen? Aber Buchman hielt an seinem Gedanken fest, und schließlich trafen sich einige seiner Freunde mit Pater Frits und unterbreiteten ihm den Vorschlag.

„Ja", sagte der Priester, „es gibt einiges, was ich sagen möchte." „Würden Sie die Vormittagssitzung leiten?" fragten die Freunde. „Das weiß ich noch nicht genau", sagte Pater Frits, „aber wir könnten Gott danach fragen." So begann er – nach einem Lied der Mackinac-Sänger – mit seiner Ansprache: „Ich hatte mir vorgenommen, nur das zu sagen, was mir aus dem Herzen kommt. Da ich aber dazu erzogen worden bin, meinem Verstand zu folgen, befinde ich mich in einer schwierigen Lage.

Wenn der Bischof etwas anordnet, gehorchen wir. Ich muß zugeben, ich habe nicht mit Begeisterung gehorcht, als er mir auftrug, hierher zu kommen. Zuerst versuchte ich, ein aufrichtiger katholischer Beobachter zu sein. Bald fühlte ich mich aber zutiefst beschämt. Mein Eindruck ist der, daß hier eine bedeutende Schule der christlichen Nächstenliebe ist. Man kann ihr nicht widerstehen. Als ich am Sonntag zur Beichte ging, habe ich den Entschluß gefaßt, dem Beispiel an Lebensqualität zu folgen, das ich hier vorgefunden habe.

Ich bin gewiß, daß Menschen wie Sie zur Vereinigung aller Christen in ungewöhnlichem Maße beitragen können. Ich hatte erwartet, daß vielleicht der Name Jesu Christi nicht genug erwähnt würde. Das war aber nicht so. Ich fand hier das Geheimnis Jesu Christi ins wirkliche Leben übersetzt."[1]*

Die Schweizer, die herübergekommen waren, fällten von allen die vielleicht weitreichendste Entscheidung. Während der Zeit auf der Insel Mackinac kristallisierte sich in ihren Gedanken die Überzeugung.

---

* Pater Frits (Frederic van der Meer) widmete später Bernard Hallward sein Buch *Augustine the Bishop* (Augustinus, der Bischof – Sheed and Ward, 1961.)

Europa benötige ein ähnliches Zentrum, einen Ort, wo die Wunden dieses Kontinents geheilt werden könnten. Der ursprüngliche Gedanke dazu war ein Jahr zuvor Philippe Mottu gekommen, der im Eidgenössischen Politischen Departement arbeitete. Zwei junge Ingenieure, Robert Hahnloser und Erich Peyer, nahmen sich dieses Gedankens tatkräftig an. Gemeinsam kehrten sie in die Schweiz zurück und begannen, den Traum Wirklichkeit werden zu lassen.

Von Mackinac kehrte Buchman mit zweihundert Mitarbeitern, darunter vielen Europäern, nach Seattle zurück. Er konnte nun sechs Theaterstücke einsetzen, und gleichsam alle Melodien eines Glockenspiels spielen lassen.

Die vielseitige und gut ausgebildete Einsatzgruppe bewegte sich von Detroit nach St. Paul, Seattle, Vancouver, Victoria, Salem, San Francisco bis nach Los Angeles. Inzwischen war es Weihnachten geworden, und General George Marshalls Beschluß wurde bekannt, umgehend alle hauptamtlich in der MRA arbeitenden Männer aus den Streitkräften zu entlassen, damit sie ihre Lebensaufgabe wieder aufnehmen könnten. Am 26. Dezember trafen die ersten sechs auf dem Flughafen von Los Angeles ein. Tief bewegt, ohne ein Wort sagen zu können, begrüßte Buchman sie. Als sie sich den wartenden Wagen zuwandten, sagte er: „Ihr seid wieder zu Hause! Nun laßt uns in den Kampf ziehen."

Reginald Hale berichtet, Buchman habe ihnen traurig erklärt, er könne nie wieder nach Europa zurückkehren: „Er war fast siebzig, bei schlechter Gesundheit und seine rechte Hand war gelähmt. Das war es aber nicht, was ihn zögern ließ. Er erkannte nur zu klar die gewaltige Aufgabe, in einem von Haß durchsetzten Europa den Glauben wieder zum Leben zu entfachen. Doch hatten die heimkehrenden Soldaten erzählt, wie sie und andere, die in Moralischer Aufrüstung ausgebildet worden waren, in einem befreiten Land nach dem anderen Zellen und Mannschaften aufgebaut hatten. Innerhalb einer Woche plante Buchman bereits, sich nach Europa aufzumachen."[2]

Außerdem bewog ihn dazu auch die Veröffentlichung der wichtigsten Auszüge des Gestapo-Berichts aus dem Jahr 1942 über „Die Oxford-Gruppenbewegung" in der britischen Presse. Im Dezember erschien dazu in der *Times* ein Brief, in dem es hieß: „Dieser Bericht wirft ein aufschlußreiches Licht auf die Nazi-Mentalität. Er widerlegt auch die weit verbreiteten falschen Vorstellungen, die über diese christliche Bewegung in Umlauf gebracht worden sind." Der Brief schloß: „Es ist entscheidend, daß wir die geistigen Grundlagen der Demokratie in gleichem Ausmaß zu schätzen lernen, wie dies unsere

Gegner taten, und daß wir mit unserem Einsatz aufrechterhalten, was sie fürchteten und zu zerstören hofften."[3] Eine Kopie des Berichts war in Mulhouse (Elsaß) im Büro des Sonderbeauftragten Major Winkelmann entdeckt worden, der für die innere Sicherheit der Oberrheinischen Kraftwerke verantwortlich war. Durch den Chefingenieur des Werkes, Pierre Koechlin, der von den Deutschen ausgewiesen worden war, gelangte der Bericht über Paris an das Londoner Hauptquartier der MRA – und somit an die *Times*.

Buchman verbrachte den Monat März mit seinen Freunden; gemeinsam bereiteten sie sich auf die Rückkehr nach Europa vor. Eines Tages – es war auf einer Farm in der Nähe von Los Angeles, mitten in Orangenhainen – ging das Gespräch um die Nöte des verwüsteten europäischen Kontinents, der ja auch für viele der Anwesenden Heimat war. Die sieben gemeinsam in Amerika verbrachten Jahre hatten sie als Menschen verändert. Alle – Amerikaner wie Europäer – waren reifer geworden; sie waren durch Zeiten persönlicher Prüfungen gegangen und hatten mitgeholfen, schwierige Situationen zu überwinden. Jetzt waren sie entschlossen, mit Gottes Beistand alles zu tun, was ihnen möglich war: Die Nachkriegszeit sollte nicht – wie nach dem 1. Weltkrieg – in einen Strudel des Chaos und der Vergeltung hineingezogen werden. Buchman drückte seine hohen Erwartungen mit diesen Worten aus: „Ihr seid über die Schwelle getreten. Ihr geht zurück, um – mit Hilfe der Staatsmänner – die Politik von Regierungen zu verändern. Ihr werdet die Philosophie von Regierungen durch eine einfache, gelebte Botschaft neu orientieren helfen." Sie müßten daran denken, was ganzen Völkern diene. Das sei die Verantwortung der Staatsmänner; von Seiten der Kirchen höre man diese Note noch nicht.

Buchman sagte, er könne zwar noch nicht weit in die Zukunft blikken, aber einer Sache sei er gewiß: „Eine von Gott geführte Arbeiterschaft muß die Welt führen, sonst wird der marxistische Materialismus die Macht an sich reißen." Er fügte hinzu: „Aber der Marxismus könnte durch den Geist Christi gewonnen werden. Eines Tages werden einige von euch vielleicht in Moskau arbeiten. Dafür müssen wir bereit sein."

Ende April 1945 beschloß Buchman, auf der *Queen Mary* nach Southampton zu reisen, obgleich Schiffsplätze fast nicht zu haben waren.

Am 24. April fuhr eine Gruppe von 110 nach Europa ab. Ihre Reisekosten wurden von einem New Yorker Makler bezahlt, der keineswegs Millionär war; aber er wollte diese Gabe dem Opfer jener Männer und Frauen gegenüberstellen, die sich während des Krieges selbstlos für Amerika eingesetzt hatten. Buchman wandte sich an die Reisenden und an alle, die gekommen waren, um sich von ihnen zu verabschieden: „Wir haben viel gelernt. Wir stehen vor der weltweiten Aufgabe, die Welt für unseren Herrn und Heiland Jesus Christus zu gewinnen. Das sei eure Ideologie; es ist die ganze Botschaft des Evangeliums Jesu Christi. In ihr liegt die einzige und letzte Hoffnung für die Rettung der Welt."

Dann sprach er die Strophe, die ihm so viel bedeutete:

„Oh Thou best Gift of Heaven,
Thou who Thyself has given,
For Thou hast died:
This hast Thou done for me –
What have I done for Thee,
Thou Crucified?"

Vom Himmel uns gegeben,
Gabst Du für uns Dein Leben
im Tode her.
Das tatest Du für mich –
Was tat ich je für Dich,
Gekreuzigter?

— 29 —

WO SIND DIE DEUTSCHEN?

Buchman kehrte nach England zurück. Es war ein anderes England – gezeichnet vom Krieg und den Nachkriegsentbehrungen. Auch der Rahmen für seine Arbeit hatte sich verändert. Er kam in ein Zentrum, in dem die Verwaltung und die Betreuung von Gästen ganz von seinen hauptamtlichen Mitarbeitern getragen wurde. Am 30. April 1946 trat er zum ersten Mal über die Schwelle des nun vollständig eingerichteten Hauses am Berkeley Square 45. Während der Kriegsjahre waren die Keller als Luftschutzräume und der Ballsaal als kleines Theater benutzt worden. Das übrige Haus war nur notdürftig möbliert gewesen. In den vergangenen Monaten waren Geschenke und Leihgaben – Teppiche, Möbel und Bilder – aus dem ganzen Land eingetroffen. Nach seiner Ankunft saß Buchman in der Eingangshalle unterhalb des Treppenaufgangs, und seine vielen Freunde, die ihn sieben Jahre lang nicht gesehen hatten, drängten sich in allen Räumen und auf den Treppenstufen bis zum 4. Stock hinauf.

Einige waren von seinem Anblick erschüttert. Im Gegensatz zu seiner früher so energischen Gangart ging er jetzt am Stock. Doch benahm er sich weder an diesem ersten Tag noch in den darauffolgenden Wochen wie ein gebrechlicher Mann. An jenem Nachmittag begrüßte er jeden einzelnen – das dauerte zwei Stunden. Dann sprach er zu allen Anwesenden. Am nächsten Tag aß er mit Lord Hardinge zu Mittag, war zum Tee bei Lord Courthope eingeladen und traf sich abends mit Henry Martin, Chefredakteur der Press Association. In den nächsten Tagen besuchte er Percy Cudlipp, den Herausgeber des *Daily Herald*; Lord Lytton, Tod Sloan und Lady Antrim. Er war bei einem Treffen in Ost-London anwesend, traf verschiedene Mitglieder des Unterhauses und gab ein Essen für das indische Cricket Team.

Das erste Wochenende verbrachte er auf der Farm von Peter Howard in Suffolk. Er genoß diesen Besuch und bestand darauf, einige von Howards Freunden und Landarbeitern in Lavenham zu Hause zu besuchen. Damit er an den Hochzeiten von sieben seiner engsten Mitarbeiter teilnehmen konnte, reiste er in die Gegend der Cotswolds, nach Cheshire, Edinburgh, Glasgow und Worcester.

Buchmans bekannte Gegner Tom Driberg und A. P. Herbert (jetzt Sir Alan Herbert) erschienen bald auf dem Plan. Zwei Tage nach Buchmans Ankunft griff Driberg in einer Rede im Unterhaus Innenminister Chuter Ede an: Er habe „diesem Mann die Rückkehr nach England erlaubt, der niemals seine Äußerung über Hitler zurückgenommen habe." Der Innenminister reagierte auf diesen Vorwurf mit dem Zitat „‚Der Wind weht, wo er will' – ich habe nicht die Absicht, ihm irgendwelche Hindernisse in den Weg zu legen."[1]

Während der ersten Wochen in England verfolgte Buchman mit besonderem Interesse die Arbeit zweier seiner engsten Mitarbeiter, die sich während des Krieges freiwillig als Bergleute im Kohlenbergbau gemeldet hatten. Schon in Amerika hatte Buchman sich für einen ehemaligen Bergmann, Will Locke, interessiert. Er hatte ihn 1937 kennengelernt, als ihn Locke als Oberbürgermeister von Newcastle upon Tyne empfing. Nun war Locke in den vergangenen Wochen zu Fuß und mit dem Autobus kreuz und quer durch die Kohlenreviere Englands gereist. Danach schrieb er: „Dem Kohlenbergbau geht es schlecht. Die herrschende Unzufriedenheit kann wohl menschlich nicht behoben werden. Doch sollten wir es versuchen, so gut wir können, die Bergleute zu erreichen. Der Geist der MRA wird hier gebraucht. Es ist ermutigend, was in einer Gruppe von sechs Zechen im Gebiet von Doncaster geschehen ist. Jede dieser Zechen beschäftigt 1500–2000 Leute. Diese haben verstanden, worum es geht, und die Männer untertage arbeiten gut zusammen mit der Zechenverwaltung."[2]

Nach Will Lockes Brief hatte Buchman den Gedanken: „Der Kohlenbergbau ist die Schlüsselindustrie – für England und seine Probleme." Er wußte nicht, daß er sich damit auf gleicher Wellenlänge mit Ernest Bevin, dem Außenminister der neuen Labour-Regierung, befand. Bevin hatte den Bergleuten gesagt: „Gebt mir dreißig Millionen Tonnen Kohle für den Export, und ich kann euch eine Außenpolitik geben." Die Führer der Bergarbeitergewerkschaft riefen auch zur Produktionssteigerung auf. Aber Aufrufe fördern keine Kohle. Die Abwesenheit vom Arbeitsplatz war zum Beispiel von 6,4 % im Jahr 1939 auf 16,3 % im Jahr 1945 angestiegen. Der Minister für Kohle und Energiewirtschaft, Emmanuel Shinwell warnte das Unterhaus im Januar 1945 „vor einer industriellen Katastrophe".[3]

Buchman war der Überzeugung, daß er mit dem Schauspiel *Der*

Vergessene Faktor ein brauchbares Instrument zum Einsatz bringen konnte. Am 13. Mai wurde es in der Londoner City im Cripplegate Theater aufgeführt. Das Theater stand unversehrt inmitten der Bombenruinen um die St.-Pauls-Kathedrale. Bergleute aus verschiedenen Kohlenrevieren, darunter auch vier aus dem Gebiet Doncaster, kamen zur Aufführung. Diese Männer überzeugten ihre Kumpel davon, daß das Theaterstück in das Bergarbeiterdorf Carcroft kommen müsse. Dort wurde es sechs Wochen später vor zweitausend Zuschauern, die alle im Bergbau tätig waren, aufgeführt.

Nun sollte *Der Vergessene Faktor*, so meinte Buchman, auf einer Londoner Bühne zur wiederholten Aufführung kommen. Das Westminster Theater, ein eleganter Bau mit 600 Plätzen, war seit einiger Zeit im Besitz einer Stiftung der Moralischen Aufrüstung. Es war dem Andenken an jene Männer und Frauen der Moralischen Aufrüstung gewidmet, die im Krieg gefallen waren. Der Kauf hatte 132 500 Pfund gekostet. Insgesamt kamen Spenden von 2857 verschiedenen Menschen.[4] Das Theater sollte ab Oktober verfügbar sein, und zu diesem Zeitpunkt – so dachte Buchman – sollten Menschen aus allen Regionen des Kohlenbergbaus eingeladen werden.

Zur selben Zeit wurde in der Schweiz ein weiterer Gebäudekomplex erworben, der in Buchmans Leben und in seinen Plänen eine noch größere Rolle spielen sollte. Getreu der Überzeugung, die in ihnen gewachsen war, machten sich Philippe Mottu und Robert Hahnloser gemeinsam mit ihrem Kollegen Erich Peyer und anderen auf, den Ort zu suchen, an dem Menschen aus den zerstörten Ländern Europas sich in einer Atmosphäre treffen könnten, die der von Mackinac ähnlich sein würde. Nach langem Suchen stießen sie auf das zum Teil verkommene Palace Hotel in Caux, in 700 Meter Höhe über dem Genfer See gelegen. Vierzig Jahre vorher hatte Buchman dieses Hotel während einer Europareise besucht. Es war jetzt nicht mehr rentabel und sollte abgerissen werden. An die sechzig Schweizer Familien kamen zusammen und berieten, was zu tun sei. Mit beachtlichem Glaubensmaß beschlossen sie, das Hotel zu kaufen. Der Bau hatte seinerzeit sechs Millionen Schweizer Franken gekostet. Der Kaufpreis betrug jetzt 1 050 000 Schweizer Franken – davon mußte die erste Rate von 450 000 Franken innerhalb kurzer Zeit aufgebracht werden. Dank außerordentlichen Opfern – einige verkauften ihre Häuser, andere spendeten alle Ersparnisse – war es möglich, den verlangten Termin einzuhalten. Am 15. Juli verließ Buchman London auf dem Weg nach Caux.

Vom 1. bis 19. Juli machten sich Hunderte von Schweizern an die Arbeit, unterstützt von freiwilligen Helfern aus dem Ausland. Das Gebäude, das 500 Menschen beherbergen konnte, hatte herrliche Empfangsräume – aber alles mußte geputzt und teilweise erneuert werden. Während des Krieges waren hier Flüchtlinge untergebracht worden. Die Küche war schwarz von Rauch, die Aufzugsschächte mit Abfall verstopft, alle Schlösser an den Türen kaputt. Die Wände mußten neu gestrichen oder tapeziert werden.

Die Eingangshalle, die Buchman betrat, strahlte noch etwas von dem Glanz aus, an den er sich erinnerte. In seiner Begleitung waren Freunde aus England und Amerika. In der Halle hatten sich alte Freunde und Bekannte aus Frankreich, Skandinavien, Holland, Italien und der Schweiz versammelt. Viele von ihnen hatten gegen die Deutschen gekämpft oder durch die Deutschen Freunde und Angehörige verloren.

Buchman blieb unter der Eingangstüre stehen und blickte bewegt von einem Gesicht zum anderen. Dann sagte er: „Und wo sind die Deutschen? Ihr werdet Europa nie ohne die Deutschen wieder aufbauen können."

Die Menschen in Caux waren mit dem Gebot Jesu konfrontiert worden: „Liebet eure Feinde". Viele fanden damals die Kraft, das zu tun. Zunächst mußten organisatorische Probleme überwunden werden: Kein Deutscher durfte ohne Erlaubnis der Alliierten sein Land verlassen; nur die wenigsten konnten es sich überhaupt leisten, solch eine Reise zu machen, auch wenn die Genehmigung da war. Sofort wurden Kontakte mit den alliierten Besatzungsbehörden aufgenommen und im Eröffnungsjahr kamen die ersten sechzehn Deutschen nach Caux. Unter ihnen waren auch Moni von Cramon und die Witwen von zwei jungen Männern, die an der Verschwörung gegen Hitler beteiligt gewesen und hingerichtet worden waren.

Die menschlichen Probleme, die nun ans Tageslicht kamen, zeigten sich in dem, was einige der internationalen Vorkriegsfreunde von Moni von Cramon ihr gegenüber empfanden. Es ging so weit, daß sie Buchman baten, sie von Caux wegzuschicken, da „sie nicht mehr vertrauenswürdig sei". Stattdessen lud Buchman sie ein, ihn und eine Gruppe von Freunden nach Locarno zu begleiten, wo er sich etwas ausruhen wollte. „Dort", so die Tochter von Frau von Cramon, „brach alles aus meiner Mutter heraus. Frank hörte still zu und schwieg. Dann sagte er: ‚Gebt ihr zu essen, gebt ihr Kleider, liebt sie.' Eine Schweizer Freundin lud sie zu sich ein und kümmerte sich um sie."

Zwei Monate lang waren alle Zimmer in Caux besetzt. Es kamen Arbeiter und Gewerkschaftsführer – am zahlreichsten waren die britischen Bergarbeiter, die für den Aufenthalt in Caux einen Sonderfonds eingerichtet hatten.

Am 22. Oktober fand im Westminster Theater die erste Aufführung des *Vergessenen Faktor* statt. Buchman saß zu Anfang jeden Abend in einer Loge. Er richtete seine Aufmerksamkeit nicht auf das Schauspiel, sondern auf die Zuschauer. Autobusse voll Bergleute kamen aus den verschiedensten Revieren zu den Vorstellungen. Nach der Verstaatlichung der Kohlenindustrie stellten sich auch die neuen Direktoren ein. Es war der kälteste Winter seit sechzig Jahren: 8 000 000 Extra-Tonnen Kohle wurden benötigt.

Auf Einladung von Gewerkschaftlern und Direktoren des Bergbaus begann nun eine vierjährige Kampagne mit dem *Vergessenen Faktor* durch die Kohlereviere Englands. Zahlreich waren die unabhängig von einander gemachten Aussagen über die Wirkung der Aufführungen. So schrieb der Chefredakteur des *Spectator* in einem Leitartikel: „Tribut sollte dort gezollt werden, wo er hingehört. Ich erfuhr diese Woche von dem erstaunlichen Anstoß, den die Kohlenproduktion erhalten hat. Ungefähr dreihundert Bergleute einer Schachtanlage fuhren nach London, um sich den *Vergessenen Faktor* anzusehen. Das Ergebnis, so wurde mir versichert, ist folgendes: Dieses Bergwerk steht in der ganzen Gegend regelmäßig mit seiner Produktion an der Spitze. Das ist mir nicht seitens der MRA erklärt worden, sondern von jemandem, der diese Schachtanlage und ihre Belegschaft besonders gut kennt.“[5]

Buchman beurteilte die praktischen Ergebnisse solcher Aktionen nach ihrem eigenen Wert: bessere Löhne für die Bergleute und Linderung der allgemeinen Not. Im Gespräch mit seinen Mitarbeitern bestand er aber darauf: „Vergeßt nicht, was immer ich tue, mir geht es um die Seele der Menschen.“ Er meinte damit, daß nichts wichtiger sei als der Reifeprozeß in einzelnen Menschen; zuerst um ihrer selbst willen, aber auch als lebenswichtige Voraussetzung für die notwendigen Veränderungen in der Gesellschaft. Er hatte erfahren, daß Menschen in Krisenzeiten eher bereit waren, sich dem Heiligen Geist zu öffnen; daß aber auch vielbeschäftigte Menschen im öffentlichen Leben und in der Industrie nur dann ernsthaft an die Notwendigkeit einer Änderung in sich selbst denken, wenn sie in der Politik oder der Industrie eine Änderung erkennen, die greifbare Ergebnisse gebracht hat. So folgten auf die Aufführungen des *Vergessenen Faktor* viele entscheidende Gespräche. Christus sei zwar im Text des Schauspiels nicht erwähnt worden, „doch sah ich“, so bemerkte Dr. Edward Woods, Bischof von Lichfield – „Christus auf der Bühne; Gottseidank brauchte niemand darüber zu reden.“[6]

Nach den ersten zwei Monaten Spielzeit am Westminster Theatre wurde Buchman geraten, ein wärmeres Klima aufzusuchen. Auf dem Weg nach Süden verbrachte er die Weihnachtszeit in Bern, wo er Philipp Etter, den kommenden Schweizer Bundespräsidenten, kennenlernte. Etter versprach ihm, im nächsten Sommer Caux offiziell zu besuchen. „Europa hat seine Seele verloren", sagte er, „und es war seine Seele, die ihm eine entscheidende Rolle unter den Völkern gab. Caux wird ein wichtiges Zentrum sein, von dem geistige Kräfte ausgehen werden."

Es folgten ruhige Weihnachtstage. In Buchmans Hotelzimmer wurde ein sparsam geschmückter Baum mit Kerzen aufgestellt. Am Abend saß er mit Freunden vor dem Baum. Am Heiligen Abend, als sie gemeinsam Gottes Führung suchten, hatte er folgende Gedanken: „Im neuen Jahr wirst du klar geführt werden. Caux wird ein erstrangiges Wunder werden. Deutschland wird seinen Platz wiederfinden. Mach dich langsam auf den Weg, und sei ein feinfühliger Gast in Schloß Ganda."

Es wurde bitter kalt, und doch ging die Reise nicht weit in den sonnigen Süden. Buchman hatte eine Einladung von Eugen von Teuber und seinen bejahrten Eltern angenommen, die nächsten Wochen in ihrem mittelalterlichen Schloß, Burg Ganda in Appian, in der Nähe von Bozen, zu verbringen. Eugen – genannt Gene –, eine lebhafte Natur, war vor fünfundzwanzig Jahren nach Amerika ausgewandert und dort hauptamtlicher Mitarbeiter Buchmans geworden. Seine Familie stammte aus Österreich und Italien; seine Eltern waren bei Kriegsende aus einem kommunistischen Lager in der Tschechoslowakei entlassen worden. Nun bereiteten sie den Familiensitz für Buchmans Besuch vor. Für die Eltern Teuber waren es herrliche Zeiten, die sie als „den Himmel nach der Hölle" beschrieben.[7]

Eine bittere Spaltung trennte die Deutsch und die Italienisch sprechende Bevölkerung in Südtirol. Diese Bitterkeit rührte daher, daß dieses Gebiet durch den Vertrag von St. Germain Österreich ab- und Italien zugesprochen worden war. Das Land glich einem Minenfeld verletzter Gefühle. Das betraf vor allem die alten österreichischen Familien und die italienischen Behörden und Militärs. Man sprach kaum miteinander. Menschen beider Seiten kamen jedoch, um Buchman zu besuchen. Zuerst natürlich die österreichischen Familien, die auch die Teubers wiedersehen wollten. Ihnen folgte der italienische Bürgermeister und der kommandierende General für die Provinz, General Negroni. Unausweichlich rückte der Tag heran, an dem alle zu einer gemeinsamen Party eingeladen wurden. In der besonderen Atmosphäre, die Buchman schaffen konnte, erzählte er, wie er vor vierzig Jahren schon einmal durch dieses Land gereist sei, sein Herz voller Verbitterung gegen die Mitglieder der Verwaltung seines Jugendheims in Philadelphia; wie er den Simplonpaß in einer Pferdekutsche überquert habe, weiter nach England gefahren sei und dort – in Keswick – Befreiung von seinem Haß erfahren habe. Der Bürgermeister vergaß diesen Nachmittag nie. Als er später nach Caux kam, beschrieb er die Veränderung zum Guten, die in jener Gegend entstanden war, und führte die Anfänge dazu auf jenen Nachmittag auf Burg Ganda zurück.

Mitte Januar fuhr Buchman zum ersten Mal nach Rom. Wiederum begleitete ihn der Gedanke, sich zurückhaltend zu bewegen: „Laß die Menschen zu dir kommen. Nicht den geringsten Druck ausüben. Dies ist nicht der Augenblick, den Papst zu besuchen." Er wollte aber mit einem Päpstlichen Kammerherrn, Graf Lovera di Castiglione, zusammenkommen, und mit dem italienischen Außenminister Graf Sforza. Lovera hatte schon vor dem Krieg einsichtige Artikel über Buchmans Arbeit geschrieben. Er kam als einer der ersten zu einem Besuch. Während ihres Gesprächs, beschrieb er die Moralische Aufrüstung als „ein Tor, einen Zugang zum modernen Menschen". An einem anderen Tag verbrachte Buchman eine Stunde mit Giuseppe Saragat, dem Vizepräsidenten des Parlaments und späteren Präsidenten Italiens.

Einige Katholiken in Buchmans Begleitung, die mittlerweile auf dreißig Personen angewachsen war, wurden von Papst Pius XII. empfangen. Während der Audienz berichteten sie über ihre Arbeit; anschließend erzählten sie Buchman voller Freude, der Papst habe sie und ihre Arbeit gesegnet. Das freute ihn, denn er meinte – irrtümlicherweise –, es genüge, wenn genug treue Katholiken dem Papst von ihrer Zusammenarbeit mit ihm berichteten, um die Haltung der Kirche zu seinen Gunsten zu beeinflussen, doch wies er höflich die Vorschläge selbst guter Freunde ab, die ihn mit dem Heiligen Vater zusammenbringen wollten.

Seine Bedachtsamkeit erwies sich als richtig. Gewiß hatte er stets gute Beziehungen zu den katholischen Priestern unterhalten, mit denen er in Verbindung stand. Weit entfernt davon, jemanden der katholischen Kirche zu entfremden, hatte er vielen geholfen, wieder zu ihr zurückzukehren.

Es begann sich jedoch etwas ganz Neues zu entwickeln. Von Caux aus setzte Buchman seine Kraft für die Versöhnung der Völker Europas ein. Gleichzeitig erkannten die drei großen katholischen Staatsmänner Adenauer, Schuman und de Gasperi – zusammen mit ihrem gemeinsamen geistigen Mentor Don Luigi Sturzo – daß die Moralische Aufrüstung sie in ihren Bemühungen unterstützen und ergänzen könnte. Nun sah sich die römische Hierarchie fast gezwungen, Stellung zu nehmen. Die Tatsache, daß die Gläubigen zu einem Lutheraner nach Caux fuhren, erregte Mißtrauen – oder zumindest eine gewisse Vorsicht – im Heiligen Offizium (heute: Glaubenskongregation), das für die Integrität des katholischen Glaubens verantwortlich ist. In den folgenden Jahren kam man dort zu Ansichten, die jene zahlreichen Katholiken in Verlegenheit brachten, die in Caux neue Impulse für ihren Glauben gefunden hatten. Es vergingen fast zwei Jahrzehnte, bis diese Einstellung revidiert wurde.

Das lag aber noch in der Zukunft. Buchmans nächster Besuch in Rom, fünf Wochen nach seiner Rückkehr nach Schloß Ganda, erfolgte auf Einladung von Monseigneur François Charrière, Bischof von Freiburg, Lausanne und Genf, in dessen Diözese auch Caux lag. Er pilgerte mit 8000 Schweizern nach Rom, um der feierlichen Heiligsprechung des Schweizer Heiligen Niklaus von der Flüe beizuwohnen. Bischof Charrière lud auch Buchman und einige seiner Mitarbeiter zu den Feierlichkeiten ein. Es wurden ihnen Plätze in der Nähe des Hochaltars im Petersdom zugewiesen, und Buchman war sowohl von der Farbenpracht des Anlasses als auch vom Leben des Heiliggesprochenen bewegt. Im Juni kam er in einer Ansprache am Schweizer Rundfunk auf dessen Bedeutung zurück. Er erinnerte daran, wie Niklaus der „begehrteste Vermittler in Angelegenheiten des Staates" geworden war und die Schweiz gerettet hatte, als erbitterte Fehden zwischen den Kantonen das Land an den Rand eines Bürgerkrieges gebracht hatten. „Er ist in der Tat ein Heiliger für unsere Zeit, ein Vorbild für die Vereinten Nationen", sagte Buchman.[8]

Für Buchmans europäische Freunde und Mitarbeiter hatte das Leben an seiner Seite während des vergangenen Jahres eine große Änderung bedeutet: der jetzige Buchman war nicht mehr der vitale Mann, den sie vor dem Krieg gekannt hatten. Damals war er das Herz jeder Kampagne gewesen, war „mit Volldampf, wie ein Expreßzug, und doch mit gedrosselter Energie" – wie es ein junger Mitarbeiter ausdrückte – von einer Stadt zur anderen, von einem Land zum anderen gereist. Jetzt war er Initiator vieler Ideen – zum Beispiel der Arbeit im englischen Kohlenbergbau, oder des großen Einsatzes, um Deutschland wieder seinen rechtmäßigen Platz in der Weltfamilie zu geben. Die Ausführung der Ideen überließ er aber anderen. Er hatte schon immer darauf bestanden, daß es wichtiger sei, zehn Menschen die Arbeit zu zeigen, als selber die Arbeit von zehn Menschen zu tun. Nun mußte er lernen, diese Wahrheit immer mehr auf sich selbst zu beziehen, denn seine Arbeit breitete sich jetzt, ungehindert durch einen Krieg, über den ganzen Erdball aus.

Die Menschen, die er geschult hatte, waren in Japan, Südafrika, im Mittleren Osten tätig. Obwohl sie brieflich mit Buchman in Kontakt blieben, waren sie ganz auf sich selbst gestellt, und er mischte sich selten ein. Ohne eine Mannschaft von Freunden und Mitarbeitern ging er nirgends hin, aber seine Mannschaft war nur eine von vielen. Alle aber trafen sich mindestens einmal im Jahr in Caux oder Mackinac, oder an einem anderen Ort.

30

AUSSÖHNUNG IN CAUX

Zur Sommerkonferenz des Jahres 1947 kamen an die fünftausend Menschen aus fünfzig Ländern nach Caux. Philipp Etter, der Schweizer Bundespräsident, erfüllte sein Versprechen, Caux einen offiziellen Besuch abzustatten, und der Oberbefehlshaber der Schweizer Armee während des Zweiten Weltkriegs, General Henri Guisan, kam dreimal. Weiter zählten zu den Gästen die Premierminister von Dänemark und Indonesien, Graf Bernadotte von Schweden, die Mitglieder des Smith-Mundt-Ausschusses im amerikanischen Kongreß, und zweihundert Italiener – darunter sechsundzwanzig Abgeordnete aller demokratischen Parteien Italiens.

Der Andrang war so stark, daß ein weiteres großes Gebäude, das Grand Hotel, erworben werden mußte. Die hohe Teilnehmerzahl und der ungewöhnliche Ablauf dieser Konferenz erregte die Aufmerksamkeit der Presse: Die Gäste wurden dazu angeregt, bei der praktischen Arbeit mitzuhelfen; so geschah es zum Beispiel, daß ein Minister und ein Arbeiter gemeinsam Gemüse putzten oder sich beim Geschirrabwasch trafen. Karikaturisten und Fotografen kamen auf ihre Kosten. Der Prior der Abtei Kremsmünster fand das jedoch selbstverständlich: „Wir Benediktiner", erläuterte er, „haben es erfahren – bei der Zusammenarbeit lernt man den anderen am besten kennen, und solch eine Begegnung ist bereichernd für beide Seiten." Ein französischer Anarchist erklärte begeistert: „Hier habe ich die Anarchie wirklich in der Praxis erlebt!"

Aus Bombay kam G. L. Nanda, Arbeitsminister des indischen Staates Maharashtra, der später zweimal in Zwischenregierungen Premierminister von Indien wurde. Aus Rangun kam U Tin Tut, erster Außenminister des unabhängigen Burma.

Das Land jedoch, das Buchman im Sommer 1947 am meisten beschäftigte, war Deutschland. Wie würde seine Zukunft aussehen? Wie konnte dort eine menschenwürdige Zukunft gestaltet werden?

Diese Fragen waren seit langem das Thema brennender und oft scharfer Diskussionen zwischen den alliierten Staatsmännern. Als Churchill im September 1944 zur Konferenz von Quebec kam, auf der es vor allem um das Schicksal Nachkriegsdeutschlands ging[1], traf er im Gefolge von Präsident Roosevelt nicht, wie erwartet, dessen Außenminister, sondern Schatzkanzler Henry Morgenthau. Es stellte sich heraus, daß Morgenthau über die „weiche" Behandlung Deutschlands empört war, die General Eisenhower im August durch eine Akte des US-Kriegsministeriums empfohlen worden war. Morgenthau hatte daraufhin den Präsidenten für seinen „Morgenthau- Plan" gewonnen, demzufolge Deutschland zu einem Agrarland heruntergestuft werden sollte, in dem die Industrie abgebaut, der Lebensstandard gedrosselt und Teile der Bevölkerung in andere Gegenden umgesiedelt werden sollten. Churchill mißbilligte diesen Plan, ließ aber die Angelegenheit im Augenblick auf sich beruhen. Schließlich behielten weniger radikal eingestellte Berater die Oberhand, doch die Furcht vor der „Morgenthau-Mentalität" blieb und belastete die deutsch-amerikanischen Beziehungen auf Jahre hinaus.

Die Flitterwochen-Stimmung unter den Großmächten, die anschließend an die Yalta-Konferenz im Februar 1945 aufkam, hielt sich nur zwei kurze Monate. Bereits am 2. April sprach der US-Außenminister von einer „beträchtlichen Verschlechterung" der Beziehungen zur Sowjetunion. Auf der Potsdamer Konferenz wurde die Teilung Deutschlands in vier Zonen besiegelt – die Absicht Sowjetrußlands, die Kontrolle über Deutschlands Industriepotential zu erhalten, wurde immer offensichtlicher.

In einer Tagebuchnotiz vom 14. Mai schrieb der amerikanische Kriegsmarineminister James Forrestal, die Kommunisten besäßen einen großen Vorteil, nämlich eine deutlich definierte Philosophie, die „beinahe einer Religion gleichkommt, denn sie glauben mit ihr allein die Menschheit regieren zu können". „Es hat keinen Sinn, uns über den Ernst und das Ausmaß dieses Problems etwas vorzumachen", fügte er hinzu. „Ich habe keine Antwort, aber wir sollten uns anstrengen und nach einer Antwort suchen."[2]

Diese Diagnose entsprach Buchmans eigener Auffassung, wie er sie zwei Jahre zuvor auf Mackinac geäußert hatte. Seit jener Zeit bemühte er sich zusammen mit seinen Kollegen, ihre gemeinsame Überzeugung in dem Begriff „eine Ideologie für die Demokratie" zusammenzufassen – eine Konzeption, die der Freiheit in der sogenannt freien Welt einen geistig-moralischen Inhalt geben würde. Buchman glaubte, die Bewährungsprobe für diese „Philosophie" sei gekommen: würde es mit ihrer Hilfe gelingen, die Probleme Nachkriegsdeutschlands zu lösen? Das Vakuum, das nach dem Zusammenbruch der nationalsozialistischen Ideologie entstanden war, und sein eigenes Unvermögen, dieser Ideologie vor dem Krieg wirksam entgegenzutreten, machten Buchman um so entschlossener.

Die Vorbereitungen für den Besuch einiger einflußreicher Deutscher in Caux waren angelaufen. In der selben Woche, in der General George Marshall, inzwischen Außenminister der USA, seinen Plan für den wirtschaftlichen Wiederaufbau Europas vorlegte,[3] hatte Senator H. Alexander Smith bei Marshall für seinen Schwiegersohn, Kenaston Twitchell, ein Gespräch vereinbart. Dieses führte zu einer Unterredung mit Kriegsminister Robert Patterson, der versprach, die zahlreichen Hindernisse aus dem Weg zu räumen, die den Deutschen damals das Reisen ins Ausland erschwerten. Er empfahl seine Besucher dem Oberbefehlshaber der US-Streitkräfte in der amerikanischen Besatzungszone, General Lucius Clay, und dessen politischem Berater, Robert Murphy weiter. Unterdessen gab in London Lord Pakenham, Minister für die britsiche Besatzungszone, ebenfalls seine Zustimmung zu dem Plan.[4] Eine erste Liste von fünfundfünfzig Deutschen aus der britischen Zone wurde zur Kontrolle vorgelegt. Danach telefonierte Lord Pakenham mit General Sir Brian Robertson, dem Armeekommandeur in der Britischen Zone, und bat ihn, der Moralischen Aufrüstung in dieser Sache seine Hilfe zu gewähren.

General Clay vermittelte eine Zusammenkunft in Stuttgart, wo Twitchell und seine Kollegen Politiker aus den neugebildeten Ländern der amerikanischen Zone treffen konnten. Die Einladung nach Caux, für sie selbst und ihre Familien – und dazu noch als Gäste – kam für sie völlig überraschend. Die meisten von ihnen hatten Deutschland seit 1933 nicht verlassen, viele hatten in Gefängnissen gesessen. „Ihre Verwirrung verwandelte sich langsam in Verwunderung und Dankbarkeit, als ihnen bewußt wurde, was das bedeutete: Ein freies Land besuchen zu können, gutes Essen zu erhalten und Menschen zu finden, die sie willkommen heißen würden“, schrieb Twitchell über diese Begegnung[5]. Einer von Buchmans Schweizer Mitarbeitern, der an diesem Pionierprojekt in Deutschland wesentlich beteiligt war, berichtete ihm, daß die Kindersterblichkeit nach Angaben des hessischen Kultusministers um 20% gestiegen sei; 10% der Jugendlichen hätten Tuberkulose, 52% besäßen nur ein Paar Schuhe und 11% überhaupt keine; 23% hätten kein eigenes Bett, und die Arbeitsleistung sei auf die Hälfte der Vorkriegsleistung gesunken.[6]

Schließlich wurde es noch im gleichen Jahr 150 Deutschen ermöglicht, die Caux-Konferenzen zu besuchen; weitere 4000 kamen zwischen 1948 und 1951.*

Die Ankunft in Caux machte auf diese ersten Deutschen einen unauslöschlichen Eindruck. Peter Petersen**, der auf einer nationalsozialistischen Eliteschule gewesen und nach seiner Entlassung aus der Wehrmacht zynisch und verbittert nach Hause gekommen war, beschrieb diesen Augenblick: „Ein französischer Chor hieß uns mit einem deutschen Lied willkommen ... Wir hatten uns meisterlich in der Kunst des Gegenangriffes gegen alles, was man uns vorwarf, ausgebildet ... Aber hier standen uns alle Türen weit offen ... und wir fühlten uns vollständig hilflos.“[7]

Buchman bestand darauf, daß in Caux der Schwerpunkt auf Deutschlands Zukunft zu legen sei – weniger auf seine Vergangenheit; auf seine Möglichkeiten, anstatt auf seine Schuld. Ob es sich um einzelne Menschen oder ein Volk handelte, er war nur dann daran interessiert, vergangene Fehler ins Auge zu fassen, wenn dies zur Entdekkung eines neuen Weges in die Zukunft führte. Er behandelte die Deutschen so, wie er alle anderen behandelte.

Das ermutigte die Deutschen, die Vergangenheit und auch die Zukunft so zu überdenken, wie sie es bisher nie getan hatten. „Jahrelang verherrlichten, unterstützten und verteidigten wir eine Illusion“, schrieb Dr. Erwin Stein, Kultusminister von Hessen, nach seiner Rückkehr von Caux. „So ist durch uns unendliches Leid über viele Völker und Länder gebracht worden. Hier liegt unsere besondere Aufgabe als verantwortliche Deutsche: Jetzt endlich eine von Gott inspirierte Demokratie aufzubauen. Nur eine in diesem Geist geschaffene Demokratie wird von Dauer sein. Der Weg hierzu ist mir in Caux klargeworden.“[8]

Zu den ersten Caux-Besuchern gehörte auch Baron Hans Herwarth von Bittenfeld, der damals Leiter der Bayerischen Staatskanzlei war.*** In seinem Buch *Zwischen Hitler und Stalin* beschreibt er seine

---

* Die Historikerin Dr. Gabriele Müller-List gibt für die deutschen Besucher in Caux folgende Zahlen an: 1947 waren es 150; 1948 – 414; 1950 – 1111 und 1951 – 941. Aus „Eine neue Moral für Deutschland? Die Bewegung für Moralische Aufrüstung und ihre Bedeutung beim Wiederaufbau 1947–52“, in *Das Parlament*, 31. Oktober 1981.

Siehe auch David J. Price: *The Moral Re-Armament Movement and Post-War European Reconstruction*, M. A. Dissertation an der Universität London.

** Peter Petersen, Mitglied des deutschen Bundestages, CDU, von 1965 – 1972 und 1976 – 1990.

*** Baron Hans Herwarth von Bittenfeld, nach dem 2. Weltkrieg erster Botschafter der Bundesrepublik Deutschland in London (1955–1961).

Rolle im Widerstand gegen Hitler. Es sei eine Sache, eine Ideologie zu bekämpfen, eine andere aber, mit einer überlegenen Ideologie zu leben. In Caux hätten Deutsche erlebt, wie Demokratie gelebt werden kann. Das habe vielen von ihnen den Mut gegeben, sich der Verantwortung für ihr Land zu stellen – es war persönlich und national empfundene Reue. Viele Deutsche, die gegen den Nationalsozialismus gewesen waren, sagte von Herwarth, hätten den Fehler begangen, Hitler alle Schuld zuzuschieben. In Caux hätten sie erkannt, daß sie selber auch verantwortlich waren. Das Fehlen einer positiven Ideologie habe zu Hitlers Machtergreifung beigetragen.[9]

Der baden-württembergische Ministerpräsident Reinhold Maier besuchte Caux 1947. Eines abends sah er dort ein Theaterstück über den norwegischen Widerstandskämpfer und Journalisten Fredrik Ramm: *And Still They Fight* (Und dennoch kämpfen sie). Er stahl sich aus dem Theater und ging auf sein Zimmer – „zutiefst erschüttert und voller Scham" über das, was sein Land getan hatte. Diese Aufführung sei frei von Haß oder Anklage gewesen, sie hätte in ihrer Wirkung nicht eindrucksvoller sein können, schrieb er später.

Nicht alle deutschen Gäste waren so empfänglich wie Erwin Stein oder Reinhold Maier. Der Korrespondent der *Neuen Zürcher Zeitung* schrieb, einige Deutsche wären nicht überzeugt von diesen „Terribles Simplificateurs" der christlichen Ethik[10], während der damalige Korrespondent des *Manchester Guardian* in Deutschland 1979 schrieb: „Offen gesagt – ich denke, daß etliche Politiker sich für diese Sache einsetzten, weil ihnen eine Reise in die Schweiz bezahlt wurde und sie hier wie normale Menschen behandelt wurden."[11] Ein führender deutscher Sozialdemokrat, Carlo Schmid, war jedoch anderer Meinung: „Obwohl einige enttäuscht waren und über zuviel Aktivitäten klagten, kehrten fast alle innerlich bereichert zurück; selbst ehemalige Nazis erlebten eine echte innere Änderung."[12]

Zahlreiche Persönlichkeiten, die mit der Demokratie in der Zeit vor dem Kriegsausbruch nur bittere Enttäuschungen erlebt hatten, waren von Buchmans Konzept einer „inspirierten Demokratie" sehr angetan. Hans Peters, Professor für Verfassungsrecht an der Freien Universität Berlin, sprach dieses Thema nicht nur in Caux an. 1948 veröffentlichte er in einem Buch[13] eine Analyse verschiedener Formen der Demokratie – gegenwärtige und vergangene – und beschrieb die „inspirierte Demokratie", wie sie Frank Buchman konzipiert hatte, als die beste Art und Weise, aus der Katastrophe des 20. Jahrhunderts den Weg in eine bessere Zukunft zu finden.[14]

Damals leitete Buchman selten eine der täglichen großen Plenarsitzungen selbst. Manchmal kam er unauffällig durch den hinteren Eingang der Halle herein, oder nahm in einem Lehnstuhl links neben dem Podium Platz, von wo er die Zuhörer beobachten konnte. Die meiste Zeit jedoch verbrachte er in seinen zwei Räumen – einem Schlafzimmer und einem Arbeitszimmer – beide auf dem gleichen Stock wie die große Halle. Hier nahm er öfters an Vorbereitungen für die Versammlungen teil und empfing einen Strom von Besuchern.

In jenem Jahr lernte er Madame Irène Laure kennen, eine Begegnung, die später reiche Früchte tragen sollte. Irène Laure war Generalsekretärin der Sozialistischen Frauen Frankreichs und bis vor kurzem Abgeordnete für Marseille im französischen Parlament. Sie war eine Kampfgefährtin von Léon Blum und hatte versucht, mit dem Deutschland vor Hitler freundschaftliche Bande anzuknüpfen. Aber sie war enttäuscht worden. Bittere Erlebnisse wärend der deutschen Besatzung verwandelten ihre Enttäuschung in Haß. Sie wurde eine Anführerin des Widerstands in Marseille. Ihr Sohn war von der Gestapo mißhandelt worden, und sie hatte nach Kriegsende außerdem der Öffnung eines Massengrabes beigewohnt, in dem die verstümmelten Leichen einiger ihrer Kameraden lagen.

Irène Laure dachte in Caux eine kapitalistische Falle zu finden. Ihr Argwohn steigerte sich zu heftigem Ärger, als sie entdeckte, daß Deutsche anwesend waren. Der Umstand, daß sich unter ihnen Witwen jener Männer befanden, die nach dem Attentat auf Hitler am 20. Juli hingerichtet worden waren, berührte sie nicht. Wenn ein Deutscher oder eine Deutsche sprachen, verließ sie den Saal. Einmal begegnete sie dabei Frank Buchman im Korridor. Er fragte sie: „Wie soll ein einiges Europa in Zukunft aussehen?“ Diese Frage quälte sie, und so blieb sie, obgleich ihre Koffer schon gepackt waren. Während mehrerer schlafloser Nächte rang sie mit ihrem Haß. Endlich wußte sie, daß sie ihn niederlegen mußte. Sie bat darum, vor den versammelten Teilnehmern sprechen zu dürfen.

Buchman hatte an jenem Morgen die Leitung der Plenarsitzung übernommen. Kurz nach Beginn begab sich plötzlich eine schmale, unauffällig gekleidete Frau nach vorne: Irène Laure. Peter Petersen kannte ihre Lebensgeschichte und war gemeinsam mit einigen Landsleuten bereit, von den „Grausamkeiten französischer Truppen im Schwarzwald“ zu berichten, sollte Irène Laure Deutschland anklagen. Stattdessen sagte sie: „Ich habe Deutschland so gehaßt, daß ich es von der Landkarte Europas ausradiert sehen wollte. Hier habe ich eingesehen, daß mein Haß unrecht ist. Ich möchte alle anwesenden Deutschen deswegen um Vergebung bitten.“[15]

Diese Sätze wirkten auf die Deutschen wie ein elektrischer Schock: „Einige Nächte lang konnte ich nicht schlafen", bekannte Petersen später, „meine ganze Vergangenheit lehnte sich gegen den Mut dieser Frau auf. Doch wußten meine Freunde und ich, daß sie uns den einzig gangbaren Weg für Deutschland gezeigt hatte, falls wir bereit waren, beim Wiederaufbau Europas mitzuhelfen."[16]

Viel später, 1982, berichtete mir Madame Laure, der Anstoß zu ihrer Änderung sei jene Frage gewesen, die Buchman im Korridor an sie gerichtet hatte: „Hätte er mich damals bemitleidet oder mir sein Mitgefühl bekundet, wäre ich abgefahren. Er gab mir eine Herausforderung, voller Liebe. Seine Integrität hielt mich, und der ruhige Blick seiner Augen. Ich spürte, sein Leben stimmte mit seinem Glauben überein. Er vermittelte einem die Gewißheit, man könnte einen Anteil an der Veränderung der Welt haben, wenn man mit der Änderung bei sich selbst begänne.

Die Ideologie, die ich in Caux kennenlernte, verlangte, daß man Kopf, Herz und Hand ganz dafür einsetzte", sagte mir Madame Laure. „In gewisser Hinsicht dem Marxismus vergleichbar, war sie ihm doch überlegen, weil Liebe die motivierende Kraft war."

Die Dynamik dieser Philosophie bewegte einige der anwesenden Deutschen dazu, gemeinsam eine Broschüre mit dem Titel *Es muß alles anders werden* zu verfassen, die sie über ganz Deutschland verbreiten wollten. Die großzügige Spende eines schwedischen Papierfabrikanten ermöglichte eine Auflage von 1,5 Millionen Exemplaren. Sie wurde in allen vier Zonen Deutschlands verteilt, davon 450 000 in der sowjetischen Zone. Sowjetische Polizisten beschlagnahmten den gesamten Vorrat eines Eisenacher Buchhändlers: sie schienen einer Karikatur von Wölfen – die anscheinend aus dem Osten kamen – eine ideologische Deutung beizumessen. Doch wurden alle Broschüren zurückerstattet. Auch in Leipzig mußte die Broschüre aus dem Buchhandel gezogen werden, durfte aber dann plötzlich wieder verkauft werden.

Buchman hatte starke Einsatzgruppen zur Nacharbeit in Deutschland zurückgelassen, ebenso in den britischen Bergbaurevieren und im industriellen Norden Frankreichs. Hier hatte Irène Laure gemeinsam mit Direktoren der Textilindustrie, die sie in Caux kennengelernt hatte, in Le Touquet eine Konferenz einberufen, zu der tausend Menschen kamen.

Buchman selber nahm am 10. Oktober 1947 ein Schiff nach New York. Ihm lag daran, in den Vereinigten Staaten den Menschen klarzumachen, daß die Marshall-Plan Hilfe für Europa ohne den gleichzeitigen Aufbau einer geistig-moralischen Infrastruktur unzureichend bleiben würde. Mitgliedern des Senats und des Repräsentantenhauses wollte er Informationen aus erster Hand über die Lage in Europa geben, die sonst nicht leicht zu haben waren. Während seiner Abwesenheit war auf Mackinac die Theatergruppe, die während des Krieges schon im Einsatz gewesen war, weiter entwickelt worden. Eine musikalische Revue war entstanden, die nun – bereichert durch Ideen und Talente der jungen Europäer, die Buchman nach Amerika geholt hatte – den Namen *The Good Road* (Der Gute Weg) erhielt. Sie stellte das geistige Erbe des freien Westens durch die christliche Verwurzelung von Persönlichkeiten der europäischen und amerikanischen Geschichte dar und baute so eine Brücke zur Nachkriegszeit. Dieses Musical kam in New York, Boston, Montreal und Ottawa zur Aufführung. An der anschließenden Vorstellung in Washington nahm ein Drittel aller Kongreßmitglieder teil.

Buchman verbrachte die letzten Winterwochen und das Frühjahr in Kalifornien. Er beschloß, anläßlich seines 70. Geburtstages am 4. Juni 1948 eine größere Konferenz einzuberufen, da dieser Tag auch mit dem zehnjährigen Bestehen der Moralischen Aufrüstung zusammenfiel. Diese Konferenz fand in Riverside, etwa 80 Kilometer von Los Angeles entfernt statt.

Die Einladung nach Riverside war von 81 Kongreßmitgliedern unterzeichnet. Aus Italien, Frankreich, Österreich und von den deutschen Bundesländern kamen jene Politiker der Regierungs- und Oppositionsparteien, die in Caux gewesen waren. Aus Asien kamen führende Persönlichkeiten Indiens, ein buddhistischer Gelehrter und der ehemalige japanische Botschafter in Washington, Kensuke Horinouchi.

Die Gäste wurden mit einer Grußbotschaft willkommen geheißen, die der Administrator des Marshall-Plans, Paul Hoffman, gesandt hatte: „Sie geben der Welt die ideologische Ergänzung zum Marshallplan.“[17] Im Anschluß an die Konferenz waren die europäischen Delegierten zu einem Essen mit Außenminister Marshall und mit Paul Hoffman in Washington eingeladen. Dabei erklärte Marshall, Hoffmans Arbeit befasse sich mit den offensichtlich notwendigen materiellen Aspekten – doch sei eine geistige Wiedergeburt für alle Völker eine Lebensnotwendigkeit geworden.[18]

Buchman reiste zurück nach Europa, wo er am 6. August – zwischen zwei Zügen – in Paris mit Robert Schuman zusammentraf, der bis Juli jenes Jahres Premierminister gewesen war. Über dieses kurze Treffen sagte Schuman: „Es tut mir leid, daß ich mit Dr. Buchman nur zwanzig Minuten verbringen konnte, doch seine Persönlichkeit hat einen tiefen Eindruck in mir hinterlassen."

Schuman war jetzt Außenminister und mit schwierigen Verhandlungen auf europäischer Ebene beschäftigt. Aus Protest gegen die deutsche Währungsreform begannen die Sowjets eine Blockade West-Berlins. Die westlichen Alliierten antworteten darauf mit einer Luftbrücke, die fast zehn Monate dauerte und über die Nahrungsmittel, Treibstoff und alles Lebensnotwendige in die Stadt eingeflogen wurden – eine Demonstration gemeinsamer Entschlossenheit, den wirtschaftlichen Wiederaufbau Deutschlands zu unterstützen. In den ersten Tagen der Blockade schrieb Buchman an Robert Schuman: „Ich weiß Deutschlands Sicherheit in Ihren Händen. Wie ich mir wünsche, daß Sie uns in Caux besuchen könnten."[19]

Statt Schuman kam am 11. September ein Mann nach Caux, der außerhalb Deutschlands noch verhältnismäßig unbekannt war, Dr. Konrad Adenauer. Er war erst vor kurzem Vorsitzender des Parlamentarischen Rates für die drei Westzonen geworden. Ein Kollege aus der Christlich-Demokratischen Partei, der 1947 in Caux gewesen war, hatte ihn eingeladen. Adenauer kam mit einem großen Teil seiner Familie, begleitet von seinen beiden Sekretärinnen. Er hörte zu, lernte viele Delegierte kennen und sah sich *The Forgotten Factor* (Der vergessene Faktor) im Theater an. Nach dem Schauspiel ergriff er das Wort. Unter den Zuschauern befand sich auch der Schweizer Bundespräsident, Enrico Celio. „Ich bin jetzt zwei Tage hier gewesen. Ich habe den Versammlungen beigewohnt. Ich habe mit Menschen gesprochen, ich habe aufmerksam beobachtet und die ganzen Eindrücke in mich aufgenommen", sagte er. „Ich gestehe Ihnen offen, daß ich mit einer gewissen Skepsis den Dingen gegenüber gestanden bin. Aber ich gestehe Ihnen ebenso offen und gerne, daß ich nach zwei Tagen überzeugt worden bin von dem großen Wert von Caux. Ich halte es für eine ganz große Tat, daß man in einer Zeit, in der das Böse geradezu sichtbar in der Welt herrscht, den Mut hat, einzutreten für das Gute, für Gott, und daß jeder bei sich selbst anfängt. Ich wünsche von Herzen, daß die Sache, die Caux anstrebt, reiche und tausendfältige Frucht bringen möge."[20]

In persönlichen Gesprächen bat Adenauer darum, daß *The Forgotten Factor* und *The Good Road* nach Deutschland kommen sollten. Dieser Gedanke wurde auch von Generalmajor Bishop unterstützt, dem Militärgouverneur für Nordrhein-Westfalen (einschließlich des Ruhrgebiets), der zur gleichen Zeit in Caux war. Einladungen trafen nun für *The Good Road* ein von Ministerpräsident Karl Arnold

(Nordrhein-Westfalen) und Ministerpräsident Reinhold Maier (Baden-Württemberg), sowie auch vom Bayerischen Ministerpräsidenten Ehard aus München. Die amerikanischen, britischen und französischen Besatzungsbehörden boten ihre Hilfe an, sodaß eine „höchst willkommene Invasion", wie diese größte nicht-militärische Aktion in Deutschland seit Kriegsende genannt wurde, starten konnte.[21]

31

WIEDER IN DEUTSCHLAND

Am 9. Oktober 1948 um halb acht Uhr morgens rollte eine Kavalkade von Autos und Autobussen mit Buchman und einer Mannschaft von 260 Personen von Zürich in Richtung München. Als sie einige Stunden später in Ulm ankamen, wurden sie von den Glocken des Münsters zu ihrem ersten offiziellen Empfang begrüßt. Am gleichen Abend erreichten sie München; zwei Tage später fand im Theater am Gärtnerplatz die erste Aufführung der musikalischen Revue *The Good Road* (Der gute Weg) statt. Hier wie auch in anderen Städten mußten zusätzliche Aufführungen angesetzt werden, da der Publikumsandrang so groß war. Ein Zuschauer drückte das aus, was viele empfanden: „Hier geht für uns wieder ein Fenster in die Welt auf." Auch wenn die Worte des Schauspiels nicht verstanden werden konnten – es wurde in Englisch aufgeführt – so war doch die Wirkung nachhaltig. Im Ruhrgebiet spach Bergrat Knepper – der Englisch nicht beherrschte – von der Revue als „der großen Erfahrung meines Lebens", denn durch sie sind „wir wieder in die internationale Völkerfamilie aufgenommen worden."

Buchman war glücklich. 1937 hatte er noch sagen müssen: „Deutschlands Zeit ist noch nicht gekommen – aber sie wird kommen." Wohl bedrückte ihn die verheerende Verwüstung des Landes. Gleichzeitig konnte er das erste Mal, mit einer erfahrenen Mannschaft, ausgerüstet mit dem guten Handwerkszeug der Schauspiele, in Deutschland in Freiheit arbeiten. Am glücklichsten war er, wenn er alte Bekannte wiedersah. Auf der Fahrt von München nach Stuttgart machte die ganze Reisegesellschaft den Umweg über Freudenstadt. Dort war ihm im Mai 1938, während eines Spaziergangs im Wald, die Idee einer geistigen und moralischen Aufrüstung klar geworden. Das Städtchen hatte unter Bombardierungen schwer gelitten. Das Hotel Waldlust, das er oft besucht hatte, war bis vor kurzem noch als Feldlazarett gebraucht worden und in einem traurigen Zustand. Doch waren die Eigentümer, die Familie Luz, wieder im Haus. Die alte Mutter, ihr Sohn, ihre Töchter und die Köchin Rosa hatten die ganze Nacht mit ihren letzten Vorräten Kuchen gebacken. Der Chor sang Lieder für sie, Erinnerungen wurden ausgetauscht und Hoffnungen für die Zukunft ausgesprochen. Buchman lud Rosa ein, mit ihm eine Autofahrt durchs Tal zu machen. „Ich habe Kaffee für Tausende von Gästen gekocht", sagte sie, „für Könige, Prinzen und berühmte Menschen. Keiner hat mir gedankt. Doch heute hat mich dieser Herr auf den besten Platz in seinem Auto eingeladen." Vor seiner Abreise füllte Buchman die Luz'schen Vorräte an Kaffee und Mehl wieder auf, wie er es auch bei Prinzessin Margarete von Hessen einige Tage später tat, als er sie in den drei spärlich beheizten Zimmern besuchte, die ihr die Besatzungsmacht in ihrem Schloß gelassen hatte. Schon seit Monaten hatte er ihr Nahrungsmittelpakete schicken lassen, wie sich seine Fürsorge für sie und andere überhaupt durch feinfühlige Aufmerksamkeit ausdrückte.

Die Kavalkade rollte weiter: *The Good Road* spielte vor übervollen Häusern in Stuttgart, Frankfurt, Düsseldorf und Essen. 20 000 Menschen besuchten die Aufführungen; Hunderte sprachen mit den Darstellern und Mitreisenden vor den Theatern und in den Straßen. Zahlreiche Veranstaltungen fanden statt, so zum Beispiel mit „1500 Menschen, die im Ruhrgebiet für den Bergbau verantwortlich waren."[1] Die Alliierten und die deutschen Behörden arbeiteten eng zusammen, um die enormen Schwierigkeiten zu meistern, die die Betreuung einer so großen Gruppe mit sich brachte. Der Londoner *News Chronicle* zitierte ein Mitglied der Militärregierung: „Es ist Ihnen (der Moralischen Aufrüstung) in der Spanne von zwei Tagen besser gelungen, den Deutschen den Sinn der Demokratie klarzumachen, als wir es seit zwei Jahren vermochten."[2]

Als am 26. Oktober die Truppe mit *The Good Road* nach Den Haag abreisen mußte, wurde Buchman von Ministerpräsident Arnold und seinen Ministern Heinrich Lübke, August Halbfell und Walter Menzel gebeten, eine weitere Aktion im Ruhrgebiet, wo damals achtzig Prozent der deutschen Schwerindustrie lag, durchzuführen. „In aller Munde ist die bange Frage", sagte Arbeitsminister Halbfell, „welche Ideen dieses Gebiet beherrschen werden – die Ideen aus Washington oder die Ideen aus Moskau." In einem im Januar vom Kominform herausgegebenen *Protokoll M* hieß es: „Das Schwergewicht der Auseinandersetzung, in welche die arbeitenden Massen in Deutschland verwickelt sein werden, liegt erstens im Ruhrgebiet und seinem industriellen Potential, und zweitens im Transportwesen in West- und

Norddeutschland." Zum Schluß hieß es: „Der kommende Winter wird über die Zukunft der deutschen Arbeiterklasse entscheiden."[3]*

Buchman war vorbereitet. Auf Halbfells Bitte hin wurde in Caux *Der Vergessene Faktor* ins Deutsche übersetzt und mit den Proben begonnen.

Während eines offiziellen Essens, das die Landesregierung von Nordrhein-Westfalen für Buchman gab, sprach ihn Dr. Heinrich Kost, Generaldirektor der Deutschen Kohlenbergbauleitung, an: „Herr Dr. Buchman", sagte er, „Ihr Konzept ist das richtige, wir brauchen es dringend. Was sollen wir tun? Hitler sagte uns, was wir zu tun hatten. Wenn die Russen kommen, werden auch sie uns sagen, was wir zu tun haben. Und Sie, was sagen Sie uns?"

„Ich kann Ihnen nicht sagen, was Sie tun sollen, es steht mir auch nicht zu", war die Antwort, „aber ich kann Ihnen verraten, wie Sie entdecken können, was Sie zu tun haben." Buchman erklärte Dr. Kost, Gott könne zu jedem sprechen, der aufrichtig bereit wäre, Seinen Plan zu suchen und ihn zu erfüllen.

Am folgenden Tag verbrachten Buchman und Kost vier Stunden im Gespräch miteinander – es ging wieder um Gottes Führung. Sie nahmen sich die Zeit, in der Stille auf seine Weisungen zu hören. Dabei kam Kost der Gedanke, eine Mannschaft mit dem *Vergessenen Faktor* in das Bergbaurevier von Moers einzuladen. Er erkundigte sich danach, wie die Arbeit der Moralischen Aufrüstung finanziert werde, und entdeckte mit Erstaunen, daß weder die Industrie noch die Regierungen Subventionen oder große Spenden gaben. Buchman erklärte, es sei alles eine Frage des persönlichen Muts und Engagements. Kost war bewegt, als er vernahm, daß ein amerikanischer Arzt aus Virginia seine Lebensversicherung verkauft hatte und 40 000 Dollar für die Kosten der Tournee von *The Good Road* in Deutschland gegeben hatte, und daß Mitglieder der alliierten Streitkräfte ihr Entlassungsgeld für den gleichen Zweck – somit, um ihren ehemaligen Feinden zu helfen – gespendet hatten.

In unmittelbarer Nähe der gespenstischen Ruinen der Kruppwerke fand am 23. November in Essen die erste Aufführung des *Vergessenen*

---

* Der damalige amerikanische Außenminister James Byrnes beschrieb in seinen Memoiren, wie er sich während der Potsdamer Konferenz bei einem Cocktail mit Außenminister Molotow unterhalten habe. Nach dem dritten Glas Whisky stellte er Molotow die Frage: „Was möchten Sie in Europa denn *wirklich* haben?" Molotow antwortete, er wäre vielleicht bereit, fast alles dafür zu geben, damit Sowjetrußland Mitglied der Kontrollkommission für das Ruhrgebiet werden könnte. (Siehe *Forrestal Diaries*, S. 347)

Faktor statt. Ministerpräsident Karl Arnold und Essens Oberbürgermeister Gustav Heinemann* sprachen einführende Worte vor dem Vorhang. Die Landesregierung von Nordrhein-Westfalen hatte für den *Vergessenen Faktor* 60 000 DM beigesteuert. Diese Summe war jedoch bald aufgebraucht, da die Mannschaft mit dem Theaterstück die Städte des Ruhrgebiets nur besuchen konnte, wenn Transport, Unterkunft und ein Einladungskomitee, bestehend aus Vertretern der Arbeiterschaft und der Industrie, vorhanden waren.

Die Großzügigkeit allerseits war beeindruckend – nicht nur in Geldfragen. Die Frau eines Mitglieds von Karl Arnolds Kabinett schloß sich dem Chor an, der das Stück begleitete. Ein Dutzend junger Deutscher – einige, wie Peter Petersen waren neu in der MRA, andere waren Kinder aus Familien, die Buchman in den dreißiger Jahren kennengelernt hatte – halfen als Schauspieler oder Bühnenarbeiter mit und besuchten abends die Bergarbeiter und ihre Familien. Ein junger Mann, der an der Ostfront im Einsatz gewesen und in alliierte Kriegsgefangenschaft geraten war, sagte, die Kampagne mit dem *Vergessenen Faktor* in diesem bitterkalten Winter von 1948 sei ebenso hart, wenn nicht härter gewesen als alles, was er bisher erlebt hatte. Mittlerweile hatte Dr. Kost für Januar 1949 an die Mannschaft Buchmans eine Einladung ausgesprochen, die die Betriebsratsvorsitzenden der Rheinpreußen Bergwerks AG – die meisten waren Kommunisten – mitunterschrieben hatten.

Während der ersten beiden Jahre kamen 120 000 Menschen, die meisten aus der Kohle- und Stahlindustrie – zu den Aufführungen des *Vergessenen Faktor*. Buchman selber war nur gelegentlich in Deutschland, doch hielt er fast täglich Verbindung mit seinen Freunden. Vor dem Kriege wäre er bei solchen Kampagnen von Anfang bis Ende dabeigewesen. Jetzt mußte er jedoch an die strategische Bedeutung der Arbeit in vielen Ländern denken. Er versuchte jedem Land – oder jeder Kampagne – solche Menschen zuzuführen, die nach Herkunft und Erfahrung am besten helfen konnten. So kamen wiederholt Abordnungen britischer Bergleute ins Ruhrgebiet sowie Männer aus der Industrie, deren Motive und Lebensweise sich grundlegend gewandelt hatten. Irène Laure und ihr Mann Victor, der 47 Jahre Marxist gewesen war und in der französischen Handelsmarine gedient hatte, sprachen innerhalb von elf Wochen auf zweihundert Veranstaltungen und vor zehn Länderparlamenten. Sie wurden von zwei Franzosen begleitet: Der eine hatte fünfzehn, der andere zweiundzwanzig Verwandte in deutschen Konzentrationslagern verloren.

---

* 1969–74 Bundespräsident der Bundesrepublik Deutschland.

Vier junge Männer waren zum großen Teil verantwortlich für die Weiterarbeit in Deutschland: zwei Norweger, die im Widerstand gekämpft hatten; ein Engländer, der sich im Krieg freiwillig als Bergmann gemeldet hatte, und ein Student der Universität Oxford aus der englischen Oberschicht. Sie lebten alle zeitweise bei Bergarbeiterfamilien. Buchman unterhielt eine hundertköpfige Mannschaft im Ruhrgebiet, die meisten von ihnen waren noch nicht dreißig Jahre alt. Sie arbeiteten an die 16 Stunden am Tag, ohne Bezahlung und oft unter harten Bedingungen. Buchman selbst hatte nur während der Sommerkonferenzen in Caux die Gelegenheit, die Arbeiter und Direktoren des Ruhrgebiets persönlich kennenzulernen.

Das Ringen um das Ruhrgebiet war von Anfang an heiß. Nicht nur die Kommunisten, auch Sozialdemokraten waren mißtrauisch. Deswegen suchten sozialdemokratische Kreise immer öfter Rat bei Hans Böckler, dem Vorsitzenden des Gewerkschaftsbundes der britischen Zone. Da ihn die Berichte der Leute, die 1947 in Caux gewesen waren, überzeugt hatten, schloß er sich Ministerpräsident Karl Arnold und anderen an, die die Broschüre *Es muß alles anders werden* über fünftausend führenden Persönlichkeiten in Nordrhein-Westfalen zukommen ließen. Als sich um die Tournee des *Vergessenen Faktor* eine hitzige Kontroverse zu entwickeln begann, entschloß sich Böckler, der Sache auf den Grund zu gehen.

Im Frühjahr 1949 lud Generaldirektor Kost 190 leitende Männer der Ruhrindustrie ein, im Hotel Kaiserhof in Essen auf einem Forum Sprecher der Moralischen Aufrüstung zu hören. Hans Böckler kam in Begleitung von Heinz Grohs, einem Beamten im Düsseldorfer Arbeitsministerium, ebenfalls nach Essen. Als sie so viele Kapitalisten auf einmal erblickten, meinte Grohs, er könne diesen Anblick nicht ertragen und ging in die nächste Bar, um sich zu stärken – kehrte aber zurück. Am Ende der Veranstaltung wandte sich Böckler an die Sprecher der Moralischen Aufrüstung: „Es gefällt uns, daß Ihr diesen Herren genau die gleichen Dinge sagt, sie vor die gleiche Herausforderung stellt, wie uns“, sagte er. Er zeigte sich auch beeindruckt von Generaldirektor Kosts Eröffnungsworten an seine Kollegen: „Von uns, meine Herren, wird die Änderung verlangt. Die Frage ist nicht, ob wir uns ändern, sondern wie wir uns ändern. Wir dürfen nicht warten, bis die Arbeiterschaft sich zu ändern beginnt.“[4]

Nun bat Böckler um ein weiteres Gespräch und lud Freunde der Moralischen Aufrüstung, unter ihnen auch einen Werftarbeiter aus dem schottischen Clydeside (der mittlerweile hauptamtlich mit Buchman zusammenarbeitete), zu sich nach Hause ein. Dieser schrieb an

Buchman: „Noch unter dem Eindruck von Kosts Veranstaltung im Kaiserhof und von der Art und Weise, wie geänderte Unternehmer aus unseren Reihen um die Ruhr-Barone kämpften, sprach Böckler von dem, was ihn bewegte: ‚Manche vertreten die Doktrin, man müsse das System verändern, um die Gesellschaft ändern zu können. Das ist wahr – doch nur die halbe Wahrheit.'"[5]

Einige Monate später trafen sich Böckler und Buchman in Caux und wurden Freunde. Darauf gab Böckler eine sorgfältig abgewogene Erklärung ab: „Wenn die Menschen vom Alten und Überlebten befreit werden sollen, dann muß es geschehen, indem sie sich ein neues Ziel setzen und die Menschlichkeit und moralische Werte in den Vordergrund rücken. Ich glaube, daß die Moralische Aufrüstung eine entscheidende Besserung bringen kann. Wenn die Menschen sich ändern, ändert sich die Struktur der Gesellschaft, und wenn die Struktur der Gesellschaft sich ändert, ändern sich die Menschen. Beides gehört zusammen, und beides ist notwendig. Deshalb ist das Ziel, das die Moralische Aufrüstung erstrebt, ein gleiches wie das, wofür ich mich als Gewerkschaftler einsetze."[6]

Als Hans Böckler einige Jahre danach durch einen Schlaganfall gezwungen wurde, sich zurückzuziehen, besuchte ihn Buchman zu Hause, in einem Vorort von Köln. Böckler war bedrückt und konnte seine Behinderung schwer ertragen. Buchman erzählte ihm von den Monaten, in denen er nichts unternehmen konnte, daß er lernen mußte, sich nicht zu sorgen und langsamer zu treten. Böckler schüttelte den Kopf und sagte: „Sie haben aber all Ihre Freunde bei sich, die die Arbeit weiterführen. So haben Sie Zeit, mich zu besuchen. Unsere Leute sind nicht so freundlich."

Die intensive Arbeit der Mannschaft der Moralischen Aufrüstung im Ruhrgebiet scheint dazu beigetragen zu haben, daß den kommunistischen Plänen dort ein erheblicher Dämpfer aufgesetzt wurde. Bereits im Jahr 1948 hatten die Kommunisten (die Dokumentation dazu läuft unter *Protokoll M*, Archiv des Foreign Office) beschlossen, die Machtübernahme im Ruhrgebiet nicht über das Parlament, sondern in den Fabriken und Zechen zu suchen. Sie konzentrierten sich auf die Betriebsratswahlen jeder einzelnen Zeche, und es hieß, daß vor der Ankunft des *Vergessenen Faktor* 72 Prozent der Betriebsräte im Bergbau Kommunisten waren. Die britischen Behörden erkannten den Ernst der Lage. „Bei weitem der schwerwiegendste Aspekt – ernster als Sabotage-Akte – ist die kommunistische Unterwanderung der Betriebsräte und Gewerkschaften", heißt es in einem streng geheimen Bericht des britischen Außenministeriums aus jener Zeit.[7] Bis zum Jahr

1950 war jedoch der Anteil der Kommunisten im Bergbau von 72 Prozent auf 25 Prozent gefallen. Dieser Rückgang war – nach Hubert Stein, Mitglied des Hauptvorstandes der IG Bergbau – „zu einem großen Teil der Moralischen Aufrüstung zu verdanken".[8] Bei einer öffentlichen Veranstaltung im Landtag von Düsseldorf sagte Dr. Artur Sträter, Wirtschaftsminister von Nordrhein-Westfalen: „Ich habe mich täglich, nächtlich, stündlich und minütlich mit dem Problem der Kohle auseinanderzusetzen. Es ist keine Übertreibung, daß ein großer Engpaß vermieden werden konnte ... Wenn ein Streik verhindert werden konnte, dann verdanken wir es der Tatsache, daß in den Reihen der verantwortlichen Betriebsräte Männer saßen, auf die die Ideologie von Caux einen nachhaltigen Eindruck ausgeübt hat. Diese Ideologie hat sich auf diesem kleinen Sektor durchgesetzt, und zwar sehr erfolgreich."[9]

Es ist unmöglich, genau festzustellen, inwiefern die besseren Beziehungen innerhalb der Industrie und der gleichzeitige Rückgang des kommunistischen Einflusses im Ruhrgebiet der Moralischen Aufrüstung zuzuschreiben sind. Ein weiterer Faktor war unzweifelhaft die bessere wirtschaftliche Lage der Arbeiter – eine Folge des Marshall-Plans und der Währungsreform. Eine Rolle spielten ferner die Einführung neuer Technologien ebenso die Berichte heimkehrender Kriegsgefangener und der Millionen von Flüchtlingen aus dem Osten, so gut wie auch der Aufbau und die Organisation neuer Parteien.

Viele Arbeiter interessierten sich nicht nur für die Aufführungen des *Vergessenen Faktor* sondern vor allem für die Zusammenkünfte, die damals nach den Aufführungen in Kneipen oder bei Gewerkschaftstreffen stattfanden.

An einem kalten Februarabend 1949 berief Max Bladeck eine Zusammenkunft in der Gastwirtschaft Heier am Stadtrand von Moers ein. Bladeck war Betriebsratsvorsitzender einer Zeche der Bergwerksgesellschaft Rheinpreußen und vertrat 2500 Bergleute. Seit 24 Jahren war er Mitglied der Kommunistischen Partei. Er war ein kleingewachsener Mann mit wachen Augen, einer Denkerstirn und einer Kohlenstaublunge – ein Kämpfer durch und durch. Neben ihm saßen einige der schärfsten Redner der Partei. „Es war ihr Ziel", erzählt Leif Hovelsen[10], der mit der Mannschaft der Moralischen Aufrüstung in diese Kneipe kam, „uns – die kleine Mannschaft – fertig zu machen." Sechs von ihnen eröffneten das Wortgefecht, einer nach dem anderen. Ihr Haupttenor: „Die westeuropäischen Länder bereiten einen neuen Krieg vor. Jeder Kapitalist ist ein verkappter Faschist. Das System muß geändert werden. Seit 2000 Jahren versucht das Christentum eine neue

Welt zu bauen und hat nur versagt. Eine Ideologie, die über dem Klassenkampf steht, gibt es nicht." Das „Bombardement" dauerte eine ganze Stunde.

„Dann", fährt Hovelsen fort, „waren wir an der Reihe. Ein Hafenarbeiter von der schottischen Clydeside – klein, kräftig und energisch – erhob sich: ‚Die Arbeiterklasse war noch nie so stark und noch nie so gespalten wie heute', sagte er. ‚Wir haben gelernt, das Atom zu spalten, nicht aber Menschen zu einigen. Überall auf der Welt müssen Menschen geändert werden. Nur so kann eine klassenlose Gesellschaft entstehen. Aber wir brauchen darauf nicht zu warten, bis wir im Grabe liegen.'

Ihm folgte ein Arbeiter aus dem Osten Londons: ‚Hätten wir Engländer auch das in die Tat umgesetzt, wovon wir nach dem ersten Weltkrieg so viel sprachen, wäre euch das Leid der letzten Jahre erspart geblieben', sagte er. ‚Gott gnade der Partei oder dem Volk, die die gegenwärtigen Verhältnisse nicht ändern. Es wird aber die ganze Dimension der Änderung sein müssen: neue soziale Beziehungen, neue wirtschaftliche Beziehungen und neue internationale Beziehungen – alle auf der Änderung des einzelnen Menschen aufgebaut. Etwas Geringeres als das erreichen zu wollen, wäre reaktionär.'"

„Der nächste Sprecher", fährt Hovelsen fort, „war ein kanadischer Unternehmer namens Bernard Hallward. ‚Verantwortlich für die Ungerechtigkeiten in der westlichen Welt sind Männer wie ich, mit unserer Selbstsucht und Kompromißbereitschaft', sagte er. ‚Ich sehe heute, wie der stahlharte Materialismus der Rechten sich in der Verbitterung der Linken widerspiegelt.' Als der hochgewachsene, schlanke Unternehmer die Erlebnisse seiner eigenen Änderung mit vielen humorvollen Einzelheiten beschrieb – er erzählte von seinen zwei Fabriken, seinen Arbeitern und ihren Hoffnungen, von seiner Frau und seinen zwei Söhnen –, hielt er alle in seinem Bann. Der Abend dauerte vier Stunden, und als man aufbrach, war es beschlossene Sache, sich wieder zu treffen."

Am Ende des Abends in der Gastwirtschaft Heier sagte Bladeck: „Der Kapitalismus ist die These, der Kommunismus die Antithese; was Sie uns gebracht haben, könnte die Synthese sein."[11] Nachdem er den *Vergessenen Faktor* gesehen hatte, begann er Konsequenzen für sich selbst zu ziehen. Dieser Prozeß wurde durch eine Bemerkung seiner Tochter beschleunigt, die ihn darauf aufmerksam machte, daß er wohl in der Öffentlichkeit Freiheit und Demokratie verlangte, aber zu Hause ein Diktator war. Bald danach bat er einen jungen Norweger, einen MRA-Mitarbeiter, doch bei seiner Familie zu wohnen. Im Sommer 1949 fuhr er nach Caux, in Begleitung seines Freundes Paul Kurowski, der nicht nur 25 Jahre Parteimitglied, sondern auch für die Ausbildung der Parteifunktionäre in der Umgegend von Moers verantwortlich war. In Caux führten beide viele Gespräche mit Buchman.

„Die Atmosphäre, die dieser Mann verbreitete, war eine neue Erfahrung für mich", erinnerte sich Kurowski. „Es war wie eine Offenbarung. Da war Friede, Liebe, Fürsorge und große Demut. Ein solcher Mensch war mir noch nie begegnet. Wir sprachen über die Kräfte, die die Welt bewegten, und er hörte meinen Ideen geduldig zu. Er versuchte nie, mich zu bekehren. Er versuchte nie, meine antireligiösen Gesichtspunkte zu widerlegen. Er glaubte an das Beste in mir."[12] Was Bladeck am meisten auffiel, war „Buchmans Freiheit von jeder Ichbezogenheit. Hier war ein Mann, der seinen Willen tatsächlich einer höheren Autorität unterwarf . . ."

Gerüchte über die Änderung, die sich in Bladeck und Kurowski vollzogen hatte, erreichten die kommunistische Parteihierarchie im Ruhrgebiet. Willy Benedens, führendes Mitglied der Partei in Moers, wurde nach Caux gesandt, um die beiden zurückzuholen. Er selber wurde auch überzeugt von dem, was er dort sah. Sie standen gemeinsam zu dem, was Kurowski so ausdrückte: „Sechsundzwanzig Jahre lang habe ich mit ganzem Herzen die Internationale gesungen. Jetzt habe ich sie zum ersten Mal gelebt gesehen."[13]

Als Bladeck, Kurowski und Benedens zusammen ins Ruhrgebiet zurückkehrten, wurden sie in die Zentrale der Kommunistischen Partei von Nordrhein-Westfalen zitiert. Dort empfahlen sie den Genossen, die Partei möge sich mit den „welt-revolutionierenden Ideen der Moralischen Aufrüstung vertraut machen." Sie belegten ihr Argument mit Zitaten von Marx und Engels, und ließen keinen Zweifel an ihrem Entschluß aufkommen, aus „logischen und realistischen Gründen" ein neues Leben zu führen. Sie wollten die Partei nicht verlassen, sie wollten der Partei helfen, den nächsten notwendigen Schritt in ihrer Entwicklung zu tun, indem sie sich den moralischen Maßstäben der absoluten Ehrlichkeit, Reinheit, Selbstlosigkeit und Liebe stellte. Ihr Argument wurde abgewiesen, und sie wurden auf einer Versammlung, an der Hugo Paul, Vorsitzender der Kommunistischen Partei in Nordrhein-Westfalen, anwesend war, aus der Partei ausgeschlossen.

Am 6. Oktober erschien in der kommunistischen Düsseldorfer Zeitung *Freies Volk* ein Artikel von Hugo Paul unter der Überschrift: „Unmoralische Abrüstung". Darin hieß es: „Das gefährliche Treiben der Apostel der Moralischen Aufrüstung wurde bisher von den Kreisvorständen unserer Partei und auch vom Landesverband unterschätzt ... Das Wirken der Heilsprediger des USA-Kapitals hat in einigen Einheiten der Partei, zum Beispiel in der Ortsgruppe Meerbeck-Moers, in den Betriebsgruppen der Rheinpreußen-Schächte und bei Ford in Köln zu ideologischen Unklarheiten und zu Verwirrung geführt. Es wurde beschlossen, daß alle Genossen, die mit diesen Männern in Kontakt treten, von der Partei ausgeschlossen und als Verräter an der Sache der Arbeiterschaft entlarvt werden."

Hugo Pauls Artikel war Teil eines verzweifelten Versuchs, bei den kommenden Betriebsratswahlen die kommunistische Vorherrschaft zu bewahren. Am 31. Oktober beschrieb Bladeck in einem Brief an Buchman die Wahlkampagne und die Wahlergebnisse in den Zechen der Rheinpreußen AG: „Meinen tiefsten Dank für alles. Während der Betriebsratswahlen in der Zeche wurde ein Flugblatt gegen uns und gegen Generaldirektor Kost verteilt. Das Wichtige ist aber: trotz des erbitterten Kampfes gegen mich erhielt ich von allen Kandidaten die größte Stimmenzahl. In den anderen Zechen, wo Benedens, Burckhardt und Kurowski Funkionäre sind, erhielten sie auch mehr Stimmen als bisher und wurden trotz aller Propaganda gegen sie als Betriebsräte wiedergewählt."[14]

Ähnliche Entwicklungen bahnten sich in anderen Teilen des Ruhrgebiets an, so zum Beispiel in Altenessen. Dort begann 1948 der kommunistische Betriebsratsvorsitzende der Zechen der Hoesch AG mit der Moralischen Aufrüstung zusammenzuarbeiten, nachdem er den *Vergessenen Faktor* gesehen hatte. Das brachte ihn in Konflikt mit dem Parteivorsitzenden seiner Stadt, Johann Holzhäuser. Im Jahr 1949 ging Holzhäuser jedoch selbst nach Caux und erlebte dort die gleiche Änderung wie Bladeck und Kurowski. Holzhäuser wiederum konnte Hermann Stoffmehl gewinnen, der Oberamtmann von Altenessen und Mitglied der Bezirksleitung der Kommunistischen Partei war. Stoffmehl seinerseits erklärte nun, die Moralische Aufrüstung sei die einigende Ideologie, die der Welt helfen könne. Sollte die Partei diese Wahrheit nicht annehmen, würde nicht nur er die Partei verlassen, sondern ein drittel der örtlichen Mitglieder mit ihm.

Als zwei Wochen später die Frage der Moralischen Aufrüstung vor den Partei-Vorstand von Nordrhein-Westfalen kam, den Heinz Renner, stellvertretender Vorsitzender der Kommunistischen Partei Westdeutschlands, leitete, standen sich Hugo Paul und Hermann Stoffmehl gegenüber. Beide schlugen diametral entgegengesetzte Resolutionen vor. Als Renner zur Abstimmung aufrief, hatte Stoffmehl 400 Stimmen für sich, Hugo Paul 407. Schließlich beschloß am 8. Januar 1950 der Hauptvorstand der Kommunistischen Partei Westdeutschlands auf einer Sondersitzung in Düsseldorf, den gesamten Vorstand umzuorganisieren, da er „mit einer parteifeindlichen Ideologie besudelt" sei. Die englische Zeitung *The Manchester Guardian* brachte unter der Schlagzeile „Eine neue kommunistische Ketzerei: Moralische Aufrüstung" einen Bericht über die Säuberung, die durch die Partei von Nordrhein-Westfalen gegangen war. Sie zitierte die Worte des neuen Vorsitzenden der Kommunistischen Partei in Nordrhein-Westfalen, Josef Ledwohn: „Ein besonders gefährliches Symptom war die wachsende Verbindung zwischen Parteimitgliedern und der Moralischen Aufrüstung."[15] Die Umorganisation des Parteivorstandes konnte jedoch die Ausbreitung der Moralischen Aufrüstung und den neuen Geist, den diese Arbeit im Ruhrgebiet schuf, nicht mehr aufhalten.

Zu Pfingsten 1950 luden Unternehmer und Bergleute der Kohlenindustrie gemeinsam zu einer MRA-Demonstration ins Hans-Sachs-Haus in Gelsenkirchen ein. Zur gleichen Zeit fanden in Ost-Berlin die kommunistischen Weltjugendfestspiele statt. Karl Arnold schrieb an Buchman und bat ihn, ins Ruhrgebiet zu kommen. Konrad Adenauer war unterdessen Bundeskanzler geworden. Auch er bat Buchman, in Gelsenkirchen anwesend zu sein und sandte ihm eine handgeschriebene Botschaft, die mit den Worten begann: „‚Fang bei dir selber an': Das scheint mir der wesentlichste Mahnruf von Caux." Weiter schrieb der Kanzler: „Die Moralische Aufrüstung ist im Deutschland der Nachkriegszeit zu einem Begriff geworden. Ich glaube, daß angesichts des Ausbruchs totalitärer Ideen im Osten von Deutschland die Bundesrepublik, und in ihr das Ruhrgebiet, die gegebene Plattform ist, eine Demonstration der Gedanken der Moralischen Aufrüstung stattfinden zu lassen."[16] Buchman ging auf diese Aufforderung ein, kam ins Ruhrgebiet und war Gast von Hans Dütting, dem Direktor der Gruppe Gelsenkirchen der Gelsenkirchener Bergbau AG.

Buchmans Ansprache wurde durch den Rundfunk in beide Teile Deutschlands übertragen: „In Tagen der Krise wenden sich Marxisten einer neuen Denkweise zu", sagte er. „Der Klassenkampf ist überlebt. Unternehmer und Arbeiter fangen an, die positive Alternative zum Klassenkampf zu leben. Ist Änderung nicht die einzige Grundlage der Einigkeit für alle? Können Marxisten den Weg bahnen für eine größere Ideologie? Warum nicht? Sie hatten immer Verständnis für Neues. Sie sind Vorkämpfer gewesen. Sie gehen für ihren Glauben ins Gefängnis. Sie sterben sogar für ihren Glauben. Warum sollten sie nicht auch leben können für diese große Idee?"[17]

Das waren bemerkenwerte Worte aus dem Munde eines zweiundsiebzigjährigen Amerikaners. Neben ihm auf dem Podium saßen die Männer, die diese Worte für die dreitausend Anwesenden lebendig machten: Max Bladeck, Paul Kurowski, Willi Benedens, Hermann Stoffmehl und ein Dutzend ihrer Freunde. Nur wenige wußten, daß Buchmans Vision für Marxisten – Pioniere eines neuen Denkens zu sein – schon vor Kriegsende und lange vor seiner Ankunft in Europa entstanden war. Der *Essener Kurier* hatte die Bedeutung von Buchmans Konzept aufgegriffen und berichtete: „FDJ-Aktion verpufft" und „Moralische Aufrüstung das letzte Mittel".[18]

Schlagzeilen konnten jedoch den Kampf im Ruhrgebiet nicht gewinnen. Während vieler Tage und Wochen mußten die neuen Freunde unterstützt und ermutigt werden. Im Winter 1951, als Buchman wieder in Kalifornien war, machten sich einige von Max Bladecks alten Kollegen an ihn heran. Sie kannten seine Schwäche für Alkohol – eines Abends trank er zu viel. Auf dem Heimweg stieg er in einen Bus, setzte sich neben eine Frau und umarmte sie. Umgehend ließ die Partei im Ruhrgebiet alle wissen: „Was sind diese Caux-Leute doch für Heuchler". Sie setzten Bladeck unter Druck: entweder sollte er die Moralische Aufrüstung verlassen, oder die Sache käme an die Öffentlichkeit. Bladeck war so tief beschämt, daß er an Buchman schrieb und bat, keiner seiner Freunde möge ihn je wieder aufsuchen. „Ich habe Euch verraten", sagte er. Buchman telegrafierte zurück:

> „Menschlich ist es, der Sünde zu verfallen;
> Teuflisch ist es, in ihr zu verharren;
> Christlich ist es, sich aus der Sünde zu erheben."
> Das Blut Jesu Christi, Seines Sohnes, reinigt uns
> von aller Schuld. Der schlimmste Sünder kann zum
> größten Heiligen werden. Ich glaube an den neuen Max.
> Immer Dein Frank.

„Ich hatte alles andere erwartet, nur das nicht", sagte Max später seinen Freunden. „Ich war beschämt, aber es gab mir innerlich Kraft. Ich sah, daß Frank an meine Änderung glaubte, und das war eine Herausforderung. In dem Satz: ‚Das Blut Jesu Christi, des Sohnes Gottes, reinigt uns von aller Schuld' sah ich die tiefste Botschaft des Christentums. Sie kam genau zur rechten Zeit zu mir."[19]

Bis dahin hatte Bladeck eine gewisse moralische Änderung durchgemacht. Sein Denken hatte eine neue Richtung gefunden, und bei manchen Gelegenheiten hatte er die Führung einer höheren Autorität in seinem Leben erfahren. Aber er hatte sich dagegen gewehrt, seinen

Willen ganz Gott zu geben und hatte noch keinen eindeutigen Glauben an Gott gefunden.

Kurz vor den nächsten Betriebsratswahlen erklärte Heinz Renner, der inzwischen Vorsitzender der Kommunistischen Partei in der Bundesrepublik geworden war, einem ehemaligen Genossen, der die Partei verlassen hatte, um mit der Moralischen Aufrüstung zu arbeiten: „Wir sind entschlossen, die Vorherrschaft der Moralischen Aufrüstung in den Betriebsräten zu brechen – sie ist eine Sekte, sonst nichts."[20] Was dann geschah, war, daß Bladeck und seine Freunde in ihren Zechen mit großer Mehrheit wiedergewählt wurden. Im Jahr 1951 erteilte Walter Ulbricht, Vorsitzender der SED, der westdeutschen Kommunistischen Partei – anläßlich eines SED Parteikongresses in Weimar – eine Rüge für die Wahlverluste in der Gelsenkirchener Gegend. Trotz alledem geschah 1953 noch einmal das gleiche, nur noch drastischer, auf der Zeche Nordstern in Buer. Dort hieß es bei den Bergleuten: „Wenn Stalin einen Schnupfen hat, niesen wir alle." Von den acht Männern, die in den kommunistischen Flugblättern namentlich als MRA-Leute aufgeführt waren, wurden sieben in den Betriebsrat gewählt. Im Vergleich: 1951 waren von 13 Betriebsräten 11 Kommunisten – 1953 waren es von 20 Betriebsräten nur noch drei. Während der Betriebsrat der Zeche Nordstern bisher jedes Jahr Stalin zu seinem Geburtstag gratuliert hatte, ging dieses Jahr ein Glückwunschtelegramm an Frank Buchman.

Wichtig in diesem Prozeß war die Änderung zahlreicher Unternehmer, die zwischen 1947 und 1952 zu Hunderten Caux besuchten. Denn die Änderung in ihnen war eine greifbare Alternative zum Klassenkampf und zur marxistischen Behauptung, kein Kapitalist könne je ein anderes Motiv als das des Eigenprofits haben. Fritz-Günter von Velsen, der Direktor der Zeche Nordstern, war ein deutliches Beispiel dafür. Als echter Preuße, mit Schmissen im Gesicht, war er ein strenger Herr. Nach einem Gespräch mit Buchman in Caux empfand er die Notwendigkeit, sein Leben in einem neuen Licht zu betrachten. Er erinnerte sich an einen jüngeren Mann in der Zechenverwaltung, den er nicht mochte, und dessen Versetzung er bei der Hauptverwaltung hinter seinem Rücken durchgesetzt hatte. Er bat diesen Mann um Verzeihung, holte ihn zurück, und sie arbeiteten als Kollegen, die Vertrauen zueinander hatten. Von Velsen sagte zu seiner Sekretärin: „Sollten Sie sehen oder hören, daß ich etwas tue, was den absoluten Maßstäben der Ehrlichkeit, Reinheit, Selbstlosigkeit und Liebe nicht entspricht, sagen Sie es mir bitte." Seine offensichtliche Änderung war in entscheidender Weise für die neue Atmosphäre auf der Zeche Nordstern verantwortlich.

Ähnlich beeinflußte Generaldirektor Kosts neue Haltung viele Menschen, vor allem seine Angestellten in Moers. Als er dort vor der ersten Aufführung des *Vergessenen Faktor* einführende Worte sprach, staunten Bladeck und seine Kollegen, denn er sagte: „Wir müssen in unserer Industrie die Menschen an erste Stelle setzen, und die Industrie um sie herum aufbauen. Das bedeutet, daß wir als Menschen Einigkeit finden und sie unserer Gesellschaft und unserem Volk weitergeben können . . . Wenn wir dazu noch jenen vergessenen Faktor – Gott – unsere Zechen erleuchten lassen und dort herrschen lassen, dann werden wir es erleben, daß weder die Buchhaltung noch die Maschinen noch unser Verstand bestimmend sein werden, sondern daß die Herzen der Menschen füreinander schlagen werden."[21]

Hans Dütting, der Direktor der Gelsenkirchener Bergwerks AG, bei dem Buchman während des Pfingsttreffens 1950 in Gelsenkirchen zu Gast war, beschäftigte 26 000 Menschen. Dütting war 1949 mit dem Gedanken nach Caux gegangen, etwas Urlaub zu machen und einige Berge zu besteigen. Als er aber nach Gelsenkirchen zurückkam, änderte er seine Geschäftspolitik: „Wir begannen, unseren Betrieb so zu führen, daß wir auch nicht das Geringste mehr zu verbergen hatten. Das führte dazu, daß wir unseren Arbeitervertretern ganz von selbst immer mehr Aufschlüsse gaben. Der Erfolg war ein außerordentliches Wachsen des gegenseitigen Vertrauens zwischen Arbeiterschaft und Betriebsführung. Ich habe monatlich eine besondere Sitzung mit allen Betriebsratsvorsitzenden, etwa 25 Mann. In der Zusammenarbeit mit diesen Männern herrscht wirklich absolute Ehrlichkeit. Jede Seite weiß, daß keiner in diesem Gremium die Unwahrheit sagt."[22] „Vielleicht gab ich selbst den stärksten Anstoß zur Änderung des beiderseitigen Verhaltens, als ich offen über eine Fehlentscheidung von mir in personellen Dingen sprach und sie mit Hilfe der Betriebsräte wieder in Ordnung brachte", fügte Hans Dütting hinzu.[23]

Paul Dikus, Betriebsratsvorsitzender von Düttings 26 000 Arbeitern bestätigte die Änderung in Düttings Haltung bereits im Jahr 1950: „Vor einem Jahr, glaube ich, hätten wir uns beide für verrückt erklärt, wenn ich gesagt hätte, daß Assessor Dütting und ich hier in diesem Raum gemeinsam sprechen werden." Er bezog sich dann auf eine Konferenz, an der Dütting den Betriebsräten die Bücher der Zeche offen zur Einsicht gegeben und sie dadurch voll ins Vertrauen gezogen hatte. „Das war die Begegnung meines Lebens", erklärte Dikus. „Dütting sagte uns das, was wir schon immer wissen wollten. Er legte alle Karten auf den Tisch. Das ist etwas vollkommen Neues. Und schaut euch an, was sonst noch alles passiert – all die Häuser, die gebaut werden, all die neuen sozialen Errungenschaften für die Arbeiter. Ich sage euch, das ist eine praktische Anwendung von Moralischer Aufrüstung."[24]

Der erste Unternehmer im Ruhrgebiet, der seinen Betriebsratsvorsitzenden „mit vollem Stimmrecht zum Mitglied seines Aufsichtsrates" berief, war Ernst Kuss, Direktor der Duisburger Kupferhütte. Frau Dr. Müller-List berichtet, daß dieser Schritt „auf den Einfluß Buchmans zurückzuführen" sei, anschließend an einen Besuch in Caux im Jahre 1949. Kuss ging es um eine neue Form der Betriebsverfassung mit den Elementen von Mitbestimmung und Gewinnbeteiligung. Sein Beispiel beeinflußte wiederum Dr. Peter Wilhelm Haurand, Direktor der Metallfabrik Halver, der nach seinem Besuch in Caux im Jahre 1948 „entscheidend am Zustandekommen der Resolution des Bochumer Katholikentages vom September 1949 zur Mitbestimmung mitgewirkt hatte."

In den frühen fünfziger Jahren fanden Besprechungen zwischen Adenauer und seinem ehemaligen Kollegen aus dem Kölner Stadtparlament, Hans Böckler, statt. Es ging um die mögliche Bereitschaft der Gewerkschaften, das Ziel der Verstaatlichung zu ersetzen durch die Mitbestimmung – einer Partnerschaft zwischen Arbeiterschaft und Vertretern des Kapitals. Böckler und seine Kollegen stimmten der Mitbestimmung zu. Es gab noch manche Kontroverse über die nun folgende Gesetzgebung, durch die den Arbeitervertretern die gleiche Stimmenanzahl wie den Anteilseignern in den Aufsichtsräten garantiert wurde. „Doch ist nicht zu verkennen, daß gerade diese Frage eine der ernstesten Belastungsproben nicht nur für die damalige Koalition, sondern für die gesamte neu entstandene Republik darstellte."[25] Auf der Unternehmerseite gab es noch viele „Ruhr-Barone", die durch alle politischen Regime hindurch ihre Stellung beibehalten hatten; auf der Arbeitnehmerseite gab es viele, die oft schwer unter den Nazis gelitten oder sich dem Kommunismus zugewandt hatten. Beide Gruppierungen wollten mit der Mitbestimmung nichts zu tun haben.

Männer wie Hans Dütting und Paul Dikus erkannten aber dank ihrer neuen Zusammenarbeit in der Mitbestimmung eine natürliche Entwicklung: „Wir finden uns mehr und mehr auf der Basis der gleichen Ideologie, und daher haben wir auch keine Sorge vor der Auswirkung des erwarteten Mitbestimmungsgesetzes", sagte Dütting. „Ein Unternehmer, der in seiner Arbeit die vier absoluten Grundforderungen wirklich anwendet, gibt seinen Arbeitern mehr, als irgendein Gesetz es verlangen kann."[26] Paul Dikus fügte hinzu: „Im Betrieb ändern sich die Verhältnisse ganz wesentlich. Es braucht die Furcht um den

Ausgang des Kampfes um das Mitbestimmungsrecht gar nicht so groß zu sein."[27]

So geschah es auch. „Als kürzlich nach dem neuen Mitbestimmungsgesetz ein neuer Arbeitsdirektor für die Gelsenkirchener Bergwerks AG gewählt werden mußte", berichtete einer von Buchmans erfahrenen Mitarbeitern, Sydney Cook, „wandten sich die Betriebsräte aus eigenem Entschluß an Dütting und baten ihn, zusammen mit ihnen den Kandidaten zu ernennen. Anschließend präsentierten sie ihren gemeinsamen Vorschlag dem Vorsitzenden der IG Bergbau, August Schmidt, der ihm sofort zustimmte."[28]

Man kann also sagen, daß Buchman einen gewissen Anteil daran hatte, die Vorbedingungen für das deutsche „Wirtschaftswunder" zu schaffen, da er im Ruhrgebiet ein neues Element in die Beziehungen zwischen Unternehmern und Arbeitern brachte und Menschen half, durch ihre Haltung den Weg für die Mitbestimmung zu ebnen.

Weniger bekannt ist die Rolle, die Buchman bei der Wiederaufnahme der Passionsspiele in Oberammergau nach dem Krieg spielte. Anfang 1949 hatte Buchman vom Bayerischen Parlamentspräsidenten Dr. Michael Horlacher, der in Caux gewesen war, einen Brief erhalten, in dem er gebeten wurde, anläßlich der Wiederaufnahme der Aufführungen Präsident eines Internationalen Freundeskreises der Passionsspiele zu werden. Nach dem 1. Weltkrieg hatte Buchman die Spiele gemeinsam mit Studenten aus Oxford und Cambridge besucht und war damals tief beeindruckt gewesen. Das Bayerische Touristenbüro hatte gerüchteweise vernommen, daß Buchman in Amerika über große finanzielle Mittel verfüge. Als sich Buchman mit dem örtlichen Komitee in einem gemütlichen Oberammergauer Gasthaus traf, lag die Frage in der Luft, ob er vielleicht eine oder sogar zwei Millionen Dollar für die Spiele beschaffen könne.

Buchman schaute sich die handfesten, bodenständigen Dorfbewohner vor ihrem Maß Bier an. Er sagte ihnen, wie wichtig ihm die Aufführungen der Spiele schienen. Dann ließ er seine Bombe platzen. Er zitierte: „Silber und Gold habe ich nicht; was ich aber habe, gebe ich euch", und wollte dann von ihnen wissen: „Hat dieses Dorf einen Eid darauf geleistet, die Spiele aufzuführen?" Sie bejahten das. „Ist dieser Eid noch verpflichtend?" „Ja", gaben sie zur Antwort. „Ist es dann Gottes Willen, daß ihr es wieder aufführt?" Weniger begeistert stimmten sie zu.

„Dann müßt ihr es tun. Wenn ihr euch auf Geld verlassen wollt, wird Oberammergau nichts als eine weitere Festung des Materialismus werden. Wenn ihr euch auf euren Eid, euren Mut und eure Bereitschaft, zusammenzuarbeiten, verlaßt, werdet ihr es schaffen." Der Regisseur Georg Lang nahm mit seinem Sohn, einem Münchner Architekten, der in Caux gewesen war, an diesem Gespräch teil. Nach Buchmans Worten war es lange still. Dann sagte der jüngere Lang: „Es ist wahr. Ich habe es in Caux erlebt. Wir haben es auch zu Hause erlebt. Wir müssen unserem Eid treu sein und auf Gott vertrauen."

Am nächsten Morgen erschien der Bürgermeister und wollte Buchman sprechen. „Es tut mir leid", sagte er, „daß wir so viel Zeit mit der Geldfrage verbacht haben. Wir bräuchten nur ein Zwanzigstel des Geistes, der in Caux herrscht, dann könnten wir es schaffen."

Sie machten sich an die Arbeit. Später erzählte der Regisseur: „Aus dem Krieg sind viele der jungen Männer zynisch und hoffnungslos zurückgekehrt; sie wollten nicht mehr im Spiel mitmachen, weil es geistig und moralisch so viel von ihnen verlangt – wenn das Spiel gut werden soll. Darum verdanken wir Ihnen, Herr Dr. Buchman, so viel. Wir hätten beinahe unser Erstgeburtsrecht verkauft." Bei der Eröffnung der Spiele zählten Buchman und neun seiner Freunde zu den Ehrengästen.[29]

Vielleicht der beste Dienst, den Buchman in diesen Jahren Deutschland erweisen konnte, bestand darin, Menschen aus allen Lebensbereichen zu echter Verantwortung anzuspornen und so der Welt ein erneuertes Deutschland zu zeigen. Das bedeutete, daß Menschen von großer Qualität wieder ins öffentliche Leben traten. Das wiederum gab den Bürgern Vertrauen in die Zukunft ihres Landes und bestätigte den Nachbarn Deutschlands, daß Deutschlands Zukunft auch der Zukunft Europas dienlich sein würde.

Dr. Hermann Katzenberger, Direktor des Bundesrates, stellte damals fest, daß die Hälfte der Mitglieder des Bonner Kabinetts „überzeugte Anhänger der MRA"[30] und die Auswirkungen davon in vielen Bereichen des nationalen Lebens zu erkennen wären. Bundesvertriebenenminister Dr. Hans Lukaschek erklärte zum Beispiel, er habe durch seine Besuche in Caux neue Hoffnung für die Zukunft gefunden, weil er jeden Flüchtling aus dem Osten nicht als Problem, sondern als Hilfe für den Wiederaufbau Deutschlands betrachte. Tatsächlich wurden für diese Flüchtlinge keine Langzeitlager errichtet, sondern Millionen von ihnen wurden so rasch wie möglich in den Gemeinden integriert. Auch Dr. Alfred Hartmann, Finanzdirektor der Vereinigten Wirtschaftsgebiete und später Staatssekretär im Bundesfinanzministerium, sprach in Caux über die Flüchtlingsfrage und dankte für die Inspiration, die ihm neue Wege aufgezeigt habe.[31] „Die Frage des sogenannten Lastenausgleichs ist eine deutsche Angelegenheit geworden. Wir stehen vor der Aufgabe, diese Frage in einer Form zu lösen, daß sie von Gerechtigkeit beseelt ist," erklärte in Caux Münchens sozialdemokratischer Oberbürgermeister Thomas Wimmer.[32]

Minister Lukascheks Bemühungen während seiner Amtszeit (1948–51) und die seines Nachfolgers, der ebenfalls Caux öfters besucht hatte, führten zum Lastenausgleichsgesetz, das am 14. August 1952 in Kraft trat. Dieses Gesetz sah vor, daß die Einwohner Westdeutschlands, die noch Kapital oder Hausbesitz ihr eigen nannten, mit einer Sondersteuer bis zur Hälfte ihres Vermögens – nach Abzug eines steuerfreien Minimums – belegt wurden. Auf diese Weise konnten die Flüchtlinge regelmäßig Beiträge und gewisse Kompensationen für den Verlust an Hab und Gut erhalten. „Diese Umschichtung stellt hohe sittliche Anforderungen an die Bevölkerung, sowohl an die, welche etwas zu fordern haben, und vor allem an die, die etwas abzugeben haben", sagte der Justizminister von Württemberg-Baden, Josef Beyerle.[33]

Dr. Otto Schmidt, Wiederaufbauminister von Nordrhein-Westfalen, sprach in Caux über sein Arbeitsfeld: „Wohnungen bauen, Wohnungen fördern, Baupolitik, Städtebauplanungen, Umsiedlungsaufgaben und was dergleichen alles in mein Ressort fällt ... Ich rang innerlich darum, was die göttliche Bestimmung dieser mir zufallenden Aufgabe sein möge. Wir können die Tatsache nicht im einzelnen nachrechnen, was es bedeutet, daß seit 1947 Tausende und Abertausende Männer und Frauen des öffentlichen Lebens hier in Caux gewesen sind. Aber wenn ich auf mich und auf die persönlichen Erfahrungen in der Neuordnung meines Lebens sehe, dann meine ich sagen zu dürfen: es ist in vielem eine große Kraft wirksam geworden, die die Verhältnisse der freien Völker positiv gestaltet."[34]

— 32 —

SCHUMAN UND ADENAUER

In dramatischen Kabinettssitzungen hatten die deutsche und die französische Regierung am 9. Mai 1950 in den wesentlichen Punkten des Schuman-Plans Übereinstimmung gefunden. Es ging darin um eine Vereinigung der französischen und der deutschen Stahlindustrie. Sechs Wochen darauf wurde Buchman für „seinen Beitrag zur besseren Verständigung zwischen Frankreich und Deutschland"[1] mit dem Orden eines Ritters der Ehrenlegion ausgezeichnet. Zwei Jahre später verlieh ihm die Deutsche Bundesregierung das Große Verdienstkreuz des Verdienstordens der Bundesrepublik Deutschland: „Sie waren der erste Ausländer, der Deutschland wieder mit der Welt in Verbindung brachte."[2]

Da der französische Orden im Bezug zu Deutschland stand, war er – auf Vorschlag von Robert Schuman – von Senatorin Madame Eugénie Éboué an Buchman in Gelsenkirchen überreicht worden, wo Anfang Juni eine große Veranstaltung der Moralischen Aufrüstung stattfand. Was war wirklich Buchmans Anteil an der deutsch-französischen Versöhnung?

Offensichtlich hatte Buchman nichts mit den Einzelheiten des Planes zu tun, die Kohle- und Stahlindustrien Europas unter eine einzige Autorität zu bringen. Das war über einen langen Zeitraum hinweg das Werk von Jean Monnet und einer kleinen Expertengruppe, die sich dieser Aufgabe verschrieben hatten. Sie legten diesen Plan erst im April 1950 Schuman vor. Genauso wenig war Buchman dafür verantwortlich, daß in den Köpfen von Schuman und Adenauer der Gedanke Form annahm, die europäische Einigung sei ein Gebot der Stunde. Schuman hatte die Notwendigkeit, Frankreich und Deutschland auf solche oder ähnliche Weise zusammenzubringen, bereits während der zwanziger Jahre erkannt[3], während sich Adenauer über die Möglichkeiten einer Verbindung zwischen den Stahlindustrien beider Länder bereits 1923 Gedanken gemacht hatte.[4]

Ebenso wenig entspräche es der Wahrheit zu behaupten, wie es einige getan haben, Buchman habe in irgendeiner Weise in Schuman oder Adenauer den Wunsch nach einem Wiederaufbau Europas auf christlicher Grundlage geweckt. Beide Männer waren überzeugte Katholiken und hegten diese Hoffnung seit langer Zeit.

Schuman hatte in der Vergangenheit ernsthaft erwogen, Priester zu werden, jedoch wandte er sich dann – um es mit seinen eigenen Worten zu sagen – der Aufgabe zu, „Atheisten zu helfen, mit ihrem Leben zurechtzukommen, anstatt Christen zu helfen, eines guten Todes zu sterben."[5] Einige seiner Freunde betrachteten ihn als einen „Heiligen im Straßenanzug", aber selbst sah er sich als „ein sehr unvollkommenes Instrument in der Hand einer Vorsehung, die uns Menschen benutzt, um mit uns Taten zu vollbringen, die weit über unsere eigenen Möglichkeiten hinausreichen."[6] Schuman glaubte an eine individuelle Führung des Menschen durch Gott. „Oft zögerte er, verschob Entscheidungen, versuchte auch, dem Ruf auszuweichen, der sich in der Tiefe seines Gewissens bemerkbar machte", schrieb sein enger Mitarbeiter, der führende Sozialist André Philip. „Doch wenn er sicher war, was die innere Stimme von ihm wollte, ergriff er die kühnsten Initiativen und brachte sie zur Ausführung – ungeachtet aller Angriffe oder Drohungen."[7]

Auch Adenauer war tief im Glauben verwurzelt. Als Hitler ihn aus seinem Amt als Oberbürgermeister der Stadt Köln entfernte, suchte er Zuflucht in der Benediktinerabtei Maria Laach, deren Abt sein alter Schulfreund Ildefons Herwegen war. Nach Hitlers Ende war Adenauer ebenso wie Schuman davon überzeugt, daß Deutschland und Europa nur auf christlicher Grundlage wieder aufgebaut werden könnten. Er betrachtete die europäische Einigung nicht nur als „ein politisches oder wirtschaftliches Ziel, das anzustreben es sich lohnt, sondern als echte christliche Verpflichtung".[8]

Die Verwirklichung des Schumanplans gelang unter dem Druck äußerer Ereignisse – in der festen Absicht, einen weiteren Krieg zwischen Frankreich und Deutschland zu verhindern und angesichts einer Sowjetunion, deren Aggressivität immer mehr in den politischen Blickpunkt rückte. Hinter dem Plan stand eine außergewöhnliche Gruppe gleichgesinnter Männer. Professor Henri Rieben, der Direktor des Jean-Monnet-Instituts in Lausanne, benutzt den Ausdruck „gleichgesinnt", um Monnet und Buchman zu beschreiben, die einander in der Tat nie begegnet waren. Buchman hatte, so sagte er, sowohl „die geopolitische Diagnose als auch die Inspiration" und erreichte auf einer geistigen Ebene das, was Monnet auf der politischen Ebene erreichte.[9]

Der gleiche Satz würde sich noch besser eignen, um Buchman, Schuman und Adenauer[10] zu beschreiben, trotz der Tatsache, daß die beiden letzteren einander zeitweise mißtrauten. Jeder spielte eine wichtige Rolle, manchmal spielten sie sie zusammen, häufiger unabhängig voneinander. Was Buchman anging, so war er wieder einmal mit Menschen zusammengeführt worden, denen er durch Wort und Tat helfen konnte, ihre größten Hoffnungen zu verwirklichen.

Als Konrad Adenauer zum ersten Mal von Buchman hörte, war er von der offenen und herzlichen Art angetan, mit der dieser die Deutschen in Caux willkommen hieß. „Diese Geste" sagte Reinhold Maier damals, „beendete die moralische Ausgrenzung Deutschlands."[11] In Caux bezeichnete es Adenauer als „eine ganz große Tat, daß man in einer Zeit, in der das Böse geradezu sichtbar in der Welt herrscht, den Mut hat, einzutreten für das Gute, für Gott, und daß jeder bei sich selber anfängt"[12] – ein Punkt, den er oft wieder aufgriff. Schließlich überzeugte ihn der „große Erfolg", den Buchmans Arbeit im Ruhrgebiet hatte, von der Wirksamkeit der Moralischen Aufrüstung, denn auch diese Arbeit war ein Vorläufer der deutsch-französischen Annäherung. Wie die *Neue Zürcher Zeitung* 1959 schrieb: „Anstatt ein Zankapfel Europas zu sein, ist das Ruhrgebiet zu einem Wachstumszentrum internationaler Übereinstimmung geworden . . . Ohne das Ruhrgebiet keine Hohe Behörde, ohne Hohe Behörde kein Gemeinsamer Markt und keine weitreichenden Pläne für die europäische Einigung."[13]

Schon im März 1949 erwähnte Adenauer in Bern in einer seiner ersten politischen Reden außerhalb Deutschlands die vielversprechende Haltung einiger führender Franzosen und die neue Einstellung der Benelux-Länder. Er schloß: „In breiten Schichten der deutschen Öffentlichkeit ist man zutiefst davon überzeugt, daß allein der Zusammenschluß der Länder Westeuropas den alten Kontinent retten kann. Wenn Frankreich sich Deutschland gegenüber verständnisvoll und großzügig zeigt, wird es Europa einen historischen Dienst erweisen."[14]

Im gleichen Monat lernte Robert Schuman, mittlerweile Außenminister, bei einem Abendessen mit dem nordfranzösischen Industriellen Louis Boucquey zwei von Buchmans engen Mitarbeitern, Philippe Mottu und John Caulfeild, kennen. Wie diese berichteten, sprach Schuman lange über den Atlantikpakt, der kurz vor seiner Paraphierung stand. Er bezeichnete ihn als ein mangelhaftes diplomatisches Instrument, wenn er auf den politischen und militärischen Bereich beschränkt bliebe: „Wir müssen die Massen erreichen, damit dieser Pakt nicht nur von der Atombombe gestützt wird, sondern von einer veränderten Geisteshaltung in der westlichen Welt. Die Deutschen brauchen viel Mut, um mit den Franzosen zusammenzuarbeiten. Man sollte nicht sentimental sein in diesem Bereich. Wir alle bedürfen einer tiefen inneren Änderung, um die Lösung unserer großen Probleme finden zu können."[15]

Diese Aussage war den Gedanken Frank Buchmans so nahe, daß Louis Boucquey Schuman bat, ob er nicht das Vorwort für die französische Ausgabe der gesammelten Reden Buchmans schreiben möchte (sie waren in Englisch unter dem Titel *Remaking the World* erschienen). Schuman sagte zu, meinte jedoch gleichzeitig: „Wissen Sie, ich habe den Rubikon noch nicht überschritten."[16] Die Zeit für dieses Vorwort kam, als Schuman im Februar 1950 wegen einer Grippe eine kurze Erholungspause brauchte. In der Zwischenzeit war er Buchman selbst wieder begegnet. Später sagte er, daß ihm die Lektüre der Reden „einen Schimmer von der Bedeutung von Buchmans Leben, in der Vergangenheit und in der Gegenwart"[17] gegeben habe. In seinem Vorwort beschrieb er Buchmans Ziele und Methoden jener Jahre mit erstaunlicher Genauigkeit. Er betonte, daß es den „Staatsmännern bisher nur mäßig gelungen ist, eine neue Welt zu schaffen." Er wäre skeptisch geblieben, wenn Buchman nur „einen neuen Plan zum allgemeinen Wohl oder eine weitere Lehre neben so vielen anderen" entwickelt hätte. Das Gegenteil jedoch sei der Fall: „Die Moralische Aufrüstung bringt in uns eine Geisteshaltung in Aktion." Dann schildert er in drei knappen Sätzen das Programm Frank Buchmans: „Ein moralisches Klima zu schaffen, in dem eine brüderliche Einigung über alle aktuellen Spannungen hinweg möglich sein wird, ist das unmittelbare Ziel. Durch Zusammenkünfte und persönliche Begegnungen Verständnis zwischen den Menschen herzustellen, das ist der Weg, den man einschlägt. Daß man den Staaten Mannschaften geschulter Menschen, Apostel der Versöhnung und Handwerker für den Neubau der Welt zur Verfügung stellt – das ist schon jetzt, fünfzehn Jahre nach der Zerstörung durch den Krieg, Anfang einer ungeheuren sozialen Umwälzung, deren erste Schritte bereits getan sind."

„Es geht nicht um eine Änderung des politischen Kurses, sondern um die Änderung von Menschen", fügte Schuman hinzu. „Die Demokratie und ihre Freiheit steht und fällt mit der Qualität der Menschen, die in ihrem Namen sprechen."[18]

Schuman schrieb diese Worte in einer Zeit, in der seine Bemühungen um die deutsch-französische Verständigung an einem toten Punkt angekommen zu sein schienen. „Dieses Buch gab mir eine Art Erkenntnis", sagte er drei Jahre später, „ich sah, wie sich vor meinen Augen neue Perspektiven eröffneten."[19]

Die westliche Verteidigung war damals durch den im April 1949 unterzeichneten Atlantikpakt gesichert worden. Die größere Aufgabe, wie Schuman sie sah, bestand darin, „dem Leben der Massen einen neuen ideologischen Sinn zu geben". Buchman machte dies zum Hauptthema der Konferenz von Caux im Sommer 1949. Er bat außerdem Schuman und Adenauer, nach Caux zu kommen und ihm zu helfen. Schuman stimmte zu und schlug Termine im Juni vor, die auch Adenauer paßten.

„Ihr Wunsch, eine Woche der Arbeit in Caux zu widmen, ist von größter Bedeutung für die ernsten Probleme Frankreichs und Deutschlands",[20] antwortete ihm Buchman. Er machte auch Ministerpräsident Arnold von Nordrhein-Westfalen einen Vorschlag: „Wenn verantwortliche Männer zusammenkommen und unter Gottes Führung Übereinstimmung suchen, kann er die Lösung jener außerordentlich schwierigen und anscheinend unlösbaren Probleme aufzeigen, vor denen Sie jetzt stehen."[21]

Schließlich wurde Schuman während des ganzen Monats Juni von der ausweglosen Pariser Konferenz über die deutsche Wiedervereinigung festgehalten. Er bat Georges Villiers, den Präsidenten des französischen Arbeitgeberverbandes, ihn in Caux zu vertreten. Auch Adenauer schrieb: „Es hat mir außerordentlich leid getan, daß ich entgegen meiner ursprünglichen Absicht in der vergangenen Woche nicht nach Caux habe kommen können. Wie Sie wissen, bin ich gegenwärtig durch die Vorbereitungsarbeiten für die kommende Bundestagswahl und die Bundesregierung sehr stark in Anspruch genommen. Ich hoffe aber, daß es mir möglich sein wird, im Laufe des Spätsommers an der Tagung in Caux teilzunehmen. Ich darf Ihnen nochmals meinen Dank dafür zum Ausdruck bringen, daß Sie uns Deutschen in so hilfsbereiter Weise immer wieder die Möglichkeit schaffen, eine Brücke über die Kluft zu schlagen, die uns leider noch immer von unserer Umwelt trennt."[22]

In diesem Sommer kamen 1300 Deutsche nach Caux. Zu ihnen gehörte Dr. Alfred Hartmann, Finanzdirektor der Vereinigten Wirtschaftsgebiete der britischen und der amerikanischen Besatzungszonen; Hans Böckler, Vorsitzender des Deutschen Gewerkschaftsbundes und eine Reihe Minister, die den Länderregierungen angehörten.

Eines Tages saß Georges Villiers zu Tisch neben Hans Böckler, dessen Rolle beim Aufbau des neuen Deutschlands einige Historiker an Bedeutung neben die von Adenauer stellen.[23] Böckler erklärte ihm:

„Wir müßten eigentlich aus zwei Gründen Feinde sein: ich bin Deutscher, Sie Franzose. Sie stehen an der Spitze der Arbeitgeber – ich bin Gewerkschaftsführer."

Georges Villiers antwortete: „Ja, und es gibt noch einen dritten Grund – Ihre Landsleute haben mich zum Tod verurteilt. Ich war in einem Konzentrationslager, ich sah die meisten meiner Kameraden sterben. Aber das ist jetzt Vergangenheit, wir müssen sie vergessen – darum möchte ich Ihnen jetzt die Hand reichen."[24]

Zahllose ähnliche Begegnungen fanden in Caux statt, nicht nur zwischen den Deutschen und der kleineren, aber einflußreichen französischen Delegation, sondern auch zwischen Deutschen und ihren ehemaligen Feinden aus anderen Ländern.

Am 25. Oktober lud Louis Boucquey Buchman und Schuman zum Abendessen in sein Haus ein. Es wurde offen miteinander gesprochen. Die letzten Wochen waren für Schuman enttäuschend gewesen, und er fühlte sich am Ende seiner Kräfte; sein Mut hatte ihn verlassen; er wußte nicht mehr, wie er seine Kollegen und sein Volk auf dem Weg vorwärts führen konnte zu einem neuen Europa. Premierminister Georges Bidault zum Beispiel war Schumans Vorschlägen gegenüber erst gleichgültig, dann ablehnend geblieben.

Louis Boucquey sagte, es sei eine Ehre für ihn, Buchman und Schuman zu empfangen. Worauf Schuman meinte: „Wenn ich auch der Menschheit gute Dienste geleistet haben sollte, so ist doch viel von meiner Arbeit zunichte gemacht worden. Dr. Buchman hingegen hat – weil er seine Bemühungen auf den wichtigsten Aspekt des menschlichen Lebens konzentriert hat – heute die Freude, Ausbreitung und Erfolg seiner Arbeit in der ganzen Welt zu erleben. Staatsmänner können große Pläne machen, aber sie können sie nicht ohne echte Umwandlung in den Herzen der Menschen in die Tat umsetzen. Das ist Ihre Arbeit, und solch einer Arbeit würde ich am liebsten den Rest meines Lebens widmen."

Er wandte sich direkt an Buchman und sagte: „Ich brauche Ihren Rat. Seit Jahren schon möchte ich die Politik verlassen und über die Erkenntnisse schreiben, die ich im Leben gewonnen habe. Ich habe keine Familie, keine Nachkommen. Es gibt ein Kloster, wo ich willkommen wäre. Es hat eine Bibliothek. Es herrscht große Ruhe. Ich glaube, dort könnte ich meinen Plan am besten verwirklichen. Was soll ich tun?" Buchman blickte ihn an. „Monsieur Schuman", sagte er, „was glauben Sie selbst, in Ihrem eigenen Herzen, was Sie tun sollten?" Schuman hob die Hände über den Kopf, und ein warmes Lächeln glitt über sein ausdrucksvolles Gesicht. „Sie hätten mich nicht zu fragen brauchen. Natürlich weiß ich, daß ich bleiben muß, wo ich bin!"

Ernst geworden, fügte er hinzu: „Es gibt noch etwas, was ich tun muß – es ist mir ein innerstes Anliegen, und es hat mich bis hierher gebracht. Aber ich habe Angst. Ich stamme aus Lothringen und bin als Deutscher aufgewachsen. Dann kam Lothringen zurück an Frankreich, ich wurde Franzose und diente in der französischen Armee. Ich kenne die Mentalität und die Probleme beider Völker. Ich weiß seit langem, daß es mir aufgetragen ist, den Haß zwischen uns beiden abzubauen. Ich habe mit de Gasperi darüber gesprochen.* Er ist in der gleichen Lage – geboren in Österreich, hat in der österreichischen Armee gedient, ist dann Italiener geworden und mit einem Verständnis für beide Völker aufgewachsen. Wir wissen, daß etwas getan werden kann und getan werden muß und daß wir die Männer sind, die es tun müssen. Aber ich schrecke davor zurück. Da ist nämlich eine Schwierigkeit", fuhr Schuman fort. „Ich weiß nicht, wem ich im neuen Deutschland vertrauen kann. Herrn Adenauer, zum Beispiel, habe ich gerade erst kennengelernt."

„Es kamen einige deutsche Persönlichkeiten nach Caux, die vertrauenswürdig sind", antwortete Buchman, „ich könnte Ihnen ein Dutzend Namen nennen." Er gab Schuman eine Liste. „Ich werde Deutschland in den nächsten Wochen einen offiziellen Besuch abstatten", sagte Schuman, „ich werde diese Männer aufsuchen." Beim Abschied schrieb Schuman in Boucqueys Gästebuch: „Der Abend mit Dr. Buchman und den engen Freunden seiner großartigen Arbeit war ein wichtiger erster Schritt, der mich, so hoffe ich, nach Caux führen wird."

Wie oft Schuman und Adenauer bis zu diesem Zeitpunkt zusammengetroffen waren, steht nicht fest. Schuman sagt, ihre erste Begegnung habe im August 1949 in Koblenz stattgefunden.[25] Adenauer schreibt in seinen Memoiren von einem Treffen im Oktober 1948,[26] während eine andere Quelle von einem ganzen Tag berichtet, den die beiden im Jahr 1949 in der Abtei Maria Laach verbracht hätten.[27]

Wichtig scheint nicht zu sein, wie oft sie einander begegnet waren, sondern daß keiner von beiden zu jener Zeit dem anderen voll vertraute. Schuman mochte intellektuell erkannt haben, wie er zu Boucquey sagte, daß „die Deutschen viel Mut brauchten, um mit den Fran-

---

* Alcide de Gasperi, damals Premierminister, war Anhänger des Priesters Don Luigi Sturzo, dessen Nachfolge als Vorsitzender des *Partito Popolare* er 1923 antrat. Die Partei wurde 1926 aufgelöst, und De Gasperi kam ins Gefängnis.

zosen zusammenzuarbeiten", aber er selbst hatte noch einen tiefen Argwohn den Deutschen gegenüber. Seine Begegnung mit Adenauer im Oktober 1948, für die es von unabhängiger Seite einen Nachweis gibt, schien wenig erfolgreich gewesen zu sein, nicht zuletzt, weil Adenauer sich die „persönliche Theorie" Schumans hatte anhören müssen, wonach Deutschland je in einen Rhein-, Elbe- und Donaustaat aufgeteilt werden sollte.[28] Es ist schwer, sich heute zu vergegenwärtigen, wie tief der Abgrund war, den siebzig Jahre Feindschaft selbst zwischen den sympathischsten deutschen und französischen Persönlichkeiten geschaffen hatten. Ob und wie weit der Abend mit Frank Buchman Robert Schuman dazu bewogen hatte, seine europäische Mission fortzuführen, ist schwer abzuschätzen. Auch Dean Achesons ermutigende Worte während des NATO-Rates im September 1949 haben ihn in jenen Tagen dazu bestimmt, auf Deutschland zuzugehen, vielleicht in Abstimmung mit den Vereinigten Staaten und Großbritannien, abgesehen von Stalins andauernder Aggressivität, die auch ein ständiger Ansporn zur Tat war. Jedenfalls erwähnte Christopher (heute Lord) Mayhew Gespräche, in denen Schuman versicherte, Frank Buchman habe ihm geholfen, seine Bemühungen um die Deutschen fortzusetzen.[29]

Im Dezember 1949 war Frank Buchman in Bonn, wo Bundespräsident Heuß und einige Bundesminister ihm zu Ehren ein Essen gaben. Anschließend begab er sich ins Palais Schaumburg, wo ihn Bundeskanzler Adenauer in bester Stimmung willkommen hieß. Er hatte gerade sieben Professoren zuhören müssen, von denen jeder eine halbstündige Rede gehalten hatte. Dies hatte ihm die Gelegenheit gegeben, in Ruhe nachzudenken, sagte er. Er dankte Buchman für alles, was er für Deutschland getan hatte und erkundigte sich in herzlichem Ton nach Schuman und dessen Bemühungen um ein neues Verhältnis zwischen Frankreich und Deutschland. Das Gespräch wandte sich Neuigkeiten aus der Arbeit der Moralischen Aufrüstung zu. Adenauer, dem immer die praktische Seite des Lebens wichtig war, wies darauf hin, daß sein Sohn Georg mit dem Studium besser vorankomme, seit er in Caux gewesen sei. Buchman lehnte alle Verantwortung dafür ab und meinte lachend, der wahre Grund dafür sei sicher seines Vaters guter Einfluß. Der Kanzler erwiderte, daß seine beiden Sekretärinnen seit ihrem Aufenthalt in Caux ebenfalls besser arbeiteten.

Kaum einen Monat später, am 13. Januar 1950, machte Schuman den versprochenen Besuch beim Bundeskanzler. Bei seiner Ankunft in Bonn war der Bahnhof menschenleer – nur Adenauer war da. Er beförderte seinen Gast rasch in einen wartenden Wagen und erklärte, er habe einen tätlichen Angriff auf Schuman befürchtet, „weil ihr Franzosen dabei seid, das Saargebiet zu annektieren".[30] Schuman eröffnete das Gespräch, indem er seinen festen Glauben zum Ausdruck brachte, daß Frankreich und Deutschland in Zukunft gut zusammenarbeiten würden. Die beiden Männer kamen sich innerlich ein Stück näher. Doch wurde nichts über die Zukunft des Saargebietes beschlossen, obgleich Adenauer den Eindruck gewann, daß Schuman im stillen dachte, das Saargebiet würde eines Tages nach Deutschland zurückkehren – ein Eindruck, den er auch von dem vorausgegangenen Gespräch im Oktober 1948 mitgenommen hatte. Es lief jedoch nicht alles so glatt ab. Am 3. März 1949 unternahm die französische Regierung Schritte, um das Saargebiet Frankreich einzuverleiben.[31] Als drei von Buchmans Freunden am 7. April Adenauer besuchten, war er über Schumans Haltung entrüstet. „Er ist ein Lügner", behauptete der Kanzler, „selbst Bidault widerspricht mir nicht, wenn ich Schuman einen verlogenen elsässischen Bauern nenne." Adenauers Gäste schlugen ihm angesichts dieser Behauptungen – auch wenn sie wahr sein sollten – vor, doch zu überlegen, wie man Schuman ändern könne. „Ich muß mich ja selbst noch mehr ändern", antwortete ihnen der Kanzler in Erinnerung an die Lehre von Caux, die ihn so beeindruckt hatte: daß jeder mit der Änderung bei sich selbst anfangen muß.[32]

Es schien nun, als ob die große Chance verspielt sei. Jean Monnet notierte sich, daß bei einem Treffen in Bonn[33] die Atmosphäre am Gefrierpunkt angelangt war („une atmosphère glacée") und bemerkte zu Schuman: „Wir sind dabei, genau den gleichen Fehler zu machen wie 1919",[34] obgleich Adenauer offiziell die zweistündige Sitzung als „von gegenseitigem Vertrauen getragen" bezeichnete.[35] Im April gab es keinen Zweifel mehr, daß ein Fehlschlag bevorstand. „Wir waren in einer Sackgasse", sagte Schuman später. „In welche Richtung wir uns auch bewegten, wir stießen an Mauern. Um irgendwie voran zu kommen, mußten wir es zu einem Bruch kommen lassen. Zuerst müssen wir uns von dem furchtbaren Erbe der Angst befreien. Wir fühlten es: Ein Sprung nach vorne mußte getan werden."[36]

Monnet sorgte für diesen Sprung. Er legte seinen Plan für eine gemeinsame Kohle- und Stahlbehörde vor, der in Eile fertiggestellt worden war. Am 20. April gab er Bidault eine Kopie davon; dieser schenkte ihr keine Aufmerksamkeit. Erst am 28. April ließ er Schuman durch seinen Kabinettschef eine Kopie des Plans überreichen. Schuman war klar geworden, daß ihnen die Zeit auf gefährliche Weise zu mangeln begann, wenn sie bis zum 11. Mai zu einer Übereinstimmung finden wollten, denn an diesem Tag war eine entscheidende Konferenz der Außenminister angesetzt. Schuman studierte den Plan am Wochenende. Als er ihn Monnet zurückgab, sagte er: „Ich werde ihn benutzen."[37] Während eines Essens mit Monnet in der ersten Maiwoche schlug er vor, diesen Plan unerwartet, als Überraschung, vorzubringen. Sie wurden sich einig, daß nur zwei französische Minister, René Mayer und René Pleven, vor der Kabinettssitzung am 9. Mai in ihren Plan eingeweiht werden sollten. Bidault hingegen, der das Projekt als „eine Seifenblase" oder „nur eine weitere internationale Organisation" bezeichnete und ablehnte, sollte nur generell informiert werden.[38]

Am 9. Mai tagte auch das deutsche Kabinett. Adenauer wurde ein Brief von Schuman überreicht, der die Umrisse seines Plans enthielt. In der Erkenntnis, so sagte er später, daß dies „ein großzügiger Schritt . . . von außerordentlicher Bedeutung für den Frieden in Europa und in der ganzen Welt" sei, antwortete Adenauer innerhalb einer Stunde, er sei bereit, den Plan anzunehmen. Als Schuman eine Stunde später den Vorschlag dem französischen Kabinett mit der tatkräftigen Unterstützung von Mayer und Pleven unterbreitete, wurde er angenommen.[39]

Im Jahr 1951, zwei Monate nach der Ratifizierung des Schumanplans, sandte Adenauer an Buchman in Amerika eine Botschaft, die in der *New York Herald Tribune* unter der Überschrift erschien: „Würdigung der Moralischen Aufrüstung für Mitwirkung an Schumanplan-Gesprächen."[40] Adenauer schrieb: „In der letzten Zeit ist es nach manchen schwierigen Verhandlungen möglich gewesen, bedeutsame internationale Abmachungen zu treffen; ich glaube, daß auch hierbei der Geist der ‚Moralischen Aufrüstung' unsichtbar, aber wirksam dazu beigetragen hat, bei den Verhandlungsteilnehmern das Gegensätzliche zu überbrücken und in der Suche nach dem gemeinsamen Guten den friedlichen Zwecken zu dienen, auf die alles menschliche Streben gerichtet sein sollte . . . Ich bin mit Ihnen der Überzeugung, daß die äußeren Beziehungen der Menschen und Völker zueinander erst dann ganz gefestigt sein können, wenn eine innere Bereitschaft dazu vorhanden ist. Die Moralische Aufrüstung hat sich in dieser Hinsicht große und bleibende Verdienst erworben."[41] Im darauffolgenden Jahr wurde Buchman mit dem großen Verdienstkreuz ausgezeichnet.

Schuman konnte erst im Jahr 1953 sein Versprechen einlösen und Caux besuchen. Während seines kurzen Aufenthaltes nahm er an den Sitzungen teil und sah sich zwei Theaterstücke an. Dann bat er darum, sprechen zu dürfen: „Ich verlasse Caux in einer ganz anderen geistigen Haltung als der, in der ich hier angekommen bin", sagte er. „Seit vierunddreißig Jahren bin ich in der Politik, und in solch einer langen Zeit wird man skeptisch. Ich fahre jedoch viel weniger skeptisch von hier fort, und in meinem Alter ist das ein beachtlicher Fortschritt." Was ihn mehr als alles andere beeindruckt habe, war – nach seinen eigenen Worten – die Möglichkeit, moralische Aufrüstung auf internationale Beziehungen, zwischen Völkern, zu übertragen. „Danke, daß Sie mir diese Hoffnung gegeben haben", schloß er, „von jetzt an werden wir nie mehr aufgeben." Als er Caux verließ, fügte er hinzu: „Die Tage hier gehören zu den denkwürdigsten meines Lebens."[42]

Schuman fuhr fort, bis zu Buchmans Tod 1961, ihn und seine Arbeit zu unterstützen. Auch Adenauer blieb in ständiger Verbindung mit ihm.

Als zum Beispiel 1958 General de Gaulle die Regierungsgeschäfte in Paris übernahm, sandte Adenauer Buchman zwei persönlich unterschriebene Botschaften. Die eine war zur Veröffentlichung im offiziellen *Bulletin* der Bundesregierung gedacht, die andere war ein Brief an ihn. Darin schreibt er: „Ich teile die Ansicht, daß die europäische Einigkeit im Zeichen moralischer Maßstäbe stärker denn je betrieben werden sollte. Diesem großen Werk der Einigung Europas haben Sie wertvolle Impulse gegeben. Ich weiß mich mit Ihnen eins in der Überzeugung, daß die Fortsetzung dieses Werkes für die Erhaltung des Friedens in der Welt unerläßlich ist. Ich würde mich daher sehr freuen, wenn Sie selbst in den kommenden entscheidenden Monaten der europäischen Entwicklung Ihr besonderes Augenmerk schenken würden."[43]

Zahlreiche Deutsche haben diese Ansicht ihres ersten Bundeskanzlers geteilt. Dr. Hasso von Etzdorf – 1960 Abteilungsleiter im Bonner Auswärtigen Amt und von 1960–1965 Botschafter der Bundesrepublik Deutschland in London – wurde in Atlanta von Journalisten gefragt, was er für die bedeutendste Entwicklung seit dem Zweiten Weltkrieg halte. Seine Antwort hieß: „Die Aussöhnung zwischen Deutschland und Frankreich, die meiner Ansicht nach von Dauer sein wird. Sie ist vor allem auf Grund der Arbeit der Moralischen Aufrüstung zustande gekommen."[44]

Als Frank Buchman 1961 starb, berichtete das *Bulletin* der Bundesregierung: „Seit 1947 war Caux das Symbol der Arbeit Dr. Buchmans für das deutsche Volk. Durch Caux hat er Deutschland in den Kreis der zivilisierten Nationen zurückgeführt, nachdem Hitler seine Bewegung in Deutschland verboten und unserem Lande das Mißtrauen und die Verachtung der anderen Länder eingebracht hatte. In Caux begegneten die Deutschen, Politiker oder Wissenschaftler, Industrielle oder

Arbeiter, denen, die während des Krieges ihre Feinde gewesen waren. Dr. Buchman ermöglichte die ersten Reisen nach Caux. So ist Caux eine der großen moralischen Kräfte, der wir unsere Stellung in der Welt verdanken." In der Tat sind diese Verdienste Buchmans nicht vergessen worden. Im September 1982 empfing der damalige Bundespräsident Professor Dr. Karl Carstens Delegierte der Moralischen Aufrüstung aus zweiundzwanzig Nationen und sagte ihnen: „Die Tatsache, daß Deutschland in den Nachkriegsjahren wieder von der Völkergemeinschaft angenommen wurde, und daß wir die Beziehung zu Frankreich neu aufbauen konnten, verdanken wir in hohem Maße der Moralischen Aufrüstung."[45]

Freilich: für Buchman selbst war all dies nur ein Nebenprodukt der Arbeit, die Gott ihm in seiner Sorge für einzelne Menschen aufgetragen hatte. Als ihn einmal ein lobender Brief von Adenauer erreichte, sagte er zu seinen Freunden: „Ich bin sprachlos."

Als er mit dem Großen Verdienstkreuz ausgezeichnet wurde, nahm er die Auszeichnung an „im Bewußtsein, daß ich diese Ehre mit jedem Mann und jeder Frau teile, die an dieser Arbeit mitgewirkt haben."

33

JAPAN

Japan war das Land, für das Buchman zuerst betete, als er an jenem Abend in Mackinac hörte, der zweite Weltkrieg sei zu Ende. Dreißig Jahre zuvor hatte er dieses Land siebenmal besucht, war aber nur zweimal etwas länger geblieben. 1956 kehrte er zum ersten Mal nach Japan zurück. Zu dieser Zeit war er dort eine schon so bekannte Persönlichkeit, daß ihm die japanische Regierung die höchste Auszeichnung des Landes zu verleihen wünschte.

Alles begann im Jahr 1935, als ein promovierter Oxforder Student namens Basil Entwistle beschloß, Bischof Logan Roots und seine Familie auf ihrer Rückreise von einer Hausparty in Oxford nach China zu begleiten. Buchman unterstützte Entwistles Plan. Die Reise ging über Tokio. Dort benutzte Entwistle die Gelegenheit, Kensuke Horinouchi aufzusuchen, den damaligen Leiter der Amerika-Abteilung im japanischen Außenministerium. Durch diese Begegnung erlebte das Ehepaar Horinouchi eine Erneuerung ihres christlichen Glaubens. Als Basil Entwistle ein Jahr später auf der Rückreise wieder in Tokio Halt machte, gab Horinouchi, inzwischen stellvertretender Außenminister, einen Empfang für ihn, zu dem er seine persönlichen Freunde einlud. Ein harter Machtkampf war damals bereits zwischen den jungen Militärs auf der einen Seite und Horinouchi mit seinen gemäßigten Freunden im Auswärtigen Amt auf der anderen Seite im Gang. Eine Zeitlang konnten sich jene Männer im Auswärtigen Amt, die den Frieden wollten, behaupten, doch befanden sie sich in ständiger Lebensgefahr. 1938 wurde Horinouchi zum japanischen Botschafter in Washington ernannt. Dort lernte er Buchman kennen. Als es 1940 dazu kam, daß er gezwungen wurde, unwahre Botschaften an die Amerikaner zu übermitteln, bat er um seine Rückberufung. „Wer weiß, wann wir uns wiedersehen", sagte er zu Buchman und Entwistle vor seiner Abreise von San Francisco. „Wir gehen schweren Zeiten entgegen. Vielleicht können wir in Verbindung bleiben. Doch was immer geschehen wird, wir werden all dem, was wir durch Sie gelernt haben, die Treue halten."[1] In Tokio wurde er aus dem diplomatischen Korps entlassen und stand während des ganzen Krieges unter strenger Beobachtung. Aber er hielt sein Versprechen.

Weitere japanische Freunde, die Buchman und sein Team im Ausland kennengelernt hatten, kehrten nach Hause zurück. So auch Takasumi Mitsui – Bruder des Chefs des mächtigsten japanischen Industriekonzerns, der in Oxford bei Professor Streeter und bei Alan Thornhill studiert hatte. In Oxford waren auch seine Frau, er selbst und seine Kinder getauft worden. Bis zum Jahr 1938 arbeiteten die Mitsuis mit Buchman zusammen, dann kehrten sie nach Japan zurück. Den Krieg über hielten sie, trotz großer Schwierigkeiten, an ihrem Glauben fest. In einer Nacht verloren sie durch Brandbomben ihre beiden Häuser in Tokio und lebten bis zum Kriegsende in einem fensterlosen Lagerhaus. Wie alle Japaner hatten sie nur wenig zu essen; eines ihrer Kinder starb an Unterernährung. Sie standen unter ständiger polizeilicher Überwachung, da sie aus ihrer Verbindung mit der Moralischen Aufrüstung keinen Hehl machten. Da sie aber der mächtigen Mitsui-Familie angehörten, geschah ihnen nichts.

Zu den zehn Japanern, die im Juni 1948 an Buchmans Riverside-Konferenz in Kalifornien teilnahmen, zählten auch Horinouchi und die Mitsuis. Es waren, abgesehen von einigen Technikern, die ersten Japaner, die Japan nach dem Krieg verlassen durften. Yasutane und Yukika Sohma gehörten dazu. Sie hatten die Moralische Aufrüstung in Japan kennengelernt. Yasutane war ein einfallsreicher, charmanter *Bonvivant*, und war das Haupt einer adligen Familie, die Ländereien in Zentraljapan besaß. Unter der neuen Verfassung waren ihm sowohl der Adelstitel als auch ein Großteil seines Grundbesitzes weggenommen worden. Er hatte die intelligente und geistreiche Tochter von Yukio Ozaki, dem „Vater des japanischen Parlaments" geheiratet. Als Bürgermeister von Tokio hatte Ozaki der Stadt Washington die berühmten rosa blühenden Kirschbäume geschenkt, die noch heute eine Attraktion der amerikanischen Hauptstadt sind. Yukika hatte einige Male miterlebt, wie ihr Vater nur knapp einem Attentat entging – Ozaki hatte seine demokratischen Ansichten nie verheimlicht. Sie selber hielt nicht allzu viel von Traditionen und war ihrem zukünftigen Mann begegnet, als sie einmal mit dem Motorrad durch die Stadt fuhr – damals ein unglaubliches Unterfangen für eine junge Japanerin. Es war eine schwierige Ehe. Dank einer amerikanischen Diplomatin, die zum Bekanntenkreis Buchmans gehörte und dank einer echten inneren Änderung in beiden wurde sie zu einer schöpferischen Partnerschaft.

Während der Riverside-Konferenz wandte sich ein Japaner mit folgender Frage an Buchman: „Die Amerikaner haben uns eine neue Verfassung gegeben. Sie ist wie ein leerer Korb, womit sollen wir ihn füllen?“ Die Regierung der Vereinigten Staaten wußte, daß mit dem Kriegsende und der Zerstörung des japanischen Militarismus ein Vakuum entstanden war; sie hatte rasch gehandelt und Japan eine demokratische Staatsstruktur gegeben. Doch genügte die neue Struktur nicht. Buchman erkannte, daß hier dieselben dringenden Aufgaben warteten wie in Deutschland.

Die Deutschen, die an der Riverside-Konferenz teilnahmen, gaben den Japanern Anlaß zur Hoffnung: Konnte das, was sie in Caux erlebt und gefunden hatten, auch in Japan die Leere mit Leben erfüllen? Yasutane und Yukika Sohma baten die Familie Entwistle, mitsamt ihrer kleinen Tochter nach Japan zu kommen. „Jetzt, wo alles noch in Trümmern liegt?“ fragte Basil Entwistle. „Vielleicht nicht sofort, aber laßt uns alles für euch vorbereiten“, erwiderte Yukika Sohma.

Im folgenden Sommer reisten siebenunddreißig Japaner nach Caux, unter ihnen der ehemalige sozialistische Premierminister Tetsu Katayama mit seiner Frau und einige andere Politiker. Sie waren zehn Wochen unterwegs. Nach einem vierwöchigen Aufenthalt in Caux wurden Katayama und seine Freunde von den Regierungen und den sozialdemokratischen Parteien von Deutschland, Frankreich und England empfangen.[2]

Im Januar 1950 erhielt Entwistle, der inzwischen wieder in Amerika war, ein Telegramm von Buchman mit der Bitte, er möge nach Japan reisen und den Japanern, die in Riverside und Caux gewesen waren, zur Seite stehen. Mit den Worten „Ken mitnehmen“, endete das Telegramm. „Ken Twitchell war noch erstaunter als ich“, schrieb Entwistle. „Keiner von uns beiden dachte auch nur einen Augenblick daran, ‚Nein‘ zu sagen. Aber ich verließ meine Familie nur ungern, womöglich für längere Zeit.“[3]

Buchman hatte den beiden Männern vor allem ans Herz gelegt, einigen japanischen Familien ihre aufmerksame Fürsorge zu schenken. Durch die Mitsuis und die Sohmas wußten sie, daß es in den Reihen der Moralischen Aufrüstung in Tokio eine Spaltung gab. Einige wollten die Moralische Aufrüstung auf eine enge rein christliche Form beschränken, die zwar die moralischen Maßstäbe und die Notwendigkeit, sich von Gott führen zu lassen, betonte – aber nur, soweit sich das auf ihr persönliches Leben bezog. Andere hingegen – so die Mitsuis, Sohmas und Horinouchis – sahen in der MRA eine geistige und moralische Kraft, die Japan auf den Weg bringen könnte, eine geeinte, demokratische und verantwortliche Nation zu werden.

Die beiden Freunde wußten, daß sie ein nicht-christliches Land betreten würden, ein Land, dessen Vorstellungen von Christentum von der Überheblichkeit und der doktrinären Theologie einiger Christen geprägt war. Hinzu kam die feindliche Einstellung westlicher „christlicher" Nationen Japan gegenüber. Buchman hatte von Anfang an gesagt: „Die ausgebreiteten Arme Christi sind für alle da", für Christen und Nicht-Christen im gleichen Maß. Darum lehrte er auch seine Mannschaft, so über geistige und moralische Änderung zu sprechen, daß ein Nicht-Christ begriff, was gemeint war. Das bedeutete auch, den Menschen keine doktrinären Hürden in den Weg zu stellen.

Im passenden Augenblick pflegte Buchman den Menschen, die zu seinen Versammlungen kamen – ob sie einen Glauben besaßen oder nicht – die tiefsten christlichen Wahrheiten, die er erkannt hatte, zu vermitteln. Seine ganz persönliche Erfahrung des Kreuzes Christi in Keswick stand dabei oft im Mittelpunkt, durch die er die Befreiung von einem persönlichen Haß gefunden hatte. Nie aber verlangte er von seinen Zuhörern, mit ihren Traditionen zu brechen oder dieser oder jener Kirche beizutreten. Er sah seine Aufgabe darin, Menschen in direkte Beziehung zum Heiligen Geist zu bringen, der den Einzelnen persönlich leiten und ihm helfen würde, nach dem Willen Gottes zu leben. Es war sein Ziel, jeden Menschen zur Teilnahme an der moralischen und geistigen Revolution aufzurufen, die er für unabdingbar hielt, wenn sich Völker zum Segen aller erneuern und Instrumente in Gottes Hand werden sollten.

In zwei Ansprachen, die Buchman damals in Amerika und in Deutschland hielt, drückte er sich dementsprechend folgendermaßen aus: „MRA ist der gute Weg einer von Gott inspirierten Ideologie, in der sich alle Menschen einigen können", sagte er 1948. „Katholiken, Juden und Protestanten, Hindus, Muslime, Buddhisten und Konfuzianer – sie alle erkennen, daß sie sich, wo notwendig, ändern müssen und dann diesen ‚Guten Weg' gemeinsam gehen können."[4] 1951 sagte er: „Wir brauchen noch eine stärkere Dosis . . . ‚Das Blut Jesu Christi, Seines Sohnes, reinigt uns von aller Sünde'. Dieses zu erleben, ist die Sehnsucht aller. Da liegt die Antwort, die wir suchen."[5]

Wie nun unternahmen es Entwistle und Twitchell, diese Erkenntnisse in Japan anzuwenden? An ihrem ersten Sonntag in Japan trafen sie sich mit der streng ‚christlichen' Gruppe. Entwistle und Twitchell achteten ihre Treue und Selbstaufopferung. Doch wollten sie eigentlich die Mitsuis, Horinouchis und Sohmas in ihrer Absicht unterstützen, die selbst erlebte Änderung der Führerschaft ihres Landes weiterzugeben.

Diese hatten sich bereits an die Arbeit gemacht. In den nächsten zehn Tagen stellten sie ihre beiden Gäste nicht nur Premierminister Shigeru Yoshida vor – der wohl bedeutendste japanische Politiker jener Zeit – sondern brachten sie auch mit zwei Männern, die im Volksmund „Papst" und „Kaiser" genannt wurden, zusammen. Der „Papst" war Hisato Ichimada, Gouverneur der Bank von Japan; der „Kaiser" war Chikao Honda, Präsident der *Mainichi* Unternehmensgruppe. Yukika Sohmas Vater, der ehrwürdig-alte Parlamentarier Ozaki, wurde besucht. Drei Empfänge wurden zu ihren Ehren gegeben: von den drei größten Zeitungen Japans, von der Bank von Japan und vom Vorsitzenden des Oberhauses.

Diese Kontakte führten dazu, daß im Sommer 1950 sechsundsiebzig Japaner an der Sommerkonferenz von Caux teilnahmen. Es war die repräsentativste Gruppe, die Japan seit dem Kriegsende verlassen hatte. General Douglas MacArthur, amerikanischer Hochkommissar in Japan, begrüßte das Unternehmen. Zur Delegation gehörten Parlamentarier aller großen Parteien, sieben Regionalpräsidenten, die Bürgermeister von Hiroshima und Nagasaki, führende Vertreter aus der Industrie, der Finanzwelt und den Gewerkschaften. Premierminister Yoshida lud die hauptverantwortlichen Teilnehmer zu einem Abschiedsessen ein, und gab ihnen ein interessantes Konzept für ihre Reise mit: „1870 reiste ein Gruppe Japaner in den Westen. Nach ihrer Rückkehr veränderten sie das Leben in Japan. Wenn Sie von Ihrer Reise zurückkehren, werden auch Sie eine neue Seite im Buch unserer Geschichte aufschlagen."[6]

Bei ihrer Ankunft in Caux waren die Japaner von der Sorge erfüllt, wie die vielen Menschen aus anderen Ländern – auch die aus den ehemaligen Feindesländern – sie aufnehmen würden. Buchman ahnte ihre Ängste, darum stand er am Eingang zum Mountain House und begrüßte jeden einzelnen persönlich. Er hatte auch dafür gesorgt, daß die japanische Fahne neben anderen Nationalflaggen gehißt worden war. Die Besatzungsmacht erlaubte das in Japan nicht. Beim Anblick ihrer Fahne traten den japanischen Gästen Tränen in die Augen.

Buchman hielt sich an die Feinheiten der japanischen Traditionen: sich verbeugen und nicht die Hände schütteln, Alter und Würde den Vorrang lassen. Er ließ die Gäste mit perfekt zubereiteter japanischer Kost versorgen. Der Vorsitzende der städtischen Angestellten von

Osaka sagte den Anwesenden beim Empfang: „Unser Land schlug den Weg des Krieges ein. Wir haben großes Leid verursacht. Als meine Kollegen und ich von Tokio abflogen, waren wir darauf gefaßt, hier als Feinde behandelt, vielleicht sogar gemieden zu werden. Stattdessen haben wir einen überwältigend herzlichen Empfang erlebt."[7]

Buchman plante die Konferenzen immer mit der gleichen Sorgfalt: Die Japaner sollten Deutsche und Franzosen erleben, die gemeinsam das in Trümmern liegende Europa aufbauen wollten. Sie sollten Unternehmer und Gewerkschaftler erleben, die sich verpflichteten, auf wirtschaftlicher Ebene zusammenzuarbeiten, um die Bedürfnisse der Menschen zu befriedigen. Sie erlebten auch, daß Politiker, die Rivalen gewesen waren, neue, gemeinsame Wege suchten. Buchman traf sich mit der ganzen Delegation – und mit einzelnen. Hellhörig und einfühlsam wie er war, gelang es ihm, ihre Hoffnungen kennenzulernen und sie in neuen Entscheidungen zu unterstützen – deren es viele gab. Der Gouverneur der Provinz Nagano und der Bürgermeister von Nagano-City, zum Beispiel, erzählten öffentlich, daß sie ihre gegenseitige Abneigung abgelegt hatten; in ähnlicher Weise versöhnten sich Katsuji Nakajima, ein militanter Gewerkschaftsführer und Eiji Suzuki, sein „Feind Nr. 1", Polizeichef seiner Provinz.

Yasuhiro Nakasone, der jüngste der sechs Parlamentarier, (er wurde 1983 Premierminister) schrieb von Caux aus an eine japanische Zeitung: „Das Eis schmolz in den japanischen Herzen, dank der Harmonie, die zwischen den Völkern hier herrscht. Wie ein starker Strom überbrückt sie schon Rassen und Klassen in Europa und Amerika."

Als die Japaner zu ihrer Rückreise über Bonn, Paris und London aufbrechen wollten, wies Buchman sie auf ihre Bestimmung hin: „Demonstrieren Sie die Änderung, die Sie erlebt haben, so, daß die Menschen, denen Sie auf der Reise begegnen, von ihr berührt werden." Während der Konferenz in Caux war der Koreakrieg ausgebrochen, und nur Buchmans mahnende Worte bewogen die Delegation, die geplante Reise zu Ende zu führen, anstatt sofort nach Hause zu fliegen.

Die Japaner wurden überall in Europa herzlich aufgenommen. Bevor sie England verließen, veröffentlichte der *Observer* auf seiner Titelseite eine Botschaft, in der sie zum Abschied ausdrückten, was sie angesichts des Koreakriegs empfanden: „Wir hoffen in Zukunft als Nation durch unsere Taten beweisen zu können, daß wir eine Änderung des Herzens erlebt haben, die es uns ermöglicht, am Wiederaufbau der Welt mitzuwirken." Weiter hieß es: „Rußland hat seine Vormachtstellung in Asien ausgebaut, weil die sowjetische Regierung die

Kunst der ideologischen Kriegführung versteht – sie ringt um das Denken der Menschen. Wir appellieren an die Regierungen und Völker des Westens, etwas Ähnliches zu tun – kundig zu werden in der Philosophie und der Anwendung einer moralischen Aufrüstung, die die Ideologie der Zukunft ist. Dann wird ganz Asien aufhorchen."[9]

Die meisten Japaner waren tief beeindruckt von Frank Buchman. Während ihrer Reise und nach ihrer Heimkehr zitierten sie oft seine Worte. Bürgermeister Hamai von Hiroshima sprach am Jahrestag der Atombombenexplosion über alle Radiosender der Vereinigten Staaten: „Dr. Buchman hat gesagt: ‚Frieden bedeutet Menschen, die anders werden'. Das trifft den Nagel auf den Kopf. Ich will mit meiner Stadt Hiroshima anfangen. Den Überlebenden der Atombombe bleibt nur eine Hoffnung: daß unsere Stadt zum Inbegriff des lebendigen Friedens wird."

Im Senat in Washington begrüßte Vizepräsident Alben Barkley alle Japaner persönlich. In wenigen Worten drückte er die Hoffnung aus, daß die lange währende Freundschaft zwischen den Vereinigten Staaten und Japan, die der Krieg unterbrochen hatte, wieder aufblühen möge. Als Senior der japanischen Delegation erwiderte Chojiro Kuriyama: „Wir bedauern Japans große Fehler von Herzen. Wir haben eine fast jahrhundertealte Freundschaft zwischen unseren beiden Ländern zerbrochen. Wir bitten um Ihre Vergebung und um Ihre Hilfe. In Caux haben wir gefunden, was der Demokratie Sinn und Inhalt geben kann."[10] Der Senat erhob sich zu langem Beifall. Im Repräsentantenhaus war der Empfang ebenso herzlich.

Ein Leitartikel in der *New York Times* kommentierte, es seien kaum fünf Jahre vergangen seit dem Abwurf der Atombombe auf Japan: „Gestern erlebten wir die Bürgermeister von Hiroshima und Nagasaki ... aus dem Dunkel, das uns umgibt, konnten wir einen Blick erhaschen in die Zeit, in der alle Menschen Brüder sein werden."[11] Die *Saturday Evening Post* schrieb etwas weniger pathetisch: „Es wirkt ermutigend, wenn ein Volk seine Fehler zugibt ... Es könnte ja sein, daß sich Amerika auch an etwas erinnert, wovon es mit Gewißheit sagen kann: ‚Dort haben wir wirklich etwas falsch gemacht'."[12]

Nach ihrer Rückkehr sahen einige Mitglieder der Delegation ihre Aufgabe darin, neue Beziehungen zwischen Unternehmertum und Arbeiterschaft herbeizuführen. Diese Arbeit trug in den folgenden Jahren reiche Früchte. Anderen gelang es, bei stürmischen Auseinandersetzungen im Parlament einen versöhnenden Einfluß auszuüben. Die in Caux geschaffene Einmütigkeit zwischen Mitgliedern verschiedener Parteien spielte dabei eine wichtige Rolle.

Unerwartet kam die Nachricht, der Friedensvertrag mit Japan solle im September 1951 in San Francisco unterzeichnet werden. Buchman hatte – wie schon 1945 – das Ereignis vorausgeahnt, und einige Monate vorher in San Francisco für September ein Theater gemietet, um das Musical *Jotham Valley* aufführen zu lassen. In diesem Schauspiel ging es um zwei feindliche Brüder im Staat Nevada, die sich um eine Wasserquelle streiten und um die Überwindung der tiefen Gräben zwischen ihnen. Je mehr Delegierte in San Francisco ankamen, um so deutlicher wurde, daß auch da noch viele Gräben zu überwinden waren. Es war den USA gelungen, die meisten ihrer Verbündeten aus dem Zweiten Weltkrieg davon zu überzeugen, daß die Zeit für den Abschluß eines Friedensvertrags mit Japan reif sei. Acht Monate später sollte Japans volle Unabhängigkeit vollzogen werden. Rußland boykottierte jedoch die Konferenz, und Australien und Neuseeland hatten ernste Zweifel an der Integrität eines unabhängigen Japan geäußert. Kein Wunder, daß eine äußerst gespannte Atmosphäre herrschte und daß die Japaner – mit Ausnahme der offiziellen Sitzungen – in fast vollständiger Isolierung lebten.

Buchman, Twitchell und Entwistle kannten fünf der sechs bevollmächtigten Delegierten Japans. Fast jeden Tag ließ Buchman einen Tisch für zwölf Personen im Mark Hopkins Hotel reservieren, wo Konferenzteilnehmer anderer Nationen mit den Japanern zu Mahlzeiten zusammenkommen konnten. Abends besuchten viele von ihnen die Aufführungen von *Jotham Valley.* Hisato Ichimada, Gouverneur der Bank von Japan und einer der wichtigsten Delegierten an der Konferenz, sagte seinen Freunden Entwistle und Mitsui in Tokio, Buchmans Bemühungen seien die einzige Brücke zwischen Japan und den anderen Völkern gewesen.[13]

Am Abend vor der Unterzeichnung des Friedensvertrags waren fünf der japanischen Unterzeichner zu Gast bei Buchman. Während der Feierlichkeiten machte Buchman sie mit Robert Schuman bekannt. Eine Woche später sahen Buchman und Schuman einander wieder, und zwar in Ottawa, wo Robert Schuman an einer NATO-Konferenz teilnahm. Zusammen mit dem dänischen Außenminister Ole Björn Kraft besuchte er Buchman im Haus der Moralischen Aufrüstung. Als sie sich verabschiedeten, sagte Schuman zu Buchman: „Die Welt ist nicht groß genug für Sie! Sie haben mit Japan Frieden geschlossen, bevor wir es taten.“[14]

In jenen Jahren wurde Buchmans öfters als Kandidat für den Friedensnobelpreis erwähnt. 1951 schlugen ihn Abgeordnete aus England, Frankreich, Schweden, Dänemark und Griechenland vor, ebenso

Walter Nash, Führer der neuseeländischen Opposition und Ahmed Yalman, Herausgeber der türkischen Zeitung *Vatan*. Buchman gehörte zur engeren Auswahl, doch der Preis wurde anderweitig vergeben. Ähnlich war es 1952, als Parlamentarier aus Japan, den Vereinigten Staaten, Italien, den Niederlanden und der Schweiz ihn nominierten. Buchman kommentierte dazu: „Nicht ich war es, der Frieden unter die Völker gebracht hat. Wir wollen weiterarbeiten."

— 34 —

FRANK BUCHMAN PERSÖNLICH

Die Autorin Hannah More sagte einmal von William Wilberforce, sein Leben gleiche einer „öffentlichen Häuslichkeit", und sie fügte mit feiner Ironie hinzu: „Er lebte so zurückgezogen, daß er kaum mehr als dreiunddreißig Gäste zum Frühstück hatte."

Bei Buchman waren es in den Zeiten vor seinem Schlaganfall oft hundert oder mehr, die zum Frühstück kamen. In Caux oder in Makkinac war er ständig von zahlreichen Menschen umgeben. Überdies gingen seit zwanzig Jahren seine engsten Mitarbeiter in seinem Zimmer ein und aus, ohne vorher anzuklopfen. Fuhr er auf „Urlaub", wie 1946 nach Schloß Ganda in Südtirol, reisten zwischen fünf und zehn Freunde mit ihm. Aber meist waren es dreißig oder vierzig. Ein Urlaub war für ihn einfach ein neuer Ort, an dem man die gleiche Arbeit weiter tun konnte. Unter diesen Umständen war es von Bedeutung, daß er ein aufrichtiges und herzliches Interesse an Menschen hatte. Doch war er in seinem innersten Wesen ein Mensch, der seinen ganz privaten Freiraum brauchte. Er sagte mir einmal, daß es ihm sehr schwer gefallen sei, seine Koffer nicht mehr selbst packen zu können und es andere für ihn tun zu lassen.

Seine Neigung zur Zurückgezogenheit verbarg sich hinter den beiden Rollen, die er gleichzeitig erfüllen mußte: einmal als der private Frank Buchman und zweitens als der Verantwortliche für die Arbeit der MRA. Dieses Dilemma verwirrte Peter Howard, als er Buchman zum ersten Mal in Amerika kennenlernte: Es war abgemacht worden, daß er ein Buch mit dem Titel *That Man Frank Buchman* schreiben würde. Howard kam direkt vom *Daily Express* und führte eine scharfe Feder – er wußte, was eine persönliche Note wert war. Um so erstaunter war er, als Buchman ihm sagte: „Es darf natürlich nichts über mich in diesem Buch stehen." Buchman meinte damit, ein solches Buch solle seine Arbeit beschreiben und nicht „unnötige" Dinge wie seinen Geschmack, seine Gewohnheiten, seine Kleidung und Eigenheiten – genau das aber war es, was ein Journalist der Fleet Street wissen wollte. Diese Abneigung gegen die Veröffentlichung von Einzelheiten seines persönlichen Lebens war wahrscheinlich fehl am Platz, denn wo ein Vakuum ist, entstehen Gerüchte. Vielleicht war das ein Grund, warum dieser Mann, über den man so viel diskutierte, gleichzeitig so unbekannt blieb und so wenig verstanden wurde. Als ich ihn einmal darauf ansprach, sagte er: „Wenn ich nicht mehr am Leben bin, muß alles gesagt werden."

Er sprach ganz selten über sich selbst, und auch nur mit wenigen Freunden. Sein Arzt, Dr. Campbell, sieht den Grund dafür möglicherweise in einer Entscheidung, die Buchman sehr früh traf: „nie wieder an sich selbst zu denken". Nimmt man diese Entscheidung wörtlich, so ist sie unmöglich zu erfüllen. Vielleicht bedeutet sie vielmehr, nie wieder sich selbst an die erste Stelle zu setzen. Das hieß zumindest, daß Buchman sich in Gedanken weit mehr mit anderen Menschen beschäftigte als mit sich selbst.

Ein weiterer Grund für seine Zurückhaltung mag in einer Überlegung bestanden haben, mit der sich jeder Verantwortliche für einen geistig-moralischen Feldzug auseinandersetzen muß. Allgemein wurde akzeptiert, daß für die vielen tausend Menschen, die im Laufe der Zeit mit ihm zusammenarbeiteten, Gott die letzt-entscheidende Instanz war, und nicht Buchman. Was ihn selber betraf, so wollte er seine Schwierigkeiten nicht auf Menschen abladen, die ihrerseits vielleicht noch nicht reif dafür waren. Er sagte öfters, er sei selbst nicht frei von Sünde und erwähnte manchmal, auch öffentlich, er sei ängstlich oder habe jemandem Unrecht getan und sei ärgerlich geworden. Er sah sich jedoch oft gezwungen, es wie König Alfred zu halten: „Hast du eine Sorge, sage sie dem Schwachen nicht – vertraue sie deinem Sattelbogen an, und reite singend hinaus." Oft mußte Buchman seine Bürde allein tragen, denn es gab unter seinen Freunden nur wenige, die den Mut oder die Feinfühligkeit hatten, ihn zu fragen, wie ihm zumute sei. Einmal sagte er: „Es sind lauter Menschen um mich, die einen großen Glauben, aber wenig Liebe haben." Von Natur aus war er ein lebhafter, fröhlicher Mensch, und allzu viele meinten in dieser äußeren Erscheinung den ganzen Menschen zu erkennen.

Stella Beldens junger Bruder Oliver Corderoy begann kurz nach Kriegsende mit Buchman zusammenzuarbeiten. Er erinnert sich an einen Abendspaziergang mit ihm in den vierziger Jahren, auf den Wiesen von Caux. „Bedrückt dich etwas?" fragte er und legte seine Hand auf Buchmans Schulter. „Merkt man es?" lautete die Antwort. Dann mußte Oliver Corderoy eine Viertelstunde lang nur zuhören und sagte selber nichts. Um Mitternacht meldete sich der Summer in Corderoys Zimmer. Buchman bat um etwas Pfefferminztee. Draußen stand der Vollmond über dem See, und die Berge schienen mit Samt überzogen. „Es gibt viele Menschen, die Gottes Plan mehr verpflichtet sind als du", sagte Buchman, „aber nicht viele würden mir so helfen, wie du mir heute nachmittag geholfen hast. Du hast kein Wort gesagt. Ich fühlte den Frieden in dir."

In der Tat war Buchman nicht nur ein in sich zurückgezogener, sondern oft auch ein einsamer Mensch. Die wenigen, die das Risiko auf sich nahmen und sich einen Weg durch die äußere Reserviertheit bahnten, entdeckten einen Menschen, der zwar zwanglos und entspannt sein konnte, aber immer wieder voller Ungewißheit seinen Weg suchen mußte und ab und zu sogar so verloren aussah, wie er sich in Wirklichkeit fühlte.

Auf die natürliche Frage, warum er nicht geheiratet habe, gab er stets die gleiche Antwort: „Weil Gott das für mich nicht vorhatte." Als er um die zwanzig Jahre alt war, hatte er wie die meisten jungen Männer eine „Liste" von etlichen „möglichen Auserwählten". 1918 schrieb er jedoch seiner Mutter aus Seoul: „Vielleicht bist Du erleichtert, wenn ich Dir sage, daß ich noch Junggeselle bin; ich gedenke es auch zu bleiben."[1] Bis in seine fortgeschrittenen Jahre gab es keinen Mangel an Frauen, die das Risiko einer Heirat mit ihm fröhlich eingegangen wären; er aber schien ebenso fröhlich zu akzeptieren, daß es seine Bestimmung war, allein zu bleiben.

Er tat indessen nichts lieber, als anderen ein Gefühl von „zu Hause" zu geben und kümmerte sich um jedes Detail, wenn Freunde und Gäste ihn besuchten. „Das sieht ja schrecklich aus!" stellte er einmal während einer großen internationalen Konferenz fest: Er hatte eine Blumenvase mit schmutzigem Wasser entdeckt. Nun mußten sämtliche Blumenvasen geleert und mit frischem Wasser gefüllt werden. Die Mahlzeiten mußten auch sorgfältig serviert werden: „Meine Mutter hat nie die Teller vor sich aufgestapelt", sagte er. Oft sehnte er sich nach eigenen vier Wänden. Bei einem Besuch in Allentown stand er vor seinem Haus – es war vermietet worden – und sagte: „Weißt du, was ich wirklich gern tun würde? In diesem Haus leben und es gut unterhalten." Ob ihn das auf die Dauer befriedigt hätte, ist zu bezweifeln. Die zahlreichen Reisen verlangten aber einen hohen Preis von ihm.

Wie sah Buchmans Privatleben wirklich aus? Was machte ihm Freude – neben seiner Berufung, an der er ohne Zweifel seine Freude hatte?

Er rauchte nicht und rührte keinen Alkohol an. In seiner Familie hatte Wein ganz selbstverständlich zur Mahlzeit gehört, und erst in Overbrook hatte er sich entschieden, auf Alkohol zu verzichten, um seiner Köchin Mary Hemphill, die Alkoholikerin war, zu helfen. Aber auch hier war er nicht ein Gefangener eiserner Prinzipien. Als ihn einmal eine einfache französische Familie zu einer Mahlzeit einlud, trank er ein Glas von dem Landwein, den sie servierten. Als ihm aber am nächsten Tag eine prominente französische Familie ein Glas mit einem renommierten Wein einschenken wollte, sagte er nein. Ein Schweizer Zigarrenfabrikant wollte von ihm wissen, was er mit seiner Fabrik machen solle. Buchman antwortete ihm: „Machen Sie die besten Zigarren in der Schweiz", und als ein englischer Bierbrauer den Wunsch ausdrückte, am Neuaufbau der Welt mithelfen zu wollen, sagte er ihm: „Machen Sie besseres Bier!"

Buchman genoß gutes Essen. „Sein Schlaganfall kam nicht nur, weil er sich Sorgen um seine jungen Männer machte, die einberufen wurden", sagte Dr. Campbell. „Er liebte reichhaltiges Essen – Suppen, Desserts mit Schlagsahne, gebratene Ente, Mehlspeisen – alles Dinge, vor denen es den modernen Ärzten graut. Hingegen meinte Buchman, solches Essen gebe viel Energie." Nach seinem Schlaganfall mußte er anders essen lernen, doch gab er seinen Gästen weiter das beste Essen, nach dem in Pennsylvania üblichen Wort: „Gutes Essen und echtes Christentum gehören zusammen."

Vor seinem Schlaganfall ging er besonders gerne reiten und liebte das Leben auf dem Land. Zum letztenmal scheint er im Dezember 1940 ausgeritten zu sein. Mit einem halben Dutzend Freunden war er 14 Tage in Mexiko gewesen. Auf dem Weg zurück nach Norden übernachteten sie auf einer Hazienda. „Wir frühstückten an einem prächtigen, langen Eichentisch", erinnert sich John Wood, „dann rief uns Frank nach draußen. Dort warteten Pferde auf uns – wir saßen auf und ritten über die Ranch, Frank immer voran."

Auch nach der Krankheit liebte er seine Spaziergänge – wenn er sich dazu aufraffen konnte. „Er liebte und beobachtete die Natur", erzählt John Wood, „wie zum Beispiel das feine Muster der kahlen Zweige ... Ob er nun in einem schönen Park mit Aussicht auf die Bucht von San Franzisko war oder unter den Obstbäumen von Südtirol, immer wieder blieb er stehen, gefangen von der Schönheit um ihn herum."

In der Tat, Buchman liebte schöne Dinge. Ein Freund, Sir Neil Cochran-Patrick, besaß in seinem Haus in Ayrshire (Schottland) einige Stücke kostbares Porzellan, die schon lange im Familienbesitz waren. Er war erstaunt, als ihm Buchman die Herkunft der einzelnen Stücke genau beschreiben konnte.

Er kaufte nie ein Bild, Porzellan oder ein Kunstwerk für sich selbst – was er kaufte, verschenkte er an andere. Menschen, die zu den Hauspartys von Oxford kamen, erinnern sich vorwiegend an seine grauen Flannelhosen und seine Sportjacke aus Tweed. In Caux trug er meistens einen Anzug. Dr. Campbell sagt, Buchmans Garderobe habe aus zwei Anzügen bestanden – einem blauen und einem grauen, einem Sportjacket und Flanellhosen, sowie einem Smoking und einem Frack für besondere offizielle Anlässe. Er besaß auch noch einen heißgeliebten alten Pullover und einen noch älteren Schlafrock. Nur einmal will jemand Buchman wegen seiner verkrüppelten Hand in Tränen gesehen haben: als er versuchte, diese Hand in den Ärmel jenes alten Schlafrocks zu bringen und es ihm nicht gelang: „Ich bin ein Krüppel", rief er verzweifelt aus.

Er trug oft alte und gebrauchte Sachen, die man ihm geschenkt hatte, und er ermutigte seine Freunde, nicht zu stolz zu sein und das gleiche zu tun. „Dein Problem ist, daß du um alles in der Welt nicht zu den ‚verdienstvollen Armen' gerechnet werden willst", sagte er einmal zu einem schottischen Kollegen. Es gelang Buchman jedoch immer, so frisch und gut gekleidet auszusehen, wie ihn Harold Begbie und A. J. Russell in ihren Artikeln in den zwanziger und dreißiger Jahren beschrieben.

Wie Dr. Campbell erzählt, erhielt er Unterstützung vor allem in Form von Geldspenden, die ihm zu Weihnachten, an seinem Geburtstag oder manchmal während einer Konferenz – als persönliche Geschenke – gegeben wurden. Lange blieb Geld bei ihm nicht liegen: „Er schaute einen an und sagte: ‚Du brauchst einen neuen Anzug.' Wenn ihm jemand zu Weihnachten 500$ schenkte, rief er seine Mannschaft zusammen und gab jedem 10$." Campbell fügt hinzu, daß ihm Buchman während der vielen Jahre, in denen er ihm helfend zur Seite stand, niemals Geld in irgendeiner anderen Form als dem erwähnten kleinen Weihnachtsgeschenk gegeben habe. „Er bezahlte die Rechnung, wenn wir im gleichen Hotel wohnten wie er. Aber er wußte, daß wir – genau wie er selbst – die gleiche Entscheidung getroffen hatten und unentgeltlich dienen wollten. In späteren Jahren wurden die Geburtstagsgeschenke manchmal recht ansehnlich. 1958 zum Beispiel gab es eine Liste von 138 Menschen, die zusammen 67000$ spendeten, darunter waren zwei Spenden von 5000$, eine von 5$ von Brooks Onley, dem schwarzen Chauffeur eines Freundes, und ein Dollar von Martha Lambert.

Campbell stellt fest, daß sich „Buchman wegen Geld nie Sorgen machte". Oliver Corderoy hingegen meint, er habe sich manchmal doch gesorgt. Ich hörte ihn einmal sagen – es war in Caux, angesichts einer Notlage: „Ich weiß, daß ich keine Angst haben sollte, aber ich frage mich, wie wir es dieses Mal schaffen werden." Eines tat er nie: er paßte seine Arbeit und seine Unternehmungen nie dem vorhandenen (wenn überhaupt) oder in Aussicht gestellten Geld an.

Zu Buchmans liebster Lektüre gehörten die Zeitungen. Wenn irgend möglich las er die Londoner *Times*, und zuerst die Todesanzeigen. Seine liebsten Bücher waren Biographien. Die Tagebücher und Briefe der Königin Viktoria faszinierten ihn. Er genoß die Informationen über die wenig bekannten Seiten von bekannten Persönlichkeiten – aber er kolportierte solches Wissen nie. Er interessierte sich für alles, was ihm Einblick gab in ein Land, eine Regierung oder eine Gesellschaft. An ein Land zu denken, bedeutete für ihn, an Menschen zu denken, die er dort kannte. Manchmal gab ihm das ein etwas einseitiges Wissen, aber im allgemeinen war er durch die Informationen, die ihm von vielen Seiten zukamen, sehr gut im Bilde.

John Wood erinnert sich vor allem an Buchmans „Lebensfreude – Freude an Parties, an Städten mit ihren Cafés, Freude an allem, was geschah". Einer Parade konnte er nicht widerstehen, ebensowenig einer Musikkapelle oder einem Umzug. Er mußte hin und sich das unbedingt ansehen und nahm alle mit, die mitgehen wollten. Er folgte auch gerne Einladungen zu größeren, öffentlichen Essen. Dort konnte er die Atmosphäre eines Landes oder einer Stadt fühlen; außerdem war es eine gute Gelegenheit, neue Menschen kennenzulernen. Er verlor nie eine gewisse Sehnsucht nach dem freieren Leben in einem Hotel, wo er unerwartet Menschen kennenlernen und die Welt beobachten konnte. Einer seiner ersten Mitarbeiter sagte: „Man wird ihn nie verstehen, wenn man sich nicht daran erinnert, daß er in einem Hotel aufwuchs, gleich neben der Bahnlinie."

Während der vierziger und fünfziger Jahre in Amerika gefielen ihm die populären Radiosendungen, bei denen die Großen dieser Welt humorvoll karikiert wurden. Drei seiner Freunde, Paul Campbell, Cece Broadhurst und Charles Haines, stellten bei Partys öfters eine eigene „Show" zusammen, in der sie ihn und andere Kollegen freundlich oder gezielt humorvoll auf den Arm nahmen. Solche Abende voll Lachen und geistvollem Humor gehörten zum Leben um Buchman und auch zu den Hauspartys und Konferenzen. Buchman konnte ausgiebig lachen, Tränen liefen ihm die Wangen herunter – manchmal sah es so aus, als würde er vom Stuhl fallen. „Das war der beste Gottesdienst", bemerkte er nach solch einem Abend.

Nicht weniger liebte er es, einfach mit Freunden in vollkommener Stille zusammenzusitzen. Michel Sentis, ein französischer Freund, erinnert sich an einen Abend in Caux, als er mit Buchman lang beim Sonnenuntergang über dem Genfer See zusammensaß und sie die sich langsam färbenden Berge gegenüber beobachteten. „Wir sagten nichts, hatten Freude an der Stille. Es war auch nicht nötig, etwas zu sagen, denn wir waren uns der Dritten Person über uns bewußt, die die innere Konversation in Gang hielt." Ein andermal sagte er zu Paul Campbell, Bunny Austin und Morris Martin: „Ich bin ein alter Mann von 72 Jahren, und ich bin froh, daß ihr hier bei mir seid. Nicht viele alte Leute haben Freunde wie euch."

Er war unmusikalisch und hatte klassische Konzerte nicht besonders gern. Wenn er seinen Gästen oder seinen Musikerfreunden wie dem Dirigenten Artur Rodzinski jedoch damit eine Freude machte, ging er hin. Seine Vorliebe galt der rhythmischen, schwungvollen Musik. Er setzte in seiner Arbeit oft Vokalmusik ein, sei es ein Chor, Trios und Quartette, von denen er die drei Brüder Colwell aus Kalifornien mit ihren humorvoll-aktuellen Liedern besonders schätzte.

Für das Theater hatte er eine besondere Vorliebe. Später wurden Schauspiele zu einer wichtigen, wenn nicht der wichtigsten Ausdrucksform seiner Botschaft. Ich möchte behaupten, daß Buchman vielleicht der erste seit dem Mittelalter war, der das Theater für einen geistigen Kampf so voll einsetzte. Er dachte zum ersten Mal daran, als er 1937 von einer Hausparty in Brighton eigens nach London fuhr, um sich William Douglas-Homes Schauspiel *Great Possessions* anzusehen, das die Oxfordgruppe mit wohlwollendem Humor behandelte. Er lud einen jungen Studenten aus Oxford ein mitzukommen und setzte diesen auf der Heimreise nicht wenig in Erstaunen, als er ihm sagte: „Du wirst die Schauspiele schreiben, deren die Welt bedarf." Dieser junge Mann schrieb in der Folge zwar kein Schauspiel, aber er brachte einen Peter Howard zur Moralischen Aufrüstung, der dann eine ganze Reihe von Theaterstücken verfassen sollte.

Einen Urlaub für sich zu beanspruchen, wäre Buchman nie in den Sinn gekommen. Wenn es sein Gesundheitszustand verlangte, suchte er ruhigere Orte auf. Bunny und Phyllis Austin haben mit Buchman, als er 78 Jahre alt war, eine solche „Ruhezeit" in Italien erlebt. Es war dieses Mal wirklich eine kleine Gruppe: neben Buchman das Ehepaar Austin, Paul Campbell und Jim Baynard-Smith, Buchmans persönlicher Assistent. Sie waren in einem Hotel abgestiegen. Buchman fühlte sich ziemlich schwach, wollte aber doch mit seinen Freunden in verschiedenen Ländern und Erdteilen in Kontakt bleiben. Und kaum hatte der hilfsbereite Bunny Austin den Vorschlag gemacht, er könne etwas für ihn tippen, als sich Buchman zu ihm wandte und befahl: „Dann nimm ein Diktat auf: ‚Lieber ...'"

Während er „Nichtstun" nachging, freundete sich Buchman mit den Direktoren und den Angestellten des Hotels an. Eines Tages erschien Mario, der Kellner, der ihm immer das Frühstück brachte, in Tränen – sein Vater war gestorben. Buchman ließ sich zu Marios Dorf fahren, eine steile Holztreppe hinauf zu Marios Haus und in sein Wohnzimmer tragen. Dort verbrachte er zwei Stunden mit Mario und seiner Familie. Ein anderer Kellner war während des Krieges dreimal aus Konzentrationslagern geflohen, er hatte sich wochenlang nur von Wurzeln und Gras ernährt und nach Kriegsende der Kommunistischen Partei angeschlossen. Buchman unterhielt sich oft und lange mit ihm. „Für diesen Mann wäre ich bereit zu sterben", sagte er eines Tages zu Phyllis Austin. Der Hoteldirektor, dessen neunzigjährige Mutter, das Zimmermädchen – alle wurden Buchmans Freunde.

Als seine Kräfte wiederkehrten, besuchten ihn noch andere Freunde. Es war Weihnachtszeit, und als der Christbaum und die Krippe aufgebaut waren, versammelten sich Kommunisten und Mitglieder von königlichen Familien, alte Damen und kleine Buben um Buchman. Eines der Zimmermädchen begrüßte eine königliche Besucherin mit einem fröhlichen „Hallo, Frau Königin!"[2]

Während dieses „Urlaubs" begegnete Buchman wieder König Michael von Rumänien. Sie kannten einander schon lange, seit der Kindheit des Königs, als Buchman dessen Großmutter, Königin Marie in Bukarest besucht hatte. Der junge König hatte seitdem zweimal regiert: einmal von 1927–1930 in Abwesenheit seines Vaters, und dann von 1940–1947, nach seines Vaters Tod. Er hatte 1944 den faschistischen Diktator General Antonescu stürzen können. Nach dem Krieg wurde er von den Kommunisten ins Exil geschickt. Nun kam er mit seiner Mutter, Königin Helen, und seiner Frau, Königin Anne, am 23. Dezember 1955 zum Tee. König Michael schreibt dazu: „Ich erinnere mich deutlich an Franks Fürsorge, als wir uns 1955 wiedersahen. Ich war traurig und unglücklich über den Verlust meiner Heimat. Meine Verbitterung war noch gewachsen, weil ich das Gefühl hatte, nirgends hinzugehören. Nach diesem Nachmittag war mir zumute, als ob diese große Bürde von mir genommen worden sei. Für Frank schien kein Problem zu klein oder zu groß zu sein – das größte oder das kleinste Anliegen im Leben eines anderen wurde mit der gleichen liebenden Fürsorge behandelt."[3] König Michael und seine Familie besuchten Caux immer wieder von Genf aus, wo sie sich niedergelassen hatten, und nahmen – auch nach Buchmans Tod – regen Anteil an der Arbeit der Moralischen Aufrüstung.

Möglicherweise hatte Buchman eine so starke Wirkung auf Menschen, weil er fähig war, sich ganz auf den Augenblick und auf den konkreten Menschen vor ihm zu konzentrieren. Seine Freunde sagen, daß er sich – wo immer in der Welt sie auch mit ihm waren – in die dortige Situation hineindachte, als ob er immer dort bleiben würde. Einmal geschlossene Freundschaften vergaß er nie, auch wenn er die betreffenden neuen Freunde nie wiedersah. So gelang es ihm, für die Menschen, die um ihn waren, ein Zuhause zu schaffen, wo immer er sich befand.

Buchman war gerne mit Kindern zusammen und nahm sie ernst. Einer Mutter, die voller Unruhe das Benehmen ihres Töchterchens beobachtete, sagte er, sie solle ihr Kind nicht gängeln. Dann ließ er es während der ganzen gemeinsamen Autofahrt mit ihren Eltern munter drauflosreden. Einmal setzte er sich zu einem zwölfjährigen Mädchen, das meinte, es habe zu viel zu lernen, und erzählte ihr in 45 Minuten die Geschichte der englischen Gewerkschaftsbewegung, mitsamt den Helden von Tollpuddle, dem Arbeitsrecht und Stundenlohn und sagte dann: „Auf Wiedersehen, ich wünsche dir ein gutes Schuljahr." Heute sagt sie: „Ich bin dankbar, daß er mich damals wie eine Erwachsene behandelte." Kinder sandten ihm Briefe, Weihnachtskarten und ihr Taschengeld. Jedes Kind erhielt eine persönliche Antwort von ihm.

Bei aller Warmherzigkeit und Feinfühligkeit konnte Buchman aber auch aufbrausend sein. Manchmal hatte er recht, manchmal nicht. Manchmal entschuldigte er sich, manchmal nicht. Er war hin und wieder unbequem, weil er spontan reagierte. Sein Aufbrausen – ja sein Ärger – waren oft Ausdruck einer tief empfundenen Freundschaft und Sorge.

Oliver Corderoy sagt, Buchmans unerwartete Einfälle seien nie böswillig gewesen, sondern oft als Spaß gemeint. Jedenfalls besaß Buchman viel Humor und pflegte zu sagen, daß sich Menschen eher ändern, wenn man ihnen mit einem Scherz die Wahrheit sagt, als wenn man ihnen einen Tritt versetzt. Er nahm sich selbst auch nicht allzu ernst. Von einem Portrait, das ihn darstellte, bemerkte er einmal: „Ach, es steht in irgendeinem Keller. Ab und zu kommen die Mäuse und sehen es sich an!"

Seine Arbeit nahm Buchman allerdings sehr ernst und wehrte sich mit aller Kraft gegen eine Unterschätzung ihrer Bedeutung. Ich erinnere mich, wie er ein paar von uns Engländern während unserer ersten

Reise in die Vereinigten Staaten auf die Seite nahm und uns erklärte, wir müßten hier klar sagen, was wir meinten, sonst würde uns niemand ernst nehmen. „Redet klar und deutlich, aber nie über eure eigene Erfahrung hinaus", sagte er uns. Ermahnungen solcher Art führten bei einigen seiner Mitarbeiter, die ihm gefallen wollten, zu Überschätzungen, denen er selbst auch verfiel, wenn er – ohne es geprüft zu haben – wiederholte, was man ihm sagte. So wurde etwas, was eine Rolle bei der Lösung eines Problems gespielt hatte, zur Lösung selbst gemacht.

Buchmans Gegner, die in einigen Ländern das Pressemonopol besaßen, nahmen sich jeden Fehler dieser Art vor und bauschten ihn auf, so daß man meinen konnte, alle Buchman zugeschriebenen Erfolge – die er selber Gott zusprach – seien Übertreibungen, wenn nicht gar Lügen. Die Ironie dabei war, daß eigentlich Buchman persönlich „Erfolge" sehr wenig bedeuteten. Ein tiefes Gefühl der Dringlichkeit erfaßte ihn, wenn es darum ging, einem Menschen die Macht und Wirksamkeit Gottes klarzumachen. So viele Menschen seien schon so verweltlicht, daß sie sich nur für greifbare Erfolge interessierten, meinte er. Aber genau dieses Dringlichkeitsgefühl produzierte die Munition, die dann seine eigentliche Absicht scheitern ließ.

Es gab Zeiten, da Buchmans Glauben erschüttert war, da er das Gefühl hatte, Gott habe ihn verlassen. „Ich komme mir ganz verloren vor", sagte er einmal – und der Freund, der bei ihm war, fragte zurück: „Was ist denn so Erstaunliches daran?" Solch ein Gefühl ist all jenen wohl bekannt, die versuchen, ihr Leben nach Gott auszurichten. Bei Buchman kam noch hinzu, daß er sich mehr als einmal auf Ungewöhnliches einließ, um einem Menschen oder einer großen Gruppe von Menschen zu einem entscheidenden Schritt zu verhelfen. Nicht nur fühlte er sich oft verloren, manchmal hatte er auch Angst. Immer wieder erscheint in seinen Notizen der Gedanke: „Keine Angst". Einmal, mitten in einer Konferenz, sagte er plötzlich: „Keine Angst – wie dumm war ich doch!" Dann stand er auf und schüttelte sich, um die Angst richtig loszuwerden. Ihn plagten alltägliche Ängste: die Angst, Fehler zu machen, falsch zu planen, das Gefühl für Gottes Führung zu verlieren – und auch eine mehr mystische Art Angst. Eines Tages wollte ein Freund von ihm wissen: „Fürchtest du die Liebe Gottes?" – „Ja", antwortete er mit Nachdruck. Diese Furcht ist wahrscheinlich nur jenen Menschen bekannt, die der Liebe Gottes nahe genug gekommen sind, um ihre Macht zu erfassen. Ohne Zweifel pflegte Buchman seine Beziehung zu Gott mit ernsthafter Beständigkeit, und diese Beziehung hoffte er auch, an andere geben zu können.

Was Buchman tiefen Frieden gab, war, in der Stille auf Gottes Eingebungen zu warten. Solches tat er gerne gemeinsam mit anderen, verbrachte aber auch ganz allein viel Zeit in der Stille. Während wacher Nachtstunden kamen ihm oft die besten Gedanken. Nach seinem Schlaganfall, als er nicht mehr selbst schreiben konnte, hatte er stets eine elektrische Glocke neben seinem Bett. Paul Campbell erzählt: „Um zwei oder um drei Uhr morgens weckte mich der Summton. Oft waren seine ersten Worte: ‚Was sind deine Gedanken?' – dabei konnte ich vor lauter Schlaf kaum aus den Augen schauen. Er hatte auf Gott gehorcht und nahm an, ich hätte das gleiche getan. Das hat mich damals geärgert. Dann diktierte er meistens allgemeine Gedanken zu Plänen oder zu Vorhaben, die unterstützt – oder verhindert – werden sollten. Er diktierte mir nie persönliche Gedanken für Menschen. Diese teilte er am hellichten Tag den Betreffenden selbst mündlich oder schriftlich mit."

Dann schlief er wieder ein. Wenn er aufwachte, war er bereit, um sieben oder sieben Uhr dreißig den Tag zusammen mit einer Gruppe von Freunden vorzubereiten. Manchmal wachte er erst um neun Uhr auf mit den Worten: „Jetzt könnten wir frühstücken." „Aber", fährt Campbell fort, „er konnte ebensogut um fünf Uhr früh einige Freunde zusammentrommeln und den Tag beginnen. In den letzten Jahren schwand der Unterschied zwischen Tag und Nacht – doch wurde jeder Tag mit der Bibel begonnen. Er bat, daß man ihm aus ihr vorlese: stets einen Psalm und oft auch aus dem Neuen Testament.* Abends bat er mich immer, mit ihm zu beten, obwohl er oft zu erschöpft war, um selber zu beten. Dafür betete er zu anderen Zeiten, für sein Land oder für seine Freunde, aber eigentlich war er mehr ein horchender Mensch. Ein oft wiederkehrender Gedanke hieß: ‚Es wird ein großer Tag' – dreimal unterstrichen. Er lebte mit großen Erwartungen. Einem Freund sagte er einmal, ‚Ich bin eben Amerikaner; mir kommt der Gedanke 69 mal: Es wird ein ganz großer Tag werden, voll von Gottes Macht und Herrlichkeit.'"

Buchmans Umgang mit Gott und sein „Horchen" war natürlich nicht etwas, das er auf den frühen Morgen beschränkte. Sein Leben war nicht in Zeiten der Stille und in Zeiten des Tuns eingeteilt. Er versuchte immer, innerlich wach zu sein, jederzeit in Erwartung einer neuen Entdeckung. Campbell erzählt, daß er bei wichtigen Fragen oft viele Menschen gemeinsam konsultierte, aufmerksam jedem zuhörte –

* Besonders gern hörte er die Psalmen 23, 32, 103, 121; und 2. Timotheus 2; und Johannes 17.

besonders den Jüngeren und den neu Dazugekommenen –, jeden Vorschlag abwägend, auch wenn er die letzte Entscheidung selber traf. Zahlreiche Menschen erlebten diesen Prozeß des Suchens auf ganz besondere Art, wenn sie ihn in persönlichen Fragen konsultierten.

Eine Holländerin, Charlotte van Beuningen, die mit Buchman 1939 und Anfang 1940 in Amerika zusammenarbeitete, wollte sofort nach der Besetzung Norwegens und Dänemarks durch die Deutschen am 9. April 1940 nach Holland zurückkehren. Buchman machte sie darauf aufmerksam, daß die besonderen Aufgaben, die sie sich vorgenommen hatte, noch nicht völlig ausgeführt waren. Gemeinsam horchten sie in der Stille, und Frau van Beuningen blieb. Etwas später traf sie in New York wieder mit Buchman zusammen. Nun war sie überzeugt, daß sie nach Hause fahren müsse. Buchman schwieg. Dann sagte er: „Ja, es ist an der Zeit zu gehen." Sie wollte über Rom zurückreisen und den Papst aufsuchen, dem sie von prominenter Seite empfohlen worden war. „Nein", sagte Buchman, „jetzt nicht. Fahre direkt nach Hause." Frau van Beuningen fuhr ab und kam am 9. Mai 1940 zu Hause an, am Tag des deutschen Einmarsches in die Niederlande. Während des Krieges rettete sie durch ihre mutige Arbeit Hunderten von Kriegsgefangenen das Leben.[4]

Oliver Corderoy beschreibt Buchman als „einen Menschen, der wächst; er war kein vollkommener Mensch, aber immer am Wachsen". Der Mann, der sich nicht von seiner Herkunft und seinem vielgeliebten Pennsylvanien oder von den traditionellen Methoden der amerikanischen Missionare in China einengen lassen wollte; der Mann, der in Oxford erst ankam, als er schon über vierzig Jahre alt war, der die Moralische Aufrüstung erst gründete, als er sechzig war und in Begriffen einer moralisch-geistigen Ideologie erst sprach, als er fünfundsechzig war – dieser Mann suchte immer nach neuen Einsichten und einem neuen Anstoß. „Wir haben die großen schöpferischen Quellen im Denken Gottes noch nicht erschlossen", sagte er, als er die Moralische Aufrüstung im Londoner Arbeiterviertel East Ham bekanntmachte. In seinem letzten Lebensjahr versicherte er einem Freund: „Jeden Tag lerne ich etwas mehr über moralische Aufrüstung."

Die meisten Menschen meinten, die Oxfordgruppe und die Moralische Aufrüstung seien von ihm begründete Bewegungen – eine Vorstellung, der er energisch entgegentrat. Über die Oxfordgruppe sagte er: „Man kann ihr nicht beitreten, und man kann nicht austreten. Man gehört ihr an oder nicht, je nach der Qualität des Lebens, das man im Augenblick führt. Manchmal bin ich selber weit weg davon."

1948 wollte der amerikanische Filmschauspieler Joel McCrae wissen: „Nun, Frank, wie geht es der Moralischen Aufrüstung?“ „Oh“, antwortete Buchman nachdenklich, „manchmal gelingt es uns, etwas von ihr darzustellen.“ Bei diesem Gespräch war ein Freund zugegen, der ihn auf der Fahrt nach Hause fragte: „Mir scheint, ich sehe die Moralische Aufrüstung anders als du – ich dachte, du hättest sie gegründet?“ „Nein, nein“, antwortete Buchman spontan, „entdeckt, entdeckt . . . Alle Menschen können Mit-Entdecker sein.“ „Wenn du die Moralische Aufrüstung so siehst, dann liegt ihre Zukunft in lebendigen Darstellern“, sagte sein Begleiter später zu ihm. „Natürlich“, antwortete Buchman, „sie gehört ja Gott, nicht mir.“

In Garmisch-Partenkirchen erklärte er einigen Freunden wenig später, was er damit meinte: „In Keswick erlebte ich Gottes heilende Kraft. Sie kann Zerstörtes wieder aufbauen, sie kann Schwaches stärken. Das Reich Gottes steht als Symbol für eine derartige Erfahrung, eine Erfahrung die jeder mit Sicherheit machen kann – erkennbar für alle, aber schwer zu beschreiben. Was erkennbar ist, ist ein Frieden, ein Vertrauen, eine neue Freiheit, eine Spontaneität im Denken, im Wollen und im Handeln. Dem kann man nicht ‚beitreten‘, man muß es selbst erlebt haben.“

„Die Welt ist noch mitten im Werden“, fügte er hinzu, „was möchte da die Moralische Aufrüstung? Neues an die Stelle des Falschen stellen? Mehr als das: schöpferische Alternativen zum Unrecht in der Wirtschaft oder in der Politik, zum Beispiel. Am Anfang steht die Suche nach der Begegnung mit Gott, die jedem Menschen offen steht.“

Krank und abgespannt beklagte er sich ein Jahr vor seinem Tod: „Ich werde es nicht mehr erleben.“ Plötzlich faßte er Mut und sagte: „Sie (die MRA) war vor mir schon da. Wahrscheinlich wird sie auch nach mir da sein.“

— 35 —

„BUCHMAN KIJAI!"

Buchman hielt über Jahre hinweg Kontakt zu Mahatma Gandhi. Als dieser 1931 zur Konferenz am Runden Tisch (die Zukunft Indiens betreffend) in London weilte, lud ihn Buchman zusammen mit seinem Sohn Devadas zum Tee ins Brown's Hotel ein. „Frank wußte, daß mein Vater nie Geld mit sich führte, denn er war stets in sein Dhoti gekleidet, das keine Taschen besaß", berichtete Devadas später Michael Barrett. „Als wir vor Brown's Hotel vorfuhren, erwartete uns Frank vor der Tür. Er hatte das Geld für das Taxi und ein Trinkgeld für den Fahrer bereit. Nach dem Tee ließ er wieder ein Taxi kommen und bezahlte die Rückfahrt ins Ostende von London, mit einem Trinkgeld dazu. Das ist auch der Grund, warum ich Buchman immer einen Wagen an den Flugplatz schicke, wenn er in Indien ankommt."

Buchman und Gandhi korrespondierten zu verschiedenen Zeiten miteinander. Die Verbindung mit dem Mahatma unterhielt Buchman allerdings hauptsächlich über gemeinsame Freunde wie zum Beispiel Charles F. Andrews und den Metropoliten Foss Westcott in Kalkutta; auch über persönliche Mitarbeiter wie Roger Hicks, der lange Zeit in Indien gelebt hatte und auch einige Wochen Gast im Ashram gewesen war. Er hatte Gandhi von der persönlichen Änderung in Lionel Jardine, dem (britischen) Oberkommissar für Steuern der Provinz an der Nordwestgrenze Indiens erzählt – einer Änderung, die ihre Auswirkung auf die Versöhnung zwischen Muslimen und Hindus in diesem Teil des Landes gehabt hatte. Roger Hicks schreibt im Anschluß an ihr nächstes Treffen im Mai 1940: „Gandhi hat mich an die Geschichte von Lionel Jardine erinnert. Er habe die Sache durch Khan Sahib, den Ministerpräsidenten der Provinz, untersuchen lassen, und ‚es stimme alles'. Gandhi betonte, daß solche Änderung das Wichtigste sei, was der Westen beitragen könne . . . Wenn die Motive und das Verhalten der Menschen sich ändern könnten, so würde das allen Intrigen ein Ende setzen, alles wäre offen. Er ließ mich zum Vizekönig gehen und ihm sagen, Indien und Großbritannien könnten im Geist solcher Erfahrungen sofort zu einer Übereinkunft kommen."[1]

Buchman empfand eine natürliche Sympathie für die unabhängig gewordenen Länder Asiens und folgte 1952 mit einer internationalen Mannschaft einer Einladung nach Indien, Pakistan und Ceylon (heute Sri Lanka). Die Einladung nach Indien erreichte ihn im September 1950 und war von achtzehn namhaften Persönlichkeiten, an ihrer Spitze Planungsminister G. L. Nanda, unterzeichnet. Verhandlungen mit „Indien-Experten" in Buchmans Mannschaft über den Umfang des Projekts kamen in Gang. Einige schlugen ihm vor, ein paar Dutzend Menschen könnte man in Indien vielleicht verkraften. Roger Hicks, der eben zwei Jahre dort verbracht hatte, schlug fünfzig vor, worauf ihm Buchman sagte: „Wir werden zweihundert sein und mit fünf Theaterstücken kommen." Zum Schluß waren es zwar nur drei Theaterstücke, aber acht Tonnen Bühnenmaterial!

Nun wurde rasch gehandelt. Von der KLM-Fluglinie kam das Angebot einer DC 6, und die in Caux anwesenden Holländer übernahmen es, für den Charterflug aufzukommen. Die gesamte Reisegruppe umfaßte Menschen aus 35 Nationen.

Zwei Tage bevor Buchman Caux verließ, hörte eine Frau, die nebenan sein Zimmer aufräumte, ihn laut flehen: „Herr, ich schaffe es nicht, ich schaffe es nicht." Auf dieser Reise übernahm Jim Baynard-Smith, ehemaliger Offizier und Adjutant des Gouverneurs des Sudan, die Aufgabe, täglich für Buchmans persönliche Angelegenheiten zu sorgen; sie sollte ihn fünf Jahre lang in Anspruch nehmen. Buchmans geistige Spannkraft erstaunte ihn: „Manchmal schien er völlig am Ende", erzählt er, „doch zwei Stunden später lebte er plötzlich auf. Ich denke, es hat etwas mit seiner Liebe zu Menschen zu tun."

In Colombo wurden abwechslungsweise alle Schauspiele aufgeführt. Es war ein Riesenerfolg. Zur Premiere erschienen der Premierminister, sechs Mitglieder seiner Regierung, dreiundvierzig Abgeordnete und zahlreiche Diplomaten. Die Bevölkerung belagerte das Theater.

Buchman wurde vom Ernährungsminister zu einer traditionellen Reispflanzungszeremonie fünfzig Kilometer außerhalb von Colombo eingeladen, an der über tausend Frauen teilnahmen. Unter einigen Schmerzen zog Buchman Schuhe und Strümpfe aus, krempelte die Hosen hoch und setzte die erste Reispflanze. Paul Kurowski, ein deutscher Bergmann, der mit ihm reiste und viele andere Gäste folgten seinem Beispiel. Als man Buchman bat, zu den reispflanzenden Arbeiterinnen zu sprechen, sagte er: „Ihr tut heute etwas Wichtiges. Es gibt genug Reis in der Welt für die Bedürfnisse eines jeden, jedoch nicht für die Habgier eines jeden. Und noch eine große Wahrheit möchte ich weitergeben: Wenn jeder genug für den Nächsten sorgt und jeder genug mit dem Nächsten teilt, wird dann nicht jeder genug haben?"

Ein großes Banner „Willkommen MRA!" begrüßte die „SS Strathmara", als sie in den Hafen von Bombay einlief. Unter dem Banner wartete der Bürgermeister von Bombay mit den Mitgliedern des Einladungskomitees. Am Tag darauf fand eine Pressekonferenz statt, die zwei Stunden dauerte, und die unter den anwesenden Journalisten zu einer heftigen Debatte über die Moralische Aufrüstung führte. Buchman selbst saß „lächelnd, ruhigen Gemüts, und ohne ein Wort zu sagen, mitten im Kreuzfeuer", berichtete sein Sekretär später.[2]

In den hitzigen Argumenten der Journalisten spiegelte sich die Lage Indiens wieder, fünf Jahre nach seiner Unabhängigkeit und vier Jahre nach dem Mord an Mahatma Gandhi. Die Einmütigkeit, die im Freiheitskampf und in Gandhis Gefolgschaft erreicht worden war, hatte nachgelassen. Nehru hatte Gandhis politisches Erbe angetreten, doch das Erbe der moralischen Integrität des Mahatma war auf niemanden übergegangen. Ein Führer der Kongreßpartei sagte zu Buchman: „Wir haben keine zehn Leute im Parlament, die den alten Idealismus aufbringen. Die Unabhängigkeit hat unsere Probleme nicht gelöst. Niemand will zurückblicken, aber wir wissen auch nicht, wie wir vorwärtsgehen sollen."

In persönlichen Gesprächen erläuterte Buchman seine Auffassung: „Innerhalb einer materialistischen Ideologie gilt ein Mensch oder die Parteilinie als oberste Autorität. Menschlicher Wille und Gewalt entscheiden über Maß und Art der Änderung. Bei einer moralischen Ideologie ist der Wille Gottes die oberste Autorität, und über Maß und Art der Änderung wird gemeinsam bestimmt."

An der Pressekonferenz hatte er wenig gesagt, denn er hoffte, daß den Herzen und dem Denken Indiens seine Gedanken durch die Schauspiele vermittelt würden. Die Premiere von *Jotham Valley* wirkte wie ein Dammbruch. Der Ministerpräsident des Landes Bombay überraschte das Theaterpublikum, als er nach der Aufführung von der Bühne herab sagte, er sehe eine Ähnlichkeit zwischen sich selbst und dem selbstgerechten älteren Bruder in *Jotham Valley*. Ein Journalist, der ihn bisher heftig kritisiert hatte, bedankte sich am nächsten Tag bei ihm für diese Worte.

Sozialisten wie J. P. Narayan, die sich von Gandhi getrennt und dem Marxismus zugewandt hatten und nun nach neuen Ideen Ausschau hielten, kamen zu langen Gesprächen mit den Gästen. In Zusammenarbeit mit sozialistischen Gewerkschaftsführern wir Purshottam Tricumdas, dem Gründer der Sozialistischen Partei, und mit Gewerkschaften, die wie die Gewerkschaft der Zementarbeiter unter H. N. Trivedi der Kongreßpartei nahestanden, wurden Massenveranstaltungen organisiert, auf denen Buchman und seine Kollegen sprachen.

Nach vier Wochen in Bombay, in deren Verlauf sich Theateraufführungen und Veranstaltungen verschiedenster Art ablösten, kommentierte S. A. Sabavala im *Bombay Chronicle*: „Niemand hat bis jetzt nachgefragt, woher der offensichtliche Ärger kam, der sich gegen die unkomplizierte Philosophie der Moralischen Aufrüstung richtete. Wir sind stolz darauf, uns Söhne Mahatma Gandhis zu nennen, der den Lehren Christi und den Lehren Buddhas folgte. Seit der Unabhängigkeit haben wir einen Überheblichkeitskomplex entwickelt, nicht nur wegen unserer Spiritualität, sondern auch weil wir uns erhaben fühlen, wenn es um nichtmaterielle Werte geht. Nun erscheinen Männer und Frauen bei uns, keine Inder, die das, was wir predigen, selbst in die Tat umsetzen. Sie greifen in das hinein, was wir als unser alleiniges Reservat betrachteten, und das gefällt vielen von uns nicht . . . Die Wahrheit ist, daß wir, Gandhis Erben, uns ein wenig schämen, weil andere das tun, was er uns tun lehrte und das wir zu tun behaupten . . .“[3]

Nicht alle waren einverstanden mit Sabavala. *Blitz*, eine linksstehende Wochenzeitschrift mit Massenauflage, brachte laufend Angriffe auf die Tournee. Trotzdem wurde die Abreise Buchmans von Bombay fast zu einer Ovation. Menschenmengen blockierten die Bahnsteige, Abordnungen der Hafen-, Zement- und Textilarbeiter erschienen mit Transparenten und lauten „Buchman kijai“-Hochrufen. Buchman war bewegt: „Was für ein großes Volk . . . Einige sagten mir: ‚Gott sei mit dir.‘ Indien ist ein Volk, das auch andere Völker führen könnte.“

Buchman wurde auf dieser Reise mit Superlativen überhäuft, was auch bei ihm nicht ohne Auswirkung blieb. Einmal diktierte er Jim Baynard-Smith folgende Gedanken: „Sei ruhig, besonnen, achte nicht auf das, was Menschen sagen, noch auf das, was sie in ihrer Verschlagenheit als unbedachtes Lob vorbringen. Bleibe ein einfacher Mann Gottes, dann wird er dich lieben. Du hast eine treue Schar um dich, es gibt Zeichen tiefer Verbundenheit. Je enger ihr zusammenarbeitet, desto mehr werden sie bereit sein, alles zu geben.“ Eine Quelle seiner persönlichen Gelassenheit und Stärkung während der Reise waren alte Kirchenlieder. Immer wieder hörte Jim Baynard-Smith, wie Buchman sie vor sich hinsagte.

Weiter ging es über Ahmedabad und Agra nach Delhi. In Ahmedabad wurde Gandhis Ashram besucht, auch hatten Funktionäre der Textilarbeitergewerkschaft, die Gandhi gegründet hatte, einen Empfang vorbereitet. In Agra wurde das Taj Mahal bei Mondschein bewundert. Für die meisten war eine Zugreise durch Indien ein neues Erlebnis; Buchman genoß nach sechsundzwanzig Jahren das Wiedersehen mit der zeitlosen Landschaft dieses Kontinents. Bei der Ankunft in Delhi gab er seinem Schlafwagenschaffner hundert Rupien, was ihm den Vorwurf eines alten Indienkenners zuzog. Gereizt bemerkte Buchman: „Er hat mich versorgt, ich versorge ihn."

In den vergangenen Wochen hatte sich Buchman in Gedanken oft mit Pandit Nehru beschäftigt. In seiner Autobiographie erzählt Nehru, Buchman habe ihm ein Buch geschenkt, als sie sich 1924 in Belgaum kennenlernten. Es war Harold Begbies *Lifechangers.* Er habe es „voller Staunen" gelesen, da die „plötzlichen Bekehrungen und Bekenntnisse . . . sich nicht gut mit Intellektualismus vereinbaren ließen."[4] Eineinhalb Jahre später brachte Nehru seine Frau ihrer Gesundheit wegen in die Schweiz, wo er auch Buchman wieder traf.

Nehru nutzte seinen Aufenthalt in Europa dazu, seine Politik für Indien aus einer weiteren Sicht zu betrachten. Dabei gelangte er zu seiner eigenen Abwandlung des Marxismus. „Schon lange fühlte ich mich vom Sozialismus und Kommunismus angezogen," schreibt er. „. . . Während die restliche Welt unter den Folgen der Depression litt und sich rückwärts entwickelte, wurde vor unseren Augen in der Sowjetunion eine große, neue Welt aufgerichtet . . . Ganz abgesehen von Rußland erhellten die marxistische Theorie und Philosophie manch dunkle Ecken meines Denkens."[5] Mitten in diesen Überlegungen wurde er von Buchman zu einer Hausparty nach Holland eingeladen. Nehru antwortete, er könne seine Frau leider nicht verlassen. Das Buch *Lifechangers* habe ihn „sehr interessiert", schrieb er. „Ich erinnere mich gut an die Beschreibung jenes Wochenendes in Cambridge. Damals konnte ich die Bedeutung von plötzlichen inneren Veränderungen im Leben eines Menschen nicht begreifen . . . Ich verstehe, wie wichtig vollkommene Offenheit ist . . . Doch kann ich mit dem Gedanken einer Heilung durch den Glauben nichts anfangen . . . Und das, obwohl Mr. Gandhi, dem ich tiefen Respekt zolle, den größten Wert auf Glauben legt. Vielleicht ist meine wissenschaftliche Ausbildung in meiner Jugend dafür verantwortlich, vielleicht aber auch die Ehrfurchtslosigkeit unserer modernen Zeit."[6] Eine weitere Begegnung fand zehn Jahre später statt, nach dem Tod von Nehrus Frau.

Nun wurde Nehru in die Planung der indischen Tournee miteinbezogen. Zusammen mit Roger Hicks begutachtete er das vorgeschlagene Einladungskomitee und strich sechs Namen: Sie stünden der Regierung zu nahe, sagte er; doch ließ er seinen Planungsminister G. L. Nanda in dem Komitee. Er hatte Buchman einen Gruß übermitteln lassen – er freue sich, ihn wiederzusehen. In Delhi stellte er Jaipur House, den ehemaligen Sitz des Maharadschas von Jaipur, der reisenden Mannschaft zur Verfügung: Seine Haltung war eher höflich, ja großzügig – als enthusiastisch.

Jim Baynard-Smith sagt, daß Buchman zu jener Zeit das Gefühl hatte, in seiner Beziehung zu Nehru bisher versagt zu haben. Nun kam eine weitere Chance, und er hätte seine Erwartungen nicht so hoch angesetzt, wäre er nicht Frank Buchman gewesen. In seinen Notizen kehrte ein Thema immer wieder: „Nehru wird begreifen, daß ihm meine Philosophie die beste Chance gibt." – „Nehru wird sich mehr und mehr an dich wenden." Und: „Nehru erkennt, wie wichtig deine Arbeit ist." Gleichzeitig wußte er, daß er dem Premierminister gegenüber nicht die Initiative ergreifen sollte. „Eile mit Weile . . . er wird kommen."

An ihrem ersten Tag in Delhi legten Buchman und seine gesamte Mannschaft einen Kranz in Raj Ghat nieder, wo Gandhi eingeäschert worden war. Buchman sprach im Parlament vor zahlreichen Senatoren und Abgeordneten und wurde von der Stadt Delhi offiziell willkommen geheißen. Darauf war er froh, sich auszuruhen, und die Wirkung der Schauspiele abzuwarten. Wie in Bombay waren auch hier die Menschenmengen groß und enthusiastisch. Ein Regierungsmitglied kam und entdeckte, daß sein Platz schon von einem anderen Mann besetzt war. Ein Platzanweiser wollte ihn fortschicken. „Wissen Sie überhaupt, wer ich bin", sagte der andere, „ich bin auch ein Minister!" Für beide wurde ein Platz gefunden.

Einladungen an Buchman häuften sich in rascher Folge. Präsident Rajendra Prasad, langjähriger Mitkämpfer Gandhis, empfing Buchman und seine Mannschaft im Präsidentenpalast, der ehemaligen Residenz des britischen Vizekönigs, wo dieser im Grunde einfache Mann von Amts wegen leben mußte. Seine Augen leuchteten auf, als er hörte, daß die Arbeiter in Bombay und Ahmedabad Buchman empfangen hatten.

An einem anderen Tag empfing Vizepräsident Dr. S. Radhakrishnan Buchman zum Tee. Er war Professor für asiatische Religionen und Philosophie in Oxford gewesen, und wußte etwas von Buchmans Arbeit. Bis vor kurzem hatte er Indien als Botschafter in Moskau vertreten, und wollte jetzt von Buchman wissen, ob sich Kommunisten ändern könnten. Bei seinem Abschiedsbesuch bei Stalin habe er dem Diktator von dem indischen Kaiser Asoka erzählt, der sich den Weg zum Thron über Ströme von Blut erkämpft hatte. Er schwor aber dem Krieg ab und werde jetzt in Asien dafür verehrt. Am Ende seines Gespräches habe er anklingen lassen, daß sich vielleicht auch andere Diktatoren dieses Beispiel zu Herzen nehmen könnten. „Ich habe fünf Jahre in einem theologischen Seminar verbracht", antwortete Stalin, „deswegen bezweifle ich, ob heute so etwas möglich wäre."

Später ließ Nehru Buchman wissen, er könne ihn am 3. Januar zum Tee im Jaipur House besuchen. Mit großer Sorgfalt plante Buchman den Ablauf dieses Nachmittags, damit Nehru interessante Menschen kennenlernen und gleichzeitig selbst ein Mensch, und nicht eine offizielle Persönlichkeit, bleiben konnte. Zuerst unterhielt er sich eine halbe Stunde mit Buchman. Dann sang der Chor die Nationalhymne und andere Lieder. Für Nehrus Besuch war ein neues Lied, „Song of India", geschrieben worden. Text und Musik bewegten den Premierminister, er schien sogar Tränen in den Augen zu haben, und es war danach lange still. Buchman war glücklich: „Was wir ihm geben konnten, war unerwartet – und niemand verlangte von ihm eine Rede." Nehru erzählte danach seiner Schwester, Vijaya Lakshmi Pandit, wieviel ihm der Nachmittag bedeutet habe. Er ließ sich offiziell vertreten, als Buchman vom deutschen Gesandten das Großkreuz des Verdienstordens der Bundesrepublik verliehen wurde. Es gab jedoch keine Anzeichen dafür, daß Nehru sich auf die Weise an ihn wenden würde, wie es Buchman erhofft hatte.

Die Weihnachtszeit war ausgefüllt. Am Weihnachtstag fand – wie jeden Abend – eine Theateraufführung statt, anschließend an Einladungen zum Abendessen in Jaipur House. Dazu sang der Chor Weihnachtslieder und der Abend endete – bevor man ins Theater ging – mit einer schlichten Darstellung der Krippe mit Maria und dem Kind. Christen, Muslime, Hindus, Sikhs, Buddhisten, alle saßen wie verzaubert da. „Ich meinte immer, Weihnachten sei eine wilde Alkohol-Party", sagte ein vornehmer Inder zu Bunny und Phyl Austin, „ich begreife langsam, was es eigentlich bedeutet."[7]

Am 6. Januar strahlte Radio Taschkent auf einer für Indien und Pakistan bestimmten Wellenlänge, den ersten von einer Reihe sowjetischer Angriffe auf Buchmans Tournee durch Indien aus. Dem folgte am 8. Januar ein in Delhi geschriebener und in der *Prawda* prominent plazierter weiterer Angriff sowie eine Sendung im Inlandprogramm von Radio Moskau mit dem Titel: „Der Buchmanismus ist die ideologische Waffe der Kriegstreiber." Der gleiche Kommentator, Georgi

Arbatow, wiederholte am nächsten Tag seine Behauptungen im Überseeprogramm von Radio Moskau.

Georgi Arbatows Inlandsendung bestand aus der überarbeiteten Fassung einer Ansprache, die er bereits am 21. November 1952 am gleichen Sender gehalten hatte. Anlaß dazu war das im Jahr zuvor erschienene Buch Peter Howards *Welt im Aufbau*. Arbatow beschrieb die Moralische Aufrüstung als eine „universale Ideologie" und stellte fest: „Sie besitzt die Kraft, radikal und revolutionär denkende Menschen zu gewinnen." „Moralische Aufrüstung", fuhr er fort, „will den unausbleiblichen Klassenkampf ersetzen durch den ‚ewigen Kampf zwischen Gut und Böse' . . . Neben ihrer Fähigkeit, Brückenköpfe auf jedem Kontinent zu errichten und Führungskräfte auszubilden, die Buchmans Ideologie an die Massen weitergeben, hat die Moralische Aufrüstung nun die entscheidende Phase ihrer Expansion in Angriff genommen: die Ausbreitung des Buchmanismus über alle Erdteile."

Zunächst blieb dieser Angriff ohne Wirkung. Das Musical *Jotham Valley* wurde vor 20 000 Mitarbeitern der Kongreß-Partei an ihrem Jahreskongreß in Hyderabad aufgeführt. In Madras jedoch stellten Studenten Streikposten vor dem Theater auf und verteilten Handzettel. Die Streikposten wurden aber bald von der allgemeinen Begeisterung über die Schauspiele mitgerissen und ins Theater gezogen – die Demonstrationen hörten auf.

In Madras wuchs das Interesse an den Aufführungen ständig. Buchman kam deshalb zum Schluß, seine Mannschaft müsse noch länger auf dem indischen Subkontinent bleiben. Telegramme wurden nach Burma, Thailand und Japan geschickt und die dort geplanten Besuche vorläufig abgesagt.

Buchman faßte seine Hoffnungen für die Zukunft Indiens in einer Neujahrsbotschaft zusammen, die weite Verbreitung fand: „Menschen hungern nach Brot, nach Frieden, sie hoffen auf eine neue Weltordnung. Mit Einigkeit unter Gottes Führung wird sich jedes – auch das letzte – Problem lösen lassen. Hände erhalten Arbeit, der Hunger wird gestillt und leere Herzen werden mit einer Ideologie ausgefüllt, die alle Sehnsucht erfüllt."[8]

Mehr als andere Städte war Kalkutta von den Gegensätzen zwischen arm und reich und von klassenkämpferischen Auseinandersetzungen gezeichnet. Buchmans Mannschaft vereinte Arbeiter, Gewerkschaftler und Unternehmer. Sie fanden Zugang zu Familien von Männern, die in den Gewerkschaften aktiv und erst vor kurzem aus Moskau oder aus Peking zurückgekehrt waren.

Eines Morgens traf sich Buchman mit einer größeren Gruppe von

Freunden; es war still, sie hörten gemeinsam auf Gott. Ein unbekannter Mann trat ein und setzte sich hinten im Raum nieder. Nach einigen Minuten sagte Buchman, „Mir kam nur dieser Gedanke: ‚Hör' auf zu stehlen!' Was das bedeuten soll, weiß ich nicht. Vielleicht geht es um meine Uhr, die neulich gestohlen wurde. Vielleicht betrifft es mich, obwohl ich seit einigen Jahren nichts mehr gestohlen habe. Was mag dieser Gedanke bedeutet haben . . ." Während Buchmans Worten stahl sich der Unbekannte hinaus. „Wer war das?" fragte er. Niemand wußte es. Am anderen Tag kam er jedoch wieder. Er war ein wohlhabender Geschäftsmann der Marwari-Kaste. „Wie konnte Buchman von meinem Problem etwas wissen?" sagte er, „seit Jahren betrüge ich die Steuerbehörde." Noch am selben Morgen hatte er der Steuerbehörde einen Scheck über viele Tausend Rupien schicken lassen. Später lud er Buchman und seine zweihundert Freunde zu einem Treffen mit einer Gruppe von Unternehmern ein, denen er seinen Entschluß, fortan ehrlich zu sein, mitgeteilt hatte.[9]

Bischof Foss-Westcotts Nachfolger, Metropolit Mukherjee, beschrieb mit eigenen Worten die Bedeutung von Buchmans Besuch: „Hätten nur hundert Briten ihr Christentum in Indien so gelebt, wie es diese Menschen tun, so sähe es heute in Indien ganz anders aus."[10]

Nach sechs Monaten angespannter Arbeit wurde die gesamte Mannschaft für eine höchst willkommene Ruhepause in das kühlere Kaschmir eingeladen. Nach zehn Tagen aber war die Nachfrage nach den Schauspielen so groß, daß Buchman nachgab. Kaschmir lag zwischen Indien und Pakistan wie ein Zankapfel, ein wichtiges Gebiet, mit vielen inneren Spannungen. Ministerpräsident Sheikh Abdullah – ein Muslim, der sich in der Politik auf Gandhis Seite geschlagen hatte und zum Teil mit dafür verantwortlich war, daß Kaschmir sich bei der Teilung des Subkontinents statt Pakistan Indien anschloß – besuchte einige der Aufführungen und Konferenzen. Seine Söhne hatten ihn erst dazu drängen müssen, aber dann geschah etwas, das ihn selbst bewegte: Einer seiner Söhne gestand, Rädelsführer eines Studentenstreiks gewesen zu sein, während sein Vater Erziehungsminister war. Sheikh Abdullah sagte zu Buchman: „Durch das, was Sie hier tun, bringen Sie eine Antwort für Indien und für Pakistan. Wir werden Geduld zeigen müssen. Ich habe die Schauspiele gesehen und weiß, hier ist Gott an der Arbeit."

Es wurde Zeit, nach Pakistan weiterzureisen. Mit diesem Besuch löste Buchman ein Versprechen ein, das er im Dezember 1946 Premierminister Mohammed Ali Jinnah gegeben hatte. Damals waren die Unabhängigkeitsverhandlungen in London in eine Sackgasse geraten.

Jinnah kam mit seiner Delegation, um sich *The Forgotten Factor* anzusehen. Auf der Bühne wurde ein dickköpfiger Unternehmer dargestellt, der nie auch nur einen Zentimeter nachgeben konnte. Jinnah fand das aus irgendeinem Grund sehr komisch und mußte laut lachen. Seine Begleiter kommentierten, er habe seit seiner Ankunft in London nicht so herzlich lachen können. Während des Abendessens bat er Buchman, *The Forgotten Factor* nach Pakistan zu bringen, sobald die Unabhängigkeit vollzogen sei. Er sagte: „Dieses Schauspiel zeigt, wo die Antwort auf den Haß in der Welt liegt: eine ehrlich gemeinte Entschuldigung, das ist der goldene Schlüssel." Etwas später sagte Buchman: „Wer wird aber diesen Schlüssel im Schloß der Geschichte umdrehen und die Türen zur Zukunft öffnen?"[11]

Nun stand Buchman vor Jinnahs Grab. Er wiederholte die Worte, die Jinnah vor sieben Jahren in London gesprochen hatte, und erinnerte auch an ihr Zusammentreffen in Belgaum 1924. Er schloß mit dem Gebet: „Möge Pakistan sich erheben und mit einer Antwort leben."

Um Buchman besser verstehen zu können, mag es sinnvoll sein, die Gedanken, die er Jim Baynard-Smith während langer Nächte in Indien aufschreiben ließ, ausführlicher wiederzugeben.

An einem der ersten Abende in Bombay: „Du wirst weit über deine kühnsten Träume hinaus geführt werden. Was Gott für dich und deine Arbeit in Indien im Sinn hat, ist einzigartig. Tausend Berggipfel gehören dir. In der Zukunft wird Indien politisch eine wichtige Rolle spielen."

Kurz vor seiner Abreise nach Delhi: „Ich werde dich in Delhi führen wie vor Jahren auch, ich werde dich gebrauchen für große Dinge. Mein Wille und Weg, nicht der deinige – die Menschen werden merken, es geht um den Willen Gottes und nicht um eine Leistung. Ich werde zu dir reden. Unternehme nichts, was Nehru betrifft, er wird selber kommen."

Ein andermal, später: „Du wirst in Indien gebraucht: es könnte hier ein Organismus wachsen, der die Welt beeinflussen kann."

Am Morgen vor seinem Gespräch mit Präsident Rajendra Prasad: „Der Präsident sorgt sich darüber, wie wir alle, daß Gandhis Leben und Lehre an Wirkung verlieren; darum wird ihm das, was wir zu geben haben, Hoffnung machen."

Was sollen wir von solchen, vor einigen Jahrzehnten zu später Nacht diktierten Gedanken halten? Ich fragte Michael Barrett einmal nach dem Sinn der scheinbar fantastisch klingenden Ideen, die er selber öfters für Buchman notieren mußte. Wozu dienten sie? „Bestätigung“, antwortete er. In der Tat wurden ihm vielleicht jene großen Visionen geschenkt, oder vielleicht entsprangen sie seinem innersten Wesen, um ihm den notwendigen Mut für die unglaublich großen Aufgaben zu geben, denen er sich mit so bescheidenen Mitteln gestellt hatte. Es waren vielleicht auch Gedanken eines Amerikaners, der – wie Loudon Hamilton sagte – „keine negative Ader in seinem Wesen hatte“. Gedanken dieser Art wiesen mehr auf seinen Charakter als auf ein Aktionsprogramm hin. Wenn Aktion verlangt wurde, orientierte er sich am gesunden Menschenverstand und an seiner geistigen Integrität. Jim Baynard-Smith beschreibt Buchmans Geist während der Zeit in Indien als „ein ständiges, bewußtes Suchen nach dem Willen Gottes“.

Die zitierten Gedanken umfassen freilich viele unerfüllte Verheißungen und Hoffnungen. Sicher hatte Indiens Präsident genau die Sorgen, die Buchman ahnte; er blieb ein Freund der Moralischen Aufrüstung bis zu seinem Tod. Seit jener Zeit hat die Moralische Aufrüstung einen festen Platz im Leben Indiens. Ein Beweis dafür ist das Konferenzzentrum in Panchgani, in der Nähe von Pune. Von „einem Organismus, der die Zukunft der Welt beeinflussen kann“, war dagegen in Indien nichts zu erkennen. Auch kam ihm Nehru nicht „mehr und mehr entgegen.“

Erwägenswert bleibt die Frage, ob sich Nehru in den Jahren vor seinem Tod in seinem Denken nicht Buchman näherte – zum Erstaunen seiner Kollegen. So bemerkten T. T. Krishnamachari, Mitglied seines Kabinetts, und Sanjiva Reddi (Indiens zukünftiger Präsident), daß sich Nehru gegen Ende 1955 öfters zur Bedeutung moralischer und geistiger Werte im Leben des einzelnen Menschen und im Leben seines Volkes äußerte. Im Juni 1956 sagte er zu Michael Brecher, dem Verfasser einer Nehru-Biographie: „Sollten sie (diese Werte) jemals verblassen, dann denke ich, werden alle materiellen Errungenschaften zu nichts führen.“[12]

Nach Nehrus Tod befand sich Sanjiva Reddi in London und beschrieb bei einem öffentlichen Anlaß, welches Erstaunen Nehru verursacht habe, als er während einer Parteiversammlung im Staate Andhra von diesen Werten sprach: „Führer der Kongreßpartei, die es gewohnt waren, den Premierminister Stahlwerke und Fabriken die wahren Tempel Indiens nennen zu hören, bedrängten ihn mit Fragen: ‚Was ist bloß mit Ihnen passiert, Panditji‘?“ Reddi erzählte weiter: „‚Ja‘, antwortete Nehru, ‚ich denke jetzt anders. Ich glaube, Menschen sehnen sich nach einem tiefer greifenden geistig-moralischen Wachstum, ohne das der materielle Fortschritt sich nicht lohnt.'"[13] Möglich ist auch, daß jemand, der Buchman nahestand, zu dieser Änderung in Nehrus Denken beitrug. Appadorai Aaron, CVJM-Sekretär in Glasgow, kehrte 1955 nach Indien zurück. Auf dem Weg besuchte er Caux und begann danach, morgens eine Zeit der Stille einzuhalten. In Indien traf er seinen alten Schulfreund und jetzigen Vizepräsidenten Radhakrishnan wieder, und erzählte ihm davon. Dieser sagte gleich: „Davon müßte Nehru etwas hören – ich werde es veranlassen." So trafen sich beide Männer. Pandit Nehru sagte: „Die Menschen schmeicheln mir, sie sagen mir nicht die Wahrheit; ich weiß nicht mehr, was man im Land denkt und fühlt." Aaron meinte, eine tägliche stille Zeit der Meditation würde ihm helfen, „die Menschen in ihrem Charakter besser zu erkennen". „Das hört sich wie Moralische Aufrüstung an", sagte Nehru. „Wie Sie es nennen, ist egal, es kommt auf den Versuch an", antwortete Aaron. Einige Tage später trafen sie bei einem Empfang wieder aufeinander. „Ich habe es versucht", sagte Nehru, „es hilft mir in der Tat."[14]

Wie hat Buchman die Expedition nach Sri Lanka, Indien und Pakistan und die noch größeren Aktionen der folgenden Jahre finanziert?

Während der asisatischen Expeditionen übernahmen die jeweiligen Einladungskomitees eine gewisse Verantwortung. In Sri Lanka und in Bombay zum Beispiel wurden sämtliche Ausgaben für die Dauer des Aufenthaltes der Gruppe von den Komitees getragen. Wie immer erhielt niemand, der mit Buchman reiste, ein Gehalt. Es blieben die großen Transportkosten und Ausgaben anderer Art. Auch in Indien, wie bei zahlreichen anderen, kurz nach dem Krieg unternommenen Aktionen, wurde Geld von verschiedenster Seite gespendet. Buchman erließ keine öffentlichen Aufrufe zur Unterstützung, wie es die meisten wohltätigen Werke oder die heutigen amerikanischen Fernsehprediger tun. Manchmal wurden in Caux oder in Mackinac am Sonntagmorgen Kollekten für einen besonderen Zweck durchgeführt. Meistens jedoch wurde irgendwie bekannt, daß Buchmans Mannschaft sich zu einem bestimmten Unternehmen entschlossen hatte – und Menschen spendeten, je nach ihren Möglichkeiten, Wünschen und inneren Impulsen. Manchmal kamen große Summen zusammen, so zum Beispiel als eine Gruppe von Holländern das erste der drei für die indische Expedition notwendigen Flugzeuge finanzierten. Zur gleichen Zeit erbte eine Engländerin eine große Summe und gab davon 50 000 Pfund für die Reisen in Asien.

Für andere mutige Aktionen und für den täglichen Bedarf von Buchmans Arbeit meldeten sich nicht nur Menschen mit geringen Mitteln, sondern auch solche, die über große Mittel verfügten, wie ehedem Mrs. Tjader zu Anfang von Buchmans Arbeit. Wie sie selber, wurden diese Spender durch die Hilfe, die Buchman ihnen oder jemandem in ihrer Familie geleistet hatte, motiviert. Zu diesen großzügigen Menschen gehörten Bernard Hallward aus Montreal, der 1932 dem kanadischen Zoll eine hohe Summe zurückgezahlt hatte, zusammen mit seiner Frau Alice.

Ein anderes Ehepaar, das wiederholt spendete, waren Albert H. Ely und seine Frau Connie aus Washington. D. C. „Lieber Frank", schrieben sie ihm 1951 zu seinem Geburtstag, „Du hast uns zu einem glücklichen Familienleben verholfen, zu vielen glücklichen Jahren und zum Vorrecht, an Deiner Seite in der größten Revolution aller Zeiten mitzukämpfen. Unser Geburtstagsgeschenk dieses Jahr besteht aus zehntausend Segenswünschen – und den entsprechenden Scheinen – und dem Gebet, daß Gott Dir zehntausend weitere glückliche Tage gönnen möge."[15]

Mrs. John Henry Hammond, die auch an der Asienreise teilnahm, war eine weitere großzügige Spenderin. Am 5. Januar 1957 schrieb sie: „Heute ganz früh kam mir diese Überzeugung: ‚Wer immer den Willen Gottes tut, ist mein Bruder, meine Schwester, und meine Mutter . . . Dein Geld gehört Gott . . . Gib darum eine Million aus deinem Kapital. Davon sollen 100 000 Dollar für die Arbeit in Afrika gebraucht werden . . .' Diese Spende wird meiner Familie zeigen, daß für mich die MRA die einzige Hoffnung für die Welt ist . . .

Die Zeiten sind kritisch. Gott hat Arbeit für mich. Ich möchte mich bereithalten. Warum sich auf die Fords und Rockefellers verlassen wollen, wenn ich mich für den Neuaufbau der Welt verpflichten kann? . . . ‚So frei, wie dir gegeben wurde, mußt du auch geben können . . .' In Dankbarkeit, Deine Emily."[16]

Sich auf Ford oder auf Rockefeller zu verlassen, war in der Tat sinnlos. Ersterer hatte großzügig mit Unterkunft geholfen und eine kleine Summe gespendet. Der andere hatte nie etwas gegeben. Beide waren nie um eine Spende gebeten worden, und Buchman wünschte, es solle so bleiben. Es schmerzte ihn aber, wenn große Unternehmen oder Gewerkschaften, denen die Moralische Aufrüstung – sozusagen als Nebenprodukt ihrer geistigen Arbeit – einen Dienst geleistet hatten, sich dafür kaum dankbar erwiesen.

In Tat und Wahrheit haben weder in den Vereinigten Staaten noch in Großbritannien Industriekonzerne Buchman je große Summen gespendet. Beim Abschluß des Finanzjahres, in dessen Verlauf Buchman gestorben war, betrugen die Spenden von Industriefirmen in England kaum mehr als 1 % der insgesamt eingegangenen Spenden – im Jahr darauf ebenfalls. In den Vereinigten Staaten beliefen sich 1962 und 1963 die Beiträge der Industrie auf ungefähr 0,5 % der gesamt gespendeten Summe.

Tatsächlich zeigt die Analyse jedes beliebigen Jahres, daß große Spenden die Ausnahme bildeten. Im Jahr von Buchmans Tod spendeten 84,9 % der Spender in England weniger als 10 Pfund; 1,4 % kamen für 1000 Pfund oder mehr auf, während in den Vereinigten Staaten gleichzeitig 85,2 % weniger als 100$ und 14,8% mehr als 100$ spendeten.

— 36 —

ZWEI ANGRIFFE UND EINE WARNUNG

Buchman machte auf seiner Rückreise aus Indien einen letzten Zwischenhalt in Istanbul, um den Patriarchen der Orthodoxen Kirche, Athenagoras von Konstantinopel, zu besuchen. Der Patriarch war eine überragende Figur, beinahe zwei Meter groß, das Haupt mit einer hohen Mitra bedeckt. Er hatte dreizehn Jahre in den Vereinigten Staaten verbracht und war amerikanischer Staatsbürger.

„Ich heiße Sie als einen neuen Propheten willkommen", waren seine ersten Worte, als Buchman eintrat. Dann forderte er seine Gäste auf, sich zu setzen und fuhr mit einem Lächeln fort: „Ich verfolge Sie, Dr. Buchman, auf meinem persönlichen ‚Fernsehen' überall, wohin Sie gehen. Ich lese alles, was Sie schreiben. Ich bin offen für Ihre Inspiration. Sie haben viel mehr Anhänger, die Teil Ihrer Bruderschaft und Armee sind, als Sie denken. Ich bin mit meinem ganzen Herzen Teil Ihres Programms, nicht nur wegen meiner Stellung, sondern weil ich persönlich daran glaube. Etwas sagte mir, daß Sie kommen würden, aber Ihr Besuch ist viel zu kurz."

Der Patriarch erklärte dann, wie beeindruckt er von der Initiative von Ahmed Emin Yalman, dem Herausgeber der großen türkischen Tageszeitung *Vatan*, gewesen sei, die dieser nach seinem Besuch in Caux 1946 ergriffen hatte. Yalman hatte sich zunächst mit seinem alten Feind, dem damaligen Premierminister, versöhnt und dann angefangen, sich für eine Versöhnung mit Griechenland einzusetzen. Dann hatte er mit dem Patriarchen den Kontakt aufgenommen. Zusammen hatten sie die Moschee, eine frühere christliche Kathedrale, besucht. „Hier möchte ich beten", hatte der Patriarch gesagt und auf diese Weise deutlich gemacht, daß er die Einigkeit aller im Glauben an den einen Gott über die Verschiedenheit der Glaubensrichtungen setzte, die seine Begleiter voneinander trennten.

„Es ist alles so einfach", war Buchmans Kommentar, als Athenagoras seine Geschichte beendet hatte. „Die Wahrheit ist einfach", erwiderte der Patriarch. „Unglücklicherweise schätzen die Menschen einfache Dinge nicht. Sie ziehen die komplizierten vor. Beim Heiligen Abendmahl gab es weder Glaubenssätze noch Doktrin, nur ein Gebot – Einheit in der Liebe."

Als ihn Buchman eine Stunde später verlassen mußte, um sein Flugzeug zu erreichen, sah ihn der Patriarch streng an: „Ich würde Sie gern als Gefangenen hier behalten, aber Sie sind frei wie ein Vogel, und so fliegen Sie auch davon. Gottes Segen sei mit Ihnen. Sie sind ein moderner Paulus." „Nein, nein", antwortete Buchman. „Ich bin ein ganz einfacher Mensch."[1]

Vielleicht entbehrte es nicht einer gewissen Ironie, daß dieses Gespräch zu einem Zeitpunkt stattfand, als Buchman nach Europa zurückkehrte und sich dort einer Reihe von ernsten Angriffen ausgesetzt sah. Schon in Indien, kurz nachdem die bisher schärfste Propagandaoffensive Moskaus gegen seine Arbeit begonnen hatte, waren Gerüchte zu ihm gedrungen, daß zwei westliche Organisationen sehr verschiedener Art eine Untersuchung seiner Tätigkeiten angeordnet hätten. Es handelte sich um das Sekretariat des Internationalen Bundes Freier Gewerkschaften (IBFG)* und den Sozial- und Industrieausschuß der Anglikanischen Kirche.

Beide Untersuchungen richteten ihre Aufmerksamkeit auf die Arbeit der Moralischen Aufrüstung in der Industrie, einem ihrer wesentlichen Tätigkeitsfelder in der Nachkriegszeit. Buchmans Vision für die Rolle der Wirtschaft war ebenso einfach wie auch grundlegend. Ihr Ziel sollte es sein, „genug zu produzieren, um den Bedarf aller Menschen zu decken".[2] Grundlegend sei die Notwendigkeit, in Menschen auf allen Ebenen eine neue Motivation zu schaffen. „Wenn jeder genug liebt und jeder genug gibt – hat dann nicht jeder genug?" hatte Buchman 1938 in der Stadthalle von East Ham erklärt. „Nur ein neuer Geist im Menschen kann einen neuen Geist in die Wirtschaft bringen. Die Wirtschaft kann zum Vorkämpfer einer neuen Ordnung werden, in welcher der Dienst am Volk an die Stelle der Selbstsucht tritt und in welcher die Wirtschaftsplanung auf der Leitung durch Gott beruht."[3]

Buchman war der Überzeugung, daß Unternehmer und Arbeiter „zusammenwirken könnten wie die Finger einer Hand".[4] Um dies zu ermöglichen, suchte er „auf den Eigenwillen des Unternehmertums und der Arbeiterschaft" eine Antwort zu finden, „die beide so recht haben – und beide so sehr im Unrecht sind."[5]

---

* Der IBFG wurde 1944 beim Auseinanderbrechen des kommunistisch-beherrschten Weltgewerkschaftsbundes geschaffen.

Diese Grundgedanken waren nach Buchmans Auffassung eine Antwort auf den aufwendigen Klassenkampf, der von Menschen auf beiden Seiten geführt wurde. Er sah die Aufgabe der Moralischen Aufrüstung nicht darin, zu Fragen der Wirtschaftstheorie – etwa zur Frage der Privatisierung oder der Verstaatlichung der Industrie – Stellung zu nehmen, noch detaillierte Lösungen für einzelne Betriebe oder Industrien auszuarbeiten. Das war die Aufgabe der direkt Beteiligten in jeder Situation. Die Rolle der Moralischen Aufrüstung lag viel mehr darin, eine Erfahrung anzubieten, die zeigte, wie Menschen sich von Motivationen und Vorurteilen befreien könnten, von denen gerechte Lösungen immer wieder blockiert werden.

Als das Jahr 1953 anbrach, gab es schon eine große Zahl von Geschäftsleuten und Industriellen in vielen Teilen der Welt, die sich bemühten, nach diesen Grundsätzen zu handeln. Gleichzeitig hatten – so stellte William Grogan, einer der Internationalen Vizepräsidenten der Amerikanischen Transportarbeitergewerkschaft fest – „zwischen 1946 und 1953 nationale und lokale Gewerkschaftsführer, Betriebsräte und gewöhnliche Gewerkschaftsmitglieder aus 75 Ländern in Caux oder Mackinac oder in ihren eigenen Ländern Schulung in den gleichen Grundsätzen erhalten".[6] Während dieser Jahre waren Mannschaften der Moralischen Aufrüstung mit Theaterstücken in den meisten Industrie- wie auch in vielen Entwicklungsländern an der Arbeit gewesen.

Dank der Initiative von Maurice Mercier, dem Generalsekretär der französischen Textilgewerkschaften (Force Ouvrière) und einer Gruppe von Unternehmern der Textilindustrie war es in diesem Industriezweig Frankreichs zu einer weitreichenden Entwicklung gekommen. Schon bei seinem ersten Besuch in Caux 1949 hatte Mercier die Beobachtung gemacht, „daß die Unternehmer von fast allen Ländern, wenn sie in diese Atmosphäre ‚eingetaucht' wurden, ihre alten und altmodischen Auffassungen in Frage stellten und sich ihrer Verantwortung als Menschen und Arbeitgeber bewußt wurden."[7] Er selbst hatte die Kommunistische Partei verlassen, als er erlebte, wie die Widerstandsbewegung nach dem Krieg in dunklen Intrigen und kleinlichen Eifersüchteleien verkam. Die Caux-Konferenzen und ein darauffolgendes Treffen mit Buchman hatten ihm eine neue Perspektive geschenkt. „Der Klassenkampf bedeutet heute", erklärte er, „daß sich eine Hälfte der Menschheit gegen die andere wendet, wobei jede über ein gewaltiges Zerstörungspotential verfügt . . . Kein Schrei des Hasses, kein Verlust auch nur einer Arbeitsstunde, kein Tropfen Blut – das ist die Revolution, zu der die Moralische Aufrüstung Unternehmer und Arbeiter aufruft."[8]

Auf Grund eines Vorstoßes der Männer, die sich in Caux getroffen hatten, unterzeichneten eine Anzahl von Textilunternehmern und -arbeitern am 1. Februar 1951 ein Übereinkommen auf nationaler Ebene – das erste seiner Art in Frankreich seit Kriegsende. Es war auch der erste Vertrag, der den Angestellten einen Gewinnanteil bei höherer Produktivität garantierte. 600 000 Arbeiter erhielten unmittelbare substantielle Lohnerhöhungen. Im gleichen Jahr nahmen auf Veranlassung von Mercier achtzig Delegationen von Unternehmern, Angestellten und Arbeitern der Textilindustrie an Konferenzen der Moralischen Aufrüstung teil.

Zwei Jahre später, am 9. Juni 1953, unterzeichneten die Textilunternehmer und alle Gewerkschaften – mit Ausnahme der kommunistischen CGT – ein feierliches Abkommen „in voller Offenheit, im gemeinsamen Interesse von Arbeitern, Unternehmen und der Nation", welches die Grundlage für eine Politik der Zusammenarbeit für die nächsten zwanzig Jahre darstellen sollte. Durch das Abkommen wurden den Textilarbeitern als ersten in Frankreich eine Ruhestandsregelung und eine zeitlich begrenzte Arbeitslosenversicherung gewährt.

Buchmans Anteil an diesen Entwicklungen bestand vor allem in Gesprächen mit den Menschen aus der Wirtschaft, die in Caux, Mackinac oder an anderen Orten zusammenkamen. Hier handelte es sich oft um Männer, die an den Auseinandersetzungen in der Industrie in ihren Ländern aktiv beteiligt waren.

Berichte über diese Arbeit wurden weltweit in örtlichen und überregionalen Zeitungen veröffentlicht, andere erschienen in verschiedenen MRA-Informationsdiensten. Es war dieses Material, das von den Autoren des IBFG-Berichts benutzt wurde, um ihren Angriff auf die Moralische Aufrüstung zu lancieren.

Der Berichtsentwurf, der von jemandem im Sekretariat vorbereitet worden war, wurde im Juli 1953 der Presse übergeben – was natürlich als eine Verurteilung der Moralischen Aufrüstung durch die Gewerkschaftsbewegung interpretiert wurde – ohne daß er je einem Kongreß, der allein befähigt gewesen wäre, offizielle Erklärungen im Namen des IBFG abzugeben, vorgelegt wurde.

So viel dem Autor bekannt ist, wurde der IBFG-Bericht von keiner nationalen Gewerkschaftsorganisation angenommen und im Jahr 1966 zurückgezogen. Das dadurch geschaffene Mißtrauen verschwand aber erst im Laufe der Jahre. Der Berner *Bund* äußerte den Verdacht, daß Moskau ein Kuckucksei in das Nest seines Gegners (des IBFG) gelegt habe, um „ihn und zugleich die Moralische Aufrüstung zu verdächtigen und um Verwirrung zu stiften".[9]

Ein ähnlicher kritischer Bericht, der ebenfalls die Arbeit der Moralischen Aufrüstung in der Industrie betraf, stammte aus der Feder einer Arbeitsgruppe des Sozial- und Industrieausschusses der Anglikanischen Kirche. Diese Arbeitsgruppe bestand aus Männern, die ihrer Kritik und Opposition der Arbeit Dr. Buchmans gegenüber schon zuvor offenen Ausdruck gegeben hatten. Wieder wurde der Bericht – im Januar 1955 – heimlich der Presse übergeben, bevor er der Kirchenversammlung gezeigt worden war. Auch wenn der Bericht nach einer lebhaften zweitägigen Debatte von der Kirchenversammlung nicht angenommen, sondern nur „entgegengenommen" wurde und dies nur mit dem Zusatz, daß „diese Versammlung . . . nicht gewillt sei, über die Verdienste oder die Fehler der MRA ein Urteil zu fällen"[10], blieb der Eindruck bestehen, daß die ganze Anglikanische Kirche die Moralische Aufrüstung verurteilt hatte.*

Außer diesen beiden ungleichartigen öffentlichen Angriffen auf seine Arbeit hatte Buchman eine längerfristige und ihn immer wieder beschäftigende Sorge: die Einstellung des Vatikans zu seiner Arbeit. Hunderte von Katholiken kamen jedes Jahr nach Caux, und Buchman und seine Freunde trafen viele weitere in den Häfen und Fabriken von England, Frankreich, Italien und Amerika. Schon 1933 hatte Buchman einem englischen Jesuiten gegenüber seine Auffassung folgendermaßen formuliert: „Unser Prinzip ist immer gewesen, alle Katholiken zu ihren Beichtvätern zur Beichte zurückzuschicken . . ."[11] Wenn aber Nichtgläubige durch seine Arbeit zu einer Gotteserfahrung kämen, schrieb Buchman im gleichen Brief weiter, so sei es „unser Grundsatz, jeden Einzelnen entscheiden zu lassen, zu welcher Kirche er gehen will. Viele sind überzeugte Katholiken geworden." Er war der Ansicht, daß jede Erneuerung des Glaubens, die Gott durch seine Vermittlung ermöglichte, die grundsätzliche Loyalität des Betroffenen verstärken und nicht schwächen würde.

Erst im Sommer 1951 fing Buchman an zu begreifen, daß eine neue Phase der Auseinandersetzung begonnen hatte. Im August dieses Jahres hatte das Heilige Offizium** eine Warnung in drei Punkten an Katholiken ausgesprochen, die aber nicht an die Presse oder unmittel-

---

* Eine ausführliche Beschreibung des Hintergrunds und des Inhalts der zwei Kontroversen kann in den englischen oder amerikanischen Ausgaben dieses Buches gefunden werden.

** Das Heilige Offizium wurde nach dem 2. Vatikanischen Konzil in „Glaubenskongregation" umbenannt.

bar an die Nuntiaturen in der ganzen Welt verteilt wurde. Sie wurde aber in Caux bekannt. Sie besagte:

1. Es ist nicht angebracht, daß Welt- oder Ordenspriester, ebenso wie Ordensfrauen, an Veranstaltungen der Moralischen Aufrüstung teilnehmen.

2. Wenn eine solche Teilnahme durch außerordentliche Umstände wünschenswert erscheint, muß zuvor um die Erlaubnis des Heiligen Offizium nachgesucht werden. Eine solche wird nur geschulten und erfahrenen Priestern erteilt werden.

3. Es ist für Kirchenmitglieder nicht angebracht, irgendwelche Verantwortung im Rahmen der Bewegung der Moralischen Aufrüstung zu übernehmen und im besonderen in sogenannten „Leitungsteams" mitzuarbeiten.

Diese Entwicklung war eine große Überraschung für Buchman, da er seit 1948 gute Beziehungen zu Mgr. Charrière, dem für das Gebiet von Caux verantwortlichen Bischof, unterhielt und deshalb glaubte, daß die katholische Kirche seiner Arbeit gegenüber positiv eingestellt wäre. Charrière aber ließ deutlich durchblicken, daß die Warnung eine ernste Sache sei. Gleichzeitig sorgte er dafür, daß weiterhin Priester für den Dienst in der katholischen Kapelle, die zum Konferenzzentrum von Caux gehört, zur Verfügung standen.

Wie üblich gab das Heilige Offizium keine Gründe für sein Vorgehen bekannt. Einige von Buchmans vielen katholischen Freunden erkundigten sich in Rom und brachten die Nachricht zurück, daß das Monitum von der höchsten Autorität in dogmatischen Fragen stamme und daß keine Möglichkeit zu einer Diskussion bestehe. Gleichzeitig wurde diesen Freunden gesagt, daß es sich um eine Warnung und nicht um eine Verurteilung handle. So brach auch der Strom von Katholiken, die nach Caux kamen, nicht ab. Unter ihnen waren bekannte Theologen wie Professor Karl Adam, Lehrer der Dogmatik an der Universität Tübingen und Professor Dr. Werner Schöllgen, Dekan der Katholisch-Theologischen Fakultät der Universität Bonn; beide brachten ihre positiven Eindrücke von Caux zu Papier. Professor Adam schrieb in der Tübinger *Theologischen Quartalsschrift*:

„Es sind nicht nur Träumer, welche der Bewegung, die innert 30 Jahren zu einer Weltoffensive emporgestaltet wurde, folgen, sondern auch hochstehende Geister, weltbekannte Staatsmänner und Politiker, Großindustrielle und Arbeiterführer, aber auch Gewerkschaftler, Dock- und Grubenarbeiter, Menschen aus allen Ständen vom Staatsminister bis zum Küchenmädchen. Sie alle gehen daran, die schwierigsten politischen, wirtschaftlichen, sozialen und kulturellen Fragen im

Lichte des Evangeliums zu lösen. Und es ist erstaunlich, es ist wunderbar, wie es immer wieder die einfachen, schlichten Gedanken der Bergpredigt Jesu sind, welche über die verwickeltsten Knäuel politischer und wirtschaftlicher Probleme Licht verbreiten. Sowohl die vier Absoluten wie die Forderung einer restlosen Hingabe an Gott, zumal aber der Glaube an die Segenskraft des Kreuzes Christi wie die von Buchman empfohlene ‚Stille' sind Wesenselemente der christlichen Lebensführung, sind gelebtes Christentum. Darum ist Buchmans Botschaft in ihrem Kern christliche Botschaft.

Von da aus versteht man, weshalb der katholische Christ in Caux keinerlei neue Wahrheiten erfährt. Aber erschüttert muß er feststellen, daß man in Caux das Christentum tiefer erfaßt und erlebt als in vielen katholischen Gemeinden.

Auf die Frage ‚Was suchen wir Katholiken in Caux?' gab Monsignore E. Fischer, Erzpriester am Münster von Straßburg, die Antwort: ‚Das erste, was wir in Caux finden, sind Gewissensbisse; ich glaube, daß es außer den Klöstern kein Haus auf Erden gibt, wo der einzelne so viel betet wie in Caux.'[12]

Professor Adam schrieb im Jahre 1952, während Professor Schöllgen 1955 in seinem Buch *Aktuelle Moralprobleme* ein Kapitel der Moralischen Aufrüstung widmete.[13] Während der gleichen Zeit fühlte sich der Jesuitenpater Riccardo Lombardi frei, Buchman einzuladen, in Rom zu einer Gruppe von hundert Priestern zu sprechen, als er seine Bewegung „Per Il Mondo Migliore" (Für eine bessere Welt) lancierte. Dennoch sandte das Heilige Offizium schließlich das Monitum an alle Nuntiaturen, und im Dezember 1957 wurde es auf der ersten Seite des *Osservatore Romano* veröffentlicht.[14]

Diese Warnung erschwerte Buchmans Arbeit in bedeutendem Maße. Obwohl weiterhin viele Italiener nach Caux kamen, konnte Buchman sich in Italien nicht für europäische Versöhnung einsetzen, wie er es in Frankreich und Deutschland getan hatte. Den italienischen Premierminister Alcide de Gasperi hielten die in der Glaubenskongregation vorherrschenden Zweifel davon ab, nach Caux zu reisen. Einige der Katholiken, die zu seinen engen Mitarbeitern gezählt hatten, verließen Buchman, während andere von ihren geistlichen Beratern ermutigt wurden, die Arbeit, die sie als ihre persönliche Berufung ansahen, weiterzuführen.

Mehrere Kardinäle und Bischöfe, die Buchman persönlich kannten und deren Vertrauen er gewonnen hatte, ließen ihn wissen, daß sie ihm weiterhin ihr Vertrauen schenken würden. Trotzdem waren er und seine Mitarbeiter von der Entscheidung der Glaubenskongregation bestürzt und außerstande, deren Gründe zu begreifen.

Graf Lovera di Castiglione versuchte alles, um im Heiligen Offizium vorzusprechen, hatte aber keinen Erfolg. Er gab andererseits Buchman und seinen Kollegen eine Reihe von Ratschlägen, die nicht genügend ernst genommen wurden. So empfahl er zum Beispiel eine gewisse Vorsicht im Gebrauch von bestimmten Worten. Er schrieb, Vertreter der Moralischen Aufrüstung neigten manchmal „zu Verallgemeinerungen, die den Eindruck erweckten, als habe die Moralische Aufrüstung mit einer Arbeit begonnen, die nie zuvor aufgenommen worden sei und auch in der Gegenwart von niemandem außer von ihr betrieben würde ... Ich kenne die Menschen der MRA gut und weiß, daß ihre Absichten ehrlich sind. Andere finden aber einige der Behauptungen übertrieben und nicht ganz korrekt und sehen darin einen Ausdruck von Selbstüberschätzung."[15]

Die wahren Gründe für das Vorgehen des Heiligen Offizium wurden Buchman schließlich klar, aber nur schrittweise. Es handelte sich um eine verständliche geistliche Besorgnis verbunden mit einem tiefen „Mißverständnis" – einem Wort, das von Kardinal Alfredo Ottaviani, dem Präfekt des Heiligen Offiziums, später benützt wurde.[16]

Der Vatikan sah im Jahre 1951 – beinahe ein Jahrzehnt vor dem zweiten Vatikanischen Konzil – eine Gefahr darin, Katholiken und Nichtkatholiken an einer gemeinsamen Aktion teilhaben zu lassen, die auf dem geistigen Erbe beider Konfessionen beruhte. Es bestand die Furcht, daß der Unterschied der Traditionen verwischt würde, was zu „Indifferentismus", zu einer „Gleichsetzung verschiedener religiöser Konfessionen, die sich alle auf Christus beziehen", führen könnte. „Wir sagen nicht, daß die Moralische Aufrüstung eine solche Gleichsetzung der Werte lehrt", schrieb ein römischer Autor, „Sie atmet sie aber aus und ein und lebt sie, was eine diskretere, aber auch wirksamere Methode ist, sie wie absichtslos zu verbreiten."[17] Es schien deshalb gefährlich, Katholiken die Teilnahme zu erlauben.

Michel Sentis, ein französischer Katholik, der zu den Mitarbeitern Buchmans gehörte, erklärte: „Meine Freunde und ich gaben uns Mühe, an Tatsachen zu erinnern, die eine Antwort auf diese natürliche geistliche Sorge sein konnten. Wir sagten, die Moralische Aufrüstung versuche in keiner Weise die Menschen zu veranlassen, ihr geistiges Erbe zu verneinen; es seien oft im Gegenteil Menschen dazu gebracht worden, ihre geschwächten Beziehungen zu ihrer Kirche wieder zu verstärken. „Bekehrungen", die im Rahmen der Moralischen Aufrüstung geschähen, seien Bekehrungen innerhalb der religiösen Konfession der betreffenden Personen oder Bekehrungen von Atheisten.

Man nahm unsere Erklärungen freundlich entgegen, sagte uns aber, die Kirche würde zu gegebener Zeit längerfristig urteilen, ob unsere optimistische Sicht der Dinge gerechtfertigt sei oder nicht."

Sentis fügte hinzu: „Es gab eine Reihe von anderen kritischen Beobachtungen, die in die Feststellung mündeten, daß Nichtkatholiken in der Moralischen Aufrüstung eine Denkweise und geistige Konzeption vertreten würden, die nicht der katholischen Tradition entsprächen. Diese zum Teil sicher gerechtfertigte Kritik schien uns einen Mangel an Realismus angesichts der Notwendigkeit eines Dialogs zwischen den verschiedenen christlichen Konfessionen aufzuzeigen. Wir waren der Auffassung, daß die Kirche, statt Katholiken zu entmutigen, mit der Moralischen Aufrüstung zusammenzuarbeiten, diese wichtigen Fragen für sie klären sollte, wie es schon einige Bischöfe für die Gläubigen ihrer Diözesen getan hatten."

Das oben erwähnte „Mißverständnis" war eine ernstere Sache. Dank verdrehter Informationen machte sich das Heilige Offizium ein ungenaues, ja völlig verzerrtes Bild von der Struktur der Moralischen Aufrüstung. Man war überzeugt, daß sich hinter dem Mangel an Organisation, den Buchman immer vertreten hatte, eine sorgfältig verdeckte Hierarchie verstecke, wie man es von den Geheimgesellschaften, mit denen man es in der Vergangenheit zu tun gehabt hatte, gewohnt war. Das war der Grund, warum man den Katholiken nicht erlauben wollte, verantwortliche Stellen in der MRA zu übernehmen. Darum auch wurden – weil man Doppelzüngigkeit vermutete – Informationen, die aus Quellen der Moralischen Aufrüstung stammten, nur mit Argwohn entgegengenommen. So nahm man das Informationsmaterial, das von Graf Lovera di Castiglione kam, nicht ernst, weil man dachte, er habe sich täuschen lassen.

Der Verdacht, daß die Moralische Aufrüstung eine Geheimgesellschaft mit einer versteckten Hierarchie darstelle, war zum ersten Mal in vereinfachter Form in einer Broschüre aufgetaucht, die 1949 von einem gewissen „Michel Rovers" in Paris herausgegeben worden war. Diese Vorstellung war dann von jemandem weiterentwickelt worden, der wie es eine römische Persönlichkeit später beschrieb, „die Seele eines Verräters" hatte. So glaubte man im Heiligen Offizium tatsächlich, daß die Organisation der Moralischen Aufrüstung aus sieben klar definierten Rängen bestehe, mit „dem Gründer", der für sich allein die erste Stufe ausmachte, und dem „Policy Team" (Leitungsteam) von vierzehn Personen auf Stufe zwei, dem „Zentralteam" (62 Mitglieder) auf Stufe drei, „den vollzeitlichen Mitarbeitern" (mehr als eintausend) auf Stufe vier und schließlich „den Freunden", „den Unterstützern" und „den Kontaktpersonen" auf Stufe fünf, sechs und sieben.

Daß ein solches Mißverständnis bestand, wurde Buchman und seinen Freunden erst klar, als einer von ihnen, ein Katholik, von einem Vertreter des Heiligen Offiziums plötzlich gefragt wurde, zu welcher „MRA-Stufe" er gehöre. In seiner Verwirrung und in Erinnerung an den heiligen Paulus, dem er schlecht oder recht zu folgen glaubte, antwortete er: „Ich bin der Geringste unter den Geringen." So wurde er nur als „Kontaktperson" eingestuft und ermutigt, seine Beziehung zur Moralischen Aufrüstung aufrechtzuerhalten. Er fing jedoch an, aus einigen Dingen, die in diesem Gespräch gesagt wurden, herauszuhören, wo das Mißverständnis liegen könnte. Klarheit in dieser Sache wurde erst geschaffen, als 1958 die fantastische Geschichte in einem von fünf Artikeln, die ein Pater Prudenzio Damboriena für die Zeitschrift der Jesuiten *Civiltà Cattolica*[18] verfasst hatte, herauskam.

Aber auch diejenigen in Rom, die ehrlichen Umgang mit der Moralischen Aufrüstung suchten, jedoch nur Informationen aus zweiter Hand besaßen, fanden es schwierig, den von Buchman geschaffenen Organismus richtig einzuordnen. Einige Priester, die hilfreich sein wollten, versuchten MRA mit rein weltlichen Organisationen wie dem Rotary Club oder der Pfadfinderbewegung zu vergleichen und behaupteten, daß alle Probleme gelöst wären, wenn Buchman versprechen würde, nie wieder religiöse Ausdrücke – wie den Namen Christi, den Heiligen Geist oder das Kreuz Christi – zu benützen. In Abwesenheit Buchmans kam es zu Gesprächen mit Peter Howard. Das Protokoll eines dieser Gespräche zeigt, daß der Vorstoß von vornherein zum Scheitern verurteilt war. Ein Priester schlug Howard vor, alle religiösen Begriffe aus den Erklärungen der Moralischen Aufrüstung zu verbannen. Howard fragte: „Wenn jemand zu mir kommt und mich fragt, an welchen Punkten ich mich geändert habe, darf ich es ihm sagen?" „Ja", war die Antwort. „Wenn dieser Mann mich dann fragt, wo er die Kraft finden könne, um die Gewohnheiten der Sünde zu überwinden, darf ich ihm sagen, daß es ‚Christus' sei?" fragte Howard weiter. „Nein, unter keinen Umständen dürfen Sie Christus erwähnen. Das ist gerade der Punkt, den wir diskutieren." Eine solche Abgrenzung kam natürlich überhaupt nicht in Frage.

Gleichzeitig mit der Veröffentlichung der Warnung des Heiligen Offizium im *Osservatore Romano* schlug der Moralischen Aufrüstung aus gewissen Kreisen Roms eine Welle der Sympathie entgegen, die sich allerdings in diskreter Weise äußerte, weil die betreffenden Freunde die Autorität des Vatikans nicht untergraben wollten. Dies war besonders für eine Gruppe von Menschen der Fall, die mit Mgr. Giovanni Battista Montini – dem damaligen Pro-Staatssekretär von Pius XII. und späteren Papst Paul VI. – arbeiteten und sehr daran interessiert waren, Nachrichten über die Aktionen der Moralischen Aufrüstung zu erhalten.

— 37 —

FREIHEIT

Als Robert Schuman am 13. September 1953 Caux verließ, wandte er sich an Buchman und sagte: „Würden Sie uns in Marokko helfen?" „Sehr gerne", erwiderte Buchman, „doch ich spreche nicht arabisch." „Das macht nichts", entgegnete Schuman, „sprechen Sie nur Französisch!" Buchman erklärte Schuman, er habe als junger Mann in Grenoble versucht, Französisch zu lernen: „Doch erinnere ich mich heute nur noch an zwei Worte: ‚mauvais garçon'!" „Mit dem kommen Sie dort gut aus", meinte Schuman lachend, „und außerdem – Sie kommen auch ohne die Sprache zurecht, Ihre Sprache ist die des Herzens."

Schon zwei Wochen danach wurde Buchmans Aufmerksamkeit auf die Probleme des zum französischen Kolonialreich gehörenden Teils von Nordafrika gelenkt, als der französische Sozialist und Journalist Jean Rous zwei Nationalistenführer nach Caux brachte: einer war Marokkaner, der andere Tunesier.

Der Tunesier hieß Mohammed Masmoudi. Seit langem lebte er als Mitglied der illegalen nationalistischen Partei des Néo-Destour in Frankreich in Freiheit. Als ihr Anführer Habib Bourguiba 1952 von den Franzosen verhaftet wurde, ging Masmoudi ohne Besitz von Ausweispapieren heimlich über die Grenze. Er war auf dem Weg nach Caux. Masmoudi hatte Gründe, die Franzosen zu hassen. Einige Tage lang war er in einer Hinrichtungszelle gefangen gewesen, und er erfuhr – während seines Besuchs in Caux –, daß sein Bruder verhaftet worden war.

Der Marokkaner war Si Bekkai. Während des 2. Weltkriegs hatte er als Oberst in der französischen Armee gedient und im Krieg ein Bein verloren. Vor kurzem hatte er sein Amt als Pascha von Sefrou niedergelegt, weil die Franzosen im August den Sultan von Marokko, Sidi Mohammed Ben Youssef, festgenommen und nach Madagaskar ins Exil geschickt hatten. Darauf ging Si Bekkai selber ins Exil nach Paris. Man hatte den Sultan entfernt, weil er mit der Unabhängigkeitsbewegung Marokkos sympathisierte. An seine Stelle setzte man seinen Onkel, Ben Arafa. Der mächtige Pascha von Marrakesch, El Glaoui, hatte die Franzosen dazu ermutigt, den Sultan abzusetzen, weil er dessen voreilige Unterstützung der Unabhängigkeitsbewegung fürchtete. Si Bekkai kam als enttäuschter und verbitterter Mann nach Caux.

Buchman lernte sowohl Masmoudi als auch Si Bekkai kennen und erfuhr viel über die politische Lage in ihren Ländern. Er machte beide Männer auch mit seinen französischen Mitarbeitern bekannt; beide Nordafrikaner waren überrascht, wie offen die Fehler Frankreichs von diesen Franzosen eingestanden wurden. Buchman war aber vor allem darauf bedacht, daß beide Männer alle Einzelheiten der in Caux sich entwickelnden deutsch-französischen Versöhnung erfuhren.

Masmoudi fühlte sich besonders betroffen und schrieb später: „Es war mir klar, daß die Beziehungen zwischen Frankreich und Tunesien nie so schwierig gewesen waren wie die zwischen Frankreich und Deutschland." Er erhielt damals einen Brief seiner Mutter, in dem sie schrieb: „Gott segne Dich, mein Sohn – Gott verfluche die Franzosen." Er antwortete ihr, sie möchte weiter für ihn Gottes Segen erbitten, aber nicht mehr die Franzosen verfluchen.[1] An seinem dritten Tag in Caux erklärte er öffentlich, er sei bereit, mit Vertretern der französischen Kolonialverwaltung zu sprechen. Er glaube, „im Geiste der vier Grundsätze der Moralischen Aufrüstung" wäre es – ähnlich wie bei Deutschen und Franzosen – möglich, zu einer Verständigung zu kommen.

Auch Si Bekkai bekannte in einer Ansprache: „Ich habe nach einem Rezept gesucht, das die Stagnation in den Beziehungen zwischen Marokko und Frankreich beenden und die Freundschaft zwischen unseren beiden Ländern festigen könnte. Caux hat mir auf wunderbare Weise eine Antwort auf meine Fragen gegeben – Freiheit von Haß und Bitterkeit. Ich habe an Frankreich gezweifelt, dafür entschuldige ich mich heute bei meinen französischen Freunden hier und überall."[2] Si Bekkai berichtete Buchman über die ausweglose Lage in Marokko und die besondere Rolle des El Glaoui, dessen Zustimmung zur Verhaftung des Sultans für die Franzosen von entscheidender Bedeutung war.

Von Caux aus kehrte Buchman nach Italien zurück und machte sich Anfang Februar auf den Weg nach Marrakesch. In seiner Begleitung befanden sich Paul Campbell, John Wood, Morris und Enid Martin und Jim Baynard-Smith. Bevor sie alle Caux verließen, teilte Buchman seinen Freunden mit, er habe das Gefühl, er werde El Glaoui erreichen können. Buchman hatte auch erfahren, daß General Antoine Béthouart, ehemaliger französischer Hochkommissar in Wien, der 1951 in Caux gewesen war, zur gleichen Zeit mit ihnen in Marrakesch sein werde. Buchman hoffte, daß der General, gemeinsam mit Pierre Lyautey, dem Neffen des Feldmarschalls und Begründers von Französisch-Marokko, ihnen helfen würde, Menschen kennenzulernen, die im Herzen der Auseinandersetzung standen.

In Marrakesch stellte sich heraus, daß die Béthouarts bereits im gleichen Hotel wie Buchman abgestiegen waren. In den ersten Tagen blieb Buchman meistens auf seinem Zimmer; er ruhte sich aus und hatte Zeit nachzudenken. In Gedanken beschäftigte er sich mit Pascha El Glaoui und seiner Familie. Er kam wieder zu Kräften, hielt sich aber bewußt zurück und gab so anderen die Gelegenheit, Initiative zu ergreifen. Er kehrte immer wieder zur Überzeugung zurück: „Es ist unsere Arbeit, auf der Suche nach Menschen zu sein und Führungseigenschaften in ihnen zu wecken."

Nach einem gemeinsamen Abendessen Buchmans und seiner Freunde mit General Béthouart und seiner Frau wurden die ersten Kontakte zu den französischen Behörden geknüpft. Anläßlich einer Einladung zum Tee bei den Lyauteys, lernte Buchman ferner den Anwalt Si Abdessadeq, einen Sohn des El Glaoui, kennen. Er war Vorsitzender des „Tribunal chérifien", des Stammesgerichts von Marrakesch, und teilte die politischen Ansichten seines Vaters nicht. Abdessadeq lud seine neuen Freunde am folgenden Samstag zum Abendessen ein.

In dieser Woche wollte der neue Sultan seinen ersten offiziellen Besuch in Marrakesch machen. Am Freitag wurden auf El Glaoui – der am Samstag den Sultan empfangen würde – drei Bomben geworfen, als er sich zum Gebet in einer Moschee befand. Die ersten beiden Bomben explodierten, es gab Tote und Verletzte. Die dritte Bombe rollte El Glaoui vor die Füße, explodierte aber nicht. Das Essen bei Abdessadeq fand am Tag danach statt. Es war ein Festessen in marokkanischem Stil. Die Gäste saßen auf Divanen um einen runden Tisch herum, während der Gastgeber ein Feuer mit einem geschwungenen Degen schürte. Man aß die Speisen mit der rechten Hand, während der Gastgeber das beste Stück Fleisch aussuchte und dem Ehrengast anbot.

Auf dem Weg zurück ins Hotel sagte Buchman zu Jim Baynard-Smith: „Sadeq sieht, was auf ihn zukommt. Er hat die innere Größe, die ihm helfen wird – wenn die Zeit dafür reif ist – sein Volk auf den richtigen Weg zu führen." Nach diesem Abend trafen Buchmans Mitarbeiter Abdessadeq öfters zum Tennisspiel und zu zahlreichen Gesprächen. Buchman lernte auch vier Brüder Abdessadeqs kennen, traf aber nie den Vater, Pascha El Glaoui.

Einige Tage später traf der Sultan ein – er wurde von etwa tausend Stammesangehörigen des El Glaoui begrüßt, die auf stolzen Araberpferden mit leuchtendbunten Satteldecken angeritten kamen. Trotz dieser prächtigen Demonstration breitete sich das nationalistische Fieber aus. Am nächsten Freitag wurde der Sultan während der Gebetsstunden durch explodierende Handgranaten verletzt. Der 84jährige Pascha ließ den Sultan in seinen Palast bringen und erschoß danach den Attentäter eigenhändig.

Zu den Franzosen in Marokko, die Buchmans Mitarbeiter kennenlernten, gehörte der junge Siedler Pierre Chavanne, der bereits in zweiter Generation eine 300 Hektar umfassende Farm bewirtschaftete. Chavanne hatte keinen Glauben, sympathisierte mit marxistischem Denken und vertrat liberale Ansichten, wenn es um marokkanische Politik ging – ohne dabei persönliche Kontakte mit Marokkanern zu haben, eine nicht ungewöhnliche Tatsache, die bei gebildeten Marokkanern einige Verbitterung hervorrief, denn sie fühlten, daß selbst liberal eingestellte Franzosen ihr Land ausbeuteten. Einige aus Buchmans Begleitung lernten einen Freund der Chavannes, Philippe Lobstein, kennen. Er war Inspektor der Schulen von Marrakesch, in der Politik ähnlich wie Chavanne eher linksstehend. Er war Protestant, seine Frau russisch-orthodoxe Christin. Beide waren 1948 aus dem Elsaß ausgewandert. Beide Ehepaare waren von Buchmans Freunden zwar nicht überzeugt worden, aber genügend fasziniert, um übereinzukommen, sich im Sommer in Caux zu treffen. Dort beschlossen alle, das Experiment zu wagen, Moralische Aufrüstung in ihrem privaten und beruflichen Leben in die Praxis umzusetzen. Pierre Chavanne sagte: „Ich entdeckte, daß ich mich nicht mehr vor den Marokkanern fürchtete; ich erkannte, daß ich sowohl aus Furcht als auch aus Vorsicht liberal eingestellt gewesen war – aus derselben Furcht heraus, die andere Franzosen zu Reaktionären machte.“

Im Herbst 1954, bald nach ihrer Rückkehr aus Caux, drohte eine Heuschreckenplage das Land um Marrakesch zu verwüsten. Die marokkanischen Behörden ergriffen die erforderlichen Maßnahmen, und die Gefahr wurde abgewandt. Chavanne bedankte sich bei Ahmed Guessous, dem dafür zuständigen Beamten seiner Provinz. „Sie sind der erste Franzose, der sich je für etwas bei mir bedankt“, entgegnete Ahmed Guessous. Doch Chavanne fuhr fort: „Ich möchte um Verzeihung bitten für meine egoistische Lebensweise in Ihrem Land und für meine Haltung Ihrem Volk gegenüber.“

Guessous interessierte das, aber er blieb argwöhnisch. Durch seine Mitarbeiter konnte er Einzelheiten über das Leben auf den Farmen erfahren. So hörte er, daß sich die Chavannes aus Rücksicht auf ihre moslemischen Arbeiter entschlossen hatten, keinen Alkohol mehr zu trinken. Sie stellten die Ernsthaftigkeit ihres Entschlußes unter Beweis und vernichteten den Rest des Weinbestandes in ihrem Keller. Guessous erfuhr außerdem, daß die Arbeitsbedingungen auf der Farm der Chavannes besser waren als auf anderen Farmen. Das half, ihn davon zu überzeugen, daß es Chavanne ernst war mit dem, was er gesagt hatte.

Die Familien Chavanne, Lobstein und Guessous wurden gute Freunde und besuchten einander oft. Erst jetzt entdeckten die Franzosen, daß Guessous zu den regionalen Untergrundführern der nationalistischen Istiqlal-Bewegung gehörte, die entschlossen war, das französische Joch mit allen erdenklichen Mitteln abzuschütteln. 1955 beschlossen die drei Männer, gemeinsam nach Caux zu fahren – und Guessous hatte es nur dem Bemühen seiner neuen französischen Freunde zu verdanken, daß die Behörden ihm die Reise erlaubten. In Caux angekommen, war er von der Größe und der Reichweite der Konferenz beeindruckt und bewegt, daß zu seinen Ehren die marokkanische Flagge gehißt worden war – kein alltägliches Schauspiel, da sein Land ja noch nicht unabhängig war.

Um Guessous willkommen zu heißen, bat Buchman Dr. Campbell, die erste Versammlung zu leiten. Campbell lieferte einen begeisterten Bericht über seinen Aufenthalt in Marokko und eine anschauliche Beschreibung der marokkanischen Gastfreundschaft. Dabei schilderte er, wie Buchman und seine Mitarbeiter in einem der Schlösser des El Glaoui empfangen wurden, und bezeichnete diesen als „den mächtigen Herrscher von Südmarokko."

Nach Schluß der Versammlung machte Guessous, blaß vor Wut, nicht viel Federlesens mit Campbell: „Caux ist für mich ein heiliger Ort – aber als Sie heute von unserem schlimmsten Feind, El Glaoui, sprachen, haben Sie über den leibhaftigen Teufel geredet. Ich werde nicht in Caux bleiben, wenn sein Name noch einmal erwähnt wird." Dr. Campbell lud Guessous, Chavanne und Lobstein zum Mittagessen ein. Chavanne lehnte ab. „Wir erklärten Campbell, er habe sich über die Lage in Marokko nicht informiert, sonst hätte er nicht einen solchen ‚faux-pas' begangen. Guessous schüttete seinen Haß aus und nannte El Glaoui einen Verräter, der sein Land an die Franzosen verkauft habe", erzählt Lobstein. Campbell hörte zu und schwieg. Gegen Ende des Essens sagte er: „Auch ich habe Menschen gehaßt. Ich habe erfahren, daß ich Gott so nahe bin wie dem Menschen, von dem mich der Haß am meisten trennt." Am Tisch war es eine Weile still. „Ich bin ein guter Moslem", sagte Guessous endlich, „aber wenn ich Gott so nahe bin wie El Glaoui, dann habe ich noch einen weiten Weg zu gehen."

Bald darauf verließ Guessous Caux. „Campbells Worte verfolgten mich überall", sage er später. „Als Moslem war mir der Gedanke, Gott nicht wirklich unterworfen zu sein, erschreckend. Ich beschloß nicht zu ruhen, bis alles im Reinen sein würde."

Wieder in Marokko angelangt, nahm Guessous Verbindung auf mit Abdessadeq, dem Sohn des El Glaoui, den er bereits kannte. Sie besprachen die kritische Lage, und Guessous schlug vor, sich mit El Glaoui zu treffen, um zu versuchen, eine gemeinsame Grundlage für ihre Bemühungen zu finden. Schon früher hatte Abdessadeq versucht, seinen Vater auf kommende politische Veränderungen vorzubereiten, und Guessous gebeten, seinen Vater aufzusuchen, doch hatte Guessous jedes Mal höflich abgelehnt.[3]

Unterdessen hatten die Franzosen am 15. Oktober einen Viterer-Thronrat ernannt – eine Art Interimslösung – da sie sich bewußt waren, daß Ben Arafa von der Bevölkerung nicht akzeptiert wurde und selbst versuchte ständig abzudanken. Mit diesem Schritt hofften die Franzosen, die Gemüter zu beruhigen.

Doch hatte sich der Istiqlal geweigert, den Thronrat als Vertreter des Volkes anzuerkennen. „Zu diesem Zeitpunkt", schreibt Gavin Maxwell in seiner Biographie der Glaoui-Familie, „befanden sich die Berberstämme des Mittleren Atlas und der Rif-Berge in offener Rebellion[4] – die Gefahr eines Guerillakriegs zwischen den wachsenden nationalistischen Kräften und der französischen Besatzungsmacht mit ihren Helfern war nicht mehr zu leugnen."

Am 25. Oktober wurde Guessous in Rabat vom Hauptausschuß des Istiqlal empfangen. Er erläuterte ihnen sein Vorhaben, El Glaoui aufzusuchen. Das Ziel sei, ihn dazu zu bewegen, seine Einstellung gegenüber dem Thronrat und dem Sultan zu ändern. Zunächst überrascht und skeptisch, entschloß sich der Hauptausschuß dennoch dazu, Guessous und zwei aus ihren Reihen zu ermächtigen, diese Mission auszuführen. Abdessadeq hatte in der Vorhalle gewartet und nahm die drei Nationalisten auf der Stelle mit zu seinem Vater.

An diesem Tag wurde El Glaoui in Rabat erwartet, um den Thronrat anzuerkennen. Alt und krank, hatte der Pascha am Morgen Marrakesch verlassen und war auf dem Weg nach Rabat in seinem Palast in Casablanca eingetroffen. Dort empfing er die Delegation.

Durch Abdessadeq eingeführt, eröffnete Guessous das Gespräch. Er bedauere aufrichtig die Verbitterung, die er über Jahre El Glaoui gegenüber gehegt habe. Diese Offenheit und Demut bewegten den alten Mann zutiefst, und er umarmte Guessous. Die es mit ansahen, konnten ihre Tränen nicht zurückhalten.

Guessous, unterstützt von seinen Kollegen und von Abdessadeq, erläuterte darauf ihren Plan für eine nationale Versöhnung. Die Basis hierzu sollte eine Aussöhnung zwischen El Glaoui selbst und Sultan Sidi Mohammed Ben Youssef sein. Sie arbeiteten hart und erreichten, daß – Stück um Stück – fünf Punkte formuliert wurden, auf deren Grundlage eine Einigung möglich wäre. Um 3.15 Uhr nachmittags fuhr El Glaoui weiter nach Rabat.

Gavin Maxwell schildert die Ereignisse weiter: „El Glaoui betrat den Thronsaal und hielt die Rede, die sein ganzes Lebenswerk zunichte werden ließ: ‚Ich identifiziere mich mit dem Willen des marokkanischen Volkes, den rechtmäßigen Sultan Mohammed Ben Youssef wieder einzusetzen und sofort aus Madagaskar zurückzuholen.‘ Die kurze Sitzung schloß mit Szenen unglaublichen Jubels. El Glaoui und sein Gefolge verließen den Palast und fanden sich von einer unübersehbaren Menschenmenge umringt, unter ihnen aufgeregte Journalisten aus aller Welt. Sie umringten ihn, als er in seinen Wagen stieg und riefen: ‚Exzellenz, zeigen Sie uns Ihre Erklärung!‘ Doch der alte Mann zeigte deutliche Ermüdungserscheinungen und erwiderte: ‚Wenden Sie sich an meinen Sohn Abdessadeq.‘“[5] Seine Erklärung wurde unter dem Namen „Die Bombe des Pascha“ bekannt.

Wie unerwartet und stark diese „Bombe“ wirkte, zeigte am darauffolgenden Tag der Bericht auf der Titelseite des *Express*: „El Glaoui ruft Ben Youssef zurück!“ „El Glaoui, erklärter Feind des ehemaligen Sultans“, schrieb der Sonderkorrespondent, „gab im kaiserlichen Palast eine Erklärung ab, in der er für die Rückkehr von Sidi Mohammed Ben Youssef auf den Thron eintrat. Es gehört zur Ironie des Schicksals, daß in dieser Erklärung El Glaouis ‚Dankbarkeit‘ Frankreich gegenüber mit seinem Wunsch verbunden war, sich gemeinsam mit der Masse des marokkanischen Volkes unter die Autorität Ben Youssefs zu stellen . . . Die französische Regierung wird nun in Marokko mit einer unglaublichen Situation konfrontiert.“[6] Die Zeitung schrieb weiter, diese Tat des erklärten Gegners des verbannten Sultans mache seine Rückkehr an die Macht unausweichlich.

Nach seiner Rückkehr aus Madagaskar, richtete der Sultan sein Hauptquartier in St-Germain-en-Laye ein. El Glaoui kam mit Abdessadeq, um ihm dort seine Ehrerbietung zu erweisen. Er kniete vor dem

Sultan nieder und bat im Flüsterton um Gnade – als einer, der vom Weg abgekommen sei und sich verirrt habe. Nach der Londoner *Times* suchte der Sultan mehrmals diese Erklärung zu unterbrechen: „Sprechen Sie nicht von der Vergangenheit – Vergangenes ist vergessen", sagte er und versuchte vergeblich, El Glaoui aufzurichten. In seiner Antwort erklärte Ben Youssef: „Nur die Zukunft zählt jetzt. Wir sind alle Söhne Marokkos – auch Sie sind ein Sohn Marokkos. Man wird Sie nach Ihren zukünftigen Taten beurteilen."[7]

Buchmans Anteil an den Ereignissen in Marokko wurde nicht vergessen. Nachdem sich die erste unabhängige Regierung Marokkos gebildet hatte, wurde Si Bekkai – der 1953 Caux besucht hatte – Premierminister. Während er noch mit den Franzosen in Aix-les-Bains verhandelte, schrieb er an Buchman: „Ich versichere Ihnen, daß ich in diesen Verhandlungen die vier Maßstäbe der Moralischen Aufrüstung nicht außer acht gelassen habe. Mehr denn je glaube ich, daß Sie und Ihre Mitarbeiter uns bei der Bewältigung der französisch-marokkanischen Krise behilflich sein können."[8] Als er sein Amt angetreten hatte, sandte er Buchman diese Botschaft: „Wir sind entschlossen, moralische Aufrüstung zur Philosophie und Praxis unserer Regierung zu machen."[9]

Im Juni 1956 empfing der Sultan – nun König Mohammed V. – die Ehepaare Chavanne, Lobstein und Guessous und andere, die an jenen Ereignissen Anteil gehabt hatten. Er sandte Buchman folgende Botschaft: „Ich danke Ihnen für alles, was Sie für Marokko, die Marokkaner und mich persönlich in den vergangenen zehn Jahren getan haben. Moralische Aufrüstung muß für uns Muslime genauso ein Ansporn sein, wie sie es für Sie als Christen und für alle Nationen ist. Materielle Aufrüstung allein hat versagt – moralische Aufrüstung bleibt unverzichtbar."[10]

Mohammed Masmoudi, der Revolutionär aus Tunesien, war nach seinem Aufenthalt in Caux 1953 nach Paris zurückgekehrt. Im dortigen MRA-Zentrum kam er mit dem Diplomaten Jean Basdevant und anderen, die für die französische Verwaltung verantwortlich waren, zusammen. Masmoudi wurde auch von Außenminister Robert Schuman empfangen und berichtete ihm von seinen Erlebnissen in Caux; es waren Nachrichten, die Schuman stark bewegten. Masmoudi hatte seinerzeit nach seiner Verhaftung von Pierre Mendès-France das Angebot erhalten, ihn vor Gericht zu verteidigen. Nachdem nun Mendès-France Premierminister geworden war, ergriffen beide die Gelegenheit, sich auszusprechen. Darauf folgte Mendès-Frances historischer Besuch in Tunis, in dessen Verlauf er Tunesien die Selbstverwaltung versprach. Obwohl Masmoudi noch keine dreißig Jahre alt war, wurde er als einer von drei Staatsministern ernannt, die mit Frankreich die Unabhängigkeit Tunesiens aushandeln sollten. Nach neun Monaten harten Ringens wurde sie gewährt, und Mohammed Masmoudi wurde Tunesiens erster Botschafter in Frankreich.

Masmoudi blieb in engem Kontakt mit Buchman. Mitten in einer kritischen Phase der Verhandlungen mit Frankreich erfuhr er, daß Buchman auf der Durchreise in Paris war. Er fuhr zur Gare de Lyon, um ihn dort zu sehen. „Sie werden der William Pitt* für Tunesien sein", sagte ihm Buchman am Bahnhof. Im Dezember 1956 leitete Präsident Habib Bourguiba die erste Delegation Tunesiens an die Vereinten Nationen in New York, und erklärte: „Die Welt muß erfahren, was Moralische Aufrüstung für unser Land getan hat."[11]

Es wäre natürlich Unsinn zu sagen, Buchman oder die Moralische Aufrüstung hätten Marokko oder Tunesien die Unabhängigkeit ermöglicht. Die Zeitströmungen und der entschlossene Wille des Volkes hätten das ohnehin erreicht. Doch schrieb Robert Schuman selbst an Buchman: „Ohne Zweifel hätte die Geschichte Tunesiens und Marokkos ohne die Einwirkung der Moralischen Aufrüstung einen anderen Lauf genommen."[12]

Bei Algerien mißlang der Versuch: Zwar trafen sich maßgebliche Persönlichkeiten beider Seiten – Frankreich und Algerien – in Caux. Es folgte jedoch ein schrecklicher Krieg, und es bedurfte des Eingreifens von General de Gaulle, bis endlich die Unabhängigkeit für Algerien gewonnen war.

Buchmans Besuch in Marokko war seine zweite und letzte Reise nach Afrika. Er traf Vertreter Afrikas während der Konferenzen in Caux und Mackinac oder in London und Paris, und sein Verständnis für die Probleme des afrikanischen Kontinents stützte sich auf diese Begegnungen.

Ein außergewöhnliches Unternehmen nahm im Jahre 1955 seinen Anfang in Caux. Eine Anzahl Afrikaner verschiedener Nationalitäten war anwesend, unter anderen auch Mitglieder neugebildeter Parlamente, Studenten, Gewerkschaftsführer und einflußreiche Marktfrauen. Alles schien gut zu gehen, doch nach einer Woche kamen sie zu ihrem Begleiter, dem Schotten Henry Macnicol und sagten: „Caux

---

* William Pitt d. J., Earl of Chatham, wurde 1784 mit 25 Jahren Premierminister und war Regierungschef von 1784–1801 und 1804–1806.

hat uns gut gefallen, jetzt möchten wir aber etwas von Europa sehen, können Sie das arrangieren?“ Das war ein ganz normaler Wunsch, doch er irritierte Macnicol, weil er der Meinung war, die Afrikaner hätten noch nicht voll erfaßt, worum es in Caux ging. Er ging zu Buchman und teilte ihm seine Befürchtungen mit. Buchman schaute ihn an und sagte: „Du bist ganz überdreht – leg dich schlafen! Die Afrikaner haben alle eine unsterbliche Seele.“

Am nächsten Morgen rief Buchman die Afrikaner zu sich. „Ich habe vergangene Nacht viel an Afrika gedacht“, sagte er. „Daß einige von Ihnen verbittert sind, begreife ich. Ich kann mit Ihnen fühlen. Aber an Ihrer Stelle würde ich das hinter mir lassen; es bringt nur Magengeschwüre!“ Dann fuhr er fort: „Es kann nicht die Bestimmung Afrikas sein, zwischen Ost und West zerissen zu werden. Afrika muß zum Osten und zum Westen mit einer Antwort sprechen. Könnte das in der Form eines Theaterstücks geschehen? Glauben Sie, Sie könnten ein Theaterstück schreiben?“

Ifoghale Amata, der damals ein junger Absolvent der Universität Ibadan in Westnigerien war, erinnert sich: „Dreißig von uns Afrikanern trafen sich nach dem Mittagessen, und schon bald fingen wir darüber zu streiten an, was dieses Stück alles zeigen sollte. Mitten im Streit verlangte jemand nach einer Zeit der Stille. Als wir dann unsere Vorschläge zusammentrugen, schrieb ich sie auf. Ich bemerkte, daß Manasseh Moerane* dies auch tat. Unsere Vorschläge paßten alle auf eigenartige Weise zusammen. ‚Ich habe hier den ersten Akt‘, sagte ich, ‚und ich den zweiten‘, sagte Manasseh. Dr. Karbo aus Ghana anerbot sich, den dritten Akt zu schreiben. Ich begann am Nachmittag zu schreiben, und hörte nicht auf bis drei Uhr früh. Manasseh arbeitete auch die Nacht hindurch. Am nächsten Morgen trafen wir uns mit Dr. Karbo und lasen den dreißig anderen vor, was wir geschrieben hatten. In den folgenden Stunden fügten wir die einzelnen Akte zusammen, und um fünf Uhr nachmittags ließen wir Frank wissen, daß unser Theaterstück fertig sei.“

Das Schauspiel erzählte die Geschichte eines afrikanischen Landes, das sich zur Unabhängigkeit emporringt; Anschaulich zeigte es die taktlosen Reaktionen des Gouverneurs der Kolonialmacht, sowie die Intrigen und Gegen-Intrigen der Politiker, die verschiedene Stämme und Interessengruppen vertraten. Die Freiheit wurde errungen, als ein

---

* Damals stellvertretender Vorsitzer der schwarzen Lehrergewerkschaft Südafrikas, später Chefredakteur der Zeitung *The World*, Johannesburg.

Wandel der Herzen sowohl beim Gouverneur als auch bei einigen der afrikanischen Politiker und Stammesfürsten eintrat.

Noch fehlte der Titel. Buchman hatte bereits an den Namen *Freiheit* gedacht, doch wollte er seine Ideen niemandem aufzwingen. Trotz weiterer Diskussion unter den Afrikanern kam kein Name auf. Buchman schlug vor, „warum können wir nicht feststellen, welches Wort im Text am meisten erscheint?" Es wurde gezählt und entdeckt, daß „Freiheit" achtundvierzigmal darin vorkam. Einstimmig wurde dieser Titel angenommen.

Ifoghale Amata erzählt weiter: „Dann sagte Frank: ‚Ausgezeichnet – wir werden es morgen abend hier im Theater sehen.' Irgendwie schafften wir es. Nach der Aufführung kündigte er an: ‚Dieses Schauspiel wird heute in einer Woche im Westminster-Theater in London gezeigt werden.'" Auch diese Aufführung fand statt.

Jene Afrikaner blieben zusammen und reisten mit ihrem Schauspiel rund um die Welt. Später wurde daraus ein großer Farbfilm, der erste überhaupt, der von Afrikanern gestaltet war. Eine Reihe von afrikanischen Ländern wählten ihn zu dem Film, der bei Staatsfeierlichkeiten offiziell gezeigt wurde. Auch heute noch wird er in vielen Sprachen aufgeführt.

In den Jahren unmittelbar vor seiner Unabhängigkeit erfuhr Kenia die Wirkung von *Freiheit*. Lange ehe 1952 der Mau-Mau-Aufstand ausbrach, hatten einige von Buchmans Mitarbeitern die Bekanntschaft sowohl von Jomo Kenyatta als auch von leitenden englischen Beamten gemacht, die mit diesen Auseinandersetzungen zu tun hatten. Noch war wenig Wahrnehmbares erreicht worden. Dann aber – im Jahr 1954 – tat der Oberst, der das Mau-Mau-Rehabilitationslager am Athi-Fluß befehligte, einen außergewöhnlichen Schritt. Er sprach zu den Häftlingen und sagte, er glaube, Arroganz und Selbstsucht in Leuten seiner Art hätten dazu beigetragen, ein Umfeld zu schaffen, in dem sich Mau-Mau entwickeln konnte. Er bot an, von nun an mit jedem Menschen – sei er schwarz oder weiß – zusammenzuarbeiten, der mit ihm Kenia auf den Grundwerten der Moralischen Aufrüstung aufbauen wolle. Bereits im Juli 1954 schrieb die Londoner *Times*[13], in diesem Lager hätten 270 Häftlinge, die dem harten Kern angehörten, ihre Bindung zur Mau-Mau-Bewegung gelöst. 1955 waren es bereits 600. Zwei dieser Männer schrieben an Buchman: „Wenn es der Moralischen Aufrüstung gelingt, haßerfüllte Mau-Mau-Revolutionäre wie uns umzuwandeln, kann jedes haßerfüllte Herz geändert werden."[14]

Es waren zwei jener Männer, die nun – mit Erlaubnis der britischen

Behörden den Film *Freiheit* zu Jomo Kenyatta in seine einsame Gefangenschaft brachten. Kenyatta bat darauf um eine Suaheli-Fassung, die man in ganz Kenia einsetzen könne. *Freiheit* wurde synchronisiert und in den Monaten vor den ersten Wahlen einer Million Menschen in Kenia gezeigt – in Kinos in den Städten und unter freiem Himmel auf dem Land. Im Frühjahr schrieb die Zeitung *The Reporter* in Nairobi: „Die Arbeit der Moralischen Aufrüstung hat zur Stabilität unseres Wahlkampfes viel beigetragen."[15]

Gabriel Marcel, der bekannte katholische französische Philosoph, der als Skeptiker nach Caux gekommen war, bekundete großes Interesse an diesen Entwicklungen in Afrika: „Was mir als ein erstaunliches Werk und ein Geschenk Gottes erscheint", erklärte er, „ist das Zusammenspiel zwischen der Moralischen Aufrüstung und jenen jungen Völkern, die in die Freiheit hineingeboren werden. Hierbei, wie auch anderswo, hat Frank Buchman eine wahrhaft prophetische Ader für kommende Dinge gezeigt."[16]

Als Beispiel für Buchmans persönliche Wirkung auf afrikanische Persönlichkeiten berichtet Gabriel Marcel von der Erfahrung, die der Tolon Na, ein vornehmer Muslim aus Ghana, machte. Er leitete damals die Verwaltung in den nördlichen Provinzen seines Landes und wurde später Hochkommissar Ghanas in Lagos. Der Tolon Na erzählte selber: „Es war in Caux, während einer Morgenversammlung in der großen Halle. Jemand sprach über Diebstahl, und welche Kosten das Stehlen einem Land verursache. Frank Buchman war da, ich saß in seiner Nähe. Mit einem Lächeln wandte er sich an mich und fragte leise: ‚Wann haben Sie das letzte Mal gestohlen?'

Mir war, als treffe mich eine unterirdische Explosion. Das Herz schlug mir bis zum Hals. Ich zog mich auf mein Zimmer zurück und flehte zu Allah, er möge mich mit seiner Liebe umgeben. Ich bereute alle Missetaten, die ich seit meiner Kindheit begangen hatte. Als ich so allein dalag, spürte ich, Gott erwarte immer noch eine Antwort auf Franks Frage. Es war die größte Herausforderung, der ich je in meinem Leben begegnet war. Ich sann nach und überlegte. Endlich fühlte ich mich erleichtert, als ich beschloß alle Gelegenheiten – soweit ich mich an sie erinnern konnte –, aufzuschreiben, bei denen ich seit meiner Kindheit gestohlen hatte. Da waren die Schulbücher, die ich aus den Schulen, an denen ich unterrichtete, mit nach Hause genommen hatte und die ich nun zurückgeben mußte. Ich schrieb mir auch alle Menschen auf, denen ich für zugefügtes Unrecht Abbitte schuldete. Ich beschloß, Franks Weltanschauung in meinem Leben zu verwirklichen."[17] Buchman war von tiefem Respekt vor diesem Mann erfüllt.

Er sagte einmal: „Wenn Jesus Christus jetzt auf diese Erde käme, würde er aussehen wie der Tolon Na."

1956 spiegelte Buchmans Weihnachtsbotschaft seine reichen Hoffnungen für Afrika wieder: „Am ersten Weihnachtsfest kamen weise Männer aus Arabien und Afrika nach Bethlehem, um der Hoffnung für die Welt zu huldigen. Heute könnten Arabien und Afrika zur unerwarteten Quelle werden, aus der die Antwort auf das Chaos strömt ... Es ist Zeit für ein Wunder. Ein Schwarzer kam zur Anbetung des Kindes, Ägypten beherbergte das Jesuskind und ein Afrikaner trug das Kreuz nach Golgatha. Aus all dem spricht die Stimme Afrikas, die jedes demütige Herz überall auf der Welt ansprechen kann."

38

„ICH HATTE IMMER DIE MENSCHEN GERN"

Wie gelang es Buchman, so viele Gefährten zu finden – aus so verschiedenen Gesellschaftsschichten, Ländern, Kulturräumen und Religionen – Gefährten, die ihre ganze Zeit oder einen Teil ihrer Zeit der gemeinsamen Aufgabe widmeten, die ihm ein Leben lang die Treue hielten und nach seinem Tod vereint blieben – und das alles, ohne daß er je eine Sekte oder einen Orden gegründet, ohne ein bindendes Versprechen gefordert, einen Vertrag oder eine finanzielle Absicherung gegeben hätte.

Ganz sicher waren es weder die Überredungskunst noch irgend eines der üblichen „Charismen", die den populären religiösen oder politischen Führungsgestalten eigen sind. Es gab nichts Glorioses an ihm, was tiefere Gefühle in Wallung gebracht hätte. Niemand hätte ihn je als „gut aussehend" beschrieben. Ja, etliche fanden ihn häßlich. „Gott weiß, warum er mir diese Nase gegeben hat", sagte er einmal. „Er wollte wohl nicht, daß sich die Menschen persönlich von mir angezogen fühlen."

Als er in den frühen fünfziger Jahren einmal danach gefragt wurde, sagte er: „Ich hatte immer die Menschen gern." Und während es einige gab, die ihn überhaupt nicht mochten, war die Zahl derer in aller Welt groß, die seine freundschaftlichen Gefühle herzlich erwiderten. Hans Bjerkholt, zum Beispiel, der Gründer der Kommunistischen Partei Norwegens, schreibt: „Meine erste Begegnung mit Frank Buchman zeigte mir einen sehr demütigen Menschen, einen Mann, der die Gabe besaß, mit außergewöhnlichem Interesse und Verständnis auf andere Menschen einzugehen, ein Mann, der nicht an sich selbst dachte. Als ich ihn einmal traf, sah er mich an und sagte: ‚Ich habe das Gefühl, daß noch etwas von Ihrem alten Leben in Ihnen steckt.' Das war eine höfliche Umschreibung der Wirklichkeit. Zu jener Zeit steckte noch ‚der größte Teil meines alten Lebens' in mir."[1]

Aber Bjerkholt erkannte in Buchmans Aufmerksamkeit für sein inneres Befinden ein Zeichen der Freundschaft. Ähnlich reagierte ein dänischer Geschäftsmann mit internationalen Verbindungen, als Buchman ihm gerade heraus sagte, er hätte drei Dinge nötig: „Demut, Demut und noch einmal Demut." Der Däne war dankbar und entwikkelte über die Jahre in zunehmendem Maß eine Haltung der Demut. Es reagierten jedoch nicht alle so. Ein Unternehmer aus England, der gleichzeitig in der Politik tätig war, zeigte Interesse an Buchmans Arbeit in der Industrie und versprach, ihm viele Türen zu öffnen. Er besuchte Caux in den späten vierziger Jahren und sprach den Wunsch aus, die dort anwesenden Bergleute kennenzulernen.

Paul Campbell war dabei und berichtete Buchman anschließend: „Der Mann kam herein und ergriff sofort die Gesprächsführung, ohne sich vorher vorzustellen. Er nahm eine große Zigarettenpackung aus der Tasche und reichte sie herum. Fast alle lehnten ab. Das verwirrte ihn etwas, aber er setzte sich, produzierte große Rauchwolken und beherrschte das Gespräch." Buchman wußte, daß einige der Bergleute an Silikose litten und daß sie, sehr zur Freude ihrer Ehefrauen, gerade beschlossen hatten, nicht mehr zu rauchen. Er war wütend. „Geh sofort und mache diesem Mann klar, was er angerichtet hat", riet er Campbell.

Dieser folgte dem Rat. Der Unternehmer wurde zornig. „Ich bin Direktor eines Unternehmens", sagte er. „Ich weiß, wie man mit Leuten umgeht und lasse mir nichts vorschreiben!" Campbell gab ihm zu bedenken, daß er die lebenswichtigen Vorsätze dieser Männer zerstört haben könnte. Der Unternehmer verließ Caux mit dem nächsten Zug in Richtung England.

„Gut", sagte Buchman, „nun fahre ihm aber nach und sage es ihm deutlich." Campbell, der eigentlich froh gewesen war, daß der Kampf ausgestanden war, fuhr los. Er erreichte den Unternehmer auf dem Bahnsteig des Bahnhofs Montreux und hatte nochmals eine Aussprache mit ihm. Der Mann kam der Moralischen Aufrüstung nie wieder nahe und hielt auch andere von ihr ab. Aber Buchman machte das nichts aus. Er dachte an die Bergleute. Er hätte dem Unternehmer helfen wollen, seine arrogante Haltung ihnen und sicher ebenso allen anderen Arbeitern gegenüber klar zu erkennen.

Das gleiche Risiko ging Buchman mit Menschen ein, die für sein tägliches Leben und sein Wohlbefinden viel wichtiger waren als ein Gast aus der englischen Industrie. Während er sich von seinem Schlaganfall erholte, war er vollkommen von Dr. Campbell abhängig, der ihn Tag und Nacht pflegte und selten länger als zwei Stunden hintereinander schlafen konnte. Wie Campbell berichtet, gab es eine Zeit, in der Buchman spürte, wie Campbell immer mehr auf seine medizinischen Kenntnisse baute und immer weniger auf seine Verbindung zu Gott. Eines Tages war etwas mit Buchmans Magen nicht in Ordnung. Campbell stellte die Diagnose.

„Du kennst dich mit dem Magen überhaupt nicht aus, nicht wahr?" fragte Buchman. Campbell war wütend. Er hatte die Magen-Darm-Krankheiten an einem der besten Krankenhäuser Amerikas besonders studiert. Zwei Tage später sagte Buchman: „Ich glaube, wir sollten dich nicht mehr mit ‚Doktor' anreden." „Nur einfache Sätze", erzählt Campbell, „aber was für Sätze für einen jungen, stolzen Arzt." Er war tief gekränkt. Plötzlich konnte er Buchman nichts mehr recht machen; er sagte zu Barrett: „Ärzte sollen den Menschen helfen. Aber ich scheine bei Frank alles nur schlimmer zu machen. Ich glaube, ich fahre heim."

„Was möchtest du denn von ihm?" fragte Barrett. „Daß er wenigstens ab und zu mal lobt, was ich tue. Daß er mich nicht andauernd kritisiert, damit ich meiner Familie sagen kann, daß ich hier sinnvolle Arbeit leiste." „Würde deine Sucht nach Anerkennung geheilt, wenn du nach Kanada zurückgingest?" fragte Barrett.

Campbell erkannte, was ihm fehlte und entschloß sich, alles zu tun, was Gott von ihm verlangte, ganz gleich, wie Buchman oder irgendwer sonst ihn behandeln würde. „Buchman konnte von dieser mitternächtlichen Entscheidung nichts gewußt haben. Aber am nächsten Morgen war seine Einstellung zu mir vollkommen verändert. Er hätte nicht freundlicher und dankbarer sein können", erzählt Campbell.

Ein anderes Beispiel war Peter Howard, ein Journalist vom Londoner *Daily Express*, der sich während des Krieges entschlossen hatte, mit Sack und Pack das Schicksal von Buchmans englischen Freunden zu teilen. Als er 1946 Buchman in Amerika kennenlernte, hatte sein eigenes Leben bereits tiefgreifende Änderungen erfahren. Er hatte seinen hochbezahlten Posten aufgegeben und die Feindschaft mächtiger Freunde in Kauf genommen, indem er in drei vielgelesenen Büchern seine Überzeugung zum Ausdruck brachte, daß Buchmans Ideen die beste Hoffnung für die Welt darstellten.

Vom ersten Augenblick ihrer persönlichen Begegnung an empfanden Buchman und er eine innere Übereinstimmung. Buchman ließ ihn vor den interessantesten Menschen und Versammlungen sprechen, die er in Amerika organisieren konnte, und stellte ihn all seinen Freunden vor. Etliche Jahre arbeiteten sie eng zusammen. Buchman freute die Zusammenarbeit mit diesem lebhaften, klugen und gegenwartsbezogenen Mann ganz besonders, der nicht nur die englische Rugby-Nationalmannschaft angeführt hatte, sondern sieben Jahre lang auch prominenter politischer Journalist gewesen war.

Howards Rugby-Karriere hatte etwas mit seinem eisernen Willen zu tun. Bei seiner Geburt war sein linkes Bein außergewöhnlich dünn und die Ferse am Knie angewachsen. Seine Achilles-Sehne mußte zerschnitten werden, und jahrelang ging, rannte und spielte er mit einem geschienten Bein. Zweimal während seiner Kinderjahre brach er das dünne Bein – ein Bein, das nur aus Knochen zu bestehen schien und das fast zwei Zentimeter kürzer war als das andere. „Kein Fußball, mein Junge!" rieten die Ärzte. Aber das machte ihn nur noch entschlossener, im Rugby zu zeigen, was er konnte. Er erreichte die Spitze. Seine Arbeit im rauhen Alltag der Fleet Street in enger Zusammenarbeit mit dem genialen und launischen Zeitungsbesitzer Lord Beaverbrook machte ihn noch härter.

Buchman bemerkte diese Dinge. Er spürte auch bei Howard, daß „noch etwas von seinem alten Leben in ihm war." Er merkte gleichzeitig, daß Howard mehr und mehr von ihm abhängig wurde, daß er Buchman gefallen wollte, so wie er in der Vergangenheit versucht hatte, Beaverbrook zu gefallen, und dies war seiner Ansicht nach kein guter Ausgangspunkt für seine Arbeit.

Buchmans Unbehagen Howards wegen fiel, ohne daß er es wußte, mit zwei Gedanken zusammen, die dieser in einer stillen Zeit selber notiert hatte: „Lebe um meinetwillen (um Gottes Willen) absolute Reinheit. Das Herz dieser Revolution wird für den Rest deines Lebens dein Zuhause sein." Die möglichen Folgen dieser Gedanken erschreckten ihn. Er erzählte niemandem davon, aber insgeheim wurde ihm klar, daß er nicht bereit war, so weit zu gehen. Und um dies wieder gut zu machen, sagte er, begann er „Buchman besondere Aufmerksamkeit zu widmen, ihn zu loben und ihm zu schmeicheln."

Buchman entschloß sich – ob auf Grund seines Instinkts, seiner Einsicht oder einer inneren Führung, ist unbekannt –, seine Freundschaft mit Howard aufs Spiel zu setzen. „Von einem Tag zum andern", schrieb Howard später, „verriegelte und verschloß Buchman jede Tür in unserer Beziehung zueinander. Nichts war recht, was ich tat. Öffentlich oder privat, zur rechten und zur schlechten Zeit wurde ich angegriffen und zurückgewiesen. Buchman war entschlossen, mir deutlich zu machen, daß ich mich nur an Gott allein wenden und keine menschliche Autorität als Sicherheit für mein Leben finden konnte."

Es war ein wirkliches Risiko. Wenige Menschen würden diese lange Zeit durchgestanden haben und gleichzeitig ihrer inneren Überzeugung treu geblieben sein, besonders da Beaverbrook gleichzeitig immer stärker mit neuen Angeboten drängte, die – so deutete er an – Howard zu einem Posten als Chefredakteur geführt hätten. Howard hätte das Geld gut gebrauchen können, aber er war gleichzeitig überzeugt, daß er in der Arbeit mit der Moralischen Aufrüstung in Deutschland und anderswo am richtigen Platz war – welches immer seine Stellung bei Buchman auch sein mochte.

Ein oder zweimal saßen Buchman und Howard in Stille noch zusammen, um Gottes Willen zu ergründen. Jedesmal kamen Buchman Gedanken für Howard in Form des Kirchenliedes von Augustus Toplady:

Nothing in my hand I bring,
Simply to Thy Cross I cling;
Naked, come to Thee for dress;
Helpless, look to Thee for grace;
Foul, I to the fountain fly;
Wash me, Saviour, or I die.

Da ich denn nichts bringen kann,
Klammre ich an's Kreuz mich an:
Nackt und bloß – o kleid' mich doch!
Hilflos – ach, erbarm dich noch!
Unrein, Herr, flieh' ich zu dir,
Wasche mich, sonst sterb' ich hier!

Einmal fragte Howard ihn: „Wie lange muß ich noch in dieser Dunkelheit und Verzweiflung bleiben?“ Buchman antwortete: „Ich weiß es nicht. Es ist deine Entscheidung, nicht meine.“

Dann kam ein Tag in Berlin. Howard entschloß sich, das zu tun, was Gott von ihm verlangte, ohne Rücksicht darauf, was das bedeuten würde. Er sagte seinen Freunden in Berlin, daß er diese Entscheidung vor Gott treffen wolle und tat es gemeinsam mit ihnen auf den Knien.

Die Entscheidung wurde sogleich auf die Probe gestellt. Ein Telegramm kam, mit dem Buchman die ganze Mannschaft von Berlin in die Schweiz einlud – alle, außer Howard. Howard kehrte nach England zurück und verbrachte den Sommer mit seiner Familie auf seiner Farm in Suffolk; es zeigte sich, daß er mehr denn je zuvor fähig geworden war, anderen Menschen geistig und geistlich zu helfen.

„Nach zwei Monaten“, schreibt Howard, „kam eine Einladung

von Buchman. Sie war höflich, aber nichts mehr. Die Barrieren standen noch. Er wollte sehen, ob ich wirklich zu meiner Entscheidung stand oder ob ich noch vom Wohlwollen irgendeines Menschen abhängig war. Dann aber, als ich gerade einen Korridor entlangging, fühlte ich einen Arm in meinem und hörte Buchmans Stimme neben mir: ‚Ganz wie in alten Tagen, nicht wahr?' Das war alles."

Später einmal, in Rom, sprachen die beiden Männer über diese schwierigen Jahre, und Howard entschuldigte sich, daß er vor Buchman „davongelaufen" sei. „Ja, das hast du getan", sagte dieser. „Aber ich meine, ich war ebenso schuld daran. Ich hätte es dir leichter machen können. Ich hätte eher mit dir sprechen sollen, aber mir fehlte einfach die Kraft dazu. Vielleicht war auch die Zeit noch nicht reif dafür." Howard sagte, daß man manchmal, ohne sich einer Sünde bewußt zu sein, an die Stelle käme, an der man nicht aus noch ein weiß. „Ich verstehe das", antwortete Buchman, „ich habe das bei dir gemerkt. Aber ich wußte die ganze Zeit, daß du dich ändern würdest." „Weißt du", fügte er hinzu, „ich muß bereit sein, jede menschliche Beziehung aufs Spiel zu setzen. Und dies sieben Tage in der Woche seit vierzig Jahren. Sonst wäre unsere Arbeit in der ganzen Welt nicht so weit, wie sie heute ist."[2]

Während seiner Monate in der Wüste hatte sich Howard manchmal gefragt, ob Buchman für die Weise, wie er ihn behandelte, weniger edle Motive gehabt haben könnte. „Ich erinnere mich, wie mir der Gedanke durch meinen dummen Kopf ging", schrieb er an Roger Hicks, „daß Frank beleidigt gewesen sein könnte, weil meine Bücher so viel Aufmerksamkeit hervorriefen, und daß er mich klein halten, oder meinen Aktionsradius begrenzen wollte . . . Aber der wirkliche Grund und die traurige Wahrheit war die Tatsache, daß ich in meinem Herzen viele Jahre lang nicht wie Jesus sein wollte. Ich wollte in meinem Herzen wie Howard sein – in meinem Herzen und in anderen Teilen meiner Anatomie. Die Atmosphäre, die Frank um sich herum schafft, macht es einem eigentlich unmöglich, alles so zu haben, wie man es haben möchte. Das können die wenigsten Leute ertragen."[3]

Anne Wolrige Gordon, Peter Howards Tochter, folgert in ihrer Biographie über ihren Vater: „Die offene Härte, mit der Buchman in jenen Jahren mit Howard umging, war in Wirklichkeit ein Gradmesser für das Vertrauen, das er in ihn setzte. Er erkannte in Howard große Führungsqualitäten, verbunden mit seinen Schwächen: Stolz, Überheblichkeit und Abhängigkeit von Anerkennung und Applaus. Buchman wollte aus ihm einen Mann machen, geschärft wie die

Schneide eines Schwertes, in dessen Leben es keine menschlichen Abhängigkeiten mehr gab."[4]*

Buchmans Haltung hing oft von der Haltung seines Partners ab. „Er war ein Freund der Sünder, aber er haßte Heuchelei", berichtet ein Engländer. Dieser Mann, in seinem Spezialgebiet in England eine bekannte Persönlichkeit, schloß sich Buchman und seinen Freunden an. Er verließ ihn jedoch auch etliche Male und tat dann Dinge, die Buchmans Arbeit zeitweise in Mißkredit brachten. Beim ersten Mal war Buchmans einziger Kommentar: „Du wolltest dich wohl ungeschoren aus dem Staub machen. Komm, wir finden Zeit, um alles in Ruhe zu besprechen."

Beim zweiten Mal entstand eine äußerst schwierige Situation. Der Mann sagte nur noch: „Kannst du mir vergeben, Frank?" „Dir vergeben?" war die Antwort, „das habe ich schon lange getan." Beim dritten Mal schließlich sagte der Mann: „Ich weiß nicht, was ich sagen soll – außer, daß ich weiß, du bist mein Freund." „Nanu", antwortete Buchman, „da wäre aber wirklich etwas nicht in Ordnung mit dem alten Frank, wenn er nicht dein Freund geblieben wäre."

„Keine Vorwürfe", erzählte dieser Mann weiter; „Vorwürfe gehörten nicht zu seiner Lebensphilosophie. Nur Ermutigung und der Blick nach vorn. Schöpferische Reue, nicht erdrückende Gewissensbisse wollte er."

In den dreißiger Jahren sagte Buchman einmal zu mir: „Ich habe niemals meine Liebe von irgend jemandem abgewendet."

Unmittelbar nach dem Gespräch mit Howard in jenem Korridor begann Buchman, ihn um Rat zu bitten, ob bestimmte Pläne und Aktionen, die er vorbereitet oder durchgeführt hatte, richtig oder falsch gewesen seien. „Du wirst mir immer die notwendige Korrektur zeigen,

---

* Ein Bischof, der das Buch von Howards Tochter gelesen hatte, sagte mir, er könne nicht verstehen, warum Buchman Howard während dieser Periode so behandelt habe. Ich erinnerte ihn an Ignatius von Loyola und die Härte, mit der er seinen Nachfolger Diego Laynez behandelt hatte, beschrieben von Pedro Ribadeneira, dem Freund und Biographen beider Männer. Ribadeneira war erstaunt darüber, besonders weil Ignatius im versichert hatte, „daß es keinen Mann in der Gesellschaft Jesu gebe, dem sie mehr verdanke, und daß er Gott den Vater gebeten habe, ihn als seinen Nachfolger zu berufen." „Aber während des Jahres vor seinem Tod behandelte Ignatius diesen Mitbruder mit solcher Härte, daß es diesen zeitweise sehr unglücklich machte . . .", fährt er fort. „Der Grund war, daß Vater Ignatius Pater Laynez zu einem Heiligen formen wollte und ihm im Hinblick auf sein hohes Amt darin trainieren wollte, Härten zu ertragen, so daß er aus eigenem Erleben fähig sein würde, andere zu führen. (Siehe in James Broderick: *The Origin of the Jesuits*, Longmans Green, 1940, S. 259–60.)

nicht wahr?“ sagte er. „Ich bin nicht anders als alle anderen. Ich brauche Korrektur – jeden Tag meines Lebens, aber zu wenige Menschen haben so viel gesunden Menschenverstand und genug mitmenschliches Interesse, um sie mir zu geben.“ Wie seine Tochter berichtet, ist Howard dieser Bitte während der folgenden Jahre getreulich nachgekommen. Aber Buchman machte es seinen Freunden nicht immer leicht. Bei einer Gelegenheit sagte Buchman zu Corderoy: „Folge Ihm, nicht mir.“ „Manchmal machst du es einem aber verdammt schwer“, antwortete Corderoy.

Der Franzose Michel Sentis war damals Mitte zwanzig und war oft Verbindungsmann zwischen Buchman und Robert Schuman. Er war Katholik und wurde deswegen in Angelegenheiten, die die katholische Kirche betrafen, öfters konsultiert. Auf diesem Gebiet war Buchmans Wissen begrenzt, obgleich er das nicht immer einsehen wollte. „Buchman war eine starke Persönlichkeit, und es war eine Herausforderung für alle, die versuchten, mit ihm zusammenzuarbeiten, sich nicht dieser starken Persönlichkeit unterzuordnen, sondern auf gleicher Ebene mit ihm zu verhandeln“, sagt Sentis. „Er besaß eine überzeugende Art, sich auszudrücken, klar und eindeutig, und er hatte oft in kurzer Zeit vieles zu entscheiden. Wenn man mit seiner Entscheidung nicht einverstanden war, mußte man es geradeheraus sagen. Man mußte es begründen. Wenn das Argument einleuchtend war, gab er schnell zu, daß man recht hatte. Viele Leute bekamen einen völlig falschen Eindruck von Buchman, weil sie sich ihm immer unterordneten.“

Michel Sentis war einer von Hunderten von jungen Menschen, die Buchman schulte, indem er sie Initiativen ergreifen ließ.

Einmal sandte er Sentis nach Rom. „Wieviel Geld brauchst du?“ wollte er wissen. Sentis überschlug die möglichen Ausgaben, und Buchman gab ihm das Geld. „Es zeigte sich jedoch, daß das Leben viel teurer war, als ich angenommen hatte. Ich brauchte eine gute Woche, um alles zu erledigen, was man mir aufgetragen hatte, aber nach drei Tagen hatte ich kein Geld mehr. Was tun? Ich telefonierte mit Frank ‚Wie kommst du voran, Michel?‘ fragte er. Ich berichtete ihm, erwähnte jedoch das Geld nicht, denn ich fühlte mich schuldig, so ungenau kalkuliert zu haben. Plötzlich fragte er: ‚Hast du noch genug Geld?‘ ‚Frank, ich habe beinah nichts mehr‘, gab ich zu. ‚Genau das habe ich mir gedacht‘, antwortete er. ‚Deshalb habe ich dir etwas Geld telegrafisch geschickt.‘ Kein Vorwurf wegen meiner falschen Berechnung. Er hatte mich nach Rom fahren und meinen Fehler selbst erkennen lassen. Er lehrte mich eine Lektion, indem er mich nicht belehrte.“

„Ich empfand Frank gegenüber nie Scheu oder Furcht“, schloß Sentis. „Er erwartete, von anderen Menschen selbst immer etwas Neues lernen zu können. Nicht nur große geistige Wahrheiten, sondern einfache Dinge. Einmal zeigte ich einigen seiner amerikanischen Freunde Frankreich. ‚Wo habt ihr zu Mittag gegessen?' fragte er. ‚Was habt ihr gegessen?' Ihn interessierte alles. Wir hatten Schnecken gegessen. ‚Ich mag die Franzosen, aber ich mag keine Schnecken!'"

Rajmohan Gandhi, der Enkel Mahatma Gandhis, gehörte auch zu den jungen Menschen, die Buchman schulte. Rajmohans Vater Devadas, Chefredakteur der *Hindustan Times*, hatte Buchman 1952 und 1953 in Indien geholfen. Er und sein Sohn trafen Buchman 1956 in Europa wieder, und während seines journalistischen Volontariats an *The Scotsman* in Edinburgh wohnte Rajmohan bei einem Arzt, der mit Buchman befreundet war. 1957 tauchte er in Mackinac auf, wo er zum ersten Mal mehrere Wochen in der Nähe Buchmans verbrachte, obwohl dieser kaum Notiz von ihm nahm.

Später erteilte ihm Buchman verschiedene Aufträge. So schickte er ihn mit einem älteren Amerikaner in die Vereinigten Staaten, weil er mit bestimmten Aspekten der dortigen Arbeit der Moralischen Aufrüstung unzufrieden war. „Zuerst bemühte ich mich darum, alles in Ordnung zu bringen, was mir nicht gut schien", erzählt Gandhi. „Ich hörte mit Genugtuung, daß sich Buchman für meine Arbeit interessierte. Dann aber begann ich, meine Freundschaften zu pflegen und sorgte mich um die Meinung der Menschen, mit denen ich es zu tun hatte.

Nach einigen Monaten kehrte ich zu Buchman zurück nach Caux. Am Tag nach meiner Ankunft wurde ich gebeten, in der Konferenz zu sprechen. Buchman war nicht anwesend. Aber er hörte mich über die Lautsprecheranlage. Er ließ mich kommen. ‚Bist du in Top-Form?' wollte er wissen. ‚Bitte, Frank, ich bin gerade erst angekommen', antwortete ich und war bemüht, etwaige schwache Punkte meiner Rede der Müdigkeit zuzuschreiben. ‚Irgend etwas stimmt nicht mit dir. Ich höre das an deiner Stimme. Was ist los?' fragte Buchman. Plötzlich dachte ich an die Pflege meiner bequemen Freundschaften. ‚Ich glaube, ich habe den Menschen gefallen wollen', antwortete ich.

‚Schrecklich', sagte Buchman. ‚Schrecklich. Das habe ich nicht erwartet. Wirklich schrecklich. Ich schäme mich.' So ging das einige Minuten lang. Schließlich kamen andere Leute in sein Zimmer, vor allem Afrikaner. Buchman begrüßte sie. Dann wandte er sich mir zur und sagte: ‚Erzähle diesen Männern, was wir in Afrika tun.' Ich fand es wirklich nicht fair von ihm, mich, nachdem er mich so gescholten hatte, nun aufzufordern, über Afrika zu berichten. Aber ich tat es. Dann bat er mich, über einen anderen Teil der Welt zu sprechen. Ich lernte aus diesem Erlebnis, daß er es sich erlaubte, uns streng und resolut ins Gewissen zu reden und uns aber gleichzeitig zutraute, daß wir augenblicklich weiterkämpfen würden, ohne einen Freiraum zur Erholung zu verlangen."

„Buchman kämpfte aus innerster Überzeugung", schrieb Peter Howard, „mit einer Heftigkeit, die unmäßig erscheinen konnte, gegen die Schwäche in denen, die versuchten, ihr Vertrauen in ihn als in einen Menschen zu setzen." Er kämpfte gegen die Gefallsucht, die so leicht in jeder Gruppe von Menschen um sich greift, wie in einem Regierungskabinett, einem Unternehmen oder in einer Gewerkschaft; überall dort, wo es einen oder mehrere starke Anführer gibt und andere, die lieber von ihnen abhängig bleiben möchten oder Angst haben, ein offenes Wort ihrerseits könnte ihre Karriere gefährden. Besonders in den späten fünfziger Jahren, als er manchmal tagelang auf sein Zimmer angewiesen war und wo sich seine Kontakte zur Außenwelt auf die beschränkten, die ihn betreuten oder besuchten, wurde dies zu einer Gefahr für seine Mitarbeiter. Es konnte geschehen, daß er im Charakter eines Menschen eine Schwäche spürte und ihn deshalb offen herausforderte und daß diese Person dann die Herausforderung auf andere übertrug. So konnte ein Maßstab, den er für einen ganz bestimmten Menschen setzte, als allgemein gültige Regel weitergegeben werden. Er haßte dieses geistlose nachplappern, das er auch „Gefallsucht" nannte.

Im hohen Alter, als Buchman durch seine Krankheit von den meisten seiner Mannschaft abgeschlossen lebte und nur durch diejenigen informiert – manchmal auch falsch informiert – wurde, die persönlich für ihn sorgten, konnte es geschehen, daß sein Eindruck von einem Menschen oder einer Situation verzerrt war. In den frühen fünfziger Jahren jedoch, als es Buchman gesundheitlich verhältnismäßig gut ging und seine Mitarbeiter Aufgaben in Angriff nehmen mußten, die viel größer waren, als daß sie menschlich bewältigt werden konnten, Aufgaben, die sie ganz und gar auf Gottes Hilfe zurückwarfen, war dieses Problem noch nicht akut.

Manchmal geschah es – und mit der Zeit geschah es öfters – daß Buchman seine Mitarbeiter anschrie. Es gibt natürlich unterschiedliche Arten von Zorn. Es gibt den Zorn, der aus dem Haß des Bösen stammt und daher zur Fähigkeit, das Gute zu lieben, gehört. Und es gibt den Zorn, der aus verletztem Stolz entsteht, der Ausdruck eines verwundeten Ichs oder ganz einfach Verärgerung ist. Normalerweise war Buchmans Zorn heilsam, und er reichte den Menschen nach einer derartigen Explosion bald wieder die hilfreiche Hand des Humors oder des Mitgefühls.

Ein Mensch, der nie Angst vor einer Auseinandersetzung mit Buchman hatte, war Iréne Laure, die französische Widerstandskämpferin, der er geholfen hatte, ihren Deutschenhaß zu überwinden. „Er lag in seinem Zimmer in Caux und etliche von uns standen um ihn herum", erinnerte sie sich. „Er wollte, daß ich einen bestimmten Monsignore in Rom besuchen sollte – nein, er hatte die ‚göttliche Führung', daß ich dies tun sollte. ‚Tut mir leid, Frank, aber ich kann das nicht', war meine Antwort. ‚Ich habe dem Vatikan nichts zu sagen.' Aber Buchman hatte die Inspiration gehabt, daß ich genau die richtige Person sei, die das tun sollte, und so befanden wir uns sofort mitten im Kampf. ‚Ja', – ‚Nein'. So ging es hin und her. Neben ihm am Kopfende seines Bettes stand sein Stock. Aufgebracht griff er danach und schlug mich damit. Alle standen wie gebannt. ‚Oh là là', sagte mein Mann Victor, ‚was wird jetzt geschehen?' Was nun geschah, war, daß der liebe Gott mir half, und ich lachte. ‚Ist es nicht ein Glück, daß Sie Frank Buchman sind', sagte ich. ‚Sonst hätte ich Ihnen jetzt die Augen ausgekratzt!' Die Atmosphäre entspannte sich. Und es war am Ende wahr: ich war die richtige Person für die Aufgabe im Vatikan. Ich fuhr hin und erfüllte sie". Mit einem Lächeln fügte sie hinzu: „Er war *insupportable*, unmöglich, er brachte einen dazu, Dinge zu tun, von denen man fest überzeugt war, daß man sie nicht tun könne."

Irène Laure erzählte oft, wie Buchman ihren Sohn Louis und einen seiner französischen Freunde zum Aufbau seiner Arbeit nach Brasilien geschickt hatte. Das geschah während einer MRA-Konferenz im Jahr 1952, als Louis Laure und sein Freund mehr Zeit am Strand und in der Stadt als auf der Konferenz verbrachten. Buchman ließ sie zu sich kommen.

„Gott hat mir gesagt, ich solle die Änderung Brasiliens in eure Hände legen. Brasilien ist mehrere Mal größer als Frankreich", sagte er zu ihnen, als sie hereinkamen. Sie waren verblüfft und fragten, was sie denn um alles in der Welt dort unten tun sollten. „Es ist ganz einfach", sagte Buchman. „Wenn ihr dort ankommt, schlagt ihr eine Stange in den Boden des Flugplatzes und eine zweite etwas weiter weg ein. Dann spannt eine Leine von einer Stange zur anderen. Hängt euch dann wie ein Hemd von dieser Leine und laßt euch vom Heiligen Geist dorthin blasen, wohin er will." Sie waren nicht viel schlauer, als sie sein Zimmer verließen, aber er hatte sie bei ihrer Abenteuerlust gepackt.

Sie fuhren wirklich nach Brasilien, und zu den ersten Leuten, mit denen sie Kontakt aufnahmen, gehörten die Hafenarbeiter von Santos, die sie mit den Hafenarbeitern von Rio de Janeiro in Verbindung brachten. Im Hafen von Rio fanden in der darauf folgenden Zeit derart aufsehenerregende Änderungen in Menschen statt, daß ein Film darüber gedreht wurde: *Männer von Rio*, ein Film der um die ganze Welt ging. Diese Hafenarbeiter trugen Buchmans Ideen durch ganz Brasilien und in viele andere Länder Südamerikas.

Buchmans persönliche Beziehungen zu Frauen waren so verschiedenartig, wie es die Frauen selbst waren. Er behandelte Eleanor Forde, die erste Frau, die mit der Oxfordgruppe unterwegs war, als nahen und vertrauenswürdigen Kameraden. In den dreißiger Jahren leiteten Frauen oft die Veranstaltungen während der Hauspartys, und viele der großen Initiativen kamen von ihnen. „Was sollen wir als nächstes tun?" fragte Buchman in einem Zimmer voller Menschen, als die Hausparty in Oxford 1931 zu Ende war. In die darauf folgende Stille sagte Eleanor Forde von der hintersten Reihe mit heller Stimme: „Ich denke, wir sollten nach Kanada gehen." „Genau das werden wir tun", entgegnete Buchman. „Und du machst dich auf den Weg und bereitest alles für uns vor." Sie tat es, und ein Jahr später konnte die große Kampagne dort beginnen. Auf ähnliche Weise führte Mrs. Alexander Whyte, dreimal so alt wie Eleanor Forde, Buchman zum ersten Mal nach Genf. Es könnten dutzend ähnlicher Beispiele angeführt werden, gleichermaßen vor Buchmans Schlaganfall und danach.

„Frank griff den Funken im anderen Menschen auf, ganz gleich bei wem", schreibt Signe Strong, eine norwegische Malerin, die als junge Frau während des Krieges mit ihm arbeitete. „Er respektierte den Mut und das Vertrauen bei Frauen, ob sie gebildet oder weniger gebildet waren, wenn sie sich in die Öffentlichkeit wagten, uns und andere in ihre Häuser einluden, uns ihren Freunden vorstellten und dabei ihr Ansehen aufs Spiel setzten. Eine Frau, die er wirklich liebte und respektierte, war Annie Jaeger, die kleine Inhaberin eines winzigen Hutladens in Stockport, in Mittelengland. Als sie während der dreißiger Jahre vor einer Versammlung von Studenten in Oxford sprach und einige gelangweilt umherguckten, sagte er: „Hört ihr wohl jetzt zu – sie hat mehr von Christus im kleinen Finger als ihr im ganzen Leib."[5]

In seinem Verhalten Frauen wie Männern gegenüber sorgte Buchman immer für Überraschungen. Als eine junge Frau einmal eine Konferenz verließ, um einem Mann nachzujagen, der sich allerdings als vollkommen anders zeigte, als sie es sich vorgestellt hatte, sagte Buchman bei ihrer Rückkehr: „Mach dir nichts draus. Es schwimmen noch viel bessere Fische im Meer." Eine andere, die sich solche Expeditionen zur Gewohnheit machte, warnte er: „Paß auf, eines

Tages bist du einmal zu oft weggefahren." Genau das geschah, und als sie viele Jahre später zurückkehrte, sagte sie nur: „Es ist wunderbar, wieder da zu sein."

Er hatte seine Freude an einer begabten jungen schwedischen Journalistin, die während einer Konferenz in Caux versicherte, sie werde in Zukunft ihren roten Lippenstift nur noch dazu benutzen, ihre roten Schuhe einzucremen. Zufällig saßen einige stark geschminkte Prinzessinen in Buchmans Nähe. Er wandte sich ihnen zu und sagte unüberhörbar: „Hört ihr das, hört ihr das?"

Buchman bat diese Journalistin, sich um eine hübsche schwedische Blondine zu kümmern. Die junge Frau war überall gewesen und hatte alles im Leben ausprobiert. Sie hatte sich jedoch in Caux drastisch geändert, als sie Buchman dort begegnet war. „Sie war natürlich und gerade", erzählte die Journalistin. „Darum hatte sie nie Angst vor Frank, und es machte ihm Freude, sich mit ihr zu unterhalten. Ein wirkliches Wunder geschah. Der äußere Glanz wurde durch ein inneres Licht ergänzt. Sie begann, Menschen zu helfen. Sie machte sich mit typisch schwedischer Energie an die Arbeit – wie ein heller Blitz fuhr sie durch Caux. Alles Unechte und Heuchlerische schwand vor ihrer inneren Überzeugung. Es war ein Geschenk Gottes.

Doch dann brach sie eines Tages zusammen. Sie weinte und wollte Frank wiedersehen. Wir wurden beide zu ihm zum Tee eingeladen. Dort sagte sie: ‚Frank, ich habe eine große Leere innerlich, ich habe nichts zu geben.' Sie brach in Tränen aus. ‚Hast du gesagt, du seiest innerlich leer?' fragte Frank. ‚Ja.' ‚Und du hättest nichts mehr zu geben?' ‚Nein, Frank.'

‚Das ist gut so', sagte Frank und gab ihr ein Taschentuch, damit sie sich die Tränen trocknen konnte. Sie starrte ihn mit großen Augen an. Dann sagte er: ‚So ist es, so sollte es sein: „Nichts bring' ich in meinen Händen, ich klamm're mich nur an Dein Kreuz . . ."' und er sagte den ganzen Vers des alten Kirchenliedes her. ‚Siehst du, du gibst alles, dann kommt Jesus und tut alles für dich. Jesus hat es getan, und Jesus wird es weiter tun.' Sie richtete sich in ihrem Stuhl auf und sagte: ‚Wie wunderbar.'"

Buchman war fest davon überzeugt, daß es einen direkten Zusammenhang zwischen sexueller Reinheit und dem Ausmaß gab, mit dem Menschen vom Heiligen Geist benutzt werden konnten. Absolute Reinheit, darauf bestand er, bezog sich auf weitere Lebensgebiete als Sexualität, aber die Art und Weise, wie die Menschen mit diesem mächtigen Instinkt in ihrem Leben umgingen, war wichtig. Es ging nicht um Regeln oder Verbote, sondern um den größten Einsatz aller

Energien der Liebe. Kenaston Twitchell, Vater von drei Kindern formulierte Buchmans Gedanken zu diesem Thema folgendermaßen: „Ein unverheirateter Mann oder eine unverheiratete Frau finden in der Disziplin und der Freiheit der absoluten Reinheit volle Befriedigung und den freien Einsatz ihrer Kräfte und ihrer Liebe. Der verheiratete Mann und die verheiratete Frau finden genau die gleiche Freiheit in der Neuorientierung der Sexualität und erleben gleichzeitig, wie Gott sie im natürlichen Gebrauch dieses Instinkts anleiten kann. Aus dieser Neuwerdung im menschlichen Charakter wächst eine brennende Liebe zu Menschen, die sich gibt, ohne je eine Gegengabe zu erwarten.“[6]

Während der dreißiger Jahre und während des Zweiten Weltkrieges waren fast alle die engsten Mitarbeiter Buchmans, mit Ausnahme einiger älterer Ehepaare wie zum Beispiel die Twitchells und die Hamiltons, unverheiratet. Wahrscheinlich hätten die Fundamente von Buchmans Arbeit nicht ohne diese Stamm-Mannschaft gelegt werden können, eine Mannschaft, die unabhängig war, nicht gebunden durch kleine Kinder und feste Wohnsitze, die für diese notwendig gewesen wären. Ob dieser Gedanke bei Buchman eine Rolle spielte, ist unbekannt. Es war nicht das erste, woran die jungen Leute selber dachten. In dem Augenblick, als sie ihr Leben in Gottes Hand legten und sich ihm für eine Neugestaltung der Welt verpflichteten, legten sie auch ihre Sehnsüchte, ihre Liebe, ihre Berufspläne, ihre Zukunft, einschließlich der Frage, ob sie heiraten würden oder nicht, in seine Hand. Das Entscheidende waren nicht ihre persönlichen Wünsche, sondern die Frage, wie sie in diesem Augenblick auf beste Weise von Gott gebraucht werden konnten, ob verheiratet oder unverheiratet. Obgleich sich viele bereits in jenen Menschen verliebt hatten, den sie später einmal heirateten, fühlten die meisten, daß die Zeit dafür noch nicht gekommen war.

Es waren lebhafte, oft sehr attraktive junge Menschen. Signe Strong schreibt über die damalige Zeit: „Zwischen den Geschlechtern bestand eine große Freiheit, in dem Sinn, daß es kein ‚Angeln‘ nach dem anderen Geschlecht gab. Freundschaften konnten wachsen, aber sie wurden nicht zu einer ausschließlichen Beziehung. In jenen Jahren, die nicht immer leicht, aber voll schöpferischer Arbeit waren, wuchsen große Einsicht und Kraft.“[7]

Nach dem Krieg wurden eine große Zahl von Hochzeiten gefeiert, die Buchman mit Freude begrüßte. Während seines ganzen Lebens begleitete er die Ehen seiner Mitarbeiter mit Interesse und Sympathie und ermutigte manche Übervorsichtige, den Sprung zu wagen. Einem jungen Mann, der seiner Ansicht nach unnötig lange zögerte, schickte Buchman ein gesticktes Tischtuch. Andererseits bat er manchmal junge Paare, ihre Heirat noch hinauszuschieben – zu Recht oder zu Unrecht – möglicherweise, weil er den Eindruck hatte, die Betreffenden seien noch nicht reif genug, sowohl mit ihrem jeweiligen Partner als auch mit ihrer Berufung fertig zu werden. Viele reisten weiter mit Buchman, nachdem sie verheiratet waren. Andere versorgten mit ihren Familien die Zentren der Moralischen Aufrüstung, die mittlerweile in allen Teilen der Welt eröffnet worden waren; einige gründeten ein eigenes Heim und nutzten es als Ausgangspunkt für die Erweiterung von Buchmans Arbeit in ihrer Umgebung.

Buchman war der Meinung, Disziplin in der Ehe sei nicht weniger notwendig als Disziplin außerhalb der Ehe. Ebenso war er der Überzeugung, daß Verheiratete ebenso mobil sein könnten wie Unverheiratete. Dies führte manchmal zu einer langen Trennung zwischen Ehepartnern und sogar zwischen Eltern und Kindern. In einzelnen Fällen waren diese Trennungszeiten falsch oder zu lang. Buchman konnte aber auch augenblicklich Zustimmung und finanzielle Hilfe geben, um Eltern, Kindern oder Partnern im Fall einer Krise von Krankheit oder Tod die Heimreise zu ermöglichen.

Einer von Buchmans engsten Mitarbeitern erinnert sich, wie Buchman ihm half, seiner eigenen Frau näherzukommen. „Ich habe über dich nachgedacht“, sagte Buchman eines Tages zu ihm. „Läßt du dich nicht immer noch von den Vorstellungen deiner Mutter führen?“ „Frank, sie ist vor zehn Jahren gestorben“, antwortete der Mann. „Das weiß ich“, sagte Buchman. „Aber ihre Vorstellung von Pflicht hat dich immer noch im Griff. Das ist nicht gerade einfach für deine Frau.“

Der Mann fährt fort: „Wir sprachen eine Stunde lang darüber, und ich erzählte am nächsten Morgen meiner Frau davon. Sie brach in Tränen aus und konnte nicht aufhören zu weinen. Ich konnte sie nicht trösten. ‚Ich habe es seit Jahren gefühlt und gewußt‘, sagte sie schließlich; ‚es hat unsere Ehe verdorben. Du hast mich ständig mit deiner Mutter verglichen. Immer hatte ich das Gefühl, als nähme ich den zweiten Platz nach ihr ein.‘ Dieser Tag wurde zu einem neuen Anfang für uns beide.“

Buchman konnte mit Frauen, die starke Persönlichkeiten waren und bei denen er den Eindruck hatte, daß sie andere Menschen oder seine Arbeit dominieren wollten, besonders energisch umgehen. Wenn einer seiner verheirateten Mitarbeiter ihm matt und lustlos vorkam, war er schnell bei der Hand, dessen Frau die Schuld dafür zu geben, manchmal ungerechtfertigterweise.

Fragen der menschlichen Beziehungen waren oft Gesprächsthema auf Buchmans Schulungstreffen für seine Mannschaft, sowohl in den Anfängen in Oxford, während des Krieges in Tahoe oder dann in Caux, Mackinac und anderswo. Der norwegische Maler Victor Sparre beschreibt eine solche Zusammenkunft, die 1953 in Kaschmir stattfand: „Eine ganze Woche lang hatte sich Buchman vorgenommen, uns die Augen über die menschliche Natur zu öffnen. Er zeigte uns, daß hinter unseren Leidenschaften der Wille steht, mit dem wir die Welt und unsere Mitmenschen beherrschen wollen. Selbst in unserem Liebesleben steckt dieser Wille. Durch die Gnade kann der Liebesakt zu einem schöpferischen Akt werden. Wenn aber die eigene Befriedigung den Wunsch nach diesem schöpferischen Element beiseite schiebt, dann wird die körperliche Liebe nur noch zur Erfüllung der eigenen Lust und zur Gewalt am andern. Diktaturen können als die Organisation auf Massenebene derartiger fehlgeleiteter Leidenschaften des Einzelnen angesehen werden."[8]

„Ich war keiner Bewegung oder Organisation beigetreten. Ich hatte ein neues Leben gefunden, sowohl als Künstler wie als Mensch. Im Grunde war es ein anarchisches Leben, denn Regeln werden dort überflüssig, wo die Menschen offen miteinander leben und wirklich füreinander sorgen. Es war ein freies Leben, geleitet von einer unsichtbaren, geheimnisvollen Kraft, dem Heiligen Geist. Jeder und alle gemeinsam folgten der inneren Stimme, es gab keine feste Arbeit, keine Gehälter, keine Ketten von Befehlen."

„Idealistische Bewegungen haben ein typisches Entwicklungsmuster", fügte Sparre hinzu. „Was als etwas befreiend Neues und Lebendiges beginnt, wird bald hart und tot hinter den Gefängnisgittern von Theorie und Organisation. Frank Buchman schüttelte für gewöhnlich den Kopf, wenn jemand zu genau festlegen wollte, was MRA eigentlich sei. Natürlich gab es immer einige Möchte-gern-Feldwebel, die uns in dem drillen wollten, was sie als die MRA-Ideologie ansahen. Aber selbst sie halfen dem einzelnen, seinen eigenen Weg dadurch zu finden, daß er ihnen widerstand."[9]

Die meisten – und ihre Zahl ist im Wachsen – gelangten zu dieser inneren Freiheit in Gott. In jeder großen Vereinigung von Menschen, ob sie nun weltlicher oder geistiger Natur ist, ist es aber nur allzu leicht, solch ein „Feldwebel" zu werden, oder – und das ist ebenso falsch – sich einem solchen „Feldwebel" unterzuordnen und den Entscheidungen anzupassen, die andere treffen, nicht weil dies Gottes Wille sein könnte, sondern weil dies gerade Mode ist. Wenn das geschieht, werden das Leben und die göttliche Führung schal. Einige

Ehepaare kamen nach der gemeinsamen Zeit in Kaschmir beispielsweise zu der Überzeugung, daß sie in ehelicher Abstinenz leben wollten, ähnlich der von Mahatma Gandhi vertretenen Lebensweise. Diejenigen, die diesen oder andere Schritte der Selbstverleugnung aus einer inneren und echten Berufung heraus vollzogen, erlebten nicht etwa Zwang oder Mühe, sondern eine größere Freiheit. Buchmans Ziel war immer das, wovon Victor Sparre schreibt: daß die Moralische Aufrüstung „eine Schule sein sollte, in der Menschen lernen, auf eigenen Füßen zu stehen, sich nicht an andere anzulehnen, sondern nach der großen, haltgebenden Wahrheit zu suchen, die uns alle übersteigt."

39

WELTREISEN

Viele Jahre seines mittleren Lebensabschnitts hatte Buchman außerhalb Amerikas verbracht. Während seiner letzten zwanzig Lebensjahre fiel den Vereinigten Staaten eine immer wichtigere Rolle in der Welt zu, und Buchman war froh, wieder zurück zu sein, denn er liebte seine Heimat sehr.

In den fünziger Jahren beobachtete Buchman das Verhalten der Amerikaner gegenüber Rußland und China nicht ohne Kritik. Er selbst glaubte nicht, daß der Kommunismus der richtige Weg für die Menschheit sei. Er fürchtete aber die Oberflächlichkeit, die nach seinem Empfinden die Amerikaner dazu führte, ihre militärischen, politischen und materiellen Anstrengungen zu verdoppeln, ohne eine eigene Philosophie als Alternative zum Kommunismus zu definieren. Vor allem aber machte ihm die allgemeine Selbstgefälligkeit Sorgen, die Amerika für die Gedanken und Empfindungen anderer Völker stumpf machte.

Die „Bandung-Konferenz" der blockfreien Staaten von 1955 stärkte Buchman in der Überzeugung, daß die Zeit reif für eine neue, weltweite Kampagne sei. Iraks Außenminister Dr. Fadhil Jamali hatte Buchman schon 1945 in San Francisco gesagt, die Welt „sei gefangen zwischen einer materialistischen Revolution und einer materialistischen Reaktion." In Gegenwart von Tschu Enlai und Pandit Nehru wandte Jamali sich in Bandung an die Delegierten und sagte: „Wir müssen auf den Grundsätzen einer moralischen Aufrüstung aufbauen: Mit geläutertem Herzen, frei von Haß könnten die Völker demütig aufeinander zugehen und ihre eigenen Fehler zugeben. Wir wären frei, um gemeinsam für den Frieden zu arbeiten. Es gäbe kein östliches oder westliches Lager mehr."[1]

Im gleichen Jahr schlug Dänemarks ehemaliger Außenminister Ole Björn Kraft vor, gemeinsam mit neun gegenwärtigen und ehemaligen europäischen Kabinettskollegen inoffizielle Besuche in Sachen moralische Aufrüstung bei verschiedenen Regierungen zu machen. Als Buchman in Santa Barbara in Kalifornien von diesem Plan erfuhr, rief er ein Dutzend seiner Freunde zur Beratung zusammen. Der Plan schien ihm gut, doch nicht ausreichend. Er wollte auf den Gang der Ereignisse direkten Einfluß nehmen.

Seit einiger Zeit arbeitete Peter Howard an einem großen Musical, das die gespaltene Welt zum Thema hatte. Gemeinsam mit seinen Freunden überdachte Buchman die nächsten Schritte in der Stille. Nach einer Weile sagte er mit aller ihm zur Verfügung stehenden Überzeugung: „Wir müssen hundert Millionen Menschen in Asien erreichen. Die Politiker mögen sich auf den Weg machen, doch soll das Musical mitreisen. Das ganze Unternehmen soll eine ‚Mission für die Welt' sein." Das Musical war noch nicht fertig geschrieben. Es würde zahlreiche Schauspieler benötigen. Das ganze Unternehmen würde mindestens eine Viertelmillion Dollar kosten – und noch war kein einziger Dollar in Sicht. An die zweihundert Menschen mit viel Gepäck waren zu transportieren. Doch setzte gerade die Größe des Projekts viele Menschen in Bewegung. Die europäischen Politiker stimmten der Ausweitung ihres ursprünglichen Planes zu. [2]

In Peter Howards Musical *Die Verschwindende Insel* wurden zwei Länder dargestellt. Das eine, „Ichliebmich" besitzt zwar einen Glauben an Gott, lebt aber nicht danach. So verwandelt sich seine Freiheit in Zügellosigkeit. Das andere Land, „Wirhassneuch", lebt leidenschaftlich und total nach seiner Überzeugung: die treibende Kraft und Disziplin des Hasses, mit der es sich die Welt untertan machen will. Ein scharfer, satirischer Ton durchzog das Schauspiel, aber auch ein tiefes Mitgefühl. Dadurch wurden die menschlichen Züge hinter beiden weltanschaulichen Konzepten sichtbar. Es ging darum, die Vergeblichkeit beider, der materialistischen Revolution wie auch der materialistischen Reaktion – die Polarität, von der Minister Jamali schon sprach – aufzuzeigen. Der Autor schrieb dazu: „Dieses Schaupiel bezieht sich natürlich nicht auf ein bestimmtes Land. Es ist die Geschichte eines jeden Landes und jedes Menschen unserer Zeit."

Schauspieler, Bühnenmannschaft und Politiker der verschiedenen Länder kamen im Mai 1955 in Mackinac zusammen. Ihre Reise würde 244 Menschen aus 28 Nationen in achtzehn Länder auf vier verschiedenen Kontinenten bringen; in elf Ländern würden sie Gäste der jeweiligen Regierung sein. Die Tournee begann in Asien. Vorher aber fanden Aufführungen im National Theater in Washington statt. Nach Ende des Schauspiels sprachen die Politiker einige Worte von der Bühne. Besonders beeindruckend war Mohammed Masmoudi, Mitglied des tunesischen Kabinetts. Er sprach neben General Diomède Catroux, Staatssekretär im französischen Luftfahrtministerium, und betonte: „Ohne die Arbeit der Moralischen Aufrüstung ständen wir Tunesier heute in einem tödlichen Ringen mit Frankreich. Tunesien wäre ein zweites Indochina geworden."[3] Die Mission hatte begonnen.

In Washington wurde aber schon ein Angriff auf sie vorbereitet. Während der ersten Aufführung der *Verschwindenden Insel* saß ein „inoffizieller Beobachter" der Regierung samt Kassettenrekorder im Zuschauerraum. Ausschnitte aus dem Musical wurden aufgenommen, aus denen wiederum gewisse Sätze herausgegriffen und Kongreßmitgliedern zugestellt wurden. Mit Hilfe solcher, aus dem Zusammenhang gerissener Zitate, wurde das Schauspiel als „ein Angriff auf die amerikanische Demokratie" und als eine „Verteidigung des Kommunismus" dargestellt. Auf der Bühne stattete der Diktator der freien Welt einen Besuch ab – auch das wurde kritisiert (es war bevor Chruschtschow den Amerikanern seinen „Mit-dem-Schuh-auf-das-Pult-hauen"-Besuch gemacht hatte). Im Musical gab es eine Szene, in der Stimmzettel gefälscht wurden; eine weitere, in der geschäftige Geschäftsleute nur mit ihren Geschäften beschäftigt waren, mitten in einer Gesellschaft, die munter ihrem Vergnügen nachjagt und nicht merkt, wie bedeutungslos sie geworden ist. Diese Szenen erregten Ärger. Sie seien ein direkter Angriff auf Amerika, hieß es. Die Presse reagierte empfindlich auf eine Szene, in der von Journalisten alles Negative als „Nachricht" und alles Positive als „Propaganda" dargestellt wurde. Das eigentliche Ärgernis des Schauspiels lag – wie die Ereignisse der darauffolgenden Zeit zeigen sollten – in seiner prophetischen Note. Aber das Gerücht, das Musical sei „prokommunistisch" blieb in der Regierung Eisenhower bei jenen höheren Beamten hängen, die das Schauspiel nicht selbst gesehen hatten.

Als die Mission kurz danach in Japan ankam, war, im Gegensatz zum herzlichen Empfang durch die japanischen Zuschauer, von amerikanischer Seite eine deutliche Kühle für das Schauspiel zu spüren. Ein zufällig geführtes Gespräch brachte zutage, daß das Außenministerium in Washington an alle Botschaften auf der Reiseroute der Mission ein Telegramm gerichtet hatte, in dem es hieß, das Schauspiel „mache sich über die westliche Demokratie lustig, unterstreiche den Neutralismus und vertrete eigentlich nur den sowjetischen Standpunkt."

Nachfragen ergaben, daß das Telegramm mit den Initialen von Außenminister J. F. Dulles gezeichnet war, obwohl er das Dokument – wie es damals mit etlichen Schriftstücken aus seinem Büro geschah – nie selbst gesehen hatte.

Nach dem Ende der Mission ging Admiral Richard Byrd der Angelegenheit nach. Er entdeckte, daß die Warnung 48 Stunden nach Abflug der Gruppe vom Außenministerium abgeschickt worden war. Er erhielt außerdem die Bestätigung, daß der „inoffizielle Regierungsbeobachter" in der Aufführung in Washington ohne offiziellen Auftrag und unter einem falschen Namen gehandelt hatte. Er entdeckte ebenfalls, daß der Mann, der die Warnung des Außenministeriums entworfen hatte, einem führenden Kongreßmitglied falsche Informationen über die Moralische Aufrüstung weitergegeben hatte.[4]*

In Taiwan brachte Peter Howard gewisse amerikanische Beamte aus der Fassung, als er in einem Rundfunk-Interview ebenso über das Unrecht sprach, das seitens der westlichen Nationen China angetan worden war, wie über das Unrecht, das in Beijings Namen geschah. In Rangun stellte ein asiatischer Botschafter öffentlich fest: „Ich habe den Westen verachtet. Ich fürchtete, er würde uns alle durch die Wasserstoffbombe der Vernichtung preisgeben . . . Dann erlebte ich eine Aufführung der *Verschwindenden Insel*, sah all die Völker auf der Bühne, besonders die Amerikaner. Danach verschwanden meine Vorurteile dem Westen gegenüber, und mit ihnen auch meine Verbitterung."[5]

Den sowjetischen Diplomaten, die im Laufe der Reise das Schauspiel sahen, erging es ähnlich wie den Amerikanern. Der Gesandte an der Botschaft in Kairo empfand den zweiten Akt als einen Angriff auf die Sowjetunion, fügte aber hinzu: „Die Zukunft liegt bei Ihnen oder bei uns. Ich glaube nicht, daß es Ihnen je gelingen wird, die Motive eines Kapitalisten zu ändern. Doch achte ich die Überzeugung, mit der Sie Ihr Ziel verfolgen."

Als die Mission in Caux ankam, waren schon an die tausend Menschen da. Die Konferenz war in vollem Gang. Buchman war in Mackinac gewesen, als die große Reise anfing, und jetzt in Caux. Die verschiedenen Versuche, diesem Unternehmen Hindernisse in den Weg zu legen, hatten ihn nicht überrascht. „Solcher Widerstand war zu erwarten. Er ist Ausdruck unserer materialistischen Lebensphilosophie. Das ist eben Amerika", kommentierte er traurig.

Anfang September ging Buchman für einige Wochen nach Italien, während *Die Verschwindende Insel* zunächst in den größeren Schweizer Städten und im November und Dezember in den vier skandinavi-

---

* Einige Jahre später schrieb der „Beobachter" einen Entschuldigungsbrief an Peter Howard: man habe ihm „über die Moralische Aufrüstung etwas vorgeschwindelt", und es tue ihm leid, daß er über sie so falsch berichtet habe. (Martin MS.)

schen Hauptstädten aufgeführt wurde. Anschließend traf die Truppe in Italien wieder mit Buchman zusammen. Die erste Aufführung fand dort am 27. Dezember in Sesto San Giovanni statt, einem kommunistisch regierten Vorort von Mailand. Bei dieser Aufführung saßen der kommunistische Bürgermeister und die Mitglieder seines Stadtrats in der ersten Reihe.

Dann geschah etwas Unerwartetes: Luigi Rossi, Eigentümer der lokalen kommunistischen Zeitung, entschuldigte sich beim Priester der Gemeinde Sesto, den er verleumdet hatte, und fand den Weg zurück zu seinem Glauben.[6] Monsignore Montini (der später Papst Paul VI.) war vor kurzem Erzbischof von Mailand geworden. Er hatte sich mit besonderer Aufmerksamkeit den kommunistischen Hochburgen in der Gegend um Mailand zugewandt, und auch von den Ereignissen in Sesto erfahren. Am Neujahrstag 1956 zelebrierte er das Hochamt im Mailänder Dom. Buchman wurde eingeladen, im Chor Platz zu nehmen, seine zweihundert Mitarbeiter saßen in den ersten Reihen im Hauptschiff. Montini erwähnte sie in seiner Ansprache; anschließend empfing er Buchman und einige seiner Freunde im Hof des erzbischöflichen Palais.

Unterdessen bereitete sich Buchman auf einen Besuch in Australien vor. Fünf Politiker aus Melbourne hatten ihn dazu aufgefordert, an ihrer Spitze der Innenminister, Sir Wilfrid Kent-Hughes, den Buchman das letzte Mal 1921 in Loudon Hamiltons Zimmer in Oxford gesehen hatte. Mit Buchman reisten dreißig Mitarbeiter.

Buchman schonte sich nicht. Oft ging es ihm nicht gut, er hatte Schmerzen, und seine Freunde bemerkten mit Sorge, daß sein Augenlicht nachließ. „Mein Blick wird immer trüber", sagte er zu George Wood, der Buchman als achtzehnjähriger nach Kanada begleitet hatte und jetzt in Melbourne lebte. Seine Freunde merkten auch hier zum ersten Mal, daß Buchman jetzt Menschen immer mehr nach ihrer Stimme beurteilte.

Einem jungen Australier brachte diese Fähigkeit Buchmans einen eher ungemütlichen Abend. Nach einem Empfang zu seinen Ehren wollte Buchman von dem jungen Mann wissen, ob er jene politische Persönlichkeit kenne, die am Empfang teilgenommen hatte und dort übermäßig geflirtet hatte. „Als ich das bejahte", schreibt der Australier, „fragte er mich, ob ich je für den Mann bete und vielleicht jetzt für ihn beten möchte. Wir taten es gemeinsam. Obwohl die Stunde schon vorgerückt war, schlug Frank mir vor, diesen Mann aufzusuchen und ihm bei diesem Problem zu helfen. ‚An seiner Stelle', fügte er hinzu, ‚würde ich noch wach sein und hoffen, jemand käme jetzt, um mir beizustehen.' Das erschien mir zwar höchst unwahrscheinlich, doch ging ich zu dem Mann, angespornt von Franks Glauben. Es erstaunte mich jedoch nicht, daß ich nicht gerade willkommen war und schließlich hinausgeworfen wurde. Zwei Tage später aber lud mich derselbe Politiker zum Essen ein und gab in aller Offenheit zu, was Frank bemerkt hatte. Im Anschluß an dieses Gespräch erlebte er eine Befreiung, die ihm zu langen Jahren einer glücklichen Ehe und einer wertvollen Tätigkeit für sein Land verhalf. Frank selber war von diesem glücklichen Ausgang seines Vorschlags nicht im geringsten überrascht."

Buchman blieb nur zehn Tage in Melbourne und reiste weiter nach Canberra. „Er drängte sich den Politikern nicht auf", berichtete ein Journalist, „aber seine Türe war immer offen. Er war in keiner Weise erfolgsorientiert, sonst hätte er die Hürden niedriger gesteckt."[7] Zu seinen Besuchern gehörten der Oppositionsführer, Dr. Evatt, der Parlamentspräsident und zahlreiche Abgeordnete wie Kim Beazley, der 1953 Caux besucht hatte und später als Erziehungsminister in einer Labour-Regierung wichtige Reformen durchsetzen konnte.

In Canberra wohnte Buchman zwar im Hotel, verbrachte seine Tage aber oft in einem ruhigen Vorortsbungalow der vier jungen Männern, zwei Journalisten und zwei Beamten, gehörte. Sie kamen zu einer von Buchmans ersten Zusammenkünften in der Hauptstadt, und er geriet mit ihnen ins Gespräch. John Farquharson, damals Reporter bei einer Presseagentur, erinnert sich, daß Buchman wissen wollte, was die vier jungen Männer übereinander dachten. „Nachdem wir alle die Frage aufrichtig beantwortet hatten, entdeckten wir, daß eine neue Beziehung unter uns entstanden war. Ich wurde beauftragt, Buchman zu einer Mahlzeit in unseren Bungalow einzuladen. Er sagte sofort und mit Freuden zu."

Der zweite Journalist, Peter Barnett, war damals politischer Korrespondent des *West Australian.* Er beschreibt dieses erste Zusammentreffen mit Buchman: „Ich werde den Frieden nie vergessen, der den Raum an jenem Morgen erfüllte – wie ein Licht." Das Quartett, so erinnert er sich, meinte, die Einladung zum Lunch an Buchman sei mit einem gewissen Risiko verbunden: „Unser Eßzimmer war klein. Der Bungalow war sauber, aber nicht besonders aufgeräumt. In der Küche stand ein komischer alter Elektroherd, dessen Ofentür nie zuging. Frank kam mit acht Freunden. Wir waren baß erstaunt, daß sie alle um unseren Eßzimmertisch Platz hatten, wenn es auch ein bißchen eng war. Frank hatte den größten Spaß an der Sache, und kam in den folgenden sechs Wochen mindestens einmal am Tag zu einer Mahlzeit zu uns.

Er war nicht anspruchsvoll, und das war gut, denn auf unserem Herd hätte niemand etwas Kompliziertes kochen können. Er mochte fast immer das gleiche: Mais-Suppe, gebratenes Lamm mit Pfefferminzgelee, Milchreis zum Nachtisch und zum Schluß eine Tasse Earl-Grey-Tee. In unserem Bungalow erschienen in jenen Tagen die vornehmsten und bekanntesten Persönlichkeiten der Hauptstadt. Glücklicherweise kam eine Amerikanerin, die zur Gruppe um Buchman zählte, und half uns beim Kochen."

Einige Jahre später, als Peter Barnett Korrespondent der Australischen Rundfunk- und Fernsehanstalt in Washington war, erinnerte er sich an Buchmans Besuch: „Es wurde uns damals ein großes Vorrecht zuteil. Wir lernten Frank als Menschen kennen. Er war wie ein bedachtsamer, liebevoller und humorvoller Vater für uns vier. Er strahlte Freude und Zufriedenheit aus. Die grelle australische Sonne tat seinen Augen nicht gut. Ob er nun Schmerzen empfand oder nicht, immer war er fröhlich und heiter. Er erteilte keine Vorschläge oder Befehle, sondern benahm sich immer wie ein Gast in unserem Haus."

„Er faszinierte uns: was würde er als Nächstes sagen?" schreibt der Geologe Oliver Warin, der jetzt für die australische Regierung tätig ist. „Er hatte unerwartete und oft humorvolle Einfälle. Als ihn einmal jemand an ein lustiges Ereignis vom Tag zuvor erinnerte, sagte er: ‚Ja, ich lachte noch, als ich heute aufwachte!'"

Allan Griffith, der Vierte im Quartett, war ein junger Mitarbeiter im Büro des Premierministers. Einmal kam Buchman im Bungalow an und entdeckte die jungen Männer in einem tiefen Gespräch. „Wie geht es euch?" wollte er wissen. „Gut", kam die Antwort. „Hol's der Teufel gut", sagte Allan Griffith, „wir haben eben einen Riesenkrach gehabt." Buchman schien höchst amüsiert: „Denkt nur nicht, ich hätte das nicht bemerkt", sagte er, und mit Gelächter allerseits wurde der Streit beendet.

Griffith erinnert sich vor allem an Buchmans Gabe, an die Zukunft zu denken. „Damals beschäftigten ihn die Rassenkrawalle in den Südstaaten Amerikas. ‚Man hat mich gebeten, dorthin zu gehen', sagte er, ‚aber die Zeit ist noch nicht reif: Ich habe weder die Mittel noch die richtigen Menschen noch die Waffen (Schauspiele) dafür.' Er rang ständig mit Krisensituationen in der ganzen Welt und lebte gleichzeitig intensiv in der unmittelbaren Gegenwart", sagte Griffith.

„Noch nie hat mich jemand so beeindruckt wie er", erzählte Peter Barnett in seinem Washingtoner Büro. „Er war ein schwacher, kranker alter Mann, hatte aber eine ungewöhnliche innere Kraft und einen geistigen Tiefgang. Selten habe ich einen so mutigen und so disziplinierten Menschen seines Alters erlebt, so voller Mitgefühl und gleichzeitig fast erbarmungslos gegen alles, was dem Fortschritt von Gottes Wirken, wie er es sah, im Wege stand. Er konnte mit den Freunden in seiner erfahrenen Mannschaft hart umgehen – ich habe erlebt, wie sie von der Glut seines Zorns ganz benommen waren. Nie aber war er nachtragend. Sein Zorn war eine kurze, heiße Flamme, dann war es vorbei. Vor allem aber bleibt mir Franks nie versiegender Sinn für Humor in Erinnerung und seine liebevolle, oft unerwartete Art, andere zum besten zu halten.

Dann kam mein letzter Tag in Caberra", schließt Peter Barnett. „Vor dem Mittagessen nahm er mich beiseite und sprach zu mir wie ein Vater: ‚Du brauchst einen Glauben – hab' keine Angst.' Plötzlich schmunzelte er, ahmte einen alten Mann mit einer dünnen, hohen Stimme nach und sagte: ‚Halte fest daran, bis du so ein alter Mann bist wie ich, den seine Beine nicht mehr tragen wollen und den man nur noch auf den Friedhof bringen kann!'"

Farquharson sagte, sie hätten alle vier schon vor Buchmans Besuch einen Glauben gehabt. „Sein Besuch half uns jedoch zu entdecken, wie dieser Glaube in unserer Arbeit angewandt und in der Politik richtungsweisend sein könnte."

Buchman sagte damals: „In Canberra ist vieles gewachsen, das nie zerstört werden wird." Was das Quartett der vier jungen Männer betrifft, sind sie ein Beweis dafür. Als dieses Buch in Druck ging, war Barnett Präsident von Radio Australia, der internationalen Welle des australischen Rundfunks. Farquharson ist Mitherausgeber der *Canberra Times*; Warin ist Forschungsleiter der Utah Company in San Francisco und ein international geachteter Geologe. Allan Griffith war einunddreißig Jahre lang persönlicher Referent aller australischen Premierminister, bis er 1982 in den Ruhestand trat. Als er pensioniert wurde, erschien im *Sydney Morning Herald* ein halbseitiger Artikel unter der Schlagzeile: „Griffo nimmt seinen Abschied – Premier Fraser verliert sein drittes Bein". Darin wurde er als „einer, dessen Anzüge meistens unordentlich – dessen Gedanken aber von höchster Ordnung und Präzision sind", beschrieben und als „einer, der mit all denen auskommt, die untereinander nicht miteinander auskommen können". Der Artikel nannte ihn „die anonyme Kraft hinter Australiens stärksten politischen Impulsen".[8]

Während seines Australien-Aufenthaltes und in Neuseeland, seinem nächsten Reiseziel, machte sich Buchman Sorgen um die sich ausweitende Krise im Mittleren Osten. Durch seine persönlichen Kontakte in Nordafrika hatte er erfahren, daß der Einsatz für moralische

Werte mit einem Echo aus der islamischen Welt rechnen konnte. Deswegen hatte er wachsende Zweifel an der Haltung gewisser westeuropäischer Politiker in jenem Jahr. Sechs Monate vor der unheilvollen französisch-britischen Expedition am Suez-Kanal bemerkte er: „(Außenminister) Eden und andere wissen nicht, wie mit Menschen umzugehen ist, so bleibt ihnen nur der Versuch, sich dieser Menschen zu entledigen. Das schafft Märtyrer und entflammt die Gefühle eines Volkes." Er setzte seine Hoffnung darauf, daß die Länder des Islam gleich einem „Band der Vernunft und der Ausgewogenheit Ost und West binden und zu einer moralischen Wiedergeburt bringen würden".

Kaum hatte er zwei Wochen in Neuseeland verbracht, da überraschte ihn während einer Mittagsruhe der Gedanke: „Die Hölle ist los in England. Deine Arbeit wird zerstört werden, wenn du das Ruder nicht in die Hand nimmst. Eile, eile zurück."

Woher diese Eingebung kam, wissen wir nicht. Dr. Campbell sagt, Buchman hatten die Berichte beschäftigt, die er über die Tournee der *Verschwindenden Insel* erhielt: da war von vollen Häusern und großen Ereignissen die Rede, wenig aber von Menschen, die sich änderten. Aus einigen Notizen kann man erraten, daß die Truppe, die das Schauspiel mit so viel Brillanz in aller Welt aufgeführt hatte, sich nun mehr um ihren Erfolg in der Öffentlichkeit kümmerte und die Menschen mit ihren Problemen vernachlässigten – und zwar mit einer Portion Arroganz. Buchman schien zu fürchten, daß alles zu einer neuen Auseinandersetzung mit Peter Howard führen würde. Seit ihrer Versöhnung in Caux war Howard derjenige, dem Buchman am meisten vertraute, den er aber gleichzeitig für die Haltung der Leute verantwortlich machte, die mit ihm waren. „Keine Gefallsucht oder Beschwichtigung. Selbstlosigkeit bedeutet, daß man ohne den Beifall anderer leben kann. Liebe heißt, daß man einen Zusammenstoß riskieren kann" – solcher Art waren seine Gedanken. „Ich möchte so leben können, wie Er es gesagt hat", schrieb Buchman sich auf: „Nur dreiunddreißig Jahre von der Krippe bis zum Kreuz – und keinen Augenblick auf sich selbst verschwendet."

Buchman reiste jedoch nicht direkt nach England zurück. Er nutzte die Gelegenheit zu kurzen Aufenthalten in Japan, Taiwan, den Philippinen, Thailand und Burma.

Während der Woche in Tokio kam ein nicht enden wollender Strom von Menschen zu ihm. Seit sieben Jahre zuvor die erste Delegation nach Caux gekommen war, hatten an die 600 Japaner verschiedenster Herkunft und Berufe an den Konferenzen in Caux und Makkinac teilgenommen – sie alle wollten Buchman nun nicht nur sehen, sondern ihn auch ihren Freunden vorstellen. Schon am Flugplatz waren es einige hundert, die auf ihn warteten, unter anderem auch Politiker der großen Parteien. Sie kamen direkt aus einer hitzigen Debatte im Unterhaus, schienen sich jedoch in Buchmans Gegenwart größter Einmütigkeit zu erfreuen. Als Buchman im Laufe der 90minütigen Pressekonferenz von einem Parlament berichtete, in dem der Oppositionsführer den Premierminister „Scharlatan!" genannt hatte, reagierten der sozialistische Senator Togano und die Tochter des Premierministers, Frau Furusawa, die rechts und links von Buchman standen, leicht schockiert. Als Senator Togano dann noch erzählte, er habe eben etwas Ähnliches über Premierminister Hatoyama gesagt, was ihm eigentlich jetzt leid tue – gab es ein herzliches Gelächter.

Der fünfte Tag war der Geburtstag des Kaisers. Buchman und seine Begleiter frühstückten mit dem Premierminister, der von seinen Kindern und zahlreichen Enkelkindern umgeben war. Er hatte wie Buchman einen Schlaganfall erlitten und konnte sich nur schwer bewegen; er hatte seinen Humor behalten und ließ sich in seinen Aktivitäten nicht einschränken. Er dankte Buchman besonders für das, was die Moralische Aufrüstung für seine Tochter und ihren Mann getan hatte. Die japanische Ausgabe von *Reader's Digest* hatte ihn gebeten, einen Beitrag für die Reihe „Der unvergeßlichste Mensch, dem ich begegnet bin", zu schreiben. Der Premierminister schilderte darin Buchmans Besuch und schloß mit den Worten: „Wir Japaner dürfen eines nicht: Buchmans Vision aufgeben, daß Japan der Leuchtturm und das Kraftwerk Asiens werden kann."

Als Buchman zwei Tage später auf der Gästetribüne des Oberhauses erschien, erhoben sich die Senatoren zu einer Ovation. Im Unterhaus war kurz vor Buchmans Ankunft ein bitterer Streit ausgebrochen. Die Regierung versuchte, ein neues Wahlgesetz durchzubringen; die Sozialisten fürchteten, dadurch fünfzig ihrer Sitze zu verlieren. Deswegen hatten die sozialistischen Abgeordneten schon zwei Nachtsitzungen erzwungen und drohten für den nächsten Tag – den 1. Mai – mit Aufruhr und Demonstrationen. Die Konservativen beabsichtigten, Polizeikräfte ins Unterhaus einzulassen – ein Plan, der Erinnerungen an vergangene Zeiten der Unterdrückung wachrief.

Während des Essens im Unterhaus und während einer anschließenden vollbesetzten Veranstaltung gelang es Buchman, eine heitere und entspannte Atsmophäre zu schaffen. Die beiden großen alten Herren der beiden großen Parteien, Niro Hoshijima und Tetsu Katayama, beides gute Freunde Buchmans, hießen ihn herzlich willkommen. Jeder von ihnen betonte, wie zeitgemäß dieser Besuch sei. „Daß ich diesen Mann des Friedens mitten in unserer Krise hier begrüßen kann, stärkt in mir die Hoffnung, daß wir aus den festgefahrenen Positionen zwischen unseren Parteien einen Ausweg finden werden", sagte Katayama, ehemaliger sozialistischer Premierminister. In seiner lebhaften und bilderreichen Sprache berichtete Buchman über die Ereignisse in Tunesien und Marokko, die zur Versöhnung mit Frankreich geführt hatten. Während einer anderen Veranstaltung, später am Abend, trat Niro Hoshijima plötzlich ans Rednerpult und gab bekannt, daß sich im Unterhaus die Vertreter beider Parteien eben entschlossen hätten, den umstrittenen Gesetzesentwurf einem Ausschuß zu übergeben. „Aufruhr und Gewalt sind vermieden worden. Dafür können wir Dr. Buchman danken", sagte er. Die sozialistischen Senatoren Togano und Kato schlossen sich bald darauf diesem Dank an.

In Taiwan erwartete Buchman eine Auszeichnung und das Wiedersehen mit Freunden, die er vierzig Jahre lang nicht gesehen hatte. Dann ging es weiter nach Manila, wo Buchman Präsident Magsaysay kennenlernte. Später bemerkte dieser zu seinem Adjutanten: „Ich habe eben einzigartige und faszinierende Menschen kennengelernt. Sie haben Lösungen und Antworten gebracht, anstatt uns mit Problemen zu beladen."

In Thailand war Premierminister Pibulsonggram, der Caux besucht hatte, nicht nur Buchmans Gastgeber, sondern er verlieh ihm im Namen des Königs einen Orden. Buchman lernte auch Außenminister Prinz Wan kennen, der damals Präsident der Vollversammlung der Vereinten Nationen war.

In Burma wollte Premierminister U Nu Buchman eine beschwerliche Reise in die Berge ersparen. So flog er nach Rangun, um ihn dort zu treffen. Es war der Monat, in dem der Erleuchtung Buddhas vor 2500 Jahren gedacht wurde. „Wir sind in einer neuen Ära", sagte Buchman, „sie könnte wie eine offene Tür zu einer neuen Welt sein ... Jeder Mensch kann von Gott erleuchtet werden." Dann sprach Buchman von der inneren Weisung, die ihn auf diese Reise gebracht hatte.

„Sie haben die Weisung deutlich gehört?" wollte U Nu wissen. „Ja, natürlich", antwortete Buchman. „Ich schrieb sie auf. Gott hat den Menschen zwei Ohren und einen Mund gegeben. Warum horchen wir nicht zweimal so viel, als wir sprechen?" U Nu erzählte, er habe selbst eine ähnliche Erfahrung in Familienangelegenheiten gemacht und er wünsche sich jetzt, solche Weisungen auch im Bereich seiner politischen Verantwortung zu erhalten. U Thant, damals U Nus rechte

Hand und später Generalsekretär der Vereinten Nationen, war während dieses langen Gespräches ebenfalls anwesend.

Von Rangun flog Buchman nach Rom und fuhr von dort mit der Bahn weiter. In Mailand hatte er einen kurzen Aufenthalt von elf Minuten, der für ihn „zum wunderbarsten Erlebnis" seiner Reise wurde. Freunde aus Mailand waren am Bahnhof, unter ihnen eine revolutionäre Kommunistin, Rolanda Biotello, die durch einen Unfall ein Bein verloren hatte. In Caux hatte sie eine tiefgreifende Änderung erlebt. Buchman wollte sofort wissen, wie es ihrem Bruder Remo gehe, der auch Kommunist und Anführer der Straßenbahnarbeiter von Mailand war. „Hier steht er", sagte Rolanda.

Buchman sah, wie schwer krank Remo war und legte seinen Arm um ihn. Remo war gekommen, um Buchman zu sagen, er habe sich am Tag zuvor mit seiner Frau kirchlich trauen lassen. Sie war katholisch und hatte ihn schon immer um diesen Schritt gebeten. Als Remo zwei Monate später starb, war Buchman in Caux; er ließ in der katholischen Kapelle eine Messe für ihn lesen.

Nach London zurückgekehrt, achtete Buchman nach Dr. Campbells Bericht vor allem darauf, daß die Änderung von einzelnen Menschen die primäre Aufgabe der Moralischen Aufrüstung blieb. Roland Wilson schreibt dazu: „Damals half mir Buchman zu erkennen, wie sehr ich Befriedigung in großen Erfolgen suchte. Ich ging zu ihm und erzählte von den langen Menschenschlangen, die auf Karten für die Aufführungen der *Verschwindenden Insel* warteten, und wie begeistert die Zuschauer waren. ‚Ja', sagte er, ‚das ist gute Vorarbeit. Vergiß aber nicht, daß unsere eigentliche Arbeit auf der Handvoll Menschen aufgebaut ist, mit denen ich sieben Jahre lang in Penn State zusammengearbeitet habe.'"[9]

— 40 —

FERNER OSTEN – TIEFER SÜDEN

„Bei uns zu Hause hieß es: ‚Belaste dich nicht mit Häusern – Menschen kommen zuerst, dann Bausteine'", erzählte Buchman. Die Ausbreitung der Moralischen Aufrüstung in Amerika verlangte indessen nach einem passenden Zentrum. Die größeren Konferenzen wurden immer noch auf der Insel Mackinac abgehalten, doch waren dort die Unterbringungsmöglichkeiten begrenzt. Buchman dachte an den Bau eines eigenen Zentrums, das den Bewohnern der Insel Arbeit und Unterstützung bringen würde.

Buchman hatte viele Freunde auf der Insel. Das Geld war dort während des Krieges äußerst knapp geworden, da kein Tourismus mehr erlaubt war. Die von ihm organisierten Konferenzen trugen zum Lebensunterhalt der Bewohner bei, und machten gleichzeitig die Schönheit der Insel in aller Welt bekannt. Daneben sorgte er dafür, daß Ärzte aus seinem Mitarbeiterkreis sich über das ganze Jahr um die Inselbewohner kümmerten.

Jetzt wurde ein Gebäudekomplex entworfen, der sich der Natur und dem Stil der Insel anpaßte. Die Bauarbeiten begannen im Winter 1955. Buchman war schon in Europa, auf dem Weg nach Asien. Bevor sein Schiff den Hafen von Genua verließ, erhielt er einen Brief von Gilbert Harris, der die Ausgaben für das große Bauunternehmen verwaltete. Geldspenden waren zwar eingegangen, und Baumaterialien, Holz und Einrichtungsgegenstände wurden von vielen Seiten geschenkt. Die Spenden reichten jedoch nicht aus. 150 Männer und Frauen von der Insel selbst arbeiteten gemeinsam mit 45 freiwilligen Mitarbeitern der MRA am Bau. Die wöchentliche Lohnsumme war hoch. In seinem Brief plädierte Gilbert Harris für etwas mehr Vorsicht und etwas weniger Tempo.

Buchman antwortete ihm: „Ich weiß, es ist schwierig, die Mittel für dieses außergewöhnliche Unternehmen zu beschaffen. Doch Gott weiß, wo er einsatzbereite Helfer finden kann. Und ich weiß, daß er diese Menschen bereit hat. Du kannst meines Mitgefühls sicher sein, denn ich denke manchmal, diese Last ist für einen allein zu schwer.

Doch dann geschieht das Unvorhergesehene. Unsere Geldmittel kommen durch unseren Glauben und unsere Gebete . . . Ich danke dir für deinen Geschäftssinn, aber ich bitte dich, mit mir und den Menschen in Amerika in eine Dimension hineinzuwachsen, in der wir das suchen, was getan werden muß – nicht das, was wir meinen, tun zu können. Ich bitte dich auch, hilf mir immer dort zu leben, wo ich mich nicht auf das verlasse, was ich besitze, sondern auf das, was Gott schenkt. Das ist Freiheit, und sie funktioniert."[1]

Kaum waren die ersten Wohntrakte fertig, als sie auch schon bezogen wurden. 1956 hatte Buchman in Tokio die Verantwortlichen des Seinendan kennengelernt und sie zu Konferenzen in Amerika eingeladen. Im Frühjahr 1957 erhielt Sontoku Ninomiya, Präsident der 4,3 Millionen junger Japaner, die dieser Organisation angehörten, eine Einladung, 500 seiner Mitglieder auf das Internationale Jugendfestival nach Moskau zu schicken. Ninomiya berichtete Buchmans Freunden in Tokio davon. Er wollte von ihnen wissen, ob die Moralische Aufrüstung in der Lage sei, einen Gegenvorschlag zu machen. Bald erreichte Buchman ein Brief mit dem Vorschlag, hundert dieser Jugendführer aus den verschiedenen Präfekturen Japans nach Mackinac einzuladen. Buchman antwortete sofort. Er garantierte ihre Rückreise, sowie einen kostenlosen, einmonatigen Aufenthalt in Mackinac – obwohl ihm noch nicht bekannt war, woher die Mittel dafür kommen würden.

Diese Einladung löste im Hauptausschuß des Seinendan einen Sturm aus. In einer Sondersitzung wurde darüber abgestimmt: 85 stimmten dafür, 65 dagegen. Eine Handvoll reiste nach Moskau; 104 machten sich auf nach Mackinac, begleitet von fünfzig weiteren Japanern, dreißig aus den Philippinen und zwanzig aus Korea.

Die jungen Menschen des Seinendan waren Herz und Seele des damaligen Japan. Auf ihren Höfen, in ihren Dörfern, Städten und Präfekturen hatten sie Verantwortung übernommen – doch ihr Horizont war beschränkt geblieben. Basil Entwistle kam zwei Wochen nach ihnen in Mackinac an; er sah, wie verunsichert sie waren: „Sie waren umgeben von unbekannten Menschen, von unbekannten Sprachen, das Essen war fremd und der Lebensstil anders", schreibt Entwistle. „Sie fühlten sich auch aufgefordert, ihr eigenes Leben einerseits an absoluten moralischen Maßstäben zu messen und sich andererseits auch als Menschen, die Teil einer weltweit sich abspielenden geistigen Auseinandersetzung sind, zu sehen . . . Einige flüchteten in Argumente, um der moralischen Herausforderung auszuweichen. Andere zogen sich in ihre eigene Welt zurück. Sie hatten ihre Uhren nicht umgestellt, sie versuchten nach der Tokioter Uhrzeit zu essen und zu schlafen . . . Bald jedoch trafen eine Reihe von ihnen persönliche Entscheidungen. Es ging um konkrete Dinge wie Diebstahl, eheliche Untreue, Betrug und Haß. Sie lernten, wie ihre Fehler wiedergutzumachen und wie sie in Zukunft leben sollten."[2]

Zur selben Zeit stattete Premierminister Kishi Präsident Eisenhower einen Besuch ab. Niro Hoshijima und Senatorin Shidzue Kato waren in Mackinac und begaben sich gemeinsam mit Mitgliedern der Delegation des Seinendan nach Washington, um den Premierminister dort zu besuchen. Kishi unterhielt sich eine Stunde lang mit ihnen, bevor er zu Eisenhower ging. Er bedauerte, keinen Kurzbesuch in Mackinac machen zu können, schlug jedoch ein Telefongespräch mit Buchman vor. Am nächsten Morgen wurde in Mackinac die einstündige Unterhaltung zwischen den beiden Männern über Lautsprecher übertragen, so daß die tausend Konferenzgäste mithören konnten. Kishi erkundigte sich, wie es den jungen Japanern gehe – worauf ihm Buchman antwortete: „Wir lehren sie, sich nicht nach rechts und nicht nach links zu wenden, sondern im Leben geradeaus zu gehen." Während des Gesprächs wandte sich der Premierminister direkt an seine jungen Landsleute: „Ich hoffe, ihr lernt die Moralische Aufrüstung gut verstehen und bringt sie mit nach Japan zurück."[3]

„Einige Abende später", erinnert sich Basil Entwistle, „begeisterten die Japaner die Konferenz mit Gesängen, Tänzen und kurzen Sketches. Die Darbietungen spiegelten ihre innere Änderung wieder, das Aufblühen ihrer Persönlichkeit in neuer Verantwortung und das Beste der vielfältigen Kultur Japans. Es war ein Abend voller Anmut, Schönheit und einer guten Portion offenen Humors. Frank Buchman war von diesem Abend so angetan, daß er – es war schon Mitternacht – den Japanern vorschlug, in allen Städten, die sie auf ihrer Rückreise besuchten, einen solchen Abend vorzusehen. Viele andere hätten das verrückt gefunden, da die Abreise für zwei Tage später geplant war. Doch nun ging die Arbeit rund um die Uhr los, eine Bühnenmannschaft wurde aufgestellt, zusammenklappbare Kulissen hergestellt und in großer Eile Einladungen an Freunde in Detroit, Washington und New York verschickt."[4]

Die 200köpfige Gruppe besuchte Arbeitgeber und Arbeitnehmer beim Ford-Konzern in Detroit und führende schwarze Amerikaner der NAACP.* In Washington wurden sie im Senat und im Kongreß empfangen und in New York in den Vereinten Nationen zu einem Essen eingeladen. Dann kehrten sie – in Begleitung des japanischen UNO-Botschafters – nach Mackinac zurück. Bald danach reiste die Hälfte der Seinendan-Delegation nach Japan zurück.

Im Herbst 1957 beschloß Premierminister Kishi, die Nachbarländer Japans in Südostasien zu besuchen. Er hoffte, dadurch die gegenseitigen wirtschaftlichen Beziehungen zu beleben. Bevor er Tokio verließ, wurde er von Senatorin Shidzue Kato aufgesucht. Sie bot ihm die Unterstützung der Opposition für diese Reise an unter einer Bedingung: Er sollte es sich zu einem besonderen Anliegen machen, eine ehrliche Entschuldigung im Namen des japanischen Volkes für die Taten der Vergangenheit auszusprechen; dann erst könne er über Handelsbeziehungen reden. Die Senatorin erzählte ihm noch, was während der Tournee der *Verschwindenden Insel* in Manila geschehen war: Niro Hoshijima hatte sich im Theater auf japanisch an die über tausend Filipinos gewandt. Bei seinen ersten Worten habe ein Zischen den Saal durchzogen. Als die Zuhörer mit Hilfe der Übersetzung aber merkten, daß er sich für Japans Untaten entschuldigte und im Namen seiner Regierung Reparationszahlungen ankündigte, brach plötzlich stürmischer Beifall aus.

Während seiner Reise in die Philippinen, nach Korea, Burma und Australien vergaß Kishi Frau Katos Ratschlag nicht. Folgende Sätze erschienen darauf im *Sydney Morning Herald*: „Wir können uns den Luxus nicht leisten, uns verbittert an die Vergangenheit zu klammern . . . Kishi absolvierte eine schwierige Mission mit Feingefühl und Takt. Er mußte viel Eis brechen, was sicher nicht immer einfach war. Doch hätte ihn niemand in dieser Aufgabe der offiziellen Wiedergutmachung für die Sünden seines Landes übertreffen können.“[5]

Dazu ein Kommentar im *Washington Evening Star*: „Nach einer der ungewöhnlichsten Missionen, die je ein Staatsmann seines Ranges unternommen hat, ist Premierminister Kishi wieder nach Tokio zurückgekehrt. In drei Wochen besuchte er neun Länder, die entweder die japanische Besetzung erlitten hatten oder von Japan bedroht worden waren . . . Überall bat er öffentlich für die Kriegstaten Japans um Verzeihung.“[6]

Nach seiner Rückkehr erklärte Kishi vor der Presse in Tokio: „Es

---

* NAACP – National Association for the Advancement of Colored People, Amerikas älteste landesweite Organisation, die sich für die Rechte der Schwarzen einsetzt.

hat mich beeindruckt, wie wirksam die Moralische Aufrüstung an der Versöhnung zwischen ehemals verfeindeten Völkern arbeitet. Ich habe selbst die Kräfte erlebt, die durch eine ehrlich gemeinte Bitte um Vergebung freigesetzt werden und die helfen, Wunden der Vergangenheit zu heilen."[7]

Die Wiederaufnahme der Beziehungen zu Korea war eine weitere Priorität Kishis. Dieses Thema war schon im März 1957 auf einer Konferenz der Moralischen Aufrüstung in Baguio, in den Philippinen, angeschnitten und einen Monat später von Senatorin Shidzue Kato im Auswärtigen Ausschuß in Tokio vorgebracht worden. Nach einer zweiten Konferenz in Baguio, ein Jahr später, lud Kishi am 12. April 1958 zu einem Empfang in seiner offiziellen Residenz ein, um der Moralischen Aufrüstung seinen Dank dafür auszudrücken, daß sie Japan geholfen habe, wieder zu Achtung und Ehren in der Völkerfamilie zu kommen. Staatsminister Takizo Matsumoto sagte bei dieser Gelegenheit: „Ich kann im Namen meiner Regierung, vor allem aber des Auswärtigen Amtes festhalten, daß uns an jedem schwierigen Punkt von der Moralischen Aufrüstung geholfen wurde."[8] Kishis Politik wurde von seinem Nachfolger, Takeo Fukuda – der mit Kishi nach Caux gekommen war – erfolgreich weitergeführt.

1958 kam der philippinische Präsident Garcia als Staatsgast nach Japan. Er wurde im Unterhaus von Niro Hoshijima empfangen und sagte: „Verständnis und Vergebung haben die Verbitterung vergangener Jahre weggewaschen."[9]

Buchman hatte schon lange den Wunsch gehegt, einen Beitrag zur Entspannung der Rassenfrage in den Vereinigten Staaten leisten zu können. Im Sommer 1957 wurde einerseits die Lage immer gespannter, andererseits zeichnete sich auf unerwartete Weise die Möglichkeit einer Initiative ab.

Während die Delegation des Seinendan noch in Mackinac war, kamen dort fast gleichzeitig zwei Schauspielerinnen an: die schwarze Mezzosopranistin Muriel Smith, erste *Carmen Jones* am Broadway, die dann an der Londoner Covent Garden Oper die *Carmen* sang und fünf Jahre am Drury Lane Theater in *South Pacific* und in *The King and I* auftrat. Ann Buckles, kommender junger Broadway Star, war in *Mr. Thing* und *Pajama Game* aufgetreten. Muriel Smith lernte einige Mitglieder des Seinendan kennen. Der Bericht eines jungen Japaners berührte sie besonders, der gelernt hatte, sich den schrecklichen Taten, die er im Krieg begangen hatte, zu stellen. Dann lernte Ann Buckles Buchman kennen. Sie stand vor der Trennung von ihrem Mann, hatte es aber noch niemandem gesagt. „Ich redete wie ein Wasserfall und hoffte, ihn zu beeindrucken", erinnert sie sich. „Buchman sah mich lange ruhig an und sagte nur: ‚Scheidung ist altmodisch.' Das überraschte mich. Ich hatte mir eingeredet, meine Scheidung sei keine Staatsaffäre; ich war aber innerlich aufgewühlt. Er erkannte das. Bald danach schickte er mir Blumen und bat mich zum Tee. Ich redete fünfundvierzig Minuten lang. Zum Schluß meinte er: ‚Wenn mir Gott dazu etwas sagt, sage ich es Ihnen. Wenn nicht, dann eben nicht.' Mir war klar: Hier ist ein Mann, der meint, was er sagt. Ich konnte ihm vertrauen."

Muriel Smith und Ann Buckles waren fasziniert von der Möglichkeit, ihre eigenen Talente konstruktiv einzusetzen. Deswegen blieben sie in Mackinac, Woche um Woche, trotz dringender Telefonate ihrer Manager. Buchman hatte in ihnen das erkannt, was sie selber noch nicht erkennen konnten: die Chance, durch sie und durch das Theater eine Antwort auf das Rassenproblem darzustellen. Die schwarze Amerikanerin Muriel Smith war bei ihrer Mutter in großer Not aufgewachsen. Mrs. Smith erzählte immer wieder, welch ein Feiertag es war, als sie endlich genug Geld hatte, um ihrer Tochter ein paar Strümpfe zu kaufen. Ann Buckles war eine attraktive Blondine, die aus Tennessee, im Süden der USA stammte. Sie stand am Anfang ihrer Karriere.

Alan Thornhill und Cece Broadhurst beschlossen, ein Musical für beide Schauspielerinnen zu schreiben. Darin ging es um Mary McLeod Bethune, der Tochter einer Sklavenfamilie aus den Südstaaten, die sich mit einem einzigen Dollar in der Tasche aufmachte, um ihr Ziel – die Gründung der ersten Universität für Schwarze – zu erreichen. Nach vielen Kämpfen gelang ihr die Erfüllung ihres Wunsches, und sie selbst wurde schließlich zur Beraterin von Präsident Roosevelt ernannt. Mary McLeod Bethune hatte vor einigen Jahren Buchman und seine Arbeit kennengelernt und ihm gesagt: „Teil dieses großen, einigenden geistigen Aufbruchs zu sein, ist die Krönung meines Lebens." Darum wurde das Musical *Krönung des Lebens* genannt.

Zur gleichen Zeit spielte sich im Leben der beiden Schauspielerinnen ein Drama ab. Es mußten für das Musical und den gleichnamigen Film Aufnahmen mit einem Orchester gemacht werden. „Muriel hatte eine herrliche Stimme", erzählt Ann Buckles. „Wenn sie sang, schlug sie das Orchester ganz in ihren Bann. Wenn ich sang, spielten sie uninteressiert mit. Zurück im Hotel, (sie teilte ihr Zimmer mit Muriel) mußte ich mir die ganze Nacht Muriels Summen und Singen anhören. Schließlich konnte ich nicht mehr und schrie laut: ‚Halt den Mund!' Ich war über meinen eigenen Ausbruch entsetzt. Muriel sagte nur:

‚Wenn ich eine Weiße gewesen wäre, hättest du mir das schon lange gesagt.' Sie hatte den Finger auf meine gönnerhafte Haltung gelegt. Mehr wurde in dieser Nacht nicht mehr gesagt. Am nächsten Morgen wurden wir zu Frank zitiert. Wir hatten schwache Knie, denn wir hatten uns ja angeschrien. Er sagte aber: ‚Ein weißer südafrikanischer Richter und ein führender Schwarzer kehren morgen nach Südafrika zurück. Sie hoffen, den Film *Freiheit* dort zu zeigen, müssen ihn aber zuerst der Zensur vorführen. Könntet ihr zum Essen kommen und ihnen sagen, wie ihr zu eurer Einigkeit gekommen seid?' Muriel und ich zogen uns verschämt zurück und hatten eine ehrliche Aussprache."

Im Januar 1958 lief das Musical *Krönung des Lebens* in Atlanta an. Während des ersten Wochenendes sahen es 11000 Menschen. Nach der Premiere übertrug der lokale Rundfunk einen Bericht, der mit Erstaunen feststellte: „Es gab im Civic Auditorium keine Zwischenfälle." Polizisten in Zivil hatten sich unter die Zuschauer gemischt, doch merkten sie bald, daß ihre Gegenwart nicht notwendig war. Sie blieben den restlichen Aufführungen fern. Vom Civic Auditorium zog das Schauspiel in das Tower Theater um. Der Direktor stellte Weißen und Schwarzen die gleiche Anzahl von Karten zur Verfügung. Das war in Atlanta noch nie geschehen. „Ich kam mit zitterndem Herzen und verließ das Theater in Hochstimmung", sagte er nach der ersten Aufführung. Die Frau eines weißen Pfarrers sagte: „Seit Jahren hören wir hier eine Bombe ticken und warten auf die Explosion. Jetzt weiß ich, daß wir auf den leisen Wink des Heiligen Geistes horchen sollen. Ihr seid gerade zur rechten Zeit gekommen."[10]

Das Schauspiel lief fünf Monate lang in Atlanta. „Atlanta wird nach den Aufführungen von *Krönung des Lebens* nie wieder die gleiche Stadt sein", bemerkte ein führender schwarzer Anwalt, Oberst A. T. Walden.[11] Tatsächlich wurde in den folgenden Jahren in Atlanta die Rassenintegration auf stille und kluge Weise durchgeführt. Als John F. Kennedy Präsident wurde, ließ er Oberst Walden zu sich kommen und darüber Bericht erstatten.

Im September beschrieb der bekannte Kolumnist Drew Pearson die Auswirkung von *Krönung des Lebens* auf Atlanta: „Nach den erstaunlichen Ereignissen in Georgia haben sich jetzt Menschen aus allen Schichten zusammengefunden; sie haben eine noch erstaunlichere Geschichte zu erzählen: Wie sie das explosive Problem von Little Rock gelöst haben – ein Problem, das unsere Politiker nicht lösen konnten."[12]

Im Herbst 1957 machten die Krawalle von Little Rock, im Staate Arkansas, weltweite Schlagzeilen in der Presse. Der Funke hatte sich an der Frage der Integration schwarzer und weißer Kinder in den Schulen entzündet. Das Musical *Krönung des Lebens* wurde von diesen Ereignissen inspiriert.

Buchman verbrachte damals viel Zeit mit einer Gruppe von Schwarzen und Weißen aus Afrika. Er bat sie, mit dem Film *Freiheit* nach Little Rock zu gehen. Sie zeigten ihn dort zuerst vor Persönlichkeiten der weißen Gesellschaft, dann vor Offizieren und Soldaten des amerikanischen Bundesheeres, die dorthin gesandt worden waren, und schließlich vor den städtischen Schulbehörden und vor den Führern des schwarzen Integrationskomitees. Mrs. L. C. Bates war Mitglied dieses Komitees, und Präsidentin der NAACP für Arkansas. Jeden Morgen hatte sie ihr Leben aufs Spiel gesetzt, denn sie begleitete eine Gruppe schwarzer Kinder in eine Schule der weißen Bevölkerung – damit hatten die Krawalle in Little Rock begonnen. Mrs. Bates kam mit einer Abordnung von Bürgern beider Rassen aus Little Rock nach Mackinac. Dort beschloß sie, den Gouverneur von Arkansas, Orval Faubus, aufzusuchen. Sie wußte damals nicht, daß auch er *Freiheit* gesehen hatte. Das Interview zwischen Orval Faubus und Mrs. Bates wurde von einem Kommentator des Columbia Broadcasting Systems in eine Sendung über die wichtigsten Ereignisse des Jahres 1959 eingebaut, und folgendermaßen beschrieben: „Es war aller Wahrscheinlichkeit nach *die* Begegnung des Jahres, denn damit endete ein seit hundert Jahren dauernder Bürgerkrieg in den Vereinigten Staaten."[13]

Der *Pittsburgh Courrier*, eine Wochenzeitung der Schwarzen, berichtete über den Hintergrund zu diesen Ereignissen[14] unter der Schlagzeile: „Mrs. Bates betont die Rolle der MRA im ‚Wunder' von Little Rock." Mrs. Bates' Ehemann wurde von der Zeitung interviewt und sagte: „In dieser Woche traf meine Frau mit ihrem erklärten Gegner, Gouverneur Faubus, zusammen. Die Unterredung dauerte über zwei Stunden. Was meine Frau durch die MRA erlebt hatte, gab ihr den Mut, um diese Unterredung zu bitten. Wahrscheinlich war es auch ein Stück moralischer Aufrüstung in ihm, daß er zusagte. Ich kann noch nicht alles übersehen, aber es kann einen Wendepunkt darstellen. Wenn die MRA in den Menschen von Little Rock Wurzeln schlägt, kann das die Stadt aus dem Chaos zu einem glücklicheren Leben führen."

Sechs Jahre später berichtete der Londoner *Observer*: „Gouverneur Faubus scheint nun an der Spitze einer Bewegung zu stehen, die die Rassenintegration in seinem Staat erreichen will . . . Welcher Art die Motive auch sein mögen, die Ergebnisse sind beachtlich. Die Integration in den Schulen, die besseren Arbeitsmöglichkeiten für Schwarze, das Ende der Segregation in Restaurants und Hotels machen in Arkansas größere Fortschritte als in allen anderen Staaten Amerikas – das jedenfalls ist die Ansicht der früheren Gegnerin des Gouverneurs, Mrs. L. C. Bates, Bezirkssekretärin der NAACP in Arkansas."[15]

Wegen seines Alters und seiner angegriffenen Gesundheit konnte Buchman nicht immer an solch mutigen Initiativen teilnehmen. Es bestand aber kein Zweifel darüber, wer hinter ihnen stand. Auf ihrer Jahresversammlung 1958 in Detroit überreichte die National Association of Colored Women's Clubs (der Verband der schwarzen Frauenklubs der USA) Buchman die Auszeichnung: „Größter Freund der Menschlichkeit".

— 41 —

IN MENSCHEN WIE IN EINEM BUCH LESEN

Im Winter 1957 ging es Buchman nicht gut. Dr. Campbell stellte als Hauptursache Herzbeschwerden fest. Auf ärztlichen Rat hin suchte Buchman ein wärmeres Klima auf und folgte der Einladung einer befreundeten Familie nach Miami.

Er kam dort an, als das Wetter feucht und drückend war, und es gelang ihm nicht, sich wie sonst zu erholen. Gelegentlich war er den Menschen seiner nächsten Umgebung gegenüber äußerst empfindlich. Dabei kam sein Ärger zum Teil von der Verzweiflung über sein eigenes Unvermögen, das zu tun, was er als erforderlich ansah. Doch konnte er seinen Ärger auch sofort bereuen. Seine Sekretärin erinnerte sich daran, wie er sie bei einer solchen Gelegenheit fragte: „Warum sagst du mir denn nicht: ‚Scher dich zum Teufel'?" und schmunzelnd hinzufügte: „Ich würde sofort gehen!" Es war ihm bewußt, daß sein Vater an Arteriosklerose gelitten hatte und immer schwieriger, in seinen letzten Jahren sogar aggressiv geworden war. „Wenn ihr je erlebt, daß ich so werde, dann erschießt mich!" sagte Buchman. Er ist nie so geworden. Ohne Zweifel jedoch verhärteten sich seine Arterien seit einigen Jahren, und das wirkte sich sowohl auf seine Launen als auch auf seine Urteilsfähigkeit aus.

In jenem Winter war er matt und teilnahmslos. Eines Tages fragte er, wieviel Geld sich auf den beiden Konten befänden, die auf seinen Namen ausgestellt waren. Das eine Konto enthielt siebenhundert Dollar, das andere dreihundert. Er leerte beide mit vier Schecks, die er an Arbeiterfamilien in Europa schickte, denen er von Zeit zu Zeit mit Geschenken geholfen hatte. „Wenn ich es irgendwie möglich machen kann, möchte ich mit keinem Pfennig Geld auf einer Bank sterben, ich würde mich sonst schämen", sagte er.

Im April bekam er Lungenentzündung. Zwei Wochen lang nahm er sehr wenig von dem wahr, was um ihn herum vorging. Eines Tages entschied er, wo seine Beerdigung stattfinden sollte. Ein paar Tage später gab er mit einem Augenzwinkern zu verstehen, daß er gern 94 Jahre alt werden wollte. Langsam überwand er seine Mattigkeit. Am 5. Mai schrieb er an Peter Howard: „Gegenwärtig habe ich nichts weiter vor, als wie ein Hase still im Gras zu sitzen. Mehr schaffe ich nicht.“ Doch zwei Wochen später fuhr er mit dem Zug nach New York, nahm dort verschiedene Verpflichtungen wahr und traf am 2. Juni auf Mackinac zur Feier seines Geburtstages ein.

Buchman hatte seinen Geburtstag immer gern gefeiert, und dieser machte ihm besondere Freude, denn seine Freunde ringsherum nahmen Anteil daran, und Glückwünsche kamen aus allen Teilen der Welt. In einem Leitartikel der *Frankfurter Allgemeinen Zeitung* hieß es: „So setzt er neben die politische Diplomatie der Nationen die moralische Diplomatie der Völker . . . Als Botschafter der Moral genießt Frank Buchman heute über alle nationalen Grenzen hinaus ein fast unbegrenztes Vertrauen. Seine uneigennützige Mittlerrolle wird, der Öffentlichkeit meist unsichtbar, immer wieder in Anspruch genommen. Dieser schmächtige, fast asketisch wirkende Mann, der ohne Pathos, ohne hinreißende rednerische Begabung dennoch faszinierend auf seine Hörer wirkt, ist nach und nach zu einem Gewissen der Welt geworden.“[1]

Die Krankheit setzte ihm jedoch weiterhin Grenzen. Das gleiche galt für den Zugang, den sein wachsender hauptamtlicher Mitarbeiterkreis zu ihm persönlich hatte. Immer häufiger wurden Informationen an ihn und von ihm über mehrere Personen weitergegeben und auf diese Weise manchmal entstellt. Eine erste Reaktion auf einen Bericht über eine bestimmte Aktion konnte dann mit einer solchen Härte weitergegeben werden, wie Buchman sie nie gezeigt hätte, wenn er die betreffende Person persönlich hätte sprechen können. Jedoch wurde die Kommunikation mit ihm für alle, die es betraf, zu einem Problem. Vor seinem Schlaganfall war jeder Kontakt mit ihm persönlich und selbstverständlich gewesen; danach wurden solche Kontakte begrenzt. Jetzt wurden sie noch seltener, und einige seiner alten Freunde fühlten sich zeitweise von ihm abgeschnitten.

Als der Winter näherrückte, sah sich Buchman wieder gezwungen, ein wärmeres Klima aufzusuchen. Seine Ärzte schlugen die trockene Wüste im Südwesten der Vereinigten Staaten vor. Freunde mieteten dort in Tucson, Arizona, ein Haus. Hier konnte er seine Kräfte wieder sammeln und gleichzeitig mit den Entwicklungen seiner Arbeit in der ganzen Welt in Verbindung bleiben und außerdem einen regelrechten Besucherstrom empfangen. Die ersten Monate seines Aufenthaltes machten ihm solche Freude, daß großzügige Freunde ihm das Haus für seine Winteraufenthalte kauften.

Dieses Haus gab Buchman die Möglichkeit, Gastfreundschaft so zu üben, wie er es gerne tat. Wie in früheren Zeiten schuf er eine Atmosphäre der aufmerksamen Sorge für einzelne Menschen. Das begann beim mexikanischen Gärtner, einem verbitterten jungen Mann, der schon zum Haus gehörte, als Buchman dort einzog. Von Zeit zu Zeit verschwand er für ein, zwei Tage. Buchman stellte die richtige Diagnose: Alkohol. Wenn Arnold, so hieß der Gärtner, weiter den Garten betreuen wolle, so müsse er mit dem Trinken aufhören, sagte er. Daraufhin blieb Arnold für mehrere Wochen verschwunden. Anstatt aber einen anderen Gärtner einzustellen, bemühten sich die übrigen Bewohner des Hauses, den Garten so gut instand zu halten, wie sie konnten. Buchman interessierte das Schicksal von Arnold mehr als das der Rosen und Zitrusbäume.

Schließlich kam Arnold zurück. Buchman lud ihn zu Kaffee und Kuchen ein und erzählte ihm von seiner eigenen Arbeit. Zum Schluß gab Buchman ihm ein Notizbuch. „Was soll ich damit?" fragte Arnold. Daraufhin erklärte ihm ein Freund Buchmans, die Änderung in seinem eigenen Leben habe damit begonnen, daß er alles aufschrieb, was nicht mit den vier absoluten moralischen Maßstäben übereinstimmte. „In diesem Fall", sagte Arnold, „geben Sie mir lieber zwei Notizbücher."

Arnold erzählte seinem Vater von seinen Entdeckungen. Der Vater hatte noch größere Probleme mit dem Alkohol als der Sohn. Er wurde geheilt. Als er eines Tages seine Frau zum Mittagessen in Buchmans Haus mitbrachte, sagte diese: „Ich hoffe, daß wir uns gut benehmen – mein Mann und ich sind seit zwanzig Jahren nicht mehr zusammen ausgegangen." Seitdem kam der Vater regelmäßig, um die hundert Rosenbüsche um das Haus zu beschneiden. Später fand er eine Arbeit als Gärtner beim städtischen Krankenhaus.

Einmal kam der Milchmann zum Nachmittagstee. Er müsse über etwas reden, sagte er. Alle setzten sich hin, und aus dem Milchmann brach es heraus: „Ich bin fast dreißig Jahre verheiratet. Vor einigen Monaten stieg meine Frau in einen Greyhound-Bus; sie traf einen Mann, der halb so alt ist wie sie, und nun ist sie nicht mehr zurückgekommen." „Waren Sie wohl immer ganz ehrlich zu Ihrer Frau?" fragte Buchman. Der Milchmann begann zu weinen: An dem Tag, als sein ältester Sohn geboren wurde, hatte seine Frau ihm das Versprechen abgenommen, nie mehr zu trinken, aber er hatte weiter getrunken, war in Geschichten mit einer anderen Frau verwickelt worden und hatte seiner Frau nie davon erzählt. Er ging nach Hause und schrieb ihr einen Brief. Von dem Tag an brachte er öfters die Milch zu Buchmans Haus, ohne Geld dafür zu nehmen.

Bald darauf sagten sich der Sheriff und der Bürgermeister zu Besuchen an. Ihnen folgte der General, der den Militärflugplatz kommandierte. Nach sechs Monaten meinte Buchmans Friseur: „Sie waren zwar nur ein paarmal unten in der Stadt, Doktor, aber die ganze Stadt war schon hier bei Ihnen, und fast die ganze Welt wohl auch.“

Das bewahrheitete sich immer mehr. Als in Los Angeles eine MRA-Konferenz stattfand, die sich vorwiegend mit Asien befaßte, kamen Gäste zu zweit oder zu dritt nach Tucson: Koreaner und Japaner, Chinesen von Hongkong und Taiwan, Malaien und Papuas, Australier und Neuseeländer. Es folgte eine Besucherwelle von Hollywood und Freunde, die nach Europa oder Afrika zurückkehrten.

Unter den Japanern war Saburo Chiba, damals Vorsitzender des Sicherheitsausschusses des Parlaments. Chiba war Agnostiker, er war freundlich, aber vorsichtig. Er setzte sich kurz vor acht mit Buchman und seinen Freunden an den Frühstückstisch. Es wurde ihm von Buchmans Arbeit in den Südstaaten Amerikas erzählt und von Kommunisten aus verschiedenen Ländern, die mittlerweile bekannten, eine bessere Idee gefunden zu haben. Das Frühstück dauerte bis kurz vor zwölf.

Das Mittagessen war ein japanisches Mahl. Es war tadellos zubereitet, und Chiba bestand darauf, die Köchinnen kennenzulernen. „Wenn Ihre Idee es zustande bringt, aus der Tochter eines Wall-Street-Bankiers eine so gute Köchin zu machen – und sie tut es ohne Bezahlung –, dann muß es wirklich eine große Idee sein“, sagte Chiba zu Buchman.

Als der Nachmittag zu Ende ging und Chiba sich zum Gehen anschickte, sagte Buchman zu ihm: „Ich habe heute früh an Sie gedacht.“ „Und was?“ fragte Chiba. „Die ganze Welt wird in Ihr Herz Eingang finden“, antwortete Buchman.

Am Flugplatz sagte Chiba noch: „Heute habe ich zum ersten Mal in meinem Leben Gott gefunden.“ Bald darauf erfuhr Buchman, daß sich die Atmosphäre in der Familie Chiba grundlegend verändert hatte.

U Nu, damaliger Premierminister von Burma, meldete sich während einer Reise durch Amerika plötzlich an. Er wollte ein Gespräch zu Ende führen, das er vor zwei Jahren in Rangun mit Buchman begonnen hatte. Kurz nach jenem Gespräch hatte U Nu in seiner Partei von eigenen Unehrlichkeiten in seiner Jugendzeit berichtet und alle dazu aufgerufen, in der Partei und der Nation mit moralischen Kompromissen aufzuhören. Als er kurz danach sein Amt niederlegte und sich zurückziehen wollte, rief ihn das Volk zurück. Jetzt wollte er wissen, wie er in seinem Land Einigkeit schaffen könnte. Während einer erlesenen burmesischen Currymahlzeit – die Köchinnen hatten sie am Tag zuvor schon einmal geprobt – erzählten zwanzig Leute auf Buchmans Geheiß in wenigen Sätzen von ihren Erfahrungen mit Gottes Führung. Dann nahm er U Nu auf die Seite und warnte ihn vor einem Mann aus seiner näheren Umgebung, den er nicht für vertrauenswürdig hielt.

„Sie müssen lernen, in Menschen wie in einem Buch zu lesen", sagte er zum Premierminister. „Wie macht man das?" fragte U Nu. „Sie müssen sich selbst genau kennen und unbedingt ehrlich sich selbst gegenüber sein. Was Menschen anderen gegenüber blind macht, sind dieselben Schwächen, die sie sich selbst erlauben."

Ein weiterer Staatsmann, der während dieser Monate mit Buchman in engem Kontakt blieb, war Dr. Abdel Khalek Hassouna, der Generalsekretär der Arabischen Liga. Hassouna berichtete ihm über die Libanon-Krise, die die Welt zu entzweien drohte. Er selber befand sich in Ägypten, als ihn die Nachricht von der Krise erreichte. Er hatte den zwingenden Gedanken, der nach seiner Überzeugung von Gott kam: er solle sofort an die UNO in New York fliegen. Er fand die arabischen Staaten untereinander uneins und die übrigen Länder gegeneinander aufgebracht. Es bestand akute Kriegsgefahr. Es kam Hassouna ein weiterer Gedanke: die arabischen Länder sollten Brücke und nicht Schlachtfeld sein. Er versammelte die arabischen Delegierten in einem Zimmer, und sie blieben dort, bis sie sich alle auf eine Resolution geeinigt hatten. Als diese den Vereinten Nationen vorgelegt wurde, ergab die Abstimmung 80:0. „Über Nacht", hieß es in der Londoner *Times*, „hat sich die Lage auf fast wunderbare Weise verändert."[2]

In Tucson ging es Buchman auch darum, seine Mannschaft zu schulen. Sein erstes Anliegen war die Lebensqualität in seinem eigenen Haus: „Gottes Führung soll alles bestimmen, und nicht das, was wir den ‚guten Ton' nennen." „In diesem Haus arbeiten alle zusammen, und niemand erhält einen Pfennig dafür", sagte er. Aber diese Einigkeit fiel nicht vom Himmel. Sowohl die Arbeit als auch die Zusammenarbeit in der Küche verlangten einiges von den jungen Frauen, die dort zu tun hatten. Als es einmal in der Küche Streit gab, gab Buchman zwei Wochen lang keine Einladungen mehr. Eine der jungen Frauen war Amerikanerin, die andere kam aus der Schweiz. Jede war gewiß, daß ihre Arbeitsweise die beste sei. Buchman sagte, er schmecke die Spannungen im Essen. „Ihr geht so kratzbürstig miteinander um", sagte er ihnen. „Ihr seid starrköpfig und wollt alles so machen, wie ihr es für richtig haltet. Dabei habt ihr doch eine viel größere Berufung!"

Buchman bereitete gleichzeitig verschiedene Gruppen auf die Rückkehr in ihre Länder vor. So kamen acht Japaner nach Tucson, ehe sie nach Hause gingen. Das Mittagessen hatte kaum begonnen, als Buchman sie fragte: „Wie sieht euer Plan für Japan aus?" Schweigen. „Seid ihr einig untereinander?" fragte er weiter. Wieder herrschte Schweigen. „Ich weiß, ihr habt in Japan gute Arbeit geleistet", fuhr Buchman fort, „aber was geht in eurem Volk vor? Was ist das eigentliche Problem?"

„Der Kommunismus", antwortete einer. „Nein, nein, nein", sagte Buchman, „sondern Korruption und hochgestellte Persönlichkeiten, die sich Mätressen halten. Werdet ihr diese Probleme angehen? Ich liebe Japan, und ich mache mir seinetwegen Sorgen."

Die Japaner verließen das Zimmer. Sie sprachen sich gegenseitig ehrlich aus über Eifersucht und Verbitterung, die unter ihnen geherrscht hatten. Danach konnten sie an die Arbeit gehen. Innerhalb von drei Tagen hatte einer von ihnen, Masahide Shibusawa, ein Theaterstück geschrieben, das er *Shaft of Light* (Lichtstrahl) nannte. Es stellte die Gepflogenheiten der japanischen Prominenz so deutlich dar, daß sie Angst hatten, es aufzuführen. Was würde ihnen und ihren Kindern geschehen? Sie lasen es Buchman vor. „Geht dorthin, wo der Wind am schärfsten weht", sagte er. „Manche Leute werden Lust haben, euch zu erschießen, aber ihr könntet euer Land retten, und zukünftige Generationen werden euch dankbar sein."

Einen Monat später hatte das Schauspiel seine Premiere in Tokio, nur 150 Meter vom Parlament entfernt. Es wurde eine Sensation. Ein hoher Sicherheitsbeamter sah auf der Bühne die Darstellung von Bestechungen an höchster politischer Stelle und die Arbeit der Mätresse eines Regierungsmitglieds, die gleichzeitig Spionin war. „Das ist übertrieben", sagte er. „Das ist gefährlich. Die Aufführungen müssen aufhören." Einige Tage später kam er zurück und sagte: „Ich bin der Sache nachgegangen – es ist alles wahr." Der Premierminister bat den Autor und seine Freunde, zu ihm zu kommen. Sie schilderten ihm Tatsachen, die sein eigenes Kabinett betrafen, wie sie sie sahen.

„Sie sind die einzigen, deren Liebe zu unserem Land so groß ist, daß Sie mir die Wahrheit sagen", ermutigte er sie. „Meine Türe ist immer offen für Sie."

In der Zwischenzeit führte Buchman einen nicht minder harten Kampf in seiner nächsten Umgebung. Als Peter Howard 1956 aus Asien zurückgekommen war, hatte Buchman mit ihm über ernste Nachwirkungen der Tournee des Musicals *The Vanishing Island* gesprochen. Obgleich er die außergewöhnlichen Leistungen Howards und seiner Kollegen bei dieser Tournee anerkannte, machte er sie verantwortlich für die falsche Einstellung, die sich in der reisenden Mannschaft entwickelt hatte. Buchman war weiterhin von der Integrität und den großen Fähigkeiten Peter Howards überzeugt. Es gab jedoch Leute, die unter Howards scharfer Zunge gelitten hatten oder auf seine angebliche Sonderstellung eifersüchtig waren und nun versuchten, in Buchman Vorurteile gegen Howard zu erzeugen. Oft wußte Buchman nicht mehr, was er von all dem halten sollte. Körperlich geschwächt, mußte er manchmal mehrere Tage hintereinander das Bett hüten und war dabei ständig gezwungen, Entscheidungen fällen zu müssen.

Dies alles erreichte 1957 während der Konferenz in Mackinac einen Höhepunkt. Einige Mitarbeiter Buchmans mieden Howard und seine Familie. Howard fragte Buchman, was er tun solle. „Tu weiter, was du bisher getan hast“, sagte dieser. Howard jedoch gelangte zur Überzeugung, daß er seine Familie von Mackinac fortbringen sollte und kehrte mit Frau und Kindern auf seine Farm nach England zurück. An seiner inneren Verpflichtung hielt er fest.

Nach einigen Monaten kam Howard der Gedanke – er hielt ihn für eine Eingebung – Buchman in Tucson aufzusuchen. Er fuhr, begleitet von seiner Frau Doë und seiner Tochter Anne. Er hatte eine umfassende, offene Aussprache mit Buchman und hielt sich im übrigen aus dem Rampenlicht. Eines Tages jedoch schlug Howard vor, daß er selbst nach einer öffentlichen Filmvorführung das Wort ergreifen sollte – wie er es früher öfters getan hatte. Einige der Anwesenden, die entschlossen waren, Howard von seinem früheren maßgebenden Platz für alle Zeiten fernzuhalten, reagierten empört, und ihre Stimmen wurden so laut, daß Buchman sie im Obergeschoß hörte. Buchman ließ alle zu sich kommen: „Hier liege ich alter Mann im Bett“, sagte er. „Ich habe darauf vertraut, daß ihr mir die Wahrheit sagt. Was Peter angeht, habt ihr mich auf eine falsche Fährte geführt. Ich möchte meine Anerkennung einmal in Worte fassen: In den vergangenen Wochen habe ich Tag und Nacht mit ihm zusammengearbeitet. Er kommt morgens um 4.45 Uhr, um mir beim Briefeschreiben zu helfen; er ändert Menschen; er wacht über das Leben in der Mannschaft; er liest täglich in der Bibel und entdeckt jedesmal etwas, das ihn persönlich und uns alle angeht. Es ist ein Erlebnis, einen Menschen wie ihn zu haben, der einen in so selbstloser Weise begleitet."

Von dieser Zeit an kam es nie wieder zu einer Trennung zwischen Howard und Buchman, obwohl der jüngere der beiden Männer sich meist auf Reisen durch verschiedene Teile der Welt befand und gleichzeitig täglich Verantwortung im Detail für die gesamte Arbeit trug, während Buchman zur Ruhe gezwungen war.

Von Tucson kehrte Buchman im Sommer 1959 nach Mackinac zurück. *Pickle Hill*, ein Musical, das Howard während seiner Wochen in Tucson geschrieben hatte, wurde zu Buchmans 81. Geburtstag uraufgeführt. Es drehte sich um Bill Pickle, den Alkoholschmuggler und um Buchmans erste Experimente am Penn State College. Buchman saß in der ersten Reihe und war von dem Stück so fasziniert, daß er beinahe in Versuchung kam, mitzuspielen. „Welch eine Strategie Gott damals zeigte!" sagte er am Schluß. „Immer ging es um Menschen, Menschen, Menschen. Ihretwegen müßte man die ganze Zeit hellwach sein."

Parallel zur Konferenz auf Mackinac lief eine Konferenz in Caux, mit der Buchman fast täglich in Verbindung stand. Eine Delegation aus dem südindischen Gliedstaat Kerala war angekommen. Kerala war der erste Staat der Welt, der durch freie Wahlen kommunistisch geworden war. Das Land hatte gerade eine Zeitspanne kommunistischer Herrschaft hinter sich. Anfang des Jahres hatten sich die Hindus und die Christen gegen die drohende kommunistische Indoktrination in den Schulen zusammengeschlossen und die Regierung gestürzt. Was weiter geschehen sollte, war unklar. Zur Delegation in Caux gehörten Christen und Hindus, unter ihnen der altgediente Hinduführer Mannath Padmanabhan, der sein Leben lang das Christentum in Kerala bekämpft hatte. Auf dem Hinflug hatten beide Parteien kein Wort miteinander gewechselt.

In Caux zeigte sich Padmanabhan, der nur die südindische Sprache Malayalam sprach, als aufmerksamer Beobachter. Nach drei Tagen meinte er, in Caux herrsche eine außergewöhnliche Atmosphäre. „Könnten Sie sie näher beschreiben?" wurde er gefragt. „Es ist eine Atmosphäre der Reinheit", sagte er. „Es ist erstaunlich, daß es solches an einem Ort gibt, an dem so viele Christen beisammen sind." „Wissen Sie, ein Christ ist für uns ein dicker Engländer mit einer Zigarre im Mund, einem unserer Mädchen am Arm und einer Flasche Whisky in seiner Hosentasche."

Eines Abends sah die Delegation aus Kerala das Musical *Pickle Hill*. „Es ist, als ob das Stück für uns geschrieben wäre", sagten sie. Ein führender Katholik ging direkt auf Padmanabhan zu und bat ihn um Verzeihung, weil er ihm gegenüber große Bitterkeit gehegt hatte. Der katholische Erzbischof von Trivandrum, der Hauptstadt von Kerala, beschrieb später in einem Brief an Buchman die Auswirkungen des Aufenthaltes jener Delegation in Caux: „Die Geschichte wird bezeugen, wie dankbar wir Mannath Padmanabhan sind . . . Nach seiner Rückkehr von Caux half er Einigkeit zu schaffen unter allen Bevölkerungsgruppen Keralas.“[3]

Während des Sommers auf Mackinac fühlte Buchman trotz der Erfolge der Konferenz tiefe Sorge um seine Mannschaft: „Ändern wir wirklich Menschen? Einige von euch gehen so perfekt daher, als wärt ihr gekochte, gestärkte und gebügelte Hemden. Wir brauchen aber eigentlich nur die innere Umwandlung, jeden Tag neu, wie ein sauberes Kleid. Nur eine Person kann die Sünde auslöschen: das ist Jesus.“

Mehrfach kehrte er während des Sommers 1959 zum selben Thema zurück. „Gibt es unter euch solche, die es ablehnen, sich mit den wahren Nöten eines Volkes zu befassen? Völker können leicht zu unserem Tätigkeitsgebiet werden, anstatt daß wir in ihnen Kräfte wecken, die zum Neu-Aufbau der Welt beitragen . . . Was immer ich getan habe, *ich* habe es nicht getan. Ich bin früh am Morgen aufgestanden, und es kamen immer Gedanken von Gott. Das muß *euer* Geheimnis werden. Der Heilige Geist teilt seine Wahrheit ganz einfach an alle aus. Das hat Christus versprochen: ‚Wer zu mir kommt, den werde ich nicht hinausstoßen‘.“

Mit der wachsenden Anzahl von Mitarbeitern sah er die Gefahr einer Institutionalisierung – eine Entwicklung, die er stets bekämpfte. Er nannte das „Bewegungs-Mentalität“. „Vielleicht haben wir uns selbst und anderen etwas vorgemacht“, sagte er. „Wir sind nicht mehr echt – wie sollten wir dann Völker retten können? Judas hatte schreckliche Gewissensbisse. Aber Petrus hat bereut. Judas war in seine eigene Auslegung der Botschaft Christi vernarrt. Die Idee der Moralischen Aufrüstung zu lieben, ist kein Ersatz für die Liebe zu Gott, der uns rein wäscht, uns frei macht und uns zum Werk ruft.“

Es schien so, als sei seine Bemerkung bei der Uraufführung von *Pickle Hill*: „Es ging um Menschen, Menschen, Menschen“ nicht nur eine spontane Erinnerung gewesen, sondern ein Fingerzeig für andere und eine Herausforderung an ihn selbst. An dem Tag, an dem er Mackinac nach der Konferenz verließ, rief er noch einmal alle Anwesenden zusammen und erinnerte sie und sich selbst an jenes persönliche Erlebnis, das durch all die Jahre hindurch die lebendige Wurzel seiner Arbeit geblieben war:

„Ich war lange Zeit wach heute Nacht und hatte das unheilvolle Gefühl, daß wir zwar im großen und ganzen gute Arbeit getan haben, daß es aber noch Bereiche gibt, die wir erst zu durchdringen haben", sagte er. „Ich las das 9. Kapitel der Apostelgeschichte. Lest es und laßt es zu eurer persönlichen Erfahrung werden. Ich erinnere mich an eine Zeit, als ich diese Erfahrung noch nicht besaß und doch dachte, ich leiste ganz ordentliche Arbeit. Es scheint mir, es gibt noch einige hier, denen diese Erfahrung bisher fehlt. Sie haben sich noch nicht vom lebendigen Gott in Auftrag nehmen lassen, seine Botschaft an die Nationen heranzutragen. Ich ginge ungern fort von hier, wenn ich mir nicht deutlich bewußt wäre, was uns in jenem Kapitel versprochen worden ist."

Einige ernsthafte Christen haben sich darüber gewundert, wie Buchman immer wieder auf seine Erfahrung in Keswick zurückkommen konnte und gleichzeitig Männern wie U Nu und Abdel Khalek Hassouna in ihrem persönlichen und öffentlichen Leben weiterhelfen konnte, ohne von ihnen zu fordern, einer christlichen Kirche beizutreten. Er tat dies sicher nicht, weil sein Glaube an Christus und seine innere Abhängigkeit von Christus mit den Jahren schwächer geworden wäre – ganz im Gegenteil.

Der Schlüssel zu diesem Geheimnis war wohl der, daß Buchman vor allem danach trachtete, den Menschen, die ihm begegneten, dabei zu helfen, den nächsten Schritt in ihrem Leben zu tun, den Gott ihnen zeigen wollte. Seine Freunde aus anderen Religionen wußten, woran er glaubte, was er in seinem Leben zu verwirklichen suchte – und sie fühlten sich davon angezogen. Er respektierte ihren Glauben und wußte auch, daß sie in Menschen aus den sogenannten christlichen Ländern oft einer verzerrten Form von Christentum begegnet waren. Er sah es als seine Aufgabe, den Glanz und die Bedeutung der lebendigen Gegenwart Jesu Christi in einem Menschen oder einer menschlichen Gemeinschaft aufzuzeigen – und er ließ dabei dem Heiligen Geist Spielraum, in ihren Herzen zu wirken, wie er wollte. So ging es ihm im tiefsten Sinn nicht darum, Menschen zu bekehren, sondern sie in Verbindung mit dem Heiligen Geist zu bringen, der „wirkt, wo er will".

Bei U Nu etwa konzentrierte er sich darauf, ihm zu dem Glauben zu verhelfen, er könne auf Gott horchen und Weisungen erhalten. Den Tolon Na, einem führenden Muslim aus Ghana, hatte er einfach gefragt: „Wann haben Sie zum letzten Mal gestohlen?" Oft sagte Buchman, das Kreuz Jesu Christi bedeute für ihn, daß er, wenn Gottes Wille seinen Eigenwillen durchkreuze, Gottes Willen wählen müsse.

„Das Einzigartige an der Moralischen Aufrüstung", sagte der deutsche Theologe Professor Klaus Bockmühl in einem Gespräch mit mir, „besteht darin, die zentrale geistige Substanz des Christentums (die sie oft in einer frischeren und wirksameren Weise zeigt, als es die Kirchen tun) in einer weltlich-zugänglichen Form darzustellen. Deshalb werden absolute moralische Maßstäbe so nachdrücklich betont. Doch ist die Führung durch den Heiligen Geist ebenso wichtig." Bockmühl schloß mit den Worten: „Das Entscheidende besteht darin, das Gleichgewicht zwischen beiden zu finden."[4]

— 42 —

AUCH BLIND KÄMPFT ER WEITER

Buchman verließ Mackinac und kehrte in die schöne Landschaft um Tucson zurück. Unterwegs machte er einen Besuch beim Priester der Insel, Pfarrer Ling, der im Krankenhaus von St. Ignace, einem Städtchen auf der anderen Seite des Sees, lag. Er war seit vierzig Jahren auf der Insel und hatte Buchman regelmäßig alle vierzehn Tage aufgesucht, wenn dieser dort war. Jetzt machte sich der alte Mann langsam ans Sterben. Doch stand er auf, um mit Buchman zu sprechen, der im Jahr zuvor einen seiner Freunde gebeten hatte, für den treuesten Kameraden des Pfarrers, seinen Hund Max, zu sorgen. Die beiden Männer sagten einander Lebewohl, wohl wissend, daß sie sich zum letzten Mal gesehen hatten.

Anfang 1960 folgten die Gedanken Buchmans oft einer Gruppe deutscher Bergleute, die sich mit ihrem Theaterstück *Hoffnung* auf eine Weltreise begeben hatten. Am 20. Februar wurde das Stück in Rom gezeigt, und Buchman schickte Peter Howard, um die Bergleute dort zu unterstützen. Anschließend wurden sie in Zypern und in Kerala erwartet.

Einer, der Buchmans Arbeit stets mit großer Anteilnahme verfolgte, war Kardinal Eugène Tisserant, damals Dekan des Kardinalskollegiums. Fünfzehn Monate zuvor, zwei Wochen nach der Wahl von Papst Johannes XXIII., hatte er Buchman durch einen Freund angedeutet, daß in Rom eine neue Haltung gegenüber seiner Arbeit im Werden war. „Der neue Papst hat einen weitreichenden Blick in dieser Sache", ließ er Buchmans Mitarbeiter in Rom wissen: „Ich kenne ihn. Ich kenne auch Dr. Buchman. Meine Informationen sind positiv . . . Ich höre, daß Sie anscheinend Schwierigkeiten mit einigen Bischöfen haben . . . Ich habe mit (Kardinal) Suenens gesprochen. Er war gegen Sie; seine Ansichten sind nicht das letzte Wort. Ich versichere Ihnen erneut, es wird etwas unternommen werden."[1]

Bis vor kurzem war Kardinal Tisserant noch Präfekt der Kongregation für die Ostkirchen gewesen und besonders an Kerala interessiert, da er die Situation dort kannte. Daher nahm er die Einladung zu einer privaten Aufführung von *Hoffnung* im Februar sofort und gern an. Im letzten Augenblick beschloß er jedoch, nicht zu kommen – vom Heiligen Offizium war der dringende Wunsch ausgesprochen worden, er möge absagen. Vier Tage später sah er Papst Johannes XXIII. und brachte das Gespräch auf die Moralische Aufrüstung. Zwei Tage danach traf er zwei Freunde Buchmans und sagte ihnen: „In der Audienz ging es vor allem um die Moralische Aufrüstung . . . Der Papst schien wenig über Ihre Arbeit gehört zu haben, außer während seiner Zeit in Frankreich . . . Ich sagte ihm, ich hätte das Schauspiel gern gesehen, weil es auch in Kerala aufgeführt werden sollte, und teilte ihm mit, was durch die Moralische Aufrüstung in Kerala bereits geschehen war: daß sich führende Hindus und führende Katholiken in Caux versöhnt hatten, wovon mir Rajmohan Gandhi berichtet hatte. Ich erzählte ihm weiter von der Wirkung der Konferenzen in Mackinac und Caux und daß sich dort Katholiken nie einer geistigen Anleitung von Nichtkatholiken unterstellen mußten. Auch auf Kardinal Liénart von Lille und Kardinal Cushing von Boston kamen wir zu sprechen, die dieser Arbeit große Bedeutung beimaßen." Tisserant bezeichnete das Gespräch als einen „wertvollen Gedankenaustausch".[2]

Frank Buchman waren diese Nachrichten besonders willkommen. Zehn Jahre lang hatte er es schwierig gefunden, das harte Urteil führender Persönlichkeiten der katholischen Kirche über seine Arbeit zu verstehen. Inzwischen hatten Nichtkatholiken in der Moralischen Aufrüstung ein besseres Verständnis für die katholische Kirche erlangt. Es war ihnen klar geworden, daß die naive Art und Weise, mit der sie oft auf ihren Ideen und Methoden bestanden hatten, manchmal taktlos wirkten. Dennoch schien sich in der offiziellen Haltung der Kirche wenig zu ändern. Erst einige Jahre nach Buchmans Tod wurde deutlich, daß durch Tisserants Gespräch mit Johannes XXIII. eine neue Situation entstanden war. Es bedurfte noch des ökumenischen Geistes des zweiten Vatikanischen Konzils und persönlicher Kontakte mit Kardinal Ottaviani – dem das Heilige Offizium zur Zeit der Warnung gegen die Moralische Aufrüstung unterstand – auf deren Auswirkungen man aber zehn Jahre warten mußte. Der französische Philosoph Gabriel Marcel berichtete, Ottaviani habe zugegeben: „Es hat einmal ein Mißverständnis gegeben, aber das ist alles vorbei."[3]

Zwei Wochen nachdem die Nachricht von Tisserants Gespräch Buchman in Arizona erreicht hatte, wurde er von Konrad Adenauer, der Ehrendoktor der Universität von Kalifornien geworden war, zu einem Gespräch nach Los Angeles eingeladen. Im Dezember hatte Buchman so etwas wie einen Briefwechsel mit dem 18. Enkelkind des Kanzlers, Sven-Georg, dem ersten Sohn von Georg Adenauer, begonnen. Buchman hatte dem drei Monate alten Baby geschrieben, er teile keineswegs Chruschtschows Ansicht, die Enkelkinder der heutigen Staatsmänner würden einmal alle Kommunisten sein. Mit vielen guten Nachrichten aus aller Welt untermauerte er seine Überzeugung, daß diese Kinder, im Gegenteil, christliche Revolutionäre sein würden, die auch Kommunisten ändern könnten. Buchman hatte seinen Spaß an der umgehenden Antwort:

„Lieber, guter Onkel Frank", hieß es da, „herzlichen Dank für Deinen freundlichen Brief, auch im Namen meiner Eltern und meines Großvaters. Ich habe ihn heute bekommen. Es ist der erste Brief, den ich in meinem jungen Leben erhalten habe. Er ist wichtig, und ich will ihn gut aufheben.

Es geht mir gut, nur manchmal in der Nacht, wenn ich hungrig bin, muß ich ungefähr eine Stunde lang schreien. Ich weiß, daß meine Eltern großes Interesse an Deiner Arbeit haben und wir danken Dir für alle Mühe, die Du Dir gibst, um unserer Welt zu helfen. Meine Eltern und ich schicken Dir nach Amerika unsere besten Grüße zu Weihnachten und zum neuen Jahr, doch am allermeisten wünschen wir Dir und allen, die mit Dir zusammen arbeiten, Gesundheit, Erfolg und Glück im kommenden Jahr.

Also noch einmal vielen Dank für Deinen lieben Brief. Viele Grüße von Deinem Freund Sven-Georg Adenauer."[4]

Buchman saß während der Verleihung des Ehrendoktortitels zusammen mit dem Kanzler und seinen Begleitern. Während des offiziellen Essens nach der Feier wandte sich der Kanzler zu Buchman und sagte: „Ich muß Ihnen sagen, wie sehr ich Sie und Ihre Arbeit schätze. Sie ist unerläßlich für den Frieden in der Welt."[5]

Für Buchman wurde es nun zunehmend schwieriger, auf Reisen zu gehen. Er wurde gewöhnlich in einem Rollstuhl geschoben, seine Kräfte waren recht begrenzt, und sein Augenlicht ließ merklich nach. Er mußte einen Augenarzt in Tucson konsultieren, und versuchte, immer noch voller Hoffnung, im Wartezimmer seine Sehkraft am Licht der Lampe oder des Lichtstreifens unter einer Tür zu erproben. Er hatte dem Arzt ein Buch mitgebracht und bereits eine Widmung hineingeschrieben: „Dr. Sherwood Burr, der mir half, wieder zu sehen."

Als Dr. Burr ihn untersuchte, fragte er: „Was sehen Sie auf der Leinwand?" „Nichts." Nach einer Pause: „Ich kann nur einen Lichtfleck erkennen." Auf der Leinwand stand ein riesengroßes „E". Eine Linse ermöglichte es Buchman, das „E" zu erkennen. Aber kleinere Buchstaben konnte er nicht mehr sehen, obgleich der Arzt geduldig alles mit ihm ausprobierte und obgleich Buchman sich konzentrierte und anstrengte. „Seit wann können Sie nicht mehr lesen?" „Seit etwa einem Jahr." Dr. Burr setzte sich auf und schaute Buchman an. „Doktor Buchman", sagte er langsam, „es tut mir leid, aber es gibt keine Möglichkeit mehr, Ihre Sehkraft zu verbessern."

„Sie meinen, es gibt keine Hoffnung. So bin ich auf dem Weg zur totalen Erblindung?" „Das wäre eine verständige Art, die Dinge zu betrachten", sagte Burr. „Sie werden weiter sehen können wie bisher, und nur Gott weiß, wie lange. Nur sagt er uns ja nicht, wie lange." „Das stimmt", sagte Buchman mit einem Lächeln. „Nur Gott weiß es, und er sagt es uns nicht. Aber wir sollten ihn dazu bringen, zu uns zu sprechen", sagte Buchman und überreichte Dr. Burr das Buch mit seiner Widmung.

In der gleichen heiteren und gelassenen Stimmung sammelte er seine Mannschaft von 150 Personen, die mit ihm nach Europa reisen würde – es sollte seine letzte Reise werden. Einer Anzahl seiner amerikanischen Mitarbeiter schickte er eine persönliche Einladung, ihn zu begleiten.

Als er am 1. April sein Haus in Tucson verließ, erklärte er, die beiden Winter, die er dort verbracht hatte, gehörten zu den glücklichsten Zeiten seines Lebens. „Wir brauchen etwas Neues, etwas ganz Neues", sagte er zu den Freunden, die mit ihm aufbrachen. „Möge Gottes Gnade auf uns ruhen und uns helfen, uns immer wieder zu ändern – immer wieder neu zu werden. Wir werden in Bereiche vorstoßen, in denen wir noch nie gearbeitet haben. Alles muß anders werden. Unsere Völker müssen anders werden.

Sind wir auf eine ideologische Auseinandersetzung vorbereitet? Nein, wir sind es nicht. Wir haben schon etwas getan, aber wir müssen noch viel mehr tun."[6]

— 43 —

ZEIT ZUM STERBEN

Während die *SS America* langsam den Hudson Fluß hinuntersteuerte, vorbei an den glitzernden Wolkenkratzern, sagte Buchman zu den 24 Freunden, die mit ihm reisten: „Diesmal werden wir alle Menschen an Bord erreichen." Etwas dergleichen geschah, obgleich Buchman seine Kabine nur selten verließ. Auf allgemeinen Wunsch ließ der Zahlmeister des Schiffes den Film *Krönung des Lebens* zweimal vorführen.

Als die Reisegruppe im Mai 1960 durch Paris kam, wo gerade die fehlgeschlagene Gipfelkonferenz stattgefunden hatte, lud Buchman den Befehlshaber der NATO-Bodenstreitkräfte, General Hans Speidel, zu einem Essen ein. „Die größte Schwäche der NATO liegt im ideologischen Bereich", sagte ihm der General. „Dort haben wir noch viel zu wenig erreicht . . . Die Moralische Aufrüstung hat auf diesem Gebiet Pionierarbeit geleistet, die Europa aufgreifen muß, wenn es auf positive Weise die anderen Kontinente erreichen will." Er erwähnte die Gruppe der deutschen Bergleute, die ihr Theaterstück *Hoffnung* nicht nur in England, Frankreich und Italien, sondern auch in Zypern, in Kerala und Japan aufgeführt hatten. „Solche Initiativen – zu denen die NATO nicht in der Lage ist – sind aber notwendig, wenn sich die Freiheit in der Welt ausbreiten soll", sagte Speidel.[1]

Während dieser Monate war Buchman zunehmend ans Bett gefesselt. Ob er nun in Paris, Caux, London, Mailand oder Rom war, er dachte ständig darüber nach, wie er den Bitten um geschulte Mannschaften, die ihn aus allen Kontinenten erreichten, nachkommen könnte. Sein Einfallsreichtum und seine Pläne hätten einem viel jüngeren Mann Ehre gemacht. Einige junge Japaner, die der revolutionären Organisation Zengakuren angehörten, hatten durch Kontakte mit der Moralischen Aufrüstung neue Lebensziele entdeckt. Vorher hatten sie im Frühling 1960 an Demonstrationen teilgenommen, die Präsident Eisenhowers Besuch in Japan verhinderten. Buchman lud sie nach Caux ein und ermutigte sie, ein Theaterstück zu schreiben. So entstand *Der Tiger.* Das Stück wurde in Europa und Amerika aufgeführt, wo man Eisenhower darauf aufmerksam machte, was dazu führte, daß der ehemalige Präsident sich eine Stunde lang mit den Studenten unterhielt.

Anschließend wurden die jungen Japaner von Persönlichkeiten des öffentlichen Lebens nach Brasilien, Peru und Argentinien eingeladen. Es war eine von Buchmans letzten Unternehmungen, diese Japaner, begleitet von Menschen aus dreißig anderen Nationen, mit ihrem Theaterstück nach Lateinamerika zu entsenden.

Unter den Gästen in Caux in jenem Sommer befand sich Dr. Bernardus Kaelin, der von 1947 bis zum vorausgegangenen Jahr Abtprimas des Benediktinerordens gewesen war. Er hatte im Winter zuvor die positiven Auswirkungen des Theaterstücks *Hoffnung* in verschiedenen katholischen Schulen in der Schweiz erlebt. Nach einigen Tagen bat er um das Wort und übergab danach seine Rede der Presse. „Die Ideologie der Moralischen Aufrüstung", so begann er, „ist geeignet, alle Menschen zu gewinnen, weil ihre Grundsätze allgemein für die menschliche Natur gelten. Sie ist keine Religion oder Religionsersatz, noch ist sie eine Sekte, sondern es sind vier mächtige Pfeiler, auf die das Menschenleben aufgebaut sein muß. Jeder Mensch muß diese Ideen annehmen, wenn er mit sich selbst aufrichtig ist."

Abt Kaelin fuhr fort: „Diese vier Grundsätze der absoluten Ehrlichkeit, Reinheit, Uneigennützigkeit und Liebe will Benedikt auch nach seiner Regel geübt wissen . . . Benedikt schärft dem Abt und den Mönchen ein, daß sie wahrhaftig ihr Leben nach den Weisungen Christi gestalten . . . Es gibt so viele Menschen, die ihre Religion sehr gut kennen, aber sie ist für sie totes Kapital. Es ist deshalb für mich eine große Genugtuung, daß so viele von der Moralischen Aufrüstung mit allem Ernst und mit voller Konsequenz nach ihrer Ideologie leben . . . In der schlimmen Weltlage des 5. und 6. Jahrhunderts lehrte Benedikt durch sein Leben und seine Regel, was die Völker tun müssen, um wieder zu gesunden und gesund zu bleiben. So ist er bis zum 11. Jahrhundert zum Begründer der abendländischen Kultur geworden. Ich führe diese Tatsache an, um die Moralische Aufrüstung zu ermuntern . . . Die Moralische Aufrüstung ist eine neue Form, um einer falschen Ideologie zuvorzukommen."[2]

Buchman hatte große Freude an der Persönlichkeit und Vision des Abtes.

Er schätzte auch den Gedanken- und Erfahrungsaustausch mit Jean Rey, dem damaligen Präsidenten der Europäischen Kommission. Bei einem Gespräch zählte Rey einmal einige Erfolge von Buchmans Arbeit auf und sagte ihm: „Sie müssen über all das stolz sein." „Gar nicht", antwortete Buchman, „ich hatte nichts damit zu tun. Gott hat alles getan. Ich gehorche nur und tue, was er sagt." Minister Rey entgegnete: „Das kann ich nicht annehmen. Sie selber haben große Dinge getan."

„Ich habe nichts getan", erwiderte Buchman. „Oder vielmehr, ich habe getan, was Männer wie Sie immer hätten tun sollen . . . und was Ihnen die Antwort auf selbstgeschaffene Schwierigkeiten gegeben hätte . . ."[3]

Die folgenden vier Monate verbrachte Buchman in Italien. In Mailand setzte er die Theaterstücke, die in der Schweiz so wirkungsvoll gewesen waren, Peter Howards *Der Orkan* und *Die Leiter*, zusammen mit dem Film *Männer von Rio*, ein. Das Echo war groß, nicht zuletzt in Sesto San Giovanni. Abt Kaelin, der nach Mailand gekommen war, machte es große Freude, von kommunistischen Arbeiterfamilien, die von vorausgegangenen Besuchen alte Freunde der Moralischen Aufrüstung waren, nach Hause eingeladen zu werden. Jetzt hatte der Abt die beglückende Gelegenheit, einzelne von ihnen zur Kirche und zu Gott zurückzuführen. Die Warnung, sich zur Moralischen Aufrüstung nicht in der Öffentlichkeit zu äußern, die ihm in den Weihnachtstagen seitens des Heiligen Offiziums zuging, nahm er mit benediktinischem Gehorsam entgegen. Später fuhr er nach Rom und berichtete vielen seiner Freunde, unter ihnen den Kardinälen Tisserant und Bea, von seinen Erlebnissen.

Gegen Weihnachten begab sich Buchman nach Caux. Er war ungewöhnlich aktiv; er leitete die Morgen-Versammlungen am 20. und 21. Dezember, und lud Gäste zum Tee ein.

Nach drei Wochen kehrte er mit gegen dreißig Freunden nach Rom zurück. Hier blieb er bis zum 6. Mai. Es war wiederum eine ereignisreiche Zeit mit vielen Treffen im kleinen Kreis, bei denen oft auch der Film *Krönung des Lebens* gezeigt wurde. Zu Buchmans Gästen gehörten die Witwe des Erfinders Marconi, sowie die Witwe und Tochter des ehemaligen Premierministers De Gasperi. Am 7. Februar kam der Arzt Don Luigi Sturzos zum Tee und erzählte, wie Don Luigi während seiner letzten Wochen oft von Buchman und seiner Arbeit – die er immer als ein *Feuer vom Himmel* nannte – gesprochen hatte.* Auf

* Im hohen Alter schöpfte Don Luigi Sturzo Hoffnung aus dem, was er über die Arbeit der MRA erfuhr. Als er hörte, wie Irène und Victor Laure ihren Glauben an Gott gefunden hatten, sagte er: „Ich danke Gott dafür, daß ich im Kampf um die moralische Aufrüstung der Welt Mitstreiter gefunden habe." Sein letztes Buch hieß: *Riarmo morale*.

Bitten von Kardinal Tisserant bereitete Buchman ein Dokument über seine Arbeit vor und lud etliche Bischöfe zu sich ein; Erzbischof Gregorius brachte neueste Nachrichten aus Kerala. Eines Nachmittags besuchte ihn Pater Damboriena, der Mann, der 1957 die Artikel in der *Civiltà Cattolica* und im *Monitor Ecclesiasticus* geschrieben hatte, durch die jene eher phantasievollen Mißverständnisse über Buchmans Arbeit verbreitet worden waren.

Das ganze Jahr hindurch zeigte Buchman eine große innere Eile und Dringlichkeit. Ursache waren zum Teil die Fortschritte, die seiner Ansicht nach der weltweite Kommunismus machte – obgleich er seinen Mitarbeitern erklärte, daß sie noch zu ihren Lebzeiten den Zusammenbruch des Kommunismus miterleben würden. Vor allem in den Vereinigten Staaten, wo viele Menschen sich mit der Beteuerung, sie seien gegen den Kommunismus, um eine ehrliche Erkenntnis der eigenen Sünden drücken wollten, verbot er seiner Mannschaft, auch nur das Wort „Kommunismus" zu erwähnen. Er hielt immer daran fest, daß die Botschaft der Moralischen Aufrüstung auch dann gelte, wenn es nie einen Kommunismus gegeben hätte, und daß sie auch dann noch nötig wäre, wenn er vom Erdboden verschwunden sein würde. Deswegen machte er sich jetzt um die zunehmende Dekadenz in zahlreichen Ländern, vor allem um die Dekadenz in deren Führungsschicht Sorgen.

Das Gefühl der Dringlichkeit veranlaßte ihn im Laufe des Sommers zu drei größeren Veröffentlichungen. Sie erschienen in Dutzenden von Zeitungen in der ganzen Welt als ganzseitige Anzeigen. Zornig kämpfte er auf diese Weise gegen das, was er als Presseboykott ansah; es schien ihm nur dieser Weg offen zu bleiben, um den Menschen seine Botschaft zu bringen.

Die erste von Buchmans drei Erklärungen im April 1961 trug die Überschrift *Alle moralischen Schranken sind gefallen.* Das Stichwort zu diesem Gedanken hatte ihm ein Gespräch mit Sir Richard Livingstone gegeben, der einmal Rektor der Universität Oxford gewesen war. „Als Sie und ich jung waren, gab es moralische Schranken", hatte Livingstone zu ihm gesagt. „Wir haben sie nicht immer eingehalten, aber wir waren uns immer bewußt, wenn wir sie überschritten hatten. Heute sind alle Schranken gefallen." In seiner Erklärung führte Buchman anhand von lebendigen Beispielen aus, wie Menschen in der ganzen Welt begonnen hatten, die moralischen Fundamente in ihren Ländern wieder zu errichten, indem sie bei sich selbst damit anfingen. Er schloß mit dem Zitat eines amerikanischen Admirals, der seinen zynischen Kollegen auf die Frage, weshalb er dreimal an Konferenzen der

Moralischen Aufrüstung teilgenommen habe, antwortete: „Ich lernte dort, was eine Ideologie bedeutet – nämlich das zu tun, was wir längst hätten tun sollen; es immer zu tun – den ganzen Tag lang, jeden Tag und bis zum Ende unseres Lebens."

Der Text *Fester Fels oder treibender Sand* erschien im Mai; er informierte über eine Anzahl weitgestreuter Initiativen und Kampagnen in vielen Ländern Lateinamerikas, Afrikas und Asiens und schloß mit seiner eigenen Aufforderung: „Die Welt steht auf Messers Schneide. Wir müssen alles einsetzen, um unsere Nationen zu retten."

Am 4. Juni 1961 schickte er seine letzte Botschaft um die Welt – Autobiographie und Testament in einem. Der Titel: *Die Tapferen entscheiden.* Buchman schloß mit den Worten: „Dies ist das Wort eines Mannes an seinem 83. Geburtstag, der im Laufe eines langen Lebens in aller Welt Menschen kennen und verstehen lernte, der die Entwicklung von zwei Ideologien und die Zerstörungen von zwei Weltkriegen miterlebte, den Rückzug der Freiheit und jetzt den Vormarsch einer mächtigen Antwort . . . Es gibt keine Neutralität im Kampf zwischen Gut und Böse. Keine Nation kann auf billige Weise gerettet werden. Es wird die besten Kräfte in unserem eigenen Leben und die Besten aus unseren Nationen brauchen, wenn wir die Menschheit retten wollen. Wenn wir uns ganz für Gott einsetzen, werden wir gewinnen."[4]

Buchman dachte bei dieser Herausforderung nicht nur an die Welt im allgemeinen, sondern auch an sich selbst und seine engsten Freunde. „Ich sehe den Scheideweg, an dem wir angekommen sind – einzeln und als Mannschaft", schrieb er an zwei seiner Freunde. „Wir erleben einen verzweifelten Augenblick in der Weltgeschichte. Wir können nicht weiterleben wie bisher."[5] Das ungute Gefühl, das er während der letzten Jahre in bezug auf einige seiner ältesten und treuesten Freunde gehabt hatte, erreichte einen Höhepunkt. Es quälte ihn, daß er – seiner eigenen Meinung nach – versagt hatte, ihnen die Tiefe seiner eigenen Christus-Erfahrung zu vermitteln. Würden sie die Zukunft ohne ihn in Angriff nehmen können? Lang würde er nicht mehr bei ihnen sein.

Besonders unglücklich war er zu diesem Zeitpunkt über seine amerikanischen Mitarbeiter, obgleich es genau so gut die englischen, die Schweizer Freunde oder andere hätten sein können. „Wie schrecklich haben sie Gottes Wahrheit verfehlt, diese Amerikaner, die mein Augapfel gewesen sind", diktierte er am frühen Morgen des 18. Juli. „Ich empfand dies heute morgen so stark, daß ich hoffte, ich könnte es euch selbst sagen, aber ich bin müde." Er bat Peter Howard, diese Worte auf einer Zusammenkunft all seiner amerikanischen Mitarbeiter in Caux am Nachmittag vorzulesen. „Aber Gott gibt nicht auf", fuhr er fort, „und alle, die die Wahrheit kennen, werden durch sie frei gemacht. Dies ist mein tiefster Wunsch für euch alle."

Zusammenkünfte ähnlicher Art fanden einen Monat lang jeden Nachmittag in Caux statt. Garrett Stearly schreibt, daß sie „ein angestrengter Versuch waren, seinen engsten Mitarbeitern auf jede nur mögliche Weise eine tiefere und befreiendere Erfahrung der Kraft des Heiligen Geistes zu vermitteln. Buchman zeigte sich äußerst unzufrieden mit der Qualität unserer Führung. Wir versuchten ihn nachzuahmen, meinte er, anstatt uns von Gott führen zu lassen. Wir benahmen uns wie Mitglieder einer Bewegung, gefangen in einer ideologischen Form, anstatt die Freiheit zu nutzen, die neuen Wege des Geistes zu entdecken . . . Täglich bemühte er sich, in uns die innere Erfahrung Jesu Christi, die er in der Vergangenheit in uns gesehen hatte, zu neuem Leben zu erwecken."

An Buchmans Ziel war nichts auszusetzen, doch ist es zweifelhaft, ob die täglichen Zusammenkünfte die wirksamste Methode darstellten, es zu erreichen. Buchman war nämlich oft zu schwach, um selbst anwesend zu sein, und mußte deshalb seine Gedanken und seine Kritik durch andere weitergeben lassen. Manches wurde ungenau, anderes mißverständlich weitergegeben. Viele seiner alten Freunde waren bestürzt. Wenn sie ihn aber persönlich zu Gesicht bekamen, war er so hilfreich wie je zuvor. Das Ehepaar Stearly gehörte zu jenen, die zu ihm gingen und sich mit ihm aussprachen. Sie erzählten ihm auch, was dazu geführt hatte, daß ihre geistige Wirksamkeit erlahmt war: „Sofort war eine lebendige Zuneigung wieder da." Andere versuchten es auch, aber er war zu schwach, um mit ihnen sprechen zu können.

Unterdessen ging die große Konferenz in unverminderter Zügigkeit weiter. Mitte Juli waren sechs buddhistische Äbte nach Burma zurückgeflogen. Sie waren von der Konferenz der Äbte Burmas geschickt worden, um einem Mann, wie er, nach ihren Worten „nur einmal in tausend Jahren" auf diese Welt kommt, zum Geburtstag zu gratulieren. Ein Sonderflugzeug brachte Gäste aus Lateinamerika, und 129 Mitarbeiter flogen mit ihnen zurück, um die dortige Kampagne zu verstärken. Es kamen Delegationen von Laos und von Kenia und Sonderflugzeuge und Züge aus ganz Europa. Durch ein Telegramm hatte Premierminister Kishi, gemeinsam mit anderen, die an verantwortlicher Stelle im öffentlichen Leben Japans standen, angekündigt, „in diesem Jahr in Odawara ein MRA-Zentrum für Asien zu gründen, wo Staatsmänner von Ost und West sich begegnen und gemeinsam eine Strategie zur Rettung unserer Kontinente entwickeln können".[6] Kishi und Premierminister U Nu von Burma meldeten sich beide für August in Caux an.

Buchman war fast den ganzen Sommer hindurch gezwungen, im Bett zu bleiben. Nur stundenweise konnte er sein Zimmer verlassen, um seine Gäste zu empfangen. Er wachte jedoch an jedem Morgen früh auf und plante für sie oder besprach mit seinen Kollegen die Nachrichten aus aller Welt und traf Entscheidungen für bestimmte Aktionen. Er ließ sich immer – morgens und abends – die Bibel vorlesen. „Ich bin ein altes Pferd", sagte er einmal fröhlich seinen Gästen, „mit mir ist nicht mehr viel anzufangen. Meine rechte Seite ist gelähmt, man kann mich nicht mehr allein lassen. Es muß immer jemand auf mich aufpassen – eine schreckliche Sache. Aber ich mache weiter!"

Ende Juli merkte er, daß er sich von Caux etwas erholen müsse. Zweifellos war das, was er als seine erfolglosen Bemühungen um seine Amerikaner ansah, eine große Belastung für ihn. Zu Campbell sagte er: „Wir müssen diese Leute hier lassen und uns an einen Ort zurückziehen, wo wir überlegen können, was als Nächstes zu tun ist." Jemand anderem sagte er: „Vielleicht bin ich an dem Punkt angekommen, an dem ich der Gruppe nicht mehr nützlich sein kann." Gleichzeitig wandte er der Planung für den Besuch von Kishi und U Nu sein Hauptaugenmerk zu. Irène Laure, die ihn mehrfach aufsuchte, beurteilte ihn geistig so klar und vorausschauend wie je zuvor.

Am 22. Juli schrieb er an Maria Luz, der Tochter des Inhabers des Hotels Waldlust in Freudenstadt, wo er vor 33 Jahren zum ersten Mal gewohnt hatte: „Mein Herz hat Sehnsucht nach Freudenstadt. Ich habe vor, Sie in Kürze zu besuchen. Ich wäre dankbar für ein Zimmer mit der wunderbaren Aussicht, die man von Ihrem Hotel aus genießt, weil ich den ganzen Tag ruhen muß, und jemand muß in Rufnähe im Nachbarzimmer sein können. Ich freue mich sehr, bald bei Ihnen zu sein."

An seinem letzten Morgen in Caux lud er eine Anzahl Freunde in sein Wohnzimmer ein. Einem anderen Freund hinterließ er einen Brief: „Ich fahre weg, bin erschöpft und muß mich ausruhen. Doch ist Gott sehr gut zu mir gewesen. ich würde Dich gern um 14.45 Uhr sehen, um Aufwiedersehen zu sagen."

Neben ihm auf dem Tisch stand eine Vase voll Rosen und jedem, der kam, überreichte er eine. Zum Abschied ermutigte er alle in ihrer Arbeit: Muriel Smith und Ann Buckles; eine Schweizerin, die für ihn gekocht hatte; zwei Freunde, die eben aus Amerika angekommen waren; Peter und Doe Howard und ein Dutzend anderer, die mit ihm das tägliche Programm für die tausend Gäste in Caux gestaltet hatten. Dann fuhr er, pünktlich wie immer, nach Freudenstadt.

Der weite Blick über die Berge, der würzige Duft der Tannenwälder, das Bewußtsein, daß eine führende Hand ihn nach Freudenstadt zurückgebracht hatte, zeigten ihre positive Wirkung. Früh am zweiten Morgen hatte er den Gedanken: „Hier gab dir Gott zum ersten Mal einen Blick für die Probleme der Welt. Er wird dich auf mächtige Weise gebrauchen. Aber erst mußt du gesund werden."

Zwei Tage war Ruhe, am dritten Tag kam schon der erste Gast. Es war Prinz Richard von Hessen auf der Durchreise nach Caux. An dem Morgen war Buchman schon um drei Uhr wach. Er hatte Paul Campbell seine Gedanken diktiert: „Hier hat Gott schon einmal zu dir gesprochen. Er wird wieder sprechen. Mach dies zum Zentrum für deine Weltarbeit. Hier wirst du dein Leben niederlegen und sterben. Du hast eine weite Aussicht von hier aus. Ganz Deutschland wird sich erheben. Die Pläne für den Winter werden sich entwickeln. Drei Tage lang wirst du noch warten. Prinz Richard wird helfen. Der *Frank Buchmanweg* wird von Menschen aus der ganzen Welt begangen werden, sie werden in Scharen hierherkommen."

Der *Frank Buchmanweg* war der schöne Weg, der vom Hotel Waldlust in den Wald führte. Hier war er 1938 gegangen, als ihm der Gedanke von der Notwendigkeit einer „moralischen und geistigen Aufrüstung aller Völker" gekommen war. Am 17. April 1956 war der Weg vom Bürgermeister von Freudenstadt offziell nach ihm benannt worden.* Am 4. August, einem herrlichen Sommertag, wurde Buchman in seinem Rollstuhl den ganzen *Frank Buchmanweg* entlang gefahren. Müde und glücklich kehrte er in sein Zimmer zurück. Am nächsten Tag arbeitete er an der Formulierung einer Botschaft für Caux, in der er besonders an Premierminister Kishis Besuch dachte. Am Sonntag, den 6. August war es ihm ein dringendes Anliegen, Kishi ein Telegramm mit einer großen Perspektive für seinen Europaaufenthalt zu senden. Über Telefon wurde das Telegramm mit Howard in Caux besprochen und abgeschickt. Buchman war zufrieden, aber müde. „Wie geht es meinen Amerikanern?" war seine letzte Frage. Der Gedanke, daß er in Freudenstadt sterben könne, hatte weder ihn noch seine Begleiter beschwert. Es gab keine Anzeichen für akute Gefahr. Doch gegen 14 Uhr hatte Buchman plötzlich starke Schmerzen in der Brust. Es stellte sich heraus, daß der Herzspezialist des Ortes, der sofort kam, nur wenige Tage zuvor während seiner Ferien Caux besucht hatte. Er erleichterte die Schmerzen. Von Zeit zu Zeit wurde Buchman bewußt-

---

* Am 19. Mai 1990 wurde in Anwesenheit von Oberbürgermeister Hans Pfeifer auf dem Frank Buchmanweg ein Gedenkstein in Erinnerung an Buchman enthüllt.

los. Aber jedesmal, wenn er wieder zu sich kam, wollte er wissen, ob Neuigkeiten hereingekommen waren, die seine Arbeit betrafen. Das war auch seine erste Frage am Morgen darauf, nach einer ruhelosen Nacht. Am Nachmittag wiederholte sich der Herzanfall und die Diagnose des Arztes lautete „Sehr ernst". Freunde in der ganzen Welt wurden benachrichtigt. Prinz Richard kam von Schloß Kronberg, Howard von Caux.

Während Buchman zwischen Leben und Tod schwebte, wurden ihm seine Lieblingsstellen aus der Bibel vorgelesen. Als Prinz Richard den 23. Psalm las, erkannte ihn Buchman an der Stimme und lächelte. Kurz darauf glitt er in tiefe Bewußtlosigkeit. Um 21.45 Uhr an diesem Abend tat er den letzten Atemzug – es klang wie ein Seufzer.

Im Hotel herrschte Betroffenheit und Trauer, wie auch unter seinen Freunden in aller Welt. Die Familie Luz, die Hotelangestellten und Freunde aus der Stadt brachten Rosen und Gartensträuße zum letzten Lebewohl. Das Stubenmädchen, das Buchmans Zimmer besorgt hatte, kniete weinend an seinem Bett und erzählte von einem kurzen Gespräch mit ihm, das ihr Leben verändert hatte.

Am Freitag, den 11. August gedachte ganz Freudenstadt Frank Buchmans. Hunderte von Gästen aus aller Welt kamen, unter ihnen Vertreter der Bundes- und der Landesregierung sowie die Bergleute aus dem Ruhrgebiet, die in ihren schwarzen Bergmannsuniformen eine Ehrenwache um den Sarg bildeten. Der Sarg war in der Stadtkirche unter einem Kruzifix aus dem 14. Jahrhundert aufgebahrt. Die Menschen strömten am Morgen zum Trauergottesdienst in die Kirche und am Nachmittag zur offiziellen Trauerfeier in den Kursaal. Als es Abend wurde, gingen viele den *Frank Buchmanweg* entlang.*

Am letzten Morgen seines Lebens, als sich Buchman schon wie „zwischen zwei Welten" befand, gelang es ihm, in einer halben Stunde – unterbrochen von Schmerzanfällen – zu sagen: „Ich wünsche mir ein England, von Menschen geführt, die sich von Gott führen lassen. Ich wünsche mir eine Welt, die von Menschen regiert wird, die sich von Gott regieren lassen. Warum lassen wir Gott nicht die ganze Welt regieren?"

---

* Frank Buchmans Beisetzung fand einige Tage später in Allentown, Pennsylvania, statt, wo er im Familiengrab der Buchmans beerdigt wurde.

QUELLENNACHWEISE

In der folgenden Aufstellung der Quellen beziehen sich zahlreiche Hinweise auf Buchman und zwar auf die deutsche Version seiner Reden „Für eine Neue Welt" (Caux Verlag 1961). Zitate, die nicht aus gedruckten Quellen stammen, wurden von Buchmans Freunden im Laufe der Ereignisse oder auch nach Buchmans Tod notiert.

Dr. Morris Martin, der während der letzten 25 Jahre Buchmans dessen persönlicher Sekretär war, hat mir mehrere Entwürfe einer nicht veröffentlichten Biographie zur Verfügung gestellt. Außerdem konnte ich Einsicht nehmen in Dr. Martins private Tagebücher aus wichtigen Jahren und in verschiedene Berichte über besondere Reisen und Ereignisse. Diese Hinweise bezeichnete ich mit „Martin MS", Martins Tagebücher oder Martins Berichte.

Abgesehen von den verschiedenen Büchern und nicht veröffentlichten Autobiographien sind die anderen wichtigen Quellen Interviews mit Persönlichkeiten, die Frank Buchman kannten. Sie wurden von Ailsa Hamilton, Graham Turner, Pierre Spoerri und vom Autor selbst durchgeführt.

Kapitel 1:

1 Josef Klaus, *Macht und Ohnmacht in Österreich* (Verlag Fritz Molden, Wien 1971), S. 461.

Kapitel 2:

1 Das Stadtarchiv von St. Gallen teilte dem Verfasser am 25. 5. 1983 mit: „Obwohl der Name Buchman zweimal verzeichnet ist und obwohl beide Familien Bürger von Bischofszell waren, können wir nicht feststellen, ob die beiden Familien wirklich miteinander verwandt waren. Die Nachfahren von Bibliander, die den Familiennamen beibehielten, sind seit dem Ende des 16. Jahrhunderts nicht mehr zu finden."
2 Der Name tritt in verschiedenen Schreibweisen auf – Greenwald, Greenawalt, Greenwalt. Buchman benutzte immer die letzte Schreibweise.
3 William F. Day, Sellersville, Pennsylvania, Notiz vom 4. 8. 1927.
4 William F. Day.
5 Francis Bacon, *Essays,* VIII, „Of Marriage and Single Life" (Everyman's Library) S. 22.

Kapitel 3:

1 Buchman an seine Mutter, 30. 10. 1899.
2 Buchman an seine Mutter, 4. 3. 1900.
3 Buchman an seine Mutter, 30. 10. 1899.
4 Buchman an seine Mutter, (ohne Datum), Anfang November 1899.
5 Buchman an seine Mutter, September und Oktober 1899.
6 Buchman an seine Mutter, 12. 11. 1899.
7 Buchman an seine Mutter, 25. 1. 1901.
8 Buchman an seine Mutter, ohne Datum.
9 Buchman an seine Eltern, (ohne Datum), Anfang 1901.

10 Buchman an seine Eltern, (ohne Datum), November 1901.
11 Buchman an seine Eltern, 1. und 6. 7. 1901.
12 A. J. Russell, *For Sinners Only* (Hodder & Stoughton 1932), S. 148/150.
13 Buchman an seine Eltern, 15. 10. 1902.
14 ebd.
15 Interview mit Buchman in *Daily Item*, Allentown, 7. 20. 1906.
16 Brief an Buchman, Philadelphia, vom 2. 6. 1905, von der Direktion der Gesellschaft für Innere Mission der Evangelisch-Lutherischen Kirche, unterzeichnet vom Präsidenten und vom englischen und deutschen Sekretär.
17 Martin MS.
18 Rev. John D. Woodcock, *Some early recollections of Frank Buchman* (unveröffentlicht), S. 2.
19 *Daily Item*, Allentown, 7. 2. 1906.
20 Buchman an die Gesellschaft für Innere Mission der Evangelisch-Lutherischen Kirche, 8. 10. 1907.
21 Woodcock, a.a.O., S. 2.
22 Buchman an seine Eltern, Juni 1907.

Kapitel 4:
1 Buchman an Prinz Richard von Hessen, Juli 1961.
2 Aus dem Buch *Nur für Sünder* von A. J. Russell und nach Buchmans eigener mündlicher Darstellung in Gegenwart des Autors.
3 Buchman an J. F. Ohl, 27. 7. 1908.
4 Mrs. Buchman an Buchman, 7. 8. 1908.
5 John Woodcock an Buchman, 3. 6. 1958.

Kapitel 5:
1 Woodcock, a.a.O., S. 2.
2 Mrs. Buchman an Buchman, 23. 2. 1909.
3 Robert Reed, *North American Student*, April 1914.
4 Buchman an Dan Buchman, 29. 3. 1909.
5 Ein detaillierter Bericht über diese Ereignisse stammt von Buchman selbst. Siehe Buchman, S. 403/421.
6 Fred Lewis Pattee, *Recollections*, (unveröffentlicht).
7 Buchman an H. W. Mitchell, Direktor des YMCA, zusammen mit seinen Jahresberichten von 1912 und 1913.
8 Edwin Sparks an Buchman, Februar/März 1912.
9 Buchman an Sparks. Entwurf, auf Briefpapier des Canton Christian College (ohne Datum). Es ist nicht bekannt, ob dieser Brief je abgeschickt wurde.
10 Martin MS.
11 Buchman an Morgan Noyes, 19. 10. 1916.
12 Blair Buck an Herman Hagedorn, 9. 12. 1933.

Kapitel 6:
1 *Chinese Recorder*, August 1916.
2 Buchman an E. C. Carter, 9. 11. 1915.
3 Buchman an J. R. Mott, 10. 11. 1915.
4 Buchman an Sherwood Eddy, 27. 3. 1917.
5 K. T. Paul an E. C. Carter, Datum unbekannt. Ein damit zusammenhängender Brief von Carter an Buchman datiert vom 16. 8. 1915.

6 Theophil Spoerri, *Dynamik aus der Stille* (Caux Verlag, Luzern 1971) S. 43.
7 Bischof Pakenham-Walsh an Buchman, 3. 7. 1916.
8 Russell, a.a.O., S. 76/81.
9 Buchman an Sherwood Eddy, Anfang 1917.
10 Buchman in Kuling, Juli 1918.
11 Notizen von Edward Perry über Buchmans Vorlesungen am Hartford Theological Seminary, November 1921 bis März 1922.
12 Howard Walter an Buchman, 26. 12. 1916.
13 Buchman an Douglas Mackenzie, Februar 1917.
14 George Paloczi-Horvath, *Emperor of the Blue Ants* (Secker & Warburg, 1962), S. 49.
15 Buchman an Dan, 27. 9. 1917.
16 Sherwood Day, Memorandum von 1933.
17 Howard Walter an Sherwood Eddy, 4. 10. 1917.
18 Russel, a.a.O., S. 70/75.
19 Buchman in Kuling, August 1918.
20 Irving Harris, *The Breeze of the Spirit* (Seabury Press, 1978), S. 2/6.
21 R. S. Sun (auf Weisung von Sun Jat-sen) an Buchman, 1. 3. 1918.
22 Hsu Tsch'ien an Buchman, 29. 4. 1918.
23 ebd.
24 Emily Hahn, *The Soong Sisters* (Cedric Chivers, 1974), S. 82/3.
25 Sherwood Eddy an K. T. Paul (Martin MS., April 1918).

Kapitel 7:
1 Buchman an E. G. Tewksbury, 21. 6. 1918.
2 Buchman an Harry Blackstone, 25. 4. 1918.
3 Buchman an E. G. Tewksbury, 18. 7. 1918.
4 Buchman an Mrs. Harry Blackstone, 6. 8. 1918.
5 Zitate, die von Buchman und anderen Teilnehmern in Kuling stammen, wurden während der Versammlungen mitgeschrieben.
6 Buchman an Bischof Logan Roots, 16. 8. 1918.
7 Die Stellungnahmen, die in diesem Abschnitt zitiert werden, entstammen einem Brief von Mrs. Adams an Buchman, 23. 8. 1918.
8 Harry Blackstone an Bischof Roots, 24. 8. 1918.
9 Aus einer unveröffentlichten Notiz von Frances Roots Hadden.
10 Bischof Roots an Harry Blackstone, 30. 8. 1918
11 Buchman an Harry Blackstone, 12. 9. 1918.
12 Harry Blackstone an Buchman, 30. 8. 1918.
13 Martin MS.
14 Die Briefe von Buchman an E. G. Tewksbury und Ruth Paxson lagen dem Brief an Harry Blackstone vom 12. 9. 1918 bei.
15 Buchman an Howard Walter, 12. 9. 1918.
16 Buchman an Howard Walter, 1. 10. 1918.
17 Buchman an Bischof Roots, 8. 10. 1918.
18 Buchman an Harry Blackstone, 18. 10. 1918.
19 Mrs. Buchman an Buchman, 17. 12. 1918.
20 Mrs. Buchman an Buchman, 27. 6. 1918.
21 Laura E. Heiner an Buchman, 17. 8. 1918.
22 Mrs. Buchman an Buchman, 17. 8. 1918.
23 Buchman an seine Mutter, 23. 8. 1918.

24 Buchman an seine Mutter, 10. 9. 1918.
25 Harry Blackstone an Buchman, angekündigt in Brief vom 1. 10. 1924, bestätigt in Brief von Maxwell Chaplin an Buchman, 20. 4. 1924.
26 Buchman an Harry Blackstone, 3. 4. 1924.
27 Bischof Roots an Buchman, 20. 12. 1942.
28 Hsu Tsch'ien an Buchman, 26. 2. 1920.
29 Holly Hsu an Frances Roots Hadden (Hadden MS).
30 Arthur Holcome, *The Spirit of the Chinese Revolution*, The Lowell Institute Lectures 1930 (Knopf), S. 87 ff.
31 Buchman an Douglas Mackenzie, 21. 5. 1919.
32 Buchman an Sherwood Day, 21. 4. 1919.

Kapitel 8:

1 Henry B. Wright, *The Will of God and a Man's Lifework* (YMCA Press, 1909).
2 Auszüge aus mitstenografierten Vorträgen Buchmans in Kuling.
3 Robert E. Speer, *The Principles of Jesus* (Fleming Revell, 1902) S. 35/6.
4 Wright, a.a.O., S. 173. Wright gab folgende Quellen an für diese Maßstäbe: Reinheit – Matthäus 5, 27–32; Ehrlichkeit – Johannes 8, 44–46; Selbstlosigkeit – Lukas 14, 33; Liebe – Johannes 15, 12 (S. 169).
5 William Ernst Hocking, *The Coming World Civilization* (George Allen & Unwin, 1958), S. 166/7.
6 Thomas à Kempis, *Nachfolge Christi*, 1. Buch, Kapitel 13, Absatz 5.
7 Buchman an Pfarrer T. S. Hughes, 2. 7. 1918.
8 Buchman an Shoemaker, 28. 9. 1918.
9 Paul Johnson, *A History of the Modern World from 1917 to the 1980s* (Weidenfeld and Nicolson, 1982) S. 4.

Kapitel 9:

1 Buchman an John R. Mott, Juli 1919.
2 Alistair Cooke, *Amerika* (BBC, 1973). S. 305.
3 Loudon Hamilton, unveröffentlichtes MS.
4 Siehe Henry P. Van Dusen, *Apostle to the Twentieth Century*, in *Atlantic Monthly*, Juli 1934, S. 1/2.
5 Ray Foote Purdy, unveröffentlichtes MS, in dem festgehalten ist, daß die Bewegung „The Interchurch World Movement" genannt werden sollte.
6 Von Dusen, *Atlantic Monthly*, Juli 1934, S. 1/2.
7 Prinz Richard von Hessen, *Erinnerungen an Dr. Frank Buchman*, Februar 1958 (unveröffentlicht).
8 Buchman an einen unbekannten Studenten in Yale, 19. 8. 1920.
9 Buchman an seine Mutter, 8. 3. 1921.
10 Buchman an Angélique Contostavlos, 24. 3. 1921.
11 Katharine Makower, *Follow My Leader*, eine Biographie von Murray Webb-Peploe (Kingsway 1984), S. 59.
12 Buchman an seine Mutter, 5. 5. 1921.
13 Robert Collis, *The Silver Fleece*, (Nelson, 1936), S. 107.
14 Collis a.a.O., S. 108/110.

Kapitel 10:

1 Buchman an Mrs. J. Finlay Shephard, 3. 11. 1922.
2 Buchman an Shoemaker, Oktober/November 1923.

3 Shoemaker an Buchman, 16. 3. 1922.
4 Buchman an Shoemaker, 26. 4. 1920.
5 Buchman an Alexander Smith, 26. 1. 1928.
6 Buchman an Charles Haines, 25. 1. 1922.
7 Shoemaker an Buchman, 5. 5. 1922.
8 Bericht, der von Rev. A. C. Zabriski am 20. 4. 1926 in Pittsburgh an Rev. Percy G. Kammerer weitergegeben wurde. Zabriski sagte, die Tatsachen seien ihm von Irving Harris, dem früheren Herausgeber des *Princeton Alumni Weekly*, mitgeteilt worden.
9 Harold Begbie, *Life Changers* (Mills and Boon, 1923), S. VII.
10 Begbie, a.a.O., S. 15/16.
11 Buchman an seine Mutter, 28. 5. 1924.
12 Mrs. Buchman an Buchman, 9. 6. 1924.
13 Buchman an Mrs. J. Finlay Shepard, 9. 5. 1924.
14 Pastor George Moissides, März 1958 (American Academy, Larnaca, Zypern).
15 Buchman an Maharadscha von Gwalior, 26. 3. 1925.
16 Rundbrief von Buchman, Singapur, 12. 10. 1925.
17 Buchman an seine Mutter, 22. 4. 1903.
18 Buchman an den Bischof von Beirut, 15. 8. 1960.
19 Buchman an „WRYDRUDGE NEW YORK", Oktober 1926.

Kapitel 11:
1 Martin MS. Zu den Unterzeichnern gehörten Sherwood Eddy, der Studentenseelsorger der Universität Harvard und Mitglieder der Fakultäten des Union und des General Theological Seminary.
2 *New York Herald Tribune*, 29. 10. 1926.
3 *Time Magazine*, 1. 11. 1926.
4 *New York-American*, 30. 10. 1926.
5 *Time Magazine*, 1. 11. 1926, zitiert in Ernest Gordon, *The Princeton Group*.
6 Bericht an Präsident Hibben des Komitees, das die Aktivitäten der Philadelphia-Gesellschaft untersuchen sollte, 31. 12. 1926.
7 Dr. George Stewart Jr. an Ray Purdy, 15. 1. 1927.
8 Buchman an Purdy, 17. 1. 1927.
9 *Princeton History*, 1977, S. 39.
10 *Time Magazine*, 18. 7. 1927.
11 *Princeton Alumni Weekly*, 22. 9. 1961.
12 Hannah Pakula, *The Last Romantic* (Weidenfeld and Nicolson, 1985) S. 345 ff.
13 Buchman an Königin Marie von Rumänien, 15. 4. 1927.
14 Buchman an Dr. George Stewart Jr., 3. 12. 1926.
15 Van Dusen, *Atlantic Monthly*, Juli 1934.

Kapitel 12:
1 Jetziger Name: Eleanor Newton.
2 *Daily Express*, 28. 2. 1928.
3 ebd., 1. 3. 1928.
4 Siehe James Lang, Brief 5 (XII 1928) und Brief 7 (IV 1930), S. 10/12.
5 *Church of England Newspaper*, 6. 12. 1927.
6 *Johannesburg Star*, 22. 8. 1929.
7 Hausparty in Bloemfontein, 28. 9.–8. 10. 1929.

8 Albert Luthuli, *Let My People Go* (Collins, 1962), S. 42.
9 *The New Witness*, Montreal, 25. 8. 1936.
10 *British Weekly*, 6. 7. 1932.

Kapitel 13:
1 Duke of Windsor, *A King's Story* (Cassell, 1951), S. 226/7.
2 Buchman an Baronin von Wassenaer (Martin MS).
3 Willard Hunter, unveröffentlichtes MS, 1978.
4 Faltblatt, herausgegeben von AA World Services, Inc., 1972.
5 *Alcoholics Anonymous Comes of Age* (AA World Services 1957), S. 39.
6 *Plain Talk about Mutual Help Groups*, herausgegeben vom National Institute of Mental Health.
7 *The Times*, 10. 6. 1985.
8 Notizen von Willard Hunter über eine Vorlesung von Howard Clinebell; ebenso Dr. George Wilson, Kogarah Bay, New South Wales, in einem Gespräch mit dem Autor.

Kapitel 14:
1 Cecil Day Lewis, *The Buried Day* (Chatto and Windus, 1960), S. 208/11.
2 James McGibbon, *Sunday Times*, 22. 7. 1984.
3 Neal Wood, *Communism and British Intellectuals* (Gollancz, 1959), S. 31.
4 Arthur Koestler, *The God that Failed* (Hamish Hamilton, 1930), S. 29/30.
5 Johannes 9.
6 Johannes 4, 7–12.
7 Apostelgeschichte 8, 26–39.
8 Jetziger Name: Margot Lean.
9 Buchman an Eleanor Forde, 17. 6. 1930.
10 ebenso, 27. 6. 1930.
11 *Oxford Mail*, 12. 7. 1934.

Kapitel 15:
1 Sir Angus Wilson, *Rudyard Kipling* (Secker and Warburg 1977), S. 200.
2 *Frank Buchman – Eighty*, S. 153/7.
3 Buchman an Eleanor Forde, 1. 7. 1925.
4 ebenso, ohne Datum.
5 Roger Hicks, unveröffentlichtes MS.
6 Jetziger Name: Stella Belden.
7 Russell, a.a.O., S. 163.
8 John Wesley, bei einer Konferenz, 1766, zitiert in Garth Lean, *Strangely Warmed* (Tyndale House, Wheaton 1980), S. 119/20.
9 Valdemar Hvidt an den Autor, 1982.
10 Buchman an H. Alexander Smith, 1. 4. 1927.

Kapitel 16:
1 *The Times*, 16. 8. 1961.
2 Erzbischof Söderblom an Buchman, 10. 2. 1931.
3 Telegramm von Erzbischof Söderblom an Buchman, 20. 5. 1931.
4 Owen Chadwick, *Hensley Henson* (Chaucer Press, 1983), S. 213.
5 Hensley Henson, *The Group Movement* (Oxford University Press, 1933) S. 44/5.

6 *Sunday Dispatch*, 24. 9. 1933.
7 ebd., 8. 10. 1933.
8 *Evening Standard*, 8. 12. 1933.
9 *Church of England Newspaper*, 26. 1. 1934.
10 Pressenotiz, veröffentlicht in *Moral Re-Armament* (verlegt von H. W. Austin, Heinemann 1938), S. 58/9.
11 George Light, unveröffentlichtes MS, 11. 2. 1946.

Kapitel 17:

1 *Harper's*, August 1932.
2 William Gilliland an Buchman, 23. 5. 1932.
3 Jetziger Name. Ruth Lamond.
4 *Ottawa Evening Citizen*, 15. 11. 1932.
5 *Church of England Newspaper*, 2. 12. 1932.
6 *Witness and Canadian Homestead*, 27. 6. 1934.
7 *Ottawa Evening Citizen*, 16. 6. 1934.
8 siehe *Boston Evening Transcript*, 26. 1. 1935, Artikel von Albert Diefenbaker, Titel: „Die Bekehrung von Kanadas Premierminister".

Kapitel 18:

1 Moni von Cramon, Tagebücher (unveröffentlicht), S. 21/23. Frau von Cramon hielt ihre Erfahrungen, die in diesem und dem folgenden Kapitel zusammengefaßt sind, im Juni 1954 in zwei Niederschriften fest.
2 ebd.
3 ebd.
4 ebd.
5 Buchman an Mrs. William H. Woolverton, 23. 9. 1920.
6 Buchman an Miss Angélique Contostavlos, 22. 9. 1923. Der erwähnte Arzt war wahrscheinlich Dr. Schäfer aus Bad Homburg.
7 Prof. D. Adolf Allwohn, *Zum Gedenken an Justus Ferdinand Laun, 1899–1963* (Erinnerungsschrift 1963).
8 Rede in Passau, 27. 10. 1928, zitiert in Klaus Scholder, *Die Kirchen und das Dritte Reich* (Propyläen/Ullstein, Berlin 1977), Band 1, S. 123.
9 Rundfunkrede vom 1. 2. 1933 (siehe Scholder, a.a.O., S. 281) und Regierungserklärung vom 23. 3. 1933 (zitiert in Kringels/Lemhöfer, *Katholische Kirche und NS-Staat*, Knecht Verlag, Frankfurt 1981, S. 19).
10 Hans Müller (Hrsg.), *Katholische Kirche und Nationalsozialismus* (DTV, München 1965), S. 165.
11 Karl Barth, *Eine Schweizer Stimme – 1938–1945*, (Rede vom 5. 12. 1938) (Evangelischer Verlag, Zollikon 1945), S. 319.
12 Ruth Bennett an Moni von Cramon, 18. 6. 1933.
13 Eberhard Bethge, *Dietrich Bonhoeffer – Theologe – Christ – Zeitgenosse* (Christian Kaiser Verlag, München 1967) S. 319.
14 Scholder, a.a.O., Band 1, S. 445.
15 ebd., S. 607.
16 *Church of England Newspaper*, 13. 10. 1933.
17 Cramon, a.a.O.
18 Gespräch mit Hans Stroh (März 1976), S. 6.
19 Scholder, a.a.O., Band 1, S. 676.
20 Bethge, a.a.O., S. 415.

21 Emil Brunner an Buchman, 21. 12. 1933.
22 Buchman an Emil Brunner, 23. 12. 1933.
23 *Morning Post*, 16. 1. 1934.
24 Herbert von Krumhaar an Buchman, 7. 1. 1934.
25 Hans Stroh (2. 3. 1976), S. 7.
26 *Tagebuchaufzeichnungen aus der Zeit des Kirchenkampfes*, herausgegeben von Theophil Wurm (Quell Verlag, Stuttgart 1951). Sowohl Bischof Wurm wie auch seine Gattin führten dieses Tagebuch. Über den geplanten Besuch in Berlin, siehe Klaus Scholder, a.a.O., Band II, S. 95/7.
27 Bethge, a.a.O., S. 456.
28 Tagebuchaufzeichnungen von Elisabeth Münch, 1931–1935. (Unveröffentlicht)
29 ebd.

Kapitel 19:
1 Trygve Bull, *Mot Dag av Erling Falk* (Cappelens Forlag, 1945).
2 Unveröffentlichter Bericht von Fredrik Ramm.
3 Victor Sparre, *The Flame in the Darkness* (Grosvenor, 1979), S. 116.
4 *Tidens Tegn*, 12. 11. 1934.
5 siehe Tore Stubberud, *Victor Sparre* (Aventura Forlag, 1984), S. 12.
6 *Tidens Tegn*, 24. 12. 1934.
7 *Stortingsforhandlingere*, 23. 1. 1935.
8 Bischof Arne Fjellbu, *En Biskop ser tilbake* (Gyldendal, 1960), S. 186.
9 Buchman, S. 33.
10 Einar Molland, *Church History from Hans Nielsen Hauge to Eivind Berggrav* (Gyldendal, 1986), S. 78/81.
11 Augenzeugenbericht eines Anwesenden an den Autor.
12 Molland, a.a.O., S. 86.
13 Augenzeugenbericht über den Vorgang, dargestellt von Mowinckel im Hause von Erling Wikborg und dem Autor von Svend Major berichtet.
14 *Kristeligt Dagbladet*, 2. 4. 1935.
15 Persönlicher Bericht an den Autor.
16 Karl F. Wislöff, *Norske Kirke Historie* (Lutherstiftelsen, Oslo 1966/71), Vol. III, S. 423.
17 C. A. R. Christensen, *Vart Folks Historie*, Vol. VIII (Aschehoug, 1961), S. 270.
18 Ramm, unveröffentlichtes MS.
19 Rundfunksendung vom 13. 1. 1935.
20 *Dagens Nyheder*, 14. 1. 1935.
21 *Berlingske Tidende*, 20. 8. 1935.
22 Englische Übersetzung des Artikels ohne Datumangabe.
23 *Dagens Nyheder*, April 1935.
24 *Dagens Nyheder*, 10. 6. 1935.
25 Für einen ausführlicheren Bericht siehe Emil Blytgen-Petersen, *Oxford i Danmark* (Haase, 1935).
26 *Extrabladet*, April 1936.
27 siehe Henrik S. Nissen und Hening Poulsen, *Pa Dansk Friebeds Grund* über Vermittlungsversuche zwischen Sozialdemokratie und Armee während der deutschen Besetzung.
28 Irene Gates an Buchman, 23. 10. 1943.
29 Im September 1940, wegen seines Aufsatzes über „Loyalität" in *Kirke og Kul-*

tur. Siehe auch Bjarne Hoye und Trygve Ager, *The Fight of the Norwegian Church against Nazism* (MacMillan, 1943), S. 15, 16, 51, 78.
30 *Everybody's Weekly,* 11. 12. 1944. Für einen Bericht über Ramms Zeit im Gefängnis, siehe Hiltgunt Zassenhaus, *Walls* (Coronet, 1977), S. 77/8, 123/131.
31 Bethge, a.a.O., S. 854/58.
32 Bestätigt in Interview von F. Goulding in *New World News,* Juni 1945. Siehe auch Christensen, a.a.O., S. 451.
33 Bericht von Ronald Chamberlain, MP, in *Everybody's Weekly,* 5. 9. 1946.

Kapitel 20:
1 Gespräch mit Hans Stroh (März 1976).
2 Hans Stroh, a.a.O.
3 Moni von Cramon, a.a.O.
4 ebd.
5 ebd.
6 *Bericht des Sicherheitsdienstes des Reichsführers SS und SD-Führers des SS-Oberabschnittes Nord-West* vom 20. 5. 1937. Ähnliche geheime Warnungen gegen „Unterwanderung" durch die Oxfordgruppe wurden am 3. 12. 1937 und 4. 3. 1938 erlassen.
7 *Ludendorffs Halbmonatsschrift,* München, 20. 2. 1936.
8 *Mitteilungen zur weltanschaulichen Lage,* Nr. 7/2. Jahr, 26. 2. 1936.
9 Brief der Bayerischen Politischen Polizei, 21. 7. 1936.
10 Alfred Rosenberg, *Protestantische Rompilger* (München 1937), S. 69.
11 *Flensborg Avis,* 2. 10. 1962.
12 Leitheft *Die Oxford- oder Gruppenbewegung* (Sicherheitshauptamt, November 1936) Numeriertes Exemplar No. 1 (Document Center, Berlin).
13 *New York World-Telegram,* 25.08.1936.
14 Willard Hunter, unveröffentlichtes MS., S. 29/33.
15 Tagebuch von Morris Martin, 7. 3. 1940.
16 *Daily Express,* 17. 9. 1936.
17 *The Times,* 7. 11. 1938.
18 *Sicherheitsdienst des RFSS,* Oberabschnitt Süd-West, Stuttgart, 18. 7. 1937.
19 *Deutscher Reichsanzeiger und Preußischer Staatsanzeiger,* 12. 3. 1938.
20 *Die Oxford-Gruppenbewegung* (Reichssicherheitshauptamt 1942), (Exemplare im Document Center, Berlin und im Staatsarchiv Koblenz) S. 124/5.
21 *Heeresverordnungsblatt,* 21. 10. 1942.
22 Siegfried Ernst, *Dein ist das Reich* (Christiana Verlag 1982), S. 138.
23 *Die Oxford-Gruppenbewegung,* a.a.O., S. 90/91.
24 ebd., S. 59/61.
25 *Manchester Guardian,* 18. 9. 1945; *Daily Telegraph,* 20. 11. 1945.
26 *Het Nieuwe Volk,* 10. 5. 1941.

Kapitel 21:
1 Templeton Award Rede, London, 10. 5. 1983.
2 *Journal de Genéve,* 27. 9. 1935.
3 Theophil Spoerri, a.a.O., S. 115.
4 *Der Bund,* 20. 9. 1935.
5 *La Suisse,* 20. 9. 1935.
6 *Neue Zürcher Zeitung,* 31. 12. 1937.
7 *The Spectator,* 18. 10. 1935.

8 *Berlingske Aftenavis*, 25. 4. 1936.
9 *The Oxford Group in Geneva*, Texte der Reden während eines Arbeitsessens mit Dr. Eduard Benes. Siehe *Journal de Genéve*, 27. 9. 1935.
10 Frank Buchman an Carl Hambro, 2. 10. 1935.
11 Text einer Rede, die mehrmals zitiert wurde: *Ottawa Citizen*, 15. 11. 1935; *The Lutheran*, 14. 11. 1935; *New York Herald Tribune*, 21. 11. 1935.
12 *Hansard*, 20. 3. 1936.
13 Lady Hardinge, im Gespräch mit dem Autor und anderen Personen.
14 Lady Hardinge, ebenda und in Brief an *The Times*, 30. 6. 1975.
15 Buchman an Lord Salisbury, 14. 10. 1936.
16 Lord Salisbury an Buchman, 15. 10. 1936.
17 H. Kenaston Twitchell an Buchman, 28. 10. 1936.
18 Kenneth Rose, *The Later Cecils* (Weidenfeld and Nicolson, 1975), S. 97.
19 Lord Grey an Erzbischof Lang, 14. 10. 1936.
20 *The Times*, 10. 3. 1935.
21 B. H. Streeter an Buchman, 6. 4. 1936.
22 ebd.
23 *Oxford Times*, 17. 9. 1937.
24 Thornton-Duesbery, *The Open Secret of MRA* (Blandford, 1964) S. 74/5.

Kapitel 22:
1 *Det tredje Standpunkt* (Dänemark), November 1936, S. 35/42.
2 *Vi måste börja om* (Wahlström and Widstrand, 1937).
3 Geoffrey Gain, *A Basinful of Revolution – Tod Sloan's Story.* (Grosvenor, 1957), S. 44.
4 Buchman, S. 75/8.
5 Gain, a.a.O., S. 28/38.
6 Tod Sloan an Buchman, 27. 11. 1938.
7 Gespräch zwischen G. Turner und S. Stolpe, November 1976.
8 *Dagens Nyheter*, 13. 8. 1938.
9 Buchman, S. 83/9.
10 Nils Gösta Ekman, *Experiment med Gud* (Gummersons, 1971), S. 8.
11 Im Phoenix Hotel, Kopenhagen. (unveröffentl. Aufzeichnung von Hans Wenck).
12 *Politiken*, 14. 8. 1938.
13 *Scandinavian Review*, Februar 1940.
14 Buchman, S. 27.
15 Buchman, S. 59/60.
16 Paul Tournier, *Vivre à l'écoute* (Editions de Caux, 1984), S. 27.
17 Paul Tournier, *Médecine de la Personne* (Delachaux et Niestlé, 1940).

Kapitel 23:
1 Buchman, S. 91/92.
2 ebd., S. 93/95.
3 ebd., S. 96/98.
4 ebd., S. 99.
5 ebd., S. 109/119.
6 *The Times*, 1. 9. 1938.
7 ebd., 10. 9. 1938.
8 *Daily Telegraph*, 12. 3. 1941.

9 George Light, *Ben Tillett, Fighter and Pioneer* (Blandford, 1943), S. 12/3.
10 A. P. Herbert, *Independent Member* (Methuen, 1970), S. 133.
11 *Sunday Pictorial*, 2. 7. 1939.
12 Buchman an Unbekannt, 1939 (Martin MS).

Kapitel 24:
1 Buchman, S. 126.
2 *Los Angeles Times*, 20. 7. 1939.
3 Buchman, S. 51.
4 Martin Tagebücher, 17. 1. 1940.
5 H. W. Austin, *Frank Buchman as I Knew Him* (Grosvenor, 1975), S. 86/7.
6 Reginald Hale, unveröffentlichte Lebenserinnerungen, Band 1, S. 77.
7 William Grogan, *John Riffe of the Steelworkers* (Coward, McCann 1959) S. 74/82.

Kapitel 25
1 Teilweise zitiert in Buchman, S. 131.
2 Oberst Langston an Buchman, 19. 1. 1942.
3 siehe T. H. J. Underdown, *Bristol under Blitz*, Februar 1941.
4 Peter Howard, *Innocent Men* (Heinemann, April 1941).
5 Alan Bullock, *The Life and Times of Ernest Bevin* (Heinemann, 1967) Band 2, S. 98/101.
6 *Hansard*, 7. 10. 1941.
7 siehe Chapman Pincher, *Their Trade is Treachery* (Sidgwick and Jackson, 1981), S. 127. Pincher beschreibt „Dribergs kontinuierlich giftige Angriffe auf eines der Hauptziele des KGB, die Bewegung für Moralische Aufrüstung." Was Dribergs homosexuelle Ansichten und Aktivitäten betrifft, siehe seine posthume Autobiographie *Ruling Passions* (Jonathan Cape, 1981).
8 Stephen Early an Fred D. Jordan, 19. 11. 1941.
9 *Washington Star*, 15. 5. 1941.
10 *Allentown Morning Call*, 15. 5. 1941.
11 *New York Times*, 21. 4. 1941.
12 Dr. Irene Gates an Martin (Martin MS).
13 Buchman an Henry Ford, Entwurf vom 21. 6. 1942.
14 Unveröffentlichter Beitrag für *Frank Buchman – Eighty*, 1958.
15 *Frank Buchman – Eighty*, S. 124.
16 Hale, a.a.O., Band 1, S. 9, auch Martin MS.
17 *Frank Buchman – Eighty*, S. 124.

Kapitel 26:
1 Hale, a.a.O., Band II, S. 2.
2 *Frank Buchman – Eighty*, S. 176.
3 ebd.
4 *The Fight to Serve* (Moral Re-Armament, Washington, 1943), S. 80.
5 Buchman an Gudrun Hambro, 17. 5. 1943.
6 Carl Hambro an Buchman, 31. 7. 1943.

Kapitel 27:
1 Buchman, S. 177/185.
2 Jetziger Name: Signe Strong.

3 Buchman an Cuthbert Beardsley, 13. 6. 1945.
4 A. R. K. Mackenzie an Buchman, 25. 3. 1945.
5 William D. Leahy, *I Was There* (Whittlesey House, 1950), S. 318.

Kapitel 28:
1 Martin Tagebücher, 14. 10. 1945.
2 Hale, a.a.O., Band III, S. 1.
3 *The Times*, 29. 12. 1945.

Kapitel 29:
1 *The Times*, 3. 5. 1946.
2 Will Locke an Buchman, 2. 10. 1946.
3 *Hansard*, 29. 1. 1946.
4 Roland Wilson an Buchman, 9. 4. 1946.
5 *The Spectator*, 6. 6. 1947.
6 Von Alan Thornhill und Ken Belden bestätigt.
7 John C. Wood an den Autor, 11. 5. 1984.
8 Rundfunkansprache über Schweizer Radio, 4. 6. 1947 (Buchman, S. 154/5).

Kapitel 30:
1 Winston Churchill, *The Second World War*, Band VI, S. 138.
2 *Forrestal Diaries* (Cassell, 1952), S. 57.
3 Rede in Harvard, 5. 6. 1947.
4 H. Kenaston Twitchell, *Regeneration in the Ruhr* (1981), S. 8/12; Gespräch 1981 mit Lord Pakenham (jetziger Lord Longford) in Gegenwart des Autors.
5 Twitchell, ebd., S. 22.
6 Erich Peyer an Buchman, 15. 4. 1948.
7 Gabriel Marcel, *Fresh Hope for the World* (Longmans, 1960), S. 24.
8 Leif Hovelsen, *The Struggle for Post-War Europe*, S. 3.
9 Hans von Herwarth, *Zwischen Hitler und Stalin* (Propyläen Verlag, 1982).
10 *Neue Zürcher Zeitung*, 5. 10. 1947.
11 Terence Prittie in Brief an David J. Price, 9. 8. 1979. (Price Dissertation *The Moral Re-Armament Movement and Post-War European Reconstruction*, S. 20)
12 Carlo Schmid an Price, 8. 10. 1979.
13 Hans Peters, *Problematik der deutschen Demokratie* (Origo Verlag, 1948).
14 Caux Protokolle, 2. 9. 1947.
15 ebd., 13. 9. 1947.
16 siehe Gabriel Marcel, a.a.O., S. 18/30.
17 *Los Angeles Herald and Express*, 3. 6. 1948.
18 Twitchell, a.a.O., S. 40.
19 Buchman an Robert Schuman, 30. 8. 1949.
20 Caux Protokolle, 12. 9. 1948. Adenauers Dankesbrief in *Adenauer Briefe 1947–1949* (Siedler Verlag, 1984).
21 Price, a.a.O., S. 31.

Kapitel 31:
1 H. Kenaston Twitchell an Senator Alexander Smith, 21.10.1948.
2 *News Chronicle*, 5. 11. 1948.
3 *Der Kominformplan für West-Deutschland* (Der Kurier, Berlin), 15. 10. 1948.
4 Buchman, S. 219.

5 Duncan Corcoran an Buchman, 12. 3. 1949.
6 Buchman, S. 219.
7 *Communism in the British Zone* (Foreign Office 371/64874).
8 Hubert Stein, vor europäischen Sozialisten in Oslo, 26. 4. 1953.
9 Arthur Sträter, in einer Rede am 25. 11. 1950.
10 Leif Hovelsen, *All Verden Venter* (Oslo, 1958). Hovelsen war in Grini, dem berüchtigten Konzentrationslager in Norwegen inhaftiert, als er auf die Moralische Aufrüstung stieß.
11 Geoffrey Daukes an den Autor, 19. 2. 1983.
12 *Frank Buchman – Eighty*, S. 119.
13 Hovelsen, *Out of the Evil Night*, S. 70.
14 Max Bladeck an Buchman, 31. 10. 1949.
15 *Manchester Guardian*, 8. 2. 1950.
16 Konrad Adenauer an Buchman, 28. 4. 1950.
17 Buchman S. 224/231.
18 *Essener Kurier*, 29. 5. 1950.
19 *Frank Buchman – Eighty*, S. 118.
20 Hovelsen, *Out of the Evil Night*, S. 110.
21 Rede vom 25. 1. 1959.
22 Müller-List, *Eine neue Moral für Deutschland? (Das Parlament*, 31. 10. 1981) S. 15.
23 ebd., S. 20.
24 ebd., S. 20/1.
25 Müller-List, *Kampf um die Mitbestimmung, Das Parlament*, 25. 4. 1981.
26 Müller-List, *Eine neue Moral für Deutschland?*, S. 20.
27 ebd., S. 20.
28 Sydney Cook an Buchman, 28. 3. 1952.
29 Augenzeugenbericht von M. Martin in seinem MS.
30 *New York Times*, 7. 1. 1951, siehe auch Hans von Herwarth, *Von Adenauer zu Brandt* (Propyläen 1990), S. 61.
31 Caux Protokolle, 8. 6. 1948.
32 ebd., 3. 9. 1948.
33 ebd., 27. 9. 1948.
34 ebd., 23. 9. 1951.

Kapitel 32:

1 Archiv der Kanzlei der Légion d'Honneur, Paris, 15. 6. 1950.
2 *New York Times*, 18.12.1952; *The Times*, 19. 12. 1952.
3 Robert Rochefort, *Robert Schuman* (Editions du Cerf, 1968), S. 234.
4 W. A. Visser't Hooft, *Zeugnis eines Boten 7*, in Bethge, a.a.O., S. 648.
5 Rochefort, S. 51.
6 Georgette Elgey, *La République des Illusions* (Fayard, 1965), S. 304.
7 *France-Forum*, November 1963; Rochefort, a.a.O., S. 231.
8 Veronese, *World Crisis and the Catholic*, erwähnt von Price, S. 40.
9 Bericht von J. Boobyer, Monnet Institut, 9. 8. 1982 und Februar 1983.
10 Henri Rieben, *Des Ententes de Maîtres de Forges au Plan Schuman* (Centre de recherches européennes, Lausanne, 1954) III/1, Kapitel 5, S. 327.
11 Reinhold Maier, bei einem Empfang in Stuttgart für Buchman.
12 Caux Protokolle, 13. 9. 1948.
13 *Neue Zürcher Zeitung*, 19. 7. 1959, „Das Ruhrgebiet aus der Vogelschau".

14 Philippe Mottu, *The Story of Caux* (Grosvenor, 1970) S. 118.
15 Martin MS, auch Mottu, a.a.O., S. 118.
16 Spoerri, a.a.O., S. 166.
17 Caux Protokolle, 12. 9. 1953.
18 Buchman, *Refaire le Monde* (La Compagnie du Livre, 1950).
19 Caux Protokolle, 12. 9. 1953.
20 Buchman an Robert Schuman, 1. 5. 1949.
21 Buchman an Karl Arnold, 4. 5. 1949.
22 Konrad Adenauer an Buchman, 13. 6. 1949.
23 Paul Johnson, a.a.O., S. 584.
24 Caux Bericht 1949, S. 45.
25 Schuman, *Pour l'Europe* (Nagel, 1963), S. 93/4.
26 Adenauer, *Memoirs* (Weidenfeld and Nicolson, 1966). S. 233.
27 Elgey, a.a.O., S. 441.
28 Bericht von Robert Murphy, FRUS 1948, II. S. 444/5.
29 Aus damaligen Gesprächen mit dem Autor.
30 Elgey, a.a.O., S. 422.
31 R. C. Mowat, *Creating the European Community* (Blandford, 1973), S. 91/3.
32 Unveröffentlichter Bericht von Gesprächsteilnehmern.
33 Jean Monnet, *Mémoires* (Fayard, 1976), S. 336.
34 Price, a.a.O., S. 50.
35 ebd., S. 51.
36 Rochefort, a.a.O., S. 264.
37 Richard Mayne, *Postwar* (Thames and Hudson, 1983), S. 302.
38 *New York Times*, 4. 6. 1951.
39 Mowat, a.a.O., S. 97/8.
40 *New York Herald-Tribune*, 4. 6. 1951.
41 *News Chronicle*, 10. 5. 1959, Siehe Rodens, *Konrad Adenauer* (Knaur 1963), S. 119.
42 Caux Protokolle, 12. 9. 1953.
43 *Frank Buchman – Eighty*, S. 203.
44 Price, a.a.O., S. 3.
45 Siehe Bericht im *Bonner Generalanzeiger, 16. 9. 1982.*

Kapitel 33:
1 Martin MS.
2 Basil Entwistle, unveröffentlichte Erinnerungen, II, S. 9.
3 ebd., II, S. 11.
4 Buchman, S. 211/212.
5 ebd., S. 246.
6 Basil Entwistle, *Japan's Decisive Decade* (Grosvenor, 1985), S. 37.
7 ebd., S. 42.
8 ebd., S. 44.
9 *The Observer*, 25. 7. 1950.
10 Treffen im Senat am 24. 7. 1950.
11 *New York Times*, 19. 7. 1950.
12 *Saturday Evening Post*, 29. 7. 1950.
13 Entwistle, *Japan's Decisive Decade*, S. 67.
14 Martin Tagebücher, 20. 9. 1951.

Kapitel 34:

1 Buchman an seine Mutter, 23. 5. 1918.
2 Austin, a.a.O., S. 198/200.
3 Film *Crossroad.*
4 Charlotte von Beuningen, *A New World for my Grandchildren* (Himmat Publications, 1969), S. 60/1, 64/6, 69/85.

Kapitel 35:

1 Roger Hicks, unveröffentlichtes MS, *Meine Zeit mit Mahatma Gandhi*, Kap. 6.
2 Morris Martin, Asienbericht.
3 *Bombay Chronicle*, 20. 11. 1952.
4 Jawaharlal Nehru, *An Autobiography*, (Lane and Bodley Head, 1936), S. 153/4.
5 Jawaharlal Nehru, *An Autobiography*, (Nehru Memorial Foundation 1980), S. 361/2.
6 Jawaharlal Nehru an Buchman, 1. 5. 1926.
7 Austin, a.a.O., S. 191.
8 *Hindustan Times*, 2. 1. 1953; Buchman, S. 257.
9 Peter Howard, *Frank Buchmans Geheimnis* (DVA, 1962), S. 38.
10 Martin, Asienbericht.
11 Stanley Wolpert, *Jinnah of Pakistan* (Oxford University Press, 1984), S. 303.
12 Michael Brecher, *Nehru, A Political Biography* (Oxford University Press, 1959), S. 607/8.
13 Rede Sanjiva Reddy's im Westminster Theatre, London, 1972.
14 Mündlicher Bericht von Appadorai Aaron an Hicks.
15 Mr. und Mrs. Albert H. Ely an Buchman, 4. 6. 1951.
16 Mrs. John Henry Hammond an Buchman, 5. 1. 1957.

Kapitel 36:

1 Martin, Asienbericht.
2 Buchman, S. 204.
3 ebd., S. 77/8.
4 ebd., S. 96/7.
5 ebd., S. 249.
6 William Grogan, a.a.O., S. 140.
7 Gabriel Marcel, *Hoffnung im Wandel* (DVA, 1958), S. 167.
8 Piguet und Sentis, *Ce Monde que Dieu nous confie* (Centurion 1979), S. 64.
9 *Der Bund*, 27. 9. 1953.
10 *The Times*, 17. 2. 1955.
11 Buchman an Francis Woodlock, SJ, 23.10.1933.
12 Prof Karl Adam, in der *Theologischen Quartalsschrift*, Tübingen, Frühjahr 1952. Abdruck in *Vaterland*, Luzern, 12. 8. 1952.
13 Werner Schöllgen, *Aktuelle Moralprobleme* (Patmos Verlag, 1955).
14 *Osservatore Romano*, 9./10. 12. 1957.
15 Graf Lovera di Castiglione an Philippe Mottu, 18. 11. 1951.
16 Gabriel Marcel, *En Chemin, vers quel éveil?* (Gallimard, 1971), S. 170/1.
17 Msgr. Léon-Joseph Suenens (damals Auxiliarbischof von Mecheln), *Que penser du Réarmement Moral?* (Editions Universitaires 1953), S. 90.
18 *Civiltà Cattolica*, 14. 6., 12. 7., 13. 9., 25. 10., 13. 12. 1958.

Kapitel 37:

1 Gabriel Marcel, *Plus décisif que la violence* (Plon, 1971), S. 65.
2 *Courrier du Maroc*, 3. 10. 1953.
3 siehe Gavin Maxwell *The Lord of the Atlas* – The Rise and Fall of the House of Glaoua 1893–1956 (Longmans, 1066), S. 255.
4 ebd., S. 257.
5 ebd., S. 258.
6 *L'Express*, 26. 10. 1955.
7 *The Times*, 9. 11. 1955.
8 Si Bekkai an Buchman, August 1955.
9 Mottu, a.a.O., S. 30.
10 *Courrier du Maroc*, 18. 1. und 2. 7. 1955.
11 Mottu, a.a.O., s. 132.
12 ebd.
13 *The Times*, 14. 7. 1954.
14 Leonard and Flora Kibuthu an Buchman, 13. 12. 1958.
15 aus *Time and Tide*, London, 2. 9. 1965.
16 Ansprache von Gabriel Marcel, Caux, 1965 (*Frank Buchman – Eighty*, S. 50.)
17 Gabriel Marcel, *Fresh Hope for the World*, S. 174.

Kapitel 38:

1 Gabriel Marcel, *Hoffnung im Wandel*, S. 122.
2 Howard, *Frank Buchmans Geheimnis*, S. 112/119.
3 Peter Howard an Roger Hicks, 1. 4. 1950.
4 Anne Wolrige Gordon, *Peter Howard – Life and Letters* (Hodder and Stoughton 1969), S. 156.
5 Signe Strong an den Autor, 15. 4. 1984.
6 H. Kenaston Twitchell, *The Strength of a Nation* (Los Angeles, 1948), S. 6/8.
7 Signe Strong an den Autor, 25. 4. 1984.
8 Victor Sparre, *Stenene skal rope* (Tiden Nors Forlag, 1974), S. 62.
9 Sparre, *The Flame in the Darkness*, S. 121/2.

Kapitel 39:

1 *Afro-American*, 26. 4. 1955.
2 Peter Howard, *An Idea to Win the World* (Blandford, 1955), S. 18/9.
3 Mottu, a.a.O., S. 132.
4 H. K. Twitchell an Buchman, 8. 10. 1955.
5 Howard, *An Idea to Win the World*, S. 52.
6 siehe auch Gabriel Marcel, *Hoffnung im Wandel*, S. 102/109.
7 John Farquharson.
8 *Sydney Morning Herald*, 16. 1. 1984.
9 R. W. Wilson an Autor, 21. 1. 1985.

Kapitel 40:

1 Buchman an Gilbert Harris, 15. 12. 1955.
2 Entwistle, *Japan's Decisive Decade*, S. 173.
3 ebd., S. 161.
4 ebd., S. 161/2.
5 *Sydney Morning Herald*, 5. 12. 1957.
6 *Washington Evening Star*, 18. 12. 1957.

7 Entwistle, a.a.O., S. 176.
8 ebd., S. 176.
9 ebd., S. 175.
10 Austin, a.a.O., S. 217/8.
11 ebd., S. 218.
12 *Detroit Free Press*, 21. 9. 1958.
13 31. 12. 1959.
14 *Pittsburgh Courrier*, 2. 1. 1960.
15 *Observer*, London, 23. 1. 1966.

Kapitel 41:
1 *Frankfurter Allgemeine Zeitung*, 4. 6. 1958.
2 *The Times*, 22. 8. 1958.
3 Erzbischof Gregorius an Buchman, zitiert in Buchman, S. 323/324.
4 Prof. Klaus Bockmühl an den Autor, 3. 3. 1984.

Kapitel 42:
1 Andrew Mackay an Buchman, 13. 11. 1958.
2 Andrew Mackay an Buchman, 28. 2. 1960.
3 Gabriel Marcel, *En Chemin, vers quel Éveil?*, S. 260/1.
4 Sven-Georg Adenauer an Buchman, 17. 12. 1959.
5 *Arizona Daily Star*, 22. 3. 1960.
6 Spoerri, a.a.O., S. 248/9.

Kapitel 43:
1 Martin MS.
2 Buchman, S. 468/470.
3 Siehe Peter Howard, *Frank Buchmans Geheimnis* (DVA, 1962). S. 14.
4 Buchman, S. 363/377.
5 Buchman an Unbekannt (Martin MS).
6 Nobusuke Kishi an Buchman, März 1961.

BILDNACHWEIS

Buchman Familie, Buchman mit Penn State Studenten, Buchman mit Bischof Roots, Buchman mit Mahatma Gandhi, Buchman in Ägypten, Carl Hambro (alle in Buchman Archiv);
Buchman mit Prof. Streeter, Buchman lachend (1934), Außenminister Patjin, Buchman mit Henry Ford, Buchman mit Admiral Byrd, Buchman in Deutschland (1948), Bundeskanzler Adenauer in Caux, Japanische Delegation, Hollywood Bowl, Muriel Smith und Ann Buckles, Trauerfeier in Freudenstadt (alle Arthur Strong);
Fredrik Ramm (Adolf Blumenthal); Moni von Cramon, Buchman und Dr. Nkomo (MRA); Buchman mit Bladeck und Kurowski (Richard N. Haile, FIBP, FRPS); Schuman und Buchman, Laure Familie in Berlin (Peter Sisam, ABIPP); Buchman und Nehru, Buchman und Peter Howard (David Channer).

PERSONEN- UND SACHREGISTER

LEBENSDATEN VON FRANK BUCHMAN

1878	am 4. Juni in Pennsburg geboren, als Sohn von Franklin Buchman und Sarah, geb. Greenwalt.
1886–99	Schulbesuch im Perkiomen Seminar und im Muhlenberg College.
1899–02	Theologiestudium am lutherischen Seminar in Mount Airy, Philadelphia.
1902	Erste Gemeinde in Overbrook, einem Armenviertel von Philadelphia.
1903	Europa-Reise mit Besuchen in Bethel bei Friedrich von Bodelschwingh und verschiedenen Hospizen der Inneren Mission.
1904–07	Gründung des ersten Hospizes in Philadelphia. Konflikt mit der Verwaltung. Buchman entlassen.
1908	Entscheidendes Erlebnis in der Kapelle von Keswick (England).
1909–15	Verantwortlich für christliche Studentenarbeit an der Universität Penn State.
1915–18	Besuche in Indien und China auf Einladung von John R. Mott. Erste Kontakte mit Mahatma Gandhi und mit führenden Persönlichkeiten Chinas. Konferenzen in Kuling und Peitaiho.
1919–22	Dozent an der theologischen Fakultät von Hartford. Ausweitung seiner Arbeit auf die Universitäten von Princeton und Yale, Oxford und Cambridge.
1922	Buchman gibt seine Stellung in Hartford auf, um sich für seine eigentliche Aufgabe freizuhalten.
1924–25	Erste Reise mit verpflichteten Studenten in Europa, dem Mittleren Osten, Indien, China und Australien. Tod von Buchmans Mutter.
1926–28	Arbeit und Kontroverse in Princeton.
1928	Reise von Oxford-Studenten nach Südafrika; dort werden sie zum ersten Mal „Oxfordgruppe“ genannt.
1930	Buchman wird in Peru und Argentinen mit Kommunismus und Wirtschaftskrise konfrontiert.

1930–37	Aufbau der Hauspartys in Oxford. Gründung von Alcoholics Anonymous durch zwei amerikanische Mitarbeiter. Mehrere Besuche in Deutschland. Entwicklung der Arbeit im Völkerbund, in der Schweiz und in Skandinavien.
1938	Buchman in Freudenstadt. Der Gedanke einer „geistigen und moralischen Aufrüstung" wird geboren, und in Londons Arbeiterviertel East Ham verkündet.
1939–42	Buchman in Amerika, Kampagnen in der Industrie. In Deutschland wachsende Schwierigkeiten für die Oxfordgruppe, und Verbot 1942 aller Aktivitäten.
1942	Schlaganfall in Saratoga Springs; Gründung des Konferenzzentrums auf der Insel Mackinac.
1945–46	Rückkehr nach Europa. Erste Weltkonferenz in Caux (Schweiz).
1947–49	Großer Einsatz in Deutschland mit Theaterstücken. „Der Vergessene Faktor" im Ruhrgebiet. Adenauer und Schuman in Caux.
1952–53	Buchman mit 200 Mitarbeitern in Sri Lanka, Indien und Pakistan.
1953–56	Buchman in Marokko. Er empfängt in Caux die erste bedeutende japanische Delegation nach dem Krieg; Afrikas Film „Freiheit"; Auseinandersetzung und Dialog mit den Kirchen.
1956–57	Buchman in Australien und Neuseeland, Rückkehr nach Europa mit Besuchen in Japan, den Philippinen, Taiwan, Thailand und Burma.
1958–60	Mackinac und Tucson, Arizona.
1961	Letzte Reise nach Europa. Gespräche in Rom. Letzte Rede „Die Tapferen entscheiden" am 4. Juni. Tod in Freudenstadt am 7. August.

Bitte beachten Sie die
folgenden Anzeigen

Wendepunkte von 16 Zeitzeugen

Der Gründer der Heilsarmee William Booth, der »Staatsmann Gottes« Frank Buchman, der Präsidentenberater Charles Colson, der Missionar in der Wüste Charles de Foucauld, der Theologe Karl Heim, die Emigrantin Tatjana Goritschewa, die Schriftsteller Manfred Hausmann und C. S. Lewis, der japanische Sozialreformer Toyohiko Kagawa, der Sprachdenker Friso Melzer, der Nobelpreisträger John Mott, der Publizist Malcolm Muggeridge, der Evangelist Elias Schrenk, der indische Wanderprediger Sadhu Sundar Sing, der Apostel der Chinesen Hudson Taylor, die Mutter der Elenden Eva von Tiele-Winckler.

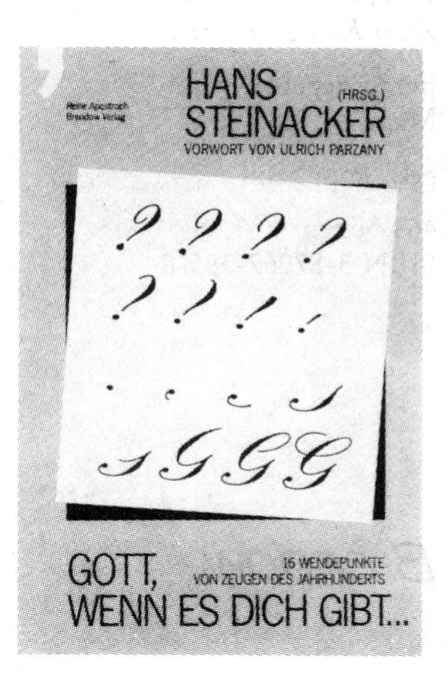

Hans Steinacker (Hrsg.)
Gott, wenn es Dich gibt...

Mit einem Vorwort von Ulrich Parzany

geb. Pappband

160 Seiten, 16 Abbildungen
ISBN 3-87067-313-3